상담의 기술
다문화 시대의 상담역량 강화

INTENTIONAL INTERVIEWING AND COUNSELING
Facilitating Client Development in a Multicultural Society

제8판

Allen E. Ivey · Mary Bradford Ivey · Carlos P. Zalaquett 지음

방기연 · 김희수 · 박현주 · 이수진 옮김

Andover • Melbourne • Mexico City • Stamford, CT • Toronto • Hong Kong • New Delhi • Seoul • Singapore • Tokyo

옮긴이 소개

방기연
고려사이버대학교 상담심리학과 교수
University of Iowa 박사
한국상담심리학회 학술위원장, 대외협력위원장, 윤리위원 역임
한국학교상담학회 국제교류위원장, 교육연수위원장 역임

박현주
동국대학교 교육학과 교수
University of Missouri-Columbia 박사
한국상담심리학회 인증 상담심리사 1급
University at Albany 교육상담심리학과 강의교수

김희수
한세대학교 심리상담대학원 교수
건국대학교 교육학 박사
한국상담학회 윤리위원장, 편집위원장, 학술위원장 역임
전국 대학교 학생상담센터협의회 부회장 역임

이수진
국민대학교 교육대학원 상담심리전공 교수
University of Texas at Austin 박사
청소년상담사 1급, 학교심리사 1급
국민대학교 학생생활상담센터 소장

상담의 기술 -제8판-
다문화 시대의 상담역량 강화
INTENTIONAL INTERVIEWING and COUNSELING
Facilitating Client Development in a Multicultural Society, 8th Edition

제8판 1쇄 인쇄 | 2017년 8월 28일
제8판 1쇄 발행 | 2017년 9월 1일

지은이 | Allen E. Ivey, Mary Bradford Ivey, Carlos P. Zalaquett
옮긴이 | 방기연, 김희수, 박현주, 이수진
발행인 | 송성헌
발행처 | 센게이지러닝코리아㈜
등록번호 | 제313-2007-000074호(2007.3.19.)
주   소 | 서울시 마포구 상암산로 76 YTN 뉴스퀘어 14층
전   화 | 02) 330-7000
이메일 | asia.infokorea@cengage.com
홈페이지 | www.cengage.co.kr

ISBN-13: 978-89-6218-417-4

공급처 | (주)피와이메이트
주   소 | 서울특별시 마포구 월드컵북로 400, 5층 2호
도서안내 및 주문 | TEL 02) 733-6771-2 FAX 02) 736-4818
E-mail pys@pybook.co.kr

정가 32,000원

상담의 기술

다문화 시대의 상담역량 강화

제8판

Intentional Interviewing and Counseling:
Facilitating Client Development in a Multicultural Society
8th Edition

Allen E. Ivey
Mary Bradford Ivey
Carlos P. Zalaquett

For permission to use material from this text or product, email to
asia.infokorea@cengage.com

ISBN-13: 978-89-6218-417-4

Cengage Learning Korea Ltd.
14F, YTN Newsquare
76, Sangamsan-ro, Mapo-gu
Seoul, 03926, Korea, South
Tel: (82) 2 330 7000
Fax: (82) 2 330 7001

Cengage Learning is a leading provider of customized learning solutions with office locations around the globe, including Singapore, the United Kingdom, Australia, Mexico, Brazil, and Japan. Locate your local office at: www.cengage.com/global

Cengage Learning products are represented in Canada by Nelson Education, Ltd.

For product information, visit www.cengageasia.com

Printed in Korea
1 2 3 4 21 20 19 18

옮긴이 머리말

대화로 이루어지는 상담에서 상담대화기술의 중요성은 자명하다. 또한 상담대화기술은 슈퍼비전에서 도움받고 싶은 부분으로 지속적으로 수련생들이 언급하는 영역이다. 하지만 상담대화기술에 대한 구체적인 훈련이 국내에서 이루어지지 않고 있으며, 또한 훈련에 사용할 교재 역시 부족하다.

출판사로부터 이 책 번역을 의뢰받았을 때 이 책이 한국에서 번역되지 않았다는 것에 놀랐다. 이 책은 미국의 상담자 교육 프로그램에서 상담과정기술(Micro-counseling skill)이라는 수업에 가장 많이 사용되는 교재이기 때문에, 이미 번역되었을 것으로 여기고 있었기 때문이다.

미국의 상담 박사과정에 입학하면서, 선수과목으로 상담과정기술이라는 수업을 들어야 했다. 한 학기 동안 매주 한 장(chapter)에 소개되어 있는 상담대화기술을, 연습문제를 풀고, 역할극으로 시연하고, 시연을 녹화하여 재검토하며 학습하였다. 의사소통기술을 이렇게 쪼개어 연습할 수 있다는 것이 신선했고, 상담자는 타고나는 것이 아니라 훈련을 통해 만들어진다는 것을 체험했다.

이 책은 모두 5부 16장으로 구성되어 있으며, 4명의 역자가 각각 4장씩을 맡아 번역하였다. 1장부터 4장까지는 방기연이, 5장부터 8장까지는 김희수가, 9장부터 12장까지는 박현주가, 13장부터 16장까지는 이수진이 번역하였다. 번역할 때마다 느끼지만 용어를 선정하는 것이 가장 어려웠고, 마지막 교정을 보면서도 적절한 용어를 찾기 위해 노력하였다. 상담 및 심리학과 관련된 기본 용어는 한국심리학회 사이트의 학술용어 검색창(http://www.koreanpsychology.org/korpsy.php)을 참조하였다. 여전히 용어의 일관성이나 번역체 문장 등 부족한 점이 있다. 이에 대해서는 독자들의 지적을 기꺼이 받아들여 개정판에서는 수정 및 보완할 예정이다.

이 책의 내용은 크게 세 가지로 나누어볼 수 있다. 첫 번째는 책 제목 그대로 상담의 기술 혹은 상담대화기술을 다루고 있다. 이 책이 다루고 있는 상담대화기술은 3장 주의 기울이기와 공감, 4장 관찰 기술, 5장 질문, 6장 격려, 재진술, 요약, 7장 감정 반영, 9장 초점 맞추기, 10장 공감적 직면, 11장 의미 반영과 해석, 12장 자기 개방과 피드백이다. 이 장들에서 다루는 상담대화기술은 우리에게 익숙한 개념이면서도 상담 실제에서 수행하기는 어려운 기술이다. 이 부분을 읽을 때는 내용을 검토하는 데 그치지 말고, 연습문제를 꼭 수행해보기를 바란다. 내용을 읽을 때는 자연스럽다가 연습문제 부분에 오면 다시 생소하다는 느낌을 받을 수 있다. 연습문제를 수행한 후 해당 장을 다시 읽으면 보다 진정한 학습이 이루어질 것이다.

두 번째로, 이 책은 상담 회기 및 상담 과정 전체를 운영하는 5단계를 제시한다. 5단계는 공감적 관계→이야기와 강점→목표→이야기 재구성→행동의 순서로 진행할 수 있다. 어떤 상담이론에 근거하여 상담을 진행하는 상담자라도 전체 과정에 대한 로드맵으로 사용할 수 있을 것이다. 5단계 모델은 1장에서 간략하게 소개되며, 8장 경청 기술만 사용한 5단계 상담 회기, 15장 상담대화기술과 5단계 모델을 여러 상담과 심리치료 이론에 적용하기에서 자세하게 다룬다.

5단계 접근에서 내담자의 강점 찾기를 다시 한 번 강조하고 싶다. 상담자는 내담자가 자신의 인생에서 가장 취약할 때 내담자를 만난다. 그렇기 때문에 내담자가 호소 문제를 진술하는 동안에 강점이 자연스럽게 드러나지는 않는다. 상담자가 적극적으로 내담자의 장점을 찾으려고 하여야 한다. 왜냐하면 결국 내담자가 문제를 해결해나가는 데에는 강점이 바탕이 되기 때문이다. 내담자의 발달과 성장은 상담자가 하는 모든 활동의 목표이며, 내담자가 큰 변화 가능성을 가지고 있음을 유념하자.

세 번째로, 이 책은 상담자가 가져야 할 변화 촉진자로서의 태도를 제시하고 있다. 2장 윤리, 다문화적 역량, 긍정심리학과 건강증진적 접근, 13장 내담자 변화를 위한 구체적인 행동 전략, 14장 기술통합, 의사결정을 위한 상담, 치료 계획, 재발 예방, 16장 개인적 스타일 정하기와 미래 이론과 실제의 통합은 특히 그렇다. 가장 기본이 되는 태도는 내담자를 긍정적으로 보는 시각이며, 내담자를 보다 긍정적으로 보기 위해서 내담자의 문화를 이해할 것을 강조하고 있다. 또한 이 책은 상담자의 윤리적 태도를 강조하고 있는데, 비윤리적인 행동을 하지 않는 것을 넘어서, 전문가로서의 역량을 갖추도록 촉구한다. 상담대화기술 역량뿐만 아니라 구체적인 변화를 가져올 수 있는지, 그리고 이를 개인적 스타일과 이론과 통합하고 있는지를 자문하게 한다. 특히 미래에 더 강조될 뇌과학과 관련된 정보에 대한 상담자의 지식 역량에 대해서도 도전을 한다.

전문 상담자의 되는 길은 긴 여정이다. 그 여정 속에 이 책이 좋은 동반자가 되기를 바란다. 초보 상담자일 때는 기본 역량을 배우기 위해서, 그리고 경력이 쌓여가면서는 상담자의 기본 태도와 자신의 수행을 점검하는 도구로 이 책이 사용되면 좋겠다.

2017년 8월
대표 역자 방기연

지은이 머리말

『상담의 기술: 다문화 시대의 상담역량 강화(Intentional Interviewing and Counseling: Facilitating Client Development in a Multicultural Society)』제8판의 학습을 환영한다.

　독창적이며 기술적인 상담과 심리치료의 기초를 가장 많이 연구한 이 책은 새로운 정보들을 수용하고, 최신 연구에 근거하고 있으며, 독자가 보다 읽기 편하도록 새로 쓴 개정판이다. 이 책에서는 '공감과 관계/작업동맹'이 보다 중심적인 내용으로 자리 잡았으며, 또한 새로운 장도 있다.

　상담대화기술 접근은 세계적으로 상담과 심리치료 기술 훈련의 표준이 되었다. 450개 이상의 연구 결과에 근거하고, 1,000개 이상의 대학 및 훈련 프로그램에서 사용하고 있으며, 문화적으로 민감한 상담대화기술 접근은 23개 언어로 번역되었다. 명확성에 초점을 맞추었고 모든 상담과 심리치료 이론에서 이야기하는 역량의 중요한 근거를 제공하려고 했다.

　이 책의 다른 판도 구입할 수 있다. 『목적이 있는 면접의 핵심(Essentials of Intentional Inter viewing)』제2판은 면접, 상담, 심리치료에 필요한 핵심 기술과 전략을 짧게 다루고 있으며, 이론, 연구, 보충 개념에 대한 정보는 적다.

상담대화기술 전통과 기본 역량

이 책은 원래부터 역량에 초점을 맞추었다. 중요한 것은 학생들이 할 수 있는 것이 유능성이 되고, 이후의 교육과 전문적 작업을 준비시킨다. 이 책을 통해 학생들은 다음과 같은 것을 할 수 있다.

▲ 상담과 심리치료 회기의 기본 기술에 젖어들 수 있다(개인차와 문화적 차이에 민감하게 경청하고, 변화를 촉진하고, 효과적인 회기 구조화하기).

▲ 이 책의 절반 정도를 마치면 경청 기술만을 사용해서 한 회기 전체를 진행할 수 있다.

▲ 여러 다른 이론에 적용할 수 있는 기본적인 회기의 구조를 모두 배울 수 있다.

  1. 내담자와 **공감적 관계**를 발달시킬 수 있다.

  2. **강점**과 자원에 특별한 관심을 제공하며, 내담자의 **이야기**를 끌어낼 수 있다.

  3. 내담자와 명확한 **목표**를 설정할 수 있다.

  4. 내담자로 하여금 걱정거리, 주제, 도전에 대해서 **이야기 재구성**을 하고 다르게 생각하도록 할 수 있다.

  5. 내담자가 회기 밖에서 **행동**하도록 도울 수 있다.

▲ 상담 실제에 윤리, 다문화적 주제, 긍정심리학·건강증진을 통합할 수 있다.

▲ 정확하게 자신만의 고유한 도움 스타일을 분석하고, 같은 정도 혹은 보다 중요하게 상담 스타일을 내담자가 어떻게 받아들이는지를 분석할 수 있다.

각 장은 역량 포트폴리오를 강조하고 있다. 잘 정리된 포트폴리오는 학생들이 좋은 실습기관과 인턴기관, 그리고 새로운 전문가로서의 취업에 도움이 될 것이다. 학생들은 공부하는 양이 많다고 불평할 수도 있지만, 역량 포트폴리오를 잘 만들고, 상호작용적인 웹사이트를 사용하여 학습을 강화하고, 기술과 개념을 사용하는 연습을 하면, 얼마나 많이 배웠는지를 알게 될 것이다.

▶ 8판에 소개된 새로운 역량의 특징

향후 10년 후에는 내담자와 환자를 돕는 보다 세련되고 완벽한 시스템이 구축되면서 정신과 신체의 건강 서비스가 보다 통합될 것으로 보인다. 팀 치료 혁신으로 상담자와 심리치료자가 의사, 간호사, 휴먼 서비스 종사자(human service workers)와 보다 가까이서 협력하게 될 것이다. 더 나아가 뇌과학과 뇌 연구는 신체와 마음이 하나라는 것을 더 알아차리도록 할 것이다. 상담 회기에서의 행동(action)은 생각, 감정, 행동뿐만 아니라 뇌와 몸에서 일어나는 작용에도 영향을 미친다. 앞으로 흥미로운 기회가 학생과 교수자에게 다가올 것이다.

『상담의 기술: 다문화 시대의 상담역량 강화』제8판은 학생들을 문화적으로 의도적이며 유연한 상담과 심리치료를 위해 준비시키려 한다. 새로운 미래를 준비하면서 새로운 특징들이 보강되거나 강화되었다.

▲ **공감과 공감적 의사소통**은 상담대화기술 틀의 더 핵심적인 내용이 되었다. 물론 공

감과 공감적 의사소통이 개정 전에도 책에 포함되었지만, 이 영역을 중심으로 삼고 다른 기술들과의 관계를 기술했다. 학생들은 각 개입을 공감적 이해의 질로 평가할 수 있게 될 것이다. 이 책의 모든 축어록은 다양한 수준의 공감을 보여주는 과정 논의를 포함한다. 학생들은 도움을 위해 이끌어주는 것을 내담자가 어떻게 받아들이는지를 평가할 수 있게 된다.

▲ **자아실현, 의도성, 회복탄력성**은 상담 회기의 목표로 명확화되었다. 이 부분은 회기의 결과로 내담자에게서 우리가 보기를 바라는 것에 초점을 맞춘다. 물론 우리는 내담자가 얻기를 바라는 것을 획득하기를 바란다. 동시에 회복 기술 개발을 격려하여 내담자가 미래의 스트레스와 어려움에 보다 잘 대처하기를 추구한다.

▲ **위기 상담과 인지행동치료의 축어록**은 상담 과정 기술을 상담 이론에 적용하는 15장에 보강되었다. 위기 상담의 기본과 실제 회기의 축어록은 이 장의 주요 내용이다. 인지행동치료 축어록은 자동적 사고에 대해 어떻게 작업하는지를 구체적으로 보여주며, 이 전략을 학생들이 어떻게 사용할 수 있는지를 보여준다.

▲ **자기 개방과 피드백**에 대한 새로운 장(12장). 이 두 가지 기술은 공감적 이해와 즉시성과의 관계 때문에 더 관심을 두고 분량을 할애했다.

▲ **직면과 초점 맞추기**에 대한 장은 완전히 다시 썼다(9장과 10장). 이 두 장의 내용을 더 명확하고 실제적으로 만들기 위해서, 시간이 흐르면서 두 기술이 잘 드러나게 계속되는 축어록을 보충했다. 학생들은 두 기술에 공감적 이해가 얼마나 중요한지 알게 될 것이다. 학생들은 내담자 변화 척도를 사용하여 회기를 거치면서 어떻게 변화를 평가하는지를 알게 될 것이다.

▲ **과정 분석을 담은 5개의 새로운 회기 축어록**은 회기 안에서 기술이 어떻게 작용하는지를 보여준다. 상담 기술의 중요한 측면을 개관하는 것도 중요하지만, 더 중요한 것은 상담 기술이 어떻게 회기에 적절한지, 공감적 기술을 사용한 결과를 어떻게 관찰할 수 있는지, 그리고 어떻게 상담대화기술의 사용이 내담자의 생각, 감정, 정서에 영향을 미치는지를 검토하는 것이 더 중요하다. 그렇게 하는 것이 학생들의 기술 훈련의 가장 중요한 부분인 역할극이나 실제 회기에서 기술을 실제로 활용하는 것에 준비되도록 한다.

▲ **최신 뇌과학과 상담 기술의 통합** 내용을 더 많이 넣었다. 상담과 심리치료는 신경가소성(neural plasticity)과 신경 발생(neurogenesis)을 통해 내담자와 상담자 모두의 뇌를 변화시키고 새로운 신경망을 만든다. 도움 과정에서 영향을 받는 뇌의 부분(새로운 그림으로 제시)에 특별히 주의를 기울여야 한다. 뇌과학 연구들은 긍정적인 정신건강뿐만 아니라 긍정적인 건강증진적 접근이 신경 발달을 촉진한다고 강조한다. 학생들은 우리가 도움 분야에서 하는 활동이 궁극적으로는 뇌과학 연구에 의해 지지된다는 것을 알게 될 것이다.

▲ **스트레스 관리와 건강한 생활방식으로의 변화(TLCs)**는 개정판에서 중심적 역할을

한다. 스트레스를 알아차리는 중요성과 스트레스가 뇌와 신체에 미치는 위험한 영향은 책 전체에서 강조된다. 한편 적절한 수준의 스트레스를 자각하는 것은 긍정적일 수 있으며 학습과 변화에 필요하다. 건강증진과 뇌과학의 연구는 스트레스 관리와 모든 이론적 접근에 대한 치료 대용으로서 건강한 생활방식으로의 변화의 중요성을 밝혔다.

감사의 글

학생들에게 이 책을 개발하는 데는 세계 여러 학생들이 여러 해에 걸쳐 중요한 역할을 했다. 우리는 학생들과의 공동 작업을 계속해왔다. Allen의 지도학생인 Weijun Zhang은 중국의 지도자인 코치이며 운영자문이다. Zhang은 상담 기술에 대한 다문화적 주제들을 이해할 수 있도록 도왔다. Allen의 학생인 Penny John은 수업 과제로 제출한 축어록 자료를 이 책의 단기 상담 예시로 사용하도록 허락해주었다. 웨스턴 켄터키 대학교 학생인 Amanda Russo는 상담대화기술을 연습하는 것이 중요하다는 것을 일깨워주었다. 템플 대학의 Michael Fitzsimmons는 성과 성적 지향성 관련 최신 문헌에 대한 의견을 제공해주었다.

우리는 Carlos의 두 학생, Nelida Zamora와 SeriaShia Chatters에게 특별히 감사의 마음을 전한다. Nelida는 Alexander Street 출판사와 상담과정기술협회의 '기본 변화 촉진 기술(Basic Influencing Skills)'(3판)과 '기본 스트레스 관리 기술(Basic Stress Management skills)'이라는 2개의 비디오를 개발하는 데 깊이 관여했다. 또한 Nelida는 9장과 10장에 Allen과의 시연 회기의 축어록을 사용하도록 허락해주었다. SeriaShia Chatters 박사는 도움 기술의 특성을 명확하게 하는 데 도움이 되는 DVD 자료와 책 비디오 제작 작업을 도왔다. SeriaShia는 현재 두바이의 자이드 대학교(Zayed University)의 교수로 재직중이다.

사우스플로리다 주립대학교의 대학원 학생들은 비디오 자료 제작에 자원봉사로 참여해주었다. 또한 대학원 학생들이 연구 상자의 자료들을 개정하는 데 도움을 주었다. 특별히 Kerry Conca, Megan Hartnett, Jonathan Hopkins, Stephanie Konter, Floret Miller, Callie Nettles, Krystal Snell에게 특별히 감사의 마음을 전한다.

동료들에게 Owen Hargie, James Lanier, Courtland Lee, Robert Manthei, Mark Pope, Kathryn Quirk, Azara Santiago-Rivera, Sandra Rigazio-DiGilio, Derald Wing Sue가 책 전체에 길친 다문화직 주제에 대한 글싱자를 저술했다. 14징의 재발 예방 양식인 '변화 유지 활동지'는 Robert Marx가 개발했다. Otto Payton과 Viktor Frankl과의 논의는 의미 반영을 명확히 했다. William Matthews는 5단계 면접 구조 양식을 만드는 데 특히 도움

을 주었다. Allen과 Mary가 남호주의 방문 교수로 두 번 방문했을 때 지지와 참여를 해준 플린더스 대학교(Flinders University)와 애들레이드 대학교(Adelaide University)의 Lia와 Zig Kapelis에게 감사드린다.

남호주의 원주민 관련 업무의 책임자인 David Rathman은 이 책을 지속적으로 지지하고 도전해주었으며, 그의 영향을 여러 곳에서 찾을 수 있다. 또한 대외협력위의 Matthew Rigney는 우리가 새로운 방식으로 사고하는 데 도움을 주었다. 이 두 사람이 처음으로 우리에게 서양식 개인주의적 시각으로 생각하는 것이 완전하지 않으며 그럼으로 우리가 다문화적 주제를 이해하는 데 중요한 역할을 했다.

이 책의 기술과 개념들은 지난 30년간 많은 학자들과의 작업에 근거하고 있다. 상담대화기술(microtraning)이라는 생각의 틀은 콜로라도 주립대학교에서 시작되었고, 그곳의 Eugene Oetting, Dean Miller, Cheryl Normington, Richard Haase, Max Uhlemann, Weston Morrill과의 작업을 특히 밝히고 싶다. 또한 다음에 언급되는 사람들은 상담대화기술과 그 훈련 과정이 성장하는 데 개인적으로 그리고 전문가로서 많은 도움을 주었다. Bertil Bratt, Norma Gluckstern-Packard, Jeanne Phillips, John Moreland, Jerry Authier, David Evans, Margaret Hearn, Lynn Simek-Morgan, Dwight Allen, Paul과 Anne Pedersen, Lanette Shizuru, Steve Rollin, Bruce Oldershaw, Óscar Gonçalves, Koji Tamase, Elizabeth와 Thad Robey.

국립다문화역량협회(National Institute of Multicultural Competence)의 이사진들인 Michael D'Andrea, Judy Daniels, Don C. Locke, Beverly O'Bryant, Thomas Parham, Derald Wing Sue는 이제 우리 가족과 같다. 그들의 격려와 지도는 우리 삶의 주요한 부분이다.

Fran과 Maurie Howe는 여러 해에 걸쳐 이 책의 끝날 것 같지 않는 많은 교정본을 검토해주었다. 그들의 신속하고 정확한 피드백은 상담과 심리치료에서 진실성, 엄격성, 의미를 찾으려는 우리의 시도에 중요한 영향을 주었다.

Jenifer Zalaquett는 이 과정 내내 중요한 역할을 했다. 그녀는 문서 작업을 도왔을 뿐만 아니라 전체 과제를 함께 진행했다.

Julie Martinez는 이제 이 책의 번의 개정 동안 자문 편집자로 일해오고 있다. 요즘에 우리는 그녀를 거의 공동 저자로 여긴다. 언제나 Brooks/Cole 출판사 사람들과의 작업은 즐거웠으며 특히 Jon-David Hague, Rita Jaramillo, Elizabeth Momb, Elisabeth Rhoden, Kara Parsons, Caryl Gorksa에게 감사드린다. 우리의 원고 편집자인 Peggy Tropp는 우리의 소중한 조언자다. Scratchgravel 인쇄소의 Anne과 Greg Draus는 이 책을 언제나 멋지게 만들어주었으며 우리는 그들도 이제는 공동 저자처럼 여기고 있다.

우리는 검토자들의 소중한 제안과 피드백에 감사드린다. 존 타일러 커뮤니티 칼리지(John Tyler Community College)의 Yvonne Barry, 하와이 마우이 칼리지(University of Hawaii Maui College)의 Cynthia Cary, 호주 NSW 주 웨스턴 시드니 대학교의 Danuta

Chessor, 샌프란시스코 주립대학교의 Andres Consoli, 펜실베이니아에 있는 인디애나 대학교의 Lorraine Guth, 위터빌 커뮤니티 칼리지(Wytheville Community College)의 Jerri Montgomery, 네덜란드 칼리지(Dordt College)의 Erin Olson, 롤린즈 칼리지(Rollins College)의 Derrick Paladino, 세인트보나벤처 대학교(St. Bonaventure University)의 Alan Silliker가 우리 책을 검토해주었다.

우리는 독자 여러분이 책에 대한 반응, 제안, 아이디어를 이메일로 언제든지 연락해주기를 바란다. 이 책을 읽어준 것에 대해 감사드린다.

Allen E. Ivey, Ed.D., ABPP
allenivey@gmail.com
Mary Bradford, Ed.D., NCC, LMHC
mary.b.ivey@gmail.com
Carlos Zalaquett, Ph.D., LMHC,
Licensiado en Psicología
carlosz@usf.edu

Allen E. Ivey는 애머스트(Amherst)에 소재한 매사추세츠 주립대학교의 명예교수이며, 탬파(Tampa)에 있는 사우스플로리다 주립대학교(University of South Florida)의 상담 대학원의 명예교수다. 그는 Microtraining Associates라는 교육출판회사를 설립했고 지금은 Microtraining/Alexander Street Press라는 기관의 자문으로 활동하고 있다. Allen은 미국상담학회의 디플로메이트(Diplomate)이며 펠로(Fellow)이다. 그는 여러 상을 수상했지만 국립 다문화학회(National Multicultural Conference and Summit)에서 '다문화적 선구자(Multicultural Elder)'라는 상을 받은 것을 가장 자랑스럽게 여긴다. Allen은 40여 권의 책을 저술하고, 200여 편의 논문을 출간했고, 그의 저서는 22개의 언어로 번역되었다. 그는 상담대화기술(microskills)이라는 분야를 창시했고, 이 책은 그 근간이 되는 자료다.

Mary Bradford Ivey는 탬파에 있는 사우스플로리다 주립대학교의 명예교수이며, 이전에는 학교 상담자로 활동했다. 그녀는 애머스트에 있는 매사추세츠 주립대학교, 하와이 주립대학교, 남호주의 플린더스 대학교의 강의 전담 교수를 역임했다. Mary는 14권의 책을 공동으로 저술했고, 이 책은 여러 나라에서 번역되었다. 그녀는 미국 자격인증 상담자(Nationally Certified Counselor: NCC)이고, 정신건강 전문가(licensed mental health counselor: LMHC)이며, 학교 상담사 자격증을 가지고 있다. 그녀는 국내외에서 발달적 상담을 설명하고 보급하는 데 기여한 것으로 알려져 있다. 그녀의 초등학생용 상담 프로그램은 Christa McAuliffe Conference에서 선정한 미국에서 가장 좋은 10개의 프로그램 중의 하나다. 그녀는 미국상담학회에서 처음으로 펠로로 선정된 15명 중의 한 명이다.

Carlos P. Zalaquett는 사우스플로리다 주립대학교의 심리학 및 사회학과(Department of Psychological and Social Foundations)의 임상적 정신건강 상담(Clinical Mental Health Counseling) 프로그램의 학과장이며 교수다. 그는 또한 사우스플로리다 주립대학교의 라티노 학생재단 프로그램(Successful Latina/o Student Recognition Awards Program)의 이사이며, 미주 심리학회(Society of Interamerican Psychology)의 미국과 캐나다의 사무총장이며, 플로리다 정신건강 상담협회(Florida Mental Health Counseling Association)와 플로리다 행동건강협회(Florida Behavioral Health Alliance)의 회장이다. Carlos는 50편  이상의 논문과 4권의 책의 공동 저자며, 『기본적 주의 기울이기 기술(Basic Attending Skills)』의 스페인어판을 번역했다. 그는 여러 상을 받았는데, 사우스플로리다 주립대학교의 라티노협회(Latinos Association)의 올해의 교수상과 탬파 히스패닉 전통 재단(Tampa Hispanic Heritage)의 교육자 상을 받았다. 그는 국제적으로 정신건강, 심리치료, 다문화, 교육 전문가로 알려져 있으며 7개국에서 워크숍과 강의를 했다.

차례

4장　**관찰 기술**　101

2부　**기본 경청 기술: 회기 구성 방법**　129

5장　**질문: 의사소통 시작하기**　131

---

* 참고문헌은 지면 제한상 센게이지러닝 홈페이지(www.cengage.co.kr) 자료실에 올렸으니 참고하십시오.

1부

상담과
심리치료의 기초

상담과 심리치료의 가장 기본은 공감적 경청과 내담자와 관계를 발전시키는 것이다. 다음 목표는 내담자가 자신의 이야기를 하도록 돕는 것이다. 이야기 탐색을 통해, 상담자는 내담자들이 자신의 이야기를 좀 더 효과적인 방법으로 다시 쓰도록 도울 수 있으며 실제 상황에서 자신의 문제에 행동하도록 격려할 수 있다. 상담자의 과제는 내담자들의 보다 의도적인 반응과 행동의 가능성을 확장시켜서 궁극적으로 잠정적인 자아실현을 할 수 있도록, 보다 효과적인 의사결정을 하도록, 건강한 상태가 되도록 이끄는 것이다. 상담자는 학교, 대학, 지역사회, 기관, 행동 건강 기관 혹은 개인 상담소에서 변화를 만들 수 있다.

1부는 경청과 공감적 이해 기술을 다룬다. 이 기술만으로 내담자가 자기 자신을 돌아보고 긍정적으로 변화하도록 돕는 데 충분한 경우가 많다. 이 기초 위에 다른 장들은 변화 촉진 기술과 전략을 제공할 것이다. 이 모두는 내담자가 자신의 삶에 대해 이야기를 재구성하고 책임을 지며 변화와 행동을 향해 나아가도록 돕는 많은 가능성을 상담자에게 제공하는 것을 목적으로 한다.

1장 | 목적이 있는 면접, 상담, 심리치료를 향하여

이 장은 이 책의 전체적인 소개와 상담자가 이 책을 가지고 무엇을 할 수 있는지를 보여주는 지도이다. 상담대화기술 위계로 시작하며, 상담 기술과 전략의 요약, 그리고 이후의 장들을 간략히 소개한다. 또한 당신만의 고유한 도움 기술을 확인하는 것으로 이 장을 시작한다. 당신은 우연히 이 책을 선택한 것이 아니며, 독특한 역량과 다른 사람을 돕는 경향이 있는 당신을 이 책으로 이끈 무엇인가가 있다. 당신은 도움을 주는 분야로 입문한 동기에 대해 성찰하라는 요구를 받을 것이다. 상담의 기술과 전략을 검토하고 나서 당신은 무엇을 하고 싶은가?

이 책의 8장에 이를 즈음에는 경청 기술만을 사용해서 회기 전체를 진행할 수 있게 될 것이다. 경청 기술과 상담 5단계 구조를 통합할 때 당신은 다양한 종류의 회기에 준비되어있을 것이다. 이 책은 5단계 모델을 근거로 한다. 5단계 모델은 공감적 관계-이야기와 강점-목표-이야기 재구성-행동순으로 진행된다. 5단계 모델은 면접, 상담, 심리치료를 위한 필수적이고 충분한 구조이며, 여러 이론과 도움 분야의 접근들의 핵심적 요소를 포함한다.

2장 | 윤리, 다문화적 역량, 긍정심리학과 건강증진적 접근

이 장은 상담과 심리치료의 세 가지 중요한 측면을 다룬다. 협회에 소속된 전문가들이 준수하는 윤리는 상담자와 심리치료자들에게 전문성, 사전 동의, 비밀 보장, 권력, 사회정의 등의 주제에 대한 지침을 제공한다. 다문화적 역량은 문화적 알아차림과 내담자의 세계관에 대한 민감성에 관한 것이다. 긍정심리학과 건강증진적 접근은 내담자가 자신의 강점과 자원을 확인할 수 있게 해준다. 이 접근은 내담자가 할 수 없는 것이 아니라, 할 수 있는 것에 초점을 맞추어 내담자가 삶의 문제들을 해결하는 것을 의미 있게 촉진한다.

3장 | 주의 기울이기와 공감

이 장은 상담과 심리치료에 가장 기초적이고 근본적인 것들을 다룬다. 주의 기울이기 기술 없이 공감적 관계는 형성되지 않는다. 많은 초보 상담자들은 회기가 시작된 지 5분 안에 미성숙한 조언과 제안을 제공하면서 내담자의 주제와 어려움을 해결하려고 부적절하게 시도한다. 당신 자신을 위해서 초기 목표 한 가지를 세우라. 그리고 내담자가 이야기하도록 허락하라. 그리고 내담자가 언어적으로, 비언어적으로 어떻게 행동하는지를 면밀하게 관찰하라. 내담자는 당신을 찾아오기 전에 근심, 주제, 인생의 어려움을 몇 년에 걸쳐서 키워왔을 것이다. 먼저 듣고, 마지막까지 듣고, 언제나 들으라.

4장 | 관찰 기술

이 장은 주의 기울이기 기술에서 시작해서 상담자가 내담자의 언어적, 비언어적 행동을 관찰하는 기회를 제공한다. 당신은 회기에서 비언어적 반응을 관찰하라는 요구를 받는다. 일반적으로 내담자들은 '쭈뼛거리며' '축 처진 체' 상담실에 들어온다. 관찰과 경청 기술 사이에서 상담자는 내담자가 새로운 이야기와 자기 자신에 대한 보다 긍정적인 시각과 더불어 보다 긍정적인 몸짓언어를 가지게 될 것을 기대할 수 있다. 상담자는 내담자가 몸을 바로 세우고, 눈을 빛내도록 도울 수 있다.

이 책을 당신 자신과 자신만의 고유한 의사소통 전문성에 헌신하면서 시작하라. 상담대화기술 접근을 통해서, 내담자의 성장과 발달을 촉진하는 대안들을 넓혀줄 새로운 기술과 전략을 가지고 자신만의 고유한 스타일을 향상시킬 수 있다.

1장
목적이 있는 면접, 상담, 심리치료를 향하여

인간은 사회적 존재다. 우리는 타인이 한 행동의 결과로 세상에 존재한다. 우리는 타인에게 의존하여 생존한다. 좋아하든 좋아하지 않든, 삶의 모든 순간은 타인의 행동에서 나오는 혜택을 입게 된다. 따라서 행복의 대부분이 타인과의 관계 맥락에서 일어난다는 것은 별로 놀라운 일이 아니다.

_The Dalai Lama

'목적이 있는 면접, 상담, 심리치료를 향하여'의 목적

이 책의 기술과 전략에 기초한 주요한 개념들을 제시하고 무엇을 기대할 수 있는지를 소개한다. 다음 역량 목표의 항목들은 1장의 학습목표들이다.

1장의 목표 이 장에서 배운 내용에 대한 알아차림, 지식, 기술, 행동은 다음과 같은 것을 할 수 있게 한다.

▲ 상담 회기를 과학과 예술 두 측면에서 탐색한다. 이 과정에서 당신이 잠재적으로 도움을 주는 자로서의 자신을 성찰할 것을 요청한다. 과학이 이 장의 내용을 뒷받침하지만, 상담자는 독립된 예술가로서 자신의 생각, 기술, 유능성의 통합을 발견할 것이다.

▲ 면접, 상담, 심리치료의 유사점과 차이점을 정의하고 토론한다. 그리고 누가 도움을 주는 회기를 수행하는지를 검토한다. 이것은 놀랍고 보상받을 만한 일이 될 것이다.

▲ 상담자 개인의 스타일과 상담 이론에 대한 관점을 정의하는 방법에 대한 적합한 토대를 제시하는 단계적인 접근의 상담대화기술의 지식을 얻는다.

▲ 상담과 심리치료의 주요 목표인 자아실현, 회복탄력성, 내담자가 가진 어려움 해결에 대해 검토한다.

▲ '다문화주의'가 무엇인지, 다양한 배경을 가진 내담자와 작업할 수 있는 것의 중요성에 대한 인식을 개발한다.

▲ 상담과 심리치료 분야의 미래를 위해 뇌과학적 요소를 고려한다.

▲ 첫 번째 연습으로서, 자신만의 고유한 의사소통과 상담 기법을 보여주는 상담 회기를 녹음·녹화하라. 이 첫 번째 연습으로 1장을 마치며, 이 연습은 후에 이 책을 학습하는 동안 상담 스타일이 어떻게 바뀔지 검토할 수 있는 기초 자료를 제공한다.

▶ 도입: 내담자에게 하는 '올바른' 반응이란 무엇인가?

16세의 시에나(Sienna)는 첫 아이를 임신한 지 8개월이 되었다. 그녀는 다음과 같이 말했다. "프레디(Freddy, 아이 아빠)를 만날 수 있으면 좋겠어요. 그가 아이와 나를 봤으면 좋겠어요. 프레디는 우리와 함께 있기를 원할 거예요. 하지만 엄마는 내가 집으로 돌아오기를 원해요. 프레디의 어머니는 우리가 함께 살게 하려고 방이 두 개 있는 아파트를 찾고 있어요. 하지만 엄마가 나를 보내지 않을 것을 알아요. 엄마는 내가 고등학교를 졸업할 때까지 엄마와 함께 있기를 원해요. 솔직히 말하면, 다시는 이런 일이 일어나지 않게 하려고요(그녀가 배를 가리키면서)."

나는 그녀의 이야기를 주의 깊게 들었고 잠시 후에 이렇게 대답했다. "프레디가 아이를 돌보기를 원하고 당신과 관계를 유지하기를 원한다고 들어서 기쁩니다. 당신이 원하는 것은 무엇인가요? 엄마에게 이 모든 것을 말한 뒤에 어떻게 느꼈나요?"

"모르겠어요. 우리는 더 이상 말하지 않아요." 그녀는 보라색 매니큐어를 바른 손톱을 만지작거리며 의자에서 주저앉으면서 말했고 나는 그녀의 슬픈 감정을 공감했다. 하지만 내가 그렇게 하자 그녀는 어머니와 잘 지내던 시절을 기억하고 기분이 약간 밝아 보였다.

그리고 나서 그녀는 프레디와 만나기 전의 삶을 이야기했다. 주로 자신이 함께 어울리던 거칠고, 못되고, 야성적인 소녀 집단에 초점을 맞추었다. 그녀는 우울해졌고 두렵고 낙담한 듯이 보였다. 이 회기는 순탄하게 지나갔고 우리는 좋은 관계를 맺은 것처럼 보였다. 나는 이렇게 이야기했다. "당신의 상황에 대해 이해하게 된 것 같아요. 그리고 더 많은 이야기를 나눌 수 있겠어요. 엄마와 함께 만나기 전에 대화를 계속하는 것은 어때요?"

하지만 놀랍게도 그녀는 이렇게 말했다. "싫어요. 다음 주에 엄마와 함께 이야기해요. 아기는 곧 나올 것이고, 상황은 더 어려워질 거예요." 이 회기를 끝내면서, 그녀에게 물었다. "오늘 회기는 어땠어요?" 시에나는 이렇게 대답했다. "더 희망적이 되었어요. 그리고 말할 수 없다고 생각했던 엄마와의 몇 가지 중요한 주제들에 대하여 내가 말할 수 있도록 선생님이 도울 수 있을 것 같아요."

이것은 5회기 중 첫 번째 회기였다. 이야기가 진행된 대로, 우리는 한 회기에 프레디를 초대했다. 그는 취직을 했지만, 책임감을 직면하는 데 불안해했다. 경제적으로도 상당히 어려웠다. 그 후에는 두 어머니가 함께 회기에 참여했고, 모든 가족이 실행할 수 있는 행동 계획이 세워졌다. 나는 시에나가 10대 임산부를 위한 특별한 프로그램이 있는 학교를 찾도록 도와주었다.

이 사례는 도움 과정의 실제를 보여준다. 상담자는 종종 명백히 긍정적인 결말이 없는 복잡한 문제에 직면한다. 만약 관계를 발달시키고 이야기를 주의 깊게 들을 수 있다면, 더 명확한 목표가 수립되고 해결책이 나올 것이다.

▶ 면접, 상담, 심리치료

면접, 상담, 심리치료는 이 책에서 상호 교차적으로 사용된다. 이것은 공통점이 많으며 (그림 1.1 참고), 때때로 면접은 상담과 심리치료와 비슷할 수 있다. 상담자와 심리치료자 모두 전형적으로 작업의 초기 단계에서 면접을 한다. 공고한 면접 기술을 가지고 있지 않다면 성공적인 상담자나 심리치료자가 될 수 없다.

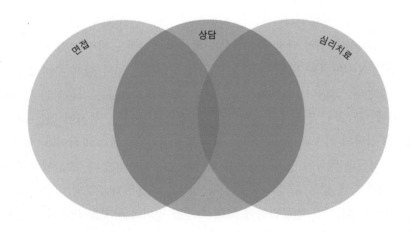

그림 1.1 면접, 상담, 심리치료의 상호관계

표 1.1 도움 전문가의 수	
학교 상담자	131,100
대학 상담자	52,370
정신건강 상담자	114,180
직업 재활 상담자	110,690
물질 남용 및 행동 장애 상담자	76,600
휴먼 서비스 전문가: 사회, 휴먼 서비스 조력자	384,200
결혼 및 가족 상담자	33,990
임상, 상담, 학교 심리학자	100,850
아동, 가족, 학교 사회복지사	276,510
의학 및 공중 보건 사회복지사	138,890
정신의학자	23,140
국제적인 코치 협회에서 인증받은 전문적인 코치	30,000

출처: U.S. Department of Labor. (2012). *Occupational Outlook Handbook* 2010–2011. www.bls.gov/oco/ooh_index.htm. 미 노동부에서 이 자료를 정기적으로 업데이트하고 있다.

면접은 자료를 모으고 정보를 제공하고 내담자에게 조언하고 관심사를 해결하기 위한 작업 가능한 대안들을 제안하기 위해 사용되는 기본적인 과정이다. 면접자는 사무실, 학교, 병원을 포함한 많은 환경에서 활동한다. 예를 들면, 의학, 경영, 법, 지역사회 개발, 도서관 작업, 정부 기관 등의 많은 곳에서 전문 직업인들이 이 기술을 사용한다.

상담은 더 강력하고 개인적인 과정이다. 내담자 정보를 얻기 위한 면접이 중요하지만, 상담은 내담자의 인생을 더 많이 듣고 이해하고 내담자와 함께 머무르면서 성장과 변화를 위한 전략을 개발한다. 상담은 전문적인 상담, 인간관계, 임상 및 상담심리학, 목회 상담, 사회복지, 인사 담당자와 정신과 의사의 역할과도 관련이 있다.

심리치료는 문제해결을 위해 더 많은 시간을 요구하는 보다 깊게 자리 잡은 어려움에 초점을 맞춘다. 그러나 내담자와 처음 만날 때 심리치료자는 기본적인 사실과 정보를 얻기 위해 내담자를 면접하고 종종 상담 기술을 사용한다. 목적이 있는(intentional) 면접 그리고 상담의 기술과 개념은 모두 장기적인 심리치료에 효과적이다. 역사적으로, 심리치료는 정신과 의사의 영역이었지만 회기의 수가 제한되었다. 오늘날 정신과 의사는 대개 약물과 함께 짧은 회기와 치료를 제공한다. 이것은 대부분의 대화(talking) 치료가 정신과 의사보다 다른 전문가들에 의해 수행될 것이라는 것을 의미한다. [표 1.1]은 100만여 명의 다른 도움 전문가에 비해 2만 3000여 명밖에 되지 않는 정신과 의사의 수를 보여준다.

회기 수 Carlstedt(2011)는 심리치료를 경험하는 23,034명 내담자의 전체 회기(218,331회 기)를 검토하였다. 대략 21%의 내담자가 첫 회기 후에 종결하였고, 50%의 내담자가 4 회기 후 종결하였다. 다른 25%는 5~10회기 후 종결하였고, 대부분은 35회기까지 치료를 마쳤다. 이것이 의미하는 것은 무엇인가? 어떤 내담자들은 단회로 요구를 충족시키려고 하고, 단회 상담이 대부분의 주제를 해결하기 충분하다고 생각한다. 하지만 Sue와 Sue(2013)는 백인이 아닌 내담자의 50% 정도가 첫 회기 후에 종결한다고 하였다. 어떤 내담자는 단회로 그들이 필요로 하는 도움과 정보를 제공받지만, 많은 다른 내담자들은 상담과 치료가 가치 있다는 것을 아는 데 실패한다.

정신과 의사의 수가 도움 직종의 전문가들 중 가장 적다. 하지만 도움을 주는 분야의 본질을 정의하는 가장 강력한 힘을 가지고 있다. 특히 그들은『정신 장애 진단 및 통계 편람(Diagnostic and Statistical Manual of Mental Disorders)』(이하 *DSM*)으로 내담자의 문제를 명명화하여 권한을 유지한다. 진단 회기에는 2시간 이상의 시간이 걸린다. 동시에 정신과 의사는 전형적으로 짧은 회기 안에서 약물 치료에 초점을 맞추고 대면 치료에 요구되는 시간을 제공할 수 없을지도 모른다. 국민의 정신건강 요구를 충족시키는데 있어서 당신이 속한 직업군의 책임은 무엇인가?

▶ 과학과 예술로서의 상담과 심리치료

이 장은 과학과 예술로서의 상담을 소개한다. 상담과 심리치료는 효과성을 높이는 자질과 기술들을 확인해주는 견고한 연구와 과학적인 토대를 가지고 있다. 과학은 경청 기술을 변별하였고, 효과적인 도움의 중추적인 역할을 한다는 것을 증명했다. 하지만 증거 기반 접근 그 자체로는 충분하지 않다. 상담자로서 당신은 개인적인 경험, 색깔, 캔버스를 가지고 아름다운 그림을 그리는 기술과 지식이 있는 예술가와 비슷하다. 당신은 도움이라고 부를 수 있는 상호 대면적인 관계에 색깔과 의미를 부여하는 경청자이다.

시에나와 같은 내담자와 작업하는 상담자는 증거 기반 상담 기술과 상담과 심리치료의 이론에서 파생된 전략과 상담 기술 역량이 필요하다. 하지만 모든 내담자들은 독특하다. 과학적인 연구들은 내담자 개인에게 가장 유용한 것을 정확하게 짚어줄 수 없다. 그러므로 상담과 심리치료는 과학적인 토대를 가지고 있지만, 과학을 적용하는 것은 예술의 형태를 띤다. 과학은 토대를 제공하지만 상담자는 그것을 탄생시키는 예술가이다.

상담자는 예술가, 음악가, 숙련된 운동선수와 같이 다른 사람과 공유하는 데 타고난 재능이 있다. 하지만 필요할 때 방향을 바꾸고 놀랄 만한 상황에 대비하는 것이 필요하다. 이것은 상담자의 기술이 예술가로서 발현되는 부분이다. 증거 기반 심리치료의 어떤 측면이 특정한 혹은 어려운 상황에 유용한가? 이론, 기술, 전략이 전문가로서의 작업에 필수적일지라도, 상담자는 이론, 기술, 전략을 함께 결합해 사용하면서 다른 사람의 성장과 발달을 촉진시킬 수 있는 사람이다.

다음 내용은 과학과 예술을 의도성과 문화적 의도성의 개념으로 확장한다.

▶ 유연한 상담자와 내담자: 의도성과 문화적 의도성

만약 당신이 그 아이디어를 좋아하지 않는다면 나는 다른 아이디어를 가지고 있다.

_Marshall McLuhan

내담자의 발전을 촉진하는 방법들은 많다. 유능해질수록 새로운 기술과 이론을 자신에게 자연스럽도록 맞추는 방법을 배우게 된다. **의도성**은 이 책의 중요한 목표이다. 우리는 상담자가 자신 그대로의 모습이기를 요청한다. 하지만 보다 다양한 내담자를 돕기 위해서는 내담자의 독특함을 새로운 방식으로 배우고 내담자의 행동을 끊임없이 변화시켜야 한다. 따라서 상담자가 유연해야 할 필요성이 있음을 깨닫기를 바란다.

상담을 처음 배우는 학생들은 종종 내담자에게 올바른 정답을 알려주기 위해 노력한다. 사실 초보 상담자들은 이것에 너무 열중하여 종종 부적절하고 시기상조인 일회성 충고를 한다. 예를 들면, 상담자의 개인적인 이슈와 국적, 인종, 성, 라이프스타일, 종교적인 문제와 같은 문화적인 요인들이 시에나를 위한 회기 계획과 상담자의 반응을 편향시킨다. 의도적인 상담과 심리치료는 하나의 반응이 옳은 것이 아니라 얼마나 많은 잠재적인 대답이 유용한지에 관심이 있다. 우리는 의도성을 다음과 같이 정의한다.

> 문화적 의도성을 포함한 의도성은 유능감(sense of capability)과 함께 작동하며 대안 행동으로부터 결정한다. 목적이 있는 개인은 변화하는 상황에 대응하기 위한 하나의 행동, 생각 또는 태도 이상을 가지고 있다. 문화적으로 의도적인 개인은 주어진 상황에서 대안을 생각해내고 다양한 초점에서 문제에 접근하고 다양한 기술과 개인적인 능력을 활용하며 다른 개인과 문화에 적합한 스타일로 전환한다.

> 문화적으로 의도적인 상담자 또는 심리치료자는 도움의 기본적인 원칙을 기억한다. 만일 도움이 되지 않거나 기술이 효과적이지 않다면 다른 접근을 시도하라. 상담과 심리치료 같은 대화가 문화나 개인적인 삶의 경험이 다른 각 개인에게 불러일으키는 효과가 다르다는 것을 기억해야 한다. 왜냐하면 우리 모두는 독특한 의사소통의 방식을 가진 독특한 개인사를 가지고 있기 때문이다. 고정관념에서 벗어나라. 문화에 상관없이 개인은 다양하기 때문이다.

▶ 의도성, 회복탄력성, 자아실현

자기 자신에 대하여 좋은 감정을 느끼는 사람들은 좋은 결과를 만들어간다.

_Kenneth Blanchard

내담자 대부분은 자신이 효율적으로 기능하지 못한다고 느껴서 상담자를 찾아온다. 내담자는 무엇이 잘못되어있는지에 집중한다. 그리고 그들은 스트레스를 받고 있다. 내담자는 꽉 막히고, 정신적으로 지친 상태며, 행동할 수 없다고 느낀다. 그들은 인생의 결정을 내릴 수 없고, 경력을 쌓아갈 수도 없을 것이다. 그들은 부정적인 자아 개념을 가지고 있거나 타인에 대한 분노로 가득 차 있다. 부정적인 것들에 초점을 맞추는 것은 우리가 내담자의 의도성과 회복탄력성, 자아실현을 발달시키는 것을 강조하여 극복하기를 바라는 것이다.

의도성

몇 회기 안에 내담자의 모든 문제와 어려움을 해결하기를 기대할 수 없다. 하지만 짧은 시간 안에 상담자는 내담자와 함께 있으면서 변화를 이끌어낼 수 있다. 먼저 의도성과 유연성이 상담자에게 무엇을 의미하는지 생각하라. 내담자는 상담자가 경청하고 존중한다고 느낌으로써 도움을 받고 더 힘을 낼 것이다. 그리고 그들은 문제를 의도적으로 유연하게 해결할 것이다. 대학 전공 선택, 이직, 장기간 교제 후 이별, 큰 상실 후의 가벼운 우울증 다루기 등의 즉각적인 문제를 해결하면 내담자는 더 강해지고 주어진 기능을 더 잘 수행할 것이다.

회복탄력성과 의도성

효과적인 상담과 치료의 장기적인 목표는 내담자가 회복탄력성을 발달시키는 것이다.

> 회복탄력성은 큰 변화, 트라우마, 비극, 위협 또는 극심한 스트레스에 직면할 때 개인이 긍정적인 행동적 적응을 보이는 역동적인 과정이다. (Luthar, Cicchetti, & Becker, 2000)

의도성을 발달시킴으로써 회복탄력성을 발달시킬 수 있다. 상담자는 유연하게 되기를 원하고, 변화하는 놀라운 사건과 함께 앞으로 나아가기를 원하지만 내담자 역시 동일한 능력을 필요로 한다. 내담자가 문제를 해결하도록 돕는 것은 내담자의 회복탄력성을 증가시키는 것에 기여한다. 상담자는 내담자가 꽉 막힌 상태에서 행동으로, 미결정에서 결정으로, 혼란스러움으로부터 비전의 명확성으로 이동하는 것을 돕는다. 변화한 내담자에게, 내담자가 회복탄력성과 장기적인 성공을 촉진할 수 있는 역량을 가지고 있음을 강조하라.

이 책은 다양한 기술과 전략을 제공하고, 내담자의 회복탄력성과 긍정적인 발달을 촉진시키기 위해 기획되었다.

자아실현

Carl Rogers와 Abraham Maslow는 상담과 심리치료의 목표로 자아실현에 주목했다. 의도성 및 회복탄력성과 밀접하게 관련된 자아실현은 다음과 같이 정의된다.

> 심리치료에서 치료적 힘, 즉 잠재력을 발현시키기 위해 스스로를 실현시키는 인간의 경향성……. 모든 유기체의 가능성을 표현하고 활성화시키는 것. (Rogers, 1961, pp. 350-351)

> 유기체에게 이미 있는 것의 본질적인 성장, 또는 더 정확하게 유기체 그 자체인 것……. 자아실현은 결핍 욕구보다 성장 욕구로서 동기화된다. (Maslow, Frager, & Fadiman, 1987, p. 66)

내담자가 어떤 상황에 처해 있든지, 상담자는 궁극적으로 좋은 결과를 희망하면서 내담자가 자기 자신에 대해서 좋은 감정을 갖게 되기를 원한다. 이것은 부적절하고 현명하지 않고 해로운 행동의 승인을 의미하지 않는다. 공감은 상담자가 내담자와 함께 있고, 내담자 이해를 필요로 한다. 하지만 상담자는 내담자나 타인에게 해로울 수 있는 행동을 지지하거나 동의해서는 안 된다.

Rogers와 Maslow 모두 도전을 이겨내는 개인의 능력과 삶에 대한 책임감에 강한 신념을 가지고 있다. 이 과정에 내담자를 위해 당신은 그곳에 있기를 원한다.

상담과 심리치료 회기는 내담자 개인을 위한 것이지만, 내담자가 다차원적이고 다문화적 사회적인 맥락에서 존재한다는 것을 잊으면 안 된다. 상담 이론과 실제는 내담자를 사회적 맥락에서 보는 것을 종종 간과한다.

이제 의도성, 탄력성, 자아실현을 목표로 하는 기술과 전략을 살펴보자.

▶ 도움 과정의 핵심 기술: 상담대화기술 위계

상담과 심리치료는 내담자와 관계를 맺은 후에 가능하다. 상담자는 내담자의 이야기를 듣고 이끌어냄으로써 내담자가 문제를 해결하도록 도움을 준다. 이 책은 그 목표를 향한 핵심 기술과 전략을 설명한다.

상담대화기술(microskills)은 목적이 있는 상담과 심리치료의 바탕이 된다. 상담대화기술은 상담자가 다양한 내담자와 함께 그리고 상담과 심리치료의 모든 이론을 적용하며 작업할 구체적 대안을 제공하는 회기의 의사소통 기술들이다. 당신은 이 기술을 하나씩 숙련해야 하고, 그러고 나서 잘 형성된 회기 안으로 이 기술들을 통합시켜야 한다.

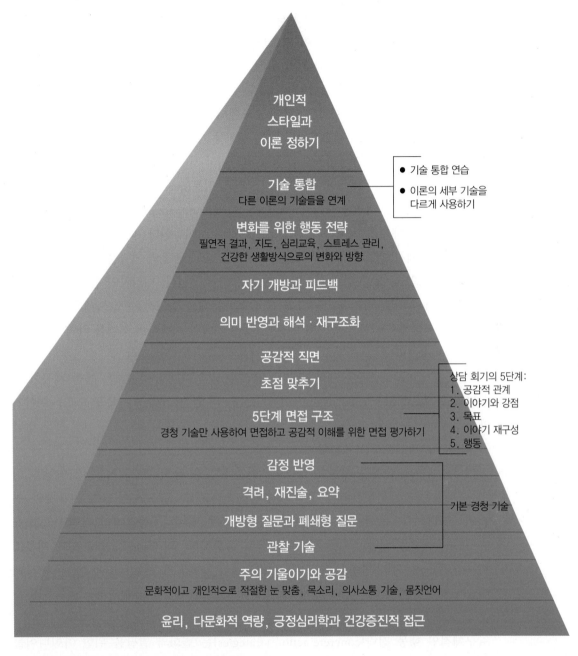

그림 1.2 상담대화기술 위계: 문화적 의도성을 구성하는 피라미드

상담대화기술을 온전히 활용하는 상담자는 효과적으로 경청할 수 있고 내담자가 변화하고 성장하는 것을 도울 수 있다. 상담대화기술의 효과적인 사용은 내담자가 상담자의 개입에 어떻게 반응할 것인지 기대하고 예견하도록 한다. 그리고 만약 내담자가 상담자가 기대한 것을 하지 않는다면, 내담자의 요구에 맞는 기술과 전략으로 바꾸어 개입할 수 있을 것이다.

상담대화기술 위계(microskills hierarchy)는 의도적인 상담과 심리치료의 성공적인 단계를 요약한다(그림 1.2). 이 기술들은 **윤리**(ethics), **다문화적 역량**(multicultural competence), **건강함**(wellness)의 기반 위에 존재한다. 첫 번째로 토론되는 기술은 **주의 기울이기 행동**(attending behavior)이며, 그 후에는 경청이다. 주의 기울이기와 경청 기술은 다른 모든 기술과 상담 회기의 5단계 구조에서 중요한 요소다. 이 책을 통해 당신은 모든 상담대화기술을 세부적으로 검토하는 기회를 가질 것이다. 그리고 더 많은 의미를 읽고 각 기술을 연습하고 궁극적으로 실제 회기에서 기술을 사용할 수 있을 것이다.

일단 주의 기울이기 행동에 숙달되면, 당신은 **질문**(questioning), **관찰**(observation), **격려**(encouraging), **재진술**(paraphrasing)은, **요약**(summarizing), **감정 반영**(reflecting feelings)의 상담대화기술 피라미드를 타고 순서대로 이동한다. 더 높은 위치에 놓여있다 해도 위계에서 반드시 더 높은 것은 아니다. 경청과 존중의 기술을 발달시키지 않으면, 피라미드의 더 높은 위계에 도달해도 아무 의미가 없다. 내담자와 함께하는 자신의 스타일을 개발하라. 하지만 내담자의 이야기와 문제를 경청하는 것은 매우 중요하다. 중심적인 기술에서 기본을 탄탄히 다지면, 경청 기술만 사용하여 회기를 완벽하게 수행할 수 있을 것이다.

5단계(five-stage) 모델은 세부 기술을 완벽한 상담 회기로 통합하는 틀을 제공한다. **공감적 관계**(empathic relationship)−**이야기**(story)와 **강점**(strength)−**목표**(goals)−**이야기 재구성**(restory)−**행동**(action) 틀은 종합적 체계를 제공하고 내담자와 당신의 모든 만남을 위한 체크리스트서 사용된다.

그다음에는 내담자가 개인적이고 내부적인 갈등을 탐색하도록 돕는 데 영향을 미치는 기술을 소개할 것이다. **초점 맞추기**(focusing)는 당신과 내담자가 문제와 연관된 문화적이고 맥락적인 주제들을 보도록 도울 것이다. **공감적인 직면**(empathic confrontation)은 내담자의 성장과 변화에서 중요하다. **해석**(interpretation)과 **재구조화**(reframing), **의미 반영**(reflection of meaning), **자기 개방**(self-disclosure), **피드백**(feedback)은 특히 이야기 재구성 단계에서 직접적으로 내담자에게 영향을 미칠 가능성을 정교화한다.

구체적인 행동 전략(concrete action strategies)은 변화와 발달을 위한 아이디어를 시험하고 상담자 스스로 제공하는 변화 촉진 기술의 배열을 포함한다. **필연적 결과**(logical consequences)의 전략을 먼저 설명하고, 내담자에게 정보와 방향을 제공하는 가장 좋은 방법을 설명한다. 연구 결과는 **스트레스 관리**(stress management), **심리교육**(psychoeducation), **건강한 생활방식으로의 변화**(therapeutic lifestyle changes: TLCs)를 신체와 정신을 건강하게 하는 방법으로 강조한다.

경청 기술을 숙련하고 경청 기술만으로 회기를 진행할 역량을 갖추면, 그리고 변화 촉진 기술과 전략을 사용할 수 있다면, 상담자는 상담과 심리치료의 다양한 이론들에서 능숙해질 수 있다. 상담자는 상담대화기술이 다른 접근을 이용한 다른 방식으로 조직될 수 있다는 것을 발견할 것이다. 예를 들어, 상담자가 경청 기술과 5단계에 숙달되면, 당신은 결정을 내려야 하는, 인간중심 상담 및 다문화적 상담과 심리치료와 의미치료의 기초에 완전히 능숙해지기 위한 유용한 기초를 가지게 된다. 그리고 13장은 위기 상담과 인지행동 상담을 설명한다.

상담대화기술 피라미드의 최상위 부분은 상담자가 자신의 스타일과 이론을 결정하고 기술을 통합하는 것이다. 기술, 전략 그리고 5단계에서의 유능성은 충분하지 않다. 결국 상담과 심리치료의 수행에서 상담자 자신의 접근법을 결정해야 할 것이다. 상담자와 심리치료자들은 독립적으로 활동한다. 도움을 주는 대다수의 사람들은 스스로의 기술과 이론을 통합시키는 절충주의를 통해 자신의 스타일을 개발하기를 선호한다.

상담자는 전문성과 역량을 얻게 되면서 내담자가 상담자와 자신만의 고유한 스타일에 전반적으로 독특한 반응을 보인다는 것을 알게 될 것이다. 많은 내담자가 상담자와 큰 어려움 없이 작업하지만, 상담자가 내담자와 내담자만의 스타일에 적응할 것을 요구할 것이다. 문화적 의도성은 다양한 내담자를 돕는 대안을 제공할 것이다.

상담대화기술을 배우기 위한 모델은 연습 중심적이며 단계적인 과정을 따른다. 단계적인 과정은 학습의 기본 틀로서 이 책의 각 장에 나타날 것이다.

1. **준비하기**(warm up): 도움 기술의 가장 필수적인 부분으로서 각 기술과 전략에 집중하고 확인하기
2. **조망**(view): 축어록과 과정 분석을 통해 활용되고 있는 기술 보기
3. **읽기**(read): 기술에 대해서 읽기. 또는 기술의 효과적인 사용에 대한 강의를 듣기. 인지적인 이해는 기술 발달에 필수적이지만, 이해는 역량을 나타내지는 않는다. 이해한 것을 꼭 수행할 수 있는 것은 아니다.
4. **연습하기**(practice): 이상적으로 상담 기술을 위해 비디오와 오디오로 녹화 · 녹음하기. 관찰자와 함께하는 역할극 연습과 피드백 또한 효과적이다.
5. **일반화하기**(generalize): 자기 평가 완료하기. 기술을 통합하고, 행동 계약을 상담과 심리치료의 실제에 적용하기

기술을 빠르게 훑어보고 이해할 수 있지만, 진정한 전문가가 되기 위해서는 연습을 해야 한다. 많은 학생들은 기술을 사용하는 데 어설프며, 나는 학생들이 실제적인 유능감을 거의 얻지 못하는 것을 보았다. 내담자에게 이 기술들을 가르치는 것은 또한 효과적인 상담과 치료적인 기술이라는 것이 증명되었다(Daniels, 2014).

이 책의 상담대화기술은 공감적인 관계를 발달시키고 내담자의 이야기와 문제를 꺼내고 내담자와의 대화 결과는 변화와 성장이라는 것을 확인시켜준다.

정보, 생각, 느낌을 불러오는 방식으로서 이야기의 중요성은 아래에서 논의된다. 상담대화기술은 효과적인 듣기를 촉진시키고 내담자의 욕구와 바람을 보다 명확하게 한다.

▶ 잘 구성된 상담과 심리치료 회기에서 내담자 이야기 끌어내기

상담과 심리치료는 내담자 이야기에 관심이 있다. 상담자는 다양한 이야기를 들을 것이다. 예를 들어, 행동을 취하는 데 있어서 무능력함과 미룸, 우울증과 물질남용의 이야기, 그리고 내담자의 변화에 유용한 강점과 용기의 이야기 등. 상담자의 첫 작업은 이 이야기를 주의 깊게 듣는 것이다. 그리고 내담자가 어떻게 생각하고 느끼고 행동하는지를 배우는 것이다. 때로는 공감과 관심을 가지고 주의 깊게 듣는 것은 의미 있는 변화를 이끌어내기에 충분하다.

상담자는 또한 내담자가 자신의 이야기를 새로운 다른 방식으로 생각하는 것을 도울 것이다. 상담과 심리치료라는 대화를 통해서 당신은 오래된 이야기를 새롭고, 더 긍정적이고 생산적인 이야기로 다시 쓰고, 생각하고, 이야기하는 것을 도울 것이다. 이 결과는 감정적인 경험에 대한 더 깊은 인식을 가져올 것이고, 더 유용한 방식의 생각을 하도록 하며, 새로운 행동을 취하도록 할 것이다.

발달과 성장은 상담자가 하는 모든 활동의 목표이다. 내담자가 큰 변화 가능성을 가지고 있음을 유념하라. 부정적이고 문제 중심의 이야기 안에서 상담자가 해야 할 과제는 내담자를 더 강하게 만드는 강점과 자원을 찾는 것이다. 만약 내담자의 과거와 현재로부터 모범이 되는 예시를 발달시킬 수 있다면 당신은 내담자의 가장 어려운 상황과 이야기조차도 격퇴시킬 수 있다.

8세 아동이 친구에게 놀림을 당해 울면서 상담자를 찾아왔다고 상상해보라. 상담자는 이야기를 끌어내고 듣는다. 당신의 따뜻함과 주의 깊은 관심은 아동을 진정시킬 것이다. 이 아동은 강점을 가지고 있고 당신은 그중 몇 개를 강조한다. 상담자는 상담을 도와주는 사람과 함께 문제에 대해서 이야기하러 오는 지혜에 대해 이야기를 나눈다. 상담자는 언어적·신체적 능력과 같은 아동의 강점 몇 가지의 구체적인 예를 언급한다. 동시에 당신은 아동이 누군가를 돕고 있다는 것을 알아준다. 또는 아동을 지지하는 가족들을 언급할 수도 있다. 내부적인 강점을 통해서 문제가 극복될 수 있음을 은유적으로 설명하는 이야기를 들려주거나 짧은 책을 읽어준다. 그러면 나중에 상담자는 아동이 친구의 놀림에 다르게 반응한다는 것을 알아챌 것이다.

아동과 상담자의 간단한 상호작용이 어떻게 이러한 변화를 이끌었는가? 경청의 결과, 긍정적 자산과 강점을 발달시킴으로써, 스토리텔링을 통한 새로운 관점을 얻음으로써 상담자와 아동은 사건을 다시 쓰고 새로운 이야기와 미래의 행동을 계획한다. 아동에게 사용된 간단한 치료 구조는 청소년, 성인, 가족 등과의 상담으로 확장될 수 있다. 이야기 듣기, 그 이야기 또는 다른 인생 이야기에서 긍정적인 강점 발견하기, 행동을 위한 새로운 이야기 다시 쓰기는 상담과 심리치료와 같다. 간단하게 말하면, **공감적 관계-이야기와 강점-목표-이야기 재구성-행동**이 상담과 심리치료다.

물론 매번 상담자는 복잡한 이슈에 직면할 것이다. 그런 경우 주의 깊게 듣고 이야기를 축소시키지 말아야 한다. 아동의 눈물 뒤에는 학대의 역사나 더 심각한 문제가 있을 것이다. 그래서 당신은 이야기를 듣는 동시에 이야기 뒤에 숨겨진 채 말하지 않은 더 복잡한 이야기를 찾을 것이다.

▶ 공감적 관계-이야기와 강점-목표-이야기 재구성-행동

이야기치료는 상담과 심리치료 회기를 이해하는 비교적 최신 모델이다(Holland, Neimeyer, & Currier, 2007; Monk, Winslade, Crocket, & Epston, 1997; White & Epston, 1990; Whiting, 2007). 이야기치료는 스토리텔링과 새로운 의미의 생성을 강조한다. 내레이션, 스토리텔링, 대화의 개념은 상담과 심리치료에서 기술, 전략, 이론을 검토할 때 유용한 틀이 된다.

이 책은 공감적 관계-이야기와 강점-목표-이야기 재구성-행동의 5단계를 통하여 스토리텔링의 기본 개념을 확장할 수 있도록 한다. 이 5단계는 모든 상담과 심리치료 회기를 볼 수 있는 틀을 제공한다. 인간중심 이론, 인지행동 이론, 단기치료, 정신분석 및 대인관계적 접근과 같은 다양한 상담 이론은 도움 과정의 이야기로 볼 수 있다. 각 이론의 이야기는 내담자와 작업하는 다양한 시점에 유용하다.

나중에 논의할 뇌과학의 개념을 이끌어내는 것, 이야기 재구성하기는 또한 '뇌를 다시 연결(rewiring)하는 것'으로 설명될 수 있다. 내담자가 새로운 방식으로 생각하면서 새로운 신경망이 만들어지고 장기 기억으로 옮겨진다. 그리고 이것은 오래된 역기능적인 사고방식을 바꾸고 변화시킨다.

이야기와 상담대화기술은 당신이 다양한 이론과 전략의 전문가가 되게 할 것이다. 이 접근은 당신이 다양한 이론과 전략을 더 잘 이해하도록 하고, 더 유능하도록 할 것이다.

공감적 관계

따뜻하지 않고 환영해주지 않거나 관심을 보이지 않는 누군가에게 이야기하고 싶은 사람은 없다. 만약 상담자가 내담자와 라포(rapport), 신뢰를 형성할 수 없다면 변화는 일어나지 않는다. 모든 회기에서 관계는 다를 것이고 당신의 사회적 기술과 이해를 평가할 것이다. 관계의 기본은 자연스러운 자신이 되는 것이고 다른 사람 그리고 그 어떤 형태의 다름에도 개방적이 되는 것이다. 주의 기울이기와 공감적인 경청 능력은 이해에서 중요한 요인이고 모든 회기에서 중요한 부분이다.

관계의 다른 용어는 **작업동맹**이다. 이것은 **공통 요인** 접근(common factors approach)의 근거가 된다. 비록 항상 인용되는 것은 아닐지라도 Carl Rogers와 인간중심 이론은 관계와 작업동맹에 대한 기본 이해를 제공한다. 성공적인 상담과 치료 결과의 30%는 관계,

관심 기울이기, 공감, 수용, 친밀성, 격려라는 공통의 요인에 의한 것으로 보인다(Imel & Wampold, 2008). 상담자가 경청하고 내담자와 함께 있는 능력이 있어야 회기가 시작된다.

이야기와 강점

1부에서 설명하는 경청 기술은 내담자가 자신의 세계, 즉 삶, 문제, 도전, 그리고 주제에 대한 이야기를 어떻게 지각하는지 배우기 위해 필요하다. 상담자는 내담자가 자신의 방법으로 자신의 이야기를 하도록 도울 필요가 있다. 집중하기 또는 관찰 기술은 필수적이고 격려, 재진술, 요약, 감정 반영은 이야기를 풍부하게 한다. 어떤 이론을 사용하더라도 그리고 상담 이론에 따라 다양한 결과를 초래하는 서로 다른 이야기를 이끌어낼지라도 경청 기술은 중요하다.

8장과 함께 3장에서 기술된 경청과 관찰 기술은 문제를 풀기 위한 강점과 함께 내담자의 어려움, 관심 그리고 이슈를 이끌어내는 열쇠가 될 것이다. 때로 상담은 흐느끼거나 불평하는 부정적인 이야기의 반복으로 우울한 상황이 되기도 한다. 내담자가 장애를 극복하도록 도와줄 때 경청하라. 장애를 극복하고, 행동을 개시하고, 긍정적인 변화를 유지하는 영웅적인 이야기를 듣고 거기에서 나타나는 내담자의 역량에 호기심을 가져라(Duncan, Miller, & Sparks, 2004, p. 53).

목표

만약 당신이 어디로 가고 있는지 모른다면 다른 어떤 곳에 다다르게 될 것이다. 갈팡질팡 진행된 회기가 많으면 초점이 흐려질 수 있다. 일단 상담자가 이야기를 들으면, 상담자와 내담자가 새롭고 더 효과적인 이야기에 대한 필요성이 생기게 된다. 상담자와 내담자는 어떻게 이야기를 발전시키고 싶은가? 적절한 결말은 무엇인가? 만약 내담자가 목표가 없다면 새로운 이야기를 만들 수 없다. 단기 상담(brief counseling)에서 이것이 중요하다. 그리고 상담자는 종종 바로 여기에서 회기를 이렇게 시작한다. '대화 결과로 오늘 무엇이 일어나길 원하십니까?'

이야기 재구성

만일 내담자의 이야기, 강점, 목표를 이해한다면 상담자는 내담자가 스스로에 대해서 이야기하는 새로운 방법을 시도할 이야기 재구성(restory)을 도울 준비가 된 것이다. 이야기 재구성을 돕는 전략은 8장에서 제공되는데, 8장에서는 오로지 경청 기술만 사용하여 회기 전체를 구성할 수 있는 역량을 증명할 것이다. 많은 경우에 효과적인 경청은 내담자에게 자신의 새로운 이야기를 발전시킬 힘과 강점을 제공하는 데 충분하다.

그러나 이야기 재구성 과정은 특히 직면, 피드백, 필연적 결과와 같은 변화 촉진 기술(9~13장)의 사용으로 잘 도울 수 있다. 5단계의 틀은 내담자가 의미를 만드는 새로운 방식을 찾도록 돕는다. 단계와 기술은 내담자를 돕는 다양한 이론에서 중심적이지만, 각 상담 이론은 내담자의 이야기에 대해 다른 방식으로 생각하고 말하는 방법을 제공할 것이다.

예를 들어, 인간중심 이론은 자기 발견, 감정, 의미를 강조하고, 반면 인지행동 이론은 내담자의 생각과 행동을 바꾸는 적극적인 방법을 제공할 것이다. 정신역동적 접근에서의 새로운 이야기는 단기 상담의 이야기와 많이 다를 것이다. 이야기 재구성 과정에서 각 이론은 다른 언어 체계를 사용할 것이다. 하지만 모든 체계는 내담자에게 새로운 방식으로 존재하는 방법을 제공하는 이야기로 보아야 할 것이다.

이론적인 다양성에 대한 인식은 중요하다. 모든 상담 이론은 내담자가 자신의 걱정과 문제에 대해서 다른 방식으로 생각하도록 돕는다. 하지만 각 이론은 상담의 목표와 의미에 대한 자기만의 이야기를 가지고 있다. 그 결과, 각 이론은 다른 행동, 다른 신념, 다른 감정적인 경험을 이끌지도 모른다. 상담자는 자신만의 방식을 정의하면서 전문적인 도움의 영역에서 제공되는 다양한 가능성에 개방적일 필요가 있다.

행동

이 마지막 단계에 특히 집중하라. 이전의 모든 노력은 내담자가 새로운 행동을 하지 않으면 아무 소용이 없다. 내담자와 내일 그리고 다음 주 동안 새로운 방식으로 생각하고 행동할 것을 계약하라. 과제는 변화 과정에서 꼭 필요하다. 내담자가 새로운 생각, 감정, 행동을 실제 생활로 가져가면 변화를 만들 수 있다.

자신만의 상담과 심리치료에서의 이론적이고 실제적인 이야기를 개발하라. 이 책에서 당신의 작업이 성공적이라면, 당신은 기본적인 기술과 전략을 제대로 이해하고 있을 것이며, 아마도 가장 필수적인 몇몇 관점으로 회기를 수행할 수 있을 것이다. 상담자는 상담과 심리치료에서 자신의 개인적인 이야기 그리고 상담과 심리치료 이론을 쓰는 과정을 시작할 것이다. 상담자는 이론과 실제에 대해 개인적으로 구성하면서 내담자와 동료들로부터의 끊임없는 도전과 성장에 개방적일 것을 희망한다.

▶ 다문화적 세상

모든 면접과 상담은 다문화적이다.

_Paul Pedersen

연구 수행과 정신의학으로서의 심리학은…… 맥락, 맥락, 맥락에 관심을 기울이면서 시작해야 한다. 그리고 언어, 문화, 사회경제적인 지위 등의 많은 다른 복잡성을 소개한다.

_Jerome Kagan

다문화주의(multiculturalism)는 다양성 또는 다문화적 주제로서 토론되며 넓게 정의되고 있다. 전에는 다문화가 인종만을 의미했지만 지금은 정의가 확장되고 있다. 우리 모두는 다문화적이다. 만약 당신이 백인, 남자, 이성애자, 앨라배마 출신, 기독교인이고, 장애가 없다면, 당신은 구별되는 문화적인 배경을 가지고 있다. 앨라배마를 캘리포니아나 코네티컷으로 바꾸면 문화적 배경은 매우 달라진다. 유사하게, 피부색, 성, 성적 정체성, 종교, 또는 신체적 능력을 바꾸면 문화적인 배경은 다시 크게 변하게 된다. 다문화주의는 다양한 문화를 의미한다.

알든 알지 못하든, 우리 모두는 다문화적인 존재다. 문화는 공기와 같다. 우리는 아무 생각 없이 숨을 쉰다. 하지만 공기는 생존에 꼭 필요하다. 문화는 '밖에 있는' 것이 아니다. 오히려 문화는 세상에 대한 우리의 관점에 영향을 미치면서 우리 모두의 내부에서 발견된다. 문화적 차이에 대해 작업을 시작하고 문화적 차이에 대해서 배우라. 그리고 내담자에게 명백히 충분하지 않다면 여러 회기에 걸쳐 공감적인 관계를 유지할 방법을 찾으라.

다문화적 역량은 상담과 심리치료에서 필요불가결하다. 우리는 다문화적 세상에 산다. 모든 내담자는 문화적으로 다를 것이고 상담자와도 다를 것이다. 내담자의 독특함에 대한 민감성과 기본적인 이해가 없다면 상담자는 관계를 맺는 데 실패할 것이고, 내담자의 진짜 어려움을 아는 데 실패할 것이다. 그러므로 이 책은 우리 모두가 경험하게 될 다문화적 주제와 기회를 검토할 것이다.

▶ RESPECTFUL 상담과 심리치료

RESPECTFUL 모델(D'Andrea & Daniels, 2001; Ivey, D'Andrea, & Ivey, 2012)은 다문화주의가 인종과 종교보다 훨씬 더 많은 의미를 지닌다는 것을 보여준다. 아래 설명을 보면서, 먼저 상담자 자신의 다문화적 배경을 명확하게 하라. 그리고 각 항목에서 문화적으로 비슷하거나 다른 사람들에 대한 당신의 신념과 태도를 성찰하라. 문화적으로 다른 내담자와 함께 작업하는 데 당신은 얼마나 준비되어있는가? 모든 내담자가 몇 가지 영역에서 상담자와 문화적으로 다르다.

R   종교와 영성(Religion/Spirituality): 당신의 종교적·영적 경향성은 무엇인가? 이것이 상담자로서 당신의 생각과 감정, 행동에 어떻게 영향을 미치는가?

E   경제적·계급적 배경(Economic/Class background): 당신과 다른 사회경제적 배경을 가진 내담자와 어떻게 작업할 것인가?

S   성적 지향성과 성 정체성(Sexual orientation): 당신과 성이나 성적 경향성이 다른 내담자와 얼마나 효율적으로 작업할 수 있는가?

P　　개인적 스타일과 교육(Personal style and education): 당신의 개인적인 스타일과 교육적 수준이 상담 실제에 얼마나 영향을 미치는가?

E　　민족적·인종적 정체성(Ethnic/racial identity): 피부색은 우리가 가장 먼저 알아차리는 특징 중의 하나다. 다른 인종과 민족에게 당신은 어떻게 반응하는가?

C　　연령별, 전 생애에 걸친 어려움(Chronological/lifespan challenges): 아동기, 청소년기, 청년기, 성인기, 장년기는 모두 다른 문제와 도전에 직면한다. 당신은 발달상 어떤 생애 주기에 와있는가?

T　　외상(Trauma): 90% 또는 그 이상의 사람들이 삶에서 심각한 외상을 경험한다. 외상은 내담자가 직면하는 어려움의 이면에 존재한다. 전쟁, 홍수, 학대, 강간 등은 모두 강력한 예이다. 그리고 일반적인 외상의 예로는 심각한 사고, 이혼, 부모 부재, 알코올 의존증을 가진 가족이 있는 가정에서 자란 것 등이 있다. 인종차별주의자, 성차별주의자 또는 동성애 혐오주의자의 반복적인 행동과 말은 외상 경험이다. 당신은 인생에서 외상을 경험한 적이 있는가? 우리는 이제 외상을 우리 모두가 살면서 경험하는 '정상적인' 경험으로 인식한다.

F　　가족 배경(Family background): 우리는 가족 안에서 문화를 배운다. 양친 부모와 두 자녀 가족이라는 오래된 모델은 한 부모 가족, 게이 가족, 그리고 다양한 가족 구도에 의해 도전을 받는다. 당신 가족(직계 가족이나 여러 세대에 걸친 원가족)의 역사는 당신 인생에 얼마나 영향을 끼쳤는가?

U　　특별한 신체적 특징(Unique physical characteristics): 장애, 특별한 도전, 그리고 아름다움에 대한 잘못된 문화적 기준에 대해 깨달으라. 그리고 신체적인 건강은 정신건강에 중요하다. 운동, 영양, 요가, 명상은 전통적으로 공식적인 상담 이론에 포함되지 않았다. 하지만 연구와 임상적인 경험들은 관점이 변했음을 보여준다. 그리고 이것들이 현대 상담에서 필수적이라는 것을 보여준다. 상담과 심리치료에서 몸의 중요성을 얼마나 잘 이해하고 있는가? 그리고 당신과 다른 신체적인 특징과 흥미를 가진 내담자와 어떻게 작업할 수 있겠는가?

L　　거주 지역과 언어적 차이(Location of residence and language differences): 미국, 영국, 터키, 한국, 호주 등 어디에 살든지 남과 북, 동과 서, 도시와 시골에는 차이가 있다. 게다가 이 책을 읽은 독자 대부분과 많은 내담자들이 다양한 국가 출신일 것이다. 매사추세츠 주의 애머스트(Amherst)는 작은 지역사회지만, 학교에서 두세 가지의 다른 언어를 사용한다. 두 언어 사용자는 장점과 역량을 더 많이 지니고 있음을 기억하라. 그들은 불리하지 않다. 당신은 어떤 언어를 사용하는가? 그리고 당신과 다른 언어를 쓰는 사람들에 대한 태도는 어떠한가?

다문화적인 요인의 상호작용 역시 매우 중요하다. 예를 들어, 중국인과 유럽인, 또는 아프리카 그리고 라틴계 등의 혼혈 가족을 생각해보자. 이들은 자녀와 부모 둘 다 영향을 받고 있으며, 개인을 단지 한 문화의 범주로 넣는 것은 부적절하다. 이번에는 경제적으로 부유하거나 부유하지 않은 가톨릭 레즈비언 여성을 생각해보자. 그리고 박사학위를 가진 동성애자인 남아시아 남성을 생각해보자. 내담자들의 문화적 영향을 정리하는 것은 상담에서 중요하다.

▶ 뇌과학: 미래 상담과 심리치료를 위한 최신 과학의 의미

내담자와 우리의 상호작용은 내담자와 우리의 뇌를 변화시킨다. 머지않은 미래에 상담은 돌봄을 위한 이상(ideal)으로 여겨질 것이다.

_Óscar Gonçalves

더 이상 우리는 마음과 몸을 분리할 수 없고 개인을 환경과 문화로부터 분리할 수 없다. 상담과 심리치료는 의학, 신경학, 뇌과학에 더 가까워지고 있다. 상담자는 의학 모델에 반대해왔다. 그러나 예방의학, 책무성, 뇌과학 연구에 의해 영향을 받아 의사들은 마음에 의해 영향을 받은 몸에서 무슨 일이 일어나는지 알아가고 있다. 그리고 우리는 효과적인 상담 기술과 전략을 통해 이 의식(consciousness)의 변화를 이끌고 있다.

뇌와 스트레스

의학 저널의 80%가 뇌와 스트레스를 다루고 있다(Ratey, 2008a). 상담과 심리치료에서 내담자 대다수는 스트레스 사건을 이야기한다. 스트레스원을 해결하는 것은 상담에서 중요하다. 어떤 상담 이론에 근거하든지 스트레스 관리와 건강한 생활방식으로의 변화(13장 참고)가 필수적이고, 정신과 신체건강 모두에 효과적일 것이라는 증거는 명확하다.

　스트레스와 스트레스를 주는 사건은 뇌를 크게 손상시킨다. 학습과 신체적인 성장을 위해 약간의 스트레스는 필요하다. 뇌는 근육에 비교될 수 있는데 단련되지 않으면 잘 기능하지 않을 것이다. 근육과 같이 뇌는 과하게 스트레스를 받을 수도 있으며, 스트레스는 신경의 손상과 손실을 초래한다. [그림 1.3]은 상대적으로 스트레스가 적은 상태(중립 상태)와 심각한 스트레스를 받고 있는 상태의 뇌를 보여준다.

　내담자의 대부분이 문제와 걱정으로 스트레스를 받고 있다. 상담과 치료를 스트레스 관리로 간주할 수 있다. 내담자의 이야기를 듣는 것은 공감적인 관계를 맺고 내담자의 세계를 이해하는 첫 번째 방법이다. 건강함과 강점에 초점을 맞추는 것은 내담자가 스트레스를 더 잘 다루고 문제를 잘 해결하도록 한다. 이 책 후반부에 소개할 변화 촉진 기술은 스트레스를 완화하는 추가적인 기술이다. 그리고 그 기술은 내담자가 감정과 느낌을 더 적절하게 경험하도록 하고 더 건설적으로 사고하도록 하며 행동을 변화시킨다.

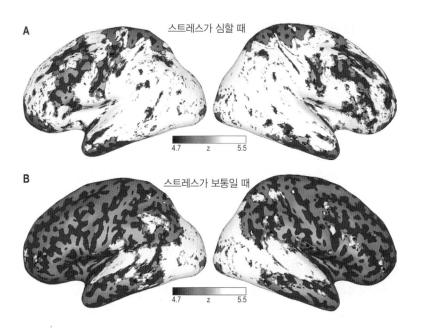

그림 1.3 심각한 스트레스를 받고 있는 뇌

출처: Hermans, E., van Marle, H., Ossewaarde, L., Henckens, A., Qin, S., Kesteren, M., Schoots, V., Cousijn, H., Rijpkema, M., Oostenveld, R., & Fernández, G. (2012). Stress-related noradrenergic activity prompts large-scale neural network configuration. *Science*, 334, 1151–1153. Reprinted with permission from AAAS.

뇌과학, 뇌, 상담

면접, 상담, 심리치료 중 어느 것이든지, 무엇이든지 대화는 새로운 신경망의 발달을 통해 뇌를 변화시킨다. 이것을 뇌의 가소성(plasticity)이라 한다.

살면서 우리는 수백만의 뉴런(neurons), 시냅스(synapses), 뉴런들 간의 연결을 추가하고 잃는다. 효과적인 상담과 심리치료는 뇌 안에서 유용한 새로운 뉴런들과 뉴런들 간의 연결을 개발시킨다. 상담자와 내담자의 뇌 기능 모두 기능적 자기공명영상(functional magnetic resonance imaging: fMRI)이라고 알려진 다양한 뇌 이미지 기술로 측정될 수 있다(Hölzel et al., 2011; Logothetis, 2008).

"신경가소성(neural plasticity)은 신경망을 전체적으로 리모델링할 수 있다. 뇌는 그것을 스스로 다시 연결할 수 있다"(Schwartz & Begley, 2003, p. 16). 만약 모든 상담 회기가 뇌에 영향을 미친다면 아마도 뇌과학이 상담자와 내담자 사이에 무슨 일이 일어나는지 이해하는 데 크게 도움이 될 것이다.

상담 실제에서 뇌가 중심이 된 것은 최근의 일이다. 사실, 뇌 주제에 대한 첫 번째 발표는 2006년에 하와이에서 열린 미국상담학회(American Counseling Association: ACA)에서 이루어진 Allen의 발표다. 그리고 이 발표에서 나온 책은 뇌과학에 특별히 주목한 첫 번째 책이다. 뇌과학의 지식을 상담 실제에 통합하자는 생각은 아직 논의중이며, 아직 모두가 수용한 의견은 아니다.

뇌과학과 뇌에 대한 연구가 미래에 더 중요해질 것인지를 밝히는 많은 이유가 있으며, 몇 가지 이유를 소개하면 다음과 같다.

1. 국립 정신건강 연구소(National Institute of Mental Health: NIMH)는 아마도 10~20년 안에 상담과 치료에서 뇌 기반의 접근을 시도하는 것을 계획하고 있다. 이것은 완전히 새로운 접근으로 *DSM*을 대체할 것이다. 이것은 상담 과정의 목표에 더 유용한 것이다. www.nimh.nih.gov/research-funding/rdoc/nimg-research-domain-criteria-rdoc.shtml 또는 구글에서 NIMH의 연구 자료를 참고하라.

2. 새로운 접근은 뇌과학을 의학, 상담, 치료, 발달심리학, 다문화적 주제, 다양한 과학 분야로 통합한다. 전통적인 임상 목록은 재평가될 것이고 삭제될지도 모른다. 진단은 다차원적으로 될 것이고, 의사, 상담자, 심리치료자, 휴먼 서비스 전문가를 포함한 통합된 치료가 제안될 것이다.

3. 미디어는 뇌과학의 새로운 발견을 보도할 것이다. 내담자들은 보도를 통해 이 영역을 알게 될 것이고, 상담자 또한 이 분야에 대해 잘 알고 싶을 것이다.

4. 뇌과학과 뇌의 지식이 상담자가 숙련된 수행가가 되도록 이끌 것임을 알게 될 것이다. 현재, 이 책의 세 저자 모두 지속적으로 내담자의 뇌(그리고 상담자의 뇌)가 상호작용에 의해 영향을 받고 있다고 생각하고 있다. 그 결과, 우리는 상담 작업이 더 정확하고 성공적임을 알게 되었다. 뇌과학은 상담자의 수행을 향상시킬 것이다.

5. 뇌과학은 지속적인 발달을 하는 자극적이고 흥미로운 영역이다. 일단 기초 용어를 배우고 나면 뇌과학을 학습하는 것이 즐겁고 재미있는 경험이 될 것이다.

Damasio(2003)는 뇌가 몸의 반응에 의해 자극을 받는 동시에 끊임없이 몸을 재구성함에 주목했다. 우리는 심장 활동이 중앙신경시스템과 연결되어 더 놓은 수준의 인지적인 과정을 하도록 한다는 것을 안다. Oliveira-Silva와 Goncalves(2011)의 최근 연구는 심장의 반응이 공감적인 반응에 대한 최상의 생리학적 표현의 일부라는 것을 보고했다. 뇌와 심장…… 공감과 관계…… 생각, 느낌, 행동!

뇌과학적 개념은 상담자가 내담자에게 일어나는 것을 더 정확하게 이해하도록 도울 수 있다. 생각과 감정은 뇌와 몸에 연결되어있다. 이것을 유념하면, 상담자는 내담자의 성장을 돕도록 작업을 더 잘할 수 있다. 상담자는 하나의 이론과 수행에 의지하는 것보다 내담자의 개인적인 단기적 · 장기적 욕구를 충족시키는 문화적으로 적절한 치료 전략을 의도적으로 고를 수 있고 골라야만 한다.

▶ 자신만의 고유한 도움 스타일: 오디오 녹음 및 비디오 녹화 활동의 중요성

이 장의 시작 부분에서 시에나의 다양한 주제에 대해 상담자로서 어떻게 반응할 것인지 물었다. 상담자의 반응은 상담자 자신과 세계관을 반영한다. 상담대화기술과 5단계의 구조의 사용은 진실되게 느껴져야 한다. 만약 상담자가 타인으로부터 추천을 받고 형식적으로 상담대화기술과 5단계 구조를 사용했다고 응답한다면, 상담자와 내담자 모두에게 비효과적일 것이다. 세부 훈련(micro-training) 틀의 모든 부분이 모두에게 적절한 것은 아니다. 상담자는 자신만의 의사소통 스타일을 가지고 있고, 자신의 스타일과 상담자로서 누구인지를 보충해야만 한다. 기술, 전략, 개념을 배우라. 하지만 당신 자신이 되고, 자신의 상담 실제를 위한 결정을 내리라.

또한, 내담자의 고유한 스타일에 대한 자각을 발달시키라. 만약 내담자가 문화적으로 상담자와 다르다면 특히 상담자에게 이 경험은 무엇과 같은가? 내담자의 의사소통 스타일에 대해서 무엇을 알아차렸는가? 내담자를 관찰하고 역량을 확장하라. 그리고 새로운 방법과 정보를 자신만의 고유한 스타일에 덧붙이라.

다음 내용은 이 책에서 가장 중요한 연습의 하나다.

결정을 내려야 하거나, 걱정이나, 기회를 가진 내담자 역할을 할 누군가를 찾으라. 자신만의 스타일을 이용하여 최소 15분 동안 내담자를 면접하고 상담 연습을 하라.

2장의 31~38쪽을 읽고 자원한 내담자와의 작업하면서 윤리적인 가이드라인을 따르라. 내담자에게 물어보라. '이 회기를 녹음해도 되겠습니까?'라고 묻고 또한 비디오나 오디오 녹음기를 언제든지 중단할 수 있다는 것을 알리라. 윤리적인 태도는 당연하고 내담자를 존중하는 것이다.

동료 또는 내담자로부터의 피드백과 함께 비디오 녹화는 자신의 상담 스타일을 검토하는 좋은 방법이다. 많은 사람들이 비디오 녹화가 가능한 카메라나 핸드폰을 가지고 있다. 비디오 녹화 자료는 수행하고 있다고 생각하는 것뿐만 아니라 정말로 무엇을 하고 있는지를 알게 한다. 피드백은 상담자의 강점과 더 나은 발달과 성장으로부터 혜택을 입을지도 모르는 영역을 평가하는 것을 도와준다.

자원한 내담자는 회기를 위해 어떤 주제든 선택할 수 있다. 학교나 직장 문제를 논의할 친구나 동료가 적절할 것이다. 가족들 간의 긴장에 대한 걱정 또는 새로운 직업 기회에 대한 결정과 같은 대인관계적 갈등은 유용한 주제다.

회기가 끝났을 때쯤 내담자에게 [글상자 1.1]의 내담자 피드백 양식에 응답하도록 하라. 연습 회기에서 항상 내담자, 동급생, 동료로부터 즉각적인 피드백을 받으라. 연습 회기에서 상담자의 적응과 변화를 위해 내담자 피드백 양식을 사용하기를 추천한다.

상담자는 이 양식을 도움 작업에서 계속 사용하거나 적용시키는 것이 유용하다는 것을 알게 될 것이다. 보통 전문 상담자나 심리치료자는 내담자에게 좀처럼 피드백을 받

글상자 1.1 　내담자 피드백 양식(자원한 내담자가 작성할 수 있음)

이 양식을 www.cengageasia.com의 Counseling CourseMate 웹에서 다운받을 수 있다.

_____ (날짜)

_____
(상담자 이름)

_____

지시 사항　각 문항은 7점 척도로 되어있고 1점은 '매우 동의한다', 7점은 '매우 동의하지 않는다'이며 중간 점수는 '보통'이다. 다양한 내담자, 기관, 상황의 요구에 맞게 변화시켜 적용할 수 있다.

	매우 동의한다			보통		매우 동의하지 않는다	
1. (회기 시작과 지시 사항) 상담자는 회기의 목적과 기대, 비밀 보장에 대해 설명하였다.	1	2	3	4	5	6	7
2. (알아차림) 회기는 주제, 걱정, 결정 또는 완전히 변화할 기회를 이해하는 데 도움을 주었다.	1	2	3	4	5	6	7
3. (알아차림) 상담자는 내 말을 경청하였다.	1	2	3	4	5	6	7
4. (지식) 나 자신에 대해 잘 이해하게 되었다.	1	2	3	4	5	6	7
5. (지식) 나의 주제, 걱정, 결정 또는 변화할 기회를 설명하는 다른 방식에 대해서 배웠다.	1	2	3	4	5	6	7
6. (기술) 이 회기는 걱정과 주제를 작업하기 위한 특별한 강점과 자원을 알도록 도와주었다.	1	2	3	4	5	6	7
7. (행동) 회기 후에 행동할 것이고 생각, 감정, 행동을 바꾸는 특별한 과제를 할 것이다.	1	2	3	4	5	6	7

▲ 당신에게 무엇이 도움이 되었는가? 상담자가 무엇을 하였는가? 상담자가 얼마나 잘 들었고(몸짓언어 포함) 무엇을 말했는지 생각하라. 특히, 예를 들어, '당신은 잘했다'가 아니라 '당신은 내가 _____에 대해 이야기할 때 내 말을 주의 깊게 들었다'로 설명하라.

▲ 탐색하고 싶었던 것을 상담자가 오늘 회기 혹은 다른 회기에서 간과한 것이 있는가? 상담자가 놓치지 않았다면 어떤 일이 일어나길 바랐는가?

▲ 추가적인 의견이나 제안을 하라.

지 못한다. 더 평등하게 되기 위해 상담 실제에서 내담자로부터 피드백을 받는 것이 일상이 되도록 고려해보자. 피드백을 통해 가치 있고 놀라운 어떤 것, 특히 우리가 놓치는 것에 대해서 배울 것이다.

분석하고 연구하기 위해 녹음이나 녹화를 통해 축어록으로 작성하라. 당신은 첫 회기와 이후의 회기를 비교하고자 할 것이며, 다른 사람들과 함께 더 세부적인 분석과 연구 과정 끝에 자기 평가를 하고자 할 것이다.

내담자 피드백 양식을 복사할 수 있다. 양식의 문항들을 바꾸거나 추가해도 좋다. 내담자를 위해 특정 문항을 추가하는 것은 내담자가 발견한 것을 다른 방식으로 기술하도록 도울 것이다.

자기 평가

오디오와 비디오 자료를 검토하라. 그리고 당신과 자원한 내담자에게 다음을 질문하라.

1. 우리는 강점 위에서 성장한다. 이 회기에서 당신이 올바로 한 것은 무엇인가? 내담자가 유용하다고 알아차린 것은 무엇인가?
2. 내담자 피드백 양식에서 가장 눈에 띄는 것은 무엇인가?
3. 내담자 이야기의 핵심은 무엇인가? 당신은 내담자가 이야기, 주제, 관심을 꺼내도록 어떻게 도와주었는가?
4. 당신은 의도성을 어떻게 보여주었는가? 당신이 말한 것이 기대대로 진행되지 않았는가? 이후 당신은 무엇을 했는가?
5. 다음 회기에서 개선하고 싶은 것 하나를 적어보라. 당신은 어떤 행동을 할 것인가?

▶ 요약: 내담자와 성공적으로 관계 맺는 기술과 전략 숙달하기

상담과 심리치료라는 매력적인 분야에 입문한 것을 환영한다. 당신은 개인 상담 회기의 기본을 소개받고 있다. 집단과 가족의 작업에서도 이 기술들은 꼭 필요하다. 우리는 상담과 치료에서 사용되는 기술이 뇌 발달에 영향을 미치고 내담자의 장기적인 변화를 이끈다는 것을 안다.

의사, 간호사, 기업체의 중간 관리자, 또래 상담자 등 많은 사람들은 전문 영역 또는 훈련을 위해 상담대화기술 훈련을 채택해왔다. 여기서 설명된 세부 기술은 22개 이상의 언어로 번역되었고, 아프리카와 스리랑카의 에이즈, 난민 상담자, 스웨덴, 독일, 일본의 최고위 또는 중간 관리자 같은 사람들, 스리랑카와 인도네시아에 발생한 홍수와 허리케인에서 살아남은 자의 트라우마 작업 상담자, 캐나다계 이누이트 지역사회 활동가

요점	
면접, 상담, 심리치료	면접, 상담, 심리치료는 때때로 중복되는 과정이며 서로 연결되어있다. 면접은 가장 기본적인 것으로 간주된다. 그리고 면접은 내담자의 문제해결을 돕기 위해 정보를 모으고 필요한 자료를 제공하는 것과 관련된다. 상담은 일반적인 발달 과제 초점을 맞추지만, 심리치료는 더 깊게 자리 잡은 문제의 치료를 강조한다.
과학과 예술로서의 상담	상담과 치료 영역은 연구 결과로 지지되고 있다. 더 최근에, 뇌과학의 연구 결과는 상담을 과학적인 작업으로 이해하고 견고화시켰다. 그럼에도 불구하고, 내담자에게 연구 결과를 창의적으로 적용하고 이론과 연구의 많은 면을 효과적으로 통합시키는 것은 상담자다.
의도성	의도성을 성취하는 것이 이 책의 주요한 목표다. 의도성은 유능성과 함께 작동하며, 대안 행동들 중에서 결정하도록 한다. 의도적인 개인은 인생의 상황에 대한 반응으로 한 가지 이상의 행동, 사고, 또는 태도 이상을 가지고 있으며, 그중에서 선택한다.
문화적 의도성	문화적으로 의도적인 개인은 문화적으로 적절한 틀 안에서 개인적인 역량과 다양한 기술을 사용하여 다양한 관점으로부터 대안을 만들 수 있다.
자아실현, 회복탄력성	상담과 심리치료의 주요한 목적은 내담자가 방향을 찾고 잠재력을 증진시키도록 하는 것이다. 자아실현은 도전과 스트레스로부터 회복할 수 있는 회복탄력성을 요구한다.
상담대화기술	상담대화기술은 의사소통 단위다(예: 질문하기 또는 감정 반영). 기본적인 상담과 치료 역량을 숙련하기 위해 한 번에 한 가지 기술을 가르친다.
상담대화기술 위계	위계는 상담대화기술을 자연스럽게 통합하기 위한 체계적인 틀로 조직한다. 상담대화기술은 윤리, 다문화적 역량, 정신건강 증진의 기초 위에 자리한다. 주의 기울이기 기술과 경청 기술은 초점 맞추기, 직면, 변화 촉진 기술, 기술 통합의 단계를 따른다.
상담대화기술 학습 모델	상담과 심리치료의 한 가지 기술을 가르치기 위해서 (1) 준비하기, (2) 기술의 실제 조망하기, (3) 기술의 더 넓은 적용에 대하여 읽고 배우기, (4) 연습하기, (5) 회기에서의 학습을 일상의 삶으로 일반화하기라는 5단계가 사용된다. 모델링은 내담자를 경청하는 중요한 기술을 가르치는 데 유용하다.
공감적 관계-이야기와 강점-목표-이야기 재구성-행동	첫 번째 작업은 내담자가 자신의 이야기를 하도록 돕는 것이다. 발달을 촉진하기 위해 내담자가 개인적인 강점을 꺼내도록 하는 것이 필요하다. 긍정적 자산을 근거로, 내담자는 새로운 행동이 가능한 이야기를 새롭게 쓰는 것을 배울지도 모른다. James Lanier는 우리에게 문제와 장애를 강조하는 언어가 효과적인 상담과 치료를 방해할지도 모른다는 것을 상기시킨다.
RESPECTFUL 상담과 심리치료	내담자에게 영향을 미치는 사회맥락적인 주제를 알 필요가 있다. 그리고 이것을 모든 회기에 포함시키는 것이 필요하다. 　　R　종교, 영성 　　E　사회경제적·계급적 배경 　　S　성적 지향성, 성 정체성 　　P　개인적 스타일과 교육 　　E　민족적·인종적 정체성 　　C　연령별, 전 생애에 걸친 어려움 　　T　외상(트라우마) 　　F　가족 배경

	U 특별한 신체적 특징 **L** 거주 지역과 언어적 차이
이론과 상담대화기술	모든 상담 이론은 상담대화기술을 사용하지만, 다른 목표를 위해 다양한 방식으로 사용한다. 기술에 숙련되면 상담자는 많은 이론적인 대안들을 가지고 작업할 수 있다. 또한 상담대화기술 틀 그 자체를 이론으로 여길 수 있다. 상담자와 내담자가 함께 생각과 행동의 변화가 동반된 새로운 이야기를 구성하는 것을 가능하게 한다.
신경가소성	상담과 심리치료는 뇌과학 연구로부터 점점 많은 정보를 얻게 될 것이다. 그리고 상담자는 새로운 정보를 흡수하기를 원할 것이다. 상담 수행과 관련된 연구 결과와 그 의미들이 이 책을 통하여 제공될 것이다. 특히 신경가소성 또는 뇌를 '다시 연결하는 것'이 중요하다. 성공적인 치료는 내담자가 새로운 신경망을 구축하는 것을 돕는다.
상담자, 상담대화기술, 도움 과정	상담대화기술은 상담자만의 고유한 스타일과 조화를 이룰 때 유용하다. 이 장의 앞부분에서 친구나 동료와 회기를 오디오 또는 비디오로 녹음·녹화할 것과 축어록으로 작성하기를 권유했다. 후에 상담 활동을 하면서 회기 분석에 대해 더 배우게 되면, 점진적으로 자신의 행동을 검토하고 연구하게 될 것이다. 지금의 연습 기록과 몇 달 뒤의 기록을 비교하기를 원할 것이다.

와 오스트레일리아 원주민을 돕는 사회복지사 등 다양한 영역의 전문가들이 사용해왔다. 이 훈련 체계는 효과적이고 지속적으로 바뀌고 성장하고 있다.

1장은 이 책 전체를 설명한다. 다음의 요점을 특히 기억하라. 이 책에서의 역량 수행 연습에서 스스로를 검토하고 상담자로서의 강점을 확인한다. 결국 중요한 것은 당신 자신이다. 그리고 당신이 자연스럽게 습득한 전문성과 사회적 기술이 기초가 된 상담 기술을 개발하기를 바란다. 행운을 빈다! 학습 여정을 즐기라.

▶ 실습과 역량 포트폴리오

이 책 대부분의 장들은 상담자 역량 수행 연습과 역량의 포트폴리오로 마무리된다. 각 장을 학습한 후에 멈추고 연습을 하고 이 장에서 배운 역량을 확인하기를 제안한다. 역량 포트폴리오는 4단계의 역량으로 구성되어있다. (1) 확인 및 분류, (2) 기본 역량, (3) 목적적 역량, (4) 심리교육적 교육 역량. 확인 및 분류 혹은 지식은 상담 개념을 이해했는지를 뜻한다. **기본** 역량은 기술과 전략의 수행으로, 기술과 전략을 알고 회기에서 사용할 수 있다는 것을 보여준다. **목적적** 역량은 결과를 예측할 수 있을 때 기술을 사용할 수 있을 뿐만 아니라, 내담자의 단기·장기 욕구에 따라서 기술과 스타일을 변화시킬 수 있는 유연함을 증명한다. 심리교육적 교육 역량은 다른 사람들에게 기술을 가르치는 능력이다. 이 책의 기술과 전략의 많은 부분이 상담과 치료의 부분으로서 내담자에게 교육될 수 있다. 더 나아가, 상담자, 자원한 동료 상담자, 또는 비즈니스맨, 성직자, 또는 지역사회 서비스업자 같은 경청 기술 훈련이 필요한 사람들에게 더 공식적으로 가르칠 필요가 있다.

잠시 시간을 내어 다음에 소개되는 체크리스트를 사용하여, 이 장의 역량 평가 과정을 시작하라.

1단계: 확인 및 분류 당신은 다음 개념을 정의하고 토론할 수 있는가?
☐ 면접, 상담, 심리치료의 차이점과 유사점
☐ 당신이 이해한, 상담을 적절하게 하는 과학과 예술의 균형
☐ 상담 연습에서 의도성과 문화적 의도성의 의미와 중요성
☐ 내담자를 위한 잠재적인 목표로서의 회복탄력성과 자아실현의 정의
☐ 상담대화기술 위계의 정의와 수행과의 관련성
☐ 상담과 심리치료의 수행을 위한 뇌과학의 잠재적인 가치

2단계: 기본 역량 우리는 당신이 이 장에서 아이디어를 택하여 삶과 현실에서 사실적으로 시도해볼 것을 요청했다.
☐ RESFECTFUL 모델을 통해 다문화적 존재로서의 인생 경험을 검토하기
☐ 자원한 내담자를 찾기, 회기를 수행하기, 내담자의 피드백을 얻기, 자신만의 고유한 상담 스타일을 평가하기

목적적 역량과 심리교육적 교육 역량은 뒷장에서 검토할 것이다.
이 책을 학습하는 경험과 성찰한 의미를 기록해보라. 첫 번째 회기가 성장할 수 있는 중요한 기초를 제공할 것이다.

윤리, 다문화적 역량, 긍정심리학과 건강증진적 접근

2장
윤리, 다문화적 역량, 긍정심리학과 건강증진적 접근

나는(그리고 당신 역시)

가족에 근원을 두고

공동체에 뿌리를 내리고 있으며

사회에 만연한 가치로부터 멀리 있지 않으며

그럼에도 독특한 경험을 하게 되며

특정 역할과 지위를 가지고

가르치고, 사회화되고, 성 역할을 배우며, 제재 규정을 배우며

하지만 나와 사회를 변화시킬 자유를 가지고 있다

_Ruth Jacobs*

'윤리, 다문화적 역량, 긍정심리학과 건강증진적 접근'의 목적

서로 다르지만 전문적 수행과 관련되는 세 가지의 근본적인 측면을 제시한다. 이 장은 전문가 윤리, 다문화적 민감성, 강점에 근거한 건강증진적 접근 위에 상담 회기를 건설하기를 요청한다.

2장의 목표 윤리, 다문화적 역량, 강점과 건강증진적 접근에 대한 알아차림, 지식, 기술, 행동은 다음과 같은 것을 할 수 있게 한다.

▲ 상담과 심리치료에 윤리적 원칙을 적용한다.

* R. Jacobs, *Be an Outrageous Older Woman*, 1991, p. 37. Reprinted by permission of Knowledge, Trends, and Ideas, Manchester, CT.

▲ 자신의 고유한 사전 동의 양식을 개발한다.

▲ 알아차림, 지식, 기술의 주요 특징을 포함하며 다문화적 역량을 정의한다.

▲ 상담과 슈퍼비전 실제에 건강증진과 긍정심리학을 적용한다.

▲ 건강함(wellness)을 평가하고 내담자가 건강증진 계획을 수립하도록 돕는다.

▶ 상담과 심리치료의 윤리적 근거

상담자가 윤리적으로 그리고 의도적으로 행동한다면, 관계가 보다 자연스럽게 진행되고 내담자는 보호받을 것이다. 윤리의식은 신뢰 형성의 일부다. 다음은 윤리적 행동에 대한 짧은 기술과 회기에서의 의미다.

윤리	기대할 수 있는 결과
전문가 집단의 기준을 준수하며, 상담 실제를 윤리적으로 수행하라. 특히 초보 상담자들에게 중요한 주제는 **전문성, 사전 동의, 비밀 보장, 힘, 사회정의**다.	내담자의 상담 과정에 대한 신뢰와 이해가 증가할 것이다. 내담자는 회기에서 보다 평등한 권한을 가지고 있다고 느낄 것이다. 상담자가 사회정의를 향해 작업하는 것은, 회기의 치유 작업에 덧붙여서 문제 예방에 기여하는 것이다.

25세인 켄드라(Kendra)가 상담실에 들어오고, 라포를 형성하기 위한 초기 단계 후에 자신의 문제를 표현하기 시작한다.

저는 진짜 화가 나요. 친정 엄마가 집에 오셔서 아이를 돌봐주고 계세요. 저는 전문대를 다니고 있거든요. 양로원에서 일하고 있는데, 제 상사는 남자인데 저에게 관심을 보여요. 직장을 그만두고 싶지만 그 직장을 그만두면 학비를 감당할 수가 없어요.

내담자를 만날 때, 상담자는 항상 윤리적 수행을 자각하고 내담자의 다문화적 배경을 알아차리고 내담자의 긍정적 강점을 강조할 필요가 있다. 모든 내담자는 각각 다르다. 켄드라의 독특성은 생물학적 배경과 다른 사람과의 관계 속에서 어떻게 살아왔는지에서 비롯된다. 가족, 지역 공동체, 문화는 깊이 있게 켄드라의 가치와 사회화에 영향을 미쳤다. 상담자의 과제는 그녀가 살고 있는 넓은 맥락 안에서 그녀가 성장할 수 있도록 촉진하는 것이다. 효과적인 상담은 내담자가 자신의 강점과 자기 주변의 자원을 보도록 돕는다. 예를 들면 우리는 그녀가 가족과 지역 공동체로부터 얻은 강점을 인식하고 감사할 수 있도록 도울 수 있다. 아마도 교회와 친구들이 예전에도 그리고 지금도 중요한 자원일 것이다.

그녀의 개인적 진술은 짧지만, 우리는 이미 켄드라에 대한 몇 가지를 생각하게 되었다. 모든 내담자와의 회기에서 윤리적 행동이 가장 중심이 되어야 한다. 비밀 보장과 당신의 전문성이 즉시 떠오른다.

다양성(diversity)은 모든 회기에 존재한다. 켄드라에 대한 첫 번째 가정은 아일랜드계 미국인이고 그다음은 아프리카계 미국인이다. 그녀는 이성애자일까, 아니면 동성애자일까? RESPECTFUL 모델을 생각하면 다른 주제들을 고려할 수 있다.

이 장에서 우리는 건강증진적 강점과 자원도 다룬다. 켄드라가 성장할 수 있는 대처 능력과 잠정적인 긍정적인 특징을 이미 찾았는가? 도움을 얻을 수 있는 가족이나 지역 공동체의 자원은 무엇인가?

당신의 아이디어를 이 책의 생각과 비교할 수도 있다(60~62쪽 참고).

▶ 도움 과정의 윤리

모든 도움 전문직들은 윤리강령을 가지고 있다. 당신이 소속된 전문가협회의 윤리강령을 읽고 온전히 이해해야 한다.

윤리강령은 상담자와 내담자 모두의 권한을 증진시킨다. 윤리강령은 (1) 윤리적이고 적절한 수행의 기본을 가르치고 향상시킴으로써, (2) 신뢰성(accountability)을 제공하여 내담자를 보호하고, (3) 수행을 향상시키는 체계로 작용함으로 해서 도움 과정을 돕는다(Corey, Corey, & Callanan, 2011). 윤리강령은 다음과 같이 요약될 수 있다. "우리는 내담자와 사회에 책임이 있다. 책임들이 상충될 때 문서로 된 윤리강령, 슈퍼바이저, 그리고 다른 전문가들로부터 보다 자세한 지도(guidance)를 구할 필요가 있다."

전문성

유능한 상담자는 알아차림, 지식, 기술 그리고 회기 안에서 적절한 행동을 취할 수 있는 전문성(competence)을 갖추어야 한다. 내담자의 배경에 대해 무엇을 알아차렸는가? 윤리, 상담 이론과 전략에 대한 지식을 얼마나 가지고 있는가? 내담자에게 적절하게 행동하는 과정에서 내담자의 호소 문제를 다룰 수 있는 당신의 역량을 인식했는가?

미국상담학회(2005)는 전문가 역량에 다양성을 포함하였다. 계속 교육과 시간이 흐름에 따라 자격을 향상시킬 것을 강조하는 것에 주의를 기울여야 한다.

C.2a **전문성의 경계**(boundaries of competence). 상담자는 교육과 훈련, 슈퍼비전 받은 경험, 주 정부와 미 전국전문가협회의 자격 기준, 그리고 적절한 전문가로서의 경험에 근거한 전문성의 경계 안에서만 상담을 수행해야 한다. 상담자는 다양한 내담자 층과 작업하는 것과 관련된 지식, 개인적 알아차림, 민감성, 기술을 얻을 것이다.

어떤 전문가 집단에 속해 있든지 전문성이 가장 중요하다.

내담자와 상담하고 있을 때 내담자가 호소하는 주제를 상담할 만한 전문성을 갖추고 있는지 끊임없이 검토해야 한다. 예를 들면 내담자가 직장에서 경험하는 어려움은 잘 도울 수 있지만, 가족 상담을 필요로 하는 보다 복잡한 문제를 발견한다. 직장에서의 어려움은 계속 상담하면서, 가족 상담을 위해 내담자를 다른 상담자에게 의논할 필요가 있을 수도 있다. 만약 내담자가 당신이 전문성을 갖추었다고 말하기에는 불편한 심각한 스트레스나 주제를 호소하면 슈퍼비전을 받아보라.

비밀 보장

미국상담학회(2005) 윤리강령은 비밀 보장에 대해 다음과 같이 진술하였다.

Section B: 서문. 상담자는 신뢰가 상담 관계의 초석임을 인식해야 한다. 상담자는 지속적인 동료 의식을 형성함으로써, 적절한 경계를 세우고 유지함으로써, **비밀 보장**(confidentiality)을 유지함으로써 내담자의 신뢰를 얻기 위해 노력한다. 상담자는 비밀 보장과 관련된 정보를 문화적으로 적절한 태도로 설명해야 한다.

교수가 된 지 얼마 되지 않았고 학생들이 이 수업을 수강하고 있다면 당신은 일반적으로 법적 비밀 보장은 가지고 있지 않다. 그럼에도 불구하고 수업 시간의 역할극이나 연습 회기에서 알게 된 정보의 비밀을 지켜야 한다. 비밀을 지키는 전문성 위에 신뢰가 쌓이게 된다. 각 주(state)마다 비밀 보장에 대한 법이 다르다는 것을 기억해야 한다.

전문가들은 비밀 보장에 대한 많은 어려움을 만나게 된다. 어떤 주는 아동을 상담하기 전에 부모에게 그 사실을 알리도록 정하고, 부모가 요청하면 상담 회기에서 나눈 내용을 부모에게 공개하도록 한다. 학대의 주제가 나타나면, 당신은 이를 담당 행정 및 법 부서에 보고해야 한다. 내담자가 자기 자신이나 타인에게 위험이 된다면 비밀 보장의 원칙은 영향을 받는다. 이런 정보를 보고하는 주제는 슈퍼바이저와 의논해야 한다. 초보 상담자로서 예를 들면 법적 보호가 제한될 수 있으므로 사전 동의에 비밀 보장에 대한 한계를 꼭 포함시켜야 한다.

미국 의료정보보호법과 사생활 보호

1996년에 제정된 건강보험양도 및 책임에 관한 법령(The Health Insurance Portability and Accountability Act: HIPAA. 이하 미국 의료정보보호법)을 여기에 포함하였다. 왜냐하면, 보호해야 하는 건강 정보를 비밀스럽게 다루는 것을 의무화하고 있기 때문이다. 개인 건강 정보를 노출하는 것은 신체적 건강을 넘어서 많은 부정적 상황을 촉발한다. 내담자는 직장을 잃을 수도 있고, 친구나 가족으로부터 외면당할 수도 있고, 보험 혜택을 받지 못할 수도 있고, 공개적으로 망신을 당할 수 있다. 예는 다음과 같다.

주 건강위원회 소속인 은행가는 환자들의 정보를 확인할 수 있었고, 은행 고객 중 암에 걸린 사람들이 있다는 것을 알게 되었고, 암환자들에게 대출 상환을 요구하였다. 국회의원 후보는 자살 시도 후에 정신과 치료를 받았다는 것이 언론에 알려지면서 선거에 낙방하였다. 약사가 허락 없이 우울증 치료 사실을 밝혀 FBI에 30년 동안 근무한 요원은 실직하였다. (U.S. Department of Health and Human Services, 2000)

이러한 상황들 때문에 건강 정보를 보호하는 국가적인 기준이 개발되었다.

다음은 사생활 보호 규정(Privacy Rule)의 중요한 요소의 요약으로 누구에게 해당되는지, 어떤 정보가 보호되어야 하는지, 그리고 어떻게 보호되는 정보가 사용되고 개발될 수 있는지에 대한 규정이다(U.S. Department of Health and Human Services, 2003). 미국 의료정보보호법 법령 규정 전문은 미국 보건복지부(U.S. Department of Health and Human Services: HHS)의 인권(Civil Right) 웹사이트(www.hhs.gov/ocr/privacy/index.html)를 확인하길 바란다.

1. **사생활 보호 규정은 누구에게 적용되는가?**: 사생활 보호 규정과 개정 정보는 건강계획(plan), 관리(care), 정보센터(clearing house), 건강 정보 전산 관리자에게 적용된다. 이들 모두는 '적용되는 대상'이라 불린다. 자신이 이 규정에 적용되는지를 확인하기 위해서는 www.cms.gov/HIPAAGenInfo/06_AreYouaCoveredEntity.asp를 확인하라.

2. **보호되는 건강 정보**: 사생활 보호 규정은 '보호되는 건강 정보(protected health information: PHI)'를 적용되는 대상자(covered entity) 혹은 관련되는 의료기관이 다루고 전달하는 개인적으로 신분을 알 수 있는 전자, 문서, 혹은 구두 형태의 건강 정보로 정의한다. '개인 신분을 알 수 있는 정보'는 인구학적 정보를 포함하여, 그 정보를 통해서 개인을 확인할 수 있는 그리고 확인하는 데 사용될 수 있는 정보다. 그리고 그 정보는 다음과 관련이 있다.

    ▲ 개인의 과거, 현재, 미래의 신체적 혹은 정신적 건강 혹은 상태

    ▲ 개인이 받은 건강 돌봄(care)

    ▲ 개인이 받은 건강 돌봄의 과거, 현재, 혹은 미래의 지불

    개인을 확인할 수 있는 건강 정보는 이름, 주소, 생년월일, 사회보장번호와 같은 일반적인 식별정보를 포함한다(Family Educational Rights and Privacy Act, 45 C.F.R. § 160.103).

    사생활 보호 규정은 보호되는 건강 정보에 고용 정보는 제외된다. 고용자에 대한 정보는 가족교육권리 및 개인정보보호법(Family Educational Rights and Privacy Act, 20 U.S.C. § 1232g)에 정의된 교육 정보 및 다른 관련 자료를 보관할 수 있다

3. **개인을 식별할 수 없는 건강 정보**: 개인을 식별할 수 없는 건강 정보를 사용하거나 개

방하는 데는 제한 규정이 없다. 이 정보를 통해서는 내담자가 누구인지 확인할 수 없다. 정보를 개인과 연결되지 않게 하는 데는 두 가지 방법이 있다. (1) 자격 조건이 되는 통계학자(statistician)에 의해 공식적인 결정, (2) 개인이나 개인의 가족, 친척, 고용주를 확인할 수 있는 특정 정보 삭제. 개인을 식별할 수 없게 하는 것(de-identification)은 남아있는 정보로는 누가 내담자인지를 확인할 수 없다면 충분하다.

최근에 미국 보건복지부의 인권 사무실은 사생활 보호 규정은 개인이 자신의 건강 정보가 어떻게 사용되거나 개방되었는지를 알 수 있도록 개정되어야 한다고 제안하였다(U.S. Department of Health and Human Service, 2011). 의료정보보호법(HIPAA)은 최근에 건강관리기관에 전자화된 보호된 건강 정보를 보관하도록 요구하지만, 이 정보를 내담자와 공유하도록 의무화하지는 않는다. 이 규정은 건강관리 체계에 걸친 신뢰성을 향상시키고, 건강관리 개입 제공자가 사적 건강 정보를 보호하고 있는지를 확인하려는 노력을 보여준다.

의사와 면담할 때에는 개인 정보 보호 정책 문서에 서명하는 것을 요구받는다. 정신건강 기관들은 이 개인 정보 보장 문서를 내담자가 활용하도록 하고 있으며, 일반적으로 사무실 홍보 게시판에 게시한다.

사전 동의

상담은 전 세계 어디에나 있는 전문직이다. 캐나다 상담학회(Canadian Counselling Association, 2007)는 사전 동의에 대해서 특별히 명확하게 밝히고 있다.

B4. 내담자의 권리와 사전 동의. 상담이 시작될 때 그리고 상담 과정 내내, 필요하다면 상담자는 내담자에게 받고 있는 서비스의 목적, 목표, 기법, 과정, 한계, 잠재적 위험과 성과 등의 관련 정보를 알려야 한다. 상담자는 내담자가 진단의 의미, 상담료 지불 방법, 자료 보관, 비밀 보장의 한계를 이해하는지를 확인해야 한다. 내담자는 계속적으로 상담계획 수립에 참여해야 하고, 상담자가 추천하는 서비스를 거절할 권리가 있으며 그 거절이 가져올 결과에 대한 설명을 들을 권리가 있다.

미국심리학회(American Psychological Association, 2010)는 심리학자가 슈퍼비전을 받고 있다면 이를 내담자에게 알려야 한다고 강조한다.

Standard 10.01 치료에 대한 사전 동의, (c). 상담자가 수련생이며 제공되고 있는 상담의 법적 책임이 슈퍼바이저에게 있을 때, 내담자는 사전 동의 과정의 한 부분으로서 상담자가 수련 중에 있으며 슈퍼바이저의 이름을 밝히고 슈퍼비전을 받고 있음을 알려야 한다.

덧붙여서 미국심리학회는 다음을 구체적으로 명시한다.

Standard 4.03 녹음 및 녹화. 서비스를 제공받는 사람의 목소리를 녹음하거나 모습을 녹화할 때 그 사람 혹은 법적 보호자의 동의를 얻어야 한다.

아동 상담에서는 사전 동의와 관련된 윤리적 주제가 특별히 중요하다. 각 주마다 법이 다르기는 하지만 아동을 상담하기 전에 그리고 그 정보를 공유하기 전에 부모의 허락을 문서 형태로 받는 것이 필요하다. 아동과 부모는 정보가 어떻게 공유되는지를 정확하게 알아야 하고, 진술과 평가를 위해 기록들을 확인할 수 있어야 한다. 사전 동의에서 자신의 동의를 언제든지 철회할 수 있다는 것을 말해주는 것이 중요하다. 또 말할 것도 없이 같은 원칙은 모든 내담자에게 적용된다. 중요한 차이는 부모의 인지와 동의다.

역할극이나 연습 회기를 시작할 때 자원한 '내담자'에게 그들의 권리, 당신의 전문성,

글상자 2.1 실습 계약의 예

자원한 내담자와 연습 회기에 적용하여 사용할 수 있는 계약의 예는 다음과 같다. (미성년자와 실습을 한다면 의료정보보호법 기준에 적합하도록 부모의 서명도 받아야 한다)

지원해주신 분께.

저는 [   ] 대학에서 상담 기술 과목을 수강하는 학생입니다. 수업 과제로 자원한 내담자와 상담 기술을 연습하게 되었습니다. 내담자로 자원해주셔서 감사합니다.

상담 회기를 위해서 자신의 실제 고민에 대해 이야기해도 좋고, 실제가 아닌 주제를 정해서 역할극처럼 이야기해도 좋습니다. 시작 전에 실제 주제인지, 내담자 역할을 가정한 주제인지 말씀해주세요.

다음은 이 작업을 위해서 다루어야 할 중요한 항목들입니다.

비밀 보장. 학생으로서 저는 법적 비밀 보장은 제공할 수 없습니다. 하지만 이 연습 회기에서 나눈 당신의 이야기는 비밀로 할 것이지만, 주 정부가 정한 다음과 같은 항목은 예외입니다. 아직 학생이기는 하지만 다음의 경우에는 보고해야 합니

다. (1) 당신 자신에게 상해를 입히려 하거나, (2) 아동 학대나 방임, (3) 다른 주 정부가 정한 조건의 경우.

오디오/비디오 기록. 학습을 위해 다시 듣기 위해서 연습 회기를 녹음 혹은 녹화하려고 합니다. 불편하면 언제라도 녹음이나 녹화를 중단할 수 있습니다. (슈퍼바이저 혹은 담당교수의 이름과 전화번호를 건네면서) 녹음 혹은 녹화 자료는 슈퍼바이저나 같은 수업을 듣는 학생들에게 공유될 수도 있습니다. 저와 당신이 편안하다면 녹음이나 녹화를 하는 것이 연습 회기에 영향을 미치지 않습니다. 녹음·녹화 자료와 축어록 문서는 학기가 끝난 후에 자동적으로 폐기될 것입니다.

전문성의 경계. 저는 경험이 없는 상담자로 공식적으로 상담을 제공할 수 없습니다. 이 연습 회기가 도움 기술을 배우는 기회가 될 것입니다. 저의 수행에 대해서 그리고 당신에게 도움이 되었던 것은 무엇인지에 대해 당신의 피드백이 필요합니다. 제가 얼마나 도움이 되었는지를 평가하는 평가서를 나중에 작성해주세요.

_____
자원한 내담자

_____
날짜

_____
상담자

그리고 회기로부터 무엇을 기대할 수 있는지를 설명하라. 예를 들면 다음과 같이 말할 수 있다.

저는 상담 수업을 듣고 있으며, 저를 기꺼이 도와주시는 것에 대해 감사드립니다. 저는 초보 상담자이기 때문에 당신이 이야기하기 원하는 것을 이야기하면 됩니다. 저는 면접을 녹음(혹은 녹화)하려고 합니다. 하지만 당신이 불편하게 느끼면 즉시 중단하고 자료를 삭제하겠습니다. 당신이 누구라는 것을 알 수 있는 정보는 모두 삭제하고 녹음 자료는 실습 수업 시간에 공유될 수도 있고, 이 회기를 축어록으로 만들 수도 있습니다. 면접 기록 내용을 실습 교수에게 제출하기 전에 먼저 당신에게 확인을 받을 것입니다. 면접은 당신이 원하면 언제든지 중단할 수 있습니다. 질문이 있으신가요?

당신이 위의 진술을 윤리적 시작점으로 삼고 궁극적으로 이 중요한 주제에 대한 당신 자신의 접근법을 개발할 수 있다. [글상자 2.1]의 실습 계약의 예는 시작하는 데 도움이 될 것이다.

힘

미국 휴먼 서비스 기관(National Organization for Human Services: NOHS, 1996)은 중요하지만 충분한 관심을 받지 않고 있는 윤리적 주제인 **힘**(power)에 대해서 다음과 같이 말한다.

Statement 6. 휴먼 서비스 전문가는 내담자와의 관계에 힘과 지위가 동등하지 않다는 것을 자각한다. 그러므로 이중 혹은 다중관계는 내담자에게 해가 되거나, 내담자를 착취하게 되는 경우가 많으며 전문가로서의 판단에 부정적 영향을 미친다. 하지만 어떤 지역사회에서는 내담자와의 사회적 혹은 다른 비공식적 관계를 피하는 것이 사실상 불가능한 경우가 있다. 휴먼 서비스 전문가는 전문가로서의 판단을 흐리고, 내담자에게 해를 끼칠 가능성을 높이고 결국에는 착취에도 이를 수 있는 이중관계를 피함으로써 도움 관계에 내포된 신뢰를 강화할 수 있다.

힘의 차이는 사회에서 일어난다. 도움 행동 자체가 힘을 암묵적으로 포함한다. 내담자는 상담을 시작할 때 상담자보다 권한이 적다고 인식한다. 이 문제를 알아차리고 평등하게 되도록 돕는다. 만약 내담자가 당신과 다른 성이라면 성의 차이를 주제로 삼을 수 있다. 예를 들면 '당신은 이 주제를 남성과 이야기하기가 편안합니까?'라고 질문할 수 있다. 만약 내담자가 불편하다고 하면 이 주제를 더 다루는 것이 좋다. 내담자를 다른 상담자에게 의뢰하는 것이 필요할 수도 있다.

당신은 개인적으로 심한 차별에 참여하지 않았을 수도 있지만 상담관계에 영향을 미치는 기관의 혹은 문화적 **탄압**(oppression) 속의 상황에 마주치게 된다. 예를 들면 여성은 남성과 부정적인 경험을 했을 수 있다. 아프리카계 미국인은 유럽계 미국인에게 상담을 받을 때 상담자가 잠정적으로 편견을 가지고 있다고 인식한다. 동성연애자는 이성애자인 상담자에게 안전감을 느끼지 못할 수도 있다. 장애인은 신체적으로 어려움이 없는 상담자가 자신의 상황을 정확하게 이해하지 못할 것으로 예상한다. 각 경우에 배경과 문화 차이(difference)에 대해 회기 초반에 논의하면 도움이 된다.

이중관계(dual relationships)는 당신이 내담자와 한 가지 이상의 관계를 맺을 때 일어난다. 이중관계를 다른 방식으로 생각하면 **이익의 상충**(conflict of interest)이다. 내담자가 같은 수업을 듣는 학생이거나 친구라면 이중관계를 맺는 것이다. 내담자와 같은 교회에 다니거나 동창생을 상담한다면 이것도 이중관계다. 개인적, 경제적, 그리고 그 외 사생활 보호 주제는 복잡하다. 윤리강령에서 이중관계에 대한 보다 자세한 규정을 확인할 수 있다.

과거에는 모든 이중관계를 피해야 한다고 주장한 사람들도 있었다. 하지만 이중관계라는 용어 자체가 여러 가지 의미를 가지고 있다. 그래서 최근의 윤리강령(예: American Counseling Association, 2005)은 '이중관계'라는 용어를 쓰지 않으며 성적·연애 관계, 비전문가적 관계, 전문가로서의 역할 변화로 상담자가 내담자와 가질 수 있는 관계와 역할을 세 종류로 구분하였다. 내담자에게 미치는 악영향 때문에 첫 번째 성적·연애 관계는 금지된다. 다른 두 종류의 관계는 상호작용이 잠정적으로 내담자에게 도움이 되며 연애적 특성이나 성적 특성이 없는 한 상담자가 내담자와 상담 관계 외의 관계를 맺을 수 있다고 허용한다. 하지만 항상 주의를 기울여야 한다.

사회정의

미국사회복지사협회(National Association of Social Workers, 2008)는 **사회정의**(social justice) 주제를 다루는 데 면접이나 회기를 넘어서는 행동이 필요하다고 제안한다. 윤리강령은 사회정의에 대한 다음과 같은 진술을 포함한다.

> 윤리적 원칙: 사회복지사는 사회부정의(injustice)에 도전한다. 사회복지사는 사회적 변화를 추구한다. 특히 취약하고 탄압받아온 개인과 집단을 위해서. 사회복지사의 사회적 변화를 위한 노력은 주로 빈곤, 실직, 차별, 그리고 다른 형태의 사회적 부정의 등의 주제에 초점이 맞추어져 있다. 이런 활동은 탄압과 문화적·민족적 다양성에 대한 민감성과 지식을 향상시키는 것을 추구한다. 사회복지사들은 필요한 정보 서비스 자원(기회의 균등, 그리고 모든 사람이 의사결정에 의미 있게 참여하는)에 대한 접근을 얻으려고 노력한다.

사회정의 행동은 크게 두 가지 종류가 있다. 첫 번째, 가장 일반적으로 논의되는 것은 빈곤, 인종차별주의, 그리고 차별의 모든 형태의 파괴적인 영향을 타파하기 위한 지역공동체 행동의 중요성이다. 이러한 예방적 전략은 이제 '완벽한' 상담자의 필수적 측면으로 거론된다. 상담실을 나와서 사회가 내담자에게 끼친 영향을 이해하는 것이 핵심이다.

이제 우리는 아동기의 빈곤, 적대감(adversity), 스트레스가 평생 지속되는 뇌손상을 가져온다는 것을 안다. 이런 변화는 세포(cell)와 신경(neurons)에서 눈에 보이며 DNA 안의 영구적인 변화를 포함한다(Marshall, 2010). 그러므로 빈곤층 아이들에게 지지적인 상담을 제공하는 것으로는 충분하지 않다. 의미 있는 변화가 일어나기 위해서는 예방과 사회정의 행동이 중요하다.

과긴장 사건(incidence of hypertension)은 유럽계 미국인에 비해 아프리카계 미국인에게서 4~7배 많이 일어난다. 오랜 기간의 인종차별 경험이 여기에 크게 기여한다(Hall, 2007). 여기에서도 역시 사회정의 행동이 정신적·신체적 모든 면에서 중요한 의미를 가진다.

많은 전문가 집단이 사회정의 주제에 초점을 맞추고 있다. 그중 두 집단은 사회정의를 위한 상담자들(counselorsforsocialjustice.com)과 국제 사회복지 진흥협회(International Association for the Advancement of Social Work with Groups: www.aaswg.org)가 있다.

사회정의 행동의 두 번째 적용은 회기 안에서 일어난다. 여성 내담자가 자기 상사의 부당한 대우와 추행을 이야기한다면 이는 여성에 대한 차별로 명명할 수 있다. 내담자의 행동이나 옷차림 때문에 이 문제가 일어난 것이 아니라는 것을 이해하도록 돕기 위해서는 사회정의적 시각이 필요하다. 이 문제를 성차별과 성추행으로 명명함으로 해서, 상담자는 내담자를 자기 비난에서 벗어나게 도울 수 있으며 행동화할 수 있도록 권한을 부여할 수 있다. 또한 상담자는 내담자가 직장에서 중요한 변화를 위한 노력을 하도록 지지할 수 있다. 더 확대하여 직장에서 여성에게 보다 공정한 대우를 하도록 상담실 밖의 보다 큰 지역 공동체에서 활동할 수 있다. 내담자가 이러한 주제와 어려움을 극복하도록 돕는 것만으로 충분하지 않을 수 있다. 당신은 사회적 행동을 통해 지역 공동체의 변화를 일으킬 책임을 가지고 있다.

인종차별주의, 능력지상주의, 동성애 차별, 계급주의나 다른 형태의 편견(prejudice)이 회기 안에서 일어날 때도 마찬가지다. 우리는 내담자가 세상과의 관계 속에서 살고 있음을 기억할 필요가 있다. 이 책에 뒷부분에서 논의할 초점 맞추는 기술은 문화적·환경적·사회적 맥락을 회기 안으로 가져오는 구체적 기술을 제공한다(9장).

▶ 다양성과 다문화주의

모든 상담과 치료는 다문화적이다. 내담자는 상담과 심리치료 회기에 과거와 현재로부터 많은 목소리를 가져온다.

_Paul Pedersen

각 내담자의 독특함에 진정으로 공감하기 위해서는 1장에서 제시된 RESPECTFUL 모델이 중요하다. 개성(individuality)은 타인과의 관계 속에서 발달하였다. 관계 속의 자아(self-in-relation)는 문화적이고 맥락적이다. 따라서 가족, 친구, 공동체 경험, 우리가 사는 지역, 전쟁이나 경기침체와 같은 맥락적 주제는 상담자와 내담자의 정체성 일부이다.

다양성과 다문화주의는 최근에 심각하게 공격을 받았다. 하지만 Paul Pedersen이 우리에게 상기시킨 것처럼 우리 모두 문화적 경험 속에 존재한다. 특히 미국에서는 논쟁이 되지만, 호주, 캐나다, 뉴질랜드에서는 다문화주의, 다양성, 다원주의(pluralism)가 공식적인 정책이다. 문화와 맥락이라는 개념은 공감적 상담 관계의 핵심이다.

명명과 비난 예를 들어, 앨런(Allen)은 재향군인병원에서 베트남 전쟁 참전용사들을 도왔다. 이들은 믿기 어려운 전투, 폭력, 죽음을 이야기했다. 재향군인 병원이 의료진들에게 부여한 중요한 과제는 치료를 받기보다는 정부의 보상을 구하는 '꾀병 환자'를 구별해내는 것이었다. 그때는 외상 후 스트레스 장애(PTSD)라는 진단명이 개발되기 전이었다.

앨런은 모든 재향군인들은 외상적 이야기를 가지고 있고 행동에 대한 논리적 이유를 가지고 있음을 알게 되었다. 한 환자는 베트남 전쟁을 반대하는 데모(군중집회)를 하다가 체포된 뒤 양극성 장애 진단을 받았다. 재향군인은 전쟁이 일어나기 전에는 언제나 친절하고 논리적이었지만 전쟁이 그를 변하게 했고 그는 도전적이 되었다. 재향군인은 자신이 베트남에서 겪은 일을 탐색하면서 "내가 미친 게 아니라 전쟁이 미친 것이다. 나를 여기 가둔 것이 미친 짓이다"라는 걸 깨닫게 되었다. 이 진술 후에 앨런은 꾀병 환자 찾는 것을 그만두고 외상적 경험에 대한 재향군인의 반응을 '정상화'하기 시작했다.

외상 후 스트레스는 재향군인들이 의식 증진 집단으로 모여 경험들의 공통점들을 나눌 때까지 진단의 형태를 띠지 않았다. DSM 속에 기록된 전형적인 행동들은 도움 전문가들이 아니라, 재향군인들이 확인한 것이다. 전형적인 행동들은 외상의 재현(낮 혹은 밤), 악몽, 수명의 어려움, 갑작스러운 이유를 알기 어려운 울음이나 분노, 그리고 다양한 종류의 관계와 직장에서의 어려움 등이다.

간단하게 말해서, DSM은 외상 때문에 일어날 수 있는 논리적인 행동에 병리적이라는 용어를 붙였다. 하지만 재향군인들은 '문제'는 전쟁과 시스템에 있는 것이지 자신들의 내적 허약함(weakness)에 있는 것이 아니라는 것을 발견했다. '장애(disorder)'라는 단어는 문제를 내담자 혹은 환자에게 있다고 보며, 결과적으로 치료에서 외적 원인을 간과하는 경향이 있다.

최근에 군인들은 환경에 문제나 원인이 있을 때 '외상 후 스트레스 반응(posttraumatic stress reaction: PTSR)'이라는 용어를 제안한다. 이것은 비난할 만한 대상에게 이름을 붙이는 것으로 상담과 치료에서 보다 균형 잡힌 접근을 격려한다. 외상 후 스트레스 반응

(PTSR)이라는 이름이 수긍할 만하지만, 혹시 명명은 재향군인들이 필요한 치료를 피하는 방법은 아닐까? 좋은 의도를 가진 이름이라 할지라도 부정적인 결과를 가져올 수 있으며 새로운 형태의 '꾀병 환자'가 된다. 따라서 '외상 후 스트레스 상해(posttraumatic stress injury: PTSI)'라는 용어를 사용하는데 이를 통해 치료 가능한 진단이 되도록 한다. 우리는 이 용어를 '외상 후 스트레스(posttraumatic stress: PTS)'라고 줄여서 말하는 것을 제안한다. 이는 환경적 스트레스로 인해 언제나 발생하는 무엇인가를 병리화하지 않을 것이다.

RESPECTFUL 모델은 외상에 문화적 요인을 포함한다. 그리고 우리는 외상 후 스트레스는 많은 외상적 상황에 대한 반응에서 나타난다는 것을 안다. 폭력, 강간, 심각한 사건, 암, 그리고 다른 의학적 어려움의 생존자뿐만 아니라 홍수 지진, 혹은 기아 생존자는 환경적 어려움(insult)에 다양한 외상 후 반응을 경험할 수 있다. 이러한 반응들은 정상적이지 않은 환경에 대한 정상 반응이다.

효과적인 치료는 내담자의 반응과 공포를 정상적인 경험으로 수용하고, 자신이 지금 느끼거나 하는 행동을 일어난 일에 대한 정상 반응으로 보도록 돕는다. '진정하기(calming)'와 15장에서 설명하고 있는 위기관리 과정은 외상화된 내담자와 작업할 때 기본이 되며 장기 상담에도 적용된다.

정치적 정확성 명명과 비난은 정치적 정확성(Political Correctness: PC)과 관련하여 펼쳐진다. 정치적 정확성은 일반적으로 부정적으로 사용되는데, 특별히 인종적, 문화적, 혹은 다른 정체성 집단에게 행해지는 어떤 공격(offense)을 축소하려는 의도를 가진 언어를 묘사하는 데 사용된다. 정치적 정확성(PC)의 존재는 혐의가 있는, 비난하는 그리고 보수적이고 개방적(liberal)인 넓은 의미의 표현(commentator)을 조롱해왔다.

이런 논쟁(controversy)이 주어졌는데, RESPECTFUL 모델 안에서 다양한 종류의 문화적 다양성을 명명하고 논의하는 적절한 방법은 무엇인가? 상담자와 심리치료자는 공감적인 언어를 사용해야 하기 때문에 우리는 내담자라는 용어를 선호한다. 내담자로 하여금 자신의 문화적 배경을 설명하는 용어를 정하게 하는 것이 좋다. 중요한 것은 존중이다. 내담자의 시각이 명명에서 중요하다.

성인 여성은 '소녀(girl)' 혹은 '숙녀(lady)'라고 불리는 것을 좋아하지 않지만 그런 호칭을 사용하는 사람들이 있다. 70세 이후의 사람들은 노인(elderly 혹은 old)이라고 불리는 것을 싫어하는데도 이런 용어를 포용하고 선호하는 사람들이 있다. 내담자는 자신을 비하하는 언어를 사용하기도 한다. 정체성의 문제로 어려움을 겪는 성인 여성은 자신을 소녀(girl)라고 부르면서 자신감 부족을 나타낼 수 있다. 나이듦의 언어에 대한 보다 긍정적 시각 때문에 나이 많은 사람들은 혜택을 볼 수 있다. 성적 정체성의 어려움을 경험하는 사람은 **동성애자**(게이나 레즈비언)라는 단어를 언급하는 것이 처음에는 어려울 수 있다. 상담자는 내담자가 보다 긍정적인 방식으로 명명과 사회적 확인 요인들

(identifiers)을 탐색하도록 도울 수 있다.

인종과 민족은 주요 주제다. 아프리카계 미국인은 선호되는 용어지만 어떤 내담자들은 아프리카계 캐나다인 혹은 흑인을 선호한다. 또 다른 내담자들은 아이티인, 푸에르토리코인(Puerto Rican) 혹은 나이지리아인이라고 불리기를 선호한다. 히스패닉(Hispanic) 배경을 가진 사람은 치카노(Chicano), 멕시코인, 멕시코계 미국인, 쿠바인, 푸에르토리코인, 칠레인, 혹은 살바도르인이라는 용어를 선호한다. 미국 인디언들은 미국 원주민(Native American)을 선호하지만, 대부분의 미국 인디언들은 부족의 이름인 라코타(Lakota), 나바호(Navajo), 스위노미쉬(Swinomish) 등으로 불리기를 바란다. 유럽계 선조를 가진 사람들은 영국계 호주인, 아일랜드계 미국인, 우크라이나계 캐나다인 혹은 파키스탄계 영국인이라고 불리기를 선호한다. 이들은 인종적으로는 백인이지만 민족적 배경을 가지고 있다.

제국주의와 지역 언어 또한 고려할 필요가 있다. 미국인, 아일랜드인, 브라질인, 혹은 뉴질랜드인(혹은 Kiwi)은 가장 두드러지는 자기 정체성을 가지고 있다. 양키(Yankee)라는 단어는 뉴잉글랜드 주 출신에게는 자긍심을 의미하지만 남부 출신들에게는 경멸을 뜻한다. 미중부인(Midwesterners), 호주의 오지 출신, 영국(Great Britain)의 스코틀랜드인(Scots), 코니시(Cornish), 웨일스인(Welsh)은 국적보다는 종교적 가치와 믿음으로 자신의 정체성을 표현한다. 영국의 많은 군(countries)의 주민들은 런던 근처의 권한이 많은 주(Home Counties)의 사람들을 싫어한다. 비슷하게, 앨버타(Alberta)의 캐나다 문화는 온타리오, 퀘벡, 그리고 해안지역의 문화와는 매우 다르다.

폭넓은 범위의 다문화적 주제를 고려하면 다음과 같은 결과를 기대할 수 있다. 의도성(intentionality) 개념을 기억하라. 이 부분을 더 많이 학습할수록 당신과 문화적으로 다른 내담자에게 적절하게 반응할 수 있는 역량을 증가시킬 수 있다. 더 많이 배울수록 의도적으로 더 유연해질 수 있다.

다문화적 주제	기대할 수 있는 결과
상담자와 심리치료자는 행동할 때 많은 다양성 주제에 대한 존중과 각성에 근거해야 한다. 이 장에서 기술하고 있는 다양한 측면을 포함하라. 우리 모두는 다양한 문화 정체성을 가지고 있다.	다양한 정체성과 문화 정체성에 대해 증가된 지식으로 배우게 될 것이다. 당신과 내담자 모두 감사하고 존중·존경받게 될 것이다. 상담자인 당신은 개인으로서 그리고 전문가로서 평생 지속되는 성장의 탄탄한 기반을 가지게 될 것이다.

다양성과 다문화주의는 전 세계적으로 도움 전문가들에게 중요한 주제가 되었다. 만약 내담자의 요구가 당신이 역량이 없는 다문화적 주제와 관련된다면, 내담자를 다른 상담자에게 의뢰할 필요가 있다. 하지만 장기적으로 볼 때 의뢰가 충분한 것은 아니다. 지속적인 학습과 슈퍼비전을 통해 다문화적 역량을 쌓아갈 책임과 의뢰를 최소화할 책임이 당신에게 있다.

▶ 다문화적 역량

미국상담학회와 미국심리학회는 상담 실제에 대한 다문화적 지침과 구체적인 역량을 개발하였다(APA, 2002; Roysircar, Arredondo, Fuertes, Ponterotto, & Toporek, 2003; Sue & Sue, 2013). 이 문서에서 다문화주의(multiculturalism) 그리고 다양성(diversity)은 여러 측면을 포함하도록 폭넓게 정의되었다.

전통적으로 다문화적 역량은 알아차림(awareness), 지식, 기술을 포함한다. 이 역량을 행동으로 옮기는 것도 똑같이 중요하다. 우리는 특정한 주제에 대해 알아차리고, 다문화적 주제에 대한 지식을 개발하고, 다문화적 세상에서 매일의 수행을 위해 기술을 연마할 필요가 있다. 다문화적 역량이 전문가로서의 경력을 쌓아가는 데 중요해질 것이다. 끝도 없는 정보를 받아들여야 하기 때문에 이런 역량을 개발하는 것은 평생에 걸친 학습이 된다.

다양성과 윤리

미국상담학회(2005)는 다양성에 대한 내용을 중요한 윤리적 주제로 서문에 밝혔다.

미국상담학회는 교육적, 과학적, 전문적 조직이며 회원들은 다양한 환경에서 일하며 다양한 서비스를 제공한다. 미국상담학회 회원들은 개인의 전 생애 발달을 증진하는 데 헌신한다. 학회 회원들은 다양성을 지각하고 사회적이고 문화적인 맥락 속의 개인의 가치, 존엄, 잠재력, 독특성(uniqueness)을 지지하는 비교문화적(cross-cultural) 접근을 수용한다.

휴먼 서비스 전문가들을 위한 윤리적 기준(Ethical Standards for Human Service Professionals, NOHS, 1996)은 다음 세 가지 진술을 포함한다.

Statement 17. 휴먼 서비스 전문가는 나이, 민족, 문화, 인종, 장애, 성, 종교, 성적 지향성 혹은 사회경제적 지위에 근거하여 차별 혹은 특별대우 없이 서비스를 제공한다.

Statement 18. 휴먼 서비스 전문가는 자신들이 활동하는 곳의 문화와 지역사회에 대해 잘 안다. 그들은 사회의 다문화주의에 대해서 알아차리고 다문화주의의 영향이 지역사회의 개인뿐만 아니라 지역사회에 미치는 영향에 대해서는 자각해야 한다. 그들은 개인, 집단, 그리고 자신의 문화와 믿음을 존중한다.

Statement 19. 휴먼 서비스 전문가는 자신의 문화적 배경, 믿음, 가치, 그것이 타인과의 관계에 미칠 잠재적 영향에 대해서 인식한다.

이제 이러한 윤리강령을 어떻게 실행할 수 있는지를 확인하자.

알아차림: 자신의 가정, 가치, 편견에 대해서 알아차리라

당신 자신이 문화적 존재라는 것을 알아차리는 것은 중요한 시작이다. 자기 스스로를 문화적 존재로 보지 않으면 다른 사람에 대한 알아차림을 개발하는 데 어려움을 경험할 것이다. 당신 자신의 다문화적 배경과 당신과 그리고 다른 배경 출신인 타인 사이에 차이가 있을 수 있음을 이해하라. 당신이 속한 집단과 다른 집단에 대해서 학습하라. 그리고 자신의 한계를 알아차리고 때로는 내담자를 다른 전문가에게 의뢰할 필요가 있다.

지침(guideline)은 또한 개인이 통제할 수 없는 맥락적 주제가 개인이 주제나 문제를 논의하는 방법에 어떻게 영향을 미치는지를 언급한다. 탄압과 차별, 성차별, 인종차별, 장애를 인식하지 못하고 고려하지 못하는 것은 의식적인 알아차림이 없는 내담자에게 깊게 영향을 미친다. 문제가 '개인'에게 있는가? '환경'에 있는가? 예를 들면, 당신은 내담자가 추행(harassment)과 탄압에 의한 스트레스 때문에 긴장, 두통, 높은 혈압이 생길 수 있음을 알아차리는 것을 도울 필요가 있다. 많은 주제들이 내담자의 문제라기보다는 사회의 문제다.

특권(privilege)은 문화적 가정과 고정관념을 통해 주어지는 권력이다. McIntosh(1988)는 "보이지 않는 백인"이라는 말을 하였다. 유럽계 미국인들은 그들의 피부색 때문에 가지게 되는 이익에 대해서 자각하지 못하는 경향이 있다. 특권이라는 개념은 남자, 중산층 이상의 사회경제적 지위를 가진 사람들, 권력과 특권을 가진 다른 사람들에게도 적용된다.

백인, 남성, 이성애자, 중산층 사람들은 특권 상태를 알아차리지 않아도 되는 편리함을 즐긴다. 신체적으로 장애가 없는 사람들은 노년기가 되거나 외상이 일어날 때까지만 '한시적으로만 장애가 없다'는 것을 알아차리지 못하고 자신을 '정상'이라고 표현한다. 비주류 집단에 대한 고정관념은 특권에서부터 나오고 나아가 특권 상태를 강화한다.

상담자인 당신은 도전을 직면한다. 예를 들면 당신은 중산층 유럽계 미국인이며 이성애자 남성이다. 내담자는 노동자층의 여성으로 인종이 다르다. 내담자는 당신을 신뢰하고 라포를 맺기 어려워할 수 있다. 당신은 문화적으로 다른 내담자와 작업하기 위해서 알아차림, 지식, 기술을 향상시켜야 한다.

요약하면, 상담자는 가장 먼저 자신에 대해서 그리고 자신이 특권을 가진 대상인지 학습할 필요가 있다. 그 후에는 다양한 문화적 집단에 대해서 가능한 한 많이 계속해서 학습하면서 어느 집단이나 개인을 고정관념으로 바라보지 않는 것을 평생의 과제로 삼아야 한다. 한 문화적 집단 안의 개인차는 문화적 '표식(label)'보다 더 큰 영향을 끼친다는 것을 기억해야 한다. 내담자는 고유한 인간이다. 문화적 다양성이 발달에 영향을 미치기는 하지만 당신 앞의 사람을 다른 사람과 구별되는 특별한 사람으로 인식하라. 다문화적 주제와 다양성을 알아차리는 것은 실제로 개인적 차이와 각 내담자가 독특한 것을 이해하는 것이다.

지식: 문화적으로 다른 내담자의 세계관을 이해하기

세계관은 당신과 내담자가 인간과 세계를 해석하는 방법으로 정의된다. 문화적 배경이 다르기 때문에 우리 모두는 사람과 세계를 모두 다르게 본다. 다문화적 역량은 우리와 다른 사람들에 대한 부정적인 정서적 반응과 편견을 알아차리는 것의 중요성을 강조한다. 만약 특정 집단을 고정관념으로 보도록 학습되었다면 특별히 내담자의 세계관을 경청하고 존중하는 것을 배울 필요가 있다. 당신의 생각을 강요하지 않도록 주의를 기울여야 한다.

우리 모두는 다양한 문화적 집단, 역사, 현재 어려움에 대한 지식을 발달시킬 필요가 있다. 만약 스페인어를 하는 집단과 일하고 있다면 멕시코, 푸에르토리코, 캐리비언(Caribbean), 그리고 중앙아메리카 · 남아메리카 사람들의 역사와 현재 당면한 주제들에 대해서 학습하라. 이민의 역할은 무엇인가? 콜로라도 주(Colorado)에 몇 세기 전에 이민 와서 정착한 라티나/라티노(Latinas/Latinos)와 새로 이민 온 사람들의 경험은 어떻게 다른가? 더 큰 집단명으로 우리가 히스패닉이라고 부르는 집단 안에도 독특한 다양성이 있다는 것에 주의하라.

그건 유럽계 미국인이나 다른 인종이나 민족에게도 모두 적용된다. 예전에는 매사추세츠 주의 핸들리(Handley)의 뉴잉글랜드 출신 백인(Yankee)은 폴란드 이민자들을 달아나지 못하도록 쇠사슬로 묶어 헛간에 가두었다. 하지만 지금은 상황이 역전되어 폴란드 이민자의 후손이 그 도시의 주요 인사들이 되어서 여전히 두 집단 사이에는 조용한 긴장감이 흐르고 있다. 오랫동안 자신의 정체성을 숨겨왔던 나이 많은 동성애 남성은 젊고 적극적인 동성애 남성과는 매우 다르다. 다양한 인구 속의 우리는 인종 혹은 종교, 장애 혹은 비장애에 대해 지속적으로 학습하여야 한다.

상담 이론이나 기술에 대한 전통적인 접근은 어떤 집단에는 부적절하거나 효과적이지 않을 수 있다. 사회경제적 요인, 인종차별주의, 성차별주의, 이성애주의(heterosexism) 그리고 기타 탄압적인 영향들이 내담자의 세계관에 어떻게 영향을 미쳤을지에 특별한 주의를 기울일 필요가 있다.

다양한 세계관에 대한 이해는 보통 처음에는 학문적 공부와 독서로부터 시작된다. 다양한 접근은 지역 공동체의 행사, 사회적 · 정치적 모임, 축제, 축하행사 등 그리고 가장 중요하게는 문화적으로 다른 사람과 교제함으로써 내담자의 공동체에 적극적으로 참여하는 것이다.

인종, 성, 성적 경향성, 능력, 그리고 다른 다문화적 측면은 중요하다. 당신은 진로 여정 동안 이 복잡한 영역에 대해 지속적으로 공부하고 학습하고 경험해야 한다. 버락 오바마(Barak Obama) 대통령이 당선되기는 하였지만 인종차별은 여전히 남아있다. 소수 인종 학생들은 여전히 더 많이 학교를 그만두며 모든 학년에 걸쳐 교육 체계에 대한 불만이 높다. 대학에 다니는 소수인종 학생의 수가 두 배가 되었지만 순위가 높은 주립 대학에는 소수 인종 학생의 수가 더 적다. 학교를 넘어서서 인종 소수자들이 빈곤, 폭력, 임금차별, 그리고 다양한 종류의 차별적인 상황을 만날 확률이 보다 높다. 정장을 입어도 뉴욕에서 아프리카계 미국인이 택시를 잡기는 힘들다.

작은 부당한 공격(microaggression)이라고 불리는 작은 모욕과 무시는 많은 신체적 · 정신적 문제를 일으킨다(Sue, 2010a, 2010b). 특히 소수자인 내담자와 작업할 때 이러한 외적 체계의 압력과 탄압은 그들의 걱정에 영향을 미치고 있음을 자각해야 한다. 그러한 상황에서의 유효한 개입은 인종차별, 성차별, 동성애 차별, 그리고 다른 형태의 탄압이 어떻게 현재의 두통, 위장 장애, 고혈압, 그리고 일련의 심리적 스트레스와 관련되어있는지를 확인할 수 있도록 격려하고 돕는 것이다.

요약하면, 다문화적 차이가 언제나 존재한다는 것을 알아차리지 못하거나 지식이 없다면 도움 직종에 입문하지 않아야 한다. 다양한 배경의 내담자들은 모욕과 무시를 경험하고, 이 경험은 내담자에게 부정적 영향을 미친다. 상담 수행에서 이러한 것을 알아차릴 준비가 되어있어야 한다.

다문화적 역량에서 중요한 마지막 요소는 당신이 불편하거나 지식과 기술이 부족하다는 걸 인식하게 되었을 때 슈퍼비전을 받고, 알아차림, 지식, 기술을 향상시키는 것이다.

기술: 적절한 개입 전략과 기술을 개발하기

고전이 된 한 연구에 의하면 소수자인 내담자의 50%는 첫 상담 회기 이후 다시 상담을 받으러 오지 않았다(Sue & Sue, 2013). 이 책은 내담자에게 할 수 있는 다양한 반응에 대한 아이디어를 제공함으로써 문화적 의도성을 다루려고 한다. 만약 상담자인 당신의 첫 반응이 효과가 없으면 다른 반응을 준비하라. 내담자가 자신의 이야기를 할 때 다른 사람들의 세계관을 이해하고 배우기 위해 주의를 기울이고 경청 기술을 사용하라(3~8장). 초점 맞추기(9장)는 학급 친구들이나 교사와의 문제를 자기 자신 때문이라고 비난하는 내담자가 그 문제들이 차별과 관련되었는지를 판단할 수 있도록 돕는다.

전통적인 상담 전략을 보다 문화적으로 존중하는 방식으로 사용되도록 변형하라 (Ivey, D'Andrea, & Ivey, 2012). 평가(assessment)와 평가 도구에 있는 문화적 편견과 차별이 내담자에게 미친 영향의 역사를 기억하라. 문화적으로 다양한 배경의 내담자는 평가(testing)를 신뢰하지 않는다. 왜냐하면 오랫동안 평가 결과는 인종차별을 유지 및 활용하는 데 사용되었고 그 경향이 완전히 사라지지는 않았다. 시간이 흐르면서 전통적 전략과 그리고 다양성에 보다 민감하도록 고안된 새로운 방법을 포함한 지식과 기술을 확장한 것이다.

행동: 알아차림, 지식, 기술은 실천하지 않으면 의미가 없다

알아차림, 지식, 기술을 발달시키는 것은 중요하다. 하지만 지식, 알아차림, 기술을 개발하는 것과 그것을 행동하는 것은 다르다. 스탠퍼드 대학의 교수인 Jeffrey Pfeffer와 Robert Sutton이 개발한 아는 것과 하는 것 사이의 차이(knowing-doing gap)는 조직과 개인이 아는 것을 실행하기 위해 투쟁하고 있다고 제안한다. 사람들은 운동, 식이조절, 의미 있게 사는 것의 중요성을 알기는 하지만 그 지식을 실천에 옮기지는 못한다. 많은 학생들이 기본 기술과 다양성 관련 수업을 수강하지만 내담자와 작업할 때 배운 것을 실행하지는 못한다. 내담자는 상담과 심리치료 과정에서 긍정적인 대처기술을 배우지만 삶에 적용하는 데 실패하는 경향이 있다.

당신과 내담자는 아는 것을 머리에서 꺼내어 행동으로 옮길 필요가 있다. 책을 읽어 아는 것과 경험을 통해 아는 것은 다르다. 실제 수행하고 사용하기 이전에는 알지 못하는 어떤 것이 있다. 그리고 기대하는 결과가 일어나거나 일어나지 않을 때 아는 것을 확증하거나 수정한다.

알아차림, 지식, 기술, 행동은 모두 상담을 학습하고 숙련하는 데 필요하다. 상담과 교수 모델은 행동의 중요성을 강조한다. 이 장과 다른 장의 연습 문제는 당신이 적극적으로 상담대화기술을 학습하고 적용하는 것을 돕기 위해 포함되었다.

연습, 연습, 연습하는 것이 최선이다!

▶ 긍정심리학을 강점과 건강증진적 접근으로 실행하기

전통적인 상담과 치료는 상담 주제와 행동 증상을 내재된 역기능적 표상(indicator)으로 보았다. 상담자와 심리치료자는 내담자의 부족함을 지적하고 상담자와 내담자는 상하 관계를 맺었다. 이 접근은 내담자를 소극적(수혜자적) 입장에 두고 증상의 개인적 요인을 강조하고 내담자가 무엇을 할 필요가 있는지를 처방하였다.

이와 대조적으로 강점에 근거한 건강증진적 모델은 걱정과 행동을 삶의 도전(혹은 어려움)에 대한 반응으로 보고, 내담자의 강점과 자원에 뿌리를 두고 상담 장면에서 보다 평등하고 공감하는 관계를 맺는다. 긍정적인 접근은 내담자에게 적극적이고 참여하는 활동가 역할을 부여하고, 내담자의 상황에 영향을 미치는 환경적, 다문화적 요인에 초점을 맞춘다. 건강증진적 접근은 내담자와의 협력 속에서 이루어진다(Zalaquett, Fuerth, Stein, Ivey, & Ivey, 2008).

내담자가 자신의 강점과 자원을 인식하도록 상담자가 도우면, 내담자가 이 인식을 긍정적인 방향으로 사용하는 것을 기대할 수 있다. 긍정적인 접근은 모든 상담과 심리치료의 근본이 될 필요가 있다. 하지만 상담자는 내담자의 어려움과 도전을 다루어야 한다. 그래서 언제나 내담자의 문제를 담은 이야기를 충분히 듣고 내담자가 충분히 이해받았다고 느끼게 해야 한다. 그리고 언제나 내담자의 이야기 안에서 강점, 역량, 자원을 찾아야 한다.

긍정적 강점과 건강증진적 접근	기대할 수 있는 결과
현재 강점과 자원을 충분히 들어줌으로 해서 내담자가 자신의 강점을 발견 그리고 재발견하도록 돕는다. 덧붙여서 건강함 정도를 평가한다. 내담자와 내담자의 지원 체계에서 강점과 긍정적인 특징을 찾으라. 건강함의 다면적인 측면을 확인하라.	자신의 강점과 자원을 인식하는 내담자는 어려움을 직면하고 긍정적인 바탕 위에 문제해결에 대해 논의할 수 있다. 또한 효과적이고 긍정적인 상담과 심리치료는 전두엽과 해마를 강화할 것으로 예측된다. 이는 궁극적으로 보다 작은 소뇌 편도(amygdala)로 나타날 것이다.

▶ 긍정심리학: 강점을 찾아서

최근에, 상담분야는 **긍정심리학**(positive psychology)과 강점에 근거한 접근의 중요성을 지지하는 일련의 지식과 연구 결과를 획득하였다. 심리학은 질병 모델을 과장하여 강조하였다. Seligman(2009, p. 1)은 "우리는 상처를 치료하는 데만 너무 초점을 맞추어왔다. 강점과 회복탄력성(resilience)을 회복시키는 것에 초점을 맞추어야 한다"라고 진술하였다. 긍정심리학은 원래 긍정적인 측면을 강조하던 상담, 휴먼 서비스, 심리학, 사회복지의 전통을 되살렸다.

내담자들이 상담자에게 와서 걱정거리와 염려들을 논의할 때, 내담자들은 자주 문제라는 단어를 사용하면서 삶의 도전들에 대한 부정적인 접근을 보여준다. 그들은 자신의 삶에서 무엇이 잘못되었는지를 이야기하고 상담자가 그 부분을 고쳐주기를 바란다. 상담자의 역할은 내담자가 삶을 보다 효과적이며 의미 있게 살도록 돕는 것이다. 이 역할의 중심은 내담자가 자신의 강점을 발견하도록 돕는 것이다.

미국심리학회 첫 여성 회장이었던 Leona Tyler(1961)는 건강증진과 긍정심리학의 중요성을 오래전에 예견하였다. 그녀는 인간의 강점에 근거한 실제적인 상담 체계를 개발하였다.

> 더 초기 단계는 …… 자원을 탐색하는 과정을 포함한다. 상담자는 성격적 약점에 주의를 덜 기울인다. …… 찾으려고 지속적으로 노력한 …… 불안과 스트레스의 대처 전략 그리고 이미 가지고 있는 자원이 확인되기만 하면 대처 전략과 자원으로 확장하고 강화될 수 있다.

Leona Tyler의 긍정적 아이디어는 그녀의 제안 이후 상담대화기술의 이론적 틀의 중심이 되었다(Ivey, 1971; Ivey, D'Andrea, & Ivey, 2012). 강점과 자원 중심의 모델은 공감적 관계-이야기와 강점-목표-이야기 재구성-행동의 아이디어를 발전시킨 것이다. 우리는

Tyler의 자원과 강점의 강조가 효과적인 도움의 기본인 것을 안다. 낙관주의, 긍정심리학, 건강함, 뇌과학의 개념을 사용한 연구와 임상보고들은 그녀의 독창적이고 한때는 잊혔던 공헌을 지지한다.

극심하게 스트레스를 받은 내담자를 상담할 때 특히 변화의 근본으로서 건강함 개념을 통합하면 더 효과적일 것이다. 상담자는 내담자의 어려움과 호소 문제들을 들을 필요가 있지만 긍정적인 부분과 강점에 더 많은 시간을 할애해야 한다. 임상적이고 치료적 작업에서 건강증진적 접근과 다문화적으로 민감한 접근에 대해서는 『상담과 심리치료 이론(Theories of Counseling and Psychotherapy)』(Ivey, D'Andrea, & Ivey, 2012)을 참고하기 바란다. 그 책에서 긍정적인 건강증진적 접근의 특정 역량 중심 전략들에 대한 정보를 얻을 수 있다.

건강증진의 가장 기본은 낙관주의와 회복탄력성이다.

▶ 낙관주의, 회복탄력성, 뇌

낙관주의자는 말 그대로 쉽게 포기하지 않는데 그것이 인생에서 보다 큰 성공을 가져온다.

_Elaine Fox

낙관주의(optimism)는 사전에서 긍정적인 단어들로 정의된다. 긍정적인 단어들은 희망, 자신감, 유쾌함을 포함한다. 또한 낙관주의는 일이 잘 풀릴 것이고 더 나아질 것이라는 믿음(개인의 통제력과 미래에 대한 믿음)을 포함한다. 낙관주의는 회복탄력성과 어려움과 도전으로부터 회복하고 배울 수 있는 능력의 중요한 측면이다. 낙관주의에 대한 50개 연구 결과에 대한 메타분석은 스트레스 요인과 부정적 정서를 제거하고 줄이고 혹은 조절할 수 있는 능력의 향상을 발견하였다. 더 나아가서 보다 낙관적인 태도를 가진 사람들이 어려움에 보다 잘 접근하고 직면할 수 있다(Nes & Segerstrom, 2006). 낙관주의자는 보다 건강하게 살며, 신체적 질병에 덜 걸리며, 당연히 자기 자신이나 자신의 대처 능력에 대해 긍정적으로 느낀다(Kim, Park, & Peterson, 2011; Seligman, 2006).

[글상자 2.2]는 선행연구에서 많이 사용되었고, 효과적인 6점 낙관주의 척도를 소개한다. 이 척도를 사용하여 자신의 낙관 정도를 평가하기를 제안한다. 때때로 이 척도를 내담자에게도 사용하며 내담자가 자신의 낙관 정도를 발견할 수 있도록 할 수 있다. 낙관주의는 회복탄력성과 건강증진으로 이끈다. 상담과 치료의 목표 중 하나는 회복탄력성을 증가시키는 것이며, 그 과정에서 내담자가 보다 낙관적으로 되도록 그리고 희망적으로 되도록 돕는다.

[글상자 2.2]의 척도 중 2, 3, 4번은 점수를 합산하면 낙관주의 점수가 되고 1, 5, 6번 점수를 합산하면 비관주의 점수가 된다. 6개의 문항은 신뢰할 수 있으며 예측적인 것으

| 글상자 2.2 | 6점 낙관주의 척도 |

다음 문장을 읽고 당신이 동의하거나 동의하지 않는 정도를 표기하시오.

1=매우 동의하지 않음
2=약간 동의하지 않음
3=동의하지 않음
4=동의함
5=약간 동의함
6=매우 동의함

1. _____ 나에게 무슨 일인가 잘못된다면 그렇게 될 것이다.
2. _____ 나는 언제나 나의 미래에 대해서 낙관적이다.
3. _____ 확실하지 않을 때 나는 보통 최상의 것을 기대한다.
4. _____ 전반적으로 나는 나쁜 일보다는 좋은 일이 생길 것이라고 기대한다.
5. _____ 나는 내 뜻대로 이루어질 것이라고는 생각하지 않는다.
6. _____ 나에게 좋은 일이 일어날 것이라고는 믿지 않는다.

출처: Copyright © 1994 by the American Psychological Association. Reproduced with permission.
Scheier, M., Carver, C., & Bridges, M. (1994). Distinguishing optimism from neuroticism (and trait anxiety, self-mastery, and self-esteem): A reevaluation of the Life Orientation Test. *Journal of Personality and Social Psychology, 67*(6),1063-1078. Copyright © 1994 by the American Psychological Association. Reproduced with permission.

로 판명되었다. 점수로만 판단할 수는 없지만 상담자는 자신에 대해서, 세상에 대해서, 그리고 내담자에 대해서 낙관적인 경향성을 가지고 있어야 한다. 각 6개의 문항을 활용하여 내담자가 자기 자신에 대해서 그리고 세상에 대해서 이해하고 있는 방식을 내담자와 논의하라. 예를 들면, 내담자의 낙관적인 이야기와 비관적인 이야기들을 찾아보라. 보다 긍정적인 생각, 감정, 행동으로 나아가기 위해서 이 척도를 상담 회기에 활용하라.

회복탄력성은 어려움으로부터 다시 일어설 수 있는 실제 능력을 말한다. 심각한 질병이나 사고로부터 빨리 회복되는 어린이나 성인은 회복탄력성의 예를 보여준다. 비슷한 예는 학대와 빈곤의 환경에서 자란 사람이 이 모든 악조건을 극복하고 대학에 진학하고 직장에 잘 적응하는 경우다.

『흐린 뇌, 밝은 뇌: 당신의 뇌가 비관주의를 극복하고 보다 긍정적인 시각을 가질 수 있도록 재훈련하는 방법(Rainy Brain, Sunny Brain: How to Retrain Your Brain to Overcome Pessimism and Achieve a More Positive Outlook)』은 인지 뇌과학자인 Elaine Fox(2012)가 쓴 책의 제목이다. 그녀는 뇌 회로가 긍정적인 것에 초점을 맞추도록 바꿀 수 있지만 그것을 위해서는 내담자와 상담자가 노력해야 한다고 기술하였다. 비관적인 내담자를 위해서 그녀는 다음을 제안한다.

1. 며칠 동안 경험한 긍정적인 사건과 부정적인 사건을 매일 기록하라. 아침에 일어나서부터 잘된 일과 잘못된 작은 일들을. 상담자와 내담자는 얼마나 많은 일이 제대로 이루어졌으며 그런 것들을 당연시하고 간과해왔음을 알고 놀랄 것이다.
2. 각각의 부정적인 사건에서 세 가지 긍정적인 경험을 찾는 것을 목표로 삼아보라.

스스로를 잘 돌보라. 무엇을 즐기는가? 무엇이 당신을 행복하고 덜 긴장하게 만드는가? 긍정적인 사건을 자각하라. 그리고 필요하다면 무엇인가 잘못될 때 이 세 가지를 기억하라.

3. 날마다 운동하라. 이것은 이 책에서 소개하는 상담과 심리치료, 스트레스 관리의 핵심이다. 13장은 정신과 신체 건강의 핵심인 운동에 대해 자세하게 논의한다.

4. 마음챙김 명상에 참여하라. 13장은 건강한 생활방식으로의 변화에 명상의 중요성을 강조한다.

상담자는 내담자에게 긍정적인 태도와 회복탄력성의 발달을 격려하고 싶다. 상담자는 내담자의 이야기를 들어주고 강점과 긍정적인 부분을 찾고 인생을 향한 건강증진적 접근에 헌신하도록 돕는다. 상담자는 긍정적인 생각을 격려하고 강점, 긍정적 자산, 자원을 기억하도록 격려하려고 한다.

상담과 심리치료에서 긍정적, 낙관적 접근은 뇌와 신체에 중요한 영향을 미친다. 뇌는 매우 복잡하지만 우리는 몇 가지 기본적인 정보에 대해 논의하고자 한다.

▶ 뇌, 스트레스, 건강증진적 접근

우리는 상담과 심리치료에 직접적으로 관련되는 가장 기본적인 체계에만 초점을 맞춘다. 대뇌피질(cortex), 변연계(limbic area), R복합체(reptilian complex)는 뇌의 3체계(triune brain)라고 불린다. R복합체는 뇌간(brain stem), 기저핵(the basal ganglia), 소뇌(cerebellum)를 포함한다. 이 부분은 숨쉬기, 동작, 순환, 스트레스 상황에서 직면하는 공격·도피 등을 포함하는 신체의 물리적 조종을 담당한다. 심각한 스트레스 상황에서 R복합체는 자동적으로 우리를 상해로부터 구하는 중요한 기능을 담당한다. 대뇌피질은 우리가 생각하고 움직이게 의사결정을 한다면, 변연계는 감정의 중심이다.

뇌와 뇌과학을 이해하는 것이 왜 상담자의 진로 여정에서 점점 중요해지는지를 요약하면 다음과 같다.

1. 상담자의 초점, 존중, 공감적 관계를 발달시킬 수 있는 역량에 따라 상담은 뇌를 긍정적이고 부정적인 방향으로 변화시킬 수 있다. 궁극적으로 모든 내담자는 어느 정도의 스트레스를 가지고 상담자를 만나러 온다. 따라서 효과적인 상담과 심리치료에는 스트레스 관리가 중요하다.

2. 스트레스는 뇌에 영향을 미친다. 적정 수준의 스트레스는 학습을 위해 필요하지만 스트레스가 심하면 해가 되고, 더 심하면 뉴런(neurons)과 신경계(neural connections)를 파괴하게 된다.

3. 스트레스 관리와 전문적 상담에 덧붙여서 건강증진적 접근은 내담자로 하여금 당면하고 있는 주제들에 보다 효과적으로 대체할 수 있게 한다. 내담자는 부족함이 아니라 강점으로부터 성장한다.
4. 앞으로 10년이 지나면 뇌와 도움 과정과의 관계를 이해하는 것이 점점 더 필수가 될 것이다. 새로운 용어들이 상담 문헌, 연구, 실제의 일부가 될 것이다.
5. 뇌과학은 정신 및 신체 건강에 상담과 심리치료를 신경학(neurology)과 의학을 새로운 접근으로 통합한다.
6. 뇌과학으로부터 긍정심리학과 건강증진적 접근이 상담과 심리치료의 미래 접근이 될 것이라는 것을 발견한다.

뇌과학은 상담과 심리치료에 대해 새롭게 생각하도록 만들었다. 지금까지 상담 분야는 뇌과학에 주의를 기울이지 않았지만, 뇌과학 연구는 상담과 심리치료의 변화과정을 지지하면 상담자가 지금까지 해오던 일의 과학적 기반을 새롭게 제공한다. 예를 들면 공감은 더 이상 인지적인 개념이 아니다. 뇌과학은 공감의 신체적 기반을 정의하고 우리가 도움 기술을 사용하는 데 더 정확하게 되도록 도우며 내담자와 더 온전히 함께할 수 있도록 돕는다.

뇌과학은 이제까지 우리가 상담 실제와 교과서에서 보기 힘들었던 단어들을 제시한다. 생물이나 혹은 심리학 개론 수업을 수강했던 사람들에게는 이 용어들이 친숙할 것이다. 그렇지 않은 사람들에게는 그 용어들이 이 책에서 여러 번 반복될 것이며 연구물이나 방송을 통해 이 용어들을 이미 알고 있을 수도 있다. **소뇌 편도체**(amygdala), **해마**(hippocampus), **전전두피질**(prefrontal cortex), **시상**(thalamus) 등은 모든 수준에서 곧 기본 수행의 일부분이 될 것으로 예상된다. 각 부분의 주요 기능을 기술하지만, 각 부분이 독립적인 것처럼 다양한 뇌 구조 부분을 논의한다. 하지만 뇌는 복잡하며 전체적이며 서로 연결되어있다는 것을 기억해야 한다.

시각, 청각, 촉각, 미각, 후각은 뇌에 정보를 제공한다. 정보가 충분히 강하면, 뇌의 '에너자이저 토끼'라 불리는 소뇌 편도체까지 정보가 전달된다(그림 2.1). 소뇌 편도체는 뇌 전체에 메시지를 보낸다. 스트레스 상황에서는 변연계 체계의 **HPA축**(HPA axis)인 시상하부, 뇌하수체, 부신에 초점을 맞춘다. 변연계 체계의 HPA축은 스트레스에 대한 반응, 정서, 성, 면역 체계, 에너지 저장과 같은 많은 신체 과정을 통제한다. 부신(adrenal glands)에서 생성되는 코르티솔(cortisol)은 학습에 중요하지만 코르티솔이 지나치게 분비되면 스트레스, 심지어는 외상적 스트레스를 일으키고, 더 나아가 뇌를 손상시킬 수 있다. 따라서 HPA는 보호적이고 학습 기능을 가지고 있지만, 외상이나 반복적 스트레스는 해로울 수 있다. 상담자가 내담자의 감정과 정서를 탐색할 때 부정적인 스트레스를 극복하는 긍정성 사용을 추구한다.

TAP축(TAP axis)인 시상, 전대상계, 전두엽은 뇌의 최고 경영자 혹은 의사결정자로 불린다(그림 2.1). 상담과 심리치료는 부정적이고 스트레스가 되는 경험에 의해 일어난 상해를 긍정적인 감정으로 다루는 다양한 범주의 치료적이고 건강증진적 전략을 통해 TAP를 강화한다. 좌전두엽은 기쁨, 즐거움, 행복 심지어는 사랑과 같은 긍정적인 정서의 주요 영역이다. 하지만 부정적인 생각은 TAP에 고착되어, 변연계 체계에서 코르티솔이 증가하여 분비되게 만들고, 해마에 저장된 부정적인 기억들을 더 많이 자각하게 한다.

우리는 생각과 감정을 분리할 수가 없다. 변연계 HPA와 사령관인 TAP는 항상 의사소통을 한다. 가끔은 두 부분이 갈등을 일으키고 상담과 치료의 과제는 사령관인 TAP를 강화하는 것이다. 사령관인 TAP는 **감정 조정**(emotional regulation)을 해서 감정이 부적절하게 우리를 압도하지 않게 한다. 심각한 우울이나 중독에서 변연계 HPA 체계는 전두엽 영역을 통제하여 TAP가 실질적으로 꺼지게 만든다. 그런 상황에서 상담과 심리치료는 더 어렵고 변화는 상당히 느리다.

소뇌 편도체는 슬픔, 분노, 놀람, 혐오 그리고 두려움 등 덜 긍정적인 감정들을 주로 저장하고, 신체적·정신적 체계를 다양한 방식으로 보호한다. 이것은 비교문화 연구에 의해 전 세계적으로 인식되고 있다. 하지만 공포를 가장 기본적인 감정으로 보았는데, 다른 감정들은 필수적인 보호기제인 공포가 진화를 통해 변형된 것으로 보고 있다. 이 기본 감정은 사고를 재빨리 피하도록 해준다. 예를 들면 야구공이 날아오면 머리를 숙이고, 위험을 보면 달아나게 한다. 하지만 이런 부정적인 정서는 통제력을 잃게 하고 심

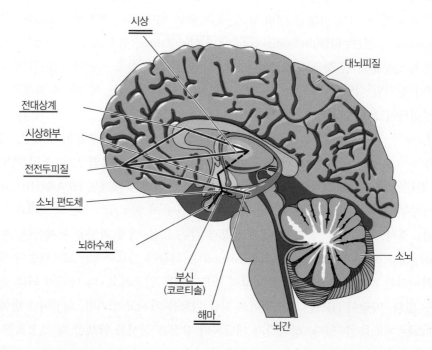

그림 2.1 뇌의 TAP축과 HPA축

© Cengage Learning

각한 스트레스 상황에서 해마와 중앙기억 궤적(central locus of memory)은 작아지고 소뇌 편도체가 커지게 된다. 진화 후반부에 전두엽은 긍정적인 감정의 저장소가 되었다. 소뇌 편도체로부터 거리가 멀기 때문에 HPA의 공포 반응이 가장 먼저 일어난다. 따라서 심리치료, 상담 그리고 건강증진은 장면에서 늦게 일어나며, 변화가 일어나기 위해서 내담자는 힘이 있고 일관적이고 때로는 장기적인 도움이 필요하다.

성공적인 치료는 TAP의 감정 조절을 격려하고 부정적인 정서의 힘을 줄여준다. 연구에 의하면 소뇌 편도체는 크기가 작아지고 기억 센터, 해마, 전두엽의 크기는 커진다(Davidson & McEwen, 2012). 스트레스 관리(13장), 인지행동치료(15장) 그리고 명상과 같은 건강증진 대안, 그리고 이 장에서 서술된 것들이 그 변화를 만든다. 건강증진과 긍정심리학은 효과적이며 몸과 마음의 성장과 변화의 기초다.

다음 부분에서는 건강함에 대한 조직적이고 철저하게 연구된 접근법을 제공하여 실행적 TAP의 긍정적인 힘을 강화하고 정서 조절을 촉진함으로써 내담자가 스트레스를 효과적으로 처리할 수 있도록 한다.

▶ 내담자의 건강함 평가하기

상담과 심리치료에 대한 건강증진적 접근은 Jane Myers와 Thomas Sweeney(2004, 2005)에 의해서 가장 명확하게 정의되고, 철저하게 연구되었다. 그들의 분할할 수 없는 자기 모델(indivisible self model)은 다섯 가지 연구로 확인된 측면을 포함하고 있다. 각 측면은 내담자를 평가하고 그들의 성장과 발달을 촉진할 수 있는 실용적인 하위 범주를 가지고 있다. 건강함과 그것의 중요성을 인식하고 있는 내담자는 뇌의 긍정적인 긴 회로(circuit)를 강화하는 여정에 있다. 덧붙여서 내담자에게 긍정적인 접근이 신체적 건강뿐만이 아니라 효과적인 뇌기능을 증진시키는지를 설명하는 것은 내담자가 건강증진 계획을 수행하려는 의지를 촉진한다.

분할할 수 없는 자기 모델은 맥락의 중요성(9장 상담 회기에 초점 맞추기 참고)을 강조한다. 내담자에게 적용하면 인간 발달의 다양한 맥락을 탐색하는 데 도움이 될 것이다. 예를 들면, 가족, 이웃, 지역공동체, 즉 지역사회에 무슨 일이 일어나고 있는가? 지역사회의 문제가 개인에게 분명히 영향을 미친다. 동시에 지역사회의 강점과 건강함은 스트레스 요인을 상쇄하고 회복탄력성을 기르게 한다.

분할할 수 없는 자기 모델은 건강함 체계의 어느 한 부분에라도 변화가 일어나면 개인 전체가 향상되지만 또 한 부분이 상해를 입으면 17개의 건강함 여러 부분이 상해를 입는다. 체계의 한 부분에서의 문제 혹은 긍정적인 변화는 모든 다른 영역에도 영향을 미친다. 예를 들어, 한 사람이 건강함의 모든 측면을 효과적으로 운영할 수는 있지만 부모의 이혼, 홍수, 허리케인(태풍) 또는 주요 개인적 외상과 같은 어려운 상황과 관련된 문제를 만날 수 있다. 하지만 개인은 이 어려움을 건강한 자질로 극복할 수 있고, 그 어려움에서 더 강해지고 더 회복탄력적으로 될 수 있다.

내담자의 건강함에 영향을 미칠 수 있는 다른 맥락적 주제는 교육, 종교, 정부, 직장 등 경험을 정의할 수 있는 기관이다. 보다 넓은 수준에서 정치, 문화, 환경적 변화, 국제적 사건, 미디어는 내담자에게 큰 영향을 미칠 수 있다. 사회복지체계, 지구 온난화, 군대 소집의 변화는 개인에게 영향을 미칠 수 있는 맥락적 주제다.

마지막 맥락적 주제는 전 생애 발달이다. 아동이 사춘기에 들어서는 것은 군대, 직장, 혹은 대학에 들어가는 것과는 다르다. 결혼, 배우자 선택, 가족을 운영하는 것, 노인기의 성숙은 우리가 고려해야 할 다른 맥락적 주제를 제시한다. 다시 분할할 수 없는 자기 모델은 개인이 사회적 맥락과 완전히 연결되어있으며 개인의 발달 단계 전체와 연결되어있음을 상기시킨다.

다음 연습은 17개의 측면에 대한 간단한 정의와 내담자를 탐색할 때 사용할 수 있는 건강함 관련 질문들이다. 건강증진 연구와 요인분석 구조 등 보다 상세한 내용은 Myers와 Sweeney(2004, 2005)의 자료를 참고하기 바란다.

우리 자신의 건강함 평가

실제로 해보지 않으면 기억할 수가 없다. 이것은 건강증진 접근의 핵심적인 주요점들과 가치를 설명하는 중요한 연습이다. 여기 있는 연습 모두를 내담자에게 적용하지는 않더라도 매 회기의 중심에 건강증진을 포함시키는 것이 효과적이며, 치료적 성공으로 나타날 것이다.

이 활동은 읽기 과제가 아니며, 생각과 행동을 필요로 한다. 첫째, 당신 자신에게 집중하고 몇 가지 건강함 영역을 이해하라. 그리고 각 영역에서 구체적인 예와 정보를 확인하라. 건강함 관련 강점과 개인적인 평가를 써내려가라. 그렇게 함으로써 이 과정에 친숙해지라.

그리고 학우, 친구, 혹은 가족구성원을 찾아서 그 사람과 이 건강함 평가를 수행해보라.

1영역: 본질적 자아 주요 자아(core self)의 네 가지 측면은 건강함을 탐색하는 데 가장 기본이 된다. 각 영역은 자원을 제공하고 긍정적인 성장을 강화한다.

영성 영적 혹은 종교적 경향성을 지닌 사람이 그렇지 않은 사람에 비해서 보다 긍정적인 태도를 가지고 정신건강이 좋다는 증거들이 많다. 영성(spirituality)과 종교는 폭넓게 정의하면 사려 깊은 불가지론자(agnostic) 혹은 무신론자도 종교적인 사람의 특성들을 많이 공유한다. 때로는 가치 혹은 의미는 영성이나 종교와 번갈아 사용된다.

11장의 의미의 분별(discernment)과 반영에 초점 맞추기는 상담과 치료 회기에 이 주제를 통합하는 데 도움이 될 것이다.

▲ 당신의 영적 · 종교적 경향성으로부터 어떤 강점과 지원을 얻는가? 가능한 한 구체적으로 기술하라.

▲ 삶의 어려움에 당면했을 때 당신은 어떻게 이 자원을 활용하는가?

▲ 과거에 영성이 어떻게 당신에게 도움이 되었는지 구체적인 예를 들 수 있는가?

성 정체성 이 영역에는 사회적 성(gender)과 성적 정체성(sexual identity)이 포함된다. 긍정적인 역할 모델로서의 여성과 남성을 확인하는 것 그리고 자신의 성에 대해 긍정성을 찾는 것은 독창적인 강점을 발달시키도록 돕는다. 회복탄력적인 가족구성원, 유명한 영웅, 내담자에게 의미 있는 사람, 큰 고난을 극복한 사람이 역할 모델이 될 수 있다. 생물학적 성 정체성은 이성애자, 동성애자, 양성애, 성 전환자 혹은 의문을 가진 자로 표현될 수 있다. 당신은 이성애 성적 지향성을 모르는 내담자를 만날 수 있다. 이런 지식 부족이 동성애 차별주의자로 발전할 수 있다. 긍정적인 역할 모델과 개인적인 강점을 찾는 것이 지식 증진에 도움이 된다.

▲ 여성 혹은 남성인 것이 어떤 강점이 되는가?

▲ 생애 동안 존경했던 긍정적인 성 역할 모델은 누구인가?

▲ 당신의 성적 정체성(이성애자, 동성애자, 양성애자, 성전환자로서)에서 어떤 강점을 끌어낼 수 있는가?

▲ 당신의 발달에 있어서 사회적 성과 성적 경향성이 중요했던(혹은 중요한지 인지하지 못했던) 구체적인 예를 들 수 있는가?

문화 정체성—인종과 민족 연구들에 의하면 자신의 인종과 민족에 대한 긍정적인 태도는 정신건강과 건강증진의 한 부분이다. 당신의 인종 · 민족의 강점을 자각하고 있는 것은 당신이 누구이고 당신의 문화적 역사를 수립하는 데 도움이 될 것이다. 토착인, 아프리카계 미국인, 이탈리아인, 한국인, 마오리족, 나바호족 혹은 스웨덴인 등 우리 조상의 긍정적인 측면과 연결되는 것은 전통과 가족으로부터 강점을 세울 수 있도록 돕는다.

▲ 인종과 민족으로부터 어떤 강점을 이끌어낼 수 있는가?

▲ 당신의 RESPECTFUL 그리고 민족적 · 문화적 배경으로부터 어떤 특권을 부여받았는가? 혹은 부여받지 못했는가?(백인, 특권, 종교, 경제적 특권을 고려하라)

▲ 효과적으로 사는 방법을 제안하는 가족이나 역할 모델이 있는가?

▲ 인종과 민족성이 당신과 당신의 발달에 어떻게 영향을 주었는지를 보여주는 구체적인 예를 들 수 있는가?

자기 돌봄 궁극적으로 건강증진의 모든 측면은 효과적인 자기 돌봄(self-care)의 일부이다. 자기 돌봄은 문화적 자존감, 좋은 영양 섭취, 사랑하는 관계 맺기 등이 될 수 있다.

요인 분석에 의하면 개인적인 안전이라는 주제가 더해지는데, 개인의 안전에는 안전벨트를 매는 것, 극심한 위험 행동을 하지 않는 것, 흡연이나 약을 중단하기, 과음하지 않는 것을 포함한다.

2영역: 사회적 자아 다른 사람과의 교류는 건강증진에 꼭 필요하다. 우리는 관계 속에서 존재하며 타인과 가까움은 건강증진의 중요한 측면이다. 상담과 심리치료는 이것을 치료의 주요 초점으로 삼는다. 하지만 상담자는 내담자를 개념화할 때 건강증진의 모든 영역을 고려해야 한다. 여기서는 사회적 자아의 두 가지 주요 구성 요소를 다룬다.

우정 사람은 관계를 맺는 존재이며 혼자 지내지 않는다. 관계를 형성하는 데는 시간이 걸린다. 이 영역은 친구가 될 수 있는 역량과 건강한 장기적 관계를 유지하는 역량에 초점을 맞춘다.
▲ 친구에 대해서 이야기해보라. 그 친구는 어떤 강점을 제공하는가?
▲ 오랜 시간 교류한 특별한 친구가 있는가? 그 관계가 당신에게는 어떤 의미가 있는가?
▲ 친구로서 자신에 대해 특별히 말할 것이 있는가? 타인에게 좋은 친구가 되기 위해서 어떤 일을 해왔는가?

사랑 가족이나 연인 같은 특별한 사람을 돌보는 것은 친밀감, 신뢰, 서로 나눔으로 이어진다. 성적 친밀감과 배우자와의 공유는 건강함의 중요한 영역이다.
▲ 긍정적인 가족 이야기를 기술하라. 조부모, 부모, 형제자매, 혹은 확대 가족에 대한 긍정적인 기억은 무엇인가?
▲ 가족은 당신을 얼마나 소중히 여기는가? 조부모·부모로서? 형제자매로서? 자녀는?
▲ 직계 가족관계가 가깝지 않다면 가족을 대체하는 사람들과의 경험을 이야기하라. (예: 교회·이슬람 교회·유대 교회, 지역사회, 문화적 집단, 우정 집단)
▲ 긍정적인 사랑하는 관계의 예를 말하라. 그 관계는 당신에게 어떤 의미가 있는가?

3영역: 대처적 자아 효과적으로 살기 위해서 주변의 상황에 대처할 수 있어야 한다. 이 영역에서 네 가지 기본 요인을 기술한다. 각 요인은 상담과 슈퍼비전에서 다른 주제와 관련이 있으며 각 요인에 유용한 이론적 접근을 다룰 수 있다.

여가 매일 즐거운 시간을 가지는 사람은 다음날 더 많은 에너지를 가지고 스트레스를 덜 느끼면서 직장이나 학교로 돌아간다. 여가는 상담의 문제해결 접근에서 너무 자주 간과된다. 즐거운 시간을 가질 때 우리가 직면하는 일상의 혹은 장기간의 어려움은 보다 쉽게 해결될 것이다.

▲ 어떤 여가 활동을 즐기는가?

▲ 똑같이 중요한 문제인데, 그 활동에 시간을 할애하는가?

▲ 최근에 가장 즐거웠던 때는 언제인가? 어떻게 느꼈는가?

▲ 즐거운 시간을 보낼 때, 그리고 여가를 가졌던 것이 도움이 되었던 구체적인 예를 들수 있는가?

스트레스 관리 삶은 가족, 직업, 종교, 지역공동체 심지어 여가활동 등 다양한 헌신과 더불어 '스트레스를 받을 수 있는' 끝없는 기회를 제공한다. 연구 결과들에 의하면 스트레스는 정신건강을 해치는 주요 원인이며 단기 혹은 장기 외상에 의한 스트레스는 신체 변화를 가져오고 뇌 발달에 영향을 미친다. 스트레스 관리 자원을 수립하도록 자기 자신을 도울 수 있는가? 이 주제에 대한 보다 자세한 사항은 13장에 소개될 것이다.

▲ 스트레스를 받으면 무엇을 하는가?

▲ 스트레스에 대처하기 위해 사용하는 특별한 기술이나 전략이 있는가? 그 전략을 사용한 것을 기억하는가?

▲ 스트레스를 잘 관리했던 예를 하나 들어보라.

▲ 운동은 스트레스를 줄여준다. 진정하고 이완하는 것을 돕기 위해 운동을 하거나 다른 일을 했던 때를 말할 수 있는가?

자기 가치 자기 가치는 치료에서 중요한 주제다. 자존감 그리고 자기 자신에 대해서 좋게 느끼는 것은 개인적 편안함(comfort)과 효율적인 삶에 꼭 필요하다. 강점을 알아야 하는 것과 마찬가지로 자신의 불완전함을 수용할 필요가 있다. 건강함에서 자기 가치는 분명히 중요하다. 자기 자신에 대해서 긍정적으로 느끼지 않으면 건강함의 다른 부분이 좋아도 건강함을 해친다. 또한 이것은 분할할 수 없는 자기 모델에서 발견된 전체성 및 관련성을 보여준다.

▲ 무엇이 가치감 그리고 자존감을 느끼게 하는가?

▲ 자신에 대해서 좋게 느낄 만한 타인에게 친절하거나 도움을 준 적이 있다면 말해보라.

▲ 당신 삶의 기여를 어떻게 평가하는가?

▲ 미래에 타인에게 그리고 세상에 어떻게 기여하고 싶은가?

현실적 신념 인생은 항상 긍정적이지는 않다. 우리는 현실을 직시하고 자신과 타인들의 신념을 검증할 역량을 갖추어야 한다. 우리는 효과적인 문제해결을 막는 자신이나 세상에 대한 부정적 신념에 사로잡혀 있을 수 있다. 이 책 후반부에서 다룰 변화 촉진 기술 부분의 인지행동 이론과 전략이 도움이 될 것이다.

▲ 어떻게 어려운 상황을 직면하고 그 상황을 있는 그대로 볼 수 있는가?

▲ 자기 자신에 대해서 그리고 자신의 능력에 대해서 현실적 신념과 기대를 가지고 있는가?

▲ 타인에 대한, 그리고 타인의 능력에 대한 현실적 신념과 기대를 가지고 있는가?

▲ 과거에 잘 풀렸던 일은 무엇인가? 현재는? 미래에는 어떤 긍정적인 기대를 가지고 있는가?

▲ 자기 자신이나 타인에 대한 현실적인 평가를 해본 구체적인 때가 있는가?

4영역: 창의적 자아 연구는 세상에 긍정적인 영향을 줄 수 있는 다섯 가지 창의적인 방법을 밝혔다. 각각은 건강증진적 접근의 도약판으로 사용될 수 있다.

생각하기 이 요인은 삶을 안내하는 생각과 생각하기를 포함한다. 효과적으로 문제를 해결하면 보다 적응적이다. 자신이나 타인에 대한 부정적인 생각을 피하라. 낙관적인 시각은 명백하게 도움이 된다. 인지행동치료(13장)는 이것을 강조한다.

▲ '내적 소리' 혹은 '당신 머릿속을 맴도는' 단어와 생각은 무엇인가?

▲ 문제해결에서 당신은 어떠한가? 어려운 문제를 효과적으로 해결했던 경험을 이야기해보라.

▲ 긍정적인 생각이나 낙관주의가 도움이 되었던 경험을 한두 개 들 수 있는가?

감정 사고와 감정(예: 즐거움, 슬픔, 화남, 두려움)은 함께 있다. 상황에 적절한 감정을 경험하는 능력은 건강한 생활방식에 중요하다.

▲ 감정을 느끼고 표현했는데 결과가 좋았던 때는 언제인가? 부정적인 정서? 긍정적인 정서?

▲ 타인의 감정적 경험을 이해하고 지지할 수 있는가? 그리고 그 사람이 세상을 이해하는 방법에 적절히 대응할 수 있는가?

▲ 당신은 어떻게 타인으로부터 정서적 지지를 받는가?

통제 삶을 통제하고 있다고 느끼는 사람은 차이를 만든다. 그들은 자신만의 '공간(space)'을 책임진다. 그들은 다른 사람을 통제하려고 하지 않는다. 오히려 그들은 어떤 일이 일어날 것인지를 알고 있다는 주관적 느낌을 가지고 그들은 현재와 미래 사건을 통제할 수 있다. 하지만 우리가 항상 현재 혹은 미래를 통제할 수 있는 것은 아니다. 예측하지 않거나 가장 나쁜 경우를 예상하는 사람보다 현실적인 기대를 하는 사람은 인생의 어려운 사건을 만날 때 보다 회복탄력적이다.

▲ 모든 사건을 통제할 수는 없지만 힘든 상황을 긍정적 혹은 현실적 방법으로 통제할 수 있었던 때는 언제인가?

▲ 자기 통제의 긍정적인 기분을 느낀 때는 언제인가? 자신과의 관계에서? 타인과의

관계에서?

▲ 어떻게 하면 운명에 대한 통제감을 느낄 수 있는지 구체적인 예를 제공하라. 다시 말해 현실감을 가지고 보다 효과적으로 대처할 수 있었던 긍정적인 예를 제시하라.

일 우리는 자신을 지탱하기 위해 일이 필요하다. 일하는 시간은 잠자는 시간만큼 혹은 그보다 더 길다. 자기 가치는 일반적으로 일을 통해서 세상에 기여하는 능력으로부터 온다.

▲ 어떤 일(job)을 할 때 가장 즐겁거나 가장 자랑스러웠는가?

▲ 어떤 자원봉사 활동을 하는가?

▲ 직장에서 당신의 가장 큰 공헌 혹은 가장 도움이 되는 습관은 무엇이라고 생각하는가? 예를 구체적으로 쓰라.

긍정적인 유머 웃음은 효과가 있다! 웃음은 마음을 열게 하고 신체에 활력을 가져온다. 유머는 창조성의 일부이며 그 순간을 즐기는 것이다. 유머 감각이 있는 사람은 문제 속에서도 무엇인가 긍정적인 것을 찾는다.

▲ 무엇이 당신을 웃게 하는가?

▲ 자신의 유머 감각에 대해 말하라.

▲ 유머 감각이나 웃음이 어려운 상황을 다룰 수 있도록 도운 구체적인 때는 언제인가?

5영역: 신체적 자아 건강증진 연구를 통해 밝혀진 두 가지 측면은 상담과 심리치료에서 더 많이 주의를 기울여야 할 영역이다. 신체적으로 건강하지 않으면 좋은 자아 개념, 감정을 다룰 수 있는 능력, 타인과 효과적으로 관계를 맺을 수 있는 능력이 있어도 충분하지 않다. 신체와 정신과 관련된 신체적 자아에게 특별히 주의를 기울이는 것은 13장에서 다루는 건강한 생활방식으로의 변화 논의에서 다룰 것이다.

영양 식사를 잘하는 것은 건강증진 프로그램의 일부이다. 잘 먹지 못하면 영양사에게 내담자를 의뢰하는 것이 도움이 될 것이다. 하지만 여기서 강점에 초점을 맞춘다.

▲ 좋은 영양에 대한 기준을 얼마나 알고 인식하고 있는가?

▲ 현재 체중과 습식 행동은 좋은 영양 기준을 얼마나 반영하고 있는가?

▲ 과거나 현재에 영양 측면에서 자신을 돌본 구체적인 예를 제공할 수 있는가?

운동 운동과 신체를 지속적으로 움직이는 것의 가치에 대한 연구는 매일 발표된다(13장). 최근 일반적인 건강함, 기억, 인지적 기능은 규칙적인 운동에 의해 지지된다는 증거가 발표되었다. 내담자가 신체를 지속적으로 움직이도록 도우라. 우울한 내담자에게 유용한 치료는 이완훈련과 함께 운동을 하는 것이다. 자신의 운동을 평가하라. 운동 평가를 상담 회기의 일부가 되도록 하고 내담자가 미래 계획을 세우도록 하라.

▲ 어떤 운동을 하고 있는가?

▲ 어떤 운동을 가장 좋아하는가?

▲ 얼마나 자주 운동을 하는가?

▲ 운동이 어떻게 도움이 되었는지를 예를 들 수 있는가?

▲ 운동 프로그램을 어떻게 시작할 수 있는가?

이 연습문제들을 수행해보면 건강함 평가에 익숙해지고, 나중에 당신이 자원하는 실제 내담자를 만날 때쯤 더 많은 지식과 능숙함을 갖추게 될 것이다. 평가의 일부로서 건강증진 계획을 통해 상담과 심리치료에서 다루어야 할 약점을 확인할 것이다. 하지만 미래 문제해결을 위한 강점과 긍정적 자산에 초점을 맞추라.

의도적 건강증진 계획

전체적 혹은 부분적 평가 후에는 **의도적인 건강증진 계획**(intentional wellness plan)을 내담자와 함께 세우는 것이 도움이 될 것이다. 건강증진 계획을 세우는 데는 반 회기 정도가 걸리지만 회기 전에 과제로 내주면 시간을 절약할 수 있다. 내담자가 변화하거나 더 노력해야 하는 영역으로 효율적으로 옮겨가도록 내담자를 도우면서 동시에 첫 과제는 내담자의 건강함 관련 강점을 요약하는 것이다. 두 번째는 향상이 필요한 영역에서의 진솔한 평가다. 내담자가 전체 건강함 중에서 너무 많은 영역에서 즉시 향상이 이루어져야 한다는 부담감을 느끼지 않도록 해야 한다. 의욕이 없는 내담자는 곧 상담을 그만두는 경향이 있다. 계획을 간단하게 하라. 내담자가 함께 건강함 평가 중 한두 영역을 선택하고 행동 계약을 협상하라. 이 책의 후반부에서 소개하는 변화 촉진 기술이 구체적인 계약을 수립하는 데 도움이 될 것이다. 계획이 잘 수행되고 있는지 정기적으로 내담자를 확인하라. 내담자가 성장하고 발전하면서 다른 영역으로 옮겨갈 수 있다.

우리는 한 회기의 일부로서 비공식적인 건강증진 계획을 개발하거나 장기 치료 계획의 한 영역으로 삼기를 제안한다. 내담자들은 긍정적인 건강증진 접근을 취하면 자신의 문제나 어려움을 더 효과적으로 다룰 수 있다. 긍정심리학에 대한 관심이 점점 더 높아지고 있기 때문에 다양한 기관에서 모든 연령대의 내담자에게 건강증진 수행을 진행하기가 좋다. 내담자에게 전체 건강함 평가를 숙제로 해오도록 할 수도 있다. 그것은 어려운 회기에 내담자의 자원을 그릴 수 있도록 당신을 도울 것이다.

▶ 요약: 강점, 정신건강, 윤리, 다문화적 수행 통합하기

이 장을 검토하면서, 이 장 도입 부분에 소개했던 내담자인 켄드라에게 돌아가 보자. 켄드라는 지역사회의 구성원이며 타인과의 관계 속의 존재다. 그녀의 정체성은 가족, 지역공동체 그리고 보다 넓은 사회 속의 관계를 통해 형성되었다. 이러한 과계는 그녀를 특정 역할이나 위치에 놓음으로써 그녀를 사회화하였다. 하지만 그녀는 자신과 사회를 변화시킬 자유를 가지고 있으며 상담자의 과제는 그 과정을 촉진하는 것이다.

켄드라의 호소 문제는 학업을 지속할 수 있는 경제력을 확보하면서 직장에서의 성추행을 다루는 것이었다. 이 분명한 심각한 스트레스 요인은 켄드라에게 영향을 미치며 다른 수준에서는 뇌 기능에도 영향을 미친다. 가장 빠른 해결은 직장을 그만두는 것이지만 그러면 수입을 위한 다른 직장을 찾아야 한다는 심각한 문제가 발생한다. 더 나아가 어머니나 자녀에게는 무슨 일이 일어날까? 한 부모 가정의 상황은 더 복잡하다.

개인적 자원 켄드라의 큰 어려움을 다루는 동안, 상담자는 그녀의 강점을 충분히 인식하고 켄드라가 자신의 강점을 인식하고 있음을 확인해야 한다. 켄드라를 알아가는 과정 중, 그녀의 긍정적 자산 몇 가지를 다루었다. 특히 그녀의 일, 자녀 양육, 학교 사이에 균형을 맞추는 역량을 건강함 평가를 향해 나아갈 때 과거와 TAP축에서부터 긍정적인 기억을 끌어내고, 이것은 그녀의 심각한 어려움에 접근하는 기반을 형성하는 데 도움이 될 것이다. 켄드라처럼 삶을 잘 관리하는 내담자는 강점을 가진 사람으로, 그리고 건강한 자질을 가진 사람으로 인식되어야 한다. 공감적 관계는 켄드라가 자기 자신에 대한 확신을 갖도록 도울 것이다. 대화가 계속되면서 다른 강점도 찾아질 것이다. 이런 영역에서 그녀가 가진 기술은 현재 어려움에 대한 적절한 해결방안을 찾도록 돕는 데 활용될 것이다.

지역사회 자원 아주 뚜렷하게 보이는 켄드라의 자원은 가족과 어머니의 지지다. 때로 양육은 어려움이 되기도 하지만 켄드라의 자녀는 정서적 지지가 된다. 자원을 탐색하면 친구와 정서적·신체적 지지가 되는 장소로서의 교회(개신교, 이슬람, 유대교 등)이 거론된다. 학교에서는 장학금이나 다른 지원들을 찾을 수 있다. 마지막으로 직장에서 친구로서 그리고 옹호자로서 켄드라를 도울 사람을 희망해볼 수 있다.

사회적 맥락과 문화적 배경 상담자가 내담자를 사회적·문화적 맥락 속에서 볼 수 있을 때 개인 상담이 가장 효과적일 수 있다고 생각한다. 자신의 문화적 배경에 대한 자긍심은 긍정적인 자아 개념의 일부가 된다. 더 많은 주제를 언급할 수 있지만 여기서는 두 가지 주제만을 언급하려고 한다. 첫째, 상담자 자신의 다문화적 주제와 맥락에 대한 알아차림이 선행되어야 한다. 상담자는 켄드라가 여성이며 미혼모이며 특정 민족적·인종적 배경을(여기서 제공하지는 않았지만) 가지고 있음을 인식해야 한다. 이 세 가지 요인(물론 더 많을 수도 있지만)으로 인해 켄드라를 더 온전히 이해할 수 있다. 비록 직접적으로 언급되지 않더라도 가능한 문화적 주제에 대한 알아차림과 민감성은 중요하다.

둘째, 적절하다면 상담자는 켄드라가 자기의 어려움을 보다 넓은 맥락에서 이해하도록 도울 필요가 있다. 명확하게, 성추행은 여성 문제로, 성차별에 관해 논의할 필요가 있다. 다른 다문화적 요인은 회기 진행 과정에서 다룰 수 있다. 무엇이 켄드라에게 개인적으로 만족스러운 해결인가? 만족스러운 해결은 사회정의적 접근을 필요로 할 수도 있으며 직장의 규정을 바꾸기 위한 행동 계획을 수립하는 것을 포함할 수도 있다. 혹은 간단하게, 켄드라가 의사결정을 하는 것처럼 문화적 맥락의 특성을 인식하는 것일 수 있다.

주요한 윤리적 주제는 상담자가 켄드라를 도울 만큼 전문성이 있는지, 적절한 사전 동의를 얻었는지, 비밀을 보장했는지, 상담자가 자신의 권한을 책임감 있게 사용했는지다. 잠정적인 성추행은 더 탐색될 필요가 있으며 거기에 대해 켄드라가 결정을 내릴 때 상담자의 지지를 필요로 한다. 켄드라는 재정적 도움이 필요할 수 있다. 저소득층의 내담자는 재정적으로 보다 안정적인 사람들이 가지고 있는 것과 같은 정도의 가능성과 특권을 가지고 있지 않을 수 있다. 우리는 대학의 재정 지원을 고려하도록 의뢰하기를 원할 수도 있다.

요점	
정체성(Identity)	I am(and you also) 나는(그리고 당신 역시) Derived from family 가족에 근원을 두고 Embedded in community 공동체에 뿌리를 내리고 있으며 Not isolated from prevailing values 사회에 만연한 가치로부터 멀리 있지 않으며 In certain roles and statuses 특정 역할과 지위를 가지고 Though having unique experiences 그럼에도 독특한 경험을 하며 Yet with freedom to change myself and society 하지만 나와 사회를 변화시킬 자유를 가지고 있다. (Jacobs, 1991)
윤리와 전문성	상담자는 자신의 전문성 안에서만 상담을 수행하고 가능한 한 견고한 관계를 맺으며 내담자를 지지하면서 진로 여정 동안 윤리적 지식과 전문성을 지속적으로 얻어야 한다. 필요할 때는 슈퍼비전을 받고 필요하다면 다른 상담자에게 내담자를 의뢰한다.
윤리와 사전 동의	실제 내담자 혹은 역할극 속의 내담자에게도 사전 동의를 받고 상담의 목표, 과정, 혜택, 위험 요소를 설명한다. 그리고 내담자가 설명한 내용에 동의하는지를 확인하라.
윤리와 비밀 보장	법령에 따라 법적으로 가능한 만큼 비밀을 보장한다. 역할극을 하는 초보 상담자는 법적 비밀 보장의 의무는 없다.
윤리와 권한(힘)	상담자는 권한의 차이를 인식하고, 이중 혹은 다중관계를 피해야 한다. 힘의 차이는 사회경제적 지위, 성, 그 외 다문화적 변인들에 따라 다양한 형태로 발생한다. 일반적으로 상담자가 내담자보다 힘을 많이 가진다.
윤리와 사회정의	상담자는 내담자의 어려움과 호소 문제가 탄압적인 환경 때문일 수도 있다는 것을 알아차려야 한다. 가능하다면 내담자의 권리를 보호하고 신장하는 방법을 적극적으로 찾아야 한다.

요점	
다문화적 역량	모든 인간이 존엄하고, 여러 종류의 문화적 차이가 있다는 것을 인식해야 한다. 상담자는 차별하지 않아야 하며, 다문화적 주제에 대한 지식을 추구해야 한다. 그리고 상담자는 자기 자신의 다문화적 배경에 대해 자각하게 될 것이다.
행동은 필수	상담자는 아는 것과 행동하는 것 사이의 간격을 줄이기 위해 노력해야 한다. 실제로 해보기 전에는 안다고 보기 어렵다. 수행한 후에, 미래 향상을 위한 지침으로 예상되는 결과의 성취를 활용하여 연습하라.
힘과 특권	상담자는 특정 집단이 특권과 권리를 더 많이 가지며 또 그렇지 못한 집단이 있다는 것을 알게 될 것이다. 이 주제를 상담 실제에서 고려하라. 책에서는 백인, 남성, 중산층의 힘과 특권을 예로 소개하였다. 이 세 가지 외에도 다른 종류의 힘과 특권의 형태가 있을 수 있으며 이는 현재에도 그리고 전 세계 모든 문화에 공통적이다.
건강함과 긍정심리학	내담자는 상담에 올 때 삶의 경험으로부터 많은 강점과 긍정적 자산, 자신만의 고유한 역량을 가지고 온다. 그들은 가족, 친구, 문화적 자원, 자각이 필요한 많은 자산을 가지고 있다. 긍정적인 힘이 명확히 확인되면 문제해결과 훈습이 보다 순조롭게 진행될 것이다.
뇌과학과 상담	뇌과학은 상담과 심리치료에 신경학과 약물을 가져와 정신 및 신체건강에 새로운 접근이 가능하게 되었다. 상담은 상담자의 초점, 존중, 공감적 관계를 맺을 수 있는 능력 정도에 따라 뇌를 긍정적으로도 부정적으로도 변화시킬 수 있다. 현재와 미래 상담자는 뇌와 도움 과정 사이의 관계를 이해할 필요가 있다.
스트레스와 상담	상담실을 방문하는 내담자 모두 어느 정도는 스트레스를 받고 있다. 지속적이거나 극심한 스트레스는 뇌와 신체에 부정적 영향을 미친다. 스트레스 관리는 효과적인 상담과 심리치료의 핵심이다. 긍정심리학과 건강증진 접근은 강점 기반 상담의 효율적인 이론적 틀을 제공한다.
뇌의 두 축	뇌는 2개의 상호 영향을 미치는 체계로 구성된 전체적인 구조체이다. TAP축(시상, 전대상계, 전두엽)은 뇌의 최고경영자로 알려져 있으며 의사결정을 통제한다. 변연계 체계의 HPA축(시상하부, 뇌하수체, 부신)은 스트레스에 대한 반응과 기분, 성, 면역체계, 에너지 저장과 같은 몸의 많은 과정을 통제한다. 상담은 치료적이고 건강증진 전략을 통해 TAP를 강화하고 내담자의 정서를 탐색하고 스트레스의 부정적 영향을 극복하기 위해 긍정성을 사용하는 것을 추구한다.
분할할 수 없는 자기	Sweeny와 Myers에 의해 개발된 건강함 모델은 창의적이고 대처적이고 사회적이고 본질적이고 신체적인 자아를 포함한다. 5개의 범주에는 17개의 건강함의 구체적인 영역들이 있다.
건강함 평가	내담자의 강점은 17개의 영역으로 평가할 수 있다(영성, 성 정체성, 문화 정체성, 자기 돌봄, 우정, 사랑, 여가, 스트레스 관리, 자기 가치, 현실적 신념, 생각하기, 감정, 통제, 일, 긍정적인 유머, 영양, 운동). 필요하다면 내담자에게 전체 17개 영역에 대한 평가를 실시하라. 하지만 현실적으로는 1~2개의 주요 영역을 선택해서 간단하게 평가할 수 있다.
건강증진 계획	강점과 건강한 자질에 대한 평가는 강점과 성장이 필요한 부분 사이의 균형을 확인할 것이다. 내담자는 노력이 필요한 영역을 확인할 수 있고, 계획하는 것이 도움이 될 것이다.

▶ 실습과 역량 포트폴리오

목적이 있는 상담은 연습과 경험을 통해서 성취될 수 있다. 목적이 있는 상담은 상담자의 기술 학습과 성장으로 이어지는 자기에 대한 알아차림, 감정적 역량, 자기 자신을 관찰할 수 있는 능력에 의해서 향상될 수 있다.

다음에 나오는 역량수행 실습은 다음 세 영역의 학습 기회를 제공하기 위해 고안되었다.

1. **개인 실습**: 개념을 적용할 수 있는 기회를 제공하기 위한 짧은 연습들.
2. **집단 실습**: 혼자 해보는 것도 도움이 되지만 역할극 회기나 토론을 통해 타인과 작업을 할 때 가장 유용한 학습이 일어난다. 집단으로 작업할 때 자신의 상담 스타일에 대한 정확한 정보를 얻을 수 있다. 그리고 만약 이 연습 회기들을 녹음 또는 녹화할 수 있다면 타인이 자신을 보는 것처럼 자기 자신을 볼 수 있기 때문에 강력한 경험이 된다.
3. **자기 평가**: 상담자는 기술을 사용할 사람이다. 추가적인 연습을 통해 자신을 상담자와 심리치료자로 보기를 바란다.

개인 실습

연습 1. 윤리강령 검토하기 윤리강령을 자세히 검토하라. 그리고 다른 나라나 다른 전문가 집단의 윤리강령을 찾아 전문성, 사전 동의, 비밀 보장, 사회정의, 다양성에 대한 유사점과 차이점을 확인하라. 각 주제에 대한 당신의 입장은 무엇인가? 당신의 관찰과 의견을 기록하라.

연습 2a. 다양성: 경험적 과제 이 실습은 다른 문화적 집단에 대한 알아차림, 지식, 기술, 행동을 확장하는 것을 도울 것이다. 이 연습은 Zalaquett 박사의 다문화 상담 강의 계획서 내용을 참고한 것이다.

자신의 문화와 다른 한 집단을 선정하라(예: 주로 아프리카계 미국인들로 구성된 교회, 이슬람 성전, 동성애자들의 행사, 청각 장애자들의 조용한 저녁 식사 행사 등). 선정한 집단에 대해 보다 깊이 이해하기 위해서 그들의 모임에 한 번 이상 참석하라. 그리고 다음의 질문을 자신에게 해보라.

▲ 보고 들은 것이 이 문화적·민족적 집단에 대해서 가지고 있는 생각들과 일치하는가, 일치하지 않는가?

▲ 이 집단에 대해서 무엇을 배웠는가? 자신에 대해서는 무엇을 배웠는가?

▲ 편안함 수준, 수용된다는 느낌, 소속감의 측면에서 자신의 개인적인 반응은 어떠했는가?

▲ 자라면서 자신의 반응에 영향을 끼쳤던 경험, 신념, 가치는 무엇인가?

▲ 이 경험이 자신의 전문가로서의 발달에 어떻게 도움이 될 것인가?

연습 2b. 다양성: 프레젠테이션 선택한 집단 및 경험적 활동에 초점을 둔 15~20분간의 강의 프레젠테이션을 실시한다. 포괄적인 프레젠테이션을 제공하려면 다음을 수행하라.

▲ 유인물에 기본 정보를 제공하고 모든 수업 참여자들에게 3개의 동료 검토 일지 참조 목록을 제공하라.

▲ 체험 활동, 비디오, 설명, 사진, 미술, 면접 또는 토론을 통해 그 활동이 어떠했는지에 대한 감각을 수업에 제공하라.

▲ 경험이 당신의 인식, 지식 및 기술을 확장한 방법을 제시하라. 어떻게 도전받았는지(편안함 수준), 그리고 당신 자신에 대해 배운 것들, 이 경험이 상담과 치료에 어떻게 적용될 수 있는지를 토론하라.

최근 학생들을 위한 프레젠테이션은 웹 사이트 www.coedu.usf.edu/zalaquett/de/dep.htm을 방문하라. 예전의 학생들 프레젠테이션은 www.coedu.usf.edu/zalaquett/mcdp/m.htm에서 볼 수 있다.

연습 3. 건강함 평가 53쪽에 있는 Sweeney-Myers의 건강함 모델의 맥락적 주제를 검토하라. 자신의 맥락에서 어떤 강점과 자원을 발견하는가?

주변	제도	세계적
가족	교육	정치
이웃	종교	문화
지역사회	정부	국제적 사건
	사업·산업	환경
	방송	

54~60쪽에 있는 개인적 강점을 검토하라. 그리고 자신의 강점과 자원을 검토하라.

본질적	사회적	대처적	창의적	신체적
영성	우정	여가	사고	영양
성 정체성	사랑	스트레스 관리	감정	운동
문화 정체성		자기 가치	통제	
자기 돌봄		현실적인 신념	일	
			긍정적 유머	

집단 실습

연습 4. 건강함을 평가하고 건강증진 계획 세우기 자신의 건강함을 평가하라. 그리고 2명의 동료와 집단을 구성하고 그들 중 한 명의 건강함을 평가하라. 이 연습을 할 때 미리 계획도 함께 논의하라. 다른 동료가 관찰자가 되어 과정에 대한 피드백을 제공한다. 자원한 내담자가 1장에 소개된 내담자 피드백 양식을 작성하도록 하라. 자원한 내담자에게 과제로 내주어도 좋다.

연습 5. 사전 동의서 양식 개발 [글상자 2.1]은 사전 동의 양식의 예다. 작은 집단에서 학교 상황과 정부 정책에 적합한 자신만의 사전 동의서 양식을 개발하라.

역량 포트폴리오

역량을 근거로 했을 때 자신의 스타일과 이론을 가장 잘 결정할 수 있다. 각 장은 그 장에서 학습한 것에 대한 당신의 생각과 감정에 대한 성찰 연습으로 마무리한다. 이 책을 끝낼 때 역량에 대한 그리고 자신의 스타일과 이론을 결정하는 방향으로 성장한 기록을 갖게 될 것이다.

다음의 체크리스트를 사용하여 당신의 현재 상담자 역량의 숙달 수준을 평가해보라. 먼저 현재 할 수 있다고 느껴지는 영역에 체크하라. 체크되지 않은 영역은 앞으로의 목표로 정하도록 한다. 이 책을 공부하면서 모든 영역에서 목적적 역량을 달성할 것이라고 기대하지 않는 것이 좋다. 계속적인 반복과 연습을 통해 상담자 역량은 향상하게 될 것이다.

1단계: 확인 및 분류 향후 점검에서 최소한 이 정도 수준의 숙련도는 갖추어야 한다.

☐ 상담과 관련된 중요한 윤리 측면을 정의하고 토론할 수 있다. 전문성, 사전 동의, 비밀 보장, 권력, 사회정의.

☐ 다문화적 역량의 세 측면을 정의하고 토론할 수 있다. 자신의 가정, 가치, 편견을 알아차리기, 문화적으로 다른 내담자의 세계관을 이해하기, 적절한 개입 전략과 기술을 개발하기.

☐ 긍정심리학과 건강함을 정의하고 토론할 수 있다.

☐ 건강함 모델의 맥락적 요인들을 정의하고 토론할 수 있다.

☐ 건강함 모델의 다섯 가지 개인적 측면을 정의하고 토론할 수 있다. 본질적, 대처적, 사회적, 창의적, 신체적 자아.

2단계: 기본 역량 평가나 실제 상담 회기와 같은 보다 실제적인 맥락에서 기본 기술을 수행하라. 이 책을 학습하는 동안 역량의 기본 수준이 형성될 것이고 향상될 것이다.

☐ 사전 동의서 양식을 작성할 수 있다.

□ 스스로를 다문화적 존재로 정의할 수 있다.
□ 자신의 개인적 그리고 맥락적 건강함 파일을 평가할 수 있다.
□ 타인의 건강함을 평가할 수 있다.

이 장에서는 3단계 목적적 역량과 4단계 심리교육적 교육 역량은 제시하지 않는다. 이 단계는 3장에서 제시될 것이다.

▶ 스타일과 이론 정하기: 비판적 자기 성찰과 일지 평가에 대한 제안

일지 혹은 학술 저널에 기록될 미래의 상담자로 자신을 성찰하는 것은 자신이 무엇을 학습했는지를 검토하고, 자신의 이해를 평가하는 데, 그리고 미래를 예측하는 데 도움이 된다. 생각해볼 세 가지 질문은 다음과 같다.

1. 윤리 부분에서 개인적으로 가장 기억에 남는 것은 어떤 내용인가? 상담 수행을 위해 가장 기억해야 할 한 가지는 무엇인가? 어떤 이들은 지역사회에서의 사회정의라는 아이디어를 논쟁의 주제라고 생각한다. 자신의 생각은 어떠한가?
2. 다양성에 대해 그리고 자신과 다른 사람들에게 상담을 제공하는 것에 대해 얼마나 편안한가? 스스로 많은 다양한 측면을 가진 다문화적 사람이라는 것을 인식할 수 있는가?
3. 건강함과 긍정심리학은 상담 면접의 유용한 부분으로 강조되어왔다. 동시에 내담자가 상담자에게 호소하는 매우 실제적인 문제에는 주의를 기울이지 않았다. 이 책에는 많은 어려운 주제들을 다루겠지만, 건강함과 긍정심리학에 대해 지금 가지고 있는 개인적 생각은 무엇인가? 이 접근에 대해서 얼마나 편안한가?

3장
주의 기울이기와 공감

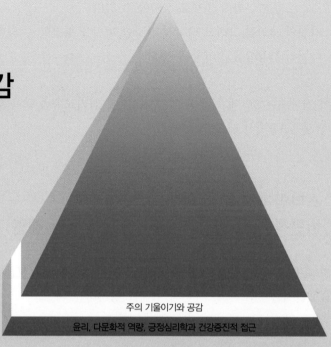

주의 기울이기와 공감

윤리, 다문화적 역량, 긍정심리학과 건강증진적 접근

어떤 사람이 당신에 대한 선입견 없이, 당신에 대한 책임감 없이, 당신을 어떤 틀에 맞추려 하지 않고 진정으로 당신의 이야기를 들을 때, 기분이 좋다. 내 이야기를 다른 사람이 경청해줄 때, 내 이야기를 내가 듣게 될 때, 나는 새로운 방식으로 나의 세계를 인식하게 되며 앞으로 나아간다. 해결될 것 같지 않던 문제들이 다른 사람이 들어줄 때 해결되는 것은 얼마나 놀라운가! 치유될 수 없을 것 같은 혼란스러움이 누군가가 들어줄 때 상대적으로 명확한 흐름이 되는 것은 얼마나 놀라운가!

_Carl Rogers

'주의 기울이기와 공감'의 목적

주의 기울이기와 공감은 내담자와의 작업 관계를 형성하고 내담자의 문제와 고민을 이해하는 데 필수적이다. 주의 기울이기 행동, 공감, 관찰 기술은 효과적이고 촉진적인 목적이 있는 상담과 심리치료에 필요(때로는 충분)하다. 우리는 주의 기울이기, 공감, 관찰 기술을 기본적인 기술들로 간주한다.

이 장과 다음 장의 관찰 기술은 상호보완적이어서 함께 읽어야 한다. 주의 기울이기는 상담자의 언어적 행동과 비언어적 행동에 초점을 맞춘다. 관찰 기술은 내담자의 비언어적, 언어적 행동의 구체적 정보에 초점을 맞춘다. 주의 기울이기와 관찰은 공감적 이해, 관계, 작업동맹의 기초를 형성한다.

3장의 목표 주의 기울이기 행동과 공감에 대한 알아차림, 지식, 기술, 행동은 다음과 같은 것을 할 수 있게 한다.

▲ 내담자와 공감적 관계를 형성한다.

▲ 내담자를 경청하고 내담자의 관심사를 주고받는 능력을 배양한다.

▲ 선택적 주의집중을 포함하여, 자신의 주의 기울이기 방식을 알아차린다. 우리 모두는 어떤 주제는 강조하면서 다른 주제에는 주의를 기울이지 않으며, 아마도 어떤 문제는 회피하기조차 한다.

▲ 경청하기와 말하기의 다양한 개인적이고 문화적인 스타일의 요구에 자신의 주의 기울이기 방식을 맞춘다.

▲ 상담 회기 중에 길을 잃거나 혼란스러울 때 사용할 수 있는 회복 기술을 개발한다. 최고 수준의 전문 상담자도 무엇이 일어나고 있는지 항상 아는 것은 아니다. 당신이 무엇을 해야 할지 모를 때 주의를 기울이라!

▲ 뇌과학의 기초가 어떻게 주의 기울이기와 공감의 중요성을 설명하고 확대시키고 있는지를 이해한다.

▲ 경청하기의 상담대화기술이 얼마나 유용한 치료 전략인지 배운다.

▶ 주의 기울이기: 경청의 기본

공감적 관계에 필수적인 **주의 기울이기**(attending behavior)는 개인적이고 문화적으로 적절한 언어적 흐름, 시각화, 음성의 질, 몸짓언어 등으로 내담자를 지지하는 것으로 정의된다. **경청하기**(listening)는 주의 기울이기의 중요한 기술이고 내담자와의 관계를 발전시키고 진실한 접촉을 하는 데 핵심적이다.

경청하기는 듣기와 보기 이상을 의미한다. 당신은 완벽하게 듣기와 보기를 하는데도 효과적이지 않은 청자일 수 있다. 어떻게 하면 효과적인 경청을 보다 정확하게 정의할 수 있을까? 아래 연습은 명확하게 관찰 가능한 행동을 통해 경청하기를 식별할 수 있게 도울 것이다.

실습: 경청하기 경험

경청하기 기술을 식별하고 정의하는 최선의 방법 중 하나는 정반대(경청하지 않기)를 경험하는 것이다. 어떤 사람이 당신의 이야기를 경청하지 않을 때를 생각해보라. 아마도 가족구성원 또는 친구들도 당신의 고민을 듣는 데 실패했을 것이다. 선생님 또는 고용주가 당신의 행동을 오해하고 당신을 부당하게 다루었다. 또는 당신이 컴퓨터 전화상담 서비스에 전화를 했지만 당신의 문제를 들어주는 어떤 사람과도 연결되지 않았다. 이러한 상황들은 듣기의 중요성과 타인이 자신의 이야기를 듣지 않을 때 느끼는 좌절감을 보여준다.

아주 잠시 동안 멈추고 어떤 사람이 당신을 무시했거나 당신이 한 말을 왜곡했다고 느꼈거나 또는 단지 '듣지 않았어'라고 말했던 상황에 대해 다시 한 번 생각해보라.

경청하기를 정의하고 명확히 하는 보다 적극적이고 강력한 방법은 역할극을 할 상대를 찾는 것이다. 그리고 당신이 경청하지 않는 역할을 하는 것이다. 듣지 않는 사람은 비효과적인 상담자의 구체적인 행위를 식별하기 위해 과장되게 행동할 수 있어야 한다. '내담자'는 상담자가 듣지 않는 것 같아도 이상적으로 계속 이야기해야 한다. 그리고 내담자에게 상담자가 듣지 않을 때 내적으로 또는 감정적으로 어떻게 느꼈는지 물어보라. 듣지 않고 있음을 나타내는 특별하고 관찰 가능한 행동에 대해 함께 논의해보라. 나중에 이 장에서 제시된 개념들과 당신의 생각을 비교해보라.

과장된 역할극은 우스꽝스러울 수 있다. 그러나 돌이켜보면, 서툰 경청하기에 대한 강한 기억은 실망감, 더 나아가 분노의 감정일 수 있다. 내담자에게 즉각적으로 영향을 주는 것은 관찰 가능한 행동이다. 경청하지 않기와 또 다른 비효과적인 면접 행위의 사례들은 무수히 많고 교훈적이다. 당신이 효과적이고 유능한 상담자가 되려면 비효과적인 상담자와는 반대되는 행동을 하라. 주의를 기울여 경청하라.

이 연습은 주의 기울이기와 경청하기 행동이 상담 회기에서 중요하다는 것을 명확하게 보여준다. 주의 기울이기와 경청하기는 상담자가 내담자에 대해 공감하고 이해하면서 의사소통하는 방법들이다. 주의 기울이기와 경청하기는 작업동맹과 좋은 상담관계의 행동적 근간이다.

뇌 이미지(brain imaging)는 또 다른 방식으로 주의 기울이기의 중요성을 보여준다. 내담자의 이야기와 같은 자극에 주의를 기울이고 있을 때, 상담자와 내담자 두 사람의 뇌의 많은 영역이 관련된다(Posner, 2004). 뇌의 특정 영역이 활동하고 있는 것을 보여준다. 결과적으로, 주의 기울이기와 경청하기는 효과적인 상담과 심리치료에 있어서 뇌를 활성화시킨다. 주의를 기울이지 않고 있을 경우에는 뇌에서 어떤 일도 일어나지 않는다.

이제 기술과 역량이 어떻게 상담 회기를 활성화시킬 수 있는지에 대하여 심도 있는 논의를 할 차례다.

▶ 주의 기울이기: 경청 기술

주의 기울이기는 내담자와의 대화에서 결과를 예측할 수 있게 한다. 상담자가 상담대화 기술들 각각을 사용할 때, 내담자가 어떻게 반응할 것인지 예상할 수 있다. 이러한 예측이 100% 완벽하지는 않다. 하지만 연구 결과에 따르면, 보통은 예상한 반응들이 일어난다(Ivey, Ivey, & Daniels, 2014). 경청하기 위한 첫 번째 시도가 받아들여지지 않으면, 당신은 의도적으로 주의 기울이기의 초점을 바꾸어 변화시키거나 내담자의 이야기를 경청하고 있다는 것을 보여주기 위한 다른 접근 방법을 시도할 수 있다.

주의 기울이기	기대할 수 있는 결과
개인적이고 문화적으로 적합한 시각화/눈 맞춤, 음성의 질, 음성 언어의 단서 쫓아가기, 몸짓언어로 내담자를 지지하라.	내담자는 보다 자유롭게 말하고 솔직하게 반응할 것이다. 주목을 받고 있는 화제(주제)에 대해서는 특히 그렇다. 내담자와 문화에 따라 지속적인 눈 맞춤, 보다 부드러운 목소리 톤, 보다 완전한 이야기(화제의 건너뜀이 거의 없이), 보다 편안한 몸짓언어가 예상된다.

주의 기울이기는 대화와 공감적 이해의 연결고리다. 자신의 이야기에 귀 기울여 들어줄 때 깊게 감명 받으며, 자신에게 귀 기울이지 않고 있을 때는 그것을 쉽게 알아차린다. 상담자가 주의를 기울이는 방식은 상담 회기에서 이야기되는 것에 영향을 미친다. 또한, 내담자의 반응을 관찰하라. 해야 할 것과 하지 말아야 할 것에 대해 배우는 것은 내담자는 돕는 데 보다 좋고 더 효과적인 방식을 결정하는 데 도움이 된다.

효과적인 경청하기에 대한 모든 가능한 질(qualities)과 기술을 즉각적으로 배울 수는 없다. 차근차근 단계를 밟아 주의 기울이기 행동과 기술을 배워야 한다. 주의 기울이기와 관찰은 출발점이다. 고임금의 상담자와 의사들을 포함한 훈련된 많은 전문가들도, 경청하기와 공감에 대해 다시금 새롭게 배울 필요가 있다.

주의 기울이기는 경청하기에 있어서 가장 우선되고 중요한 기술이다. 모든 상담과 심리치료를 이해하기 쉽게 해주는 데 필요한 부분이다. 때때로 주의 깊게 경청하는 것만으로도 변화를 야기하기에 충분하다.

당신이 내담자에게 진실로 경청하고 주의를 기울이고 있다는 것을 전달하기 위해서는 아래의 '3V's+B'*가 필요하다.

1. **시각화/눈 맞춤**(**V**isual/Eye contact): 내담자에게 말을 할 때 그들을 보라.
2. **음성의 질**(**V**ocal qualities): 목소리에 따뜻함과 관심을 실어 전달하라. '나는 진실로 당신이 말해야 하는 것에 관심이 있다'라는 말을 단지 목소리 톤과 말의 속도를 바꿔가면서 말할 수 있는 방법은 많다. 지금 당장 시도해보고 **행동** 변화의 중요성을 확인하라.
3. **음성 언어의 단서 쫓아가기**(**V**erbal tracking): 내담자의 이야기를 따라가라. 주제를 바꾸지 말라. 내담자의 관심사에 머무르라.
4. **몸짓언어**(**B**ody language): 당신 자신이 되라. 진솔함은 신뢰를 쌓는 데 가장 기본이 된다. 관심을 나타내기 위해서 내담자를 똑바로 바라보고, 감정을 담은 얼굴을 하고, 내담자 쪽으로 몸을 기울이고 격려하는 몸짓을 하라. 특히 중요한 것은 내담자에게 따뜻함과 관심을 나타내기 위해 미소를 짓는 것이다.

---

* 우리는 Norma Gluckstern Packard에게 3개의 'V' 약자의 아이디어에 대해 감사의 마음을 전한다.

나중에, 주의 기울이기에 있어서 개인적 차이와 문화적 차이에 대해 말할 것이다. '3V's+B'의 변형이 상담자의 말하기 시간을 줄이고 내담자에게 필요한 만큼 상세하게 이야기할 기회를 제공한다. 경청할 때 내담자의 언어적 · 비언어적 행동을 관찰할 수 있다. 내담자의 눈 맞춤 방식, 목소리 톤의 변화, 몸짓언어, 그리고 내담자가 관심을 갖는 주제와 피하는 주제를 메모하라. 당신 앞에 있는 그 독특한 사람의 필요에 부합하는 스타일을 변형하기 위해 관찰 기술을 사용하라. 내담자는 당신과 다른 공동체, 다른 문화적 배경을 가진 사람일 수 있다.

이들 주의 기울이기 행동 개념은 Ivey, Normington, Miller, Morrill과 Haase(1968)에 의해 도움 분야에 처음으로 소개되었다. 상담대화기술 사용에 있어서 문화적 변형들은 Allen Ivey가 중앙 캐나다 북극에서 미국 인디언 이누이트와 함께 일했을 때 Allen Ivey의 모델에 처음으로 중요한 요소로 포함되었다. Allen은 이누이트 사람들과 나란히 앉는 것이 마주보고 앉는 것(몸짓언어, 시각화 등은 문화들 간에 다양하다)보다 더 적절했다는 것을 알게 되었다. 또한 견고한(solid) 관계를 발전시키는 것은 언어적 주제에 계속해서 머무르는 것만큼 중요하다는 것도 알게 되었다. 그럼에도 미소 짓기, 경청하기, 존경하고 이해하는 듯한 목소리 톤은 실제로 모든 문화와 개인에 적용될 수 있는 행동들이다. 결과적으로, Allen은 그가 가르친 이누이트 사람들과 훨씬 더 친밀하게 되었다. 요약하면, 주의 기울이기와 경청하기는 인간의 의사소통에 필수적이다. 그러나 상담자는 개인적인 차이와 문화적인 차이에 대해 예상하고 준비되어야 한다.

▶ 주의 기울이기 실행: 경청과 스타일에 있어서 개인적 · 문화적 차이에 대한 구체적인 정보 구하기

행동하기 전에 경청하라. 초보 상담자들은 일반적으로 내담자들의 어려움들을 단 5분 만에 모두 해결하려고 하는 특징을 보인다. 생각해보라. 대부분의 내담자들은 일정 기간 동안 그들의 고민거리를 확대 · 발전시켜왔다. 먼저 내담자를 차분하게 안정시키고, 내담자의 이야기에 주의를 기울이라. 그리고 그들의 이야기에서 주제를 찾으라. 내담자의 관심사(고민거리)를 보다 더 완벽하게 이해하고 라포를 형성하기 위해 '3V's+B'(시각화, 음성의 질, 음성언어의 단서 쫓아가기, 몸짓언어)를 사용하라.

▶ 시각화/눈 맞춤

상담자는 내담자를 볼 뿐만 아니라 자신과 내담자의 시선 단절을 모두 관찰해야 한다. 내담자들은 종종 주의 깊게 생각하거나 특히 고통스러운 주제에 대해 논의할 때 시선을 돌리는 경향이 있다. 상담자 또한 특정 주제에 대해 논의할 때 스스로 눈 맞춤을 피하고 있다는 것을 알게 될 수도 있다. 어떤 상담자들은 내담자가 성(sex) 외에는 어떤 것도 말하지 않는다고 보고한다. 또 다른 상담자들은 내담자가 그 주제에 대해 전혀 말하지 않는다고 보고한다. 시선 단절, 시선 고정, 목소리 톤, 몸의 움직임을 통해 상담자들은 현재 논의되고 있는 주제가 자신에게 편안한지를 내담자들에게 전달한다.

눈 맞춤에 있어서 문화적 차이는 다양하다. 직접적인 응시는 유럽계 북미 중산층 문화에서는 관심의 표시로 간주된다. 그러나 그들도 이야기를 들을 때 눈을 더 많이 마주치고 이야기를 할 때는 눈을 적게 마주친다. 더 나아가, 특정 문화 집단의 내담자가 어떤 주제에 대해 이야기하는 것이 불편해하면 너무 많은 눈 맞춤은 피하는 것이 나을 것이다.

연구는 미국에 사는 몇몇 전통적인 아프리카계 미국인들은 정반대의 방식을 보고하였다. 즉, 그들은 말할 때 더 많이 눈을 마주치고 들을 때 더 적게 눈을 마주친다. 전통적인 미국 인디언들과 라틴계 미국인 문화에서는 젊은이의 직접적 응시는 불경의 표시다. 이것이 직접적으로 젊은이들의 근본적인 문화적 가치에 배치(모순)될 때 '나를 봐'라고 젊은이에게 말하는 선생님이나 상담자들이 야기할 수 있는 문제들을 상상해보라. 몇몇 문화 집단은, 예를 들면 전통적인 미국 인디언, 이누이트, 호주 원주민들은 일반적으로 눈 맞춤을 피한다. 특히 심각한 주제를 이야기할 때 이는 존경의 표시다.

장애가 있는 사람들은 충분히 배려받지 못한 문화적 집단이다. 장애는 상담자가 마주치게 되는 다양성 중 하나다. 장애가 있는 사람과의 눈 맞춤은 다양할 수 있다. 상담자는 그것을 특정한 한 방향으로 그들에게 꼬리표를 붙이거나 상담하지 않도록 주의해야 할 필요가 있다. 공감적 이해와 효율적인 경청은 개인의 독특함을 인식해야 가능하다. 예를 들어, 앞이 안 보이는 사람을 상담할 때, 상담자는 그들의 행동을 볼 수 있지만 그들은 상담자를 볼 수 없다. 그러나 목소리 톤은 많은 정보를 전달한다. 그들은 종종 앞을 볼 수 있는 내담자들보다 상담자의 목소리 톤, 말을 주저하는 것, 대화 방식으로부터 훨씬 더 많은 정보를 얻는다. 들을 수 없는 내담자를 상담할 때는 상담자의 몸짓언어가 보다 더 중요해진다. 만일 입술의 움직임을 읽어낼 수 있다면, 그들을 보면서 분명하게 말해야 한다. 그들이 수화 통역자와 함께 할 경우, 수화 통역자가 아닌 내담자를 보고 말해야 한다.

이러한 도전에 직면하지 않은 상담자는 일시적으로 유능성을 강조하는 문화에 속해있다고 여길 수 있다. 연령과 인생 경험에 따라 상담자 대부분은 다양한 형태의 역량 도전에 노출될 것이다. 나이가 많은 상담자는 여기서 논의되고 있는 주제들이 예외적인 것이라기보다는 일반적인 것이라고 생각할 수도 있다. 겸허함과 존경하는 마음으로 모든 내담자를 대하라.

▶ 음성의 질: 톤과 속도

음성은 상담자 자신과 내담자에 대한 감정을 전달해주는 도구다. 쉼과 머뭇거림뿐만 아니라 음의 높이, 성량, 말의 속도의 변화는 눈 맞춤과 마찬가지로 동일한 정보를 전달한다. 상담자나 내담자의 목청 가다듬기는 말이 쉽게 나오지 않는다는 것을 나타낼 수도 있다. 내담자가 긴장하고 있다면 상담자는 몸의 움직임뿐만 아니라 목소리 톤에서도 그것을 관찰할 수 있다. 만일 주제가 상담자에게 불편하거나 내담자가 긴장하고 있다는 것을 상담자가 알게 된다면 상담자의 목소리 톤이나 말의 속도가 변할 수 있다. 사람들마다 상담자의 목소리에 상이하게 반응할 것이라는 것을 명심하라. 당신이 좋아하는 그리고 싫어하는 라디오나 텔레비전의 소리를 생각하라.

언어적 강조(verbal underlining)는 또 다른 유용한 개념이다. 당신이 이야기하는 방식을 생각해보면 당신 자신이 어떤 단어들이나 짧은 구절에 보다 큰 성량을 내고 목소리로 강조를 더 많이 한다는 것을 알게 될 것이다. 내담자들도 똑같다. 어떤 사람이 성량과 강조에 의해 (강조하는) 핵심 단어들은 종종 특별히 중요한 개념들이다. 물론 특히 유의미한 어떤 것들은 부드럽게 이야기할 수도 있다는 것을 염두에 두라. 그리고 중요한 주제들에 대해 이야기할 때, 이야기하기 어려운 것들은 낮은 목소리 톤으로 표현된다. 이런 경우에, 당신의 목소리 톤과 내담자의 목소리 톤을 맞추려고 시도하는 것은 대개 적절하다.

억양은 사람들이 동일한 목소리에 얼마나 다르게 반응하는지 알 수 있는 특히 좋은 예이다. 호주, BBC 방송 영어, 캐나다, 프랑스, 파키스탄, 뉴잉글랜드, 미국 남부의 억양에 당신은 어떻게 반응하는가? 그들의 억양이 자신의 억양과 다르기 때문에 사람들에 대해 고정관념을 갖는 것을 피해야만 한다.

실습: 목소리 톤*

세 명 또는 그 이상의 사람들과 함께 아래 연습을 해보라.

서너 명의 사람들에게 당신이 말하는 동안 눈을 감으라고 요청하라. 당신의 관심 분야 중의 하나에 대해 정상적인 목소리 톤으로 말하라. 당신이 그 집단에게 말할 때, 그들에게 음성의 질에 대해 주목하라고 요청하라. 당신의 목소리 톤, 성량, 말하기 속도, 그리고 아마도 심지어 지역적 또는 인종적 억양에 그들이 어떻게 반응하는가? 2~3분 동안 이야기를 계속하라. 그리고 나서 당신의 목소리에 대해 피드백을 달라고 요청하라. 당신이 알게 된 것을 요약하라.

당신의 목소리를 관찰할 사람을 구하기 어렵다면 당신 주위의 다양한 사람들의 목소리 톤/스타일에 시간을 할애해 주목하라. 가장 집중하게 되는 목소리의 톤과 스타일은

---

* 이 연습은 매사추세츠 대학교 경영대학원 Robert Marx가 개발했다.

무엇인가? 어떤 방식으로 말하는 것이 당신을 화자로부터 멀어지게 하는가?

이 연습은 종종 주의 기울이기의 전체 개념에 중요한 점을 드러낸다. 사람들은 동일한 자극에 상이하게 반응한다. 어떤 사람들은 특정 목소리가 흥미롭다고 하고, 또 다른 사람들은 동일한 목소리가 지루하다고 한다. 또 다른 사람들은 그 목소리를 따뜻하고 보살피는 것 같다고 생각할 수 있다. 이 연습 그리고 이것과 유사한 다른 연습들은 사람들이 다르고 한 사람 또는 한 내담자와 성공적인 것이 다른 사람 또는 다른 내담자에게는 적합하지 않을 수도 있다는 것을 반복적으로 보여준다.

▶ 음성 언어의 단서 쫓아가기: 내담자를 따라가거나 화제 바꾸기

'음성 언어의 단서 쫓아가기'는 내담자의 주제에 머무르는 것이다. 이는 내담자가 자신의 이야기를 상세하게 할 수 있도록 격려하기 위해서다. 사람들이 비언어적 의사소통에 있어서 갑작스럽게 움직이는 것처럼 편안하지 않을 때 내담자는 주제를 바꾼다. 미국 중산층의 의사소통에서는 직접적인 쫓아가기는 적절하다. 그러나 아시아 문화에서는 직접적인 음성 언어의 단서 쫓아가기는 무례하고 무리하게 끼어든다고 생각될 수 있다.

음성 언어의 단서 쫓아가기는 특히 초보 상담자와 경험은 많지만 내담자의 반응에 무엇을 말해야 할지를 잊어버렸거나 당혹스런 상황에 처한 상담자 모두에게 특히 도움이 된다. **긴장을 풀라.** 상담자가 새로운 주제를 소개할 필요는 없다. 내담자가 방금 전 또는 조금 전에 말했던 것에 대해 무엇이 되었든지 질문을 하거나 간단하게 언급하라. 내담자의 관심 주제에 대해 계속 이야기하라. 그러면 시간이 지남에 따라 내담자에 대해 보다 더 잘 알게 될 것이다.

선택적 주의집중의 핵심 역할

정상적인 인간의 뇌는 환경에 대처하는 것과 가까이에 있는 것에 초점이 맞춰지는 방식으로 자극에 주의를 기울이도록 연결되어있다. **선택적 주의집중**(selective attention)은 상담과 심리치료에 있어서 핵심이다. 내담자는 상담자가 듣기를 원하는 것에 대해 말하는 경향이 있다. 어떤 회기에서, 내담자는 다양한 주제의 논의 가능성을 제시할 것이다. 심지어 논의 주제가 진로 선택(career choice)일지라도 회기의 목적으로 돌아가기 전에 가족 문제나 사적인 인간관계의 주제도 필요할 수 있다. 정반대로 어떤 상담자들은 진로 상담에 무관심할 수 있다. 진로 상담을 받기 위해 찾아온 내담자들은 그들 스스로에 대한 것이나 개인사에 대한 것에 대해 이야기하게 되거나 장기 치료를 받게 될 수 있다. 당신이 어떤 방식으로 선택적 주의집중을 하는지에 따라 회기의 길이(기간)나 내담자가 다음 회기에 다시 방문할지가 결정될 수 있다.

내담자의 선택적 주의집중 방식을 관찰하라. 그들은 무엇에 초점을 맞추고 있는가?

그들은 어떤 주제를 피하고 있는 것으로 보이는가?

한 유명한 훈련 영상 자료(Shostrum, 1966)는 세 명의 저명한 상담자들(Albert Ellis, Fritz Perls, & Carl Rogers)이 글로리아(Gloria)라는 한 내담자를 상담하고 있는 것을 보여준다. 글로리아는 그녀가 상담을 하는 상담자에 따라 말하고 반응하는 방식을 매우 다르게 바꾼다. 그 영상 자료에서 음성 언어에 대한 연구는 글로리아가 세 명의 상이한 상담자의 언어에 맞추는 경향이 있다는 것을 보여준다(Meara, Pepinsky, Shannon, & Murray, 1981; Meara, Shannon, & Pepinsky, 1979). 세 명의 상담자는 모두 자신의 비언어적 또는 언어적 행동을 통해 글로리아가 무엇을 이야기하기를 원하고 있는지 암시하고 있었다.

내담자가 상담자의 언어와 상담자가 선택한 논의 주제에 맞추어야 하는가? 아니면 상담자가 내담자의 언어와 내담자의 스타일에 상담자의 언어와 스타일을 맞추기 위해 배워야 하는가? 대부분의 경우 두 접근 방식 모두 밀접한 관련이 있다. 그러나 초기 단계에서 상담자는 자신의 언어적 관점이 아니라 내담자의 언어적 관점에서 내담자의 이야기를 끌어내기를 원한다. 당신은 회기에서 무엇이 가장 중심적이고 의미심장하다고 생각하는가? 당신이 편안하지 않은 논의 주제가 있는가? 어떤 상담자들은 내담자들에게 직업적 문제에 대해 이야기하는 것은 뛰어난 반면, 대인관계 갈등이나 성적 문제에 대해 이야기하는 것은 부끄러워한다. 또 다른 상담자들은 구직 문제와 같은 중요하면서도 실질적인 주제들을 배제하고 끊임없이 내담자의 대인관계 문제에 대해 이야기하고 있다는 것을 알게 된다.

만약 내담자가 화학, 휠체어 다루기, 교과서가 매진된 서점, (강의실에 대한) 직접적인 접근을 제공하지 못한 대학, 자동차 고장, 학교 결석, 친구 문제와 같이 다양한 주제들을 제시하고 나서 마지막으로 '어떤 날은 노력이 쓸모없게 느껴진다'라는 우울한 표현으로 암시했다고 하자.

종종 문젯거리 중 내담자가 말한 마지막 사항에 대해 지금이나 앞으로나 논의의 초점이 맞춰져야 할 필요가 있다. 이 경우에, 상담자는 심리적으로 우울증의 가능성을 인식하게 되고 내담자 이야기의 중심 주제를 고려할 것을 제안할 것이다. 이러한 상황에서 내담자가 어디에서 시작할지를 결정하도록 돕는 방식으로 상담자가 반응하는 것을 추천한다. "모든 영역에서 어려움을 느끼는 것 같군요. 먼저 무엇에 대해 이야기하고 싶어요?" 내담자는 이야기할 것이 많지만 한 번에 하나씩 이야기해야 한다. 회기의 마지막 시점에서, 처음에 그녀가 언급했던 문제들로 돌아가라. 그래서 당신이 그녀의 이야기를 충분히 들었다는 것을 알게 하라. 내담자와 함께 논의 주제 목록을 작성하는 것은 도움이 된다. 각각의 목록에 대해 향후 회기에 순차적으로 다루겠다는 계약서를 작성하라. 매 회기마다 우울증의 징후들을 관찰하고, 우울증이 심해지면 다른 상담기관에 의뢰해야 하거나 장기 상담이 필요할 수 있다.

어떤 상담자들은 지속적으로 단지 2~3개의 주요 주제들에 대해서만 주의 깊게 경청하고 다른 가능성들은 무시한다. 당신 자신의 반응에 대한 잠재적인 방식에 대해 주의하라. 어떠한 주제도 놓치지 않도록 노력하라. 그러나 한 번에 모든 것을 해결하려 하지 않음으로써 혼돈을 피하라.

주의 방향 바꾸기의 가치

내담자의 진술의 '지금 여기'에 주의를 기울이는 것이 부적절한 때가 있다. 예를 들면, 내담자가 동일한 주제에 대해 반복적으로 일관성 없게 이야기할 수 있다. 그런 경우에, 의도적으로 주의 기울이지 않기는 유용할 수 있다. 이때 눈 맞춤을 유지하지 않기, 몸의 위치와 목소리 톤에 있어 미세한 변화, 보다 긍정적인 주제로의 의도적인 전환을 통해 회기의 방향을 바꿀 수 있다. 또한 직접적으로 주제를 바꾸는 대신에, 반복되는 이야기의 구체적인 내용들을 물을 수도 있다. 만일 내담자가 외상(예: 병원, 오랜 관계의 단절, 사고, 절도 피해)을 갖고 있다면, 이야기를 여러 번 반복적으로 이야기할 필요도 있을 수 있다.

우울한 내담자는 세상이 얼마나 잘못되었는지, 왜 잘못되었는지, 그리고 그들의 삶에서 왜 부정적인 일들이 계속되는지에 대한 명쾌한 설명을 제공하기를 원한다. 우리는 내담자의 이야기를 들을 필요가 있다. 그러나 우리는 또한 선택적으로 주의를 기울이고 부정적인 것에만 주의를 기울이지 않을 필요도 있다. 내담자들은 강점으로부터 성장한다. 대화의 방향을 바꾸라. 그리고 내담자의 강점, 건강한 습관(달리기, 음악 듣기), 내담자 외부의 도움이 될 만한 자원을 찾아냈을 때 바로 그 긍정적 자산에 초점을 맞추라.

가장 숙련된 상담자들과 심리치료자들은 내담자가 말을 시작하고 끝맺도록 하는 주의 기울이기 기술을 사용한다. 이를 통해 회기의 제한된 시간을 가장 효과적으로 활용한다.

침묵의 유용성

때때로 상담자가 조력자로 할 수 있는 가장 유용한 일은 내담자를 침묵 속에서 지지하는 것이다. 상담자로서, 특히 초보자로서, 상담자는 내담자가 그들이 말하기 원하는 것을 생각하도록 앉아서 기다리는 것이 어렵다는 것을 알게 된다. 내담자는 울 수도 있고, 상담자는 즉각적인 지지를 주고 싶어 할 수도 있다. 그러나 때때로 최선의 지지는 단순히 아무 말 없이 내담자와 함께 있어주는 것일 수 있다. 티슈를 건네주는 것을 생각해보자. 심지어 이 작은 제스처는 당신이 돌보고 있다는 것을 보여준다. 일반적으로 내담자를 위해 1~2개의 티슈 상자를 비치해놓는 것이 좋다. 물론 너무 오랜 동안 침묵이 지속되지 않도록 하라. 자연스럽게 침묵을 깰 시점을 찾아 적절하게 주의를 기울이라.

뇌에서는 단지 침묵 이상으로 훨씬 더 많은 것이 일어난다. 당신이 침묵에 주의 기울이거나 듣고 있을 때, 청각 피질(auditory cortex)은 활동 상태에 있는 것으로 나타난다. 당신의 뇌는 fMRI에 나타난 것처럼 매우 민감한 상태에 있다. 마찬가지로, 뇌의 시각 영역은 개인이 의식적으로 사물이나 사람을 보고 있다는 것을 깨닫기 전에 활성화된다는 증거가 있다(Somers, 2006).

초보 상담자에게 있어서 침묵은 두려움일 수 있다. 어쨌든 상담이란, 문제에 대해 이야기하고 문제를 음성 언어로 해결하는 것을 의미하지 않는가? 침묵이 불편하다면, 내담자를 보라. 내담자가 편안하게 보인다면, 내담자의 몸짓언어로부터 영감을 얻고 침묵에 동참하라. 만일 내담자가 침묵에 불안해한다면, 주의 기울이기 기술에 의존하라. 회기 초기에 언급된 것에 관하여 질문을 하거나 진술을 하라.

말하는 시간

끝으로, '상담자가 이야기하는 동안 내담자는 이야기할 수 없다'는 것을 기억하라. 말하는 시간에 대해 회기를 검토해보라. 누가 더 많이 이야기했는가, 상담자 또는 내담자? 대부분의 성인 내담자의 경우, 내담자가 말하는 시간 비중이 상담자가 말하는 시간보다 많다. 말이 적은 내담자의 경우 또는 어린아이들의 경우, 상담자가 조금 더 이야기할 필요가 있고 내담자가 이야기하도록 격려하기 위해 일화를 말하는 것이 좋다. 부모가 이혼한 7세 아동은 처음에 이혼에 대해 한 마디도 말하지 않을 것이다. 그러나 상담자가 이혼에 대한 아동 도서를 읽어주면 아동은 질문을 하기 시작하고 보다 자유롭게 이야기할 수 있다.

▶ 몸짓언어: 주의를 기울이고 진정성 담기

인류학자 Edward Hall은 한때 남서부 아메리칸 원주민과 유럽계 북아메리카인에 대한 영화 장면들을 조사하여 20개 이상의 상이한 방식으로 걷는다는 것을 발견했다. 눈 맞춤에 문화적 차이가 존재하듯이 몸짓언어 방식도 또한 상이하다.

많은 북아메리카인의 편안한 대화 거리는 팔 길이보다 다소 멀다. 영국인들은 그보다 조금 먼 것을 선호한다. 많은 라틴 아메리카인들은 그 거리의 반 정도를 선호한다. 중동 출신 사람들은 눈동자와 눈동자를 마주하면서 이야기할 수도 있다. 결과적으로, 우리가 주의 기울이기에서 추천하고 있는 다소 앞으로 몸을 기울이는 것은 항상 적절한 것은 아니다.

편안한 대인간 거리를 결정하는 것은 다양한 요인에 의해 영향받는다. Hargie, Dickson과 Tourish(2004, p. 45)는 다음의 요인들을 강조하였다.

성: 여성은 남성보다 가까운 거리를 편안하게 느끼는 경향이 있다.
성격: 내성적인 사람이 외향적인 사람보다 더 먼 거리가 필요하다.
나이: 아이들과 젊은이들이 보다 가까운 거리를 취하는 경향이 있다.

대화 주제: 성적 주제 또는 개인의 비행과 같은 어려운 주제는 사람을 더 멀어지게 할 수 있다.

인간관계: 잘 어울리는 친구들이나 커플들은 밀착하는 경향이 있다. 불일치가 발생할 때, 조화가 어떻게 사라지는지 관찰하라. (내담자가 갑자가 팔짱을 끼거나, 멀리 바라보거나, 또는 가만히 있지 못하고 꼼지락거리는 것을 인지할 때, 이것은 또한 하나의 실마리다)

능력: 각 개인은 독특하다. 우리는 신체적 장애로 한 개인을 집단에 배치할 수 없다. 다음의 것들 중에서 차이점을 고려해보라. 휠체어를 사용하는 사람, 뇌성마비인 사람, 파킨슨병 환자, 팔을 잃은 사람, 또는 심각한 화상으로 보기 흉한 신체를 가진 내담자. 그들은 모두 사회적 이해와 지지가 부족하다는 공통된 문제를 가지고 있을 수 있다. 그러나 상담자는 내담자의 개인적 관점에서 각 개인과 상담을 진행해야 한다. 내담자의 몸짓언어와 말하는 스타일은 다양할 것이다. 당신의 업무 공간은 필요한 모든 물리적 장치(physical accomodations)를 갖추어 각 내담자를 온전한 개인으로 정중하게 주의를 기울여야만 한다.

사람은 흥미로울 때 앞으로 몸을 기울이고, 지루하거나 겁을 먹을 때 뒤로 물러난다. 당신이 말할 때, 사람들의 반응적 움직임에 주목하라. 당신이 그들에게 어떻게 영향을 미치는가? 회기 중의 당신 자신의 행동 방식에 대해 주목하라. 당신은 언제 두드러지게 몸의 자세를 변화시키는가? 자연스럽고 진솔하고 유연한 몸의 스타일이 가장 효과적인 것 같다. 그러나 각 내담자에 따라 내담자에게 맞출 준비가 되어야 하고 유연해야 한다.

상담자의 진솔한 인간성은 돕는 관계에서 필수적인 요소다. 당신이 시각화, 음성 질, 음성 언어의 단서 쫓아가기, 주의를 기울이는 몸짓언어를 사용할 때, 실제 관계에서 진실한 사람이 되라. 기술을 연습하고, 개별적이고 문화적인 차이에 대해 주의하고 존중하라.

▶ 공감

Carl Rogers(1957, 1961)로 인해 공감의 중요성을 인식하게 되었다. 그는 주의 깊게 경청하고, 내담자의 세계로 들어가서, 내담자가 보고 경험한 것처럼 내담자의 세계를 이해하기 위해 의사소통해야 한다는 것을 명확히 했다. '자신을 타인의 입장에 놓아보는 관점'은 공감을 묘사하는 또 다른 방법이다. 아래의 인용문은 Rogers가 공감을 정의하기 위해 사용한 것이다.

이것은 사람에 대한 피상적인 여행이 아니다. ……차례차례로 그 사람이 그 순간에 그것을 경험했던 것처럼 당신은 단지 다른 사람의 일을 듣고 다시 말한다. 당신은 자신의 일과 생각을 그것에 섞으면 안 된다. 그 사람이 표현하지 않은 것을 다른 사람에게 내놓지 말아야 한다. ……정확하게 이해한다는 것을 보여주기 위해서는, 그 사람이 전달하기를 원했던 개인적인 의미를 정확하게 담을 수 있는 하나 또는 두 개의 문장을 만들어보라. 대개 이것은 당신의 언어일 수 있다. 그러나 주의해서 다루어야 하는 것에 대해서는 그 사람의 언어를 사용하라. (Gendlin & Hendricks, n.d.)

관계에 있어서 공감의 중요성을 기억하라. 작업동맹! 공감은 성공적인 상담과 심리치료에 있어서 필요한 **공통** 요인의 30%로 고려된다(Miller, Duncan, & Hubble, 2005). 상담자가 공감 반응을 제공할 때, 내담자가 어떻게 반응할 것인지를 예측할 수 있다. 다음은 공감에 대한 또 다른 설명과 공감에 대한 기대할 수 있는 결과다.

공감	기대할 수 있는 결과
상담자가 마치 내담자인 것처럼 내담자의 세계와 이야기를 경험하기, 내담자의 주요 주제를 이해하고 그것들에 대해 상담자의 생각, 감정, 또는 의미를 덧붙임 없이 정확하게 다시 진술하기. 이것은 주의 기울이기와 관찰 기술과 더불어 내담자의 중요한 핵심 단어를 사용하면서도 내담자의 주요 생각을 희미하게 하거나 축소하지 말아야 한다.	내담자는 이해받았다고 느끼고, 그들의 문제를 탐색하는 데 보다 깊이 관여할 것이다. 공감은 진술에 대한 내담자의 반응에 의해 가장 잘 평가된다. 보다 깊고 궁극적으로 보다 나은 자기 이해 속에서 논의를 지속할 수 있는 내담자의 능력을 가져온다.

Rogers의 생각은 Charles Truax(1961)에 의해 확장되었다. Charles Truax는 공감적 이해의 수준을 측정한 최초의 인물이다. 그는 공감적 이해 수준을 등급화하기 위해 9점 척도를 개발했다(Truax, 1961). Truax의 파트너였던 Robert Carkhuff(1969)는 5점 척도를 개발했다. 이들 척도는 연구에서 널리 사용되었고, 회기에서도 실질적으로 적용하고 있다.

많은 다른 연구자들은 Rogers의 공감에 대한 영향력 있는 정의를 따랐고 정교화했다(Carkhuff, 2000; Egan, 2010; Ivey, D'Andrea, & Ivey, 2012 참고). 다음은 공감적 이해의 세 가지 유형을 설명한 것인데, 이 장에서 소개하는 회기 축어록은 다음 척도로 평가될 것이다.

축소적 공감: 내담자가 말한 것보다 적게, 아마도 심지어 말한 것을 왜곡해서 상담자의 반응이 내담자에게 다시 전해지는 것이다. 이런 경우, 경청 기술과 변화 촉진 기술은 부적절하게 사용된다.

기본적(상호교환적) 공감: 상담자의 반응이 내담자의 반응과 상호교환적이다. 상담자는 내담자가 말한 것을 정확하게 다시 말할 수 있다. 기본 경청 기술에 따른 숙련된 목적적 역량(이 책의 후반부 장들 참고)은 기본적 공감을 입증한다. 이것이 도움을 줄 때 가장 공통된 상담자의 언어 수준임을 알게 될 것이다. Rogers는 경청 그 자체가 내담자의 변화를 이끌어내는 데 필요조건일 뿐만 아니라 충분조건이기도 하다는 것을 지적한다.

추가적 공감: 상담자의 반응이 내담자가 말한 것에 추가적인 것을 덧붙여 말할 수 있다. 이것은

내담자가 초기에 말한 것과 연결되어 말하는 것이다. 그리고 내담자로 하여금 새로운 비전을 갖게 하는 내적 참조 체계 또는 일치하는 생각일 수 있다. 사려 깊게 사용된 피드백과 상담자의 자기 개방은 추가적 공감일 수 있다.

이들 세 가지 기저선은 종종 회기에서 보인 공감의 질을 분류하거나 등급을 매기는 단계까지 확장된다. 당신은 상담대화기술 연습에 공감 척도를 사용할 수 있다. 나중에, 전문적인 작업에서, 당신이 내담자에게 관심을 유지하고 온전히 공감하고 있는지 계속해서 점검해야 한다.

내담자: 무엇을 해야 할지 모르겠어요. 이 문제에 대해 끊임없이 고민했어요. 남편은 제가 더이상 고민하지 않는다는 것을 이해하지 못하는 것 같아요. 그는 단지 계속해서 지루한 방식으로 시도하고 있어요. 그러나 더 이상 그에게 피드백을 제공해도 소용없는 것 같아요.

1수준 공감   [축소적 공감] 그렇게 말하는 것은 좋은 방식이 아닙니다. 당신 또한 그의 감정을 고려해야 한다고 생각합니다.
[다소 축소적 공감] 당신은 그를 포기한 것 같아요. 당신은 더 이상 시도하기를 원하지 않는군요. (부정적으로 해석한다)

2수준 공감   [기본적 공감, 혹은 상호교환적 반응] 당신은 낙담했고 혼란스럽군요. 남편과 함께 그 문제를 해결하려고 노력했지만, 그는 이해하지 못하는 것 같네요. 지금, 당신은 그에게 신경 쓸 가치가 없다고 느꼈군요. 실제로 당신은 신경 쓰지 않는군요. (내담자의 말을 정확하게 경청하는 것은 공감적 이해의 출발점이다. 2수준이 항상 중심이 된다)

3수준 공감   [추가적 공감] 당신은 그와 함께 그 문제를 거듭 살피고 노력했지만 지금은 신경 쓰지 않게 되었군요. 당신은 열심히 노력했어요. 이것은 당신에게 어떤 의미가 있나요? (질문은 내담자로 하여금 새로운 방식으로 생각하게 할 가능성을 추가한다. 그러나 내담자는 여전히 대화를 주도하고 있다)
[추가적 공감, 아마도 변형 가능] 저는 당신의 아픔과 혼란을 느껴요. 지금은 당신이 더 이상 신경 쓰지 않는다는 것을 느껴요. 당신이 제게 말했던 것을 토대로, 저는 당신의 생각과 감정이 이해가 되네요. 동시에 당신은 그렇게 열심히 노력할 이유가 있었어요. 당신은 과거에 그를 염려하는 깊은 감정에 대한 이야기를 했어요. 그에 대한 생각과 지금 당신이 느끼는 감정과 어떻게 연결시켜야 할까요? (온건한 자기 개방이 포함된 요약, 질문은 내담자가 자신을 통합하고 그 순간 문제의 의미를 발전시키는 데 도움이 된다)

이 책의 절반 정도를 학습할 즈음에는 상호교환적 반응을 목표로 하는 것이 좋다. 공감적 이해를 위해 가장 중요한 것은 내담자를 주의 깊게 그리고 정확하게 경청하는 것이다. 경청만으로도 내담자가 많은 문제를 명료화하고 해결하도록 돕는다. 동시에 약간의 축소적 공감은 보다 깊은 이해를 시작하게 할 수 있다. 상담자는 자신의 반응을 상호교환적이라고 보지만, 내담자는 다르게 들을 수 있다. 예상하지 못했던 그리고 놀라는 내담자의 반응을 내담자를 충분히 이해하는 기회로 사용하라. 문제는 실수가 아니라, 실수를 교정하고 이를 발전시키는 것이다.

공감적 이해에 대한 더 많은 측면이 이 책 전체에 걸쳐서 다루어진다. 지금은 다음 핵심적인 몇 가지를 기억하라.

1. 내담자가 자신의 이야기, 생각, 감정을 이야기할 때 비평적이고 지지적인 방식으로 내담자의 경험과 세계관을 이해하는 것을 목표로 하라.
2. 이해한 것을 내담자와 소통하려고 노력하라. 하지만 전달 시 상담자 고유의 것을 섞지는 말라.

이것은 2수준의 상호교환적, 공감적 반응에 이르는 확실한 길이다.

공감과 거울 신경세포　역사적으로 상담은 공감의 중요성을 옹호하고 증명해왔지만, 공감은 모호하고 논쟁적인 개념이었다. 뇌과학의 공고한 연구 결과들이 우리 생각을 바꾸고 있다. 공감은 fMRI와 다른 기술들에 의해서 확인이 가능하게 되었다. 이 과정의 핵심은 **거울 신경세포**(mirror neurons)로 인간이 **행동하고 다른 사람의 행동을 관찰할 때** 활성화된다. 많은 심리학자들은 거울 신경이 최근 과학의 가장 중요한 발견이라고 생각한다.

초기 거울 신경과 공감 연구는 가까운 애착 관계를 가진 파트너에게 상대 파트너가 경미한 자극을 받는 것을 일반경을 통해 보게 하였다. 동시에 자극을 받은 사람은 뇌의 두 영역이 활성화되었는데, 한 영역은 신체 고통을 느끼는 곳이고, 다른 영역은 감정적 고통을 느끼는 곳이었다. 동시에 관찰하는 사람은 상대가 신체적 고통을 느끼는 것을 보면서 감정적 고통을 감지하는 뇌 영역이 활성화되었다(Singer et al., 2004). 연구에 따르면, 일관적으로 반사회성 성격장애나 품행장애로 진단받은 아동, 청소년, 성인은 이 부분이 활성화되지 않는다고 보고한다(Decety & Jackson, 2004). 반사회성이나 품행장애 진단을 받은 사람들은 타인이 고통받는 것을 볼 때 기쁨을 느낀다는 증거들이 있다.

기본적인 연구 결과들은 여러 방식으로 여러 차례 반복적으로 얻어졌다. Marci와 동료들(2007)은 상담자-내담자가 공감적으로 이해했다고 느낄 때 상담자-내담자의 피부 전도력이 높다는 것을 발견하였다. 이것은 의사소통이 양방향적이라는 것을 뜻한다. 언어적 의사소통은 연합 활동인데, fMRI 연구에 의하면 이야기 이해가 효과적이지 않으면 이러한 신경의 결합을 사라진다. 경청 기술이 성공적으로 수행되지 않으면 공감은 일어나지 않는다.

상호교환적, 축소적, 추가적 공감의 주제는 Oliveira와 Gonçalves(2011)가 연구하였다. 이 연구에서 40명의 참여자는 감정이 많이 담겨있는 이야기에 반응하는 배우들을 관찰하였다. 추가적인 공감 반응을 관찰한 참여자들의 심장박동수는 증가했지만 상호교환적이고 축소적인 반응을 관찰할 때는 심장박동에 변화가 없었다.

요약하면, 공감적 존재로서 들어주고, 내담자와 함께 있어주는 것은 내담자가 성장하고 변화하는 데 중요한 부분이다. 경청과 공감은 추상적인 개념이 아니다. 경청과 공감은 측정 가능하고, 사람의 인생을 바꿀 수 있다(Stephens, Silbert, & Hasson, 2010).

▶ 상담 예시: 승진하지 못했어요. 차별이 아닐까요?

아래의 상담 회기 사례는 공감적 주의 기울이기 기술과 성(gender) 차이에 대한 다문화적 인식을 가진 상태에서 이들 기술의 사용의 중요성을 보여준다.

45세 푸에르토리코인 매니저인 아자라(Azara)는 자신이 일을 잘하고 있다고 생각하고 있었는데 승진하지 못했다. 그녀는 승진에서 제외되었고 그녀보다 유능하지 않은 사람이 그녀가 원하는 직급으로 승진하는 것을 보게 되었다.

첫 회기 부분은 다음에 제시되는 보다 긍정적인 노력과 첨예한 대조를 제공하기 위해 특별히 비효과적으로 고안된 부정적인 예시다. 예시에서 상담자 앨런은 내담자와의 관계를 형성하고 내담자의 이야기를 끄집어내는 일을 한다. 방해가 되는 눈 맞춤, 음성의 질, 음성 언어 단서 쫓아가기, 몸짓언어가 상담 회기를 얼마나 부정적으로 만들 수 있는지에 대해 주목하라.

부정적 예시

상담자와 내담자의 대화	상담 과정에 대한 해설
1. 앨런: 안녕하세요. 아자라, 오늘은 어떤 것에 대해 이야기하고 싶어요?	앨런은 아자라를 따뜻하게 맞이하지 못했다. 그는 급하게 회기를 시작했고 라포를 형성하고 관계를 발전시키기 위해서 아무 것도 하지 않았다. 이는 여러 문화가 혼재된 회기에서는 특히 중요하다. 그는 책상 너머 그의 의자에 앉아있었다. (비언어적 상황은 이미 축소적 반응이다)
2. 아자라: 네. 며칠 전 직장에서 문제가 생겨서 왔습니다. 그리고 저는 다소 화가 났습니다.	아자라는 앉았고 앨런의 행동과 무관하게 즉시 그녀의 문제를 꺼내 놓았다. 그녀는 분명히 회기를 시작할 준비가 되었다.
3. 앨런: 직업이 뭐예요?	앨런의 목소리는 공격적이다. 그는 아자라의 속상한 감정을 무시하고 폐쇄형 질문을 한다. 따뜻함을 전하는 적절한 목소리 톤은 어떤 관계에도 필수적이다.

상담자와 내담자의 대화	상담 과정에 대한 해설
4. *아자라*: 예, 현재 대리입니다. 저는 15년 동안 이 회사를 위해 일해왔습니다.	아자라는 계속해서 노력하고 있다. 앨런은 그녀가 이야기하는 동안 아래를 내려다보고 있다. 축소적인 비언어적 행동.
5. *앨런*: 15년이 지났는데 여전히 대리군요. 제가 직장을 다닐 때, 승진하는 데 그렇게 오래 걸리지 않았어요. 제가 승진했던 경험에 대해 당신에게 말해도 될까요? …… (그는 자기 자신에 대해 상세하게 이야기했다)	상담자가 자기 자신에 대해 이야기하는 동안 논의의 초점은 사라졌다. 이러한 긴 반응이 있는 경우 상담자가 내담자 아자라보다 더 많은 시간 동안 이야기하게 된다. 평가적 '무시'는 상담자들이 권력을 얼마나 부적절하게 사용하는지를 보여주는 사례다. 이는 물론 완전히 축소적 공감이다.
6. *아자라*: 그래요. 저는 15년이 지났는데도 여전히 대리입니다. 그러나 제가 당신에게 말하고자 하는 것이 승진에서 제외되었다는 것입니다.	여기에 차별이라는 주제가 있는가? 문화적 주제를 무시함으로써 결국 내담자와의 사이가 멀어질 것이다. 앨런은 어떤 일이 일어나고 있는지 전혀 모른다. 그것은 문화적인 것일 수도 있고, 아닐 수도 있다. 이것은 분명히 고려해야 할 중요한 요소다. 그러나 그는 공감적 관계를 형성하지 않았다. 어떤 내담자라고 해도 앨런은 주의 기울여 경청하는 능력이 부족하기 때문에 내담자와의 관계가 단절될 것이다.
7. *앨런*: 당신이 잘못했던 일들에 대해 조금 더 말해주겠어요?	여전히 창문 밖을 내다보면서, 그는 개방형 질문을 했지만, 주요 주제를 무시하고, 부정적인 측면을 강조하며 화제를 바꾸었다.
8. *아자라*: 저는 잘못한 것이 없다고 생각해요. 저는 매우 좋은 피드백을 받아왔어요. ……	아자라는 자신을 방어하기 시작했다. 그러나 앨런이 끼어들었다. 주제 바꾸기와 끼어들기는 공감적 의사소통이 이루어지고 있지 않다는 분명한 표시다.
9. *앨런*: 그들은 평균 정도의 성과를 내지 못하지 않는 한 승진에서 제외되지는 않아요.	상담자는 자료에 근거하지 않은 축소적, 부정적, 평가적 해석을 제시한다. 그는 그녀의 이야기를 이끌어내지도, 실제로 그녀가 걱정하는 주제를 정의하려고도 하지 않았다.

앨런은 아자라의 말을 경청하지 않은 것 같다. 더 나아가, 그는 그녀를 부적절하게 직면하였고, 그녀는 다음 회기에 올 것 같지 않다. 유럽계 미국 남성 상담자는 그녀를 이해하지 못했다.

그러나 앨런에게 한 번 더 기회를 주자. 이 두 번째 회기에서 어떤 차이가 있는가?

상담자와 내담자의 대화	상담 과정에 대한 해설
1. *앨런*: 어서 오세요. 아자라, 다시 만나 반갑습니다. 어서 들어오세요. 편한 곳에 앉으세요.	앨런은 일어나, 미소를 지으며 내담자를 마주보고 악수를 나누었다. 첫인상은 중요하다. 앨런은 긍정적이고 촉진하는 비언어적 태도를 보여주었다.
2. *아자라*: 감사합니다. 저 또한 만나게 되어 반갑습니다.	그녀는 앉으며 미소를 지었지만 다소 긴장한 것 같아 보였다.

상담자와 내담자의 대화	상담 과정에 대한 해설
3. 앨런: 와주셔서 감사합니다.	상담자는 회기에 참가하고자 하는 내담자의 의지에 존경심을 표하는 것 같다. 이는 종종 상담에서 존재하는 권력관계를 동등하게 만들어주는 데 도움이 된다.
4. 아자라: 감사합니다. 당신이 저에게 도움이 되었으면 합니다.	아자라는 조금 긴장이 풀렸다.
5. 앨런: 아자라, 당신이 오기 전에 당신의 파일을 보았습니다. 당신이 직장에서의 문제에 대해 이야기하고 싶어 하는 것으로 알아요. 그것이 맞지요?	회기에서 파일을 보는 것은 축소적 반응일 수 있다. 파일을 보아야만 한다면, 당신이 보고 있는 것을 내담자에게도 공유하라. 상담기관에 적절하게 준비하라.
6. 아자라: 네. 맞아요.	그녀는 조금 긴장했지만 편안히 앉았다.

이 짧은 시간에, 앨런은 아자라에게 진심어린 온정과 그녀의 이야기를 경청할 준비가 되어있다는 것을 전달했다. 회기의 구조에 대한 정보를 아자라에게 전달하면서 앨런은 회기를 진행한다. 앨런은 그녀가 가진 문화적 주제를 논의하는 데 약간의 시간을 쓴다. 그녀가 앨런에게 편안함을 느끼도록 하고 그녀의 문화적 측면을 이해한다는 것을 알려준다.

회기는 그녀가 직장에서 직면하는 문제를 아자라가 묘사하면서 재계된다. 긍정적인 사례와 부정적인 사례에서 모아진 정보의 차이를 주목하라.

앨런과 아자라가 그녀의 장점을 찾으면서 회기는 계속된다.

여기서 개인적인 필요와 감정을 가진 사람으로서의 아자라에게 훨씬 더 강하게 초점을 맞추고 있다는 것을 알 수 있다. 관계가 형성되었기 때문에 지금은 다문화적 주제들을 논의할 수 있는 적절한 시기다. 주의 기울이기와 경청을 통해 내담자의 이야기와 관심사를 더 완벽하게 알 수 있다. 강점을 위한 긍정적 자산 찾기가 시작되었다.

상담자와 내담자의 대화	상담 과정에 대한 해설
7. 앨런: 그래요. 직장에서 근심거리가 있나요? 그것에 대해 듣고 싶습니다.	앨런은 지금 직장에서의 문제로 돌아온다.
8. 아자라: 좋아요. 며칠 전, 제가 승진하지 못한 것을 알았어요. 이 회사에서 15년 동안 일했어요. 무엇보다도 승진한 사람이 남성이고, 5년밖에 근무하지 않은 사람이라는 것을 처음 알았을 때 무척 화가 났어요. 제가 그 사람보다 훨씬 더 승진할 자격을 갖춘 사람이라고 생각해요.	아자라는 이번 진술에서 많이 말한다. 상담자로서 우리는 때때로 그것 모두를 듣는 것이 어렵다. 그럴 때는 재진술과 요약 기술(6장)이 특히 도움이 될 수 있다. 이 기술들의 임무는 내담자가 말해왔던 것을 보다 더 간결한 형태로 반복하는 것이다.

상담자와 내담자의 대화	상담 과정에 대한 해설
저는 상사로부터 좋은 평가를 받아왔어요. 동료들과도 좋은 직장관계를 유지하고 있어요……. 제가 승진에서 제외되었다는 것을 알았을 때 큰 충격이었어요. 왜냐하면, 그 자리에 지원하라고 저를 격려했기 때문이에요. 그런데 승진하지 못했어요. 이것은……. 저는 정말로, 정말로 화가 납니다.	
9. *앨런:* 5년과 비교하여 15년, 당신은 정말, 정말 화가 났겠군요. 제가 듣기에 당신을 화나게 한 것은 당신이 좋은 평가를 받았고, 이 자리에 지원하라고 요청받기까지 했다는 것, 그리고 마지막으로 오랫동안 회사에 있지도 않았던 사람이 승진했다는 것이네요. 제가 당신의 이야기를 정확하게 들었나요?	내담자가 한 이야기에 대한 상담자의 요약은 그가 비언어적으로뿐만 아니라 언어적으로 참여하고 있었는지를 알려준다. '제가 당신의 이야기를 정확하게 들었나요?'는 상담대화기술에서 **확인**이라고 명명된다. 당신이 정확하다면 내담자는 종종 '예' 또는 심지어 '정확해요'라고 말한다. 이는 2수준 공감인 상호교환적 반응을 나타낸다.
10. *아자라:* 네, 맞아요. ……지금 제 문제는 차별이라고 생각하고 있고, 지금 어떻게 해야 할지를 결정해야 한다는 것이에요. 제가 불만을 제기한다면…… 그것이 동료들을 혼란스럽게 할까요? 상사와 슈퍼바이저가 제게 화를 낼까요? 불만을 제기한 결과에 대해 매우 걱정스러워요. 일자리를 잃고 싶지는 않아요. 하지만 그것은 차별이라고 생각해요.	상담자가 자기 이야기를 잘 듣고 있으므로, 내담자가 스스로 새로운 주제로 넘어간다.
11. *앨런:* 아자라, 어려운 결정이네요. 만일 당신이 차별에 대해 이의를 제기한다면, 당신은 귀찮은 상황에 놓이게 될 수 있어요. 이의를 제기하지 않는다면, 분노와 좌절감에 사로잡힐 거예요. 당신이 느끼고 있는 그 딜레마에 대해 조금 더 이야기해줄 수 있나요?	여기서 앨런은 주된 생각을 재진술하고 아자라의 감정 또한 반영한다. 이어서 딜레마에 대한 개방형 질문을 한다. 그녀가 이야기를 더 하도록 격려했기 때문에 부가적 공감의 일부 요소를 가진 3수준 공감인 추가적 공감이라 할 수 있다.
12. *아자라:* 네. 저는 덫에 걸렸어요. 어떻게 해야 할지 모르겠어요. 다른 한편으로는, 이의를 제기하는 것이 중요하다고 생각해요. 왜냐하면, 그들이 진정으로 직장의 다양성에 대해서 생각할 필요가 있다는 것을 회사에 보여주고 싶기 때문이에요. 일해온 15년 동안 저만이 라티노(Latino) 문화권 사람이었어요. 그들은 다른 무엇인가를 할 필요가 있어요. 저는 문화적 영향을 지적하는 것과 실직의 두려움 사이에 갇혀버렸어요.	아자라는 갈등의 주요 측면을 요약한다. 그녀와 회사 사이의 불일치와 부조화는 다음과 같이 요약될 수 있었다. 회사가 일관되게 불공평한 것 같기 때문에 차별소송을 제기해야 할 책임감, 그리고 그녀가 이를 실행했을 때 실직할지도 모른다는 두려움이다.
13. *앨런:* 그래서 화나고, 두렵고, 좌절스럽군요. 많은 문젯거리가 한꺼번에 당신에게 몰려왔군요.	앨런은 똑바로 앉으며, 몸을 앞으로 기울이면서 지지적인 목소리 톤으로 그녀의 감정과 딜레마를 깊이 생각하고 있다. 적절한 비언어적 태도는 항상 공감적 관계를 유지하는 데 중요한 역할을 한다.
14. *아자라:* 네, 맞아요. 무엇을 해야 할지 모르겠어요.	내담자는 상담자가 이해하고 있음을 확인해주고, 그녀의 고민을 말한다.

상담자와 내담자의 대화	상담 과정에 대한 해설
15. 앨런: 당신이 좋은 평가를 받았다는 것과, ……좋은 관계, 성공, 합리적인 승진 평가, 적어도 진행중인 승진에 대한 이야기를 들었습니다. 저는 지금 당신이 자랑스러워하는 과거의 특별한 사례에 대해 듣고 싶어요. 사람들은 어려운 것을 말할 때는 좀 부끄러워하기도 하거든요. 저는 당신이 가진 장점에 대해 알고 싶어요. 저는 당신의 어려움에 대해 전반적으로 이해하고 있으며, 우리는 그 주제로 되돌아올 거예요. 당신의 장점에 대해서도 조금 더 말해 주시겠어요?	주제들이 보다 분명해졌기 때문에, 앨런은 긍정적 자산 탐색으로 방향을 바꿨다. 우리가 문제에 대해 고민할 때 우리가 끌어낼 수 있는 아자라의 장점은 무엇인가? 앨런이 '문제'라는 단어의 사용을 피했다는 것에 주목하라. 그것이 내담자 주제에 대한 자기 패배적이고 부정적인 견해이기 때문이다. 대부분의 상담 훈련 교재들이 문제 중심적 언어를 사용한다는 것을 알 것이다. 이것은 상위 수준의 추가적 공감의 명확한 예다.

▶ 치료로서의 훈련: 사회적 기술, 심리교육, 주의 기울이기

사회적 기술 훈련은 일련의 대인 기술과 행동을 내담자에게 가르치기 위해 심리교육 방법을 포함한다. 여기에는 경청하기, 자기주장, 데이트하기, 약물 거부, 중재, 취업 면접 절차와 같은 것들이 있다. 실제로 모든 대인 행동들은 사회적 기술 훈련을 통해 학습될 수 있다.

치료로서의 훈련은 사회적 기술 훈련의 방법과 목표를 요약하는 용어. 교육을 위한 특정한 기술 영역을 선택하는 상담대화기술 훈련 방법은 대부분의 심리교육적 사회기술 프로그램의 기본이 되었다. 당신이 상담과 심리치료 영역을 기술 훈련으로 확대하고자 할 때 아래의 단계들을 생각하라.

1. 내담자와 함께 학습하고자 하는 기술 분야를 협의하라.
2. 그 기술에 관련된 특정하고 실질적인 행동들에 대해 논의하라. 때로는 이에 대한 문서를 제시하라.
3. 그 기술을 개인 혹은 집단 상담 회기에서 역할극 형태로 내담자에게 적용해보라.
4. 일상생활에 그 기술을 일반화하기 위한 계획을 세우라.

상담과 심리치료 상담대화기술을 식별하기 위한 최초 작업 직후, Allen Ivey는 가벼운 우울로 괴로워하고 친구가 없다는 불평을 하는 대학교 1학년생과 상담을 하고 있었다. Allen은 그 학생에게 기숙사에서 다른 학생들과 함께 어떤 이야기를 하는지 물었다. 그 학생은 그의 불평거리와 걱정거리를 계속 말하는 것으로 반응했다. 보다 면밀히 살피는 과정에서 그 학생은 대부분의 시간을 다른 사람과 함께 자신의 어려움에 대해 이야기하는 데 사용했음을 알게 되었다. 잠재적인 친구들이 그를 피한다는 것을 쉽게 알 수 있었다. 우리 모두는 부정적으로 이야기하는 사람, 자신에 대해서만 이야기하는 사람, 우리의 말을 경청하지 않는 사람을 멀리하는 경향이 있다.

즉각 Allen은 그 학생에게 주의 기울이기 행동과 그것이 가져다줄 수 있는 보상들에 대해 이야기했다. 그 학생이 자신에 대해서만 이야기하기보다 주위 사람들의 이야기에 적극적으로 경청함으로써 얻게 되는 이득을 설명하였다. Allen은 그때 '3V's+B'를 제시했고 경청함으로써 다른 사람들로부터 신뢰와 존경을 얻는 것의 중요성을 강조했다. 그 학생은 이 기술을 배우는 데 관심을 보였고, 회기의 그 시점에서 실습이 시작되었다. 우선, 부정적 주의 기울이기를 실습했다. 그 학생은 경청하기 능력이 부족해서 기숙사에서 외톨이가 되었다는 것을 알게 되었다. 그러고 나서 긍정적 주의 기울이기를 실습했고, 그 학생은 경청할 수 있다는 것을 알게 되었다.

Allen과 이 내담자는 학습한 기술을 시도할 사람을 선택하는 세부 사항을 논의했다. 다음 주에 그는 활짝 웃으며 대학에서 첫 번째 친구를 사귀게 되었다고 알려주었다. 더 나아가, 그는 중요한 부가적 효과를 알게 되었다. "저는 덜 슬프고 덜 의기소침하다고 느껴요. 우선 혼자라고 느끼지 않고 무력하다고 느끼지 않아요. 제가 알게 된 두 번째 것은 제가 다른 사람에게 주의를 기울일 때, 저는 제 자신에 대해 생각하지 않았는데 그때 기분이 좋았다는 거예요." 당신이 다른 어떤 사람에게 주의를 기울이고 있을 때는 당신 자신에 대해 부정적으로 생각하기가 훨씬 더 어렵다. 주의 기울이기 행동 교육은 사회적 기술 훈련의 기초 중 하나다.

많은 내담자들은 이 기술을 배우고 실습함으로써 도움을 얻을 수 있다. Allen Ivey는 재향군인 병원에서 참전용사들에게 주의 기울이기와 다른 상담대화기술을 가르치는 것이 그들이 가족과 지역사회로의 복귀할 수 있는 능력을 갖게 하는 데 충분하다는 것을 알아냈다(Ivey, 1973). Van der Molen(1984, 2006)은 매우 성공적인 심리교육 프로그램에서 주의 기울이기 행동과 그 밖의 상담대화기술을 사용했다. 그 프로그램에서 그는 수줍어하는(대인기피증을 가진) 사람들에게 더 사회적으로 외향적이 되도록 가르쳤다. 다른 예로는, 주의력결핍장애(ADD)로 진단받았지만 기술 훈련을 받은 아이들이 덜 파괴적이 되었다(Pfiffner & McBurnett, 1997). 효과적인 심리교육은 교실의 아이들을 더 잘 학습하게 할 수 있다. 커플에게 서로서로에게 주의를 기울이도록 가르치면 매우 빠르게 영향을 줄 수 있다. 이 책을 공부할 때, 다양한 상담대화기술을 통해 내담자를 교육하면 어떻게 이로울 수 있는지 생각해보라.

▶ 어려운 상황에서 주의 기울이기

주의 기울이기 기술의 단순성에 속지 마라. 일부 초보 상담자와 심리치료자들은 이 기술들이 너무 뻔하고 자연스럽게 습득된다고 생각할 수 있다. 그들은 '어려운 기술'로 단계를 높여가고자 한다. 우리가 초보 상담자와 숙련된 상담자들과 함께 일하면 할수록 이 기술을 완벽하게 습득하기가 얼마나 어려운지 점점 더 알게 된다. 그렇다, 이 기술을 학습할 수 있다. 그러나 시간과 헌신, 계획적이고 찬찬한 실습을 해야 한다.

　학교, 지역 정신건강 센터, 또는 병원에서 까다로운 내담자와 상담 회기를 진행할 계획이라면, 당신 또한 주의 기울이기 행동이 어떤 방식으로 유용한지에 대해 궁금해할 수 있다. 우리의 개인적인 경험인 다음 사례는 주의 기울이기의 깊이와 폭을 설명해준다.

메리(Mary)　주의 기울이기는 나에게 자연스러웠고 기본 경청 기술은 항상 아이들과의 상담 회기에서 중심에 있었다. 그러나 아이들과의 상담 회기 경험에서조차 때때로 다음에 무엇을 해야 할지에 당혹해할 때가 있다. 몇 가지 분석을 통해 주의 기울이기 기술에 기초해서 시각화, 음성의 질, 음성 언어의 단서 따라가기, 몸짓언어에 주의 깊게 초점을 맞춘다면, 가장 다루기 어려운 아이와도 다시 상담 회기를 진행할 수 있다는 것을 알게 되었다. 마찬가지로 부모와의 어려운 상황에서도 때때로 주의 기울이기 행동에 초점을 두고 기본 경청 기술에 다른 기술들을 추가적으로 활용하고 있는 나 자신을 발견하였다. 의식적인 주의 기울이기는 많은 경우에 도움이 되었다. 주의 기울이기는 단순한 기술의 집합이 아니다.

　나는 나이가 조금 있는 학생들을 학교 상담자로 일하도록 훈련시키고, 또 다른 집단은 어린 아이를 위한 또래 교사가 되도록 훈련시킨다. 이 장의 앞부분의 연습에 소개된 서툰 주의 기울이기와 능숙한 주의 기울이기와 비교해보는 것은 초기 훈련에 효과적이라는 것을 알게 되었다. 그리고 나서 주의 기울이기 기술과 기본 경청 기술의 순서로 가르친다.

앨런　강렬한 경험 중의 하나는 전역군인을 돕는 사무실에서 '단어들의 샐러드(word salad)'라는 의식의 흐름 속에서 말했던 정신분열증 환자들과 상담 회기를 했을 때 일어났다. 내가 주의 기울이기 기술을 유지하고, 그들이 말하고 있는 정확한 단어들에 초점을 맞추자, 그들은 곧 보다 더 전형적이고 정상적인 방식으로 말할 수 있게 되었다. 나는 환자들에게 비디오와 비디오 피드백으로 의사소통 기술을 가르치는 것이 매우 효과적이라는 것을 알았다. 때로는 주의 기울이기 치료만으로 환자들을 퇴원하게 만들 수 있었다. 특히, 우울증을 앓는 정신과 입원환자들은 사회적 기술 훈련에 반응이 좋았다. 그러나 우울증이 심한 환자들은 주의 기울이기의 네 가지 중심 차원 중에 한 가지만을 한 번에 습득할 수 있다는 것을 알게 되었다. 왜냐하면, 주의 기울이기의 네 가지 차원 모두 이해하기를 시도하는 것은 그들에게 혼란을 야기하기 때문이다. 그래서 시각화/눈 맞춤으로 시작해서 다른 주의 기울이기 기술들로 옮겨갔다.

　메리처럼, 상담 진행이 어려울 때, 기본적인 주의 기울이기 기술로 돌아가 내담자가 말하는 것을 가능한 한 정확하게 따라가려는 진지한 노력이 도움이 된다는 것을 알았다. 간단히 말해, 의심이 들 때, 주의를 기울이라. 주의 기울이기는 종종 효과적이다.

연습하라, 연습하라, 연습하라. 사용하라. 그렇지 않으면 잃게 된다.

▶ 요약 : 사무라이 효과, 뇌과학, 숙련을 위한 연습의 중요성

일본 사무라이들은 매우 상세한 훈련 연습으로 구성된 복잡한 군집 기술들을 통해 검술을 배운다. 검술 수련 과정은 한 번에 하나씩 주의 깊게 연구된 특정한 구성으로 구분될 수 있다. 광범위하고 철두철미한 연습은 사무라이에게 기본이다. 이러한 수련을 통해 자연스럽게 숙련된 사람은 종종 괴롭고 때때로 검을 다루는 것이 이상하다는 것을 알게 된다. 숙련된 사람들은 심지어 개별 기술들을 연습하는 동안 성과가 좋지 않게 나타난다. 개별 기술을 익히는 것이 초기 단계에서 조정력과 유연함을 방해할 수 있다.

개별 기술에 대한 수련을 끝내고 완성이 되면, 사무라이들은 명상하기 위해 산의 정상으로 간다. 그들은 의도적으로 배웠던 것을 잊는다. 다시 돌아왔을 때, 그들은 특정 기술이 자연스럽게 스타일 혹은 자신 안에 통합된 것을 알게 된다. 그 시점에서 사무라이는 기술에 대해 전혀 생각하지 않는다. 그들은 사무라이 무사가 되었다.

사무라이 마법은 무엇인가? 당신은 이렇게 물을 수 있다. 답은 의도적인 연습!

과거에 재능은 타고나는 것으로 믿어졌다. 그래서 모차르트와 베토벤이 뛰어난 재능을 가졌다고 배웠다. 야구팬들은 여전히 테드 윌리엄스(Ted Williams)와 조 디마지오(Joe DiMaggio)가 '재능의 유전자를 가졌다'고 믿는다. 하지만 이는 사실과 다르다. 재능에 관계된 유일한 유전적 기질의 마법은 오늘날 과학적 실수로 인식된다. 그러나 그 실수는 여전히 인기 매체에서 확대 재생산되고 있다. 타고난 재능은 거기에 있다. 그러나 그 재능은 주의 깊은 연습으로 개발되고 육성되어야 한다. 모든 분야에 걸쳐 전문 기술은 지속성, 연습, 탁월함에 대한 추구에 달려있다(Ericsson, Charness, Feltovich, & Hoffman, 2006).

영재성(giftedness)의 뇌과학은 David Shenk에 의해 그의 책『우리 모두 안에는 천재가 있다(The Genius in All of Us)』(2010)에서 상세히 논의된다. 뛰어난 음악가와 뛰어난 운동선수는 천부적인 재능이 있을 수 있지만 실제는 많은 시간과 여러 해의 철저한 연습을 통해 만들어진 것이다. 천부적 재능을 가지고 태어난 모차르트는 아버지의 요구에 의해 음악에 푹 빠져들었다. 그의 아버지는 기법과 기술에 대한 상세한 연구에 초점을 두었던 초기 멤버의 한 사람이었다. 세 살 때부터, 모차르트는 집중적인 지도를 받았고, 그의 탁월함은 시간이 지남에 따라 확장되었다. 테드 윌리엄스는 학교에 야구방망이를 가지고 와서 어두워질 때까지 연습을 했다.

철두철미한 연습이 마법이다. 자신의 천부적인 재능을 인식하고 증진시켜야 하지만 탁월함은 오직 많은 연습에 의해 생긴다는 것을 의미한다. 연습은 '챔피언의 아침식사'다. 연습을 거르면 보통 수준의 성과를 얻는다.

Shenk(2010, pp. 53-54)가 발견한 것은 상담과 심리치료에 있어서 탁월함에 이르기 위한 당신의 시간과 노력 투입에 직접적으로 관련된 것이다.

1. 연습은 몸을 변화시킨다. 뇌와 몸은 연습으로 변화된다.
2. 기술은 구체적이다. 각 기술은 완벽하게 수련되어야 한다. 그리고 나서야 개별 기술들이 탁월한 성과로 통합될 수 있다.
3. 뇌가 근력을 움직인다. 뇌의 변화는 스캔에 분명하게 나타난다. 손가락 연습과 팔 운동이 이와 관련된 뇌의 영역을 확대시키는 것으로 나타났다. 당신이 의사소통 기술을 완벽하게 수련했다면 뇌도 의사소통 기술을 완벽하게 수련하였다고 기대하라.
4. 연습 스타일이 중요하다. 머리로 주의 기울이기 행동을 이해하는 것과 실제로 주의 기울이기의 특정한 기술을 수련하는 것은 또 다른 것이다. 전체적으로 훑어보는 것으로는 충분치 않다.
5. 단기적인 집중이 시간과 노력의 장기적인 투입을 대체할 수 없다. 만일 테드 윌리엄스가 연습을 계속하지 않았다면 기술을 점차로 잃었을 것이다. 상담 기술 전체를 체화하고자 한다면 그것들을 일상적으로 배우고 활용해야 한다.
6. 수련은 지속적인 피드백을 제공한다. 지속적인 피드백을 통해 훨씬 더 많이 개선될 수 있다. 상담 스타일이나 기술에 대해 동료로부터 피드백을 받는 것이 특히 도움이 된다.

상담자에게 의사소통에 있어 타고난 재능에 초점을 맞추고 연습을 통해 그것에 부가하고 새로운 기술을 연마하라고 요구하고 있다. 사무라이, 운동선수, 음악가들에게 일어났던 것처럼 상담자는 일시적이고 때때로 좌절할 정도의 역량 감소를 인지하게 될 것이다. 어떤 상담자는 주의 기울이기 기술을 연습하는 과정에서 불편함을 경험했을 것이다. 또 다른 상담자는 주의 기울이기가 너무 '쉽기' 때문에 가장 기본이 되는 경청 기술을 완벽하게 익히지 않게 된다는 것을 알게 될 수 있다(많은 숙련된 전문가들도 내담자들을 여전히 효과적으로 경청하지 못한다).

이 책의 기술들을 배우라. 그러나 이 개념들이 타고난 실제 존재와 통합되는 데 시간이 걸린다는 것을 인정하라. 마법이 슈퍼스타를 만드는 것이 아니다. 상담과 심리치료에 있어서 완벽한 역량을 갖추는 데 체계적이고 철두철미한 연습이 요구된다. 당신 스스로 마법을 부려보라!

요점	
경청의 핵심 목표	주의 기울이기 행동을 활용할 때 상담자는 공감적 목표를 가진다. 즉, 상담자가 이야기하는 시간을 줄이고 내담자에게 관심사를 찾고 내담자가 이야기할 기회를 제공하는 것이다. 선택적 주의집중 기술을 활용하여 내담자와 보다 유용한 대화를 가능하게 하라. 그러나 개별적이고 문화적인 민감성을 고려하여 주의 기울이기를 활용하라. 관찰 기술은 상담자로 하여금 내담자와 훨씬 더 조화롭게 상담을 진행할 수 있게 한다.
주의 기울이기의 네 가지 측면	주의 기울이기 행동은 네 가지 단순하지만 중요한 차원들(3V's+B)로 구성된다. 이들 모두는 개별적이고 문화적인 차이에 따라 변형될 필요가 있다. 1. 시각화/눈 맞춤 2. 음성의 질: 목소리 톤과 말하는 속도는 다른 사람에 대해 어떻게 느끼고 있는지에 대해 많은 것을 보여준다. 3. 음성 언어의 단서 쫓아가기: 주제를 바꾸지 말라. 내담자가 시작한 주제에 머무르라. 당신이 이야기의 일부 또는 또 다른 주제에 선택적 주의집중을 하고 있다면, 변화의 의도를 인식해야 한다. 4. 몸짓언어: 주의를 기울이고 진솔하게. 자연스럽게 내담자를 마주보고, 조금 앞으로 몸을 기울이고, 표정 있는 얼굴을 하라. 독려하고 격려하는 몸짓을 활용하라.
주의에 초점을 맞추기	주의 기울이기는 상담자가 **자신보다 내담자**에게 주의를 맞추고 있다면 가장 쉽다. 다시 말해, 공감하는 능력과 내담자에게 무슨 일이 일어나고 있는지 관찰하는 능력이 중요하다. 내담자가 말하고 있는 것을 기록하고, 내담자의 주제와 관련된 것을 질문하고 반응을 하라. 예를 들면 다음과 같다.
내담자:	저는 너무 혼란스러워요. 화학, 심리학, 언어학 중에서 어떤 것을 전공으로 해야 할지 선택할 수 없어요.
상담자:	(주의를 기울이지 않으면서) 취미에 대해 말해주세요. 좋아하는 활동은 무엇입니까? / 학점은 어때요?
상담자:	(주의를 기울이면서) 더 자세히 말해주세요. / 혼란스럽나요? / 각각의 과목들이 당신에게 어떻게 흥미로운지를 좀 더 말해줄 수 있나요? / 화학과에 기회들이 훨씬 더 많아 보여요. / 그 분야를 좀 더 탐색해볼 수 있나요? / 어떤 방식으로 결정하고 싶은가요?
개인적 · 문화적 적응	주의 기울이기와 공감은 상담, 의료 면담, 비즈니스 의사결정 회의, 친구나 가족 간과 같은 모든 인류의 상호작용에 있어서 핵심이다. 상이한 개인들과 문화적 집단들은 상이한 경청 방식을 가질 수 있다. 예를 들면, 어떤 사람들은 직접적인 응시가 무례하고 강요라고 생각할 수 있다. 특히, 그들이 어려운 문제를 다루고 있는 경우라면 더욱 그렇다.
공감이란 무엇인가?	공감은 상담자가 내담자의 세상으로 들어가 내담자가 보고 경험하는 세상을 이해한다는 것을 의사소통하는 능력이다. 주의 기울이기와 경청하기 행동들은 상담자가 내담자에 대해 공감하고 이해하는 의사소통 방식이다.
다음 순간 무엇을 해야 할지 모를 때 상담자는 무엇을 해야 하는가?	상담자가 길을 잃거나 무엇을 해야 할지 혼란스러울 때, 상담에 있어서 단순하지만 도움이 되는 법칙은 주의 기울이기 기술을 활용하는 것이다. 단순히 내담자에게 상담 회기 초기에 말했던 것 또는 언급되었던 것과 관련해서 좀 더 이야기했으면 하는 것이 무엇인지 질문하라. 만일 상담자가 기본적으로 공감 능력이 있는 사람이라면, 아마도 이것은 일어나고 있는 것이 무엇인지 확신하지 못하고 있을 때 불가피한 '구멍(holes)'을 채우는 데 충분할 것이다.

▶ 실습과 역량 포트폴리오

목적이 있는 상담은 연습과 경험을 통해 이룰 수 있다. 읽고 이해하는 것은 시작에 불과하다. 어떤 사람들은 이 책의 내용이 비교적 쉬우며, 이 기술을 잘 수행할 수 있을 것이라고 생각한다. 하지만 기본 기술 역량을 갖추기 위해서는 연습하고, 연습하고, 또 연습해야 한다.

다음 실습은 세 가지 측면에서 역량을 개발하는 것을 돕는다.

1. 개인 실습: 두 개의 과제로 할 수 있는 개인 실습은 주의 기울이기와 관찰의 기본 기술 연습을 제공한다.
2. 오디오 혹은 비디오 자료를 활용한 집단 혹은 개인 실습: 요즘은 누구나 비디오 장비를 핸드폰이나 카메라 등에 가지고 있다. 연습 회기를 녹화하고 어떤 일이 일어나는지를 검토한다면 가장 유용한 피드백을 얻을 것이다. 자기 자신을 보는 것보다 향상시키기 위한 더 좋은 방법은 없다.
3. 자기 평가와 역량 포트폴리오: 이 장에서 소개하는 각 영역에 대한 자신의 역량을 평가하면, 이 기술들을 사용할 수 있을지, 매일의 일상으로 일반화할 수 있을지, 상담 수행에 활용할 수 있는지를 결정할 수 있다.

개인 실습

연습 1. 의도적인 주의 기울이기와 주의 기울이지 않기 지인과 대화를 하는 중에 일상적일 때보다 의도적으로 주의를 기울이고, 열심히 경청하라. 주의를 기울이는 개방적인 자세와, 적절한 시선을 유지하라. 지지적인 목소리를 사용하고, 상대방이 말하는 것에 주의 깊게 초점을 맞추라. 당신이 정말 열심히 들으면 무슨 일이 일어나는지 그리고 대화가 어떻게 변할 수 있는지를 관찰하라.

의도적인 주의 기울이기와 기울이지 않기를 대조해보기를 원할 것이다. 시선이 이리저리 옮겨다니고, 목소리 톤에 지루함이 묻어나고, 몸이 경직되고, 당신이 화제를 지속적으로 바꾸면 무슨 일이 벌어지는가?

이 경험으로부터 배운 것은 무엇인가?

연습 2. 언어적·비언어적 방식 관찰 10분 정도의 상담 회기, TV 인터뷰, 혹은 두 사람의 대화를 관찰하라. 비디오 녹화를 하여 반복 시청이 가능하게 하라.

시각화/눈 맞춤 방식 사람들은 말하는 동안 혹은 듣는 동안 더 눈 맞춤을 많이 하는가? 내담자는 특정 주제를 논의할 때 눈 맞춤을 피하는가? 흥미를 나타낼 때 동공의 확장을 관찰할 수 있는가?

음성의 질 말의 속도와 억양과 크기의 변화에 주의하라. 말의 급격한 바뀜이나 망설임에 특별한 주의를 기울이라.

음성 언어 단서 쫓아가기 상담자는 주제에 머물러 있는가, 아니면 주제를 자주 바꾸는가? 선택적 주의집중 방식은 어떠한가?

주의 기울이기 몸짓언어. 몸짓, 자세 바꿈, 기대기, 숨쉬는 방식, 공간 사용의 특징에 주의를 기울이라. 또한, 얼굴색의 변화, 얼굴 붉힘, 입술의 움직임과 같은 얼굴 표현에 특별히 주의를 기울이라. 적절한 그리고 적절하지 않은 미소, 눈썹의 찡그림 같은 특징에도 주의를 기울이라.

움직임의 조화 움직임이 조화롭고 서로 어울리는 지점을 알아차리라. 움직임이 부조화를 이루는 예를 관찰한 적이 있는가?

비디오와 오디오 자료를 활용한 집단 실습 · 개인 실습

다음 연습은 관찰자 없는 사람들에게 적용될 수 있다. 기술 숙련의 열쇠는 피드백이다. 따라서 당신의 연습에 대한 피드백을 얻고 제공하는 것이 중요하다. 집단 작업의 경우 기술이 항상 제공되는 것은 아니다. 회기를 보고 피드백을 제공할 수 있는 사람들을 갖는 것이 좋은 대안이다.

많은 사람들이 이제 비디오 및 사운드 기능을 모두 갖춘 소형 카메라 또는 스마트폰을 보유하고 있다. 우리는 당신이 하고 있는 일을 면밀히 관찰할 수 있는 시간을 가질 것을 권한다. 명확한 비디오 피드백을 통한 연습은 능숙함과 역량을 얻기 위한 기본적이고 가장 효과적인 경로다.

연습 3. 주의 기울이기 기술을 사용하는 집단 실습 다음의 지시 사항은 4명이 한 조를 이루었을 때를 가정하지만, 2, 3, 5, 6명이 조를 이루어도 가능하다. 각 집단이 비디오 녹화나 오디오 녹음기를 사용할 수 있어야 한다. 하지만 [글상자 3.1]의 지침과 [글상자 3.2]의 피드백 양식은 녹화나 녹음 기계 없이도 성공적인 연습 회기 구조를 제공한다.

1단계: 실습 집단 구성하기 활동을 시작하기 전에 서로에 대해 알아가는 시간을 갖는다.

2단계: 집단 지도자 선정하기 지도자의 과제는 집단이 연습 회기의 특정 단계를 수행하는지를 확인하는 것이다. 가장 경험이 적은 집단 구성원이 가장 먼저 지도자 역할을 하는 것이 도움이 된다. 그렇게 하면 집단 구성원들이 경쟁적이기보다는 지지적으로 된다.

3단계: 첫 연습 회기를 위해 역할 분담하기

▲ 내담자: 처음으로 내담자 역할을 하는 사람은 협력적이고 이야기를 제시하고, 자유롭게 이야기하고, 상담자를 어렵게 하지 않는다.

▲ 상담자: 상담자는 주의를 기울이는 자신만의 고유한 스타일을 보여주고 기본 기술을 연습한다.

▲ 관찰자 1: 관찰자 1은 [글상자 3.2]에 있는 상담자의 주의 기울이기 기술을 자세하게 제시하고 있는 피드백 양식을 작성한다. 이 연습 회기 관찰을 '상담대화기술 슈퍼비전'이라고 부를 수 있는데, 상담자가 자신의 행동을 이해하도록 도울 수 있다. 나중에 상담자는 전문가로서 언어적 보고, 음성 및 녹화 자료를 통해 자신의 작업을 동료와 함께 지속적으로 나누어야 한다. 상담자의 경력이 얼마가 되든지, 슈퍼비전은 효과적인 상담의 중요한 부분이다.

▲ 관찰자 2: 관찰자 2는 회기의 시간을 관리하고, 기자재를 작동시키고, 시간이 허락된다면 두 번째 관찰 양식을 작성한다.

4단계: 주제 선정하고 계획 세우기 상담자가 자신의 목표를 명확하게 진술하고, 집단의 구성원들은 역할극에서 자신이 담당한 부분을 계획하는 시간을 갖는다. 이 단계는 명확한 것처럼 보이지만, 첫 몇 회기 동안 사람들은 이 과정에서 혼란을 느낀다. 계획이 보다 구체적일수록 성공할 가능성이 높다.

날짜 _____

양식 작성자 이름 _____

상담자 이름 _____

지시 사항   구체적이고 관찰적이고, 비판단적이고, 지지적인 서면 피드백을 제공하라.

1. **시각화/눈 맞춤:** 촉진적인가? 쳐다보는가? 회피하는가? 내담자에게 예민한가? 상담자는 어떤 지점에서 시선을 돌리는가? 촉진적인가? 방해가 되었는가?

2. **음성의 질:** 음성 톤은? 말의 속도는? 억양은? 내담자의 행동에 대한 반응 중에 변화가 있었던 시점이 있는가? 큰 변화나 말할 때 망설임은 몇 번이나 있었는가?

3. **음성 언어 단서 쫓아가기와 선택적 주의 기울이기:** 내담자가 이야기를 할 수 있었는가? 주제에 머물러 있는가? 몇 번의 큰 주제 변화가 있었는가? 주제의 변화가 상담자의 관심 방식을 나타내는가? 상담자가 특정 주제에 더 주의를 기울이는가? 대부분의 시간에 내담자가 이야기하는가?

4. **주의를 기울이는 몸짓언어:** 몸을 앞으로 기울였는가? 자세는? 얼굴 표현은? 어떤 시점에서 상담자는 자세를 바꾸거나 몸짓언어의 변화가 있었는가? 촉진적인 신체 움직임은 몇 번이나 있었는가? 회기는 진정성이 있는가?

피드백 양식: 주의 기울이기 행동

5. 회기의 긍정적인 구체적인 정보

6. **공감적 의사소통:** 상담자 반응의 질을 축소적, 상호교환적, 추가적으로 평가하라.

7. **토론 질문:** 상담자와 내담자는 어떤 문화적 다양성을 내포하는가? 문화적 다양성이 회기에 어떻게 영향을 끼쳤는가? 내담자는 RESPECTFUL 문화적 배경을 가지고 있음을 기억하라.

회기에 성공 가능한 주제의 예는 다음과 같다.

▲ 좋아하는 직업 그리고 좋아하지 않는 직업

▲ 자신에 대해 새롭게 알게 하는 긍정적인 경험

자신에게 의미 있는 무엇인가를 이야기한다면 주제와 역할극은 가장 효과적이다. 역할을 돌아가면서 할 때도 집단의 모두가 같은 주제에 대해 이야기하는 것이 도움이 된다. 그렇게 하면 서로의 스타일을 비교하고 학습하기가 쉽다.

상담자와 내담자가 계획을 할 때, 관찰자 두 명은 피드백 양식들을 미리 검토한다.

5단계: 주의 기울이기 기술을 사용하는 3분 연습 회기 녹화하기 상담자는 주의 기울이기 기술을 수행하고, 내담자는 현재 직장이나 다른 선택한 주제에 대해서 이야기하고, 두 관찰자는 피드백 양식을 작성한다. 3분이 넘지 않도록 하는 것이 좋지만, 멈추기 좋은 지점을 찾아라.

6단계: 연습 회기를 검토하고 12분간 상담자에게 피드백 제공하기 피드백은 '챔피언의 아침식사'라고 불린다. 따라서 여기에 특별한 주의를 기울이라. [글상자 3.1]의 제안을 확인하라. 먼저 역할극에서 내담자는 1장의 [글상자 1.1]에 있는 내담자 피드백 양식을 작성한다. 그 후에는 상담자의 자기 평가와 두 관찰자가 피드백을 제공한다.

마지막으로 회기를 녹음한 오디오나 녹화하거나 비디오 자료를 검토하면서 때때로 멈추고 다시 시작하라. 주요 상호작용을 재연하라. 이렇게 해야만 녹음, 녹화 자료를 충분히 활용하는 것이다. 단지 자료를 보는 것으로는 충분하지 않다. 자료를 적극적으로 사용하라.

7단계: 역할 바꾸기 모든 사람이 상담자, 내담자, 관찰자 역할을 해볼 기회를 가져야 한다. 모든 시간을 공평하게 나누라.

일반적인 유의 사항 회기를 꼭 3분으로 맞출 필요는 없다. 회기가 더 길기를 원한다면 좀 더 긴 회기를 허용하라. 역할극 회기의 목적은 행동 중의 기술을 관찰하는 것이다. 따라서 기술을 연습하려고 노력하고, 문제를 해결하려고 노력하지는 말아야 한다. 내담자는 자신의 관심이나 걱정을 몇 년에 걸쳐서 갖게 된 것이다. 따라서 주제 중의 하나를 해결할 수 있을 것이라거나 3분 역할극 회기에서 모든 정보를 얻을 것이라고 기대하지는 말라. 주의 깊게 제시된다면 서면으로 작성된 피드백은 상담 기술 개발 프로그램의 귀중한 부분이 될 것이다.

연습 4. 자신만의 고유한 경청과 주의 기울이기 스타일 성찰하기(파랑견고딕, 뒤에 두 칸 빈칸) 자기 알아차림을 확립하기 위하여, 당신이 행동과 일반화로 옮겨가면서, 경청자로서의 자기 자신과 자신만의 공감 스타일을 성찰하라. 주의 기울이기는 공감적 이해의 반석이 되며, 정서 지능의 중요한 측면이다.

2~3명이 참여하는 집단을 구성하고, 다음 질문을 논의하라(연습과 질문을 사용할 때는 개인적으로 수정될 수 있다). 이 질문을 어떤 것들은 일지 양식으로 당신의 반응을 기술할 수 있는 생각 질문이다. 다른 질문들은 행동 지향적 질문이다.

▲ 무엇이 상담대화기술 과목을 수강하도록 이끌었는가? 당신은 '사람을 선호하는 사람 (people person)'인가? 친구들은 당신에게 걱정과 문제를 가지고 와서 논의하는가? 다른 사람들의 말을 듣기를 좋아하는가? 당신의 동기는 무엇인가?

▲ 다양성이라는 생각과, 당신과 문화적으로 다른 사람들을 상담하는 것이 얼마나 편안한가? 스스로를 다양성의 여러 측면을 가진 다문화적 사람으로 인식할 수 있는가?

▲ 회기의 녹음이나 녹화 자료를 통해 자기 자신을 조망하라. 당신만의 고유한 경청 스타일을 확인하는 가장 좋은 방법은 이 책을 읽기 시작하면서 만든 오디오나 비디오 자료를 계속 검토하는 것이다. 만약 아직 자료를 만들지 않았다면, 지금이 만들 시점이다! 당신 자신을 비공식적으로 보았을 때 무엇을 관찰하는가?

역량 포트폴리오

다음의 체크리스트를 사용하여 당신의 현재 상담자 역량의 숙달 수준을 평가해보라. 먼저 현재 할 수 있다고 느껴지는 영역에 체크하라. 체크되지 않은 영역은 앞으로의 목표로 정하도록 한다. 이 책을 공부하면서 모든 영역에서 목적적 역량을 달성할 것이라고 기대하지 않는 것이 좋다. 계속적인 반복과 연습을 통해 상담자 역량은 향상될 것이다.

1단계: 확인 및 분류 향후 점검에서 최소한 이 정도 수준의 숙련도는 갖추어야 한다.

- ☐ 회기를 관찰하면서 3V's+B를 확인하고 셀 수 있다.
- ☐ 축소적, 상호교환적, 추가적 공감을 정의할 수 있다.
- ☐ 동작(움직임)의 조화와 부조화를 관찰할 수 있다.
- ☐ 비언어적 의사소통을 관찰하는 주요 요인을 기술할 수 있다.

2단계: 기본 역량 이 책의 다음 기술들로 나아가기 위해서는 다음 기술을 기본적으로 습득해야 한다.

- ☐ 역할극 회기에서 문화적으로 적절한 시각화/눈 맞춤, 음성의 질, 음성 언어의 단서 쫓아가기, 몸짓언어를 보여줄 수 있다.
- ☐ 상담자의 말을 줄이면서 내담자가 말하는 시간을 길게 할 수 있다.
- ☐ 상담자의 주제를 새롭게 제시하지 않으면서 내담자의 주제에 머물러있을 수 있다.
- ☐ 상호교환적 공감을 보여줌으로써 내담자를 정확하게 들을 수 있다.
- ☐ 내담자의 비언어적 행동을 따라할 수 있다. 상담자는 자세, 눈 맞춤 방식, 얼굴의 표현, 음성의 질을 따라 한다.

3단계: 목적적 역량 이 책의 앞부분에서는 기본 역량을 갖추는 데 힘쓰고, 목적적 역량은 후반부로 가면서 갖추도록 한다. 상담대화기술 모델을 경험하는 것은 축적적이며, 연습을 더 많이 할수록 목적적 역량에 숙련되어 가는 자신을 발견하게 될 것이다. 다음은 주의 기울이기와 공감에서의 목적적 역량을 반영하는 측면들이다.

- ☐ 자신의 선택적 주의집중 방식을 이해하고 조절할 수 있다.
- ☐ 내담자의 개인적·문화적 차이를 만족시킬 수 있도록 자신의 주의 기울이기 기술 스타일을 바꿀 수 있다.
- ☐ 내담자가 특별히 관심을 보이거나 피하는 주제를 알아차릴 수 있다.
- ☐ 공감적 스타일을 유지하면서 보다 도전이 되는 내담자에게 주의 기울이기 기술을 사용할 수 있다.
- ☐ 공감적 주의집중과 집중하지 않기를 통해 내담자를 부정적, 자기 패배적 대화에서 보다 긍정적이고 유용한 주제로 옮겨가도록 도울 수 있다. 반대로 주제를 피하던 내담자가 더 깊이 있게 그 주제를 말하도록 도울 수 있다.

▶ 스타일과 이론 정하기: 주의 기울이기와 공감에 대한 비판적 자기 성찰과 일지 평가에 대한 제안

이 장은 효과적인 상담 수행의 기본으로서 공감적 경청의 중요성에 중점을 두었다. 무엇을 해야 할지 모를 때는 듣고, 듣고, 또 들으라! 개인적 · 문화적 차이가 중심이다. 표정, 음성, 몸짓언어 스타일이 다르다. 고정관념을 피하라.

이 장에서 소개한 내용, 수업, 또는 비공식적 학습을 통해서 알게 된 것들 중에서 가장 인상 깊게 다가온 한 가지 생각은 무엇인가? 당신에게 가장 크게 다가오는 그 생각이 다음 단계로 가는 방향을 안내해줄 것이다. 자신만의 스타일과 이론을 형성해나가는 데 이 장에서 다룬 개념과 생각을 어떻게 활용할 수 있는가? 일지를 펴고 생각을 기록하라. 심리교육적 수행에서 주의 기울이기 행동을 사용하는 것에 대해서 어떤 생각을 가지고 있는가?

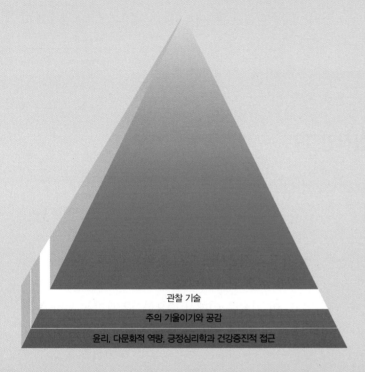

관찰 기술

주의 기울이기와 공감

윤리, 다문화적 역량, 긍정심리학과 건강증진적 접근

4장
관찰 기술

과학적 방법은 '관찰'이라는 한 단어로 요약될 수 있다.

_ E. B. Titchener

'관찰 기술'의 목적

상담자와 내담자 사이에 일어나는 언어적 · 비언어적 행동을 관찰하여 상담 기술을 정교화한다. 관찰 기술은 상담자를 상담 회기 안에서 현재 일어나는 주요 주제로 이끌어줄 것이다. 덧붙여 관찰 기술은 상담자로 하여금 개인적 · 문화적 차이에 적절히 대응할 수 있게 한다.

4장의 목표

관찰 기술에 대한 알아차림, 지식, 기술, 행동은 다음과 같은 것을 할 수 있게 한다.

▲ 비언어적 행동. 상담자와 내담자는 어떻게 비언어적 행동을 하는지 이해한다.

▲ 언어적 행동. 상담자와 내담자는 어떤 언어를 사용하는지 알아본다.

▲ 불일치와 갈등을 이해한다. 상담은 갈등의 극복이고 우리 모두가 직면하는 불가피한 부조화 상황에 대한 대처다.

▶ 당신은 좋은 관찰자인가?

단지 바라보는 것만으로 많은 것을 관찰할 수 있다.

_Yogi Berra

관찰은 행동을 이해하겠다는 목적을 가지고 신중하게 그리고 의도적으로 보는 행동이다. 이 관찰 기술을 완전히 습득하는 것은 쉬운 일이 아니다.

관찰을 통하여 무엇을 배울 수 있고, 이 기술은 어째서 중요한가? 관찰을 통하여 내담자를 알게 되고 내담자가 언어적 또는 비언어적 행동을 통해 전하고자 하는 바가 무엇인지 알게 된다. 내담자의 의도, 욕구, 의미, 내면의 감정은 종종 비언어적 행동을 통해 전달된다. 한 전문가에 따르면 85% 이상의 의사소통은 비언어적 행동으로 이루어진다고 한다. 어떻게 비언어적 행동이 상담자와 내담자가 실질적으로 사용한 언어보다 때때로 더 중요할 수 있는가? 날카로운 관찰은 내담자가 다양하게 표출하는 욕구와 감정 그리고 동기를 발견하도록 한다.

관찰함으로써 상담자는 내담자와의 관계 증진을 위한 주요 정보를 얻게 되며 내담자를 공감적으로 이해하는 것이 용이해진다. 관찰을 통해 상담자는 언제 그리고 어떤 방식으로 개입하면 좋을지 정보를 얻게 되고 이에 대한 내담자의 반응 또한 알게 된다. 또한 관찰은 내담자의 발달과 성장을 돕기 위해 환경에서 무엇을 바꾸어야 하는지를 알려준다.

시간을 따로 내어서, 다음 활동을 시도해볼 것을 제안한다. 다음 활동은 당신이 현실에서 관찰을 효과적으로 하도록 도울 것이다. 잠시 멈추고 아래 짧은 동영상을 참고해주길 바란다.

www.youtube.com/watch?v=IGQmdoK_ZfY(혹은 www.youtube.com으로 가서 'The Monkey Business Illusion'을 검색하라)

www.youtube.com/watch?v=kd2dQ26DdFQ(혹은 www.youtube.com으로 가서 'The Mentalist's Football Awareness Test'를 검색하라)

이 두 비디오 모두 재미있고 흥미로운데, 우리가 관찰 과정에서 많이 놓치고 있는 부분을 잘 설명해주고 있다.

이 비디오는 실제로 Yogi Berra가 이야기한 것을 보여주고 있다. 주의력과 긴밀한 관계 때문에 이 비디오는 뇌과학 시연에서 종종 사용되곤 한다(Shabris & Simon, 2009). 만일 상담자가 한 사건이나 내담자의 주제에만 집중한다면 더 중요한 것들을 알아차리지 못하고 결정적인 비언어적 단서를 놓치게 된다. 주의력 체계는 매우 생생하고 효과적일지라도 우리를 속이기도 하기 때문이다. 이는 또한 잘못된 기억의 주요 요소가 될 수 있다. 내담자는 부정적인 사건을 떠올릴 때, 누군가 마지막 순간에 자신을 구해준 것은 기억하지 못한다.

내담자뿐만 아니라 관찰을 통해 상담자 자신과 자신의 상담 기술에 대해서도 더 잘 알 수 있다. 그리고 관찰을 내적인 부분에 맞춘다면, 자신의 반응을 조정할 수 있고 그 안에 내재된 요소들을 살펴볼 수 있다. 이러한 스스로 알아차림의 과정은 상담자의 성장과 변화를 이끌어낸다. 초점이 상담자에게 혹은 내담자에게 향하던 관찰은 나침반이 되어 회기 동안 상담자를 잘 안내할 것이다.

▶ 지속적으로 상담 회기 지켜보기

만일 여기서 정의된 관찰 기술을 사용한다면 상담자는 내담자의 반응을 예상할 수 있다.

관찰 기술	기대할 수 있는 결과
당신과 내담자의 언어적·비언어적 행동을 관찰하라. 개인적 그리고 문화적 차이가 언어적·비언어적 행동 안에서 나타날 것을 예상하라. 신중하고 조심스럽게 현 시점에 관찰된 피드백을 내담자에게 탐색해야 할 주제로서 제시할 수 있다.	관찰은 상담 회기 안에서 일어나는 일을 확인하거나 의심하게 하는 구체적 자료들을 제공한다. 또한 관찰은 다양한 기술과 전략을 사용하는 데 도움이 되는 지침을 제공한다. 부드럽게 진행되는 상담 회기는 상호 보완성과 균형적 행동을 보여준다. 움직임이 조화롭지 않다면 그것은 당신이 내담자에게 조율되지 않았다는 것을 알려준다.

현재 상담 회기 안에서 상담자는 내담자 행동에서 어떤 것을 관찰해야 할까? 인생 경험에 비추어보아 당신은 이미 상담자가 알아야 하는 중요한 부분들을 인식하고 있다. 이미 인식하고 있는 것으로부터 아이디어들을 나열하고 그 목록을 만들어보라.

그러나 관계 속에는 두 사람이 존재한다. 당신은 어떠한가? 당신의 언어적·비언어적 행동이 어떻게 내담자에게 영향을 미치는가? 당신이 존재하는 방식을 보는 것은 내담자를 관찰하는 것만큼이나 중요하다. 자기 자신의 비언어적 행동 성향을 간략한 목록으로 만들어보는 것부터 시작하도록 한다. 자신만의 고유한 주의집중 스타일을 회고하는 것으로부터 시작할 수 있다(1장의 자신만의 고유한 도움 스타일: 오디오 녹음 및 비디오 녹화 연습의 중요성). 그러나 이는 자기 관찰로 확장되어야 한다. 당신이 다른 누군가와 관심 분야에 대해 이야기하는 것을 녹화하고 이후에 관심이 덜 가는 주제 혹은 지루한 주제에 대해 이야기하는 것을 녹화해보는 것이 좋다. 당신의 대인관계 성향은 어떠한가? 그리고 이런 부분이 다른 사람과의 관계 혹은 상담 회기 안에서 어떻게 영향을 미치는가?

▶ 내담자의 주의 기울이기 방식 관찰하기

관찰 기술을 연습할 수 있는 이상적 기회는 자신과 내담자의 주의 기울이기 스타일을 주목하는 것이다.

비언어적 행동 관찰하기

> 얼굴 표정, 시선, 목소리 톤, 몸동작, 그리고 반응의 시기와 강도는 모두 감정 전달에 핵심적 요소들이다. 모든 문화에서 '기본적' 감정의 특징을 정의할 수 있는데 예를 들면 슬픔, 분노, 두려움이다. 슬픔을 느낄 때 입술이 밑으로 쳐지고, 눈은 가늘게 뜨며, 몸동작이 느려진다. 분노가 일어날 때에는 동공이 확장되고 반경이 넓어지며 눈썹이 치켜 올라가고, 이마에 주름이 지며 입을 꽉 다문다. 두려움을 느낄 때에는 눈썹이 올라가며, 표정이 사라지고, 입을 크게 벌리는 것들을 보여준다(덧붙이면 겁을 먹은 대상으로부터 멀어지려는 몸동작을 한다). (Siegel, 2012, p. 146, 153)

내담자들은 다양한 주제를 이야기할 때 눈을 피하고 몸동작을 자주 바꾸고 편안함의 정도에 따라 목소리 또한 바뀐다. 내담자들이 그 주제를 종결하고 싶을 때 다리나 팔을 꼬거나, 혼란한 과정 안에서 눈 맞춤을 빠르게 피하고, 그 주제가 어려울 경우 말을 심하게 더듬거나 팔짱을 끼는 자세를 취한다면 이는 종종 불편함을 나타내는 것으로 본다. 손과 팔의 동작은 내담자가 문제를 어떻게 정리하고 있는지 보여준다.

두서없고, 모순된 몸동작은 혼란을 나타낸다. 무언가를 조절하거나 정리하려 하는 사람은 팔을 쫙 피거나 손을 움직이고 위압적으로 손가락질을 할지도 모른다. 부드럽고 자연스러운 제스처는 특히 상대방(예: 가족구성원이나 친구 혹은 상담자)의 제스처와 조화를 이룰 때 개방성을 의미한다. 만일 상담자가 자신의 모습을 녹화하여 자세히 관찰한다면 비슷한 행동 양식을 관찰할 수 있을 것이다.

그러나 개인적 혹은 다문화적 차이점으로 인하여 언어적 · 비언어적 행동의 정확한 의미를 정의할 때 조심해야 한다. 예를 들어 Siegel은 분노하는 상황을 성적인 매력이 유발된 상황과 비교했다. 성적 매력은 당신의 주의를 가장 먼저 끌 것이다. 두 상황은 유사성이 있는데, 욕구의 표출과 동공의 확장, 길게 뜬 눈, 심지어 멍한 시선이나 약간의 깜빡임이 흥분 상태를 보여준다. 동공의 확장은 보통 흥미와 몰두를 의미하는 것에 반해 동공의 축소는 싫증이나 무시함을 뜻하고 때로는 분노의 한 측면이 되기도 한다.

비언어적 행동은 타인 혹은 상황에 대한 감정적 단서일 뿐 아니라 상담자에 대한 즉각적 반응이라고 볼 수 있는데 내담자가 상담자를 어떻게 바라보고 있는지에 대한 단서로 해석할 수도 있는 전이를 포함한다.

언어적 행동 관찰하기

언어는 상담과 심리치료에 바탕이 된다. 그리고 언어적 행동 범위를 고려할 수 있는 방법은 세세한 언어적 검토로부터 상담 이론에 따라 언어 체계를 분별하는 데까지다. 이 장에서는 회기 안에서 사용되는 언어의 직접 관찰에 도움이 되는 다음과 같은 네 범위를 다룬다. 선택적 주의집중 방식, 내담자가 사용하는 핵심 단어, 추상적 혹은 구체적 대화, '나' 진술과 '타인' 진술.

갈등, 모순, 불일치 관찰하기

내담자가 문제를 해결하고, 주제를 다루어보고, 직면하고, 처리하도록 돕는다면 삶 안에서의 불일치, 모순과 갈등 상황의 해결을 촉진하게 된다. 당신의 언어적 · 비언어적 행동에 대한 알아차림은 갈등 상황을 알아차리는 능력을 증진시킨다. 스트레스는 내적 · 외적 갈등에서부터 생성된다. 내적 갈등과 불일치의 예로는 주저함, 죄의식, 우울, 불안이 있다. 대인관계의 문제, 문화적 억압, 업무에서의 문제는 외적 갈등의 세 가지 대표적 예라 할 수 있다. 물론 많은 내담자들이 두 가지 갈등 상황 모두를 겪을 것이다.

다양한 불일치에 대한 섬세한 관찰을 통해 상담자는 내담자가 자신의 문제 안에서 정말로 어떤 상태인지 더 깊이 이해할 수 있다. 갈등(conflict)은 글자 그대로 상담의 '재료'이며, 종종 상담자가 내담자를 돕는 가장 큰 부분이기도 하다.

언어적 · 비언어적 행동에서 개인적이고 다문화적인 차이

관찰할 때, 각 문화가 서로 다른 양식의 비언어적 소통을 한다는 것을 명심해야 한다. 예를 들면 터키에서 '네'는 머리를 앞으로 움직이며, '아니요'의 경우 눈썹을 치켜 올린다. 이러한 문화적 차이점에 대한 짧지만 도움이 되는 간략한 개요는 www.expats-moving-and-relocation-guide.com/nonverbal-communication.html의 '비언어적 의사소통의 중요성'을 참고하라.

다른 예로서, 연구자들은 각기 다른 문화 집단 안에서 '신체 접촉'을 비교하였다. 한 연구는 커피숍에서 한 시간가량 친구와 대화를 나눌 때 평균적으로 서로 신체 접촉을 하는 수를 세어보았는데, 영국인은 신체 접촉을 전혀 하지 않은 반면 프랑스인은 총 110회의 신체 접촉을, 푸에르토리코인은 180회의 신체 접촉을 하였다(Asbell & Wynn, 1991

참고). Croce(2003)는 같은 연구를 반복했는데, 푸에르토리코의 산후안(San Juan) 사람들의 120회와 비교해서 게인즈빌(Gainesville)에 위치한 플로리다 주립대학의 학생들은 240회로 두 배 정도 많은 신체 접촉을 하였다.

대부분의 문화에서 웃음은 환영의 신호지만, 일본의 경우 웃음은 불편함을 뜻하기도 한다. 그리고 모든 문화에서 진실한 미소와 본래의 감정을 숨기기 위한 미소는 구분된다. 눈을 마주치는 것은 전통적 나바호 부족에게는 적합하지 않을 수 있지만 백인 애리조나 행정부 직원들과 교류해야 하는 나바호의 공무원들에게는 당연한 일이다. 원주민과 관련된 비슷한 문제들이 다른 나라에서도 일어난다. 예를 들면 호주, 캐나다, 뉴질랜드 등에서 발생할 수 있다. 나이지리아에서 직접적인 눈 맞춤은 무례하게 보일 수 있으며, 어깨를 보며 이야기하는 것이 더 적절하다.

당신 스스로 무엇이 '기준'이고 '적절한' 비언어적 행동인지 결정하지 않도록 주의해야 한다. 모든 상담자들은 평생에 걸쳐 지속적으로 비언어적 의사소통 방식과 문화적 차이에 대해 학습해야 한다. 상담 회기 안에서 비언어적 행동의 변화를 관찰하는 것이 언어적 소통 성향에서의 구체적 의미를 찾는 것보다 중요할 때가 있다. 비언어적 의사소통에 대한 고전은 Edward Hall의 『침묵의 언어(The Silent Language)』(1959)다. Paul Ekman의 책(2007)은 비언어적 의사소통의 현대적 기준이 되는 참고도서다.

▶ 상담 예시: 학습의 어려움인가, 아니면 인종차별의 문제인가?

카일 옐로호스(Kyle Yellowhorse)는 종합대학에서 경제학을 전공하고 3학년 2학기에 재학중이다. 그는 사우스다코타(South Dakota) 주의 로즈버드(Rosebud) 원주민 보호구역 안에서도 비교적 전통적인 라코타(Lakota) 원주민 집안에서 자랐다. 보통 인디언 원주민들은 상담에 의뢰되거나, 상담자를 믿을 만한 사람이라고 인정한 경우가 아닌 이상 상담에 오지 않는다.*

카일은 대학에 입학하고 첫 2년은 잘 보냈고 평균 B학점을 유지했다. 하지만 이번 가을학기에는 간신히 F를 피했다. 마케팅 과목 교수는 카일을 교내 상담 센터에 의뢰했다. 상담자는 유럽계 미국인이다.

이 사례에서 적어도 부분적으로 문화적 차이 때문에 초기 상담이 천천히 진행되는 것을 보게 될 것이다. 상담자 데릭이 어떻게 관찰 기술을 사용하여 카일로 하여금 자신의 문제를 이야기하도록 하는지 살펴보자.

---

* 초등학교에서부터 대학까지, 학교에 다니는 인디언 원주민의 수는 매우 적다. 예를 들어 시카고의 공립학교의 경우 1000명이 약간 넘는 원주민들이 여러 학교에 흩어져 있다. 인디언 원주민들은 일반적으로 눈에 띄지 않는다. 태도와 행동을 통해 당신이 믿을 만한 사람이고 그 지역사회에 대해 알려고 하는 사람이라는 것이 분명하지 않으면, 당신은 인디언 원주민이 존재한다는 걸 알아차리지 못할 것이다.

상담자와 내담자의 대화	상담 과정에 대한 해설
1. *데릭*: 카일, 어서 와요. 만나서 반갑습니다.	데릭은 문으로 다가가 웃으며 악수를 했다. 그는 카일의 눈을 똑바로 쳐다보았다.
2. *카일*: 감사합니다. (잠시 멈춤)	카일은 상담자와 잠시 눈을 맞추고 빠르게 자리에 앉는다.
3. *데릭*: 로즈버드 보호구역 출신이군요.	데릭은 사회적 상황과 가족에 관한 문제가 인디언 원주민 내담자에게 중요하다는 것을 알고 있다. 개인적인 문제나 '나'의 이야기에 집중하기보다는 관계를 발전시키는 것에 시간을 더 들여야 하는 것을 깨달았다. 데릭의 사무실에는 인디언 원주민, 흑인계 미국인 그리고 멕시칸의 예술 작품이 걸려있고 자신을 상징하는 아일랜드계 미국인의 전통적인 작품 역시 있다.
4. *카일*: 네. (잠시 멈춤)	반응이 작긴 하지만 카일은 데릭이 의자에서 약간 이완되는 것을 알아차렸다.
5. *데릭*: 최근 교내에서 힘든 일이 있었죠. (잠시 멈춤. 카일은 여전히 반응이 없다) 제가 무엇을 해야 도울 수 있을지 모르겠어요. 하지만 일단 이곳에 오는 것이 쉽지 않다는 걸 알고 있습니다. 해리스 교수님이 지난 학기 성적이 떨어진 것 때문에 이곳에 가보라고 제안했다지요.	가을 학기 동안 인디언 원주민들이 교내에서 연합을 결성해 학교의 마스코트 '싸우는 수족(fighting sioux)'에 대해 반대하는 시위를 벌였다. 결과적으로 교내가 소란스러운 상태로 인종차별 사건과 투쟁들이 되풀이되고 있다. 카일이 눈을 맞추지 않는 것을 알아차리고, 데릭은 직접적으로 카일을 응시하는 것을 줄였고 그 또한 아래를 보았다. 전통을 따르는 사람들 중에 눈 맞춤을 적게 하는 사람들은 보통 존경의 의미를 내포한다. 하지만 많은 내담자들이 우울감을 느낄 때 눈 맞춤을 적게 한다. (상호교환적 공감)
6. *카일*: 맞아요. 성적이 좋지 않아요. 공부하는 것이 매우 힘들거든요.	카일은 계속해서 아래를 보며 천천히 그리고 조심스럽게 이야기한다.
7. *데릭*: 그런 일들이 일어났음에도 당신이 이곳에 기꺼이 와서 저와 대화를 나누고 있다는 것이 매우 영광입니다, 카일. 교내에서 벌어지고 있는 일들에 대해 저도 매우 불쾌합니다. 제 생각엔 그 사건들이 당신에게 영향을 미친 것 같군요. 그런데 먼저, 여기서 저와 대화를 나누는 것에 대해 어떻게 느끼나요? 백인 상담자와 이야기 나누는 것 말입니다.	데릭은 교내에서 벌어지고 있는 일에 대한 자신의 느낌을 개방하였다. 그는 카일의 성적이 왜 떨어졌는지 추측하여 이야기하였다. 그가 교내에서 벌어지고 있는 문제에 대해 이야기할 때 카일은 고개를 들어 처음으로 그를 똑바로 쳐다보았다. 그리고 데릭은 그의 눈에 비친 분노의 불씨를 알아챘다. 카일은 데릭이 "영광"이라고 이야기할 때 고개를 작게 끄덕였다. (잠정적으로 추가적 공감)
8. *카일*: 매우 힘들었어요. 그냥 단순히 공부만 할 수는 없었습니다. (잠시 멈춤) 해리스 교수님이 당신을 만나보라고 했지만 오고 싶지 않았어요. 그러나 친구들이 당신은 괜찮은 사람이라고 하더군요. 그래서 이야기를 조금 나누어보고, 무슨 일이 일어나는지 지켜보려고 합니다.	만일 당신과 문화적 차이를 가지고 있는 사람이라면 당신의 상담실에 오는 일이 쉬운 것은 아닐 것이다. 그 사회 안으로 들어가는 것은 당신의 능력이며 이는 관계의 발전에 도움이 될 것이다. 이 사례에서 대학 상담실의 상담자는 교내에서 활발히 활동하였고 인종 간의 이해를 장려하기 위한 토론과 워크숍을 이끌었다. 카일의 이야기를 통해 데릭은 카일이 긴장이 완화되었다는 것을 눈치챘고 신뢰와 라포가 형성되고 있음을 느꼈다.

상담자와 내담자의 대화	상담 과정에 대한 해설
	어떤 내담자들은 이 과정까지 가는 데 한 회기를 다 쓰기도 한다. 카일은 두 문화권 속에 있는데, 그는 많은 경험을 한 유럽계 미국인의 문화와 그가 더 잘 알고 있는 라코타족의 전통적 문화 속에 있다. (자기 개방은 추가적 공감이다)
9. *데릭:* 고맙습니다. 자, 그럼 우리가 시작할 준비가 된 것 같군요. 가을 학기에는 무슨 일이 있었죠?	우리는 회기에서 카일의 말과 비언어적 행동이 빠르게 변했다는 것을 알 수 있다. 처음으로 데릭은 개방형 질문을 했다. 만약 질문을 너무 빨리 시도한다면 카일은 방어적이 되고, 또 이야기를 하지 않으려 했을지도 모른다.
10. *카일:* 저는 인디언 원주민 연합회의 부회장이에요. 아시다시피 그건 정말 많은 시간을 할애해야 해요. 가끔은 공부보다 더 중요한 일들이 생기기도 하죠.	카일은 천천히 이야기를 시작했다. '더 중요한 일'을 이야기할 때 그의 눈빛은 격분하였다.
11. *데릭:* 더 중요한 일에 대해 말해주세요.	재진술은 내담자가 중요한 문제의 사항을 이야기하도록 격려하며, 데릭은 카일의 눈을 통해 중요한 문제를 관찰하였다.
12. *카일:* 네, 지난밤 일처럼요. 우리는 인디언 마스코트에 반대하는 시위와 행진을 했어요. 큰 이를 가진 꼬마 인디언 캐릭터는 정말 무례하고 모욕적인 일이에요. 그게 교육이랑 무슨 상관이죠? 그들은 자유민주적 교육을 이야기하지만 제 생각에 그건 자유민주적인 것과는 거리가 멀어요. 오히려 제약적이죠. 그런데 더 나쁜 건 우리가 기숙사로 돌아왔을 때 제 친구의 차 유리가 깨져 있었다는 거예요. 그리고 차 안에는 벽돌이 있었는데 "다음은 네 차례다"라고 쓰여 있었어요.	카일은 자세를 바로 하며 조금 더 빠르게 말하기 시작했다. 분노와 좌절감이 몸으로 표현되었다. 그는 주먹을 꽉 쥐었고 얼굴에는 부담감과 긴장감이 보였다. 여성이나 동성애자 혹은 그 외 존중받지 못하거나 괴롭힘을 경험한 소수 집단은 비슷한 감정을 느끼거나 비슷한 언어적·비언어적 행동을 보인다. 차량 파손 사고는 괴롭힘을 가한 학생들의 타인에 대한 존중과 존경의 결여 상태를 명백히 보여준다.
13. *데릭:* 오, 그건 처음 듣는군요. 교내 사정이 점점 나빠지고 있네요. 인디언 원주민 연합 내에서 당신의 리더십이 상당히 중요하겠군요. 그리고 당신은 훨씬 더 어려움을 직면하게 되었네요.	데릭은 사건에 대해 자신이 알고 있는 정보를 언급하고 카일이 이야기한 내용을 요약하여 재진술하였다. 그는 카일 쪽으로 몸을 당겨 앉았다. 그러나 만일 카일이 유럽계 미국인의 문화에 완전히 동화되어 있지 않았다면 대화 내용은 꽤나 달랐을 것이며 아마도 관계를 다지는 데 오랜 시간이 걸렸을 것이다. 카일은 자신의 이야기를 하는 데 더욱 신중했을 것이고 그의 분노와 좌절감을 관찰하기 어려웠을 것이다. 결과적으로 상담자는 관계 형성을 위해 더 많은 시간을 투자했어야 할 것이고 자기 개방을 더 많이 하고 눈을 직접적으로 바라보는 횟수를 줄여야 했을 것이다. 그리고 특히나 오랜 침묵에 익숙해져야 했을 것이다. (상호교환적 공감)
14. *카일:* 네. (잠시 멈춤) 그러나 우리는 그런 문제들을 고쳐 나갈 겁니다. 우린 포기하지 않을 거예요. (잠시 멈춤) 하지만 제가 너무 학교에서 벌어지는 일들에 너무 많이 관여하고 있어서 성적이 떨어졌어요. 만약 성적이 좋지 못해 퇴학당한다면 저는 연합회 일 또한 도울 수 없을 거예요.	카일은 자신이 지지를 받고, 자신의 이야기가 잘 경청되고 있다 느꼈다. 누군가 자신의 이야기를 경청하는 것은 카일이 상담자의 사무실에 온 이유에 초점을 맞추도록 돕는다. 그는 긴장을 조금 더 풀고 데릭을 바라보았다. 도움을 청하는 것처럼.

상담자와 내담자의 대화	상담 과정에 대한 해설
15. *데릭*: 카일 제가 지금까지 들은 바로 당신은 교내에서 벌어지는 많은 어려움들에 연관되어있군요. 연합회 부회장으로서 많은 시간을 보내고 벌어지고 있는 일들에 대해 상당한 분노를 느끼고 있고요. 저는 당신이 이 상황을 버텨보려 하고 있고 그 문제를 자신이 해결할 수 있다고 믿는 것 같아 보여요. 그러나 현재로서 학업적인 부분에 대해서도 이야기하고 싶어 하는 것으로 보이고요. 제 말이 맞나요?	데릭은 관찰 기술을 사용하였고 카일의 주요 과제는 성적 향상이라는 점을 알게 되었다. 데릭은 현명하게 최소한의 질문만 하였고 자기 개방과 경청 기술로 회기를 시작하였다. (상호교환적 공감)
16. *카일*: 맞아요. 저는 교내에서 벌어지는 일뿐만 아니라 여기에서 성공해야 하는, 고향 로즈버드의 라코타 부족 마을에 있는 가족들에 대한 책임 말이에요. 그리고 제 자신에 대한 책임이 있어요. 교내에서 어떤 일들이 벌어지고 있는지 저는 계속 이야기할 수 있어요. 그러나 일단 중요한 건 제 성적을 바로잡아야 하죠.	여기서 우리는, 카일이 성공해야 한다는 자아존중감과 자기 초점의 중요성을 본다. 하지만 타인에 대한 존중은 한 개인으로서 카일의 중심적 측면이다. 그는 개인으로만 보지 않는다. 또한 그가 속한 집단의 연장선상에서 바라본다. 카일은 배려심이 깊다. 그리고 교내 사건들에 대해 이야기를 나누고 싶을 것이다. 하지만 목소리 톤이나 몸짓언어로 보아 그의 최우선 주제는 대학에 계속 다니는 것이다.
17. *데릭*: 좋아요……. 만일 당신만 괜찮다면 다음 시간에 만나 어떤 일들이 벌어지고 있는지 이야기 나눠보도록 해요. 제게 마스코트와 관련하여 어떤 문제가 발생하고 있는지 또 교내에서 발생하고 있는 문제들에 대해 이야기할 수 있어요. 그러나 우리의 주요 주제는 학업에 관한 문제예요. 무슨 일이 있었는지 말해줄 수 있겠어요?	데릭이 이번 회기에 관찰한 카일의 주제는 학교에 남는 것이다. 그는 개방형 질문을 통하여 주제를 학업적인 부분으로 바꾸었지만 다음 회기에 교내 문제에 대해 이야기 나눌 가능성은 계속해서 열어두었다. (잠정적으로 추가적 공감)

상담 회기가 시작되었다. 카일은 데릭이 믿을 만한 사람인지 확실히 관찰하고 결정하였다. 운이 좋게도, 데릭은 교내에서 평판이 좋았다. 그는 정기적으로 북아메리카계 원주민 집회(powwow)와 여러 다문화 행사에 참여해왔다. 만약 상담자가 학교나 대학 내에서 일하게 된다면 내담자는 상담자가 믿을 만한 사람이고 유능한지 금방 눈치챈다.

북아메리카계 원주민 문제에 대해 집중해서 다루긴 하였지만 이 회기는 영토를 박탈당하고 고유한 문화가 경시되어온 다른 원주민 부족들, 즉 하와이 원주민, 호주의 원주민, 캐나다의 데네족(Dene)과 이누이트족, 뉴질랜드의 마오리족, 영국의 켈트족과 많은 유사성을 가지고 있다. 더욱이 이번 회기는 다양한 방면으로 다문화 상담에서 벌어질 일들을 묘사하고 있다. 예를 들어 유럽계 미국인 학생이 라틴계 혹은 흑인계 미국인 상담자를 만났을 때(반대로 상담자와 내담자의 역할이 바뀐 경우 포함) 초반에는 신뢰를 쌓고 대화를 이어나가는 데 어려움을 갖게 될지도 모른다.

내담자의 문화적 배경이 무엇이든 상담 회기의 시작이 느려질 수 있다는 것을 알 수 있다. 상담 회기의 현시점에서 언어적·비언어적 행동에 대한 관찰 기술은 적절한 대화를 선택할 수 있도록 한다. 상담자로 하여금 상담 회기를 시작할 수 있도록 돕는 몇 가지 대안은 인내력, 유머, 자발적 자기 개방, 자신의 이야기를 공유하는 것 혹은 날씨나 스포츠 같은 자연스러운 주제들로 이야기를 시작하는 것 등이 있다. 내담자가 가지고 있는 긍정적인 부분에 대해 탐색을 빨리 시작하는 것 또한 유용하다. '우리가 이야기를 시작하기 전에, 저는 당신에 대해 조금 더 알고 싶군요. 과거에 당신이 특히나 좋게 느꼈던 부분에 대해 이야기해줄 수 있나요?', '당신이 잘하는 것은 무엇이죠?', '당신은 어떤 것들을 좋아하나요?' 시간이 허용하는 한 최대한 긍정적인 것들을 살펴보라.

▶ 개념을 행동으로: 조직하는 세 가지 원칙

내담자와 작업할 때, 당신이 미묘한 차이를 놓친다면, 즉 만약 그들이 하고자 했던 의사소통을 잘못 해석한다면, 만일 그들의 성향을 잘못 판단한다면, 만일 그들의 감정, 제스처, 목소리 톤과 혹은 그들이 말하는 것이 일치하지 않는다는 것을 알아채지 못한다면, 만일 내담자가 어떤 사람이나 아니면 당신은 중요한지도 몰랐던 것을 이야기할 때, 순간적으로 얼굴에서 비춰지는 슬픔이나 분노를 알아채지 못한다면 내담자를 잃게 될 것이다. 더 나쁜 것은 내담자를 잃지 않을 때다.

_Drew Westen, 2007

이 장에서는 상담의 상호작용을 이해하기 위한 세 가지 요인을 강조한다. (1) 비언어적 행동, (2) 언어적 행동, 그리고 (3) 갈등, 불일치, 부조화. 시간이 지나면서 내담자의 세계관을 끌어내어 작업하는 기술을 얻게 되고, 개인적으로 상담자가 어떻게 내담자와 관계를 맺게 되는지를 알게 될 것이다. 관찰 기술을 배우는 데 가장 좋은 방법은 당신 자신과 내담자를 촬영하여 관찰하는 것이다.

비언어적 행동

앞에서 보았던 것과 같이, 내담자의 주의 기울이기 행동 방식을 관찰하는 것은 중요한 활동이다. 내담자의 몸짓은 아마도 주제와 상황에 대한 내담자의 편안함의 수준을 나타내는 것이다. 또한 목소리 톤 변화는 어떤 특정 사건이나 관계와 연관된 감정의 변화를 보여준다. 당신 스스로가 가지고 있는 상담자로서의 비언어적 행동을 관찰해야 함을 반드시 기억하라. 왜냐하면 내담자는 분명 상담자의 비언어적 행동에 영향을 받기 때문이다. "상담자의 목소리는, 말의 내용과 상관없이 따뜻해야 하고 전문적이며 능숙해야 하고 두려움으로부터 자유로워야 한다"(Grawe, 2007, p. 411).

주기적으로 당신 자신을 촬영하고 관찰해야 한다. 그리고 신중하게 자신의 비언어적 성향에 주의를 기울여야 한다. 전문가가 된 후에도 이를 계속 시행하여 나쁜 습관에 빠지는 것을 피해야 한다.

얼굴 표정 상담자로서 당신에게 미소는 당신의 온화함과 보살핌에 대한 좋은 표현이다. 종종 관계를 발전시키는 능력은 당신이 처한 어려움이나 상황들을 잘 해결할 수 있도록 한다. 내담자를 관찰할 때 명심해야 할 부분이 있다. 이마에 주름이 생기거나, 입술을 꽉 다물고 혹은 느슨하거나, 얼굴에 홍조를 띠거나, 부적절한 시점에 웃는 것이다. 더욱 신중하게 관찰해야 할 것은 미세한 얼굴빛의 변화인데, 이는 감정적 반응에 대한 혈액 순환을 반영한다. 숨을 빠르게 쉴 수도, 잠깐 멈출 수도 있고 입술을 부풀리거나 동공이 확장되거나 축소될 수도 있다. 이러한 외관상의 작은 반응은 내담자가 어떤 경험을 했는지에 대한 단서가 된다. 위 사항들을 기억하고 실행하고 연습해보라. 한두 가지 정도의 얼굴 표현을 골라 그것들을 며칠간 일상의 상호작용 안에서 학습해보고, 그 후 다른 것들을 선택하여 학습하자. 이러한 체계는 관찰력을 강화시킬 것이다.

뇌과학 전문가들의 중요한 자료를 고려할 필요가 있다. Grawe(2007)에 따르면, 편도체는 감정적 경험의 중요한 처리기관이고, "두려움, 짜증, 분노한 얼굴……, 심지어 의식적으로 인지되지 않은 얼굴……. 내담자의 편도체는 상담자의 표정 안에서 아주 작은 분노의 신호에도 반응한다고 확신할 수 있다"(p. 78). 당신 자신에 대한 알아차림은 내담자의 행동에 대한 깨달음만큼이나 가치가 있다.

몸짓언어 비언어적 행동에서의 불일치는 충분히 발생할 수 있다. 예를 들어, 한 내담자가 아무 생각 없이 친구에 대해 이야기할 때, 한 손의 주먹을 꽉 쥐고 다른 한 손은 편하게 펴고 있다. 그것은 아마도, 친구에 대한 혹은 그 친구가 얼마 전에 이야기한 중요한 사건에 대한 혼합된 느낌과 관련될 것이다.

의사소통을 잘하는 사람들은 서로의 몸짓언어를 '반사(mirroring)'한다. 뇌의 거울 뉴런(mirror neuron)은 상담자가 그들의 내담자와 공감하도록 한다. 공감도가 높을 때, 내담자와 상담자는 무의식적으로 같은 자세로 앉고, 마치 발레를 하는 것처럼 둘의 손 움직임이 복잡해진다. 이것을 **움직임의 동조성(movement synchrony)**이라 한다. 움직임의 상보성(movement complementarity)은 움직임이 똑같지는 않더라도 여전히 조화를 이루고 있는 것을 말한다. 예를 들어, 한 사람이 이야기를 하고 다른 사람이 동의하며 고개를 끄덕인다. 한 사람의 이야기가 끝났을 때 손의 움직임을 관찰한 적이 있을 것이다. 다른 이들은 이를 언어적으로 주고받는 '공'이라 생각하며 그의 이야기를 이어받아 시작한다.

움직임의 비동조성(movement dissynchrony)은 내담자가 상담 내용을 상담자로부터 독립적으로 듣고 있다는 좋은 단서가 된다. 움직임의 비동조성은 보통 서로 동의하지 않는 상황에서 뚜렷하게 나타나고 혹은 미묘한 갈등 상황에 놓여있는 것을 알지 못하는 경우에도 나타난다. 이러한 성향의 행동을 의사소통에 문제가 있어 보이는 연인들 혹은 부부에게서도 관찰할 수 있다.

어떤 전문 상담자들은 의도적으로 내담자를 '따라(mirror)' 한다. 이에 따르면, 행동, 호흡수, 그리고 내담자가 사용하는 핵심 단어를 따라 하는 것은 상담자로 하여금 내담자가 인지하고 경험하는 세상에 대한 이해를 돕는다.

하지만 이런 의도적 '따라 하기'는 주의를 요한다. 실습생은 내담자와의 어려움을 보고했는데, 내담자의 비언어적 행동이 특히 이상하다는 것을 알아차렸다. 회기가 끝날 때쯤 내담자는 "당신들이 나의 비언어적 행동을 따라 하는 것을 잘 알고 있어요. 그래서 좀 더 어렵게 움직이려고 노력했죠"라고 이야기했다. 상담자는 자신만큼 비언어적 행동과 관찰 기술에 대해 알고 있는 내담자를 만날 수도 있다. 이런 상황이라면 당신은 어떻게 하겠는가? 진실과 정직의 기술을 사용하라. 그리고 내담자와 함께 그들이 당신에 대해 관찰한 부분에 대해 방어하지 않고 이야기를 나누어보라. 개방은 효과가 있다!

비언어적 행동에 있어서의 문화 적응 주제: 고정관념 피하기　우리는 개인적 · 문화적 성향에서 많은 차이가 있다는 것을 강조해왔다. 문화 적응(acculturation)은 상담 회기에 적합하고도 중요한 인류학적 근본 개념이다.

문화 적응은 주어진 문화 안에서의 평범하거나 일반적인 행동을 개인이 얼마나 수용하는지의 정도를 뜻한다. 가족, 단체, 경제적 지위, 그 사람이 자라난 사회의 여러 요소 때문에 두 사람이 정확히 같은 문화 적응 수준으로 일반 표준을 배울 수는 없다. 사실상 '규범적 행동'은 한 개인에게는 존재하지 않는다. 이러한 이유로 개인 혹은 그 집단의 고정관념은 반드시 피해야 한다.

뉴욕 북부의 작은 도시에서 양부모 가정에서 자란 흑인계 미국인 내담자는, 로스앤젤레스나 세인트루이스 동쪽에서 자란 비슷한 사람과도 다른 문화 적응 경험을 가지고 있다. 만일 내담자가 한 부모 가정에서 자랐다면, 그들의 문화 적응 경험은 더욱 다르다. 만약 내담자의 민족적 · 인종적 배경을 이탈리아계 미국인, 유대인계 미국인 혹은 아랍계 미국인으로 바꾼다면 문화 적응 경험은 또 다시 변하게 된다. 당연히 다른 요소들을 보아도 문화 적응에 영향을 주는 것은 종교, 경제적 한계, 심지어 가족 내에 맏이인지 둘째인지 여부도 문화 적응에 영향을 미친다. 각 개인의 독특성과 특별함을 인지한다면, 삶의 경험적 다양성을 깨달아야 한다. 만일 당신이 스스로를 유럽계 미국인, 캐나다인, 혹은 호주인으로 규정했을 때, 자신 외에 다른 이들만을 다문화적이라 생각한다면 다시 생각해야 한다. 우리 모두는 독특한 문화 적응을 경험하는 다문화적 존재다.

결론적으로, 우리는 문화공존적이고 다문화적인 관점을 고려해야 한다. 내담자들 중 다수가 한 가지 이상의 사회문화적 경험을 가지고 있을 것이다. 푸에르토리코인, 멕시코인, 쿠바계 미국인 등의 내담자는 아마도 히스패닉과 미국 문화 모두에 적응되어있을 것이다. 퀘벡에 거주하는 베트남계 캐나다인 내담자, 앨버타에 거주하는 우크라이나계 캐나다인 내담자, 호주 시드니에 거주하는 호주 원주민 내담자들 또한 두 문화의 특성을 대변한다. 또한 미국에 거주하고 있는 모든 북아메리카계 원주민들과 하와이 원주민들, 캐나다의 데네족과 이누이트족, 뉴질랜드의 마오리족, 호주에 거주하는 원주민들은 최소 두 가지 문화를 가지고 살아간다. 암이나 에이즈, 전쟁과 학대의 경험 혹은 알코올 의존증이 있는 사람들 사이에서도 문화가 있다. 이런 모든 주제들과 다른 요인들은 문화 적응에 깊은 영향을 미친다.

간단히 말해, 한 개인에 대한 고정관념은 차별일 뿐만 아니라 어리석은(naive) 태도다!

언어적 행동

앞에서 언급했듯이, 상담 이론과 실제는 끝없는 언어의 테두리 안에 있으며, 상담 회기를 검토하는 데도 언어의 틀을 사용한다. 상담 회기 분석을 위한 네 가지의 유용한 개념은 현재에 집중하는 것, 즉 핵심 단어, 구체성과 추상성, '나' 진술과 '타인' 진술, 내담자가 이야기 안에서 보여주는 갈등을 확인하는 것이다. 또한 언어적 행동과 관련된 주요 다문화적 문제에 대해서도 다룰 것이다.

핵심 단어 내담자의 이야기를 주의 깊게 듣다 보면 그들이 상황을 설명하는 중에 특정 단어가 반복적으로 사용되는 것을 발견할 것이다. 핵심 단어를 주의 깊게 듣고, 사실, 기분, 그리고 그 단어에 숨겨진 의미를 탐색하게 돕는 것은 유용하다. 핵심 단어는 내담자가 가진 세상에 대한 구조를 구성하곤 하는데 이런 단어들은 중요한 의미를 가지고 있다. 목소리의 강조를 통한 언어적 기본 정보는 내담자에게 무엇이 가장 중요한 것인지 알아내는 데 유용한 단서가 된다. 억양과 목소리의 크기를 통해 내담자는 한 단어나 문장을 강조하는 경향이 있는데, 그것이 바로 내담자에게 가장 핵심적 부분이다.

내담자가 사용하는 핵심 단어를 사용하여 내담자에 대한 이해 및 의사소통을 촉진할 수 있다. 만일 내담자의 핵심 단어가 부정적이거나 자기 혐오적이면 회기 안에서 빠르게 그러한 인식을 성찰하고 내담자가 같은 상황이나 사건에 대해 묘사할 때 상담자는 긍정적인 단어를 사용하도록 도와야 한다. 내담자가 '난 할 수 없어'에서 '난 할 수 있어'로 바꾸도록 도와야 한다.

많은 내담자들은 음성 언어 단서 쫓아가기와 선택적 주의집중 문제를 보여준다. 다른 문제들은 배제하고 한 가지 주제에만 머물거나 어려운 문제에 대해 이야기하는 것을 피하고자 할 때 미묘하거나 갑작스럽게 주제를 바꾸기도 한다. 아마도 상담자에게 가장 어려운 과제는 지나치게 통제적이지 않으면서 내담자가 그 주제에 머물 수 있도록 돕는 것이다. 내담자의 주제 변화를 관찰하는 것은 꼭 필요하다. 때때로 이것을 '조금 전까지 우리는 X에 대해 이야기 나누고 있었는데요'라고 언급하는 것도 도움이 된다. 또한 질문을 통해 내담자가 주제 전환을 어떻게 설명하는지를 관찰할 수도 있다.

구체성과 추상성 내담자는 '추상성의 사다리' 중 어디에 속하는가?(글상자 4.1) 두 가지 주요한 내담자 의사소통 성향인 추상성과 구체성은 일반적으로 다른 방식의 대화를 필요로 한다(Ivey, Ivey, Myers & Sweeney, 2005). 실제로, 기능적 자기공명영상(fMRI) 촬영

추상적·형식적 조작기의 내담자

추상성 사다리에서 추상성이 높은 내담자들은 조금 더 성찰적인 표현을 쓰거나 자신의 생각과 행동을 분석하는 경향이 있다. 그들은 자기 분석을 잘 하지만 문제에 대한 구체적인 예시를 쉽게 들지 못할 수도 있다. 그들은 행동하기보단 분석하는 것을 선호한다. 인간중심 혹은 정신역동과 같은 자기 지향적이거나 추상적인 방법이 이러한 성향에는 유용하다.

구체적·상황적 내담자

구체적·상황적 성향의 내담자들은 중요한 세부 사항을 포함하여 자세한 예시와 이야기를 한다. 여기서 상담자는 내담자가 어떻게 보고, 듣고, 느끼는지 모두 알 수 있다. 그러나 이 내담자들에게 상황과 문제를 '성찰'하는 것은 어려울 것이다. 보통 그들은 자신이 따라할 수 있는 상담자의 특정 행동을 기대할 것이다. 구체적 행동 이론이 선호될 것이다.

이런 개념에 대한 자세한 예제는 『발달적 상담과 심리치료: 전 생애 건강증진(Developmental Counseling and Therapy: Promoting Wellness Over the Lifespan)』(Ivey, Ivey, Myers, & Sweeney, 2005)에서 볼 수 있다.

은 구체적 대화와 추상적 대화가 일어날 때 전전두피질이 사실상 다른 형태로 기능한다는 것을 보여준다(Lane, 2008).

구체적·상황적 성향의 내담자는 문제나 걱정을 자세하게 예를 들어가며 말한다. 이러한 내담자가 구사하는 언어 형식은 추상성의 사다리 피라미드 가장 아랫부분에 위치한다. 이런 내담자는 자기 자신이나 처한 상황을 성찰하여 살피는 것에 어려움을 느끼며, 삶에서 나타나는 일정한 방식을 살피는 것 또한 어려워한다.

반대로 조금 더 추상적이거나 형식적 조작기 성향의 내담자는 자기 분석에 강하며 자신의 문제를 성찰하는 것에 능숙하다. 그들은 추상성의 사다리 가장 윗부분에 위치한다. 그러나 당신은 내담자에게 실제로 어떤 일이 일어났는지에 대한 구체적이고 자세한 세부 사항을 얻는 것은 어렵다는 것을 알게 될 것이다.

물론 대부분의 성인 그리고 많은 청소년 내담자들은 두 가지 모두를 병행하여 이야기한다. 그러나 아동은 주로 구체적 성향으로 이야기한다. 그리고 많은 청소년들과 어른들 또한 그러하다.

구체적·상황적 성향의 내담자들은 엄청난 양의 정보를 이야기한다. 이런 세부 사항들의 강점과 가치는 최소한 자신의 시각에서 어떤 일이 일어났는지 비교적 정확히 알 수 있다는 것이다. 그러나 그들은 타인의 시각에서 생각하는 것에 어려움을 느끼곤 한다. 예를 들어 구체적 성향의 내담자는 병원에 도착해서 나올 때까지 어떤 일이 있었는지, 모든 세부 사항과 병원의 기능까지 이야기할 수 있다. 혹은 10세 아동에게 어떤 영화에 대해 묻는다면 아마 거의 모든 대사를 듣게 될 것이다. 구체성을 지향하는 내담자가 어려움을 느끼는 대인관계에 대해 이야기한다면 자세한 모든 부분을 포함한 상황을 끝없이 이야기할 것이다. '그가 말하길…… 그리고 내가 대답했어요. ……'라고 하거나 내담자에게 진술한 이야기나 이야기의 의미를 성찰하라고 요구하면 어리둥절해할 것이다.

아래는 구체적 · 상황적 진술의 예시다.

5세 아동: 조니가 제 팔을 때렸어요! 바로 여기에요.

10세 아동: 축구를 할 때 그 아이가 저를 때렸어요. 제가 금방 골을 넣은 상황이었고 그게 그 아이를 열받게 했죠. 그 아이는 제 뒤로 몰래 다가와서 제 다리를 단단히 붙잡고 제가 넘어졌을 때 저를 때렸어요. 그것말고 또 그 아이가 무엇을 한 줄 아세요? 그 아이는요…….

45세 남성: 저는 머틀(Myrtle) 해변까지 이르렀어요. 95번 고속도로로 갔는데, 교통체증이 정말 심했어요. 음, 시내로 들어갔고 우리가 처음 한 것은 쉴 만한 모텔을 찾는 것이었요. 60달러밖에 되지 않는 숙소를 찾았는데 수영장도 있는 곳이었죠. 우리는 체크인을 하고 그러고 나서…….

27세 여성: 남편이 제 인생을 어떻게 간섭했는지 그 예를 물어보시는 거죠? 글쎄요. 친구와 제가 조용한 카페에 앉아있었고 우리는 그냥 커피를 마시고 있었죠. 그런데 갑자기 그가 제 뒤로 다가오더니 제 팔을 확 잡고(그런데 이번에 다치진 않았어요), 씩 웃더니 걸어 나갔죠. 저는 죽을 만큼 두려웠어요. 만일 그가 무언가 이야기했다면 그렇게 무섭진 않았을 거예요.

세부 사항은 중요하다. 그러나 주로 대화나 생각에서 구체적 성향의 어법을 사용하는 내담자들은 자신에 대해 성찰하고, 상황 안에서 방식을 찾는 것을 어려워한다.

추상적 · 형식적 조작기의 내담자들은 세상을 잘 이해하고 자신과 자신의 상황에 대한 성찰을 잘 한다. 그러나 몇몇 내담자들은 너무나 폭넓게 일반적인 이야기를 하여 그들이 진정으로 말하고자 하는 바가 무엇인지 이해하기 어렵다. 그들은 삶의 방식을 잘 알고 자기 분석과 토론을 잘하지만, 삶에 확실하게 어떤 일이 일어나고 있는지 찾아내는 것을 어려워한다. 그들은 행동하는 것보다 삶을 성찰하는 것을 선호한다.

아래는 추상적 · 형식적 조작기의 특징을 보이는 진술의 예시다.

12세 아동: 그는 그런 행동을 늘 저에게 했어요. 멈추지 않았죠. 그게 그가 항상 모든 사람에게 하는 행동이에요.

20세 남성: 저 자신에 대해 생각할 때, 저는 다른 사람들에게 잘 반응하고 깊게 관여해요. 그러나 때때로 그들은 저에게 그렇게 하지 않는다고 느껴요.

68세 여성: 제 삶을 돌이켜보면, 절 불편하게 하는 이기적인 방식을 봅니다. 저는 제 자신에 대해 많은 생각을 합니다.

많은 상담자들은 추상적 · 형식적 조작기의 경향, 분석적이고 자기 성찰적 성향을 가지고 있다. 그들은 회기 내내 분석적인 것에 초점을 둘 수도 있고, 이를 관찰하는 사람은 내담자나 상담자가 무슨 이야기를 하는지 이해하기 어려울 수 있다.

각 대화 성향은 강점 또한 약점이 될 수 있다. 추상적 · 형식적 조작기의 내담자를 돕고 싶다면 조금 더 구체적이 되어야 한다('예를 들어줄 수 있겠어요?'). 만약 상담자가 계속해서 묻는다면, 대부분의 내담자들은 필요한 구체적 정보를 제공할 수 있을 것이다.

또한 구체적 내담자가 추상적이고 형식화할 수 있도록 도울 수 있다. 이러한 의식적인 노력은 때때로 장황할지도 모를 이야기를 잘 듣는 데에 가장 효과적일 것이다. 그들이 해온 이야기를 다른 말로 바꾸어 표현(재진술)하거나 요약하는 것도 도움이 될 수 있다(6장 참고). 그들의 이야기를 성찰하도록 질문하는 것은 효과적이지 못하다('이 이야기가 당신에게 어떤 의미인지 이야기해주시겠어요?', '그 이야기를 성찰해보세요. 그리고 그 이야기는 당신이라는 사람에 대해서 무엇을 말해주나요?'). 조금 더 직접적인 질문은 구체적 성향의 내담자가 한 걸음 뒤로 물러서서 이야기를 성찰하는 것을 돕는다. 다음과 같은 질문이 적절하다. '이 이야기에서 가장 기억에 남는 한 가지는 무엇인가요?', '일어난 일 중에 어떤 것이 가장 맘에 들죠?', '제일 별로인 것은요?', '이야기의 끝부분을 바꾸려면 당신은 어떻게 다르게 할 수 있을까요?' 이러한 좁은 관점의 질문들은 아동이나 구체적 진술을 하는 내담자들이 자기 보고에서 자기 검토 단계로 갈 수 있도록 한다.

기본적으로, 상담자는 자신의 성향이나 언어를 내담자의 특수성에 맞출 필요가 있다. 만약 상담자가 구체적인 성향이라면 추상적 내담자는 아마 당신에게 도전이자 어려움이 될 것이다. 만일 상담자가 더 추상적이라면 아마 내담자의 구체적 진술을 이해하고 다가가기 어려울 것이다(내담자 대부분은 구체적 진술을 한다). 추상적 상담자는 구체적 진술을 하는 내담자에게 집중하지 못하고 지겨움을 느낀다. 만약 내담자가 구체적 성향이라면 구체적 정보를 경청하고 내담자가 표현하는 내담자의 세계로 들어가라. 만약 추상적인 내담자라면, 내담자가 어느 시점에서 이야기하는지 생각하며 들어야 한다. 걱정을 타인의 시각에서 보도록 내담자를 도울 수 있다는 생각을 하라.

'나' 진술과 '타인' 진술 내담자의 문제에 대한 소유 의식이나 책임감은 '나' 그리고 '타인' 진술에서 보인다. 아래 진술을 참고하라(위: '나' 진술, 아래: '타인' 진술).

- '저는 파트너와 잘 살기 위해 정말 열심히 일해요. 그리고 저는 변하려고 또 그/그녀와 타협하기 위해 노력해왔어요.'
- '그건 그녀/그의 잘못이에요. 변하지 않았죠.'

- '저는 공부를 충분히 하지 않았어요. 열심히 공부해야 하겠죠.'
- '교내에서 우리가 처한 인종차별적 모욕 행위 때문에 공부를 할 수가 없어요.'

- '끔찍해요. 만약 제가 더 할 수 있는 게 있다면, 전 정말 도우려고 최선을 다했어요.'
- '아버지는 알코올 의존증이고 그로 인해 우리 모두 고통받고 있어요.'

- '제 잘못이에요. 그 드레스를 입는 게 아니었어요. 너무 야해 보였을 거예요.'
- '아뇨, 여성들은 자신들이 원하는 옷을 입을 자유가 있어요.'

- '저는 하나님을 믿고 하나님은 제 삶의 중심이에요.'
- '교회는 저희를 지지해주고 우리가 영적인 것을 더 깊게 이해하도록 도와줘요.'

우리는 내담자들에게 어떤 일이 일어나고 있는지 그리고 그들만큼이나 그들이 속한 사회, 가족, 지인과의 관계에서 발생하는 일에 대해 알아야 한다. 사건에 대한 내적·외적 균형을 맞출 필요가 있기 때문이다.

앞에서 소개한 다섯 쌍의 진술을 다시 한 번 훑어보라. 어떤 '나'와 '타인' 진술은 긍정적이지만 나머지는 부정적이다. 어떤 내담자들은 어려움을 오로지 자신의 것으로 보지만 다른 내담자들은 세상이 문제인 듯 본다. 여성은 아마도 성적 학대를 당했을지 모르며 이것이 완전히 타인과 주변 환경의 탓이라고 보고 있다. 또 다른 여성은 어쩌면 자신이 사고를 유발할 수도 있다고 생각한다. 상담자는 개인의 문제를 들여다보고 도울 뿐 아니라 내담자로 하여금 그 문제가 다른 사람 및 그들을 둘러싼 주변 환경과 어떻게 연관되어있는지 고려하도록 해야 한다.

알코올 의존증과 관련된 진술이 예시가 되어줄 수 있겠다. 알코올 의존증이 있는 부모의 자녀들은 어떻게든 가족구성원의 음주에 대한 책임이 본인에게 있다 생각하는 경향이 있다. 그들의 '나' 진술은 현실적이지 않으며 궁극적으로 알코올 의존증인 사람이 더 마시게 '한다'. 이러한 경우에 상담자의 과제는 내담자가 가족의 문제가 알코올과 알코올 의존증 때문이라는 것을 알게 하는 것이다. 알코올 의존증이지만 본인의 문제를 인정하지 않는 내담자와의 상담에서 중요한 부분은 '나' 진술까지 그들을 끌고 가는 것이다. '나는 알코올 의존증이다'. 알코올 의존증으로부터의 회복 중 한 부분은 타인을 인식하고 타인을 존중하는 것이다. 그리하여 '나' 진술과 '타인' 진술의 균형은 유용한 목표가 된다.

또한 상담 회기에 거쳐 '나' 진술을 자기 성장 과정으로서도 관찰할 수 있다. 예를 들면, 상담 초기에 내담자들은 많은 부정적 자기진술을 한다. '저는 실패했어요', '저는 죄를 저질렀고 나쁜 사람이에요', '저는 저 스스로를 존중하지 않아요', '저는 제 자신이 싫어요'.

만일 상담 회기가 효과적이라면, 이러한 진술이 다음과 같이 바뀌는 것을 예상해볼 수 있다. '저는 여전히 책임을 느껴요. 하지만 그게 전부 제 실수만은 아니었다는 것을 알아요', '제 스스로를 나쁘다고 하는 것은 자기 비하예요. 제가 최선을 다했다는 것을 깨달았습니다', '좀 더 저 스스로를 존중하게 되었어요', '저 자신을 좋아하기 시작했어요'.

'나' 진술을 사용할 때에도 다문화적 차이가 있다는 것을 알아야 한다. 영어는 '나'라는 단어를 대문자 'I'로 사용하는 몇 안 되는 언어라는 것을 기억해야 한다. 다음은 베트남 이민자의 진술이다.

> 베트남어에는 '나'라는 것이 없어요. 우리는 자신을 관계 안에서 정의하기 때문이죠. 만약 제가 엄마에게 이야기한다고 할 때, 저에게 '나'는 '딸'이고 '너'는 '엄마'예요. 우리 말은 개인보다 관계를 이야기해요.

불일치, 혼란스러운 메시지, 갈등

삶은 모순으로 가득 차 있고 상담은 이를 해결하도록 도울 수 있다.

우리 모두는 모순, 갈등, 부조화, 불일치와 함께 살고 있으며 이것들은 늘 우리의 과제가 된다. 동시에, 우리에게 성장 가능성의 문을 열어주기도 한다. 다양한 불일치들은 내담자들의 다음 진술이 가장 잘 설명해주고 있다.

> '제 아들은 완벽해요. 그러나 저를 존중하진 않죠.'
> '저는 충분히 시험을 통과할 만했어요.' (과제를 하지 않았고 얼마 전 기말고사를 잘 보지 못한 학생의 진술)
> '그 질문은 전혀 거슬리지 않아요.' (얼굴에 홍조를 띠고 주먹을 쥐며 이야기함)

내담자가 비교적 안정적이고 이제 막 라포가 형성되며 내담자를 이해하기 시작했을 때, 상담자에게 가장 큰 과제는 내담자의 행동과 삶 안에서의 단순한 불일치, 혼합된 메시지, 갈등 혹은 부조화를 확인하는 것이다. 상담의 일반적인 목적은 내담자가 불일치나 갈등을 잘 해결해나가도록 돕는 것이다. 그러나 우선적으로 이러한 것들은 명확하게 확인되어야 한다.

내담자 내적 갈등의 예

언어 진술 속 불일치 내담자는 두 가지의 완벽하게 불일치한 생각을 한 번에 표현할 수 있다('제 아들은 완벽해요. 하지만 저를 존중하지 않죠' 혹은 '사무실은 정말 좋네요. 그런데 이런 동네에 있다니 정말 안되었네요'). 우리 대부분은 사랑하는 사람, 일, 그리고 다른 상황에 대한 복합적 감정을 가지고 있다. 내담자의 양가감정을 이해하도록 돕는 것은 유용하다.

말과 행동의 불일치 말과 행동의 불일치는 특히 중요하다. 부모가 아이에 대한 사랑을 말하지만 그것은 아동 폭력에 대한 죄책감일 때도 있다. 어떤 학생은 공부에 실제로 투자한 시간보다 자신이 높은 성적을 받을 만한 가치가 있다고 말한다. 내담자가 다문화를 지지하며 여성 문제, 생태적 문제에 대해 '말만 거창하게' 하고 '실제 행동으로 보여주는 것'은 없을 수 있다. 내담자는 문제가 되는 관계를 회복하고 싶다고 말하면서, 불필요한 동작을 하거나 상담자가 문제를 직면하면 상담자로부터 멀어지는 크고 작은 움직임을 할 수 있다.

내담자와 외적 세계 사이 갈등의 예

사람들 사이에서의 갈등과 불일치 '저는 도저히 제 이웃을 참아줄 수 없어요.' 대인관계 사이의 갈등을 알아차리는 것은 상담자의 주요 과제다.

내담자와 상황 사이의 불일치 '저는 의대에 들어가고 싶어요. 하지만 실패했어요.' '전 직업을 구하지 못할 거예요.' 이러한 상황에서 내담자의 이상 세계는 실제와 부조화를 이룬다. 많은 유색인종, 동성애자, 여성 그리고 장애를 가진 사람들은 어려운 사회적 상황 속에 자신이 놓여있음을 알게 된다. 차별, 동성애 차별, 성차별, 장애인 차별은 상황적 부조화를 대변한다.

목표에서의 불일치 목표의 설정은 공감적 관계-이야기와 강점-목표-이야기 재구성-행동 모델의 핵심이다. 상담 목표를 수립할 때 당신은 종종 내담자가 문제와 전혀 맞지 않는 목표를 추구하는 것을 알게 된다. 예를 들어, 내담자가 부모나 친구로부터 인정받길 원한다. 하지만 그들과 같이 지내는 시간이 길어지면 성적이 나빠질 수도 있다. 그러나 학구적인 모습은 부모님을 기쁘게 한다. 내담자는 어쩔 도리가 없다.

상담자와 내담자 사이의 불일치 가장 어려운 문제는 상담자와 내담자가 동시성을 갖지 않을 때 발생한다. 이는 앞에서 소개한 어떤 영역에서든 발생할 수 있다. 내담자는 상담자의 비언어적 의사소통을 오해할 수 있다. 내담자는 진정으로 마주해야 할 문제를 피할 수도 있다. 상담자가 어떤 것에 대해 이야기하면 내담자는 다른 것을 말할 수도 있다. 가치와 상담 목표에서의 갈등은 겉으로 드러날 수도 있고, 그렇지 않을 수도 있다. 겉으로 드러나지 않더라도 이 갈등은 내담자에게 영향을 미치고, 상담자와의 관계를 악화시킬 수 있다. 상담자가 진실에 가까워졌을 때 내담자는 허를 찌를 수 있다. 내담자는 다가왔는가, 아니면 멀어졌는가?

어떤 상황에서든, 내담자가 갈등, 생각, 감정, 행동, 일상에서의 상황이나 타인으로 인한 갈등적인 문제를 요약해보도록 하면 자신의 모순을 이해하도록 도울 수 있다. 갈등을 요약한 후, 다음과 같은 변화에 대한 기본적 과제가 뒤따라야 한다. '문제에 대한 한 측면을 이야기하셨는데(갈등 혹은 불일치한 측면을 나타내는 적절한 언급) 저는 다른 측면(갈등과 반대되는 측면)도 들었습니다.' 그 후 더 듣고 관찰하면 내담자는 자신만의 특별한 해결책을 찾아낼 것이다.

갈등, 불일치, 모순에 대한 문제는 10장의 '창조적 과제로서의 직면'에서 자세히 알아보기로 한다.

▶ 요약: 관찰 기술

상담자는 내담자의 불일치, 혼합된 메시지, 모순 그리고 갈등을 확인할 목적으로 내담자의 언어적·비언어적 행동을 관찰한다. 상담은 흔히 문제와 해결책에 초점을 맞춘다. 불일치는 자주 문제가 되곤 한다. 동시에, 다양한 형태의 불일치는 삶의 일부분이고 심지어 즐겨야 할 것일 수도 있다. 예를 들어, 유머는 갈등과 불일치에 바탕을 두고 있다. 덧붙여, 관찰은 상담자가 회기 안에서 길을 잃거나 혼란스러울 때, 다시 길을 찾을 때 도움이 되곤 한다. 아무리 잘 훈련된 전문가라도 늘 어떤 일이 발생하고 있는지 알 수는 없다. 어떻게 해야 할지 모를 때는 집중해서 들어야 한다!

요점	
관찰의 중요성	자기를 인식하는 상담자는 끊임없이 내담자와 회기 안에서 현재 이 순간의 상호작용을 알아차린다. 내담자는 자신의 세계에 대해 언어적·비언어적 수단으로 이야기한다. 관찰 기술은 내담자가 어떻게 세상을 설명하는지 알아내는 데 중요한 도구가 된다.
관찰해야 하는 세 가지 영역	관찰 기술은 다음 세 가지에 초점을 맞춘다. 1. **비언어적 행동:** 상담자 자신의, 그리고 내담자의 눈 맞춤 성향, 몸짓언어, 목소리 특징은 기본 정보다. 이러한 것들의 이동 혹은 변화는 내담자의 관심이나 불편함과 연관된다. 내담자는 앞으로 몸을 기울이면 어떤 생각에 관심을 보이는 것이고, 팔짱을 끼면 폐쇄적인 것이다. 얼굴에도 단서가 있는데(눈썹의 찡그림, 입술을 꽉 다물거나 느슨히 품, 홍조를 띰, 관자놀이의 맥박수의 변화 등), 이는 꼭 주의 깊게 보아야 한다. 몸을 크게 움직이는 것은 반응이나 생각 혹은 주제가 바뀔 때 나타난다. 2. **언어적 행동:** 상담자와 내담자 모두의 언어적 성향은 가장 주목해야 할 부분이다. 어떤 시점에 주제가 바뀌고, 누가 주제를 바꾸는가? 내담자는 추상성의 사다리에서 어디에 위치하는가? 만일 내담자가 구체적 성향을 보인다면, 상담자는 내담자의 언어에 맞춰가고 있는가? 내담자가 '나' 진술을 하는가, 아니면 '타인' 진술을 하는가? 상담이 진행되면서 내담자의 부정적 진술이 더 긍정적인 진술로 변화하고 있는가? 내담자들은 자신의 행동이나 상황을 묘사할 때 특정한 핵심 단어를 사용하는 경향이 있다. 묘사적 표현이나 반복적 어구에 주목하는 것은 도움이 된다. 3. **갈등, 불일치:** 부조화, 혼합된 메시지, 모순은 자주, 거의 모든 회기에 나타난다. 유능한 상담자는 이런 불일치를 확인할 수 있고 그것들을 적절하게 명명하며 때때로 내담자에게 피드백을 주기도 한다. 이러한 불일치는 비언어적 행동들, 두 가지 진술, 내담자의 말과 행동, 양립할 수 없는 목표, 진술과 비언어적 행동 사이에서 볼 수 있다. 또한 대인관계에서 내담자 그리고 상황 사이에서의 갈등을 보여준다. 또한 상담자의 행동은 긍정적 혹은 부정적으로 모순될 수 있다.

요점	
	상담에서는 간단하면서도 세심한 관찰이 기본이다. 내담자의 삶으로부터 무엇을 보고, 듣고 느꼈는가? 내담자에게 미친 상담자의 영향을 생각해보라. 상담자의 말은 어떻게 내담자의 행동을 변화시켰는가? 이런 자료들을 관찰 기술을 바로잡는 데 사용하길 바란다.
다문화적 주제	움직임의 조화는 특별히 흥미로우며, 언어적·비언어적 의사소통을 설명하는 기본 개념을 제공한다. 두 사람이 함께 이야기를 나누며 의사소통을 잘하고 있을 때, 그들은 종종 조화를 이루는 말들 속에서, 몸의 움직임이 동작 동조성이나 동작 상보성을 보이곤 한다. 대화가 명확히 진행되지 않을 때, 동작의 비동조성이 나타난다. 예를 들면, 자세를 바꾸거나 휙 돌리고, 누가 봐도 알 수 있게 자리를 뜰 준비를 한다.
움직임의 조화	상담자는 내담자의 어려움과 호소 문제가 탄압적인 환경 때문일 수도 있다는 것을 알아차려야 한다. 가능하다면 내담자의 권리를 보호하고 신장하는 방법을 적극적으로 찾아야 한다.

▶ 실습과 역량 포트폴리오

이 장에서 많은 개념들이 소개되었다. 이것들을 완벽하게 습득하고 상담 회기에 유용하게 사용할 수 있게 되려면, 시간이 걸릴 것이다. 그러므로 제시된 연습문제는 개론으로 여기길 바란다. 나아가 당신이 이 책을 다 읽을 때까지 이러한 개념들을 계속해서 연습하길 추천한다. 이 책을 읽는 동안 계속해서 이러한 개념들을 연습한다면 지금은 혼란스럽게 생각되는 내용들도 서서히 명확해질 것이고 당신만의 고유한 스타일의 한 부분으로 자리매김할 것이다.

많은 이들이 소형 카메라 혹은 비디오나 음향 녹음이 모두 가능한 스마트폰 가지고 있을 것이다. 자신이 어떻게 행동하는지 자세히 관찰하는 시간을 갖는 것을 강력히 추천한다. 녹화된 내용으로 복습하는 것은 관찰 기술에 능숙해지는 가장 기본적이고 효과적인 방법이기 때문이다.

개인 실습

연습 1. 비언어적 행동 방식 관찰 10분 정도의 상담 상황, TV 인터뷰, 두 사람 간의 대화를 관찰해보자. 다시 볼 수 있도록 비디오로 녹화하라.

시각화/눈 맞춤 사람들이 이야기를 하거나 들을 때, 서로 눈 맞춤을 지속하는가? '내담자'가 다른 주제를 이야기할 때보다 특정 주제에서 더 눈 맞춤을 피하는가? 관심을 표현할 때 내담자의 동공 확장 변화를 관찰했는가?

음성의 질 말의 빠르기나 소리 혹은 억양의 변화에 주목하라. 대화 중 끼어들거나 머뭇거리는 것에 특별히 주의하자.

주의를 기울이는 몸짓언어 손동작, 자세 바꾸기, 기대어 앉기, 숨의 정도, 공간의 사용에 주목한다. 얼굴색이 변하거나 홍조 그리고 입술의 움직임 등 얼굴 표현에 특별히 주의하자. 적절하거나 적절치 않은 웃음이나 눈썹의 떨림 등도 기억해두자.

움직임의 조화 어느 부분에서 동작이 동조적이고 반응적으로 발생하였는지 주목하라. 동작의 비동조적 예제를 관찰해보았는가?

가능하다면 회기나 회기 내의 일부분을 볼 수 있도록 녹화를 하고 여러 차례 시청한다. 명심해야 할 것은 피드백 양식(글상자 4.2)의 인상과 행동 관찰은 분리해야 한다.

• 당신이 관찰한 맥락을 제시하라. 관찰할 때 언어적으로 어떤 일이 있었는지 간단히 요약하라. 각 관찰에 숫자를 매기라.
• 이후 회기를 관찰하고 관찰한 것을 가능한 한 구체적이고 세심하게 설명해보자. 시각화/눈 맞춤 방식, 음성의 질, 주의를 기울여야 할 몸짓언어, 움직임의 조화 등을 설명한다.
• 느낀 점을 기록하자. 관찰한 것을 어떻게 해석하였는가? 관찰을 어떻게 이해하였는가? 그리고 가장 중요하게는 당신이 보고 알아차린 것에 대한 결론을 신중하게 내렸는가?

연습 2. 언어적 행동과 불일치의 관찰 같은 회기를 다시 관찰하자. 그러나 이번에는 언어적 관점과 불일치(당연히 비언어적 관점도 포함한다)를 특별히 주의하여 관찰한다. 다음 주제들을 고려하고, 상담에서 당신이 발견한 것에 대한 구체적 증거들을 이야기한다. 다시 말해, 당신의 해석과 인상을 관찰과 분리하라.

음성 언어 단서 쫓아가기와 선택적 주의집중 주제가 넘어 가거나 갑자기 바뀔 때 특별히 주의를 기울여야 한다. 누가 그렇게 하고 있는가? 주의를 기울이거나 피하는 그런 특정 주제 성향을 발견하였는가? 청자는 무엇을 듣기 원하는 것처럼 보이는가?

핵심 단어 대화 안에서 각 개인마다 가지는 핵심 단어는 무엇인가?

추상적/구체적 대화 대화가 패턴에 대한 것처럼 추상적인가, 아니면 구체적 정보인가? 사람들은 이 문제에 비슷한 형태로 접근하고 있는가?

갈등과 불일치 각각 양쪽 개인의 행동에서 당신은 어떤 부조화를 찾았는가? 둘 사이에 모순을 찾아냈는가? 어떤 갈등 주제가 중요한가?

연습 3. 자신의 언어적·비언어적 성향 확인하기 실제 대화나 상담 회기 안에서 최소 20

날짜

상담자 이름

양식 작성자 이름

지시 사항　역할극 동안 내담자와 상담자를 자세히 관찰하자. 그리고 회기 직후에 비언어적 행동은 바로 피드백 양식에 적어보자. 비디오를 보거나 오디오를 듣는다면, 특히나 언어적 행동에 주의를 기울이고 불일치에 주목한다. 만약 녹화 장치가 없다면, 한 명은 비언어적 행동을 적고 다른 한 명은 언어적 행동을 적는다.

비언어적 행동 확인 목록

1. **시각화/눈 맞춤:** 어떤 부분에서 눈 맞춤을 피하는가? 혹은 응시하는가? 이야기할 때, 혹은 들을 때 눈 맞춤을 지속하는가? 동공의 확장에 변화가 있는가?

2. **음성의 질:** 이야기할 때 머뭇거림은 언제 발생하는가? 음색이나 성량이 변하는가? 어떤 단어 혹은 문장을 강조하는가?

3. **몸짓언어:** 기본적 성향과 손, 팔, 몸, 다리의 자세가 변하는가? 열린 혹은 닫힌 자세를 취하는가? 주먹을 꽉 쥐고 있는가? 손을 가만히 두지 않는가? 몸의 긴장도는 편안한가, 혹은 매우 긴장되어있는가? 몸이 다른 사람을 향하고 있는가, 떨어져 있는가? 갑자기 자세를 바꾸는가? 몸을 꼬거나 하진 않는가? 거리는 어떻고 호흡의 정도가 달라지는가? 어떤 부분에서 표정의 변화가 있었는가? 얼굴색, 홍조, 입을 꽉 다물거나 느슨히 열고 있는가? 적절한 시기에 웃는가? 고개를 끄덕이거나 눈썹이 떨리는가?

4. **움직임의 조화:** 상보적, 조화, 혹은 부조화 동작의 예가 있는가? 모방은 어떤가? 언제 그 동작이 발생하였는가?

5. 비언어적 불일치: 몸의 한 부분이 다른 표현을 하고 있진 않은가? 어떤 주제에서 불일치가 발생하였는가?

언어적 행동 확인 목록

1. 음성 언어 단서 쫓아가기와 선택적 주의집중: 어떤 부분에서 상담자 혹은 내담자가 주제에 머물지 못했는가? 어떤 주제에 가장 집중도가 높았는가? 아래에 내담자의 핵심 단어를 적어보자. 이를 통해 내담자를 더 깊이 분석할 수 있다.

2. 추상적/구체적: 어떤 단어로 내담자를 표현할 수 있는가? 상담자는 이 측면에서 어떠한가? 상담자는 추상적이었나, 구체적이었나?

3. 언어 불일치: 상담자와 내담자 모두에게서 발견된 언어 불일치를 서술하라.

분 정도 당신 자신과 다른 사람의 대화를 녹화하라. 역할극처럼 의식하지 않는다. 연습 1과 2에서처럼 상세한 정보로 당신의 그리고 당신과 이야기하는 사람의 언어적·비언어적 행동을 관찰하라. 당신 자신에 대해 무엇을 알게 되었는가?

연습 4. 구체적 진술과 추상적 진술로 분류하기 다음은 내담자 진술의 예다. 각 진술이 본질적으로 구체적인지, 추상적인지 구분하라. 이를 통해 더 많은 연습을 하게 될 것이고, 그로 인하여 이후의 단원들에서 제안하는 개입을 더 잘 이해할 수 있을 것이다. (이 장 마지막에 연습문제의 답이 있다)

각각의 진술에서 구체적 진술에는 C, 추상적 진술에는 A에 동그라미 표시를 하라.

C A 1. 하루 종일 울었어요. 지난밤엔 한숨도 못 잤고요, 먹을 수도 없었어요.

C A 2. 최근에 제 자신이 형편없다 느껴졌어요.

C A 3. 죄책감을 심하게 느끼고 있어요.

C A 4. 상담에 늦어서 죄송해요. 차가 너무 밀렸어요.

C A 5. 데이트하는데 정말 어색하게 굴었어요. 저는 사회적 관계에는 정말 무능해요.

C A 6. 지난밤 데이트 상대가 말하길 제가 재미없다더군요. 그리고 저는 울어버렸죠.

C A 7. 제 아버지는 키는 크고, 빨간 머리에, 자주 소리를 지르세요.

C A 8. 저희 아버지는 같이 생활하기 정말 힘들어요. 그는 어려운 사람이에요.

C A 9. 우리 가족은 서로를 많이 사랑해요. 저희 가족은 서로 나누는 성향을 가지고 있어요.

C A 10. 엄마가 얼마 전 저에게 쿠키 박스를 보냈어요.

집단 실습

연습 5. 집단에서 관찰 연습하기 이번 장에서 많은 관찰 개념들을 이야기해왔다. 당연히 한 번의 역할극 안에서 이 모든 행동들을 관찰할 수는 없다. 하지만 연습은 추후 상담의 중요한 기반이 되어줄 것이다. 이번 연습은 이번 장의 중심 내용을 요약한 것에서 선별되었다.

1단계: 실습 집단 구성하기 3명 혹은 4명으로 이루어진 집단이 적당하다.

2단계: 집단 지도자 선정하기

3단계: 첫 연습 회기를 위해 역할 분담하기

▲ 내담자: 자연스럽게 응답하며 말을 많이 해야 한다.

▲ 상담자: 자연스럽고 고유의 스타일을 보여주려고 할 것이다.

▲ 관찰자 1: 내담자의 의사소통을 관찰한다. 관찰 피드백 양식을 사용한다(글상자 4.2).

▲ 관찰자 2: 피드백 양식을 사용하여, 상담자의 의사소통을 관찰한다. 여기서 자문적 소규모 슈퍼비전 과정은 보통 상담자가 비언어적 의사소통을 더욱 잘 이해하고 효과적으로 사용하는 것을 돕는 데 초점을 맞춘다. 정확한 피드백을 위해 비디오 촬영을 해놓는 것이 좋다.

4단계: 계획 세우기 회기의 목표를 진술한다. 관찰의 중심 과제로서, 상담자는 주의 기울이기와 개방형 질문에 우선적으로 집중해야 한다. 다른 기술은 원하는 대로 사용한다. 역할극이 끝난 후, 상담자는 회기 안에서 보인 내담자에 대한 개인적 관찰 결과를 보고하고, 기본적으로 그리고 적극적으로 습득한 기술을 보여주어야 한다. 내담자는 상담자에 대해 관찰한 것을 보고할 것이다.

　'과거나 현재에 갈등을 유발하는 사건 또는 사람'을 역할극의 주제로 제안한다. 다음과 같은 대체적 주제도 포함한다.

- 부모나 혹은 특정 인물을 향한 나의 긍정적이고, 부정적인 감정
- 직장, 가정 혹은 현재 삶에서의 좋기도 하고 싫기도 한 것들

두 명의 관찰자들은 이번 회기를 상담자에게 피드백을 주고, 그들의 관찰 기술을 갈고 닦을 기회로 활용할 수 있다.

5단계: 6분 연습 회기 실행하기 가능한 한, 상담자와 내담자 모두 최대한 실제 상담 대화처럼 자연스럽게 행동한다.

6단계: 연습 회기 검토하고 14분간 상담자에게 피드백 주기 기억해야 할 것은 음성 녹음이나 비디오 녹화를 주기적으로 잠시 멈추고, 내용을 명확하게 해주는 중요한 단서를 잘 듣고 여러 번 보아야 한다는 것이다. 관찰자들은 회기 내에 피드백 양식을 잘 완성하는 데 특별히 집중해야 한다. 그리고 내담자는 1장의 내담자 피드백 양식을 유용하게 사용할 수 있다.

7단계: 역할 바꾸기

역량 포트폴리오

다음의 체크리스트를 사용하여 당신의 현재 상담자 역량의 숙달 수준을 평가해보라. 먼저 현재 할 수 있다고 느껴지는 영역에 체크하라. 체크되지 않은 영역은 앞으로의 목표로 정하도록 한다. 이 책을 공부하면서 모든 영역에서 목적적 역량을 달성할 것이라고 기대하지 않는 것이 좋다. 계속적인 반복과 연습을 통해 상담자 역량은 향상하게 될 것이다.

1단계: 확인 및 분류

- ☐ 비언어적 행동에 주의 기울이기, 특히 시각화/눈 맞춤, 음성의 질, 몸짓언어에서 행동의 변화를 알아차릴 수 있는 능력
- ☐ 움직임의 조화와 반영(echoing)을 알아차릴 수 있는 능력
- ☐ 음성 언어 단서 쫓아가기와 선택적 주의집중을 알아차릴 수 있는 능력
- ☐ 상담자 자신과 내담자가 사용하는 핵심 단어를 알아차릴 수 있는 능력
- ☐ 구체적 · 상황적 그리고 추상적 · 형식적 조작기의 대화를 구분할 수 있는 능력
- ☐ 언어적 · 비언어적 행동에서의 불일치를 알아차릴 수 있는 능력
- ☐ 내담자의 불일치를 알아차릴 수 있는 능력

☐ 상담자 자신의 불일치를 알아차릴 수 있는 능력
☐ 상담자 자신과 내담자 사이의 불일치를 알아차릴 수 있는 능력

2단계: 기본 역량 비언어적 · 언어적 관찰 기술은 인생에 걸쳐 성장시키고 노력해야 하는 주제다. 다음에 소개하는 목적적 역량 목록을 자기 평가를 위해 사용하라.

3단계: 목적적 역량 당신은 회기 안에서 내담자의 언어적 · 비언어적 행동을 알아차릴 수 있고, 이러한 관찰들을 이용하여 회기 내의 대화를 쉽게 풀어나갈 수 있다. 당신은 자신의 행동을 내담자의 행동에 맞출 수 있을 것이다. 필요한 상황에는 내담자의 움직임을 고조시키기 위하여 그러한 행동들을 맞춰주지 않을 수도 있다. 예를 들어, 만약 당신이 우울증에 걸린 내담자의 부정적인 몸짓언어에 참여했다가 후에는 긍정적인 태도를 취한다면 내담자는 이를 따를 수도, 보다 자기주장적 자세를 취할 수도 있다. 또한 당신은 내담자에 대한 자신의 언어적 · 비언어적 반응에 주목할 수 있을 것이다. 당신과 내담자 사이의 불일치를 알아차릴 수 있고 이런 불일치를 해결하기 위해 작업할 수 있다.

다음 영역에서 숙련도를 향상시키는 데는 시간이 걸릴 것이다. 이 책 안에서 다른 기술들을 연습할 때, 이곳으로 돌아오라. 가장 기본적이고 의도적인 숙련의 첫 단계로 다음의 역량을 제안한다.

☐ 내담자의 비언어적 행동을 반영하는 능력. 상담자는 자세, 눈 맞춤 방식, 얼굴 표정, 목소리의 질을 그대로 따라 한다.
☐ 내담자의 선택적 주의집중 성향을 확인할 수 있는 능력 그리고 원래의 주제로 돌리거나 알면서도 내담자가 제시한 새로운 주제로 옮겨가는 데 이러한 방식을 사용할 수 있는 능력
☐ 내담자의 구체적 · 상황적 혹은 추상적 · 형식적 조작기의 언어에 맞출 수 있는, 그리고 그들이 자신의 성향을 이용하여 이야기를 더 확장시키는 것을 돕는 능력
☐ 내담자가 주로 '나' 진술인지, '타인' 진술인지를 확인하고, 정확하게 피드백하여 내담자가 진정한 의미는 무엇이었는지 설명하고 정의하도록 돕는 능력
☐ 불일치를 인식하고 내담자에게 정확한 피드백을 제공할 수 있는 능력(이 부분은 10장에서 자세히 설명하는 직면과 갈등 조정 기술의 중요한 부분이다). 그다음으로, 내담자는 이를 수용하고 피드백을 이후 효과적 자기 탐색에 사용할 수 있다.
☐ 상담자 자신의 불일치를 알아차릴 수 있고, 적합하게 행동을 변화하기 위해 행동할 수 있다.

4단계: 심리교육적 교육 역량 당신은 다른 이들에게 관찰 기술을 가르치며 당신의 능력을 보여줄 수 있다. 이 단계에서 당신의 성과는, 학생들의 기본적 역량에 대한 자기 평

가 양식에 어떻게 평가하는지를 통해 보일 수 있다. 상담에서, 어떤 내담자들은 언어적·비언어적 의사소통 양식에 꽤나 예민하지 않을 수 있다. 그런 내담자에게는, 타인을 관찰하는 방법을 가르쳐주는 것이 그들을 돕는 데 가장 효과적이다. 그렇지만 한 회기 내에 내담자에게 한두 가지 이상의 개념을 소개해서는 안 된다.

☐ 회기 안에서, 내담자에게 사회적 기술의 비언어적·언어적 관찰과 불일치를 알아차릴 수 있는 역량을 가르칠 수 있는 능력

☐ 작은 집단에게 기술을 가르칠 수 있는 능력

▶ 스타일과 이론 정하기: 관찰 기술에 대한 비판적 자기 성찰

이 장은 언어적·비언어적 관찰 기술의 중요성에 초점을 맞추었다. 그리고 당신은 알아차림 능력을 강화할 수 있도록 구성된 다양한 연습 문제들을 접하였다.

이 장에서 소개한 내용, 수업, 또는 비공식적 학습을 통해서 알게 된 것들 중에서 가장 인상 깊게 다가온 한 가지 생각은 무엇인가? 당신에게 가장 크게 다가오는 그 생각이 다음 단계로 가는 방향을 안내해줄 것이다. 다문화적 차이에 대한 당신의 생각은 어떠한가? 이 장에서 당신의 상담 수행에 유용하게 영향을 준 또 다른 내용은 무엇인가? 자신만의 스타일과 이론을 형성해나가는 데 이 장에서 다룬 개념과 생각을 어떻게 활용할 수 있는가?

연습 4의 정답

1 — C	5 — A	8 — A
2 — A	6 — C	9 — A
3 — A	7 — C	10 — C
4 — C		

2부

기본 경청 기술:
회기 구성 방법

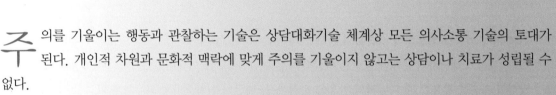

주 의를 기울이는 행동과 관찰하는 기술은 상담대화기술 체계상 모든 의사소통 기술의 토대가 된다. 개인적 차원과 문화적 맥락에 맞게 주의를 기울이지 않고는 상담이나 치료가 성립될 수 없다.

2부에서는 기본 경청 기술을 새로 추가하였는데, 이것이 내담자와 관련된 중요한 사실과 적절한 감정을 이끌어내는 데 도움이 될 것이다. 질문하기, 격려하기, 재진술하기, 감정 반영하기, 요약하기 기술을 사용함으로써, 당신은 내담자를 이끌어내는 방법과 내담자가 자신의 이야기를 어떻게 생각하는지를 이해할 것이다.

5장 | 질문: 의사소통 시작하기

우리는 매일 질문들을 접하게 된다. 이제는 대부분의 상담 이론에서 광범위하게 질문 기술을 사용하고 있다. 인지행동치료(CBT), 단기 상담, 동기강화 면접 등이 그 대표적인 예다. 이 장에서는 개방형 질문과 폐쇄형 질문에 대해 설명하고, 대화 상황에서 질문이 어떻게 활용되는지를 보여주고 있다. 하지만 질문 활용에 대해서는 다른 논의도 있다. 일부 전문가들은 질문을 정확하고 성찰적인 경청 기술 뒤에 소개해야 한다고 주장한다.

6장 | 격려, 재진술, 요약: 적극적 경청의 핵심 기술

이 장에서 당신은 격려, 재진술, 요약 기술을 분명하게 파악하게 될 것이며, 그것은 당신이 내담자와의 관계를 발달시키고 작업동맹을 맺는 토대가 될 것이다. 이 기술은 또한 이야기를 이끌어내는 데 중요한 역할을 한다.

7장 | 감정 반영: 내담자 경험의 근간

이 기술은 문제의 핵심에 도달하게 하고, 실제적으로 회기를 내담자 자신의 것이 되게 해준다. 당신은 내담자의 정서 세계를 풍부하게 끌어내는 방법을 배우게 될 것이다. 감정 반영하기는 충분히 습득해야 하고, 특별한 주의를 요구하는 도전적인 기술이다. 그러나 많은 사람들이 실제 변화는 정서와 감정에 근거해야 한다고 믿는다.

8장 | 경청 기술만을 사용하여 5단계 상담 회기

관찰 기술과 기본 경청 기술을 학습했다면, 당신은 충분히 잘 구조화한 5단계 상담 회기를 진행할 수 있는 준비가 된 것이다. 당신은 기본 경청 기술만을 사용하여 회기를 진행할 수 있다. 나아가 당신은 공감적 이해의 수준으로 자신과 타인의 기술을 평가할 수 있게 될 것이다. 우리에게는 그저 듣는 것이 아니라, 공감하며 듣는 것이 필요하다. 어떤 교수자들은 6장과 7장의 공감을 읽기 과제로 포함시켜주기를 원할 수도 있다.

따라서 2부에서는 야심찬 목적이 있다. 8장까지 학습하게 되면 당신은 대인관계 변화, 성장, 발달을 도모하겠다는 우리의 주요 목표에 도달하게 될 것이다. 의도적으로 수행하려고 한다면, 당신은 2부에서 다음의 수행 목표에 도달할 수 있을 것이다.

1. 기본 경청 기술을 활용하여 상담을 수행하고 내담자가 자신의 이야기를 할 수 있도록 하는 역량을 개발하라. 그리고 내담자의 문제와 관련된 핵심적 사실과 감정을 이끌어내라.
2. 당신이 기술을 활용할 때 내담자의 반응을 관찰하고, 내담자가 자신만의 고유함을 표출할 수 있도록 기술과 주의 기울이기 행동을 수정하라.
3. 오로지 경청과 관찰만을 활용하여 회기를 진행하라.
4. 공감 수준으로 당신의 상담 회기를 평가하라. 보다 주관적 상담과 심리치료의 차원에서 실제로 따뜻하고 긍정적인 대화를 끌어내는 능력을 검토하라.

이러한 과제를 수행하게 되면, 당신은 내담자가 자신의 문제, 주제, 관심사 또는 도전 과제 등을 해결하는 데 놀라운 능력이 있음을 발견하게 될 것이다. 당신도 또한 상담자나 심리치료자로서의 자신의 능력에 확신을 얻게 될 것이다.

'미심쩍을 때는 들으라!' 이 말은 2부의 기본 지침이고, 모든 상담대화기술 모델의 기본이다.

5장

질문: 의사소통 시작하기

질문: 의사소통 시작하기
관찰 기술
주의 기울이기와 공감
윤리, 다문화적 역량, 긍정심리학과 건강증진적 접근

내담자에게 질문을 하면 효과적인 의사소통의 기초를 확립하는 데 도움이 될 수 있다. 효과적인 질문은 지식과 이해의 문을 열게 한다. 질문하기의 핵심은 어떠한 질문을 언제 할 것인지를 아는 데 있다. 자신에게 첫 번째 질문을 해보라. 만약 마술 버튼을 눌러서 알고 싶은 모든 정보를 얻을 수 있다면, 알고 싶은 것은 무엇인가? 그 대답이 올바른 질문을 구성하는 데 바로 도움을 줄 것이다.

_Robert Heller, Tim Hindle

'질문'의 목적

질문하기는 회기를 고양시키고 내담자의 이야기를 끌어내는 데 사용될 수 있다. 질문 유형에는 개방형과 폐쇄형이 있다. 개방형 질문은 더 많은 정보를 이끌어내고, 내담자가 더 많은 반응을 하게 한다. 폐쇄형 질문은 더 짧은 반응을 이끌어내고, 특정한 정보를 제공한다. 주의 기울이기 행동처럼, 질문은 내담자가 말할 수 있도록 격려하거나 좌절시킬 수 있다는 점을 주의하라. 질문에서는 상담자가 일반적으로 주도권을 갖고 있다. 내담자는 자주 상담자의 참조틀 안에서 말하게 된다. 질문하기는 잠재적으로 내담자가 주도적으로 행동하지 못하게 할 수도 있다.

5장의 목표

질문에 대한 알아차림, 지식, 기술, 행동은 다음과 같은 것을 할 수 있게 한다.

▲ 배경 정보와 필요한 세부 사항을 포함하여 더 많이 진술하도록 해서, 내담자의 이야기를 끌어내고

충분하게 이야기하도록 한다.

▲ 기대하는 결과를 가져올 것 같은 질문 유형을 선택한다. 예를 들어, '무엇을(what)' 질문은 사실에 대해, '어떻게(how)' 질문은 감정이나 과정에 대해, '왜(why)' 질문은 이유에 대해 말하게 한다.

▲ 내담자의 개인적인 욕구에 맞추어 계획적으로 내담자가 말하게 하거나 멈추게 한다.

▲ 문화적으로 민감하고 존중하는 방식으로 질문을 활용한다.

벤저민(Benjamin)은 고등학교 2학년이다. 이 학교에서는 학생에게 졸업 후 진로(직장, 군대, 대학 등)에 대해 면접을 하도록 했다. 당신이 고등학교 상담자이고, 벤저민을 불러서 그의 졸업 후 계획에 대해 상담하고 있다고 가정해보자. 벤저민의 성적은 평균 정도고, 특별히 말을 잘하거나 수다스럽지는 않지만, '좋은 아이'로 알려져 있다.

이 장의 소개 부분을 다시 읽어보라. 벤저민에게 장래에 대해 생각해보도록 도움을 주었던 질문은 무엇이었는가? 만약 질문을 충분히 많이 사용했다면 어땠을까? 이 장의 마지막 부분을 보고 당신의 생각과 비교해보라.

▶ 도입: 질문에 대한 정의와 질문

숙련된 주의 기울이기 행동은 상담대화기술 체계의 기본이 된다. 질문하기는 상담 장면에서 다룰 수 있는 유용한 자료를 제공한다. 질문은 상담을 시작하고 부드럽게 진행하는 데 도움이 된다. 질문은 정확히 목표를 세우고, 문제를 명확히 하며, 새로운 토론거리를 제공하고, 내담자의 자기 탐색을 도울 수 있게 한다.

질문은 많은 상담 이론과 기법, 특히 인지행동치료(CBT), 단기 상담, 진로 의사결정 훈련의 필수 구성 요소다. 직업 탐색을 촉진하는 직업 상담자, 평가를 위해 면접을 수행하는 사회복지사, 대학 입학 전형 학생의 활동을 지원하는 고등학교 진학지도 상담자들 모두에게 질문 활용이 요구된다. 나아가 상담이 아닌 평가 과정에서도 질문이 많이 활용된다.

질문의 유형

이 장은 두 가지 핵심 질문 유형인 개방형과 폐쇄형 질문에 초점을 두고 있다.

개방형 질문(open questions)은 몇 단어로 대답할 수 없다. 이 질문 형태는 내담자의 문제를 깊게 탐색하도록 해준다. 이것은 사람들이 말하도록 권장하고, 당신에게 정보를 최대한 제공해준다. 전형적으로, 개방형 질문은 '무엇을(what)', '어떻게(how)', '왜(why)'

를 묻는다. 예를 들어, '당신이 오늘 여기에 무엇을 가져왔는지 말해주시겠어요?'이다.

폐쇄형 질문(closed questions)은 특정한 내용을 얻게 하고, 보통 바로 몇 단어로 대답할 수 있게 한다. 이 질문은 유용한 정보를 제공해줄 수 있다. 그러나 대화를 이끌어야 하는 부담이 상담자에게 부여된다. 폐쇄형 질문은 보통 '……인가(is)?' 또는 '……하는가(do)?'로 묻는다. 예를 들어, '가족과 함께 살고 있나요?'이다.

만약 개방형 질문을 효과적으로 사용하면 내담자는 더 자유롭고 솔직하게 이야기할 수 있다. 폐쇄형 질문은 더 짧은 답변을 유도하므로 특정 정보를 제공할 수 있다. 질문을 사용할 때 기대할 수 있는 결과는 다음과 같다.

개방형 질문	기대할 수 있는 결과
보통 '누가, 언제, 어디서, 무엇을, 왜' 사용하여 개방형 질문으로 시작하는 것이 유용하다. '……해볼 수 있어요(could)?', '……할 수 있어요(can)?', '……하겠어요(would)?'라고 묻는 질문이 개방적이라고 생각되지만, 다소 닫힌 형태로 묻는 질문이 가지는 이점이 있다. 내담자가 대답하기 싫어하는 것을 좀 더 쉽게 이야기할 수 있도록 하는 힘이 있기 때문이다.	내담자는 개방형 질문에 더 자세히 대답할 것이다. '……해볼 수 있어요?', '……할 수 있어요?', '……하겠어요?'라고 묻는 질문은 가장 흔한 개방형 질문이다. 이 질문에 대해 내담자는 '아니요, 할 수 없어요'라고 간단히 대답하거나 열린 방식으로 문제에 깊이 들어가는 경향이 더 크다.
폐쇄형 질문	기대할 수 있는 결과
폐쇄형 질문은 '……인가요(is)?' 또는 '……하는가요(do)'라고 묻는다.	폐쇄형 질문은 특정 정보를 제공할 수 있지만, 내담자의 이야기를 중단시킬 수 있다.
효과적인 질문은 상황보다 적절한 내용을 자세히 이야기하고 멀리 돌아가지 않고 더욱 집중하여 내담자와 대화를 나누도록 장려한다.	

질문에 대한 의문

질문 사용에 대해 우려하는 이론가와 실무자들은, 6장과 7장의 반영적 경청 기술에서 전문 기술이 발달했을 때 질문을 가장 잘 배울 수 있다고 생각한다. 일단 초보 상담자들에게 질문이 제시되면, 재진술, 감정 반영, 요약하기와 같은 경청 기술이 충분한 관심을 얻지 못할 수 있다. 확실히 질문을 과다하게 사용하면 내담자의 관심이 상담자에게 끌리게 되고 상담자에게 너무 많은 권한이 제공될 수 있다. 이 장에서 주요 작업은 내담자에게 질문을 사용하는 데 적절한 균형을 갖는 것이다.

곤란한 질문으로 곤혹스러웠거나 누군가가 꼬치꼬치 물었던 상황을 인용하면서 이 연습에 활용할 수 있다. 사람들은 질문에서 화와 죄책감을 연상할 수 있다. 많은 사람들에게 질문으로 인한 부정적 경험이 있다. 또한 질문은 내담자와의 대화를 이끌거나 제어하는 데 사용할 수 있다. 학교 교육이나 법적 분쟁 장면에서 면접하는 개인을 제어하기 위하여 일반적으로 질문을 사용하기도 한다. 질문의 원래 의도가 내담자에게 자기 고유의 방식을 찾게 하는 것이라고 한다면, 질문을 비효과적으로 사용할 때 그러한 의도를 수행하는 데 방해가 될 수도 있다. 이러한 이유로 도움을 제공하는 사람들이 특히 인문주의적 목적을 가진 경우에 질문을 반대하기도 한다.

또한 많은 비서구 문화권에서 질문은 부적절하고 방어적이거나 사생활을 매우 침해하는 것으로 여겨질 수 있다. 그러나 서구 문화권에서 질문은 생명력을 가지고 있다. 우리는 어디에서나 질문에 부딪힌다. 의사나 간호사, 판매원, 정부 관리 및 많은 사람들이 직업적으로 내담자에게 질문을 한다. 또한 대부분의 상담 이론에서 질문을 광범위하게 사용하는 것을 지지한다. 예를 들면, 인지행동치료와 단기 상담에서도 질문을 많이 사용한다. 그러면 질문을 어떻게 현명하고 의도적으로 하는가가 관건이 된다.

이 장의 목표는 질문의 일부 양상을 분석하고 궁극적으로 의사소통 기술 목록에서 그 위치를 결정하는 것이다. 질문은 주의 깊게 사용된다면 소중한 기술이다.

경우에 따라 질문은 반드시 필요하다: '어떤 다른 일이 또 있나요?'

내담자들이 모든 필요한 정보를 항상 자발적으로 이야기하지 않기 때문에, 누락된 정보를 얻는 유일한 방법은 질문하는 것이다. 예를 들어 내담자는 우울증과 의욕 저하에 대해 이야기할 수 있다. 도움을 주는 사람으로서 이야기를 주의 깊게 들을 수도 있지만, 내담자의 우울증과 관련하여 근본적인 문제는 빠져있을지 모른다. '현재 당신에게 또는 가족에게 무슨 일이 있나요?'와 같은 개방형 질문으로 임박한 별거나 이혼, 실직 또는 걱정하고 있는 문제를 이끌어낼 수 있다. 고전적인 임상적 우울증이라고 처음 생각한 것은 내담자에게 현재 일어나고 있는 일로 달리 해석되고, 치료는 다른 방향으로 진행된다.

앨런의 인생에서 하나의 사건은 질문의 중요성을 설명해주는 예다. 그의 아버지는 심장개복술을 받은 후 맹인이 되셨다. 그것이 수술의 결과였는가? 아니다. 의사는 '요즘 신체적으로나 정신적으로 어떤 다른 일이 있습니까?'라는 개방형 질문을 하지 않았기 때문이다. 이 질문을 했더라면 의사는 앨런의 아버지가 수술 일정을 잡기 전 주에 평상시와 다르게 심한 두통이 있었다는 것을 알았을 것이고, 약물로 쉽게 치료할 수 있는 눈병을 진단할 수 있었을 것이다.

상담할 때 내담자는 긴장감, 불안, 불면증을 호소할 수 있다. 잘 들어보고 내담자가 편안하게 쉬고 업무 일정을 변경하도록 도우면 문제가 해결될 수 있다고 생각할 수 있다. 하지만 내담자에게 '어떤 다른 일이 또 있나요?'라고 물어보라. 주의 깊은 경청과 관심을 기울여준다면 내담자는 당신을 신뢰하게 되기 때문에 마음을 열어 성추행당한 이야기를 할 수도 있다. 이 시점에서 상담의 목표는 변경된다.

더 많은 정보를 제공할 수 있게 하는 조력자의 유용한 질문에는 다음과 같은 것이 포함된다.

- 어떤 다른 일이 또 있습니까?

- 지금까지 이야기한 내용으로 되돌아가보면 추가할 다른 이야기가 있을까요? 어떤 일에 대해 생각해왔지만 이야기하지 않은 것이 있을지 모릅니다.
- 요즘 어떤 일이 있는지 무엇이든지 이야기해주실 수 있을까요? (이 질문은 흔히 놀랍고 도움이 될 만한 새로운 정보를 제공한다)
- 당신이 이야기한 것 외에 친구나 가족에게 다른 일이 있나요? _____(인종, 민족, 성적 선호도, 종교나 기타 차원을 넣어서 이야기한다)의 견해에서, 당신의 상황을 어떻게 보십니까? (이 질문은 중점 사항을 바꾸고 내담자가 이 문제를 친구, 가족 문화의 광범위한 네트워크 기반 맥락에서 보도록 도와준다)
- 이야기한 내용 중에 빠진 부분이 있나요?

▶ 공감과 구체성

내담자에게 공감을 보이려면 내담자의 이야기에 대한 구체적인 이해가 필요하다. 구체성은 공감적 이해에서 중요하다. 모호한 일반성보다는 구체성을 추구하는 것이 좋다. 상담자로서 우리는 특정 감정, 생각, 행동 사례에 관심을 가지기 쉽다. 모든 개방형 질문 중 가장 유용한 질문은 '……에 대한 구체적인 예를 들어세요'이다. 구체성은 상담에 생기를 불어넣고 내담자가 이야기하는 내용을 명확하게 해준다. 마찬가지로 상담자와의 의사소통은 대화, 피드백 기술, 해석 등 내담자에게 구체적이고 이해하기 쉬워야 한다.

▶ 상담 예시: 직장에서의 갈등

우리 모두는 직장에서 갈등을 경험한다. 예를 들면 화, 어려운 내담자, 눈치 없는 상사, 게으른 동료 또는 부하 직원의 도전이 있을 수 있다. 다음 대화에서 상담자 자밀라(Jamila)는 동료 상담자 피터(Peter)와 문제가 있는 후배 직원 켈리(Kelly)를 만난다.

폐쇄형 질문 사례

첫 번째 상담에서는 폐쇄형 질문이 특정 사실을 끄집어내는 과정과, 상담자의 생각이 내담자의 마음으로 들어가도록 유도하는 식으로 끝날 수 있음을 보여준다.

폐쇄형 질문은 내담자를 압도해 상담자의 생각에 동의하도록 몰고 가는 데 사용되기도 한다. 위의 상담은 극단적으로 보이지만, 일상생활에서 흔히 볼 수 있고 상담이나 심리치료 상담에서도 볼 수 있다. 내담자와 상담자 간에 권한 차이가 있다. 경청하지 않는 상담자는 내담자에 대해 적절하지 않은 판단을 내릴 수 있다.

상담자와 내담자의 대화	상담 과정에 대한 해설
1. *자밀라:* 켈리, 오늘 무슨 일 있어요?	자밀라는 처음 상사가 되었을 때 초기에 겪은 어려움들에 대해 이미 전에 켈리와 상담한 적이 있다.
2. 켈리: 네, 피터와 또 문제가 생겼어요.	자밀라와 켈리는 좋은 관계를 가지고 있다. 모든 내담자가 자신의 문제를 바로 이야기하지 않는다. 가까워지고 신뢰가 쌓일 때까지는 다음 회기까지 시간이 필요한 경우가 많다.
3. *자밀라:* 피터랑 말다툼이 있었어요?	자밀라는 관심을 보이고 경청하고 잘 참여할 줄 안다. 하지만 폐쇄형 질문으로 묻는다. 항상 켈리의 생각과 감정을 알기 전에 문제를 정의한다. (축소적 공감)
4. 켈리: (망설이며) 아니 그런 건 아니고, 피터랑 같이 일하는 게 너무 힘들어요.	켈리는 의자에 편안히 앉아서 상담자가 주도해주기를 기다린다.
5. *자밀라:* 피터는 제시간에 일을 끝내요?	자밀라는 연속된 폐쇄형 질문을 하여 피터와 문제를 진단하려고 한다. 진단이 상담에서 너무 빠르게 이루어진다. (축소적 공감: 내담자가 아니라 상담자가 구체적인 것을 제공하고 있다는 점을 참고할 것)
6. 켈리: 아니요, 그게 문제예요. 제시간보다 더 일찍 끝내기도 해요.	
7. *자밀라:* 일은 제대로 하나요? 피터가 일을 잘하나요?	자밀라는 켈리를 심문하기 시작한다. (축소적 공감)
8. 켈리: 그게 문제예요. 일은 항상 제시간 내에 잘 하거든요. 나무랄 수 없을 정도지요.	
9. *자밀라:* (망설이며) 팀원들과 사이는 어떤가요?	자밀라는 얼굴을 찌푸리고 다음 질문을 생각하느라 몸이 긴장되어있다. 폐쇄형 질문에 의존하는 상담자는 어느 순간 질문이 바닥날 수 있다. 그러면 궤도를 한참 벗어난 다른 폐쇄형 질문을 계속 찾게 된다.
10. 켈리: 다니엘하고 함께 잘 다녀요. 구석에서 자기들끼리 낄낄거려요. 그러면 전 신경 쓰여요. 피터는 다른 직원들은 무시해요. 저뿐만이 아니고요.	
11. *자밀라:* 그러면 해결해야 할 사람은 켈리네요. 그렇죠?	자밀라는 비난할 사람을 찾고 있었다. 자밀라는 어떤 것을 발견할 수 있다고 생각하기 때문에 약간 안도가 된다. 켈리는 기가 죽은 채 앉아있다. (궤도에서 벗어나 있고 매우 축소적 공감)
12. 켈리: (망설이고 더듬거리며)……글쎄요, 저, 저는 이 일을 해결하는 데 자밀라의 도움이 필요해요.	켈리는 전문가로서 자밀라를 바라본다. 그녀는 이 상황에서 자신이 비난받는 것이 싫지만, 상담자의 진단을 기꺼이 받아들이기가 꺼려지기도 한다.

개방형 질문 사례

상담은 내담자를 위한 것이지 상담자를 위한 것이 아니다. 첫 번째 사례에서 폐쇄형 질문을 사용했다면 다음 사례는 자밀라가 개방형 질문을 사용하여 켈리의 상황을 파악한다. 이 대화 역시 상담 센터에서도 발생할 수 있다.

이 자료에서 켈리는 무슨 일이 일어났는지 분석하는 데 도움이 되는 많은 대화 시간과 여지를 제공했다고 볼 수 있다. 특정 사례에 중점을 둔 질문은 무슨 일이 일어나는지 명확하게 정의할 수 있게 한다. 또한 '왜', '어떻게', '······해볼 수 있어요?'와 같은 질문의 핵심 단어는 내담자 반응에 대해 예측하게 해준다. 성공적인 질문으로 특히 긍정적 자산 찾기를 할 수 있다. 강점에 중점을 두어 문제를 해결하는 것이 최선이다.

상담자와 내담자의 대화	상담 과정에 대한 해설
1. *자밀라*: 켈리, 오늘 무슨 일 있어요?	자밀라는 폐쇄형 질문 사례에서와 마찬가지로 간단한 질문으로 시작한다. 그녀는 내담자를 상담에 참여시키는 능력이 있고, 관계 형성을 잘 한다.
2. 켈리: 네, 피터와 문제가 또 있어요.	켈리는 첫 번째 예와 마찬가지로 반응한다.
3. *자밀라*: 또 문제가 있어요? 무슨 일이 있었는지 이야기해보실 수 있나요?	'······해볼 수 있어요(could)?'라는 개방형 질문은 내담자를 다소 제어할 수 있다. '······해볼 수 있어요?'라는 질문은 폐쇄형 질문과 마찬가지 대답이 나올 수 있고, '예' 또는 '아니요'로 답할 수 있다. 하지만 이 질문 형태는 미국, 캐나다, 기타 영어권 국가에서 개방형 질문으로 작용한다. (구체성에 목적을 두고 있는 상호교환적 공감)
4. 켈리: 지난주에 피터가 다니엘을 구석으로 데려가서 둘이 낄낄거리기 시작했어요. 피터는 다른 직원은 무시하고, 최근 들어 제 신경을 자극해왔어요. 그런데도 일은 제시간에 완벽하게 잘 끝내요. 하지만 그를 다루기가 어려워요.	우리는 켈리의 이야기를 듣고 있다. 개방형 질문에서 기대되는 결과는 켈리가 정보에 반응할 것이라는 점이다. 그녀는 상황의 개요를 알려주고 어떻게 자신에게 영향을 미치는지 이야기한다.
5. *자밀라*: 그렇군요. 피터는 더 심해질 수도 있어요. 팀에도 영향을 미치는 것 같고요. 당신에게 정말 스트레스를 주네요. 속상하겠어요. 이 일에 대해 어떻게 생각하세요?	상담자는 내담자에게 많은 정보를 정확히 듣고 있다는 것을 확신시켜야 한다. 자밀라는 들은 내용을 요약하고 켈리의 감정을 이해한다. 폐쇄형 질문의 마지막은 인식 확인이다. 내담자에게 이를 주기적으로 확인하는 데 도움이 되는 두 가지 방법이 있다. (1) 상담자가 들은 내용을 이야기하고 내담자가 계속 말하도록 격려한다. (2) 그러면 상담자가 잘못된 추측을 할 경우 내담자가 바로잡을 수 있다. (상호교환적 공감)
6. 켈리: 그래요. 전 정말 화를 해결해야 해요.	
7. *자밀라*: 잠시 바꾸어서 생각해볼까요? 지난주에 피터가 잘 끝내지 않은 일이 있다면, 한 가지 사례를 이야기해주시겠어요?	자밀라는 구체적인 사례를 요청한다. 내담자 문제의 구체적인 설명은 실제로 무슨 일이 일어났는지 이해하는 데 도움이 되기도 한다.

상담자와 내담자의 대화	상담 과정에 대한 해설
8. 켈리: 지난주 저는 앤이 준비한 도서 관리 대장을 피터에게 검토하라고 요청했어요. 그렇게 하면 팀원들이 진행 상황을 파악할 수 있어서 매우 중요한 일이에요. 그는 저를 보고 '당신은 누군데 나에게 명령하는 거냐?'라는 식으로 말했어요. 하지만 그는 그날 그 일을 다 끝냈어요. 금요일 직직원 회의 시간에 저는 그에게 보고서 내용을 요약해서 이야기해달라고 했어요. 전체가 있는 앞에서 피터는 저 때문에 보고서를 설명했고, 저는 그가 숫자 개념이 없다고 농담을 했지요. 다니엘은 웃었지만 다른 직원들은 그냥 앉아있었어요. 피터는 심지어 앤을 무시하고, 앤의 보고서는 매우 재미가 없고, 너무 별로라고 말했어요. 그는 저를 시험하는 게 분명해요. 전 그냥 무시했어요. 하지만 그는 보통 이런 식이에요.	구체적이고 상세한 사례들은 재발되는 문제를 대신할 수 있다. 한두 가지 구체적인 사례는 실제로 일어나고 있는 일을 더 잘 이해하도록 할 수 있다. 이제 자밀라는 구체적인 이야기를 듣고 도움을 줄 준비가 더 잘 되어있다.
9. 자밀라: 들어보니 정말 화가 나겠어요. 켈리, 그가 왜 당신에게 그런 식으로 대한다고 생각해요?	'왜'라고 묻는 질문은 이유를 찾도록 이끌 것인가? (축소적 공감. 켈리의 반응 참고)
10. 켈리: (망설이며) 정말 왜 그러는지 모르겠어요. 저는 그에게 도움이 되려고 했어요.	상담대화기술로는 예상 반응이 나오지 않을 수 있다. 물론 이것은 예외적인 것이 아니다. 켈리가 그 이유를 알기에는 너무 이른 경향이 있다. 여기서 '왜' 질문은 흔한 문제를 나타낸다.
11. 자밀라: 성 차이가 문제가 될 수도 있어요. 남자는 가끔 여자를 깎아 내리거든요. 그런 가능성도 고려해보시겠어요?	자밀라는 자신의 예감을 조심스럽게 나타낸다. 하지만 실제로 자기 생각을 표현하는 대신 망설이듯 '……하겠어요(would)?' 질문을 하여 그 상황의 '가능성'으로 다시 바라본다. (잠정적으로 추가적 공감)
12. 켈리: 자밀라, 그 말이 맞아요. 저도 그런 생각을 했어요. 하지만 그 가능성을 수긍하고 싶지 않아요. 피터는 팀에서 다니엘을 데리고 나갔어요. 다니엘은 피터가 오기 전에는 함께 일을 잘 해왔어요. (잠시 멈춤) 그래요. 이해가 돼요. 그는 자신을 돌보려고 하는 것 같아요. 피터는 항상 제 지시를 따르고 있어요. 하지만 여자 직원에게 모욕적인 말투로 이야기해요. 어찌되었든 저는 저희 팀에서 그가 좋은 재능을 발휘하길 바라긴 해요. 그런데 그를 어떻게 해야 하죠?	자밀라의 도움으로 켈리는 더 넓은 인식을 얻기 시작한다. 켈리는 피터의 야망과 성차별 행동이 문제임을 나타내는 여러 상황을 떠올린다. (우리는 여기서 켈리가 상황을 분석하는 데 도움이 될 새로운 생각을 추가한 것을 볼 수 있다. 자밀라가 앞서 말한 것은 추가적 공감이다)
13. 자밀라: 그러면 문제는 더 분명해졌어요. 켈리는 팀이 잘 돌아가길 바라고 피터가 그 일부가 되길 바라요. 우리는 피터를 다루는 방법으로 적극성 훈련의 가능성을 연구해볼 수 있어요. 하지만 그 전에 켈리가 피터를 다루는 데 도움이 되도록 하려면 이 상황에 어떤 것을 가져오면 좋을까요?	자밀라는 켈리가 앞 사례와는 달리 생각의 틀이 바뀌는 단계의 발전을 이루는 데 도움을 준다. 자밀라는 켈리가 자신이 가진 긍정적 자산과 능숙함이라는 강점을 찾는 데 시간이 필요하다고 설명한다. 켈리가 자신의 자원과 능력을 바탕으로 분석할 때 이 문제를 가장 잘 해결할 수 있다(실제 해결 가능, 켈리가 할 수 없는 것보다 할 수 있는 것의 구체적인 경험을 찾고 있다).

상담자와 내담자의 대화	상담 과정에 대한 해설
14. 켈리: 제가 피터보다 업무를 잘 알고 있다는 것을 상기해야 해요. 저는 2년 전에 조너선(Jonathan)과도 비슷한 문제를 겪었어요. 그는 나와 결판이 날 때까지 저를 계속 괴롭혔어요. 그 후로 그는 좋아졌어요. 전 저희 팀이 저를 존중한다는 것을 알아요. 팀원들이 제게 조언을 구하기도 해요.	켈리는 처음으로 웃는다. 자밀라의 도움을 충분히 받고, 자신의 장점을 선뜻 제시할 수 있다. 하지만 항상 일이 쉽게 풀린다고 기대하지 말아야 한다. 내담자는 자신의 약점으로 돌아오고 자신의 자산을 무시하기 쉽다.
15. 자밀라: 조너선 문제로 어려움을 겪었을 때 어떻게 했는지 구체적으로 이야기해볼 수 있나요?	이러한 '……해볼 수 있어요(could)?' 질문은 켈리가 다른 상황도 효과적으로 처리했던 구체적인 경험을 찾게 한다.

어디에서 상담하든지 유사한 인간관계의 문제를 가진 내담자를 대할 가능성이 높다. 앞의 사례는 내담자의 이야기를 유도하는 방법으로서 질문의 한 가지 기능에 중점을 두고 있다. 질문은 도움이 되는 기능이지만, 너무 많은 질문을 사용하면 위험하다는 것을 잊지 말아야 한다.

▶ 개념을 행동으로: 적절한 질문 만들기

상담에서 질문은 나에겐 도움이 되었다. 많은 질문을 접하면서 내가 수행하는 데 가장 도움이 되는 질문을 찾았다. 그리고 그 질문들을 외워서 필요할 때 가져다 사용한다. 준비가 차이를 만든다.

_Norma Gluckstern Packard

질문은 촉진제가 될 수 있지만, 지나치게 파고들면 내담자가 아무 말도 하지 싶지 않을 수 있다. 여기에 제시한 아이디어를 사용하면 질문 기술과 전략을 정의하고 질문을 자신만의 고유한 상담 스타일로 활용하는 데 도움이 될 수 있다.

상담 시작에 도움이 되는 질문
내담자와 편한 관계를 만들기 위해 개방형 질문을 활용하면 자유 토론을 유도하고 이야기할 거리를 충분히 제공한다. 그 예는 다음과 같다.

- 오늘 어떤 이야기를 하고 싶으세요?
- 저를 만나기로 결정한 것이 무엇 때문인지 이야기해주실 수 있어요?
- 지난번에 함께 이야기한 후 어떤 일이 있었나요?
- 지난번에 만났을 때 성문제에 대해 남편과 이야기하기로 했죠? 이번 주에 어떻게 됐나요?

앞의 3개 질문에서는 실제로 어떤 일에 대해 내담자가 이야기할 여지를 제공한다. 마지막 질문은 전 주에 다룬 자료를 바탕으로 이번 회기를 진행하게 해준다. 이러한 질문 유형은 말이 많은 내담자에게 잘 적용된다. 하지만 이러한 개방형 질문은 말이 없는 내담자가 대답하기에는 어려울 수 있다. 날씨, 지난주 상담의 긍정적인 부분, 또는 내담자가 관심을 두고 있는 현재 사건에 중점을 두고 편안한 대화로 상담을 시작하는 것이 가장 좋다. 내담자가 더 편안해지면 상담 주제로 돌아올 수 있다.

내담자 반응을 결정할 수 있는 개방형 질문의 첫 단어

늘 그렇지는 않지만 질문은 간혹 예상치 않은 결과를 초래한다. 다음 사례는 단순한 질문이 정보를 수집하는 데 얼마나 효과적일 수 있는지를 보여준다.

'무엇을' 질문은 흔히 사실을 확인하도록 유도한다.

- 무슨 일이 있어요?
- 무슨 일을 할 거예요?

'어떻게' 질문은 과정의 분석, 또는 느낌이나 감정을 말할 수 있도록 유도한다.

- 어떻게 설명할 수 있어요?
- 그 문제에 대해 어떻게 느끼나요?

'왜' 질문은 이유에 대한 토론으로 이어질 수 있다. 그러나 '왜' 질문은 주의를 기울여 사용한다. 이유를 이해하는 것은 가치가 있지만, 이유에 대한 논쟁은 옆길로 새게 만든다. 또 어떤 경우에는 '왜'를 화가 났던 과거 경험과 연관시키기 때문에 내담자가 잘 반응하지 않을 수도 있다.

- 그것이 왜 당신에게 의미가 있어요?
- 그 일이 왜 일어났다고 생각해요?

'……해볼 수 있어요(could)?', '……할 수 있어요(can)?', '……하겠어요(would)?' 질문은 폐쇄형 질문의 장점을 포함하기 때문에 최대한 활용하는 것이 좋다. 내담자는 '저는 그 문제에 대해 이야기하고 싶지 않습니다'라고 편하게 이야기한다. '……해볼 수 있어요?' 질문은 보통 상담자가 제어를 잘 하지 못하게 되는 편이다.

- 당신의 상황에 대해 자세히 말씀해보세요.
- 사례를 상세하게 말씀해주시겠어요?

• 오늘 이야기하고 싶은 일을 말씀해보세요.

이 질문을 시도해보면 이 간단한 지침이 얼마나 효과적인지에 대해 놀라운 경험을 하게 될 것이다.

개방형 질문은 내담자가 자신의 이야기를 상세히 충분히 다루는 데 도움이 된다

상담자는 초기에 한두 가지 질문을 한 후 그 다음에 무엇을 질문해야 할지 모르는 경우가 있다. 경험이 많은 상담자도 다음에 어떤 이야기를 나누어야 할지 압박감을 느낄 수 있다. 상담을 다시 시작하고 진행하는 데 도움이 되려면, 상담 초기에 내담자가 제시한 주제에 대해 개방형 질문을 해야 한다.

• 그 일에 대해 이야기해보세요.

• 그 일이 일어났을 때 어떻게 느꼈어요?

• 지금 이야기한 것을 바탕으로 이상적인 해결책은 무엇이 될까요? 지금까지 빠뜨린 내용이 있을까요?

• 또 마음속에 떠오르는 것이 있어요?

질문은 내담자의 구체적인 경험을 드러나게 할 수 있다

'구체적인 예를 이야기해주시겠어요?'라는 질문은 가장 유용한 개방형 질문들 중 하나다. 많은 내담자들이 모호하게 일반화하여 이야기하는 경향이 있다. 구체적이고 상세한 사례는 상담을 풍부하게 하고 행동을 이해하는 데 필요한 자료를 제공한다. 예를 들어 한 내담자가 '리카르도(Ricardo) 때문에 미치겠어요!'라고 말한다고 가정하자. 구체적이고 상세한 내용을 얻기 위한 개방형 질문의 예는 다음과 같다.

• 리카르도가 어떻게 했는지 특정 예를 말씀해보세요.

• 리카르도가 어떻게 했을 때 화가 났어요?

• '미치겠다'는 말은 무슨 뜻이에요?

• 리카르도가 화나게 한 전후에 당신이 어떻게 했는지 말씀해보세요.

개방형 질문이 상세한 이야기를 끌어낼 수도 있지만, 적절한 폐쇄형 질문도 내담자가 이야기를 꺼내도록 할 수 있다. 상담자 역량에 따라 폐쇄형 질문이 다음과 같이 매우 중요한 것을 증명할 수 있다.

• 리카르도가 당신을 공격하고 화를 냈나요?

- 리카르도가 종종 당신을 괴롭히나요?
- 리카르도는 약물을 복용하나요?

이런 질문들은 내담자가 전에 암시했던 것을 터놓고 이야기하게 만들 수 있다.

질문이 문제가 될 가능성이 있다

질문은 엄청난 가치가 있을 수 있지만, 문제가 될 가능성도 있음을 잊지 말아야 한다.

질문 공세/닦달

지나치게 많은 질문은 상담자에게 너무 많은 주도권을 주어, 내담자가 방어적이 되게 할 때가 많다.

많은 질문

질문 공세의 또 다른 형태로 한 번에 너무 많은 질문을 던지면 내담자는 혼란스럽다. 하지만 내담자는 대답하고 싶은 질문을 선택할 수 있다.

진술로서의 질문

어떤 상담자들은 질문을 사용하여 듣고 싶은 대답을 이끌어낼 수 있다. 또한 그들은 판단적일 수 있다. 예를 들어, '공부를 더 한다면 도움이 될 것이라고 생각하지 않나요?' 이 질문은 확실히 내담자를 한 곳으로 몰아간다. 반면에 '당신이 긴장될 때 이완 운동을 해보면 어떨까요?'와 같은 질문은 내담자가 새로운 방식으로 생각하는 데 도움이 될 수 있다. 내담자에게 다가가는 다양하고 더 직접적인 경로를 고려해보자. 유용한 기준은 이런 것이다. 진술을 하면서 그것을 질문으로 규정하지 않는 것이 좋다.

'왜' 질문

'왜' 질문을 하면 내담자에게 방어 및 불편함을 유발할 수 있다. 아이들은, 그리고 우리는 어릴 때 '왜 그랬어?'라는 형식의 질문을 경험했다. 이런 질문은 공격받는 느낌을 불러일으켜 내담자의 불편함과 방어 수준을 높일 수 있다. 많은 전문가들은 '왜' 질문을 전혀 사용하지 말 것을 제안한다.

그러나 '왜' 질문은 내담자가 문제를 더 깊이 이해하는 데 도움이 되기 때문에, 중요한 경우가 많다. 11장에 나오는 의미 반영과 해석·재구조화의 상담대화기술은 흔히 근본적인 문제를 찾는 것이다. 이 기술은 '왜'를 명시적 또는 암시적으로 찾게 된다. 인생의 목표와 의미를 보는 안목을 주는 질문은 Viktor Frankl의 인생을 사는 이유와 특별히 관련이 있다.

다문화적 상황에서는 질문은 불신을 증폭시킬 수 있다

상담자와 내담자의 인생 배경과 경험이 유사하다면 질문을 즉각적으로 자유롭게 사용할 수 있다. 상담자가 문화적으로 상당히 다른 배경을 가지고 있다면, 상담자의 질문에 내담자가 불신을 가지고 마지못해서 대답할 수도 있다. 질문은 상담자에게 권한을 실어준다. 경제적으로 어려움에 처한 내담자는 중산층 상담자로부터 질문 공세를 받은 후 다음 상담 회기에 오지 않을 수도 있다. 만약 당신이 아프리카계나 유럽계 미국인이고 내담자는 아시아계나 라틴계 미국인이라면, 과도한 질문은 불신을 낳을 수 있다. 반대의 상황일 때도 같은 문제가 일어날 수 있다.

앨런은 남호주에서 호주 원주민 사회복지사와 함께 연구와 강의를 진행하고 있다. 그는 호주 원주민의 문화와 특히 교육에 대한 욕구를 이해하려고 노력하고 있다. 앨런은 자연스럽게 꼬치꼬치 캐묻고 많은 질문을 하기도 한다. 그럼에도 불구하고 그와 집단 간의 관계가 잘 유지되는 것으로 보인다. 하지만 어느 날, 앨런이 특별히 가깝게 느끼는 매트 리그니(Matt Rigney)가 그를 불러내 매우 유용한 피드백을 주었다.

> 백인 친구! …… 당신은 항상 질문이 많아요! 백인이 질문을 하면, 내 기분이 어떤지 아세요? 첫째 우리 문화에서 질문을 많이 하는 것은 무례한 일이에요. 하지만 난 당신을 알아요. 그게 당신의 일이라는 것도. 하지만 당신이 질문할 때 내 마음에 떠오르는 것이 있어요. 먼저 '솔직히 대답할 만큼 당신을 신뢰해도 될까?' 하는 거예요. 그리고 당신이 묻는 질문은 너무 복잡해서 몇 단어로 대답할 수가 없어요. 그렇지만 당신은 대답을 원해요. 그래서 마음속으로 질문을 되새겨보게 되지요. 그리고 어떻게 되느냐 하면, 처음 질문에 미처 대답하기도 전에 당신은 다음 질문으로 넘어가죠!

앨런은 매트와 자신의 생각을 기꺼이 공유할 만큼 충분한 신뢰와 관계를 수립했기 때문에 운이 좋은 것이다. 유색인종들은 이런 식의 피드백으로 자신이 백인과 교류할 때 느끼는 감정을 나타낸다고 한다. 장애인, 게이, 레즈비언, 양성애자, 트랜스젠더, 의심이 많은 사람, 보수적인 사람, 기타 누구라도 지나치게 많은 질문을 사용하는 상담자를 신뢰하지 않을 수 있다.

그러나 위험에 처한 젊은 사람들에게는 질문이 보다 긍정적인 방식으로 자신을 재정의하도록 도울 수 있기 때문에 집단 토의에서 유용할 수 있다.

▶ 강점을 확인하기 위한 질문 사용하기

개인적 강점 목록

내담자는 자신의 문제와 해결할 수 없는 것에 대해 이야기하는 경향이 있다. 이것이 그들을 '균형 잃게' 만든다. 구조화 형식의 질문은 내담자가 과거에 성공한 일과 강점을 확인하는 데 도움을 줄 수 있다. 강점 목록을 통해 우리는 내담자가 중심을 잡고 자신에 대해 더 잘 느끼도록 도울 수 있다. 내담자는 무엇을 잘 하고 있는가?

어떤 회기든지, 나는 강점 목록 작업을 좋아한다. 현재 가지고 있거나 과거에 가졌던 긍정적인 경험과 강점의 일부를 찾는 시간을 가져본다.

▲ 과거에 성공했던 이야기를 해주시겠어요? 상세하게 듣고 싶습니다.

▲ 누군가 당신을 지지했던 적이 있다면 그가 어떻게 했는지 그때의 일을 말씀해주세요. 현재에도 이용할 수 있는 지원 체계는 무엇입니까?

▲ 과거에 자랑스러웠던 일은 무엇이고, 현재 자랑스러워하는 것은 무엇입니까?

▲ 잘하는 일은 무엇입니까? 또는 다른 사람들이 당신에게 잘한다고 하는 일은 무엇입니까?

문화 · 성 · 가족 강점 목록

개인을 외적으로 보고 긍정적 강점의 맥락으로 살펴보자.

▲ 당신의 윤리 · 인종 · 정신적 역사를 살펴보고, 긍정적인 강점, 시각적 이미지, 현재나 과거의 경험을 확인할 수 있나요?

▲ 당신의 같은 성(gender)의 친구나 가족구성원 중 역경을 극복한 모범을 보인 사람이 있나요? 그 사람은 무엇을 했나요? 그의 이미지를 발전시킬 수 있나요?

▲ 가족이 문제를 경험하는 것이 일반적임에도 불구하고 가족이 가진 강점이 있습니다. 가족은 확장된 가족, 새로운 가족, 심지어 시간에 따라 특별해진 누군가를 포함할 수 있습니다. 예를 들어 특별한 교사, 학교 후견인(custodian), 또는 도움이 되었던 어른에 대해 이야기해보십시오. 그들에 대해, 그리고 당신에게 그들이 어떤 의미가 있는지 구체적으로 이야기해줄 수 있나요?

문제에 대한 긍정적 예외 사항

문제가 발생하지 않을 때를 찾는 것이 유용한 경우도 많다. 이것은 단기 상담에서 흔히 접근할 수 있는 방법이다. 이 정보로 무엇이 성공적으로 수행되고 있는지 판단하고, 같은 일을 더 많이 격려할 수 있다.

▲ 예외 사항을 떠올려보세요. 언제 문제나 걱정이 없습니까? 언제 어려움이 거의 없습니까? 그런 시기 중 한 예를 들어보세요.

▲ 항상 몇 가지 문제들이 있게 마련입니다. 그런 일이 일어나지 않는 때를 이야기해보

세요. 그것이 해결책에 대한 아이디어를 제공해줄 수 있습니다.

▲ 일상적인 일과 비교해보면 이 사례가 어떻게 다른가요?

▲ 더 긍정적인 결과는 어떻게 일어났나요?

▲ 대개 관심사를 다루는 방식이 어떻게 다른가요?

많은 내담자들은 자신을 스스로 칭찬하기를 꺼린다. 상담자의 관찰과 피드백은 그들이 자신의 새로운 면을 발전시키는 데 도움이 될 수 있다. '어떤 다른 일이 있나요?'라는 질문은 내담자가 상담자의 피드백을 통해 더 많은 강점과 자원을 추가할 기회를 준다.

분명히 당신에게 이 모든 잠재적 강점과 긍정적 자산 검색을 할 시간이 없을 수 있다. 하지만 부정적 이야기에만 중점을 둔다면, 당신은 내담자를 매우 취약한 입장에 놓이게 한다. 근본 문제를 덮거나 숨기기 위해 긍정적 자산 검색을 사용하지는 말아야 한다. 대신 건강증진적 강점은 내담자가 자신의 문제를 해결하기 위해 사용하는 자원이다.

▶ 말수가 적은 내담자에게 개방형 질문 및 폐쇄형 질문 사용하기

일반적으로 개방형 질문은 폐쇄형 질문보다 더 선호된다. 하지만 개방형 질문은 당신과 기꺼이 공유하고자 하는 말이 많은 내담자에게 필요한 것으로 인식해야 한다. 내담자가 당신에게 더 자유롭게 이야기하도록 격려하는 몇 가지 제안 사항이 있다.

내담자의 속도에 맞추어 신뢰 쌓기

이야기하기를 꺼리는 내담자에게 중심이 되는 주제는 신뢰다. 너무 빠르게 질문을 확장해가는 것은 어떤 내담자에게는 신뢰를 쌓는 과정을 더디게 할 수도 있다. 강제로 상담을 받게 되었거나 상담자와 문화적으로 차이가 있다면 내담자는 기꺼이 이야기하지 않을 수 있다. 신뢰 쌓기와 신뢰 관계는 최우선 사항이고, 상담자에게는 타고난 개방성과 사회성이 필요하다. 어떤 내담자에게는 신뢰를 쌓는 데 전체 상담 시간 이상이 소요될 수도 있다.

구체적 사항 찾기

많은 상담자와 내담자들은 모호한 일반론으로 이야기한다. 우리는 이것을 '추상성의 사다리에 있는 높은 곳에서 이야기하기'라고 부른다. 이것은 이야기한 것이 바로 이해가 되는 구체적이고 상세한 언어와는 대조적일 수 있다. 내담자가 너무 일반적인 언어로 이야기해서 이해하기 어렵다면 '**구체적인 사항**을 말해주시겠어요?'라고 묻는 것이 좋다.

사례가 명확해지면 더 구체적인 질문을 한다. '당신은 선생님과 잘 지내지 않는다고 했죠? 선생님이 구체적으로 어떤 말을 하거나 어떤 행동을 하셨나요?' 평가나 의견을 제시하지 않고 판단을 유보한 채 구체적인 사건에 집중할 때, 내담자를 도울 수 있는 기회는 더 많아질 것이다.

다음은 상세한 내용에 중점을 두고 구체적인 질문을 하는 예들이다.

▲ 이야기의 일련의 연속적인 사건을 끄집어낸다: '제일 먼저 일어난 일이 무엇이에요? 그다음에 무슨 일이 있었어요? 그 결과는 어떻게 되었죠?'

▲ 관찰이 가능한 구체적인 행동에 중점을 둔다: '다른 사람은 뭐라고 말했어요? 그 사람이 무엇을 했어요? 당신이 뭐라고 말했고 무엇을 했나요?'

▲ 내담자가 사건의 결과를 알도록 돕는다: '그 후 무슨 일이 있었죠? 그다음에 어떻게 했어요? 그는 그다음에 어떻게 했어요?' 때때로 내담자는 사건에만 너무 집중한 나머지 그 이후를 인식하지 못하는 경우가 있다.

▲ 감정에 중점을 둔다: '그 일이 있기 전에 어떤 느낌이나 생각이 있었죠? 그 일이 있는 동안에는요? 그 후에는요? 다른 사람이 어떻게 느낄 거라고 생각해요?'

이 각각의 질문은 상대적으로 짧은 대답을 요구한다는 점을 명심하라. 이런 유형의 개방형 질문은 좀 더 집중하게 만들고, 폐쇄형 질문으로 균형을 잡을 수 있다. 말이 많지 않은 내담자들에게는 이 질문들에 대해 자세한 응답을 기대하지 말아야 한다. 구체적인 내용을 채우려면 폐쇄형 질문을 하고 특정 정보를 얻을 필요가 있다. '그는 무언가를 이야기했어요?', '그녀는 어디에 있었어요?', '가족이 화가 났나요?', '그들이 '예' 또는 '아니요'라고 말했어요?'

주도적인 폐쇄형 질문은 특히 어린이에게 위험하다. 상담 초기에 긴 일련의 폐쇄형 질문들로 이야기를 이끌어낼 수 있지만, 내담자는 실제로 자신이 생각하고 느끼는 것을 말하기보다 당신의 질문에 제한된 반응만 보일 수 있다. 내담자는 당신의 사고방식을 결국 받아들이거나 더 이상 상담에 오지 않을 수 있다.

▶ 요약: 질문에 대해 결정하기

이 장에서는 먼저 질문을 통해 개인적 경험에 대해 주의 깊게 생각해보았다. 질문을 과도하게 사용하면 내담자와의 관계는 분명히 악화될 수 있다. 한편 질문은 대화를 촉진시키고, 내담자를 전체적으로 파악하는 데 도움이 된다. 질문을 통해 누락된 정보를 이끌어낼 수도 있다. 이런 질문에는 '또 어떤 다른 일이 있어요?', '지금까지 빠뜨린 부분이 뭐가 있죠?', '현재 당신에게 일어나고 있는 중요한 일 중에 저와 공유하지 않은 것이 무엇이 있나요?' 등이 있다.

인간중심 이론을 선호하는 상담자들과 많은 전문가들은 질문 사용에 대해 심각하게 반대한다. 그들은 질문의 통제력을 강력히 비판한다. 그들은 주의 기울이기와 경청 기술의 신중한 사용이 내담자의 주요 문제를 이끌어낼 수 있다고 주장한다. 문화적으로 다른 내담자와 상담하고 있다면 질문은 불신을 만들 수 있다. 이런 경우 질문은 자기 개방 및 경청과 균형이 필요하다.

질문에 대한 우리의 입장은 명확하다. 우리는 질문의 필요성을 확신하지만, 과다한 질문 사용과 질문이 평등성을 떨어뜨릴 수 있다는 부분에 대해 우려하고 있다. 다른 기술보다 질문을 많이 사용하는 단기 해결중심 상담자들도 인정하지만, 여전히 내담자를 존중하고 내담자가 변화하도록 도울 수 있어야 한다. 한편 질문만이 아닌 탁월하게 참여하는 능력을 강조하는 학생들을 본 적이 있다. 질문은 쉽게 '확정'할 수 있지만, 질문이 의미 있게 되려면 내담자 말을 경청해야 한다.

긍정적 자산 찾기는 그 시작부터 상담대화기술 프로그램으로 만들어졌다. Carl Rogers가 긍정적 존중과 무조건적 수용에 중점을 둔 것이 옳았다고 생각된다. 치료가 너무 쉽게 반복되어서 문제를 오히려 키우는 식으로 끝나버리는 것을 거듭 확인하였다. 강점과 자원을 끄집어내는 질문은 문제를 해결하는 데 도움이 되는 내담자의 특정 자산을 이끌어낸다.

가장 유용한 결론은 당신의 느낌과 의사결정이다. 개인적으로 질문 사용에 대해 어떤 의견을 가지고 있는가?

요점	
질문의 가치	질문은 상담을 시작하는 데 도움이 되고, 논의할 새로운 주제를 만들어주고, 문제를 정확히 짚어 명확하게 하는 데 도움이 되며, 내담자의 자기 분석을 돕는다.
개방형 질문	질문은 개방형 또는 폐쇄형으로 설명할 수 있다. 개방형 질문은 몇 마디로 대답할 수 없는 질문이다. 이 질문은 상대방이 당신에게 최대한의 정보를 제공하도록 격려한다. 일반적으로 개방형 질문은 '무엇을, 어떻게, 왜' 또는 '……해보시겠어요?'가 포함된다. 그중 가장 유용한 질문은 '특정 사례를 들어보시겠어요?'이다.
폐쇄형 질문	폐쇄형 질문은 몇 마디 말 또는 문장으로 대답할 수 있는 질문이다. 이 질문은 상담에 집중하고 특정 사항을 끄집어내는 장점이 있지만, 이야기의 주요 책임을 상담자에게 지운다. 폐쇄형 질문에는 흔히 '인가요?' 또는 '하는가요?' 또는 '어디에 사세요?'라고 질문한다. 개방형이든 폐쇄형이든 내담자가 깊은 관심을 보이는 주제에 대한 질문은 흔히 충분히 관심이 있는지 중요한 경우 상담 시간을 연장하게 할 것이다. 상담이 잘 흘러가면 개방형 질문과 폐쇄형 질문의 차이는 별 상관이 없다.
맥락을 위한 신문 질문	이 장을 읽은 후 이해할 핵심 내용은 진단을 위한 일반적 틀을 찾는 것과 신문 리포터의 작업 틀, 즉 '누가, 언제, 어디서, 무엇을, 어떻게, 왜'를 이용한 질문이다. ▲ 누가 내담자인가? 개인의 주요 배경 요소는 무엇인가? 다른 누군가가 연관되어있는가? ▲ 무엇이 문제인가? 이 상황에 대한 특정 내용은 무엇인가?

	▲ 언제 이 문제가 일어났는가? 이 상황 직전, 직후에 어떤 일이 있었나? ▲ *어디에서 이 문제가 생겼나? 어떤 환경, 어떤 상황에서 문제가 생겼는가?* ▲ *어떻게 내담자가 반응하는가? 이 일에 대해 그가 어떻게 느끼는가?* ▲ 왜 그 문제나 걱정거리가 생겼나?
'어떤 다른 일이 또 있나요?' 질문	이 이야기에 추가할 *다른 것*이 있는가? 빠뜨린 것이 있는가? '다른 일이 또 있는가?'와 같은 질문은 누락된 정보를 이끌어낸다. 이 질문은 개방을 최대화하고, 내담자에게 통제권을 많이 부여한다.
긍정적 접근의 필요성	상담은 일반적으로 인생의 도전과 문제에 중점을 둔 것으로 보인다. 하지만 이러한 중점 사항은 내담자의 강점을 이끌어내는 질문을 통해 균형을 찾고, 가족이나 친구를 지지하고 현재나 과거의 성과를 지지한다. 상담 교육은 문제나 어려움을 지나치게 강조할 수 있다. 균형을 위해 긍정적인 접근법이 필요하다.
다문화적 주제	이 모든 질문은 어떤 내담자에게는 통하지 않는다. 어떤 문화 집단에서는 북미 사람들이 무례하고 개인 영역을 침해하는 정도로 질문을 퍼붓는다는 것을 발견했다. 특히 신뢰가 형성되기 전에 질문할 경우에 그렇다. 하지만 질문은 서양 문화의 일부가 되었고, 많은 내담자에게서 도움이 될 만한 정보를 얻게 한다. 질문은 내담자의 개인, 가족, 문화적·맥락적 자원을 찾게 해준다. 질문의 목적이 체계화시키고, 내담자가 자신의 목표에 도달하게 돕는 것임을 안다면, 우리는 질문을 더 쉽게 사용하게 될 것이다.
긍정적으로 되기	단지 부정적인 주제들만 강조하며 우울과 좌절의 하락 곡선을 자주 경험하게 된다. 내담자의 문제와 걱정뿐 아니라 긍정적 자산 찾기, 강점 강조, 긍정심리학, 건강함에 대해 균형을 맞추어 다루는 것이 필요하다. 내담자가 무엇을 잘하는가? 그 문제에 예외 사항은 무엇인가? 내담자에게 새로운 대안은 무엇인가? 이 대안은 내담자의 인생을 어떻게 풍부하게 할 것인가?

▶ 실습과 역량 포트폴리오

이 장에 제시한 많은 개념과 기술을 습득할 수 있도록 시간을 할애하여 상담이나 심리치료에 유용하게 사용할 수 있게 되는 것이 중요하다. 다음의 연습을 통해 목표를 이룰 수도 있지만, 책 전체를 통해 개념에 대해 계속 공부해야 한다. 실제로 연습을 해보면 자료가 분명하게 이해되고, 그보다 중요한 것은 자신만의 고유한 상담 스타일의 일부가 될 것이라는 점이다.

개인 실습

연습 1. 폐쇄형 및 개방형 질문 작성 다음 내담자 이야기 중 하나 이상을 선택하여 추가 정보를 얻기 위해 폐쇄형 및 개방형 질문을 작성한다. 이 상황의 상세 내용을 이끌어내기 위해 의도된 폐쇄형 질문을 할 수 있는가? 개방형 질문을 사용하여 사실, 느낌, 이유 등 주제를 상세화할 수 있나? 나이와 관련된 문화적 문제를 고려한다면 내담자들에게 어떤 특별한 배려가 될 수 있을까?

> 조던(15세, 아프리카계 '동성애자'인 미국인): 복도를 걸어가고 있는데 아이들 3명이 제게 와서 '동성애자'라고 하면서 벽으로 밀었어요. 그리고 나를 때리기 시작했을 때 선생님이 나타났어요.
>
> 알리차(35세, 폴란드계 미국인): 지금까지 세 번이나 승진에서 제외됐어요. 매번 남자들이 승진했어요. 저는 화가 많이 나고 회의가 들어요.
>
> 도미니크(78세, 프랑스계 캐나다인): 저는 기분이 너무 나빠요. '우리 집'에서는 제게 아무도 관심이 없어요. 음식도 형편없어요. 모두가 너무 무례하고요. 때론 무서워요.

위에서 하나 이상을 선택하여 개방형 질문을 작성해보자. 이 질문은 광범위한 정보, 사실, 느낌, 감정 및 이유를 끄집어내도록 설계되어야 한다.

> '……해보시겠어요?'
> '무엇을……?'
> '어떻게……?'
> '왜……?'

이제 그 상황에 유용한 특정 사례를 이끌어낼 수 있는 폐쇄형 질문 3개를 만들어보자.

> '……하나요?'
> '……입니까?'
> '어디에서……?'

마지막으로 문제를 더 분명히 이해할 수 있는 구체적인 사례와 상세 내용을 얻을 수 있도록 의도된 질문을 작성해보자.

연습 2. 일상에서 질문 관찰 이 장에서는 '무엇을, 어떻게, 왜, ……해보시겠어요?'라는 기본 단어를 사용하여 질문하고, 내담자가 각각에 어떻게 다르게 반응하는지를 살펴보았다. 친구나 지인과 대화중에 이러한 5개 기본 단어를 연속해서 사용해보자.

> '무슨 일이 있었는지 전체적으로 이야기해보시겠어요?'
> '중요한 사실은 무엇입니까?'
> '그 상황에 대해 어떻게 생각하세요?'

'왜 그 일이 일어났다고 생각하죠?'

'또 다른 중요한 일이 있다면 무엇인가요? 우리가 놓친 것이 있나요?'

관찰한 내용을 여기에 기록해보자. 기대한 결과가 충족되었는가? (1) 상황의 전반적인 그림, (2) 연관된 사실, (3) 상황에 대한 개인적 감정, (4) 상황을 초래할 수 있는 배경 이유의 순서로 이야기해주었는가?

집단 실습

다음 연습은 질문을 수행하는 것이다. 이러한 수행의 목적은 개방형 및 폐쇄형 질문을 골고루 사용하는 것이다. 수행을 위한 지시 단계는 3장의 주의 기울이기에 해당한다. 필요에 따라 체계적인 수행을 위해 3장의 내용을 참고하는 것이 좋다.

연습 3. 개방형 및 폐쇄형 질문에 대한 체계적인 집단 실습
1단계: 실습 집단 구성하기

2단계: 집단 지도자 선정하기

3단계: 첫 연습 회기를 위해 역할 분담하기
▲ 내담자
▲ 상담자
▲ 관찰자 1(피드백 양식 작성자): [글상자 5.1]을 활용하여 상담대화기술 슈퍼비전 과정을 이끈다. 개선 분야와 더불어 상담자 강점에 중점을 둔다.
▲ 관찰자 2: 장비를 작동시키고 시간을 확인하고 양식을 완성한다.

4단계: 계획 세우기 상담자는 주요 질문, 즉 '무엇을, 어떻게, 왜, ……해보시겠어요?' 질문을 수행해본다. '그밖에 다른 일'을 질문을 풍부하게 하도록 추가하여 수행한다. 직장에서 어려운 상황에 대해 논의한다. 내담자는 직장에서 현재 또는 과거의 관계에서 갈등을 느꼈던 상황에 대해 공유한다.
제안된 대체 주제에는 다음을 포함할 수 있다.
▲ 갈등 상황에 있는 친구나 가족
▲ 긍정적인 중독(조깅, 건강식품, 자전거, 팀 운동)
▲ 영적, 윤리·인종 배경으로부터 얻은 강점

5단계: 질문만 사용하여 3~6분 연습 회기 실행하기 상담자는 개방형 및 폐쇄형 질문을 수행하고 제안된 단어 목록을 옆에 둘 수 있다. 내담자는 비교적 협조적이고 말을 많이

(날짜)

(상담자 이름)　　　　　　　　　　　　　　　　(양식 작성자 이름)

지시 사항　다음의 줄에 상담자의 질문을 가능한 한 다 채워 넣으라. 최소한 질문의 첫 핵심 단어를 써보라(무엇을, 왜, 어떻게, 하는가, 인가 등). 각 질문이 개방형이면 (O), 폐쇄형이면 (C)라고 써보라. 필요하면 새 종이를 더 사용하라. 강점과 획득 목표에 집중했는가? 상담자는 질문하기와 더불어 경청도 잘 했는가?

1. _____

2. _____

3. _____

4. _____

5. _____

6. _____

7. _____

8. _____

9. _____

10. _____

1. 어떤 질문이 내담자의 정보를 가장 유용하게 제공했는가?

2. 상담자가 수행하는 기술에 대해 피드백을 해보라.

3. 질문이 아닌 내담자의 역량 탐색 및 건강한 삶 형성에 긍정적으로 사용된 것을 써보라.

할 수 있지만, 너무 길어져 상담자가 질문할 기회가 제한될 경우 반응하지 않아야 한다. 어려운 주제에 대해 다룰 경우 많은 시간이 필요하다.

6단계: 연습 회기를 검토하고 12분간 상담자에게 피드백 제공하기 명확성을 확보하기 위해 정기적으로 오디오나 비디오 작동을 멈추고 여러 번 나타나는 반응에 대해서 듣거나 살펴본다. 일반적으로 기록을 검토하기 전에 피드백을 주는 것이 현명하지만, 때로 기록한 내용을 자세히 살펴보고 피드백을 생략할 수도 있다.

7단계: 역할 바꾸기

역량 포트폴리오

상담대화기술 층위의 마지막 단계는 자신의 스타일과 이론을 결정하는 것인데, 이것은 근원적 역량을 확립해준다. 각 장은 논의한 내용에 대한 생각과 느낌을 묻는 반영 연습으로 끝난다. 이 책을 다 읽고 나면 자신의 스타일과 이론을 결정하는 방향으로 진행하면서 중요한 자신의 역량 기록과 중요한 자료를 얻게 된다.

다음의 체크리스트를 사용하여 당신의 현재 상담자 역량의 숙달 수준을 평가해보라. 먼저 현재 할 수 있다고 느껴지는 영역에 체크하라. 체크되지 않은 영역은 앞으로의 목표로 정하도록 한다. 이 책을 공부하면서 모든 영역에서 목적적 역량을 달성할 것이라고 기대하지 않는 것이 좋다. 계속적인 반복과 연습을 통해 상담자 역량은 향상될 것이다.

1단계: 확인 및 분류
- ☐ 개방형 질문 및 폐쇄형 질문을 확인하고 분류하는 능력
- ☐ 예비 단계로 질문과 관련하여 발생될 다양성 문제에 대해 논의할 능력
- ☐ 내담자가 다음에 이야기할 것으로 예상되는 개방형 및 폐쇄형 질문을 작성할 능력

2단계: 기본 역량 다음 기술 영역으로 진행하기 전 단계의 확인 목적

☐ 실습 수행에서 개방형 및 폐쇄형 질문을 사용하는 능력

☐ 개방형 질문에서 더 긴 대답과 폐쇄형 질문에서 더 짧은 대답을 얻는 능력

3단계: 목적적 역량 이 책 전반에 걸친 목적적 역량을 탐구한다. 우리 모두는 어디에서 시작하는지에 관계없이 기술을 개선할 수 있다.

☐ 내담자의 자연스러운 대화를 방해하지 않고, 필요한 사실을 얻기 위해 폐쇄형 질문을 사용하는 능력

☐ 내담자가 이야기를 자세하게 하도록 돕는 개방형 질문 사용 능력

☐ '……해볼 수 있어요?' 질문을 사용하고 예상대로 일반적인 내담자 이야기를 얻는 능력('무슨 일이 있었는지 이야기해볼 수 있겠어요?', '더 이야기해볼 수 있겠어요?')

☐ 사실에 대한 더 쉽게 토론해볼 수 있도록 '무엇을' 질문을 사용하는 능력

☐ '어떻게' 질문을 사용하여 감정('그것에 대해 어떻게 느끼나요?'), 과정, 순서에 대한 정보를 이끌어내는 능력

☐ '왜' 질문을 사용하여 내담자의 이유를 이끌어내는 능력('왜 배우자/애인이 차갑게 대한다고 생각해요?')

☐ 구체적인 정보와 특정 사례를 이끌어내는 능력('특정 사례를 들어보시겠어요?')

4단계: 심리교육적 교육 역량 앞에서 언급했듯이 이 시점에서 교육 집단이나 동료 상담자의 기술이 향상될 것을 기대할 수는 없다. 하지만 어떤 내담자는 자신의 생각이나 의견보다 상대방의 생각이나 의견에 중점을 둔 개방형 질문에서 직접적 지도(instruction)를 받는 것이 더 도움이 될 수 있다. 또 자기 자신에 대해 너무 많이 이야기하는 사람에게는 이러한 질문이 자아도취를 깨기에 유용한 기술이라는 것을 알게 될 것이다. 그러나 동시에 너무 많은 질문, 특히 상대방이 한 문제에 몰입해서 스스로 방어적이 될 수 있는 '왜' 질문의 위험에 대해 지적해야 한다.

☐ 도움을 주는 회기에서 내담자에게 질문의 사회적 기술을 가르칠 능력. 내담자에게 그러한 기술에 대해 이야기하거나 역할극을 할 수 있다.

☐ 소집단에서 질문 기술을 가르칠 능력

▶ 스타일과 이론 정하기: 질문에 대한 비판적 자기 성찰

이 장은 상담에서 질문을 사용할 때의 장점과 단점에 중점을 두었다. 우리는 질문이 상담 과정에서 중요한 부분이라는 것을 확신하지만, 다른 관점의 사람들이 있다는 점을 지적해왔다. 질문은 상담과 심리치료에서 효과적이지만 방해가 될 수 있다.

상담과 심리치료에 대한 서적에서 무엇을 이야기하든지 아이디어, 제안, 개념을 활용할지 여부를 결정하는 것은 바로 상담자 자신이다. 이 장에서 소개한 내용, 수업, 또는 비공식적 학습을 통해서 알게 된 것들 중에서 가장 인상 깊게 다가온 한 가지 생각은 무엇인가? 당신에게 가장 크게 다가오는 그 생각이 다음 단계로 가는 방향을 안내해줄 것이다. 다문화에 대해 어떤 생각을 가지고 있으며, 그것이 질문을 사용하는 것과 어떻게 연관되는가? 자신만의 스타일과 이론을 형성해나가는 데 이 장에서 다룬 개념과 생각을 어떻게 활용할 수 있는가?

▶ 벤저민에 대한 논의

벤저민이 학교를 마친 후 장래에 대해 어떤 생각을 갖고 있는지 알아보고자 한다는 설명으로 벤저민과의 상담을 시작할 것이다. 현재 학교 행사나 그에 대해 알고 있는 개인적인 것에 대해 비공식적 대화를 통해 상담을 시작할 것이다. 첫째 질문은 '곧 3학년이 되는데 졸업 후에 진로에 대해 어떤 생각을 하고 있어요?'와 같은 질문으로 시작할 수 있다. 이 질문이 다소 잠정적인 아이디어를 내놓는다면 그것을 잘 듣고 자세하게 이야기해보도록 요청한다. 그가 군대 지원, 지방 커뮤니티 대학이나 주립대학 입학 가운데서 결정하는 데 중점을 둔다면 다음 질문 중 하나를 사용할 수 있다.

'각각의 진로는 벤저민에게 어떤 매력이 있어요?'
'군대나 대학에 갈 경우 도움이 될 수 있는 강점에 대해 이야기해보세요.'
'대학에 간다면 어떤 공부를 하고 싶어요? 이런 결정에 경제적인 문제가 영향을 주나요?'
'이들 결정에 어떤 부정적인 측면이 있나요?'
'지금부터 10년 후 자신의 이상적인 삶에 대해 어떤 상상을 하나요?'

한편 벤저민은 이 질문에 대해 '모르겠어요. 이제부터 이 문제를 생각해보는 것이 좋겠어요.'라고 대답할 수 있고, 당신에게 도움을 구할 수도 있다. 장래에 가능한 일들에 대해 과거에 좋아했던 것과 싫어했던 것을 검토할 필요가 있다.

'고등학교에서 가장 좋아하는 과목은 무엇이에요?'
'어떤 활동을 해왔나요?'
'과거에 했던 일에 대해 이야기해보세요. 취미나 여가 시간에 하는 일에 대해 이야기해보세요.'
'가장 흥미가 있거나 관심이 있는 일은 무엇이죠?'
'작년에 가장 행복하다고 느꼈던 날은 언제였죠?'

이들과 같은 질문을 통해 벤저민의 미래를 제안하는 능력이나 관심 영역을 찾아볼 수 있다.

벤저민이 상담실을 불편하게 느낀다면 이러한 모든 질문에 흥미가 없을 것이다. 그는 질문 공세를 받는다고 느끼거나, 자기 세계가 침범된다고 볼 수도 있다. 일반적으로 이런 유형의 중요 정보를 얻고 체계화하는 데는 질문이 필요하다. 하지만 질문은 상담자와 내담자가 협력하여 좋은 관계를 유지할 경우에만 효과가 있다.

6장
격려, 재진술, 요약:
적극적 경청의 핵심 기술

격려, 재진술, 요약: 적극적 경청의 핵심 기술

질문: 의사소통 시작하기

관찰 기술

주의 기울이기와 공감

윤리, 다문화적 역량, 긍정심리학과 건강증진적 접근

가능성은 단지 한 문장 떨어져 있을 뿐이다. 우리의 목표는 눈빛을 반짝거리게 만드는 것이다!

_Andrew Zander

'격려, 재진술, 요약'의 목적

상담자가 내담자의 말, 입장, 세상에 대한 느낌을 다시 말해줌으로써, 내담자는 상담자가 자신이 한 말을 경청하고 있다는 것을 알 필요가 있다. 격려, 재진술, 요약은 적극적 경청이 요구하는 주요 기술들로, 기본 경청 기술의 중심이고 공감을 형성하는 데 도움이 된다. 내담자는 자신들의 이야기에 귀 기울여 들어준다고 느꼈을 때, 마음을 열고 변화를 맞이할 준비를 한다.

6장의 목표

격려, 재진술, 요약에 대한 알아차림, 지식, 기술, 행동은 다음과 같은 것을 할 수 있게 한다.

▲ 내담자가 말하고자 하는 내용을 명료화한다.

▲ 내담자가 핵심 내용과 그 이외의 정보들까지도 자세히 설명할 수 있도록 격려함으로써 내용의 의미와 이해를 더 명확히한다.

제니퍼: (방에 들어오자마자 말하기 시작한다) 저 진짜로 이야기 나눌 사람이 필요해요. 어디부터 어떻게 시작해야 할지는 잘 모르겠어요. 이번 학기 때는 일들이 꽤 잘 풀리고 있다고 생각했는데, 요즘 들어 공부를 별로 안 해서 그런지 조금 전에 기말고사 시험을 봤는데 완전히 망했어요. 지난달에 어떤 남자를 만났는데, 잘 되어가다가 어젯밤에 끝났어요. (잠시 멈춤) 근데 가장 신경 쓰이는 일은 지난 월요일에 부모님께서 전화로 이혼할 거라고 이야기를 하셨다는 점이에요. 최근 들어 자주 싸우시는 걸 보긴 했지만, 진짜로 이혼하실 줄은 몰랐어요. 집에 가고 싶긴 한데 막상 가려니 또…….

제니퍼(Jennifer)는 약 3분간 같은 어조로 다소 반복되는 이야기를 하며 눈물을 보인다. 갑작스레 너무 많이 쏟아져 나오는 정보 탓에 때때로 제니퍼를 따라가기가 힘들기도 하다. 마침내 제니퍼는 이야기를 멈추고, 무언가를 기대하듯 당신을 바라본다.

제니퍼와 관련하여 지금 이 순간 머릿속에 드는 생각은 무엇인가? 제니퍼를 이해하고 공감한다는 것을 그녀가 알 수 있도록 무슨 말을 할 것이며, 어떠한 행동을 취할 것인가? 장점과 긍정적 자산을 강조하기로 한 결심을 고려하여 문제들을 제외한 다른 것들에 대해 언제, 무엇을 말할 것인가? 자신의 생각을 말해보고, 아래의 답과 비교해보라.

제니퍼와 상담할 때 우선적으로 '지금 당신은 매우 고통스럽고 힘들군요'라고 말하며, 제니퍼의 문제들의 핵심을 요약하고, 이를 다시 한 번 되풀이하여 말하는 것이 좋다. 이 초기 대응과 관련하여, **점검**(check-out)(예: '제가 들은 것이 맞나요?')을 통해 정확히 들었는지 확인하라. '인식 확인'이라고도 불리는 점검은 요약의 정확성을 확인시켜준다. '많은 것들에 대해 이야기해주셨는데, 어디서부터 시작하시고 싶으신가요?'라고 말하면서 점검을 할 수 있다.

치닫는 위기들에 우선적으로 집중하는 것 또한 좋은 전략이다. 제니퍼가 마지막에 말했듯이 부모님이 이혼을 할 수도 있다는 사실이 그녀를 가장 신경 쓰이게 한다고 보고, 먼저 이혼 가능성과 관련해 그 문제를 분석해보는 것이다. 그렇지만 제니퍼가 자신에게 가장 중요한 문제는 무엇인지 직접 말하는 것이 좋다. 그런 후에 제니퍼의 핵심 생각에 대해 재진술하고, 표현을 바꾸어 말해보고, 요약할 수 있다. 이렇게 함으로써 다른 위기들로 넘어가기 이전에 제니퍼가 한 가지 문제에 대해 집중할 수 있도록 도와주기 위함이다. 특히 헤어짐과 관련한 다른 문제들은 부모님의 이혼과 연관시킬 수 있다. 방향성이 잡히면, 다른 문제들은 나중에도 충분히 논할 수 있다.

이때 제니퍼의 잠재적 장점과 자산들을 잊어버려서는 안 될 것이다. 알다시피, 지금의 제니퍼는 자신에게 아무런 힘이 없다고 느낄 수도 있다. 하지만 귀 기울여 듣다보면, 얼마 안 되어 많은 장점들을 찾아낼 수 있을 것이다. 그녀가 초반에 말한 "일들이 꽤 잘 풀리고 있다고 생각했는데"와 관련된 단서를 제공한다. 적절한 시점에 핵심 단어들을 바꾸어서 다시 말해보는 것은 제니퍼의 자산들과 장점들을 찾는 지름길이 될 수 있다. 제니퍼에게 여러 명의 친구가 있다든지, 이전에 성적이 우수하였든지, 또는 이혼 이전에 부모님과 좋은 관계를 유지했다는 사실 등 말이다. 이 모든 것들은 제니퍼가 직면한 현재의 문제와 보다 장기간의 문제들을 해결하는 데에 도움을 줄 긍정적 자산으로 요약될 수 있다.

▶ 도입: 적극적 경청

경청은 능동적인 활동이다. 결코 가만히 앉아서 이야기를 듣기만 하는 것이 아니다. 주의 기울이기 기술이나 이 단원에 제시된 그 어떠한 기술을 사용하든지 회기 중 당신은 적극적 경청과 관련된다. 여기에 소개된 격려, 재진술, 요약의 기술들을 사용한다면, 내담자가 어떻게 대답할 것인지 **예상**할 수 있다.

적극적 경청은 내담자의 이야기가 명확해지고, 확장되고, 풍부해질 수 있도록 전적인 참여를 요한다. 생각과 감정, 행동의 미세한 변화라도 감지할 수 있어야 한다. 입장을 바꾸어 생각해보는 것도 필요하다. 능동적 경청은 진정으로 함께 해주고 전적으로 상담자를 이해해주는 공감에 큰 비중을 둔다.

격려, 재진술, 요약은 공감적 이해의 기본이며 내담자의 이야기가 경청되고 있다는 것을 소통하도록 도와주는 역할을 한다. 이러한 정확한 경청 기술을 사용할 때엔 내담자가 진술한 내용 이외의 상담자의 개인적인 견해는 담지 말아야 한다. 핵심 단어들을 사용하여 반드시 내담자에게서 직접 들은 내용만 말해야 한다. 내담자가 말한 내용을 정확하고 간결하고 명확하도록 도와주어야 한다.

격려는 내담자가 계속하여 말을 할 수 있게 만드는 상담자의 언어적 및 비언어적 수단이다. 고개 끄덕이기, 손을 펴고 하는 동작, '아하'와 같은 어구, 내담자가 내뱉은 간단한 핵심 단어들의 반복들을 예로 들 수 있다. **반복 진술**은 확장된 격려의 일부로서, 내담자가 반복한 두 단어 혹은 그 이상의 단어를 그대로 반복한다. 덧붙여서, 적절한 미소와 대인관계적 따뜻함은 회기 중에 내담자가 편안함을 느끼고 계속 말할 수 있도록 돕는 중요한 격려다.

내용 반영이라고도 불리는 **재진술**은 내담자가 방금 말한 내용의 핵심을 내담자에게 피드백으로 제공하는 것이다. 듣는 이는 내담자가 말한 내용을 줄이고 명확히 해야 한

격려(격려하는 표현과 반복 진술 사용)	기대할 수 있는 결과
내담자가 계속하여 말할 수 있도록 짧게 반응한다. 언어적 재진술(핵심 단어 및 짧은 표현의 반복)과 비언어적(고개 끄덕이기 및 미소 짓기) 재진술이 있다.	격려와 재진술이 의문문으로 사용되었을 때 내담자는 계속하여 주제에 대해 상세히 설명할 것이다.
재진술(내용 반영)	**기대할 수 있는 결과**
내담자가 언급한 핵심 단어들을 포함하여 진술한 내용을 토대로 짧고 간결하게 핵심만 뽑아 바꾸어 말한다. 재진술은 종종 질문형 어조로 내담자에게 피드백된다.	내담자는 자기 이야기를 상담자가 들었다는 것을 느낄 것이다. 이때 내담자는 같은 내용을 반복하는 대신 더욱 자세하게 이야기할 것이다. 재진술이 부정확한 경우, 내담자는 상담자의 잘못된 부분을 수정할 수 있는 기회를 갖는다.
요약	**기대할 수 있는 결과**
내담자가 말한 내용을 요약하고 생각, 감정, 행동을 모두 통합시킨다. 이 기술은 재진술과 비슷하지만 보다 더 장기간 동안 사용된다. 요약하기에서 중요한 점은 상담자의 장점과 자산을 찾는 것이다.	내담자는 자신의 이야기가 경청되고 있다고 느낄 것이며 자신이 언급한 많은 내용들이 어떻게 통합되는지 배울 것이다. 요약하기는 중점적이고 초점이 맞춰진 대화를 촉진시킬 것이다. 또한 요약은 주제가 변화될 때 혹은 회기가 시작할 때와 끝날 때 보다 일관성 있는 변화를 가져올 것이다.

다. 재진술은 앵무새처럼 흉내 내기만 하는 것이 아니라, 내담자가 말한 핵심 단어와 상담자의 단어를 결합하여 사용하는 것을 의미한다.

요약은 재진술과 비슷하지만, 내담자가 장시간 말해온 내용을 분명히 하고 중요한 내용만을 뽑아내는 역할을 한다는 점에서 재진술과 다르다. 요약은 회기의 시작과 끝에 모두 사용될 수 있으며, 새로운 주제로 전환할 때 혹은 복잡한 문제들을 명확히 하는 데 사용된다. 요약은 상담자와 내담자 모두가 회기에 대해 생각을 정리할 수 있다는 점에서 중요하다.

▶ 공감, 무조건적 긍정적 존중, 적극적 경청 기술

공감은 3장에서 설명했듯이, 주의 기울이기와 관찰에 근거한다. 하지만 공감을 명확히 하는 부가적인 다른 면들 또한 존재한다. Carl Rogers는 **무조건적 긍정적 존중**(unconditional positive regard)에 큰 관심을 두었다. **수용**(acceptance)이라고도 불리는 이 개념은 비교적 이해하고 다루기 쉬운 용어다.

인간은 Carl Rogers가 언급한 무조건적 긍정적 존중과 같이 수용됨을 통해 양육되고 성장한다. 이는 신의 은총과도 같은 사고방식으로, 우리의 실패에도 불구하고 여전히 우리를 가치 있게 여기게 해준다. 이는 가면을 쓰지 않아도 된다는 깊은 안도감을 주며, 나쁜 감정들마저 고백해도 여전히 수용된다는 사실을 알려준다. 성공적인 결혼, 가까운 가족, 혹은 돈독한 우정관계 속에서 존경을 잃는 것을 두려워하지 않고 자유롭게 즉흥적으로 행동할 수 있게 해준다(Myers, 2013).

내담자를 있는 그대로 받아들이는 일은 꽤나 어려운 도전이 될 수도 있다. 왕따를 당한 피해자를 무조건적 긍정적 존중을 하는 일은 비교적 쉬울 수 있지만, 가해자를 수용하는 일은 훨씬 더 많은 노력이 필요하기 때문이다. 신경을 거슬리게 하는 생각이나 행동을 하는 사람을 공감하는 일은 특별한 노력이 요구된다. 한 사람을 수용하는 일은 가능할 수도 있지만, 그 사람이 하는 생각이나 행동까지 수용하는 것은 어려운 일일 것이다. 품행 장애로 진단된 아동에게 화를 내거나 비난하는 것은 결코 아무런 도움도 되지 않는다. 내담자의 이야기를 천천히 들어주는 것부터 시작한다면 생각했던 것보다 수용하는 데에 더 큰 도움이 될 것이다.

공감은 상호교환적, 추가적, 축소적일 수 있다. 축소적 반응에서 상담자는 내담자가 지나치게 부정적이고 가능성을 기억하지 못하고 있다는 것에 집중한다. 상호교환적 반응에서 상담자는 내담자가 말한 내용들을 기록하거나 정확하게 반영한다. 내담자가 말한 것을 경청하는 것이 효과적 공감의 기초가 된다. 상대하기 어려운 내담자를 만났을 때는 이렇게 시작하는 것이 좋다. 추가적 반응에는 긍정적 사고가 포함된다. 상대하기 매우 어려운 내담자라 할지라도 좋은 면들과 장점들을 지니고 있기 마련이다. 내담자의 이야기를 듣고 긍정적인 면을 찾아내도록 하라.

아무리 어려워도 내담자들이 지니고 있는 장점들을 상담자가 잘 이끌어낼 때에 특별한 종류의 추가적 반응이 일어난다. 예를 들어, 제니퍼는 부모님의 이혼과 관련하여 생각과 감정을 정리하는 데 10분을 소모했다. 눈물을 쏟기도 했고 화를 분출하기도 했지만, 두 분의 사이는 비록 끝났을지라도 또한 제니퍼를 계속해서 뒷받침해주려 하는 부모님의 노력을 느꼈다. 이처럼 내담자의 긍정적인 면과 장점들을 끊임없이 찾는 것이 중요하다. 부정적인 이야기를 정확하고 간결하게 요약하는 것을 우선적으로 하되, 그것보다 더 중요한 것은 장점들을 찾는 일이다. 추가적 측면을 보여주는 예는 다음과 같다.

> 상담자: (제니퍼의 이야기를 요약한 후) 제니퍼, 저는 이 모든 상황 속에서도 긍정적인 점이 보여요. 제니퍼는 부모님과 친밀한 관계를 유지하고 있으며, 부모님께서는 이혼이라는 상황에도 불구하고 당신과 함께 하고 싶어 해요. 제니퍼가 부모님을 위하는 것이 느껴지고, 또한 부모님도 당신을 위하는 것이 느껴지네요. 그리고 다행히도 한 과목을 제외하고는 나머지 성적들은 전부 좋네요. 봐요, 어떤가요?

이러한 응답은 문제들을 즉각적으로 해결하지는 못할지라도, 희망을 불어넣고 내담자가 문제들을 다루어보고 해결의 방향으로 달려갈 수 있는 기본을 형성해준다.

적극적 경청의 중요성을 이해하기 위해 먼저 반대의 상황을 고려해보자. 경청하는 것처럼 보이지만 내담자의 걱정거리를 최소화시키고, 내담자가 한 내용을 왜곡하고, 내담자의 상황을 긍정적인 그 어떤 것과도 연관시키지 못하게 하는 축소적 기술 말이다.

> 제니퍼가 무슨 말을 하는지 잘 알겠어요. 힘들겠지만, 이겨낼 수 있을 거라 믿어요. (성급히 안심시키는 말은 제니퍼의 걱정들을 최소화시키고 도움이 거의 되지 않는다)

> 제니퍼의 부모님이 이혼을 고려하고 계시다는 것과 당신이 그것을 말리고 싶어 하는 것을 이해해요. (이것은 사실 왜곡이다. 이혼은 이미 결정되었으며, 제니퍼는 그러한 부모님의 결정을 막으려는 생각이 없고, 또 그러할 능력도 언급하지 않았다)

> 제니퍼가 많이 힘들어 하고 있다는 것을 알겠고, 부모님이나 망친 시험에 대해 털어놓고 말할 사람이 없다는 것 또한 알겠어요. 게다가 제니퍼는 남자 친구와 헤어지기까지 했잖아요. 무슨 일이 있었던 건지 더 상세하게 설명해주세요. (비록 이 문제들은 언젠가 더 탐구되어야 하는 것이 맞지만, 이는 긍정적 사고의 지원이 전혀 없이 내담자를 혼자 남겨두며 부정적인 사실에 초점이 맞춰진다)

이 세 가지 예시에서 상담자는 자신의 모습과 내담자의 모습을 확실하게 '섞었다'. 자기 자신의 이야기를 듣는 것은 결코 내담자의 이야기를 듣는 것이 아니다.

▶ 상담 예시: 제 신발을 보고 놀려요

이 사례는 이 책의 저자인 메리(Mary Bradford Ivey)와 아역배우 다마리스(Damaris)에 의해 비디오 녹화된 역할극의 수정본이다. 다마리스는 만 11세의 초등학교 6학년 학생이다. 이 회기는 아동의 문제를 재현한다. 하지만 나이에 상관없이 가장 친밀한 사이에서 발생하는 못살게 굴고 무시하는 행동은 누구에게나 발생할 수 있는 문제다. 메리는 먼저 괴롭힘 당하는 아동의 이야기를 보여주고, 다마리스의 생각과 행동들을 보여준다. 메리는 아동이 가진 장점들에 집중하는 정신건강 증진적 접근을 하고 있다.

메리는 많은 격려와 반복 진술을 사용한다. 이 비디오 지문에는 짧은 아홉 번의 격려(오, 아하와 같은 짧은 감탄사로 된 표현들), 두 번의 긍정적 격려(훌륭해, 좋아), 네 개의 추가적 반복 진술(restatement), 그리고 여러 번의 미소 짓기와 고개 끄덕임이 사용되었다. 아동은 끊임없는 몰입을 요구하며, 그들의 이야기에 흥미와 적절한 유머를 보여주는 것은 더욱 중요하다. 아동은 어른들보다 간결하게 대답하는 경향이 있으므로, 그들을 대할 때 적극적 경청은 핵심적이다.

상담자와 내담자의 대화	상담 과정에 대한 해설
1. *메리*: 다마리스, 잘 지냈니?	메리와 다마리스의 관계는 이미 확립되어있다. 교내 활동을 통해 둘은 이미 서로 아는 사이다.
2. *다마리스*: 네.	그녀는 미소 지으며 앉는다.
3. *메리*: 와줘서 기쁘구나. 우리가 대화하는 도중 뭔가를 적고 싶거나 그리고 싶을 땐 언제든지 이 마커 펜을 사용하렴. 네가 나와 이야기를 나누고 싶어 했다고 들었어.	메리는 아동을 환영하며 손으로 할 만한 무언가를 제공한다. 대부분의 아동은 그저 말하기만 할 때 지루함을 느끼기 마련이다. 다마리스는 거의 즉시 무언가를 그리기 시작한다. 움직임이 많은 남자 청소년의 경우, 문제에 대한 이야기를 나눌 때 농구 코트에 데리고 가는 것도 현명한 방법이다. 마찬가지로 어른들에게도 손으로 할 수 있는 무언가를 제공하는 것도 도움이 될 수 있다.
4. *다마리스*: 학교에서 같은 반에 여자애들이 자꾸 제가 나이키 운동화를 신지 않았다고 놀려요.	다마리스는 바닥을 내려다보며 다소 슬퍼 보인다. 그리던 그림마저 멈춘다. 아동은, 특히 가지지 못한 아동은 자신의 경제적 상황에 대해 잘 알고 있다. 어떤 아동은 낡은 운동화를 신는다. 적어도 다마리스는 비교적 새 운동화를 신고 있다.
5. *메리*: 걔네들이 네 운동화를 보고 놀렸다고?	다마리스가 사용한 핵심 단어들을 그대로 반복하면서 격려한다. (상호교환적 공감 반응)
6. *다마리스*: 그게, 사실 제가 신고 있는 신발이 최고는 아니에요. 제 말은…… 제 신발은 다른 아이들처럼 나이키가 아니에요.	다마리스의 살짝 화난 어조와 슬픔이 맞물려 전해진다. 다마리스는 다시 그림을 그리기 시작한다.
7. *메리*: 네가 신고 있는 신발도 좋은 신발이란다. 알지?	가끔은 내담자의 이야기를 가만히 듣는 대신 위로하고 싶어지는 순간들이 있다. 메리는 위안을 주려 하였다. '그래' 등의 짧은 반응이 더 효과적이었을 수 있다. 그러나 회기 후반의 안심시키는 말들은 매우 효과적인 개입이 될 수 있다. (이는 다소 축소적 반응이지만, 회기의 흐름을 방해할 확률은 매우 적다. 모든 반응이 3단계에 도달할 것이라고 기대하지 말라)
8. *다마리스*: 그건 알아요. 그렇지만 제 부모님은 부자가 아닌걸요. 걔네들 부모님은 부자예요.	특히 아동 내담자의 경우, 상담자의 말에 반박하는 것을 주저한다. 다마리스도 "그렇지만" 하고 머뭇거린다. 내담자가 '알아요. 하지만……'이라고 대답하는 경우, 상담자가 방향에서 벗어났다는 뜻이며 말하는 방식을 바꿔야 한다.
9. *메리*: 그래 알아. 그 아이들은 나이키 신발을 살 돈이 있고, 너 또한 좋은 신발을 가지고 있지만, 나이키는 아니야. 그 아이들은 이걸로 너를 괴롭히고?	메리는 안심시키는 말을 멈추고, 다마리스가 말한 핵심 내용을 핵심 단어를 포함시키며 재진술한다. (상호교환적 공감)
10. *다마리스*: 네……. 사실 그 아이들은 저를 놀리며 별명으로 부르는데, 그럴 때면 슬퍼요. 무시하려 해도 속으로 상처받는 건 어쩔 수가 없어요.	재진술과 요약이 정확히 이루어졌을 때, 내담자는 대개 '네' 또는 '맞아요'라고 대답하며 계속하여 이야기를 해나갈 것이다.

상담자와 내담자의 대화	상담 과정에 대한 해설
11. *메리:* 그 아이들이 네 신발을 갖고 놀려서 너는 마음의 상처를 받고 있구나.	메리는 다마리스의 감정들을 반영한다. 감정 반영은 재진술과 비슷하며, 다음 장에 상세히 설명된다. (상호교환적 공감)
12. *다마리스:* 으음, (잠시 멈춤) 이건 공정하지 못해요.	다마리스는 메리가 말한 내용에 대해 생각하며, 무언가를 기대하는 눈으로 메리를 쳐다본다. 다마리스는 다시 전체 상황의 불공정함에 대해 생각에 잠긴다.
13. *메리:* 다마리스, 여태까지 나는 네가 나이키 신발이 없다는 사실에 대하여 아이들이 너를 괴롭히고 그것이 너를 상처받게 한다고 들었어. 이건 옳지 않아. 근데 있잖아, 그래도, 나는 네가 잘하고 있는 것들에 대해 생각해. 이해하지…… 너도 알다시피…… 이런 이야기를 듣는 것은 나를 매우 슬프게 한단다. 네가 가진 재능들과 네가 즐겨하는 것들, 그리고 너의 장점들을 생각하면 말이지.	메리는 다마리스가 언급한 내용 거의 전부를 포함하며, 그녀 자신의 생각을 드러내기도 한다. 때때로 사용되는 상담자의 개방은 도움이 된다. 메리는 다마리스가 장점들을 많이 보유하고 있다는 사실을 상기시키며, 다마리스의 긍정적 자산들을 찾기 시작한다. (상호교환적 공감: 장점에 초점을 둔 자기 개방은 받아들여졌을 때 추가적 반응이 될 수 있다)
14. *다마리스:* 그렇죠. 맞아요.	다마리스는 미소를 지으며 안정을 취한다. 메리의 진술은 추가적 공감 반응이었음을 알 수 있다.
15. *메리:* 네가 가진 긍정적인 장점들에 대해 생각할 때에 무슨 생각이 드니?	개방형 질문은 다마리스가 자신의 장점과 긍정적인 점들에 대해 생각하도록 유도한다. (추가적 공감)
16. *다마리스:* 사실, 학교에서 선생님들께서 제가 글을 잘 쓴다고 하시고, 커서 저널리스트가 되고 싶어요. 선생님께서 제가 가장 최근에 쓴 이야기를 학교 신문에 게재하자고 하셨어요.	다마리스는 좀 더 빠르게 말하며 미소를 짓는다. 사실상 모든 내담자들은 자신의 능력과 장점을 떠올리면 직면한 문제들을 해결하는 데에 있어 수월함을 느낀다.
17. *메리:* 글을 잘 써서 저널리스트가 되고 싶다니, 아주 멋지구나!	메리는 다마리스가 사용한 핵심 단어를 사용해 열렬하게 긍정적으로 재진술한다. (상호교환적 공감. 메리의 어조에서 추가적 공감 반응도 보인다)
18. *다마리스:* 으음, 그리고 저는 축구도 해요. 많이 뛰는 사람 중 한 명이라서, 거의 사실상 리더지만, 그렇지만…… (다마리스는 중간에 말을 멈춘다).	다마리스는 자신에 대해 만족스러워할 만한 많은 점들을 지니고 있다. 회기 도중 처음으로 미소를 보인다.
19. *메리:* 다마리스, 너는 공부를 잘하고, 리더고, 운동선수구나. 다른 아이들이 너를 우러러보겠네, 그렇지? 그래, 축구할 때 리더의 역할을 하는 기분은 어때?	메리는 분명히 하기 위해 '공부를 잘하고' '운동선수'라는 단어를 더했으며, 긍정적 자산을 더 탐색했다. 다른 아이들이 다마리스를 우러러본다는 사실을 학교 내 운동장 등의 관찰을 통해 알고 있었다. 상담자는 의미를 확장시키기 위해 관련된 단어들을 추가할 수 있다. 메리는 다마리스를 유도하기를 현명하게 피하면서 "그렇지?"라고 말하면서 점검한다. 또한 메리는 다마리스의 감정과 연관된 개방형 질문을 던진다. 다마리스가 "그렇지만"이라는 단어를 사용했다는 것을 주목해야 한다. 메리는 그런 다마리스를 따라가야 했을까, 아니면 장점들을 찾는 일을 계속해야 하는가? (추가적 측면을 포함한 상호교환적 공감)

상담자와 내담자의 대화	상담 과정에 대한 해설
20. *다마리스*: (땅을 바라보며 작게 킥킥거린다) 네. 기분 좋아요.	땅을 바라보는 행동은 언제나 슬픔을 지칭하는 것만은 아니다. 즉흥적으로 땅을 바라보는 행동은 '인식 반응'으로 정의될 수 있다. 이는 대개 내담자가 자신에 대한 새롭고도 진솔한 사실을 깨달을 때 발생한다. 다마리스는 좋은 감정들을 내면화한 것이다. 다마리스의 반응은 메리의 진술이 확실하게 추가적 반응이었음을 드러낸다.
21. *메리*: 너는 좋은 학생이고, 축구도 잘하고, 리더며, 이 사실들은 너를 기분 좋게 만들고 있어.	메리는 객관적인 사실들과 감정들을 포함시켜 긍정적 자산 탐색을 요약한다. *내면이 기분 좋은 것에 대한 요약은 마음의 상처를 받는 감정과 대조된다.* (추가적 반응)
22. *다마리스*: 네, 이 사실들은 저를 기분 좋게 만들어요. 저는 항상 숙제도 다 하는데, (멈추며 다시 슬퍼 보이는 모습이다) 학교에만 오면 그들이 저를 망쳐놔요.	다시 한 번, 다마리스는 메리가 바꾸어 말한(재진술) 내용에 동의한다. 다마리스는 메리의 지원을 느끼며, 괴롭힘에 대응할 강한 자세를 취할 준비가 되었다. 여기서 대화 18에 나온 "그렇지만"과 연결되는 내용이 설명되는 걸 볼 수 있다. 메리가 첫 번째 "그렇지만"을 무시한건 적절한 일이었다. 그러나 이제는 분명히 부정적인 감정들이 고려되어야 한다. 다마리스의 강점들이 분명하므로, 메리는 다마리스의 부정적인 감정들을 더 잘 다룰 수 있다.
23. *메리*: 그 아이들이 모든 걸 망치고 있구나. 너도 알다시피 너는 내면에 좋은 감정들을 갖고 있고, 학업에도 열심이며, 축구도 잘하고 리더의 면모를 보여주고 있어. 자, 그러면 미래에 저널리스트가 될 리더이며, 축구선수인 학생으로서 가진 좋은 감정을 어떻게 잘 쓸 수 있을까. 이제 던져야 할 중요한 질문은 너의 긍정적이고 강한 감정을 가지고 너를 괴롭히는 아이들과 어떻게 맞서서 싸울 것인가 하는 거야. 너의 문제를 해결할 방법을 한번 모색해보자꾸나.	메리는 다마리스의 마지막 말을 다마리스가 잘하는 많은 일을 포함해 반복 진술하며 요약한다. 메리는 속도를 바꿔 이야기 재구성의 단계로 진입한다. 여기서 수용과 강점 찾기는 명백하게 다마리스를 격려하여 문제를 해결하는 방향으로 가게 한다는 사실을 알 수 있다. 아동이나 성인을 상담할 때에도 문제를 다루는 것만큼 강점을 찾는 데 많은 시간을 들이는 것이 좋다. 물론 내담자의 고민들을 상세히 듣고, 그들의 덜 긍정적인 감정들과 느낌도 고려하는 것을 잊어서는 안 된다.

메리는 다마리스와 좋은 관계를 유지하고 있었으며, 다마리스가 자신의 이야기를 이야기하도록 비교적 빨리 유도할 수 있었다. 그뿐만 아니라 내담자의 문제와 도전을 도와줄수 있는 이야기와 강점과 건강함 자산까지도 찾았다.

▶ 아동 상담하기

모든 내담자는 자신의 이야기를 들어주고 있다는 사실을 알 필요가 있다. 아동 상담에 세세한 기술들이 필요하지만, 격려, 재진술, 요약에 더 많이 집중해야 한다. 효과적인 초등학교 교사들은 아동들이 말한 내용들을 계속해서 다시 말한다. 이러한 기술은 대화를 강화시키고, 아동이 자신만의 틀에서 말할 수 있도록 돕는다. 자신의 이야기를 정확하게 들어주는 상대에게 이야기하는 일은 명확히 말하고, 위로를 받으며, 편안하게 해준다.

다마리스는 위축되고, '작은' 사건처럼 보이는 신발로 놀림을 받아서 힘이 든다. 아동, 청소년, 성인들이 작아 보이고, 반복적인 중요한 부정적인 사건들로 의심이 들 수도 있다. 계속하여 반복되는 사건들은 단순한 슬픔 그 이상의 감정을 불러일으킬 수도 있다.

▶ 개념을 행동으로: 적극적 경청 기술로서의 격려, 재진술, 요약

내담자가 말한 내용을 분명하게 이해한다는 것을 보여주기 위해, 상담자가 전달하고 싶었던 의미를 포함시킨 한두 문장을 만들라. 이는 내담자가 아닌 상담자 자신의 언어로 말을 해도 되지만, 중요한 문제들은 반드시 내담자가 사용한 단어들을 포함시켜보라.

_Eugene Gendlin, Marion Hendricks-Gendlin

상담에서 중요한 것은 내담자가 말하는 것을 편견 없이 듣고 수용하는 자세다. 상담자가 하는 모든 행동들은 비록 의도적이지 않았더라도 비판적이며 부정적인 태도로 전달될 수 있다. 진정한 도전은, 내담자의 생각과는 부합되지 않는 상담자 개인의 감정들이나 평가하는 자세를 버리고 가만히 내담자의 이야기를 듣는 일이다. 상담자가 드러내는 사소한 감정을 내담자가 포착할 수 있다는 사실에 유념하라. 어떻게 행동하는 것이 좋을까? 기본적으로 내담자에게 전적으로 관심을 쏟고, 내담자의 입장에서 모든 걸 생각해야 한다. 나중에는 내담자의 입장에서 돌아와 내담자를 다시 도울 수 있다.

격려

격려는 내담자가 계속 말하도록 장려하는 고개 끄덕임, 개방적 몸짓, 긍정적인 표정 등을 포함한다. '음', '아하' 등의 짧은 언어 반응도 같은 효과를 보인다. 적절한 비언어적 의사소통에 동반하는 침묵도 또한 격려의 일종이 될 수 있다. 위의 격려들은 모두 내담자의 진행 방향에 최소한의 영향을 주면서, 내담자가 진술을 계속하도록 격려한다. 내담자의 핵심 단어나 짧은 문장을 반복하는 재진술은 내담자의 진술 내용에 좀 더 직접적으로 영향을 주는 격려다.

이 장의 서두에서 살펴보았던 다양한 문제를 가지고 있던 내담자 제니퍼가 부모님의 이혼을 자신이 당면한 핵심적인 문제로서 초점을 맞추는 경우를 생각해보자.

제 삶이 부서지고 있는 느낌이에요. 저는 항상 부모님 두 분 모두와 가깝게 지냈고, 부모님이 저에게 결별한다는 사실을 말하신 이후로는 제대로 되는 일이 아무것도 없어요. 공부를 하려고 자리에 앉아도 집중할 수 없어요. 또, 제 룸메이트가 말하길 제가 너무 쉽게 화를 낸대요. 모든 게 절 심란하게 만드는 것 같아요. 이 문제가 터지기 전까지만 해도, 전 수업 시간에 괜찮게 해내고 있었어요. 전 어머니 일 때문에 너무 괴로워요.

여전히 제니퍼의 삶에서는 많은 일들이 일어나고 있다. 장점들에 초점을 맞추려 하겠지만, 이 시점에서는 분명히 그녀의 부모님의 이혼에 대한 감정과 생각들을 더 심도 있게 알아보고 표출하는 것이 필요하다. 현재 진술에는 몇몇 핵심 단어와 생각이 있고, 이들 중 어떤 내용이든, 반복하기는 제니퍼가 현재의 문제를 전개하도록 유도할 것이다. 상담자로서 우리는 '당신은 괴로워하고 있습니다'라는 정확한 핵심 단어를 반복하여 사용할 것을 권장한다. 이것은 제니퍼에게 어머니나 자신에 대한 생각과 감정을 이야기하거나, 더 나아가 그녀가 선택한다면, 다른 문제에 관한 것들까지도 이야기할 수 있는 발단을 제공해준다.

'당신은 어머니 때문에 괴로워하고 있군요'는 초점을 좁혀주지만, 이 또한 좋은 선택이 될 수 있다. '부서진다', '부모님과 가까웠다', '집중할 수 없다', '쉽게 화를 낸다'는 말도 선택 가능하다. 이 모든 것들은 제니퍼가 진술을 계속할 수 있도록 돕겠지만 다른 방향으로 이끌 것이다.

핵심 단어 격려는 한두 개 또는 세 개의 단어만을 포함하고, 반복 진술은 그보다 더 길다. 둘 모두 통상적으로 '나'를 '당신'으로만 바꾸는 등 내담자의 언어를 유지하는 데에 초점을 맞춘다. (제니퍼: '전 어머니 일 때문에 너무 괴로워요.' 상담자: '당신은 괴로워하고 있군요.')

위의 문단을 제시된 격려와 반복 진술들을 소리 내어 말하며 다시 읽어보는 것은 도움이 될 것이다. 다른 목소리 톤을 사용하여 자기의 발성 방법이 상대가 하는 말을 돕거나 싸늘하게 멈춰버리게 할 수 있는지 알아보자.

모든 종류의 격려는 남용되거나 오용되지 않은 한 내담자가 계속하여 말하도록 돕는다. 지나친 고개 끄덕임이나 제스처, 그리고 지나치게 자주 말을 되풀이하는 것은 내담자를 방해하거나 성가시게 할 수도 있다. 많은 상담자들의 관찰에 의하면, 지나친 격려의 사용은 딱딱하거나 무감각하게 보일 수 있다. 그러나 또한 지나치게 적은 격려는 상담자가 내담자에게 무관심하거나 열중하지 않는 듯한 인상을 심어줄 수 있다. 적절한 격려의 사용은 흐름을 유지하고 상담자가 듣고 있다는 것을 계속적으로 전달하는 것에 도움이 된다.

재진술(내용 반영)

언뜻 보기에 재진술, 즉 바꾸어 말하기는 격려에 비해 약간 더 복잡하지만, 비교적 간단한 기술로 보인다. 그러나 당신이 내담자에게 정확히 재진술을 해줄 수 있다면, 당신은 아마도 '맞아요' 또는 '네' 등의 대답을 들을 것이며, 내담자는 문제에 대해 더 심도 있게 진술해갈 것이다. 재진술의 목표는 내담자의 문제에 대한 탐색과 명료화를 돕는 것이다. 재진술을 하는 동안의 어조나 몸짓언어는 당신이 내담자의 진술에 관심이 있는지, 아니면 내담자가 계속해서 다음 이야기로 넘어가길 원하는지 암시할 것이다.

정확한 재진술은 내담자가 이야기를 완성하는 데에 도움이 된다. 트라우마를 겪고 있는 내담자는 이야기를 여러 번 할 필요가 있을 수 있다. 우리의 목표는 이러한 진술을 멈추는 것이 아니라, 재진술을 통해 내담자가 반복하여 진술할 때마다 상담자가 내담자가 말한 것을 반복할 때 듣고 있다는 것을 알려줌으로써 트라우마를 극복하도록 돕는 것이다. 병원에서 힘든 수술을 받은 친구들은 그들의 이야기를 여러 번 할 수도 있다. 지루함을 내비치며 '나 그 이야기 이미 들었어'라고 말하는 대신에, 집중해서 들으며 들은 내용을 되풀이하거나 재진술하여 말해주자.

그렇다면 재진술은 어떻게 하는 것이 좋을까? 내담자에 대한 관찰 기술은 정확한 재진술을 위해 꼭 필요하다. 상담자는 내담자의 핵심 단어를 듣고, 내담자가 사용한 만큼 재진술에 사용해야 한다. 재진술의 다른 양상들은 당신의 표현을 사용해도 되지만, 중심 의견과 개념은 내담자의 세상에 대한 관점을 반영해야 하며, 당신의 관점이어서는 안 된다!

정확한 재진술은 대개 다음 네 가지로 구성되어있다.

1. **때때로의 내담자의 이름을 사용한 문장의 구성**: 이름은 경험을 개인화하는 데 도움이 된다. 예로, '다마리스 씨, 당신이 ……라고 이야기하는 것을 들었습니다', '루치아노 씨, 그건 ……인 것처럼 들리는군요', '상황이 ……것처럼 보이는군요' 등이 있다. 이런 문장은 매번 필수적인 것은 아니며, 남용될 경우 당신의 의견이 그저 말을 되풀이하는 것으로 보이게끔 할 수 있다. 이런 경우 내담자는 불편해하며, '그건 제가 방금 말씀드린 건데, 왜 다시 물으시는 거죠?'라고 말할 수도 있다.

2. **상황이나 인물 설명을 위해 내담자가 사용한 핵심 단어**: 내담자에 대한 관찰 기술을 활용하여, 내담자를 관찰하여 내담자로부터 나온 핵심 단어와 핵심 의견을 포함하도록 노력한다. 이러한 반복은 격려와 혼돈될 수 있다. 하지만 반복 진술은 거의 전부가 내담자의 언어로 구성되어있으며 한정된 양의 소재만을 다룬다.

3. **내담자가 말한 것에 대한 간결하고 명확한 형태의 핵심**: 상담자가 내담자의 혼란스러울 수 있는 진술을 간결하고 의미 있으며 정확한 진술로 바꿀 수 있는 기술은 상담 과정을 매끄럽게 하는 데에 있어서 가장 중요한 능력이다. 상담자는 어렵겠지만 내담자의 의견을 사실대로 유지하면서 똑같이 반복하지는 않도록 주의해야 한다.

4. **정확성을 위한 점검**: 점검은 재진술의 마지막 단계에서 하는 간단한 질문으로서, 내담자에게 재진술(또는 요약이나 다른 기술들)이 비교적 정확하고 유용했는지에 대해 피드백을 구하는 일이다. 점검의 예로 '제가 제대로 듣고 있나요?', '이것과 비슷

한가요?', '제가 제대로 이해했나요?' 등이 있다. 마지막 문장을 말할 때 마치 질문인 것처럼 음조를 올림으로써 함축된 확인을 포함하도록 재진술하는 것 또한 가능하다.

다음은 내담자 진술과 예시 핵심 단어를 사용한 격려, 반복 진술, 재진술이다.

저는 제 아내가 매우 걱정됩니다. 제 아내는 집에서 나와 세상을 알고, 직업을 가져야 한다고 느껴요. 저는 가장으로서 수입이 좋다고 생각합니다. 아이들은 제 아내 욜란다(Yolanda)를 완벽한 어머니라고 생각하고, 저 또한 그렇게 생각합니다. 하지만 어젯밤 우리는 다른 시각으로 문제를 바라보았고, 큰 언쟁이 있었습니다.

▲ 핵심 단어 격려: 경제적 책임을 지는 '가장?', '큰 언쟁?', '완벽한 어머니?'
▲ 반복 진술 격려: '당신은 아내가 매우 걱정되는군요', '당신은 스스로를 가장으로 보시는군요', '큰 언쟁이 있었군요'
▲ 재진술: '당신의 수입이 좋음에도 불구하고 일하고 싶어 하는 완벽해 보이는 아내에 대해 고민이고, 큰 언쟁이 있었군요. 이것이 맞나요?'

핵심 단어 격려는 선택적 주의집중으로 작용한다. 위에 명시된 격려는 적절한 대화에 있어서 매우 다른 방향으로 내담자를 유도한다는 것을 유의하자. '가장'은 일, 그리고 아마도 책임에 대하여 진술하도록 유도한다. '완벽한 어머니'가 그의 아내의 행동에 대한 진술을 유도하는 데에 반하여, '큰 언쟁'은 언쟁의 더 자세한 내용에 관한 진술을 유도할 것이다.

위의 예를 통해 보았듯이, 핵심 단어 격려, 반복 진술, 재진술은 모두 연속체의 다른 일부이다. 이 경우에 중요한 것은 내담자의 말을 들어주고, 그들이 말한 것을 되돌려주는 것이다. 짧은 단락이나 긴 핵심 단어 격려, 두 가지 모두 반복 진술과 흡사하다. 긴 재진술은 요약과 유사하다. 이 모두는 상담에 있어서 도움이 될 수 있지만, 또한 남용될 수도 있다.

요약

요약은 보다 긴 시간의 대화를 포함하는데, 이는 한 회기 전체나, 여러 회기의 상담을 통해 이야기했던 문제에 대한 것을 포함할 수 있다. 요약에 있어 상담자는 그 기간 동안의 언어적, 비언어적인 언급에 대해 주의를 기울이고, 선택적으로 핵심 단어나 중요성에 대해 주의를 기울이며, 이들을 내담자에게 가능한 한 가장 정확하게 바꾸어 말해야 한다. 사실, 생각, 감정은 요약에 포함된다. 정확성을 위해 요약의 마지막에 확인하기 또한 요약에 효과적이다. 아래는 요약의 몇 가지 예들이다.

상담 회기 시작: 자, 봅시다. 지난 회기에 우리는 당신의 시어머니에 대한 분노의 감정에 대해서 말했고, 당신에게 아기가 생겼을 때에 시어머니와 있었던 언쟁에 대해 이야기했죠. 당신은 스스로가 너무 불안에 휩싸여 통제하기 힘든 수준이었다고 생각했고요. 그때부터 시어머니와 잘 지내지 못했고요. 그리고 또, 우리는 이제부터 무엇을 할지 생각하는 것을 숙제로 이야기했는데, 그건 어떻게 됐나요?

상담 중: 여태까지는 당신이 생각했던 방법들이 기대만큼 효과적으로 작용하지는 않았던 것으로 보이네요. 당신은 자신이 너무 통제적이라고 생각해 걱정되고 또 약간의 죄책감을 느꼈고, 또 다른 언쟁을 벌일 뻔했죠. '뻔한 것'은 '터뜨려버린' 것보다 낫습니다. 그래도 하나의 생각은 효과가 있었네요. 당신은 시어머니와 그녀의 정원에 대해 대화할 수 있었고, 처음으로 그녀와 당신이 언쟁 없이 무언가에 대해 이야기할 수 있었어요. 다음 주에는 또 다른 새로운 아이디어들을 생각해내는 걸 해보세요. 여기까지가 우리가 나눈 것 전부인가요?

상담 회기 종결: 이번 상담에서 우리는 시어머니에 대한 당신의 감정을 더 구체적으로 돌아보았어요. 몇 가지의 것들이 눈에 띄네요. 첫 번째로, 우리의 계획이 완벽하게 효과를 보지는 않았지만, 소리 지르지 않고 이야기할 수 있었던 것은 효과가 있었어요. 우리는 대화를 통해 변화될 수 있는 당신의 행동을 확인했어요. 시선을 좀 더 많이 마주친 것, 더 이완하기, 화가 나기 시작할 때 대화의 주제를 바꾸기 등이었어요. 저는 당신이 대화의 마지막에 이야기했던 시어머니와 당신이 서로 용서하여 관계를 좋게 하려는 의견이 좋다고 생각해요. 제가 잘 요약했나요? 그러면, 다음 주를 위한 몇 가지 세부적 내용이 있네요. 이들이 어떻게 작용하는지 봅시다.

▶ 다양성과 경청 기술

주기적인 격려, 재진술, 요약은 모든 문화에 다 받아들여지는 기본 기술이다. 실제로, 모든 내담자는 자신의 진술을 정확하게 들어주기를 원한다. 당신과 문화적으로 다른 내담자와 관계를 쌓는 데에는 더 많은 시간이 걸릴 수도 있지만, 절대로 일반화하거나 고정관념을 가져서는 안 된다.

남성은 질문을 더 많이 활용하고, 여성은 재진술이나 다른 연관된 경청 기술을 더 많이 활용하는 것으로 나타난다. 당신은 수업이나 워크숍 등에서 남성들이 더 빨리 손을 들고 더 자주 끼어든다는 사실을 깨달았을지도 모른다. 하지만 이 '규칙'에는 너무 많은 예외가 있기 때문에 너무 과신해서는 안 된다. 그럼에도 불구하고, 성별 차이는 존재하기 때문에 우리는 이를 필수적으로 의식해야 한다. 성차는 상담에서 남성과 여성 모두에게 직접적으로 다루어야 한다.

몇몇 전통적인 배경을 가진 동양인 내담자들(캄보디아인, 중국인, 일본인, 인도인)은 조언과 지시를 원할 수 있다. 그들은 자신의 이야기를 들려주기를 원하겠지만, 상담자는 내담자와 답을 찾기 전에 내담자에게 왜 그의 문제에 대하여 듣고 싶어 하는지를 이야기해주어야 할 수 있다. 신뢰를 쌓기 위해 상담자는 자신의 입장을 밝히고, 원하는 것보다 더 빨리 조언을 주어야 할 수 있다. 이런 경우, 확신을 가지고 자신감 있게 해야 하지만, 당신이 그들에 대해 더 많이 알기를 원하며, 당신이 그들을 더 잘 알게 됨에 따라 당신의 의견이 변화할 수 있다는 사실을 알려주어야 한다. 궁극적으로는 당신은 그들이 스스로 결정을 내리도록 하는 것이 좋다.

▶ 요약: 연습하고, 연습하고, 또 연습하라

이 장에서 우리는 격려, 재진술, 요약 등의 세 가지 주요 경청 기술의 중요성에 대해 중점을 두었다. 이러한 기술들은 당신의 이론적 선택이나 이러한 세부 기술들을 자신만의 상담 스타일 통합여부와 관계없이 효과적인 상담의 중심에 있다.

이러한 기술들에 의도적으로 능숙해지는 것은 연습을 필요로 한다. 기본적인 역량은 당신이 이 기술들을 상담에서 활용하고 내담자에게 도움이 되기를 기대할 때 형성된다. 당신이 집중하여 듣고 있음을 보여주는 것은 때때로 큰 차이를 만들기 때문에 모든 상담자들은 들어야 할 필요가 있다. 발전된 의도적 숙련은 반복적이고 신중한 연습을 필요로 한다.

이 시점에 우리는 이 기술들의 지속적인 연습의 중요성을 일깨우고자 한다. 당신은 별 연습 없이 시험에 통과할 수 있겠지만, 진심으로 내담자를 돕고 싶다면, 이 기술이 완벽하게 숙달될 때까지 배우는 것이 중요하다.

Amanda Russo는 웨스틴켄터키 대학의 Neresa Minatrea 박사가 지도하는 상담 전공 학생이었다. Amanda는 자신이 이 기술들을 어떻게 연습하였는지 우리에게 공유해주었고, 이 방법이 당신에게 전해지도록 허락해주었다. Amanda의 설명을 읽으면서, 당신은 그녀가 전문성을 확보하기 위해 했던 만큼 노력하려고 하는지 스스로에게 물어보라.

저는 제 기말 프로젝트를 위해서 '긍정적 자산 찾기: 강점에 근거하여 공감하기'라는 연습 활동을 선택했습니다. 저는 상담 경험이 많지 않고, 상대적으로 간단한 활동으로 시작하고 싶어서 이 활동을 책의 초반부에서 골랐습니다. 저는 같은 결과를 얻을 수 있을지 확인하기 위해 같은 활동을 다른 다섯 명의 사람들에게 실행하였습니다.

이 활동은 내담자에게 그들의 강점이 무엇인지 묻고, 그들에게 그 장점에 대한 이야기를 하도록 유도하며, 상담자가 내담자의 몸짓의 변화를 관찰하고 그들의 변화를 알아보는 것으로 구성되어있습니다. 제가 처음 이 활동을 실행한 사람은 기숙사 감독관 라파엘(Raphael)이었습니다. 그의 장점 중 일부는 가족, 친구, 운동, 그리고 그를 지원하는 좋은 친구들을 가지고 있다는 것이었습니다. 그가 그의 지지자들과 그들이 어떻게 그에게 긍정적인 것들을 생각나게 하는지 이야기하는 동안, 그는 덜 경직된 자세로 앉기 시작했습니다. 그는 매우 안정되어 보였으며, 동시에 그가 이야기하는 주제에 대해 신이 나 보였고, 또 많은 손동작을 하고 있다는 것을 알아볼 수 있었습니다. 저는 몇 초 동안의 짧은 시간에 그가 경직되고 불안정한 상태에서 안정적이고 열성적으로 변하는 것을 볼 수 있었습니다.

제가 다음으로 작업한 한 사람은 제 룸메이트 캐롤(Karol)이었습니다. 그녀는 처음에는 다소 긴장되어있고 강점을 생각해내는 것을 어려워했습니다. 제가 그녀에게 자신의 이야기를 해달라고 하자, 그녀는 매우 생동적으로 변했습니다. 그녀가 말하는 동안 그녀의 눈이 반짝임을 볼 수 있었습니다. 그녀의 목소리는 더 강해졌고, 그녀의 손은 계속 움직였습니다. 그녀는 직장에서 잘 해내는 것, 조언을 해주는 것, 운동하는 것, 음악을 연주하는 것, 그리고 그녀가 현재 쓰고 있는 노래를 끝내는 것에 대해 강한 감정을 알아차렸습니다.

캐롤은 저에게 몇 가지 강점을 말하게 되자, 이것이 그녀를 시작하게 만들었고, 그녀는 점점 더 많은 것들을 떠올렸습니다. 그녀는 그날 일찍 있었던 재즈 연습을 굉장히 기분 좋게 느꼈습니다. 그녀는 새로운 노래를 집단에 소개하였고 그들은 그 노래를 매우 좋아했습니다. 그녀는 자신이 직장에서 이뤄낸 큰 성과에 대해 말하기도 했습니다. 캐롤은 이 작업 중 기분과 모습이 가장 크게 변한 사람이었습니다.

Amanda는 기술을 연습하기 위해 세 명의 추가적인 사람들과 면접을 했고, 각자에 대해 상세히 보고했다. 기술을 숙련하고자 한다면, 가장 좋은 방법은 체계적인 연습이다. 우리 중 몇몇에게는 한 번의 연습 시도로 충분할 것이다. 하지만 우리 중 대부분은 그보다 시간이 더 걸릴 것이다. 당신은 이 일에 얼마나 헌신할 것인가?

요점	
적극적 경청	내담자는 상담자가 자신의 이야기를 듣고 있다는 사실을 알아야 한다. 주의 기울이기, 질문 등의 기술은 내담자가 마음을 열도록 하지만, 격려, 재진술, 요약을 통한 정확한 경청은 당신이 내담자에게 완전하게 듣고 있다는 것을 전달하기 위해서 필요하다. 이러한 모든 기술들은 능동적 경청과 타인의 진술을 돕는 격려를 포함한다. 이것들은 당신의 관심을 전달하고 당신과 내담자 모두에게 내담자의 세계를 명확히 하는 데 도움이 된다. 적극적 경청은 기본적 세부 훈련에서 가장 어려운 것 중 하나다.
적극적 경청 기술	정확한 경청 기술 세 가지는 당신의 청취 능력을 전달하는 데 도움이 된다. 1. 격려는 상담자가 내담자로 하여금 계속 이야기하도록 격려하기 위해 사용할 수 있는 여러 가지 언어적, 비언어적 수단이다. 이는 고개 끄덕임, 열린 손동작, '아하', 그리고 상담자가 말한 핵심 단어의 반복을 포함한다. 상담자가 말한 여러 핵심 단어에 대한 선택적 주의집중은 내담자의 향방에 큰 영향을 줄 수 있다. 반복 진술은 확장된 격려로, 내담자가 사용한 정확한 단어를 사용하고, 내담자가 다음에 말할 내용을 결정할 가능성이 상대적으로 적다.

요점	
	2. *재진술*은 내담자의 발언을 짧고 명확하게 함으로써 내담자에게 방금 이야기한 내용의 요점을 되돌려준다. 재진술은 따라 말하기가 아니다. 당신의 고유한 표현과 내담자의 중요한 핵심 단어를 사용하는 것이다.
	3. 요약은 더 긴 시간과 더 많은 정보가 포함된다는 점을 제외하면 재진술과 유사하다. 내담자가 표현하는 감정과 느낌에 대해서도 주의해야 한다. 요약은 상담을 시작하거나, 새로운 주제로 넘어가거나, 길고 복잡한 진술에 명확함을 더하기 위해서, 그리고 당연히 상담을 마치기 위해 사용될 수 있다. 내담자에게 상담 내용이나 그가 보는 중요 요점들을 요약해달라고 요청하는 것은 현명한 선택이 될 것이다.
점검	'인식 확인'을 사용하는 것은 당신의 요약에 대한 정확도를 확인할 수 있는 기회를 제공해준다. 이는 또한 내담자에게 자신이 이야기한 것에 대해 생각해볼 수 있는 기회를 제공한다.
적극적 경청의 '방법'	재진술과 요약은 대개 다음 네 가지를 포함한다. 1. **문장의 구성:** 당신은 때때로 내담자의 이름을 사용하기를 원할 것이다. '자밀라, 당신이 …… 라고 이야기하는 것을 들었습니다', '칼로스 씨, 그건 ……인 것처럼 들리는군요'. 2. **핵심 단어:** 상담자가 그들의 상황을 설명하기 위하여 사용한 정확한 핵심 단어 3. **내담자가 말한 것에 대한 정제된 형태의 핵심:** 여기서 당신은 내담자가 말한 내용에 대한 짧은 설명으로 내담자가 사용한 단어를 사용한다. 요약은 때때로 감정적인 측면 또한 포함하는 상대적으로 더 긴 재진술이다. 4. **점검:** 명백히 또는 암시적으로 당신이 내담자에게 되돌려준 내용이 정확한지 점검한다. '제가 당신을 제대로 이해했나요?'
주의할 점	이 기술은 본질적으로 모든 내담자에게 유용하다. 하지만 제대로 사용하지 못하거나 기계적으로 보인다면, 내담자는 반복이 성가시게 느껴져 '제가 방금 그 이야기를 하지 않았습니까?'라고 물을 수 있다. 따라서 당신이 이 기술들을 사용할 때에는 내담자를 관찰하는 기술을 또한 사용해야 한다. 내담자의 말을 들을 때, 개인적 판단을 피하고 수용하는 태도를 유지하고자 한다. 가장 정확한 재진술이나 요약도 비언어적 행동이 동반되지 않으면 부정적이 될 수 있다.
헌신	이 기술들을 습득하는 데에는 실천이 중심이 된다. 신중하고 반복된 연습은 격려, 재진술, 요약을 효과적으로 사용하도록 숙달하는 데 필수적이다. 연습을 통해 당신은 기계적으로 들릴 확률을 줄이고, 내담자를 도울 수 있는 역량을 키울 수 있다.

▶ 실습과 역량 포트폴리오

격려, 재진술, 요약의 세 가지 기술은 질문들보다 논란의 소지가 적다. 사실상 모든 상담 이론들이 적극적 경청의 기술들을 권장하고 지지하고 있다.

개인 실습

연습 1. 기술 분류하기 아래의 표현들은 내담자의 진술에 대한 상담자의 반응이다. 격려(E), 반복 진술(R), 재진술(P), 요약(S)으로 분류하라.

내담자:	방문 여행은 좋았어요. 저는 다시 돌아가 대학을 마치기로 했죠. 그런데 등록금을 어떻게 마련할까요? 지금 좋은 직장에 다니고 있긴 하지만, 대학에 다시 돌아간다면 시간제로 지금 근무를 변경해야 하는데, 회사에서 저를 고용하려 할지는 모르겠어요. 돈을 마련하는 일은 매우 어려운 일이에요. 사실 두려워요.
_____	'그래요.'
_____	촉진적 몸짓언어를 사용하며 침묵한다.
_____	'두려운가요?'
_____	'지금 당신은 회사에서 당신을 계속 고용할지를 모르는군요.'
_____	'대학을 마치기로 결정을 내리긴 했는데, 경제적 부담이 핵심 문제군요.'
_____	'지난 회기에 우리는 대학교 재방문에 대해 이야기를 나눴고, 오늘 들어보니 잘 다녀왔고 학교로 다시 돌아가기로 결정한 것 같네요. 하지만 경제적인 문제들을 생각하니 두려운 감정이 들기도 해요. 제가 제대로 들었나요?'

연습 2. 격려, 재진술, 요약을 작성해보기

(1) '저는 첸(Chen)과 이혼했어요. 첸이 계속 과음하는 걸 더 이상 견딜 수가 없었어요. 그는 맨정신일 때는 훌륭했지만, 사실 그런 날은 거의 없었어요. 저는 이제 혼자예요. 돈 문제, 아이들, 그리고 직장을 구하는 것까지 어떻게 해야 할지 모르겠어요.'

내담자의 진술에 따라 말할 수 있는 세 가지 종류의 중요 격려 단어들을 적어보라.

_____

반복 진술/격려 표현을 써보라.

_____

(점검을 포함해) 재진술을 적어보라.

_____

(이전의 회기들을 상상하여) 요약하라.

_____

(2) '이 모든 것들 외에 아이를 갖는 것에 대한 걱정이 들어요. 여러 달 동안 아이를 가지려 수차례 노력했는데 실패했어요. 병원에 가보는 것을 생각 중인데, 문제는 우리 둘 다 의료 보험이 없다는 거예요.'

내담자의 진술에 따라 말할 수 있는 세 가지 종류의 중요 격려 단어를 적어보라.

반복 진술을 적어보라.

(점검을 포함해) 재진술을 적어보라.

(이전의 회기들을 상상하여 정보를 만들어서) 요약하라.

연습 3. 다른 환경에서 기술 연습하기 친구와의 대화에서나 상담 회기 중, 의도적으로 격려 단어를 사용하여 말하고 간단히 진술을 반복하라. 그리고 친구의 참여와 흥미에 어떤 영향을 끼치는지 관찰하라. 간단한 격려에도 불구하고 대화의 흐름이 바뀌는 것을 느낄 것이다. 관찰한 내용을 적어보라.

집단 실습

연습 4. 다른 사람 혹은 사람들에게 기술 연습하기 경험에 의하면 이 장의 기술들은 숙련하기가 어렵다. 다른 사람이 한 말에 피드백을 하려는 시도는 쉽다. 하지만 정확하게 피드백을 하여, 내담자가 자신의 이야기를 상담자가 들었다고 느끼게 하는 것은 또 다른 일이다.

1단계: 실습 집단 구성하기 가능한 한 3인 이상으로 만들기

2단계: 집단 지도자 선정하기

3단계: 첫 연습 회기를 위해 역할 분담하기
▲ 내담자
▲ 상담자
▲ 관찰자 1(피드백 양식 활용하기: 글상자 6.1)
▲ 관찰자 2(피드백 양식 활용하기)

4단계: 계획 세우기 연습 회기를 위한 분명한 목표들을 확립하고 명시하라. 숙련하기 위해 질문들은 최대한 피하고 이 장에 명시된 세 가지 기술들만을 사용하라. 상담자는

내담자의 걱정거리를 끄집어낼 수 있는 개방형 질문으로 역할극을 계획한다. 그다음에 더 세부적이고 깊은 뜻을 도출해내기 위해 격려를 사용하라. 개방형 및 폐쇄형 질문들을 적절히 사용하되, 재진술과 격려를 우선적으로 사용하라. 요약하기로 회기를 마무리 지어보라(요약하기를 자주 잊는다). 점검을 사용하여 요약한 내용의 정확성을 확인하라 ('제가 잘 들은 것이 맞나요?').

이 연습 회기를 위해 격려된 주제는 축적된 외상과 관련된 과거나 현재의 스트레스 상황을 경험하는 내용이다. 괴롭힘, 왕따, 놀림거리의 중심이 되는 것, 완전히 오해받거나 잘못 판단된 상황에 놓이는 사건, 선생님이나 코치, 상담자에게 부당한 대우를 받은 경험, 편견이나 탄압 등을 받은 경험이 모두 예에 포함된다.

이야기를 펼쳐나가면서 감정들이 표출될 수 있다. 이 감정들을 자유롭게 재진술하거나 요약하되, 먼저 이야기나 사건, 상황 자체에 집중하라. 다음 장에서 반영의 기술을 쓸 때 이 이야기를 다시 반복해보는 걸 추천한다.

제안된 모든 사건이나 주제는 관찰자로 하여금 비언어적 행동과 불일치, 부조화, 갈등 등을 관찰할 수 있는 기회를 제공한다. 내담자가 의무와 비난을 외현화하는가, 아니면 내면화하는가? 내담자는 자신에게 잘못이 있다고 내부 귀인(internal attribution)을 자주 한다. 외부 귀인은 '그들' 혹은 외부적 요인이 원인이라 여겨질 때 발생한다. 대부분의 내담자들은 자기 비난과 타인 비난을 모두 하는 내부 및 외부 귀인을 균형 있게 할 것이다.

5단계: 3분 연습 회기 실행하기

6단계: 연습 회기를 검토하고 12분간 상담자에게 피드백 제공하기 상담자가 한 표현들이 토론하는 데 사용될 수 있도록 피드백 양식(글상자 6.1)을 활용하는 것을 명심하라. 이 양식은 토론을 촉진시키는 역할을 하는 상담 일지를 작성하는 데 도움이 된다. 내담자가 한 피드백에 주의를 기울이라. 1장의 피드백 양식을 활용하는 것도 좋다. 오디오 녹음 혹은 비디오 녹화를 한 경우, 상담을 반복적으로 중지시키고 주기적으로 되돌려 듣거나 보며 관찰하라. 상담자는 초기에 정한 목표를 달성했는가? 얼마나 숙달되었는가?

7단계: 역할 바꾸기

일반적인 유의 사항 내담자들이 계획 세우기 중 자유롭게 이야기할 수 있도록 격려하라. 연습 회기에서 자신감을 얻게 되면, 당신은 내담자에게 보다 '어렵게' 하라고 요구하면서 힘든 상황에서 자신의 기술을 시험해볼 수도 있다. 당신은 상대하기 까다로운 내담자들이 자신의 이야기를 잘 들어주고 있다고 느끼면서 대하기 쉬워진다는 것을 알게

_____
(날짜)

_____　　_____
(상담자 이름)　　　　　　　　　　　　　　(양식 작성자 이름)

지시 사항　가능한 한 모든 상담자의 표현들을 적고 표현들을 질문, 격려, 재진술, 요약 등에 따라 분류하라. 마지막 세 기술들을
정확도에 따라 각자 1부터 5까지 체크하라.

상담자 진술	개방형 질문	폐쇄형 질문	격려 하기	재진술 하기	요약 하기	기타	정확도
1.							
2.							
3.							
4.							
5.							
6.							
7.							
8.							
9.							
10.							
11.							
12.							
13.							
14.							

1. 내담자의 평가가 불일치한 주요 항목들은 무엇인가?

2. 전반적인 회기 관찰. 표현된 문제에 대한 책임은 내적인 것인가? 외적인 것인가? 또 둘은 균형을 이루고 있는가?

될 것이다.

역량 포트폴리오

적극적 경청은 목적지향적인 상담에서 핵심적인 역할을 한다. 현재 자신의 위치가 어디이고, 미래에는 어디에 있고 싶은지 생각해보는 시간을 잠시 갖는 것이 좋다.

다음의 체크리스트를 사용하여 당신의 현재 상담자 역량의 숙달 수준을 평가해보라. 먼저 현재 할 수 있다고 느껴지는 영역에 체크하라. 체크되지 않은 영역은 앞으로의 목표로 정하도록 한다. 이 책을 공부하면서 모든 영역에서 목적적 역량을 달성할 것이라고 기대하지 않는 것이 좋다. 계속적인 반복과 연습을 통해 상담자 역량은 향상될 것이다.

1단계: 확인 및 분류

☐ 격려, 재진술, 요약 분류하기

☐ 이 기술들과 관련하여 일어날 수 있는 다문화적 주제에 대해 토론하기

☐ 내담자가 말할 내용을 예상할 수 있는 격려, 재진술, 요약을 적어보기

2단계: 기본 역량 다음의 기술 영역으로 진행하기 전 이 단계를 먼저 숙달하라.

☐ 역할극 회기에서 격려, 재진술, 요약해보기

☐ 비언어적 행위와 침묵, 최소한의 격려(예: '그래요'), 그리고 핵심 단어의 반복을 통해 내담자가 계속하여 이야기할 수 있도록 격려하기

☐ 적절하면 회기 초반에 내담자와의 문화적 차이에 대해 토론하기

3단계: 목적적 역량

☐ 격려, 재진술, 요약을 알맞게 사용하여 내담자의 대화 촉진시키기

☐ 격려, 재진술, 요약을 알맞게 사용하여 내담자가 불필요한 내용의 재반복 방지하기

☐ 내담자의 대화를 직접적인 중요한 주제나 생각으로 향하게 하도록 핵심 단어 격려 사용하기

☐ 장기간 동안의 내담자의 발언을 정확히 요약하기. 예를 들어, 전체 회기 혹은 여러 회기의 주요 주제 요약하기

☐ 2개 국어를 구사하는 내담자와 그들의 모국어로 핵심 단어를 포함시켜 소통하기

4단계: 심리교육적 교육 역량 이 기술의 역량을 가르치는 것은 시간이 지난 후에 하는 것이 좋지만, 남의 이야기를 듣는 것에 어려움을 느끼는 내담자는 신중한 재진술하기 훈련을 통해 도움을 받을 수 있다. 어떤 사람들은 정확히 듣는 것에 미숙하고, 다른 사람이 자신에게 하는 말들을 왜곡하여 해석하는 경우가 많다.

☐ 내담자에게 격려, 재진술, 요약의 사회적 기술을 상담 도중 가르치기
☐ 소규모의 집단에서 이 기술을 가르치기

▶ 스타일과 이론을 정하기: 적극적 경청 기술에 대한 비판적인 자기 성찰

이 장은 내담자가 무엇을 원하고 필요로 하는지에 대한 확실한 이해를 위해 필수적인 적극적 경청의 격려, 재진술, 요약의 기술에 중점을 두었다. 적극적 경청이 중심이며, 이 기술은 핵심적이다.

이 장에서 소개한 내용, 수업, 또는 비공식적 학습을 통해서 알게 된 것들 중에서 가장 인상 깊게 다가온 한 가지 생각은 무엇인가? 당신에게 가장 크게 다가오는 그 생각이 다음 단계로 가는 방향을 안내해줄 것이다. 점검의 활용에 대해 어떠한 생각이 드는가? 신중하고 의도적인 연습에 어떻게 참여할 계획인가? 인종과 민족성에 대한 당신의 견해는 무엇인가? 이 장에서 당신을 사로잡은 가장 유용하고 흥미로운 개념들이 있다면 무엇인가? 자신만의 스타일과 이론을 형성해나가는 데 이 장에서 다룬 개념과 생각을 어떻게 활용할 수 있는가? 일기를 쓴다면, 지금까지 발전하는 과정에서 어떠한 경향을 찾아볼 수 있는가?

▶ 제니퍼에 대한 논의

적극적 경청은 우리에게 행동을 취하고 결정을 내리기를 요구한다. 우리가 듣는 것(선택적 주의집중)은 내담자가 자신의 고민을 어떻게 털어놓는지에 대해 막대한 영향을 끼칠 것이다. 내담자가 많은 정보를 빠르게 말할 때, 우리는 보통 혼란스러움과 압도됨을 느낀다. 이러한 내담자의 진술을 정확하고 전적으로 듣기 위해서는 심도 있는 적극적 경청이 필요하다.

개인 상담을 하는 것이 우리의 역할이었다면, 제니퍼 부모님의 이혼과 그녀의 핵심 단어를 반복 진술하는 격려를 통해 지금 순간 그녀에게 가장 중요한 문제에 초점을 맞출 수 있다(예: '당신의 어머니와 아버지는 이번 주 초에 당신에게 전화를 걸어 이혼한다는 사실을 알렸어요'). 이를 통해 조금 더 집중된 이야기와 무슨 일이 발생하고 있는지를 알 수 있을 것이다. 이 문제에 대해 전적으로 이해하게 되면, 다른 문제들에 대해서도 이야기하도록 넘어갈 수 있을 것이다.

다른 가능성은 제니퍼가 이야기한 것을 가능한 한 간결하고 정확하게 요약하는 것이다. 이것은 그녀가 제시한 몇 가지 관점의 핵심을 잡아, 그것을 그녀에게 다시 말해주

는 것이다. 그녀의 생각과 감정에 얼마나 가까웠는지를 보기 위해 점검할 수도 있다(예: '지금까지 당신을 정확하게 들었나요?') 그리고 그녀에게 '당신은 많은 것을 이야기했어요. 오늘 어떤 것부터 시작하고 싶은가요?'라고 질문할 수 있다.

만약 당신이 학부생 담당 상담자(대학의 수강신청 등을 돕는 상담자 겸 행정가)이고 개인적인 주제를 다루지 않는다면 당신은 선택적으로 자신의 전문 영역인 학습 주제에 주의를 기울이고, 개인 상담을 위해서는 제니퍼를 다른 상담자에게 의뢰할 수 있다.

이 상황은 당신이 했던 것과 어떻게 비교될 수 있는가?

7장
감정 반영:
내담자 경험의 근간

감정 반영: 내담자 경험의 근간
격려, 재진술, 요약: 적극적 경청의 핵심 기술
질문: 의사소통 시작하기
관찰 기술
주의 기울이기와 공감
윤리, 다문화적 역량, 긍정심리학과 건강증진적 접근

감정 반영하기는 지속적인 자기 탐색과 통찰이 수반되는 행위로서, 탐색의 종결에 따른 평가적 반응이다.

_Carl Rogers(재진술)

'감정 반영'의 목적

감정 반영에서 해야 할 일은 일상 감정을 분명히 아는 것, 즉 '문제의 핵심'을 아는 것이다. 많은 상담 이론가들과 전문가들은 감정 반영하기가 상담에서 가장 중요한 세부 기법이라는 것에 동의할 것이다. 내담자의 말과 생각, 행동의 기저에는 감정과 정서가 있는데, 이것이 동기가 되고 행동을 유도한다.

7장의 목표

감정 반영에 대한 알아차림, 지식, 기술, 행동은 다음과 같은 것을 할 수 있게 한다.

▲ 내담자를 기본적인 경험에 머무르게 한다. 회기가 지나치게 말로만 진행되거나 지적인 내용으로 채워질 수 있는데, 그럴 경우 깊은 감정으로 들어가지 못한다.

▲ 내담자의 감정 세계를 풍부하게 하여, 상담자의 공감적 이해를 증대시킨다.

▲ 문제나 결정에 직면할 때나 중요한 타인을 대해야 할 때, 또 자신을 이해하는 방법을 찾아야 할 때

내담자는 혼란스럽거나 모순된 감정을 겪게 되는데, 내담자가 이를 스스로 탐색하거나 골라내도록 돕는다.

토머스 : 어릴 적 제 아버지는 항상 술에 절어 있었죠. 그렇다고 그것이 그렇게 싫지는 않았어요. 저한테 별 피해를 주지는 않았거든요. 지금까지는 그랬어요. (잠시 멈춤) 그런데 나중에 제가 고향에 돌아왔을 때 아버지가 어머니께 한 짓은 두고 볼 수 없었어요. 정말 끔찍했죠. (이마에 주름이 잡힌 채로 긴장하며 아래를 응시한다) 어머니는 왜 참고만 있을까요? 진짜 모르겠어요. (알 수 없다는 표정으로 당신을 본다) 어느 날 저녁에 어머니와 제가 차를 마시고 있는데 아버지가 들어왔어요. 현관문에 걸려 넘어질 뻔하고선 화를 내더군요. 그리곤 어머니를 마구 패기 시작했어요. 말렸죠. 전 아버지를 때릴 뻔했어요. 저도 엄청 열 받았거든요. (눈에 분노가 나타난다) 어머니가 걱정되었어요. (얼굴에 분노와 두려움이 살짝 비치는 듯하다. 몸이 긴장하고 있음을 상담자가 알아차린다)

6장에서 기술하였듯이, 재진술하기는 내담자가 하고자 하는 말의 요점을 피드백하는 것과 관계가 있다. 반면에 감정 반영하기는 정서를 관찰하고 정확히 명명하며 나아가 이것을 내담자에게 반복적으로 되돌려주는 것과 관계가 있다. 이 둘은 아주 밀접히 관련이 있으며, 흔히 함께 진술하게 된다. 그렇지만 결정적인 차이가 분명히 있는데, 내용에 주목하는가(재진술하기), 아니면 정서에 주목하는가(감정 반영하기)이다.

그 차이를 명확히 알고자 한다면, 위에서 살펴본 토머스의 진술을 그 내용에 주목하여 재진술해보기를 권한다. 그 다음에 정서에 주목하면서 감정 반영하기로 기술해보라. 당신은 감정 표현을 기술하라는 요구를 이전에 받아본 적이 없을 것이다. 따라서 당신의 직관을 활용하고, 내담자의 핵심 감정 단어들에 주목해보라. 당신이 활용할 수 있는 기본 문장은 다음과 같다.

재진술: 그래요, 토머스. 당신이 ……라고 말한 것을 잘 들었습니다.
감정 반영: 그래요, 토머스. 저는 당신이 ……을 느끼고 있는 걸 느껴요.

당신의 반응과 우리의 생각을 비교해보기를 원한다면, 아래 '도입' 부분을 참고하라.

▶ 도입: 감정 반영

Carl Rogers는 우리에게 경청이 얼마나 중요한지를 충분히 알려준 아주 중요한 이론가

이자 임상가이고, 유명한 저자이기도 하다. '감정 반영'이라는 용어를 널리 알린 그의 공로에 감사를 표한다. 그의 저서『인간적 성장(On Becoming a Person: A Therapist's View of Psychotherapy)』(1961)에서 경청, 특히 감정 반영하기는 중심 논제가 되었다.

감정 반영하기의 정의는 아래 표에 정리되어 있다. 여기에 정리된 경청 기술을 활용하면 특정한 결과를 기대할 수 있을 것이다.

감정 반영하기	기대할 수 있는 결과
내담자의 핵심 감정을 확인하고, 정서적인 경험을 분명히 하도록 피드백하라. 어떤 내담자의 경우 감정에 대한 단순한 인식이 더 적합할 수도 있다. 종종 재진술하기 및 요약하기와 함께 활용할 수 있다.	내담자는 자신의 정서 상태를 더욱 완전히 체험하고 이해할 것이다. 나아가 자신의 정서와 감정을 더욱 심도 있게 진술할 것이다. 내담자는 상담자의 반영을 더 정확한 표현으로 바꿀 수도 있다.

▶ 재진술과 감정 반영

재진술하기는 내담자의 진술에서 그 내용에 중점을 두어야 한다. 그리고 어떤 대화가 오고 갔는지를 분명히 해야 한다. 토머스의 경우, 내용은 아버지의 술주정 내력과 어머니의 순종 및 수용을 포함하고 있다. 물론 내담자가 최근에 고향에 돌아왔을 때의 구체적인 상황도 포함하고 있다. 재진술하기는 대화 내용 모두를 당신이 경청하고 있었음을 내담자에게 알려줄 것이며, 나아가 내담자가 더 많은 이야기를 하도록 격려할 것이다.

재진술하기: 토머스, 아버지는 아주 오랫동안 술을 마셨고, 어머니는 그것을 다 받아주었어요. 그런데 이제 아버지가 폭력을 휘두르기 시작했고요. 그래서 이제 그를 때려주고 싶은 충동이 일어나네요. 맞나요?

감정 반영하기: 토머스, 당신은 최근에 일어난 일 때문에 **상처를 받았고**, **화도 나고**, **걱정도 되는군요**. (가장 기본적인 감정 반영하기는 '정말 상처를 받았어요', '당신은 화가 났군요', '당신은 걱정이 되는군요'일 것이다)

감정을 이끌어내고 그것을 반영함에 있어서 첫 번째 과제는 내담자의 핵심 감정 단어를 제대로 인식하는 것이다. 내담자의 이러한 감정이 대화 내내 분명히 드러났으므로, 당신은 내담자가 그러한 감정을 가지고 있음을 확신할 수 있을 것이다. 그리고 다음 단계에서는, 아직 말하지 않은 것을 내담자가 탐색하도록 돕는 것이다. 예를 들면 '당신의 **보살피려는 마음**을 들어요. 당신은 무척이나 이 문제를 해결하고 싶군요'라고 할 수도 있다.

▶ 감정 반영 기법

감정 반영하기는 내담자가 다양한 방식으로 하는 전형적인 표현들을 포함하기 때문에, 재진술하기와 다소 비슷하다고 할 수 있다. 이때 **감정**과 **정서**는 거의 같은 의미로 사용될 수 있다. 전형적인 감정 반영하기는 다음의 요소들로 구성된다.

기본 문장 사용할 기본 문장을 정리하라. 이를테면, '당신이 ……를 느끼고 있다고 들었어요', '당신의 감정은 ……한 것 같군요', '당신의 ……한 감정을 알아차릴 수 있네요' 등이다. 안타깝게도 이와 같은 문장은 너무 흔히 사용되어 무성의하거나 진부하게 여겨진다. 연습하면서, 기본 문장을 수정하기를 원할 것이고, 때로는 완전히 뺄 수 있다. 내담자의 이름을 불러주거나 '당신' 등의 적절한 호칭을 사용하는 것이 기본 문장을 다소 부드럽고 개인적인 표현으로 만들 수 있다.

감정 명명 정서 단어나 감정 명칭을 기본 문장에 추가해보라('조녀선, 당신은 …… 때문에 기분이 상한 것 같군요', '오늘은 행복해 보이네요', '오늘은 기분이 가라앉은 것 같군요' 혹은 '오늘은 정말 기분이 안 좋은 것 같네요'). 복합 감정일 경우는 여러 개의 정서 단어를 사용해도 된다('마야, 오늘은 기뻐 보이면서도 슬픈 것 같네요')

맥락 또는 간단한 재진술 간단한 재진술하기를 첨가하여 감정 반영하기를 확장할 수 있다. '~에 대하여(about)', '언제(when)', '왜냐하면(because)'은 감정 반영하기에 맥락을 더하는 많은 단어 중 세 가지 예다('조녀선, 지난 2주 동안 일어났던 일들과 관련하여 (about) 기분이 안 좋은 것 같군요', '마야, 집을 떠나야 하기 때문에(because) 한편으로는 기쁘지만 한편으로는 슬프겠군요').

시제 및 즉시성 감정 반영하기에서 현재 시제('지금 당신은 화가 나 있군요')는 과거 시제('그때는 화가 났겠군요')보다 더 적절한 경우가 많다. 어떤 내담자는 현재 시제의 사용이나 '여기, 지금 당장'이라고 말하는 데 어려움을 토로하기도 한다. 어떤 경우에는 '그때, 거기'처럼 과거의 감정을 반영하는 것이 도움이 되고, 내담자를 편하게 해줄 수 있다.

점검 당신의 감정 반영하기가 정확한지 점검하라. 감정이 말로 표현되지 않았을 경우, 이는 특히 유용하다('오늘은 화가 난 것 같군요. 제가 제대로 들은 것인가요?'). 그러나 내담자의 진술 속에 말로 표현되지 않은 감정도 상당히 많이 있다. 내담자는 그것을 자각하고 있을 수도 있고, 그렇지 않을 수도 있다. 말로 표현되지 않거나 암묵적(implicit) 감정은 흔히 있는 것이지만 언제나 그런 것은 아니며 비언어적으로 표현된다. 토머스가 이마에 주름을 잡고 아래를 응시하면서 긴장된 것(긴장과 혼란의 심리 상태를 드러낸 것으로 보인다)이 한 예가 될 것이다. 아버지를 때릴 것이라고 말하는 중에 분노와 공포가 눈에 비친 것, 분노와 공포의 감정이 뒤엉켜 눈에 나타난 것 등도 좋은 예가 된다. 아버지의 음주가 최근까지도 크게 거슬리지는 않았다고 말한 것에 주목하라. 그렇지만 실제로는 그렇지 않았던 것 같다. 나중에 그의 가족사를 탐색해보는 것이 유용할 것이다. 내담자가 가족의 음주에 대하여 오랜 세월에 걸쳐 깊은 감정을 가지고 있었음을 부인하였는가? 그렇지만 이 시점에서 집중해야 할 문제는 이야기를 끌어내는 것이다. 그때 내담자의 감정을 면밀히 살피는 것이다. 위기 그 이상까지 개입한다면, 이 모든 것이 내담자에게 지금 무슨 의미가 있겠는가?

감정은 양파 껍질처럼 겹겹이 층이 있다. 내담자가 혼란, 상실, 좌절 등의 정서적 어조에 대하여 말할지도 모른다. 아니면 직접적으로 대놓고 단순 명료한 감정을 드러낼 수도 있다. 그런데 계속 들어주면서 반영하기를 지속하면 내면의 복잡한, 그리고 때로는 상반된 감정이 드러나는 경우도 흔히 있다. 예를 들어 내담자가 배우자와의 관계가 절망적이라고 하는 경우를 보자. 절망감에 대해 반영하기를 통하여, 그 배우자가 너무 무관심하여 화가 났었음을, 관계가 단절되면 외톨이가 되는 것이 두려웠음을, 그 배우자에게 아직 애정이 조금 남아 있음을 내담자가 인식하도록 함으로써 대화를 이끌어낼 수 있다. 이 모든 과정의 한가운데에서 그 상처는 중요하게 남은 것 같다.

잠재적인 폭력성에 먼저 주목할 필요가 있다. 그렇지만 내담자의 핵심 감정 단어를 반복함으로써 재진술하기와 감정 반영하기를 결합하는 것은 적절할 수도 있다. 이를테면 다음과 같이 반복해서 말해주는 것이다. '당신은 지금 그것 때문에 정말로 상처를 받았군요', '아버지가 엄마를 때려서 화가 나지요', '아버지의 음주가 점점 악화되어 걱정이 되는군요'. 재진술에 감정을 결합하면 내담자의 감정을 인정해주는 것이며, 더 많은 이야기를 하도록 격려할 것이다.

토머스, 당신은 이런 상황에 지금 마음 아파하고 있군요. 내 눈에도 당신이 화난 게 보이네요. 제가 틀렸나요? (내면의 감정을 반영하는 핵심 단어를 사용하라)

아버지가 어머니를 때리지 못하도록 막으려니 여러 감정이 올라올 것 같네요. 분노가 일기도 하고, 어떻게 될까 두려움도 조금 느낄 것 같네요. 제가 당신의 마음을 제대로 알고 있는 것 같나요? (여기서 주목해야 할 것은 말로 표현되지 않은 비언어적 감정이다. 그리고 당신이 진정으로 내담자와 함께 하고 있음을 확인하기 위하여 점검이 특히 요구된다)

토머스, 아버지가 수십 년 동안 술을 마셨다고 들었어요. (재진술하기) 그러면서 당신의 분노, 슬픔, 혼란 등 여러 가지 감정에 대해 들을 수 있었어요. 그리고 당신이 어머니와 아버지를 너무 많이 보살피고 있다는 점도요. 제가 당신의 마음을 잘 알고 있는 것 같나요? (다수의 감정을 요

약했다는 점, 내담자가 폭넓게 생각할 수 있도록 하였다는 점에서 이것은 넓은 의미의 반영이라 할 수 있다)

내담자가 자신의 상황을 말하고 나서, 당신이 그의 진술을 충분히 듣고 감정 반영하기를 충분히 수행하였다면, 내담자는 여러 가지 가끔 상반되기도 하는 감정을 추스를 수 있을 것이다. 나아가 목표를 정하고 실천 계획을 수립할 수 있을 것인데, 이 모든 것은 그의 어머니와 가족 모두에게 유용하고 건설적인 실천적 행동으로 작용할 것이다.

▶ 공감과 온정

토머스와 같은 내담자를 상담하고 있다면, 내담자가 당신의 온정과 도움을 필요로 하고 있음을 바로 알 수 있을 것이다. 온정, 적절한 미소, 존중과 배려는 공감적 이해의 기본이다. 온정은 말과 그에 수반되는 비언어적 표현(목소리의 어조나 표정)에서 나타나는데, 공감과 긍정적 변화를 붙여주는 접착제 같은 것이라 할 수 있다. 물론 온정이나 공감 같은 것 없어도 변화는 가능하다. 그렇지만 효과가 적고 변화에 시간이 많이 필요할 수도 있다.

이 회기에는 당신의 모습을 영상물로 촬영해볼 것을 제안한다. 회기를 검토하고 동료의 피드백을 받도록 하라. 상담이 끝난 후에도 미소와 온정은 내담자의 가슴에 남아있을 것이다.

▶ 상담 예시: 엄마가 암에 걸렸는데 형제들은 돕지 않아요

암이나 AIDS, 또는 여타의 심각한 질환을 확진하는 것은 그 자체로 상당한 심리적 부담이 된다. 업무에 바쁜 의사나 간호사가 환자의 마음을 고려하지 못할 수 있다. 환자의 가족을 보살필 시간은 더욱 부족할 것이다. 질환은 두려움의 경험이고, 의료진들과 마찬가지로 환자의 가족, 친구, 이웃 등도 질환을 다루기는 어렵다.

아래 축어록은 감정 반영하기의 실례를 잘 보여준다. 이것은 두 번째 회기에 해당하며, 제니퍼가 방금 내담자 스테파니를 상담실에서 맞이하였다. 제니퍼는 간단한 인사를 나눈 후 내담자가 준비되었음을 확인하였다.

이 회기에서 제니퍼가 사용한 주요 기법은 감정 반영하기이며, 감정을 이끌어내기 위한 몇 개의 질문들이 사용되었음을 주목하라. 인간의 변화와 발전이 대체로 감정의 경험에서 비롯한다는 사실에 미루어볼 때, 이 기법은 상담 이론 전반에서 핵심 기법이라 할 것이다.

상담자와 내담자의 대화	상담 과정에 대한 해설
1. *제니퍼:* 스테파니, 그러니까 어머니는 좀 어떤가요?	제니퍼는 가장 중요한 문제가 무엇인지 사전에 알고 있었다. 따라서 첫 번째 질문에서 이 문제를 바로 꺼냈다. 이와 같이 어려운 회기에서는 회기 내내 공감적 온정을 보이는 것이 특히 중요하다.
2. *스테파니:* 글쎄요, 검사 결과가 나왔는데 마지막 결과는 꽤 좋았거든요. 그렇지만 너무 속상했어요. 암이란 것이, 장담할 수가 없어요. 어찌나 힘든지……(잠시 멈춤).	스테파니는 말을 빨리 했는데, 목소리는 다소 부드러운 어조였다. 그리고 '암'이라는 단어를 말할 때는 우울해 보였다.
3. *제니퍼:* 지금 정말 속이 상하고 걱정이 되는군요.	제니퍼는 내담자의 정서 단어('속이 상하다')를 사용했다. 그리고 표현하지 않은 걱정이라는 감정을 표현했다. 그리고 '지금'이라는 단어를 사용함으로써 그 감정에 현실성을 부여하였다. 현명한 대처였는지는 두고 봐야 할 것 같다. (필요한 말과 비언어적 온정, 개인적인 진정성이 상호교환적 공감의 활용)
4. *스테파니:* 그래요. 엄마가 암으로 한바탕 병치레를 하고 난 이후로……(잠시 멈춤), 저는 한시도 마음이 편하지 않았어요. 너무 걱정이 되었거든요. 엄마는 예전의 모습과 너무 달라졌어요. 더 요양을 해야 하는데, 대장암은 정말 무서워요.	말로 표현되지 않은 내담자의 감정을 이야기할 수 있도록 내담자를 도우면, 내담자는 '맞아요'라고 하거나 그와 유사한 말을 하고 고개를 끄떡인다. 감정을 명명하고 인정해주면, 감정을 명료화하는 데 도움이 된다.
5. *제니퍼:* 무서우세요?	내담자가 사용한 핵심 단어를 반복하는 것은 내담자가 문제를 더 깊이 있게 진술할 수 있도록 해준다. (상호교환적 공감)
6. *스테파니:* 네, 엄마 때문에도 무섭지만 제 자신을 생각할 때도 무서워요. 의사들은 대장암이 유전될 수 있다고 했어요. 엄마는 대장암 2기인데 우리는 정말로 신중하게 진행 상황을 살펴봤어요.	예상되는 결과가 도출되었다. 스테파니는 두려움이라는 감정이 어디서 비롯하는지를 정확하게 짚어낸 것이다. 얼굴에 두려움이 비춰졌고 많이 지쳐 보인다.

7. *제니퍼:* 그래요, 이제 두 가지를 확인할 수 있네요. 당신은 어머니의 수술을 지켜보았고, 그건 두려운 일이었죠. 전에 이런 말을 한 적이 있지요? 의사들이 암 덩어리들을 전부 제거했지만, 어머니는 마취에 문제가 있었고 그것이 무서웠어요. 가족들은 다들 멀리 떨어져 있어서 당신이 전적으로 어머니를 보살펴야 했고, 당신은 너무나 외로웠어요. 충분히 두려운 상황이지요. 더구나 당신이 유전적으로 암에 취약하다는 사실이 두려울 수밖에 없을 거예요. 결국 당신은 너무나 버거운 상황에 압도당했다고 할 수 있을 것 같아요. '압도당했다'라는 말이 적절한가요?	이 시점에서 제니퍼는 지금까지의 대화를 요약하기로 했다. 첫 번째 회기에서 확인되었던 주요 감정 단어 몇 개를 이번 회기에서도 반복하였다. '압도당하다'라는 단어를 새로 추가했는데, 전체적인 상황을 관찰하고 스테파니가 얼마나 힘든 상황인지를 고려한 것이다.
	  '압도당하다'와 같은 단어는 시험적으로 사용해볼 수 있다. 이 단어는 그 시점에서 내담자로 하여금 많은 감정을 쏟아내게 할 수 있다.
	  제니퍼가 점검(check-out)을 한 것은 현명한 대처였다. (추가적 측면과 온정을 포함한 상호교환적 공감)

8. *스테파니:* (즉시) 맞아요, 저는 완전히 압도당했어요. 너무 지쳤고 정말 무서워요. 저한테 너무 화가 나요. (잠시 멈춤) 그런데 화를 낼 수도 없어요. 엄마는 지금 제가 필요하잖아요. 뭔가 더 해주지 못하는 제 처지를 생각하면 죄책감이 들지만요. (흐느끼기 시작한다)	이와 같은 감정 반영하기는 상담자가 회기의 초반에 기대했던 것 이상으로 감정을 풍부하게 이끌어낼 수 있는 것으로 판단된다. 스테파니는 이제 자신의 문제를 이야기하고 있다. 그러면서 더 기본적인 감정에 접근해 있다. 스테파니가 이전에는 운적이 없었는데 지금 울면서 감정을 드러내고 있고, 상담자에게 신뢰가 생겼다는 점에서 이러한 현상은 아주 좋은 것이다.

상담자와 내담자의 대화	상담 과정에 대한 해설
	스테파니와 같은 환자의 보호자는 보통 소진되며, 자기 자신을 보살필 필요가 있다. 아픈 사람에게 초점이 주로 맞추어지면, 갑자기 모든 책임을 떠맡게 된 환자 보호자에게는 주의를 기울이지 않게 된다.
9. *제니퍼*: (잠시 가만히 앉아 있는다) 스테파니, 당신에게는 지금 너무나 많은 일이 일어났어요. 그런데 그 많은 일을 혼자서 다 해야 했어요. 잠시만 당신을 위하여 여유를 좀 갖는 것이 어떨까요? 그리고 그 상처를 느껴보면 좋겠네요. (스테파니가 울 때, 제니퍼가 언급한다) 다 털어놓아요. 괜찮아요.	스테파니는 이 모든 상황을 견뎌내고 있고, 자신의 감정을 체험할 필요가 있다. 개인적으로 감정 체험이 불편하지 않다면, 이와 같은 감정의 환기는 도움이 된다. 이와 더불어 어느 시점에서는, 다소 덜 감정적인 방식으로 스테파니의 상황을 같이 이야기하는 것이 필요하다. 다시 한 번 강조하지만, 공감과 온정은 정말 중요하다.
10. 스테파니: (계속 울지만 흐느낌이 잦아든다)	감정 반영을 위해 정서를 다룬 책들을 공부하는 것이 도움이 된다.
11. *제니퍼*: 스테파니, 당신의 상처와 고독을 느낄 수 있어요. 그런 감정을 느낄 수 있는 당신의 역량을 존경해요. 그건 당신이 자신을 보살핀다는 걸 보여주죠. 자, 이제 바로 앉아서 숨을 한 번 크게 쉬어보시겠어요?	내담자가 똑바로 앉아 울음을 그친다. 그리고 상담자를 다소 조심스럽게 쳐다본다. 휴지로 코를 훔치고 숨을 크게 들이 쉰다. 여기서 제니퍼는 세 가지를 하였다. (1) 스테파니의 '지금 여기' 감정을 반영하였다, (2) 이러한 감정들에 내재한 긍정적 자산과 힘을 확인하였다, (3) 스테파니가 숨을 크게 쉬도록 하였다. 의식적으로 숨을 쉬는 것은 이들 감정을 한곳에 모을 수 있도록 해준다. (추가적 공감)
12. 스테파니: 이제 괜찮아요. (잠시 멈춤)	스테파니는 눈물을 닦고 계속해서 숨을 들이 쉬었다. 다소 안정이 되어서 감정을 얼마간 표출하였다.
13. *제니퍼*: 그런 큰 부담을 너무 오랫동안 마음속에 담아 두셨네요. 당신이 우는 것은 처음 보았어요. 그렇지만 그처럼 힘든 일을 당신은 해냈잖아요. 당신은 그만큼 강해요. 그리고 또 강해져야 해요. 당신이 얼마나 강한지, 그리고 보살피는지가 잘 드러나요. 강하기 때문에 울 수도 있는 거예요.	제니퍼는 스테파니에게 자신이 관찰한 결과를 피드백하였고, 자신이 확인한 긍정적 힘도 설명해주었다. 스테파니의 간병 태도에 내재한 긍정적인 일면을 짚어줌으로써 재구조화하기(11장 참고)를 제시하였다. (추가적 공감)
14. 스테파니: 고마워요. 하지만 여전히 죄책감이 생기는 것은 어쩔 수가 없네요.	스테파니는 이제 자신을 다시 제어할 수 있게 되었다.
15. *제니퍼*: 죄책감이 드세요?	가장 기본적인 감정 반영하기로서 반복 진술의 형식을 띠고 있다. 스테파니가 감정의 의미를 자세히 기술할 것으로 기대할 수 있다. (상호교환적 공감)
16. 스테파니: 누구에게 하소연해야 하나요? 엄마는 2기 암으로 고생하고 계세요. 저는 그저 오빠들에게 엄마를 한 번이라도 보러 오라고 말하고 싶을 뿐이에요.	기대는 분명히 나타난다. 스테파니가 자신의 죄책감에 대해 보다 자세히 말하고 있다. 스테파니가 필요 이상의 책임을 떠맡는 '과부하형'인 것을 알려주는 징후를 포착하기 시작했다.

상담자와 내담자의 대화	상담 과정에 대한 해설
17. *제니퍼*: 어머니는 암으로 고생을 하고 있지만, 당신도 그에 못지않게 힘들었고 두려웠어요. 오빠들이 오지 않아서 당신이 죄책감이 든다는 건가요?	우선, 제니퍼는 스테파니의 고통과 공포를 반영하였다. 폐쇄형 질문으로 감정 반영하기와 함께 죄책감을 분리해내었다. 이러한 경우 그 질문은 점검의 역할을 한다. (상호교환적 공감)
18. *스테파니*: 글쎄요, 매일 전화를 해서 지금 상황이 어떤지 말했어요. 전화상으로는 금방이라도 올 것처럼 말했지만 실제로는 한 번도 오지 않았어요.	스테파니가 말을 점점 빨리한다. 주먹은 꼭 쥐고 있다.
19. *제니퍼*: 약간의 분노가 느껴지는데요? 제가 제대로 보는 건가요?	제니퍼는 표현되지 않은 감정을 반영하기 위해 비언어적 관찰을 사용하였다. 스테파니가 자신의 분노를 부인할 수 있으므로 점검을 포함시켰다. (제니퍼가 더 기본적인 감정을 관찰하고 있으므로 추가적 공감)
20. *스테파니*: 제가 죄책감을 갖는 것은 그들이 오도록 제가 설득하지 못했다는 거예요. (오래 생각함, 잠시 멈춤) 아니에요, 그게 맞아요. 오빠들은 왔어야 해요. (화를 내며) 다들 직장이 있고 시간 내기가 어렵다는 것도 알아요. 그렇지만 엄마잖아요. (잠시 멈춤) 이번만 이러는 게 아니에요. 전화도 자주 안 해요. 오빠들은 자기들 세계에서 잘 살고 있는 거예요. 이번 연휴에는 올지 모르겠네요. 작년 연휴에는 오지 않았어요.	스테파니가 가족 전체를 대신해서 부양의 책임을 맡고 있는가? 자신의 감정을 탐색하면서 그녀는 새로운 발견에 눈을 뜨기 시작한다.
21. *제니퍼*: 스테파니, 지금 제가 듣기로 당신은 오빠들이 전혀 도움이 안 되고 관심도 안 보여서 정말 화가 난다고 하였는데요.	전형적인 감정 반영하기에서 고려할 사항 1. 통상적으로 내담자의 이름이나 '당신 등의 적절한 호칭'을 사용하는 기본 문장('제가 당신에게서 ……라고 들었어요'). 2. 감정이나 감정에 명명하기(분노) 3. 감정 이면에 내재한 사실이나 원인 4. 감정을 현재의 시점('지금 여기')으로 가져오기. (상호교환적 공감)
22. *스테파니*: 어떤 일도 있었는지 아세요? (더 많은 사건이 진술된다)	반영하기는 스테파니가 오래 품고 있었던 사연, 즉 오빠들에 대한 좌절과 분노 등을 털어놓게 하였다.
(23~30. 생략)	이 대화를 통하여 스테파니는 오빠들에 대한 감정을 탐색할 수 있었다.
31. *제니퍼*: 그래요, 스테파니. 오늘은 오빠들에 대한 당신의 분노와 실망을 이야기했어요. 이전에 당신이 깨닫지 못했던 것을 많이 알게 되었을 거예요. 오빠들이 제대로 하고 있지 않은 것에 대해서 죄책감을 느끼거나, 오빠들 몫까지 당신이 해야 한다는 것이 이제 말이 안 된다고 말하는 것 같은데요. 제가 보기에 당신은 여전히 희망이 있으며, 문제에 더 적극적으로 다가갈 수 있을 것 같아요.	개입하는 논의가 요약되었다. 스테파니의 죄책감과 분노는 더 많이 이해되었다. 이로써 후일의 개방형 대화에서도 그녀는 훨씬 자유로울 수 있을 것이다.

상담자와 내담자의 대화	상담 과정에 대한 해설
32. *제니퍼*: 이제 주제를 조금 바꾸어보았으면 싶네요. 지금까지는 당신의 근심거리와 고충을 나누었어요. 그러면서 이런저런 이야기도 더 했지요. 지난 몇 달 동안 당신은 많은 일을 했고 또 그럭저럭 잘 버텨왔어요. 이제 지난 세 달 동안 당신을 버티게 해준 강점과 다른 어떤 것들을 저와 공유할 수 있을까요?	어떻게 정리하는 것이 이 회기를 제대로 마무리하고 다음 단계나 주제로 옮겨가는 데 도움이 될지 생각해보라. (상호교환적 공감 및 잠정적으로 추가적인 공감) 제니퍼는 1회기 내내 스테파니의 문제와 도전 과제를 주의 깊게 들었다. 그리고 이것을 2회기에서도 지금까지 진행해왔다. 이제는 긍정적 자산을 모색해야 할 시기라고 그녀는 판단한다. 내담자가 자신의 긍정적 감정이나 생각, 행동을 찾을 수 있도록 도와준다면, 스테파니는 여타의 문제나 과제들에 대해서도 더욱 준비되고 강한 모습을 보일 것이다.

이제 당신은 상담을 시작하면서 감정 반영하기의 중요성을 확인할 수 있을 것이다. 이 기법을 완전히 익숙하게 사용하기까지는 다소 시간이 걸릴 수도 있다. 이 책의 다른 기법에 비하여 이 기법은 일상의 대화와 다소 다르기 때문이다. 그렇지만 감정 반영하기는 어떤 상담 이론의 전문가에게도 도움이 되는 중요한 기법이다.

우선은 내담자의 다양한 감정들을 면밀히 알아차릴 것을 제안한다. 그런 다음에 간단한 반영하기를 사용하여 그 감정들을 되짚어줌으로써, 내담자에게 그것을 일깨워주는 것이 좋다. 이에 자신감이 생기고 기법을 숙지하였다면, 작업 목록에서 반영하기의 범위와 적용 정도를 최종적으로 정할 수 있을 것이다.

더 논의하기 전에, 당신 자신의 개인적인 방식을 되돌아보기 바란다. 당신이 감정을 표현하는 것이 불편하거나 경험에서 감정을 논의하는 것이 그리 많지 않다면, 이 기법은 다소 어려울 것이다. 여기서 제시한 아이디어로 작업하면서, 당신의 개인적인 역사와 감정을 다루는 능력을 성찰해보기 바란다. 이 과정이 편안한가? 당신은 내담자의 문제를 심도 있게 탐색하는 데는 어려움이 있을 수 있다. 이 책에서 제시한 실습 과제는 당신을 자신의 경험적, 감정적 세계로 가게 하는 데 큰 도움이 될 것이다. 감정 반영하기로 실습할 때는 가능한 한 이 기법을 자주 사용하려고 노력해보라. 숙련 과정의 초기 단계에서는 이 기법을 질문하기, 격려하기, 재진술하기와 연계시켜 사용하는 것도 좋은 방법이다.

▶ 정서적 경험을 지각하고 잘 다루기

예술적 상담자는 내담자의 감정과 정서를 짚어낸다. 인간의 감정은, 의식하지 못할지라도 대체로 인간의 사고와 행동을 안내한다.

_Allen Ivey

대부분의 문화권과 사회 제도 속에 속한 사람들은 일상 대화에서 실제로 자신의 정서나 감정에 별로 주의를 기울이지 않는다. 하지만 이 영역의 역량과 기술은 여전히 당신이 효과적인 전문가가 되는 데 핵심 요소라 할 수 있다. 이 책을 전부 읽고 시험을 치른다고 해서 내담자의 기본적인 정서와 감정 경험을 실제로 찾아낼 수 있는 것은 아니다. 이 둘 사이에는 실질적으로 엄청나게 큰 괴리가 있다. 하나의 기술만 적용해보기로 정했다면, 우리가 가장 추천하는 것은 바로 이 기술이다. 왜냐하면 이것이야말로 실질적 작업 동맹 및 견고한 관계 형성의 기본이 되기 때문이다.

▶ 정서 언어

사람의 정서와 감정은 말로써 표현되지만 말을 사용하지 않고도 표현된다. 정서와 감정이 특히 중요할 때가 아니면, 대부분의 일상 대화는 정서와 감정을 무시하고 진행된다. 따라서 대부분의 사람들은 타인의 정서 경험에 주목하는 훈련이 되어있지 않다. 전문가들조차도 눈앞에 무엇이 일어나고 있는지 알아차리지 못하는 경우가 많다.

이 책은 **정서**와 **감정**이라는 단어를 교체 가능한 것으로 사용하고 있는데 특별한 언급이 없는 한 같이 사용할 것이다. 예로부터 상담에서는 기본 감정을 슬픔, 분노, 기쁨, 두려움의 네 가지로 분류하고 있다. 이와 같은 전통적인 규준은 세계의 모든 문화권에 적용될 수 있는 것으로 보였다. 그런데 다문화 연구에서 여기에 세 가지 기본 감정을 추가하였다. 놀람·경악, 혐오, 경멸(Ekman, 2009). 혐오는 경멸과 밀접한 관계가 있는데 종종 같은 감정으로 논의되기도 하였다.

감정은 정신적이면서 신체적이다. 토머스가 아버지의 행동에 분노를 표출했다면, 이는 생각의 너머에 있는 것이다. 편도체가 변연계 HPA축을 자극하면, 호르몬이 심장 박동을 빠르게 하고 혈압을 높인다. 그리고 호흡을 변화시키고 근육을 긴장시킨다. 당신이 토머스의 강점에 초점을 두고 긍정적 자산을 탐색하지 못하는 문제를 토론할 때, 토머스의 긴장이 완화되는 것을 보았다. 실행 중추인 전두엽 피질(TAP)의 긍정적인 감정이 자극을 받은 것이다.

이를 근거로 하여, Damasio(2003)는 이상에서 언급한 감정이 가장 기본적인 정서이며, **사회적 정서**(social emotions), 즉 죄책감, 부끄러움, 자부심, 쑥스러움 또한 기본 감정의 문화적 융합임을 확인하였다. 이를테면 죄책감은 변연계의 공포와 관계되지만, 실행 중추인 전두엽 피질의 결정 및 문화적 경험의 인식에 따라 조정될 수 있다는 것이다. 예를 들면 죄책감과 관련된 긍정적인 감정은 부모님이나 집단에 대한 사랑이다. 무언가에 대해 잘못된 것으로 여겨지는 행위는 감정에 기인한다. 내담자의 죄책감 체험을 감정 반영하기로 되짚어준다면, 내담자는 자신에게 복잡한 감정들이 내재해 있음을 알게 될 것이며, 내담자가 실제 있었던 일을 추려내고 그것에 대해 무엇을 하고 싶은지를 알도록 도와주게 된다.

전통적인 슬픔, 분노, 기쁨, 두려움에 비하여, 혐오와 놀람·경악은 상담에서 크게 주목을 받지 못하였다. 혐오(disgust)는 공포 및 화와 관계가 있다. 혐오는 냄새에 대한 감각과 관련이 있는데, 기원적으로 볼 때 상한 음식이나 배설물 등을 피하고자 진화한 산물로 여겨졌다. 그리고 그것은 매우 다양한 논제에 영향을 미치는 방향으로 진행되었다. 결혼 상담을 해보면 이와 같은 감정을 확인할 수 있을 것이다. 관계를 유지하기 위한 상담을 하는 것은 특히 어려울 것이다. 혐오감은 한 번 형성되면, 여타의 감정들에 비해 오래 지속되는 경향이 있기 때문이다.

무언가 새로운 것, 재미있는 것, 자극적인 것을 발견하였을 때의 놀람·경악 (surprise)은 긍정적일 수 있다. 새로운 관계를 맺거나 처음으로 친구에게서 선물을 받는 경우가 그렇다. 반면에 놀람·경악은 충격적이거나 공포를 수반하면 해로울 수도 있다. 예를 들어 개가 큰 소리로 짖으며 갑자기 달려들거나 가까이서 폭탄 소리를 들은 경우가 그렇다. 놀람·경악의 순간이 지나고 잠시 동안은 해당 상황에 맞는 긍정적 혹은 부정적 감정을 느끼게 된다.

상담에서 놀람·경악은 변화의 시작인 경우가 많다. 새로운 통찰, 혹은 유용한 직면 등은 내담자에게 놀람·경악으로 작용한다. 상담자와 내담자의 관계가 견고하다면, 놀람·경악은 유용한 도구가 된다.

감정 반영하기를 해야 한다면, 감정 어휘를 풍부하게 사용하여 이해의 깊이를 더해야 할 필요가 있다. 감정 단어들을 두고 브레인스토밍을 하는 것도 좋은 방법이다. 아래 목록에 4개의 기본 감정(슬픔, 분노, 기쁨, 두려움)과 혐오·경멸, 놀람·경악을 제시하였다. 단어 아래 빈칸을 관련 단어들로 채우되, 하나의 감정(단어)에 대하여 그 강도가 조금씩 달라지도록 하라. 예를 들어, 분노(mad)는 짜증(annoyed), 화(angry), 격노(furious) 등으로 쓸 수 있을 것이다.

슬픔	분노	기쁨	두려움	혐오·경멸	놀람

목록을 다 채웠으면 206쪽의 감정 목록과 비교해보라. 감정의 범주가 대부분 부정적인 것임을 주목하라. 혐오와 화, 공포는 각기 다른 방법으로 우리를 위험으로부터 보호

해주는데, 주로 편도체와 변연계에 분포한다. 슬픔은 보호받지 못했을 경우의 감정이므로, 실행 중추인 전두엽 피질(TAP)과 밀접한 관계에 있다고 할 수 있다. 기쁨과 행복감은 주로 전두엽 피질에 분포한다. 놀람은 기본적으로 방어 감정인데, 기쁨의 일부로서 다시 논의할 것이다.

상담자는 내담자의 언어로부터 감정을 찾아낼 수 있다. 그리고 그 감정들을 명료화하는 과정에서 그 감정들에 대한 이해를 적절히 반영할 수 있다. 그렇지만 어떤 경우에는 내담자의 말보다 행동(말로 표현되지 않은)이 더 중요할 수도 있다. 내담자의 단어들이 어조나 눈 맞춤, 몸짓 등과 적절히 조화를 이루는지를 생각해보라. 어조, 눈 맞춤, 몸짓 세 영역의 관찰은 내담자의 마음속을 진정으로 볼 수 있게 해준다.

▶ 내담자가 감정 표현을 더 혹은 덜 하도록 돕기*

우리는 내담자가 자신의 감정을 보다 충분히 표현하도록 격려하기를 원하는 경우가 많다. 하지만 감정이 너무 강렬해서 내담자가 숨을 고르고 통제력을 되찾도록 돕고 싶은 경우들도 있다. 다음 목록이 도움이 될 것이다.

비언어적 표현 관찰하기 호흡은 내면의 감정을 직접 반영한다. 급격한 호흡, 경직된 호흡은 극심한 신체적 경험이라는 신호다. 얼굴이 붉어지거나 동공이 축소·확장되는 것, 몸이 굳어지는 것, 어조의 변화 등도 주의 깊게 살펴보아야 할 것이다. 특히 말을 주저하는 것에 유념할 필요가 있다. 내담자가 순전히 인지적 차원에서만 자신의 문제를 말할 때, 당신은 내담자의 정서나 감정의 결여를 알아차릴 수 있다. 이것은 내담자가 감정을 다루기를 회피하고 있음을 보여주는 명백한 단서라 할 수 있다. 이러한 내담자의 경우 감정의 표현이라는 것이 문화적으로 적절하지 않은 것임을 주의할 필요가 있다.

내담자가 있는 곳에 함께 머물고 적절히 대처하기 당신은 내담자의 이야기를 주의 깊게 듣고 명료화해줌으로써 내담자와 하나가 될 수 있다. 이와 같이 관계를 돈독히 하고 신뢰를 얻게 되면, 내담자의 속도를 적절히 조율하여 내담자가 더 많은 표현을 하고 문제를 더 직접적으로 깨닫도록 유도할 수 있을 것이다. 대부분의 사람들이 감정의 끝자락까지 나아간다. 그다음에는 농담을 하거나 주제를 바꾸거나 지적인 분석을 하는 등 다시 감정에서부터 물러선다. 아래에 내담자의 속도와 감정 표현의 정도를 조율하는 방법이 제시되어있다.

---

* 이 부분은 Leslie Brain의 발상에 근거하여 기술되었다. Leslie Brain은 우리와 함께 연구한 대학원 학생이었는데 이 절의 주요한 내용을 제공하였다. 우리가 그녀의 발상에 새로운 내용을 다소 추가하기는 하였지만 그녀의 재치 있는 발상을 강조하고자 한다.

상황의 긍정적인 일면을 함께 이야기하기 이러한 작업은 내담자가 상황의 부정적인 일면을 회피하지 않고 꿋꿋하게 일어설 수 있도록 해준다. 상담자로서 당신은 신뢰하는 관계를 통하여 내담자에게 긍정적 자산을 제공할 수도 있다.

내담자에게 문제의 핵심에 거의 근접해 있는 것 같다고 말해줄 수 있다. '다시 돌아가서 한 번 더 해보지 않겠어요?', '그 말(혹은 부분)을 다시 말해보지 않겠어요?'

사용할 질문 고려하기 어떤 내담자의 경우 질문이 감정 탐색을 도울 수 있다. 신중하게 사용하는 것이 좋다. '지금 여기'의 기법을 활용하여, 현재 진행형으로 질문할 것을 권한다. '지금, 바로 이 순간, 기분이 어떠세요?', '이 문제에 대해서 이야기하는 바로 지금, 몸에 어떤 변화가 있나요?', '지금 당신은 무엇을 보고 있나요? 듣고 있나요? 느끼고 있나요?' 단어 '지금'과 현재 진행형('……하고 있나요?')은 현재를 체험하도록 하기에 아주 좋은 표현임을 유념하라.

반면 내담자가 자신의 감정에 거리를 두려고 하거나 상담자가 해당 감정에 대해 불편할 경우에는, '하다'와 '그때는'과 같은 단어를 사용할 수 있다. '무엇이 느껴지나요?', '그때는 기분이 어땠었나요?'와 같은 질문은 내담자를 '지금 여기'에서 벗어날 수 있게 해준다.

게슈탈트 기법 활용하기 이 실습은 몸으로 체험한 감정을 내담자가 잘 알 수 있도록 해준다.

내담자가 눈물, 격노, 절망, 즐거움, 흥분 등의 감정을 직접 체험하고 있다면, 당신이 편안하게 느끼는 정도가 내담자가 문제를 직시할 수 있도록 하는 데 영향을 미칠 수 있다. 당신이 특정한 정서나 감정에 편안하지 않다면 그것은 당신의 비언어적 행동으로 나타날 것이며, 내담자는 이러한 감정이나 문제에 대해서 더 이상 이야기를 진전하는 것을 피할지도 모른다. 적절한 당신만의 호흡과 문화적 맥락에 맞고 지지적인 눈 맞춤을 하는 것과 한편으로는 흐느낌, 외침, 몸을 흔들 수 있는 여지를 허용하는 것 사이에 균형감을 갖추는 것이 필요하다. 아래의 구절을 활용해보면 좋을 것이다.

저는 여기 있어요, 거기에도 있었어요.

바로 지금 여기에 당신과 함께 서 있지요. ……은 다 꺼내놓아요. 그래도 괜찮아요.

그런 감정은 아주 자연스러운 것이에요. 저는 당신의 이야기를 듣고 있어요.

당신을 보고 있어요. 숨을 쉬어요.

정서적 표현은 적절한 시간 동안 유지될 필요가 있다. 당신이 울고 있을 때는 2분도 긴 시간이다. 그 다음엔 '지금 여기'를 직시할 수 있도록 내담자를 돕는 것이 중요하다.

상담 중에 '지금 여기'로 방향을 재조정하기 위한 방법은 다음과 같다.

- 천천히, 리듬을 타는 호흡하기
- 상담자와 내담자가 내담자와 내담자의 상황에 내재한 긍정적인 강점을 같이 이야기하기
- 내담자가 표현된 감정에 반응할 수 있도록 직접적으로 또는 격려 차원에서, 또는 자기 보호적 단계에 대해 이야기하기
- 일어서서 걷기, 또는 앉은 자세에서 몸통과 골반을 바로 잡기
- 정서적 경험에 대해 긍정적으로 재구조화하기
- 내담자가 이야기를 여러 번 하는 것이 필요하며, 그럴 때마다 도움이 된다고 언급하기

감정을 다룰 때, 고통스런 트라우마를 간직한 내담자에게는 그 문제가 다시 각성될 가능성이 항상 있다는 것을 조심해야 한다. 이러한 경우에 초보 상담자는 내담자를 더 경력이 많은 상담자에게 상담받도록 의뢰할 수 있다. 여기서 제안한 2분의 감정 표현도 너무 길 수 있다. 그러한 경우에는 슈퍼비전과 자문을 권한다.

뇌과학 연구들은 인간이 타인에 대하여 측정 가능한 신체적·감정적 반응을 한다는 것을 보여주고 있다. 타인이 인종이나 정치적 성향 등에서 자신과 다를 경우, 그러한 반응은 타인에게 모종의 사회적·감정적 용어와 인지적 신념을 부여하는 것으로 귀결될 수 있다. 인간의 진정한 감정은 언어와 행위 내에 감추어져 있을 수 있다. 예를 들어 누군가를 좋아한다고 선언하거나 인종차별적 태도를 부인하는 것 등이 그것이다. 그러나 fMRI 검사는 엄청나게 다른 무언가를 보여준다. 진정한 감정이 무엇인지를 드러낼 때, 부정적인 감정의 영역은 두뇌에서 활성화된다는 것이다(Vedantam, 2010; West, 2007; Westen, 2007).

감정은 인간의 인지적 결정을 안내한다. 그리고 전두엽 피질(TAP)은 그러한 결정들을 조정하고 통제하고자 한다. 동시에 해마에 고정된 기억은 좀처럼 변하지 않는다. 인간이 인종에 대하여 가지는 태도 및 신념이 한 예가 된다.

▶ 감정 반영에서 긍정적 정서의 위치

슬픔 등의 부정적 감정을 기쁨과 대조해보면, 내면의 평화와 금욕적 평안에 이르게 할 수 있다.

_Antony Damasio

기쁨이든 단순한 만족이든, 긍정적 정서는 타인 및 타인의 환경에 반응하는 방식에 영향을 미치는 것 같다. 여러 연구에서 확인되었듯이, 긍정적 감정은 인간의 시각적 관심 영역을 넓히고 행동 방식을 다양하게 하며, 위기에 대처하는 능력을 증진시킨다. 게다가 긍정적 감정은 정보에 대한 유연성, 창의성, 통합성, 개방성을 추구하는 사고방식을

창출한다고 알려져 있다(Gergen & Gergen, 2005). 슬픔, 분노, 기쁨, 두려움은 정서 언어를 구성하는 한 방식이 된다. 그런데 기쁨과 관련된 단어, 즉 즐거움, 행복감, 사랑, 만족, 소속감, 흥분, 희열, 환희 등에는 더 주의를 기울여야 할 필요가 있는 것 같다.

감정을 느낄 때 뇌는 신체적 변화를 암시하는데, 전두엽 피질이 기본적인 기쁨의 감정 변화를 상기하고 기록할 때 긍정적 실행 중추인 전두엽 피질이 활성화된다. 편도체가 이 과정에 활기를 불어넣으면서 이완이라는 긍정적 신체 변화가 느껴지고 기쁨을 느낄 수 있게 된다(1장, 그림 1.3). 슬픔과 화를 느낄 때면 일련의 화학적 반응이 나타나는데, 대체로 이러한 변화는 비언어적으로 나타난다. 정서는 신체가 기능하는 방식을 변화시키며 나아가 당신의 사고 경험 전체에 대한 기초가 된다(Damasio, 2003). 내담자가 더 긍정적인 감정을 경험하도록 돕기 위해서는, 내담자의 건강함을 추구하게 하고 신체적으로 건강해지도록 촉진해야 한다. 긍정적인 정서의 입력은 긍정적인 정서와 감정의 출력을 유도한다. 당연한 말이지만, 건강한 신체를 획득하는 과정에는 부정적인 정서에 맞서는 과정이 대체로 포함되어 있다.

Mankato의 장수한 수녀들에 대한 연구에서는, 어린 시절에 최고의 긍정적인 경험을 한 여성들이 힘들게 어린 시절을 보낸 여성들에 비해 장수한다고 보고하였다(Danner, Snowdon & Friesen, 2001). 9·11 테러에 대한 스트레스 연구에서도 긍정적인 감정을 많이 경험하였던 사람일수록 우울증 지수가 낮았음을 확인되었다(Fredrickson, Tugade,

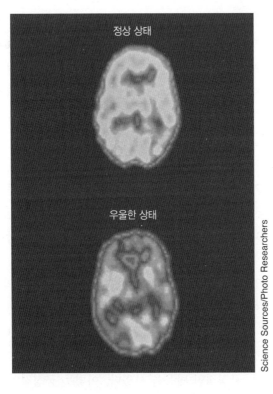

그림 7.1 우울한 사람과 정상 상태 사람의 뇌 활성화

Waugh, & Larkin, 2003). 회복적이고 정서적인 생활방식은 회복을 촉진시키고 코르티솔 호르몬의 손상을 감소시킨다.

웰빙(well-being)과 건강함에 대한 사례들은 실행중추인 전두엽 피질에 주로 위치하는데, 편도체에서 낮은 수준으로 활성화되고 있다(Davidson, 2004, p. 1395). 긍정적 경험에 대한 오랜 기억을 이끌어내는 것은 웰빙과 스트레스 해소의 방법 가운데 하나다.

[그림 7.1]은 우울한 상태와 정상 상태에 있는 뇌의 활동을 각각 보여준다. 이 그림에서 볼 수 있듯이, 긍정적인 감정의 부재 상태가 어떤 것인지를 알 수 있다. 우울증 상담은 도전적 과제일 수 있는데, 현재의 목표는 긍정적인 기능을 증가시키는 것이다. 부정적이고, 문제가 많은 이야기에만 초점을 맞추고 이러한 부정적인 감정들을 반영한다면, 우울증은 강화될 것이다. 그러한 이야기를 듣는 것도 필요하지만, 우리의 목표는 슬픔과 우울을 호소하는 내담자에게 긍정성을 찾아주는 것이다(당연한 말이지만, 우울증 상담이 효율적으로 진행되기 위해서는 약물 처방도 필요하다).

▶ 긍정적 반영 전략

내담자가 긍정적인 감정을 성찰하도록 돕는 데 도움이 되는 몇 가지 기법을 활용할 필요가 있다. 첫째, 내담자의 건강함과 긍정적 자산을 확인하라(2장 참고). 건강함 평가의 일환으로 건강함 상태와 관련 있는 긍정적 감정을 반영해야 한다. 예를 들면, 내담자는 영적 자아, 성적·문화 정체성, 과거·현재의 친구관계를 통한 보살핌과 온정, 연인관계를 통한 친밀함과 보살핌에서 안정감과 힘을 느낄 수 있다. 상담 회기 초기에 이러한 감정들을 확고히 하여 스트레스를 받는 순간에 이와 같은 긍정적 감정들을 이끌어낼 수 있다. 건강함 목록 중에서 어떤 것들은 긍정적 감정의 '저장고' 내지는 항상 뒤를 받쳐주는 경험이 되기도 하는데, 필요할 때 진가를 발휘한다.

감정 반영하기를 할 때는 신중하게 듣고 내담자의 강점을 이끌어내도록 해야 한다. 감정 반영하기에서 이 부분을 전략으로 삼기 바란다. 내담자는 관계가 깨지는 어려운 시기에 놓여 울기도 하고 어쩔 줄 몰라 하기도 한다. 이럴 때 상담자는 감정의 분출을 멈추게 해서는 안 된다. 하지만 당신이 확인한 긍정적 감정을 적당한 순간에 되짚어 반영해주는 것이 도움이 된다.

관계에 어려움이 있는 부부나 연인은 잘 지냈던 기억(둘 사이의 관계에서 아직까지 좋게 남아있는 부분)에 초점을 맞추어주는 것이 도움이 될 것이다. 대개의 부부나 연인들은 그들이 잘 맞지 않는 부분 5%에 초점을 맞추는 경향이 있는데, 그러면서 잘 맞는 95%를 보지 못하는 경우가 많다. 어떤 부부나 연인은 처음 만나서 사귀게 된 이유에 초점을 맞추게 하였더니, 긍정적인 반응을 보였다. 이렇듯 긍정적인 힘은 어려운 문제를 적절히 풀어나갈 수 있게 해준다.

내담자에게 숙제를 내줄 때는 긍정적인 감정과 연관된 활동을 매일 하도록 권해보라. 이를테면 달리기나 빠른 속도로 걷기를 하면 쉽게 슬퍼지거나 우울해지지 않는다. 명상이나 요가도 긍정적인 감정을 느끼고 내면의 안정을 찾는 데 도움이 된다. 마음이 우울할 때는 친구와 맛있는 식사를 하거나 재미있는 영화를 보는 것도 좋다. 요약하면, 내담자가 가장 심각한 상황에 있을 경우에도, 나름의 즐거운 일에 매진하도록 하는 것이 중요하다는 것을 명심하라.

끝으로 타인을 돕는 것은 자기 자신을 긍정적으로 인식하는 데 매우 도움이 된다. 의욕이 없고 무기력하다면 교회의 자원 봉사 활동이나 집 지어주기 프로그램 등에 자원해보라. 아니면 동물들의 집 지어주기 활동을 해보는 것도 스스로 긍정적인 기분이 함양되도록 하는 데 도움이 된다.

주의할 점은, 이것을 내담자에게 '모든 것은 잘 될 거예요'라고 말하는 방법으로 사용하지 않도록 한다. 일부 상담자와 심리치료자는 부정적인 감정을 너무 두려워하여 내담자가 실제로 느끼는 것을 표현하지 못하게 한다. 너무 빨리 긍정적인 것에 집중함으로써 어려운 감정을 최소화하지 않도록 주의한다.

▶ 요약: 감정 반영은 중요한 기술이지만 사용할 때 주의해야 한다

정서와 감정에 초점을 맞추기는 상담의 기본적이고 필요한 특징이다. 그리고 이는 상담 회기를 넘어서도 실질적인 함의를 갖는다. 정서를 다루거나 보다 본질적인 감정을 다루는 작업은 내담자와 내담자의 상황, 내담자의 문제에 따라 다양하게 이루어질 수 있다. 내담자가 자신의 정서를 알아채도록 돕는 것은 그것 자체만으로도 충분히 도움을 줄 수 있다. 내담자가 다소 복잡한 문제를 내놓았을 때 복잡하게 얽힌 감정들 중에서 핵심 감정을 끌어내는 것이 성공적 상담의 열쇠다. 학교 상담, 직업 상담, 개인적 의사결정, 심층적 개인 상담 및 치료 등에서도 그렇다.

많은 경우 간단하고 명료한 반영하기가 가장 도움이 된다. 친구나 가족, 직장 동료들과 일반적인 대화를 할 때 감정에 대한 빠른 인지('나라면, 그 상황에서 엄청 화가 났을 거예요', '오늘은 정말 힘들어 보이네요')는 관계 개선에 가장 도움이 된다. 성질이 사나운 종업원이나 판매원을 만났다 할지라도, 상대의 감정을 알아주면 음식의 질이 달라지거나 횡재를 할 수도 있다.

마찬가지로 간략한 감정 반영하기가 많은 내담자에게 더 유용할 수 있다. 아직 신뢰가 형성되고 충분한 공감이 이루어지지 못한 내담자나, 당신과 문화적으로 다른 내담자의 경우에 특히 그렇다.

내담자는 항상 자신의 감정을 상담자에게 기꺼이 표현하거나 나눌 준비가 되지 않다는 것을 명심하라. 내담자는 라포가 형성되고 믿음이 생기고 나야 감정을 토로하곤 한다. 내담자의 감정을 당신이 언급하는 것을 모든 내담자가 고마워하고 환영하지 않는다는 사실을 기억하라. 게다가 공감적 반영도 때로는 내담자가 다른 측면에서 자신을 보도록 만들기 때문에 직면의 양상을 가질 수 있다. 따라서 그것은 뭔가 억지로 밀고 들어오는 것처럼 보일 수 있다. 말수가 적은 내담자는 상담자의 반영에 어리둥절해한다. 예를 들어 '저는 화가 났어요. 근데 왜 자꾸 내 말을 따라 하지요?'라고 말할 수도 있다. 어떤 문화권에 속한 내담자에게는 감정 반영하기가 적합하지 않고, 그 문화에 익숙하지 않은 방식일 수 있다. 이를테면 어떤 남자는 감정을 드러내는 것이 '남자답지 못한 것'으로 굳게 믿고 있는데, 이럴 경우에는 간략하게 언급하는 것이 오히려 도움이 된다. 상담 회기에서 감정에 주목하는 것이 반드시 필요하더라도, 당신이 관찰하는 행위가 항상 내담자에게 가장 도움이 되는 것은 아닐 수 있다. 이 기술을 사용함에 있어서 시간을 맞추는 것이 특히 중요하다.

요점	
감정과 사회적 정서	감정이란 정서적 경험의 기본이다. 여러 연구에 따르면 기본 감정은 슬픔, 분노, 기쁨, 두려움에 놀람과 혐오·경멸이다. 사회적 정서(예: 죄책감, 연민, 사랑)는 문화적 맥락에서 개발되는데 기본 감정들의 혼합형일 수 있다. 감정은 인지적인 것만이 아니고, 다양한 차원의 신체적 표현에서 나타나기도 한다. 관찰할 수는 몸짓언어로 또는 심박수와 혈압의 미묘한 변화로 나타난다.
명명하기	당신은 감정과 정서를 관찰하고 기술하기 위한 일련의 방법을 개발하고자 할 것이다. 내담자의 감정을 명명하기 위해서는 다음 사항을 참고하라. ▲ 내담자가 사용한 정서와 감정 단어 ▲ 말로 표현되지 않은 내포된 정서와 감정 ▲ 비언어적으로 표현된 정서와 감정의 관찰 ▲ 대개 갈등을 의미하는 언어적·비언어적으로 혼재된 정서 단서
감정 반영하기	정서는 바로 관찰되지만 어떤 경우에는 당신이 질문('그것에 대한 기분이 어떤가요?', '화가 나나요?')이나 피드백('그 말을 할 때는 불편해 보이네요', '지금 당신은 불안한 것 같네요')을 통하여 끄집어낼 수도 있다. 이야기를 진행하면서 다음 단계에 따라 감정을 반영하라. ▲ 다음과 같은 기본 문장으로 시작하라. '당신은 기분이 ……하군요', '당신이 ……한 것처럼 들리네요', '당신의 기분은 ……일 수 있겠네요?' 내담자의 이름을 부르라. ▲ 감정 단어(예: 슬픔, 행복감, 기쁨)를 추가하라. ▲ '좋은 평가를 받아서 행복한 것 같네요'와 같은 주요 내용을 재진술하거나 반복함으로써 맥락을 추가하라. ▲ 많은 경우, 현재형으로 반영하는 것이 과거형이나 미래형으로 하는 것보다 더 효과가 있다('지금 행복하군요'가 '그때 행복했네요'나 '언젠가는 행복하겠군요'보다 좋다) ▲ 점검하라. 말로 표현되지 않은 감정을 확인할 때 특히 유용하다('제가 제대로 듣고 있나요?', '제 표현이 비슷한가요?'). 당신이 잘못 이해했거나 내담자가 수용할 준비가 되지 않은 진실에 불편하게 가깝게 접근한 경우, 점검은 내담자가 당신의 오류를 수정할 수 있게 해준다.

요점	
감정 인정하기	감정에 대한 짧은 인정은 도움이 된다. 이 기술은 상담자와 내담자의 관계가 충분히 정립되지 않았을 때 특히 유용하다. 많은 상담 상황에서 보다 깊은 반영하기가 적절하지만, 내담자가 상대적으로 언어 표현을 잘하는 경우에는 그럴 수 있다. 감정 인정하기는 내담자가 자신의 감정을 검증하기 위한 부담을 줄여준다. 그리고 문화적으로 다른 내담자를 상담하는 경우, 초기 단계에서 특히 도움이 된다. 나중에 관계가 발전하고 나면 더 깊은 정서와 감정을 탐색해볼 수 있을 것이다.
감정 반영하기에 있어서 긍정적 정서	긍정적인 정서는 타인과 자신이 처한 환경에 반응하는 방식에 영향을 준다. 그것은 두뇌를 활성화시키고 지각 체계를 확장시키며, 더 유연하게 생각하도록 하고, 위기 대처 능력을 증진시킨다. 나아가 행복감을 주고 건강함을 개선시킨다. 긍정적인 정서들을 지속적으로 찾아보라. 내담자가 전두엽 피질의 긍정 영역을 활성화시키도록 도우라. 　부정적인 감정과 긍정적인 감정을 모두 반영할 수 있다. 부정적인 감정을 감지하고 반영하라. 하지만 긍정적인 강점과 감정도 탐색하라. 부정적인 감정에 직면하려면 다섯 가지, 혹은 그 이상의 긍정적인 감정들이 필요하다(Gottman, 2011). 정서적으로 부담이 되고 상처를 주는 말이나 부정적인 인생 경험이 인생 내내 영향을 주고 자아 개념을 바꿀 수 있다. 계획성만이 아니라 효과적인 정서 및 자기 조절을 원한다면, 긍정적인 접근이 반드시 필요하다.
뇌과학의 의의	뇌 연구는 정서 및 감정과 관련된 상담 분야의 전통적 믿음과 교육을 타당화해주었다. 뇌과학의 핵심은, 전두엽 피질(TAP)의 실행 이전에, 대뇌 변연계(HPA)가 먼저 반응한다는 것이다. 이러한 사실은 주의 기울이기 후에(주의 기울이기를 하지 않으면, 감정은 관찰되지 않을 것이다) 감정 반영하기가 가장 중요한 경청 기술이라는 것을 지지한다. 정서와 감정이 인식되었다면, 인지 행동치료와 같은 접근법이 더 효과적이 될 것이다.

▶ 실습과 역량 포트폴리오

우리는 일상의 여러 상호작용에서 감정을 보게 되지만, 흔히 이를 간과해버리곤 한다. 그렇지만 상담과 도움을 줘야 하는 상황에서, 감정은 타인을 이해하는 과정의 핵심 요소가 될 수 있다. 나아가 정서와 감정에 대한 확장된 관심은 당신의 일상을 풍요롭게 해주고, 함께 생활하고 일하고 있는 사람들에 대한 깊은 이해를 가능하게 해준다.

개인 실습

연습 1. 정서·감정 어휘 늘리기 이 장의 앞부분에서 당신이 작성하였던 감정 단어 목록을 보라. 그리고 목록을 늘리는 데 많은 시간을 할애하라. 목록을 늘리는 방법 가운데 하나는 감정 단어들의 두 범주를 고려하는 것인데, 이를 통하여 내담자가 세상에 대해 어떻게 느끼는지에 대하여 더 알 수 있다.

첫 번째 범주는 혼합되거나 중의적인 정서와 감정을 나타내는 단어들이다. 당신의 과제는 표면, 즉 표현된 단어 아래 깊이 숨어있는 감정을 내담자가 골라내도록 돕는 것이다. 혼란스럽거나 모호한 감정을 나타내는 단어들은 목록을 작성해두라(예: 혼란스러움, 불안함, 양가감정, 정신없음, 찢김, 뒤섞임).

흔히 나타나는 실수는 이들 단어가 핵심 감정을 나타내는 것으로 추정하는 것이다. 대부분의 경우 이들 단어는 더 깊은 감정을 은폐하고 있다. 이러한 맥락에서 '불안'은 한 번 살펴볼 필요가 있다. 대체로 불안은 혼재된 감정에 대한 모호한 지표인데, 공포와 슬픔, 다른 수준에서는 사랑이나 배려, 즐거움에 대한 소망 등이 혼합되어있을 가능성이 있다. 혼란스러움의 감정이 내담자의 존재 자체를 표현하는 것처럼 보이는 불안 장애에 있어 불안은 핵심 감정일 수 있다. 상담자가 내담자의 불안을 기본 감정으로 받아들이면, 상담은 아주 천천히 진행될 수 있다. 혼재된 감정 단어를 다루는 데 있어서 상담자가 해야 할 가장 중요한 작업은, 표면의 이중성에서 깊이 숨어있는 신체적 감정을 내담자가 확인하는 데 도움이 되는 질문과 감정 반영하기를 활용하는 것이다. 예를 들어 당신은 숨어있는 불안 내지 혼란의 이면에 분노와 두려움이 사랑과 함께 혼재되어있음을 발견하게 될 수도 있다.

당신이 작성한 혼합 감정 목록에서 두 단어를 선택하라. 그리고 '혼란스러움'이나 '좌절'과 같은 감정적 원천 단어의 기저가 되는, 더 기본적인 단어를 써보라. 이 과정에서 기본 단어인 '분노', '슬픔', '기쁨', '두려움'이 도움이 될 것이다. 정서가 포함된 단어 목록은 206~207쪽을 참고하라.

정서와 감정은 종종 은유적 표현과 직유적 표현, 구체적 예시, 몸짓언어를 통하여 나타난다. '피곤하다, 완전히 지쳤다'라고 하는 것보다 '구겨진 행주 같다'라고 말하는 것이 종종 당신의 감정을 더 잘 설명한다. 또 다른 예로 '나락으로 떨어지다', '연처럼 높이 올라갔다', '기계만도 못하다', '공작새처럼 자랑스럽다' 등이 있다. 은유적 표현은 더 복잡한 감정들을 위해 마련한 가면인 경우가 종종 있어서, 더 주의 깊게 경청하고 질문도 활용하여 기저의 감정을 탐색해야 할 것이다. 최소 5개의 은유 표현 목록을 작성한 후에, 은유 표현에 내재한 기본 감정들의 목록을 작성할 수 있을 것이다.

『사이언스 나우(Science Now)』라는 시사과학지에 '은유적 표현은 두뇌가 감정을 적나라하게 드러내도록 한다(Metaphors Make Brains Touchy Feely)'(Tellis, 2012)라는 제목의 논문이 있다. 두뇌의 언어 영역은 일반적으로 언어화에 반응한다고 알려져 있다. 최근 연구에 따르면, 은유의 감각을 사용할 때 두뇌는 촉각을 담당하는 영역을 활성화시킨다고 한다(Lacey, Stilla, & Sathian, 2012). 내담자를 '마음이 고운(soft-hearted)' 사람이라고 불러주면 언어 영역과 촉각 영역이 함께 반응한다. 은유적 표현과 핵심 정서·감정 단어에 대한 연구는 감정 반영하기에 유용한 정보를 계속 제공할 것을 기대해도 좋을 것이다.

은유적 표현과 직유적 표현의 목록을 가지고 있으면 상담 과정에 유용할 것이다. 이를테면 '구겨진 행주 같아 보여요', '마치 당신이 돌아가는 세탁기 속에 있는 것 같은 당신은 혼란이 느껴지네요', '그네를 타고 있는 아이처럼 즐거워 보이네요'와 같은 것이다.

연습 2. 재진술과 감정 반영 구별하기 재진술과 감정 반영을 구별하는 핵심 요소는 정서 단어에 있다. 많은 재진술은 감정 반영을 포함하고 있다. 그러한 상담자의 진술은 둘 다인 것으로 분류된다. 다음 문장 예시에 상담자의 반응이 격려(encourager)일 경우 E, 재진술(paraphrase)일 경우는 P, 감정 반영(reflecting of feeling)일 경우는 RF로 표시해 보라.

'이제 아무런 희망도 없어요. 지낼 곳도 없고요. 이리저리 많이 알아보았지만, 모두 너무 비싸요. 너무 지쳤고, 어디로 가야 할지 모르겠어요.'

아래 상담자의 반응을 E, P, RF, 또는 하나 이상의 기법이 사용된 경우는 복합형으로 표시하라.

_____ '어디로 간다고요?'
_____ '지쳤군요……'
_____ '지금 너무 지치고 낙심했군요.'
_____ '집을 구하는 것은 만만치 않았군요. 집값이 너무 비싸고요.'
_____ '너무 지치고 낙심했군요. 힘들게 알아보았지만 적당한 방을 찾을 수가 없었네요.'

아래의 내담자에 대한 반응에 재진술, 감정 반영, 재진술 · 감정 반영의 복합형을 작성해보라.

'맞아요, 저는 지금 정말 피곤하고 절망적이에요. 사실 매우 화가 나요. 어떤 데서는 나를 완전 거지 취급 하더라고요.'

연습 3. 감정 알아주기 우리는 하루 종일 바쁘고 힘겨워하는 사람들과의 상호작용에 짧은 감정 반영하기(또는 감정 인정하기)가 효과적이라는 것을 보았다. 최소한 하루에 한 번 정도는 식당 종업원, 교사, 휴게소 점원, 전화 교환원, 혹은 친구에게 유심히 주파수를 맞추고, 짧게 감정을 알아주라('너 정말 엄청나게 바쁘고 힘들었겠다'). 다음과 같은 짧은 자기 진술('도와줄까?', '내가 다시 올까?', '물론 나는 오늘 너무 애썼어')을 하고 어떤 일이 일어나는지 일기장에 적어보라.

'지금 여기'의 정서 체험하기를 거부하던 이전의 내담자들 중에 한 명과 작업을 한다고 가정하라. 이 내담자가 정서와 감정을 확장하도록 어떻게 도울 것인가?

집단 실습
연습 4. 감정 반영하기 연습 감정 반영하기는 가장 도전해볼 만한 기술이다. 그러나 효과적인 상담자가 되는 데 있어서 이 기술을 마스터하는 것은 결정적이다.

1단계: 실습 집단 구성하기

2단계: 집단 지도자 선정하기

3단계: 첫 연습 회기를 위해 역할 분담하기

▲ 내담자

▲ 상담자

▲ 관찰자 1: [글상자 7.1]의 피드백 양식지에 내담자의 감정을 기록하기 위해 특별한 주의를 기울인다. 상담 대화에 대한 슈퍼비전은 정서와 감정을 이끌어내고 처리하는 상담자의 능력을 요구한다.

▲ 관찰자 2: 상담자의 행동에 특별한 관심을 가지고, 상담자가 이끌어가는 특정 사항들을 기록하는 역할을 한다.

4단계: 계획 세우기　스트레스를 경험했던 과거 내지 현재의 이야기(예: 따돌림, 놀림, 심각한 오해, 교우들의 부당한 대우, 태풍이나 홍수의 경험, 편견과 압박을 경험한 경우)를 검토해볼 것을 제안한다. 단지 부정적인 경험에만 초점을 맞추지 말기를 바란다. 강점과 관련된 긍정적인 이야기를 이끌어내는 데 시간을 할애하고, 이러한 긍정적인 감정을 반영해보라.

많은 학생들이 학자금 대출 때문에 불안해하고 압박을 느낀다. 이러한 문제에 직면한 학생 역할을 해보라. 정서와 감정 반영하기를 하고, 내담자가 계속하도록 격려해보라. 다시 긍정적 자산을 탐색해보라. 학자금 문제를 처리하는 데 학생이 어떤 강점을 가지고 있는가?

회기의 목표를 분명히 하라. 자료를 얻기 위해 당신은 질문, 재진술, 격려를 활용할 수 있다. 상담자는 주기적으로 감정 반영하기를 한다. 이것은 감정 단어에 초점을 맞춘 한 마디의 격려와 개방형 질문('그 일이 있었을 때 기분이 어땠나요?')으로 촉진될 수 있다. 연습 회기는 감정들과 상황의 실제를 요약하기로 마무리되어야 한다. 회기에 대한 당신의 목표를 정하기 위하여 역량 포트폴리오에서 기본적이고 활동적인 숙련 과제를 검토하라.

관찰자는 피드백 양식을 검토하고 자신이 담당할 회기를 계획하라.

5단계: 이 기술을 활용하여 5분 연습 회기 실행하기

6단계: 연습 회기를 검토하고 10분간 상담자에게 피드백 제공하기　상담자는 목표와 숙

_____
(날짜)

_____   _____
(상담자 이름)   (양식 작성자 이름)

지시 사항   관찰자 1은 언어적·비언어적으로 표현되는 내담자의 감정을 주의 깊게 관찰하라. 관찰자 2가 별도의 용지에 상담자가 감정을 반영한 말들을 가능한 상세히 기록하고, 정확도와 가치에 대한 논평을 기록할 것이다.

1. 내담자가 말로 표현한 감정관 정서들. 관련 단어를 여기에 모두 제시하라.

2. 내담자에게서 말로 표현되지 않은 감정 징후. 얼굴이 붉어지는가? 몸을 움직이는가? 다른 것이 또 있는가? 나중에 내담자에게 이를 확인하라. 내담자는 어떻게 감정을 기억해내는가? 경청과 반영하기의 과정에서, 상담자로서 당신은 정서적으로 무엇을 느꼈는가?

3. 내담자가 말로 정확하게 표현하지 않은 함축적 감정들. 타당성을 확보하기 위하여 나중에 내담자에게 확인하라.

4. 상담자가 활용한 감정 반영하기. 가능한 한 꼼꼼하게 정확한 용어를 사용하여 별도의 용지에 기록하라.

5. 감정 반영하기에 대한 논평. 이 회기의 강점은 무엇인가? 상담자의 기술 활용은 정확하고 타당한가? 점검했는가?

련 과제를 얼마나 달성하였는가? 내담자가 말로 그리고 1장의 내담자 피드백 양식으로는 어떤 피드백을 제공하였는가? 기술들과 내담자의 역할이 더 복잡해질수록, 당신은 이번의 시간이 심도 있는 연습 회기가 되기에는 충분하지 않다는 것을 깨닫게 될 것이다. 그리고 당신의 집단과 실습 시간을 따로 갖기 위한 계획을 잡기를 원할 것이다. 다시 확인하자. 상담자는 어느 숙련 단계를 달성했는가? 상담자가 내담자에게 특별한 영향을 주었고 특정한 목적을 달성했는가?

7단계: 역할 바꾸기

일반적인 유의 사항 원한다면 '어려운' 내담자여도 좋지만 내담자가 말을 많이 해야 한다. 이번은 연습 회기므로 감정의 문제를 다루지 못한다면, 상담자는 이 기술을 실습할 기회를 놓치게 된다는 것을 기억하라.

역량 포트폴리오

감정 반영하기의 기술은 당신의 내담자가 가지고 있는 언어적 · 비언어적 정서에 대한 관찰 능력에 달려있다. 감정 반영하기는 짧은 언급에서 더 깊은 정서 탐색까지 다양할 수 있다. 자신만의 방식과 이론을 정할 때, 이것이 핵심 기술임을 알게 될 것이다.

　다음의 체크리스트를 사용하여 당신의 현재 상담자 역량의 숙달 수준을 평가해보라. 아래 항목을 검토하고 자신이 이것을 할 수 있는지 자문해보라. 먼저 현재 할 수 있다고 느껴지는 영역에 체크하라. 체크되지 않은 영역은 앞으로의 목표로 정하도록 한다. 이 책을 공부하면서 모든 영역에서 목적적 역량을 달성할 것이라고 기대하지 않는 것이 좋다. 계속적인 반복과 연습을 통해 상담자 역량은 향상될 것이다.

1단계: 확인 및 분류
☐ 감정 단어들에 대한 긴 목록을 생성할 능력
☐ 감정 반영과 재진술을 구분할 능력
☐ 감정 반영을 확인하고 분류하는 능력
☐ 이 기술과 관련하여 제시될 수 있는 다문화적 주제를 예비 단계에서 논의할 수 있는 능력
☐ 내담자가 자신의 정서를 탐색하도록 격려하는 감정 반영을 기술하는 능력

2단계: 기본 역량 다음 단계로 가기 전에 이 단계 역량을 목표로 한다.
☐ 상담 장면 밖의 사람들(식당 종업원, 시장 상인, 친구 등)과 일상의 관계에서 짧게 감정을 알아주는 능력
☐ 역할극 회기에서 감정 반영하기를 활용하는 능력

☐ 실제 회기에서 감정 반영하기를 활용하는 능력

3단계: 목적적 역량 아래의 기술들은 정서를 다루는 당신의 능력이 얼마나 효율적인지를 예측, 평가하는 것과 관련이 있다. 이 단계의 기술들은 숙달하는 데 다소 시간이 걸린다. 숙련되고 이해가 되기까지 인내심이 필요하다.

☐ 내담자가 정서를 탐색하도록 촉진하는 능력. 당신이 내담자의 정서를 관찰하고 반영할 때, 내담자의 감정 탐색이 증진되는가?

☐ 내담자가 자신의 정서를 뚜렷하게 느끼도록 감정 반영하기를 하는 능력. 내담자는 이렇게 말하게 된다. '맞아요. 그리고…….' 그러면 내담자는 자신의 정서 탐색을 계속한다.

☐ 내담자가 과도한 정서적 상태에서 벗어나 평정 상태에 이르게 하는 능력

☐ 내담자가 대인관계와 밀접한 관련이 있을 수 있는 복합 감정(혼란스러운, 긍정적 감정과 부정적 감정이 혼재된 감정)을 탐색하도록 촉진하는 능력

4단계: 심리교육적 교육 역량 남의 말을 듣는 데 특히 어려움을 호소하는 내담자는 감정 관찰 훈련으로 효과를 볼 수 있다. 많은 사람들이 자신의 바로 주변에서 표현되고 있는 정서들을 보지 못한다. 이를테면 배우자면서도 상대방이 얼마나 깊이 느끼고 있는지를 이해하지 못한다. 공감적 이해하기는 상대방의 정서에 대한 알아차림에서 시작한다. 내담자뿐만 아니라, 이 기술을 일상생활에 적용하면 우리 모두에게 도움이 될 것이다. 반사회성 인격 장애 진단을 받은 사람은 타인의 감정을 인식, 공감하기가 어렵다는 것이 여러 연구에서 입증되었다. 이러한 문제는 품행 장애 아동과 작업하면서도 확인할 수 있을 것이다. 여기에 타인에 대한 공감과 인식에 대한 심리교육이 결정적인 처치 방법이 된다. 다음과 같은 감정 인정으로 시작하면 감정의 관찰, 감정에 명명하기를 도와준다.

☐ 도움을 주는 회기에서 내담자가 주변 사람들의 정서를 관찰하는 방법을 가르치는 능력

☐ 내담자에게 주변 사람들의 정서를 인정하고, 때로는 감정을 반영하는 방법을 가르치는 능력

☐ 소규모 집단에게 감정을 관찰하고 반영하는 기술을 가르치는 능력

▶ 스타일과 이론 정하기: 감정 반영에 대한 비판적 자기 성찰

이 장은 정서와 상담자와 내담자 간의 관계 정립의 중요성에 초점을 두었다. 사회적 감정의 다양한 예시를 보이면서 일곱 가지 기본 감정을 확인하는 데 특히 주목하였고, 더

불어 내담자가 자신의 상황에 적합한 감정을 다소간 표현하도록 돕는 데에도 관심을 두었다.

이 장에서 소개한 내용, 수업, 또는 비공식적 학습을 통해서 알게 된 것들 중에서 가장 인상 깊게 다가온 한 가지 생각은 무엇인가? 당신에게 가장 크게 다가오는 그 생각이 다음 단계로 가는 방향을 안내해줄 것이다. 다문화적 주제에 대해 당신은 어떻게 생각하는가? 당신이 앞으로 상담을 수행하는 데 특히 도움이 될 만한 또 다른 부분은 무엇인가? 자신만의 스타일과 이론을 형성해나가는 데 이 장에서 다룬 개념과 생각을 어떻게 활용할 수 있는가?

▶ 감정 단어 목록

긍정적인 감정보다는 부정적 감정을 위한 단어가 더 많다는 것에 다시 주목하라. 이것은 내담자를 낙관적인 관점을 가지고 대하는 것의 중요성을 보여준다.

슬픔 불행, 우울, 눈물, 무관심, 질림, 지루함, 생기 없음, 음울, 의기소침, 따분, 침울, 비탄에 잠김, 비통함, 비참, 고뇌에 참, 비애, 유감, 안쓰러움, 가책을 느낌, 한탄스러움, 큰 충격에 빠짐, 가치 없음, 측은, 조롱, 기쁘지 않음, 구슬픔, (특히 병적인) 우울, 실의에 빠짐, 고적함, 마음이 무거움, 저기압, 활력 없음, 거절, 비통, 산산 조각, 애석, 끔찍함, 맥 빠짐

분노 화남, 짜증, 모욕, 분개, 성남, 적대적임, 기분 상함, 취함, 공격적임, 맹렬함, 격렬함, 과격함, 험악함, 격앙, 격분, 증오, 강력히 반대함, 상반, 단호함, 싫어하는 원한, 불쾌, 위협적임, 불만스러움, 부당함, 불합리함, 무례함, 둔감함

기쁨 행복, 느긋함, 안전함, 편안함, 침착함, 걱정 없음, 기쁨, 완전함, 귀중함, 수용적임, 단란함, 신남, 들뜸, 확신, 쾌활함, 활발함, 환희, 기백이 넘침, 진심, 감탄, 고마움, 기분 좋음, 기쁨, 빛남, 만족스러움, 만족, 즐거움, 감사, 안도, 매력, 사랑스러움, 가벼움, 좋아함, 배려, 열렬함, 순응, 축하, 재미, 명랑, 운 좋음, 행운, 상쾌, 걱정 없음, 존경받음, 훌륭함, 소중함, 기꺼이 받아들임

두려움 두려워함, 초조, 섬뜩, 겁먹음, 위협적임, 불안, 걱정스러움, 우려함, 위험, 염려, 걱정, 신경 쓰임, 동요, 공포, 공황상태, 무서움, 괴로움, 힘듦, 고통스러움, 고뇌, 과민함, 음울함

혐오 혐오스러움, 역겨움, 반감, 소름끼침, 증오스러움, 지겨움, 욕지기남, 하찮음, 끈적거림, 추잡함

경멸 몹시 혐오스러움, 무시함, 싫어함, 무례함, 못마땅함, 증오스러움, 조롱, 생색냄

놀람 깜짝 놀람, 경탄스러움, 의외, 경이로움, 충격적임, 중단됨, 폭탄 같음

8장
경청 기술만 사용한
5단계 상담 회기

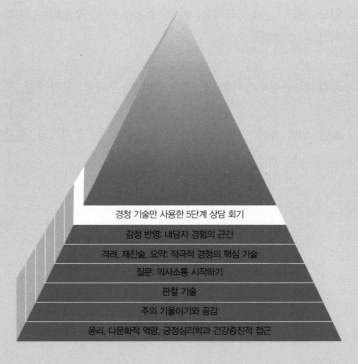

경청 기술만 사용한 5단계 상담 회기

감정 반영: 내담자 경험의 근간

격려, 재진술, 요약: 적극적 경청의 핵심 기술

질문: 의사소통 시작하기

관찰 기술

주의 기울이기와 공감

윤리, 다문화적 역량, 긍정심리학과 건강증진적 접근

사람들이 그 존재 자체를 잘 모르는 지도자가 최고의 지도자다.

말을 거의 하지 않지만,

작업이 끝났을 때

목표는 달성된다.

사람들은 이렇게 말할 것이다. '우리가 해냈어.'

_노자

'경청 기술만 사용한 5단계 상담 회기'의 목적

이 장은 이전 장에서 제시한 공감적 경청 기술만을 활용하여 한 회기를 운영하기 위한 기초를 제공한다. 이 과정의 기초는 잘 짜여진 5단계의 '공감적 관계-이야기와 강점-목표-이야기 재구성-행동' 회기로 구성된다. 이에 더하여 기본 경청 기술을 재검토할 것이며, 다양한 상담 이론을 위한 기본 구조로서의 의사결정을 위한 상담을 소개할 것이다.

8장의 목표

경청 기술만 사용한 5단계 상담 회기에 대한 알아차림, 지식, 기술, 행동은 다음과 같은 것을 할 수 있게 한다.

▲ 효과적인 상담의 바탕이 되는 기본 경청 기술을 활용한 수행을 개발시킨다.

▲ 경청 기술과 공감이 뇌과학 및 뇌와 관련이 있음을 검증한다.

▲ 이 기술을 활용한 예상 결과의 성공 여부와 관계없이, 내담자에게 유연하고 의도적인 반응을 한다.

▲ 잘 형성된 5단계 회기, 즉 '공감적 관계–이야기와 강점–목표–이야기 재구성–행동'을 정확히 이해하고 수행한다.

▲ 경청 기술만으로 회기를 온전히 운영한다.

▲ Benjamin Franklin이 제창한 문제해결 모델이 이 5단계와 어떻게 관련이 있는지, 그리고 두 모델이 여러 상담 이론에서 다룬 문제들을 어떻게 해결하는지를 알게 된다.

▶ 인생의 여러 영역에서 효과적인 의사소통을 위한 기초로서의 기본 경청 기술

이 책의 1부에서 활용한 경청 기술들은 공감적 관계와 효과적인 상담을 정립하기 위한 구성 요소(building block)를 포함하고 있었다. 이에 더하여, 공감적 이해와 주의 깊은 경청은 상담에서뿐만 아니라 모든 영역의 의사소통에 있어서 매우 소중하다는 사실을 강조했다. 당신이 병원에 간다면 최상의 진단 기술을 원할 것이다. 하지만 그것이 다는 아닐 것이다. 당신은 의사가 당신의 이야기를 이해와 공감을 갖고 감정이입을 하며 들어주기를 원할 것이다. 유능한 교사나 관리자는 학생이나 직원의 말을 제대로 들어주는 것이 얼마나 중요한지 잘 알고 있다. 각 상담대화기술이 효과적인 대인관계 의사소통 양식으로 기술되고 많은 상황에서 활용된다. 이를테면 커플들이 보다 효과적으로 대화하도록 돕는 데부터 AIDS 치료 관련 종사자를 훈련시키고, 세계 도처의 난민들을 면접하고, 심각하게 우울한 내담자에게 사람들과 접촉을 시도해낼 수 있는 힘을 제공하기까지 다양하다. 그뿐만 아니라 경청 기술을 가르치는 것은 개인 상담의 기본 영역이자 공통 영역이 되었다.

기본 경청 기술(Basic Listening Sequence: BLS)은 상담 전문가가 내담자의 이야기를 이해하는 데 도움을 준다. 이전 장에서 이 기술들을 하나씩 논의했다. 이제 이들을 함께 활용함으로써 그것의 통합적인 영향력을 회기에서 실현하게 될 것이다. 당신은 기본 경청 기술을 활용하면서, 내담자가 어떻게 반응하는지를 예측할 수 있을 것이다.

주의 기울이기와 관찰을 기본으로 살펴본다면, 다음은 기본 경청 기술들이고 각각에는 중심이 되는 목적이 있다.

기본 경청 기술	기대할 수 있는 결과
기본 경청 기술을 개방형 질문과 폐쇄형 질문, 격려, 재진술, 감정 반영, 요약 등을 활용하는 상담대화기술이다. 이 기술은 주의 기울이기 행동 및 내담자 관찰 기술로 보완될 수 있다. 기본 경청 기술의 모든 구성요소를 선택하여 실습해보라.	중요한 핵심 사항, 신념, 감정, 행동을 포함하여 내담자가 자신의 이야기, 문제, 관심사에 대해 토론하게 될 것이다. 내담자는 자신의 이야기가 제대로 전달되었다고 느낄 것이다.

▲ 질문: 개방형 질문 그리고 그 후의 폐쇄형 질문은 내담자의 이야기를 이끌어내며 진단의 도구가 된다.

▲ 격려: 회기 내내 세부 내용을 이끌어내는 데 활용된다.

▲ 재진술: 내담자가 말하는 내용의 본질을 파악하게 한다.

▲ 감정 반영: 정서의 복합성을 검토하게 한다.

▲ 요약: 내담자와 대화한 내용을 정리하고 이해하게 한다.

기본 경청 기술에 점검을 추가하면, 당신에게 경청의 정확성에 대해 피드백을 받을 기회를 가질 수 있다. 내담자는 당신이 얼마나 정확하게 들었는지를 알려줄 것이다.

기본 경청 기술의 기술들이 특정한 순서로만 적용될 필요는 없다. 그러나 내담자의 이야기를 듣는 데 기본 경청 기술의 모든 기술을 활용하도록 보장하는 것이 좋다. 상담

표 8.1 기본 경청 기술의 네 가지 사례

기술	상담	조직 경영	의료	대인관계 의사소통 (학생이 친구의 말 경청하기)
개방형 질문	토머스, ……에 대해서 하고 싶은 말을 해줄 수 있나요?	아사드, 생산라인이 중지되었을 때, 어떤 일이 있었는지 말해줄 수 있어요?	산티아고 부인(Ms. Santiago), 두통이 어떤 식으로 일어난다고 생각하는지요? 이 질문으로 시작해도 괜찮을까요?	키아라(Kiara), 등록금 대출 상담은 어떻게 되었니?
폐쇄형 질문	고등학교를 졸업했나요?	생산라인 문제에 누가 포함되었지요? 메인 벨트는 확인해보았나요?	두통이 오른쪽에 있나요? 아니면 왼쪽에 있나요? 언제부터 그랬나요?	필요한 만큼 대출을 받을 수 있었어? 금리는 얼마래?
격려	핵심 단어를 반복하기, 긴 구절은 반복 진술하기			
재진술	그러니까 대학 복학을 생각하고 있다는 말이지요?	거의 모든 사람에게 자문받았다는 말처럼 들리네요.	와인과 초콜릿을 너무 많이 먹어서 두통이 심해졌다고 했지요?	와우, 네 말 뜻 이해해. 두 번이나 대출받는 것은 너무 많아.
감정 반영	당신은 능력에 대해서는 확신이 있지만요.	상사의 반응 때문에 화가 나고 문제가 있는 것 같네요.	최근에는 매우 불안하고 나중에는 긴장이 된다는 말이지요?	다시 갚아야 할 걸 생각하니까 불안하고 걱정되는구나.
요약	각 사례에서 효과적인 경청자는 자신의 관점이나 변화 촉진 기술을 사용하기 전에 내담자나 다른 사람의 관점으로 이야기를 요약한다.			

자들은 내담자의 요구나 상황에 맞게 이들 기술을 제각기 변형할 필요가 있다. 유능한 상담자는 내담자의 반응에 주목하기 위해 내담자 관찰 기술을 활용하고, 스타일을 바꾸기 위해 의도적으로 유연하게 행동한다. 그 결과 내담자가 필요로 하는 지지를 제공하게 된다.

기본 경청 기술이 상담, 조직 경영, 의료 등 그리고 일반적인 대인관계 의사소통 여러 분야의 소통에서 어떻게 활용되는지를 보여주는 예는 [표 8.1]을 참고하라.

어떤 내담자들에게는 상담이 힘든 경험이 될 수 있다. 그들은 자신의 문제에 대해 이야기를 나누거나 갈등을 해결하는 회기에 들어서면, 급격히 실패와 두려움에 대한 우울한 탄원을 하게 될 것이다. 기본 경청 기술은 내담자가 강점과 자원을 확인할 수 있도록 도와주는 데 활용된다는 것을 기억하라. 보다 낙관적이고 방향성 있는 회기가 되기 위해서는, 강점 탐색과 건강증진적 접근을 해야 한다. 목적지향적인 상담자는 내담자에게 문제와 관심사를 단지 물어보기보다는, 내담자의 긍정적 자산과 강점을 확인하려고 한다. 극히 어려운 상황에서도 내담자에게서 나중에 문제를 해결해줄 강점과 자원을 찾으라. 또한 긍정적 자산을 강조하면 내담자는 상담자와 대화가 가치 있다고 여기게 된다.

▶ 개념을 행동으로: 5단계 회기 모델을 여러 상담 이론에 적용

잘 짜여진 5단계의 회기(공감적 관계-이야기와 강점-목표-이야기 재구성-행동)는 여러 상담 이론적 접근에 상담대화기술을 적용하기 위한 틀을 제공한다. 지금이나 미래에 당신의 이론적 접근이 무엇이든 간에, 5단계 회기 모델은 자주 구별되어 쓰이는 기술들을 활용하기 위한 기초가 될 수 있다. 이를테면 모든 상담자들은 공감적 관계를 형성하고 내담자의 이야기를 이끌어내야 한다.

5단계는 의사결정을 위한 구조이기도 하다. 결국 모든 내담자는 행동, 사고, 감정, 의미 등에 관하여 의사결정을 해야 한다. 이론들은 이에 대하여 각각 다르게 조명하며 각기 다른 언어와 방법을 활용한다. 그렇지만 우리가 아닌 내담자가 결정을 해야 한다.

5단계가 어떤 점에서 특히 의사결정과 관계가 있는가? 많은 이론들이 Benjamin Franklin을 체계적인 의사결정 방법론의 효시로 여기고 있다. 그는 문제해결의 3단계를 제시했다. (1) 문제가 무엇인지를 분명하게 확인하라(내담자의 이야기와 강점 도출 및 목표 설정), (2) 대안을 만들라(이야기 재구성), (3) 어떤 행동을 취할 것인지 결정하라(행동). 초기의 Franklin의 모델은, 공감적 관계의 중요성(1단계) 목표를 아주 구체적으로 정해야 할 필요성이나 회기가 끝난 후 내담자가 현실에서 취해야 할 구체적인 행동을 제시하는 데도 미흡했다. 의사결정을 위한 상담(decisional counseling)은 다른 용어로 문제해결 상담(problem-solving counseling)이다. 어떤 용어를 사용하든 간에 문제의 본질은 하나다. 어떻게 내담자가 문제를 작업하여 새로운 답을 찾도록 도울 것인가?

그래서 Franklin의 문제해결 모델은 오늘날에도 여전히 유효하며, 이 틀에서 파생된 변형들이 우리의 상담 이론들에 스며들어있다. 5단계 모델은 의사결정 과정을 모든 이론에 보다 분명하게 한 Franklin의 모델을 상담에 확장한 모델이라고 할 수 있을 것이다.

이 시점에서 5단계 회기가 자세히 요약된 [표 8.2]를 살펴보자. 모든 단계에서 경청 기술이 핵심임을 주목하라. 당신이 상담대화기술과 5단계에 충분히 숙련되어있다면 주의 기울이기, 관찰, 기본 경청 기술만으로도 전체 회기를 이끌어갈 수 있을 것이다. 많은 내담자들이 상담자의 직접적인 개입 없이도 의사결정을 할 수 있다. 이는 Carl Rogers의 인간중심 접근의 주요 목표기도 하다. 그런데 Carl Rogers는 가능한 한 질문을 적게 사용하는 것을 선호했다.

이 책의 후반부는 변화 촉진 기술, 즉 4, 5단계에서 주로 사용했던 기술들에 초점을 맞춘다. 따라서 몇몇 변화 촉진 기술들이 표에 간략하게 언급되어있다.

5단계를 하나씩 완전히 익히고 나면, 회기에서 기초 사항을 소홀히 하지 않았는지 확인하기 위한 체크리스트로 이들을 활용할 수 있을 것이다. 그런데 단계를 꼭 순서대로 밟을 필요는 없다. 많은 내담자들이 단계를 옮겨가면서, 그리고 다시 이전 단계로 돌아가서 자신의 문제를 이야기할 것이다. 그리고 상담자는 이와 같은 순환, 반복을 자주 격려할 것이다. 뒷단계에서 새로운 정보가 드러났는데, 이 정보는 원래의 이야기에 대한 상세 자료를 필요로 할 수 있다. 따라서 내담자의 관심과 목표를 새로운 방식으로 재정

그림 8.1 5단계 상담 회기의 서클

© Cengage Learning

표 8.2 상담대화기술 회기의 5단계

단계·영역	기능과 목적	자주 쓰이는 기술	기대할 수 있는 결과
1. *공감적 관계*: 회기를 시작한다. 친밀한 관계를 발전시키고 회기를 구조화한다. '안녕하세요? 오늘은 무슨 이야기를 하고 싶은가요?'	작업동맹을 구축하고, 상담 과정에 대해 내담자가 편하게 느낄 수 있게 하라. 사전 동의와 윤리적 사항을 포함하여, 회기의 전반에 걸쳐 어떤 일이 있을 것인지 설명한다.	회기 구조화를 돕기 위해 *주의 기울이기와 관찰 기술*을 사용하고, 정보를 주라. 내담자가 질문을 하면 *자기 개방*을 할 수도 있다.	주요 윤리적 사항과 회기의 목적을 이해하게 되면서, 이제 내담자는 편안해진다. 또한 상담자를 인간으로서, 전문가로서 더 잘 알게 된다.
2. *이야기와 강점*: 정보를 수집하라. 내담자의 이야기, 관심사, 문제, 주제 등을 이끌어내기 위하여 기본 경청 기술을 사용하라. '무엇을 걱정하고 있나요?', '당신의 강점과 자원은 무엇인가요?'	내담자가 왜 이 회기에 참여하게 되었는지를 확인하고 그 이유를 분명히 한다. 그리고 내담자의 이야기이나 문제를 듣는다. 건강 증진적 접근법의 일환으로 강점과 자원을 확인한다.	*주의 기울이기와 관찰 기술, 특히 기본 경청 기술과 긍정적 자산 탐색*	내담자는 생각, 감정, 행동을 나눈다. 자신의 이야기를 상세히 한다. 강점과 자원을 보여준다.
3. *목표*: 함께 목표를 설정한다. 기본 경청 기술이 목표를 정하는 데 도움을 줄 것이다. '어떤 일이 일어나기를 바라나요?', '이 목표를 달성하면 어떤 기분이 들 것 같은가요?'	*어디로 가고 있는지를 모를 때는 어딘지 모르는 곳에 도달할 것이다.* 단기 상담(15장 참고)에서 목표 설정은 필수적이며, 이 단계는 회기의 첫 번째 국면의 일부가 될 수 있다.	*주의 기울이기, 특히 기본 경청 기술, 변화 촉진 기술, 특히 직면하기*(10장 참고) 등이 유용하다.	내담자가 자신이 가기를 원하는 방향, 새로운 사고 방법, 자신이 갈망하는 감정 상태, 변화를 추구하는 행동에 대해 이야기할 것이다. 내담자는 현재로서는 변할 수 없는 상황 내지 사건(성폭행, 사망, 사고, 질병)에 적절히 대처하면서 살아가는 방법을 찾고자 한다. 다소 이상적인 이야기 결말은 제한되어야 할 것이다.
4. *이야기 재구성*: 기본 경청 기술을 통하여 대안을 탐색해본다. 내담자가 모순이나 갈등에 직면한다. '그 문제와 관련해서 우리가 무엇을 할까요?', '새롭게 생각하고, 느끼고, 행동할 새로운 방안을 마련할 수 있을까요?'	내담자의 문제를 해결할 수 있는 대안을 최소한 세 가지 생성하라. 독창성이 유용할 것이다. 내담자가 선택할 수 있게 대안을 세 가지는 제시해야 한다. 하나의 선택은 아무것도 하지 않는 것이며, 현 상황을 있는 그대로 받아들이는 것이다. *이야기 재구성은 이론과 접근법에 따라 매우 다를 수 있다.*	지지적인 *직면하기*로 주요 불일치 사항을 요약한다. 이론의 지향점(예: *해석하기, 의미 반영하기, 피드백*)에 따라 변화 촉진 기술을 다소 폭넓게 활용한다. 그러나 경청 기술만 활용해도 가능하다. 문제해결을 위하여 창의력을 발휘하자.	내담자가 새로운 방법으로 개인적인 목표를 재검토할 수 있다. 주어진 대안에서 문제를 해결하고 새로운 이야기나 행동으로 나아갈 수도 있다.

표 8.2 상담대화기술 회기의 5단계

5.	행동: 회기에서 배운 것을 '실제 생활'에 일반화할 계획을 수립한다. '할 수 있겠어요?' 회기가 끝난 후 내담자가 하기로 한 약속을 추진할 수 있는지를 기본 경청 기술을 통해 평가하라.	새로운 학습을 일반화하고 일상의 사고, 감정, 행동에서 내담자의 변화를 촉진하라. 내담자에게 숙제를 하고 행동할 것을 약속받으라. 이 모든 것이 적절하게 이루어지면 회기 종결을 설계하라.	변화 촉진 기술, 이를테면 지도·심리교육, 주의 기울이기, 관찰 기술, 기본 경청 기술을 접목한다. 예를 들면 '내일/다음 주에 수행할 목표를 정할 수 있겠어요?'	내담자가 상담 현장을 벗어나, 일상의 행동, 사고, 감정에서 변화를 보인다.

© Cengage Learning

립해야 한다. 상담자는 자주 더 많은 강점과 건강한 자질을 이끌어내기를 원할 것이다.

5단계 회기 서클은 [그림 8.1]과 같다. 여기서 보듯이 '도움(helping)'이라는 것은 결국 내담자와 상담자 간의 상호작용임을 알 것이다. 기술과 전략은 융통성 있게 사용할 필요가 있다. 이 서클은 끝도 시작도 없다. 서클은 상담자와 내담자가 함께 작업하는 대등한 관계의 표상이다. 서클의 중심에는 모든 단계의 핵심 부분인 건강함과 긍정적 자산의 탐색이 있다.

1단계. 공감적 관계―회기의 시작: 라포 형성, 신뢰 구축, 구조화, 초기 목표 ('안녕하세요?')

첫 번째 회기에서는 회기의 소개와 라포 형성이 가장 중요하다. 이것은 이후의 회기 전반에 걸쳐 중요하게 작용한다. 대체로 '자, 어떻게 도와 드릴까요?', '오늘은 무슨 이야기를 하고 싶은가요?', '라이넷(Lynette), 안녕하세요?', '만나서 반가워요, 마커스(Marcus)' 등으로 시작한다. 라포 형성을 위한 기본 규칙은 내담자의 이름을 불러주는 것인데, 회기 내내 정기적으로 계속 불러주어야 한다. 이를 회기의 개인화(personalizing the session)라고 한다. 일단 필요한 회기의 구조화를 마쳤다면(상담에서의 법적, 윤리적 사항 공지), 대부분의 내담자는 자신의 문제를 의논할 준비가 되었다고 볼 수 있다. 이러한 내담자들은 상담자에게 즉각적인 신뢰를 보인다. 상담자의 임무는 내담자를 존중하고 회기 내내 관계의 문제를 놓치지 않는 것이다.

라포 형성하기에 여타의 단계보다 더 많은 시간과 주의가 요구되는 경우도 있다. 라포를 형성하는 것은 매우 장황한 작업이 될 수 있으며 치료 작업과 병행하기도 한다. 이를테면 비행 청소년 치료에서는 탁구나 농구를 하면서 내담자의 개인적 특징을 알아가는 것이 치료의 일부가 되기도 한다. 특히 내담자와 상담자가 문화적으로 다른 경우에는 신뢰를 구축하고 발전시키는 데 다수의 회기가 소요되기도 한다.

구조화 회기의 구조화는 2장에서 개괄한 사전 동의와 윤리적 문제를 포함한다. 내담자는 자신의 권리와 회기의 제한 조건을 숙지해야 한다. 만약 이것이 진행 중인 과정의 일부라면, 이전 회기를 요약, 정리하고 이를 현재의 회기에 통합시킴으로써 지속성과 일관성을 유지할 수 있다. 간혹 내담자에게 회기의 단계를 일러주는 것이 유용할 때가 있는데, 이로써 내담자는 다음에 어떤 작업을 하게 될 것인지를 알 수 있는 것이다.

초기 목표를 위한 경청 장·단기 목표에 대한 최종 설정은 3단계에서 더 많이 이루어지지만, 최초의 목표는 첫 번째 회기 동안에 도움이 된다. 초기의 목표들은 내담자를 이해하고 공감하는 작업을 위한 초기 구조화를 제공한다. 더 많은 이야기들 듣게 되면서 초기의 목표들은 수정되거나 분명해진다. 15장에서 기술하겠지만, 단기 상담이나 코칭에서는 첫 번째 단계의 목표 설정이 특히 중요하다.

적절한 자기 개방 개방적이고, 진정성 있게, 일관되게 대처하라. 내담자가 질문을 하도록 격려하라. 또한 당신과의 문화적·성적 차이를 탐색하는 시간이 된다. 상담자가 민족적·인종적으로 내담자와 확연히 다를 경우인 다문화 상담은 어떨 것 같은가? 다수의 권위 있는 연구 결과에서 문화적·민족적·성적 차이는 가급적 회기의 초반에, 특히 첫 번째 회기에서 직접적으로 다루는 것이 필요한 것으로 나타나고 있다(Sue & Sue, 2013 참고).

관찰과 경청 첫 번째 회기는 상담자에게 내담자에 대한 많은 것을 알려준다. 내담자의 스타일에 주목하고, 가능하면 내담자가 말하는 방식에 맞추도록 하는 것이 좋다. 관계가 다소 편안해지면 상담자와 내담자가 몸짓언어를 공유(natural mirroring)하고 있음을 관찰할 수 있다. 이는 내담자가 기꺼이 자신의 이야기할 준비와 강점을 찾을 준비가 되었다는 증거가 된다(2단계).

2단계. 이야기와 강점—자료 수집: 내담자의 이야기, 관심사, 강점을 이끌어 내기('당신의 걱정은 무엇인가요?', '당신의 강점과 자원은 무엇인가요?')

이야기 이끌어내기 내담자의 걱정과 관련이 있는 생각, 감정, 행동은 무엇일까? 기본 경청 기술을 활용하여 내담자의 이야기와 관심사를 이끌어낼 수 있다. 개방형 질문과 폐쇄형 질문을 적절히 섞어 내담자가 문제를 보는 관점을 확인하는 것이 도움이 된다. 격려, 재진술, 점검은 당신이 내담자의 말을 분명히 들었는지에 대해 더 분명하게 해줄 것이며, 확인시켜줄 것이다. 감정 반영은 감정의 저변을 이해할 수 있도록 해준다. 끝으로 요약은 내담자와의 대화를 일목요연하게 정리해줄 것이다.

이야기 정교화하기 다음은 걱정과 관련이 있는 생각, 감정 및 그 상호 관련성을 탐색할 차례다. 내담자 및 내담자의 지각과 관련된 정보와 자료를 수집한다. 기자들의 육하

원칙, '누가, 언제, 어디서, 무엇을, 어떻게, 왜'는 아주 유용한 양식으로, 대부분의 주요 항목을 빠트리지 않도록 해준다. 내담자의 주요 주제를 분명히 해주고자 한다면, 당신에게 먼저 질문해보기 바란다, '내담자의 현실 세계와 지금의 이야기는 무엇인가?'

강점과 자원의 이야기 이끌어내기 자신이 무엇을 못하는지를 아는 것보다 자신이 무엇을 잘할 수 있는지를 확인할 때 내담자는 성장한다. 내담자가 처한 어려움이나 내담자가 받아들여야 할 도전에만 집중하지 말자. 긍정적 자산을 탐색하는 것이 이 단계의 일부가 되어야 한다. 이 단계가 포괄적 건강함 탐색(2장 참고)을 위한 적합한 장소가 될 수 있다.

처치 실패 처치 실패는 과실 소송의 원인이 될 수 있다. 상담자가 내담자의 이야기를 이끌어내는 데 실패하여 내담자가 자신이 무엇을 원하는지 분명히 인식할 수 없을 경우에, 흔히 회기의 목표가 분명하지 않다. 이야기가 분명하고, 강점이 형성되면, 당신은 목표들을 검토하고 명료화할 수 있다. 목표 설정에 함께하고 상담자의 중재 이유를 정확히 이해한 내담자는 상담 과정에도 적극적으로 참여하며 변화에 훨씬 개방적이다.

3단계. 목표─합의된 목표 설정('어떤 일이 일어나기를 바라는가?')

합의와 평등한 접근 내담자가 목표를 설정하는 데 상담자가 적극적으로 개입하는 것은 반드시 필요하다. 상담자와 내담자가 회기가 어디로 가고 있는지를 알지 못한다면, 당연히 그 회기는 길을 잃고 방황할 것이다. 실제로는 상담자와 내담자가 지향하는 바가 다른 데도 불구하고, 같은 목표를 향해 가고 있다고 서로 착각하는 경우는 아주 흔하다. 내담자는 밤에 편히 자면서 만족하겠지만, 상담자는 완전한 성격 재구성을 원할 수도 있다. 또한 내담자는 새로운 직장을 얻는 방법에 대해 조언을 듣기를 원하는데, 상담자는 엉뚱하게도 다양한 진로 관련 검사를 실시하고 새로운 진로를 제안하는 식이다.

목표를 정리하고 더 정확히하기 관계의 초기에 광범위한 목표를 탐색하면 그것은 초점과 일반적인 방향을 제공할 수 있다. 3단계에서는 초기의 목표를 재검토하는 것이 도움이 되는데, 필요하면 그 목표를 하위 목표로 세분화해도 된다. 그것이 하위 목표들을 아주 분명하게 해주며, 실현 가능한 것이 되도록 해준다. 당신이 목표를 갖고 있지 않다고 여겨지면, 그냥 불평하는 것이란 말이 있다. 단기 상담과 코칭에서의 관계의 정립과 더불어 회기 초반에 목표를 제대로 설정한다. 고등학교의 규율 문제에서도 그렇지만, 말을 하지 않으려는 내담자, 문화적 차이를 보이는 집단 등의 경우는 분명한 공동 목표를 설정하는 것이야말로 관계 구축의 필수 요건이라 할 것이다. 당신이 각 내담자에게 적절한 상담 방식을 채택한다면, 상담이 성공할 가능성이 매우 높아진다.

현재의 이야기와 선호하는 결과 간의 차이 요약하기 일단 목표가 정해지면, 원래의 걱정과 정해진 목표와 대조하여 간략히 요약해주는 것이 매우 유용할 수 있다. 아래의 예문은 내담자의 문제를 작업하는 데 있어서 기본 출발점으로 참고할 만하다. 이것은 4단계, 지지적 직면과 함께 이야기 재구성하기의 도입부로 사용할 수 있다.

> 당신의 문제/주제/도전은 ……입니다(간단하게 상황 정리). 반면에 목표는 ……입니다(목표
> 요약). 자, 그 문제를 해결하려면 어떤 일이 있어야 할까요?

말할 필요도 없이, 이 예문보다 더 많이 말하고 다르게 표현될 것이다. 그렇지만 목표 설정의 일환으로서 현재의 상황과 원하는 상황이 대조될 필요가 있다. 흥미롭게도 Carl Rogers가 내담자에게 회기의 목표가 무엇이 되어야 하는지를 질문한 것은 널리 알려져 있는 사실이다.

내담자의 언어로 문제와 원하는 결과를 정의하라. 요약 직면은 내담자를 고려했던 다양한 대안들을 나열한다. 이상적으로는 4단계로 가기 전에 하나 이상의 대안을 만들어 내는 것이 좋다. 당신은 현실과 이상을 제시하는 데 있어서, 마치 그 척도의 균형을 맞추듯이 손동작을 할 수도 있다. 이와 같이 물리적인 동작을 사용하는 것은 핵심 문제의 요약 직면을 더 분명하게 해줄 것이다.

목표를 정의하고 목표를 분명히 하라. 목표 달성을 촉진하기 위해 자질을 탐색하라. 그러면 관심사의 본질을 검증할 수 있다.

4단계. 이야기 재구성—작업하기: 대안 탐색, 내담자의 모순과 갈등 직면하기, 이야기 재구성하기('그것에 대하여 우리가 무엇을 할까요?')

과정 탐색 시작하기 내담자가 새로운 해결책으로 작업을 할 수 있도록 하려면 상담자는 어떻게 해야 할 것인가? 앞에서 기술한 내담자의 갈등을 '관심사는 ……인 반면에, 목표는 ……'라고 요약하라. 그리고 그 문제의 요약이 완전함을, 즉 상황의 사실, 내담자의 생각과 감정 등이 이 요약의 일부로 들어있음을 확인해야 한다.

내담자가 그 문제(들)을 쉽게 해결하도록 하려면 기본 경청 기술을 활용하라. 학교 측과 최종 결정(showdown)을 앞두고 있는 십대 청소년을 상담한다고 생각해보라. 라포를 형성하라. 하지만 그 학생은 상담자를 믿지 않을 것이다. 보나마나 당신은 학교 편일 것이라 여기기 때문이다. 미리 판단하지 말고 학생의 관점에서 자료를 수집하라. 만약 라포가 형성되고(1단계), 자료 수집을 하면서 꾸준히 학생의 말을 잘 들어주었다면(2단계), 그 학생은 다소 긍정적인 방식으로 해결책을 찾을 것이다. 긍정적인 변화라는 차원에서 그 학생에게 어떤 일이 일어날 것 같은지를 물어보라. 이들의 '체면을 지켜주는' 방식으로 작업하라.

내담자의 창의성 격려하기 이야기 재구성의 첫 번째 목표는 내담자가 스스로 자신의 해결책을 찾도록 격려하는 것이다. 앞에서 언급한 청소년과 문제를 탐색하고 창의적인 해결책을 찾기 위해서는, 잘 듣고 요약하라. '알고 있겠지만 지금 상황은 ……하고, 너의 목표는 ……란다. 그런데 학교 측은 다르게 말하더구나. 학교 측은 ……하려고 한단 말이지.' 당신이 라포를 형성했고 잘 들었다면, 대부분의 청소년들은 문제를 해결하는 데 도움이 되는 아이디어를 만들 수 있을 것이다.

기본 경청 기술과 숙련된 질문은 내담자가 답과 해결책을 쉽게 탐색하도록 해준다. 다음에 내담자의 문제해결을 지원해줄 효과적인 질문들이 있다. 맨 마지막의 두 개는 건강증진적 접근법에 주목한 것으로서 단기 상담에서 일반적으로 사용한다.

▲ '좋은 아이디어가 떠올랐나요? 생각난 것은 무엇이라도 말해보세요.'
▲ '생각해본 또 다른 대안은요?'
▲ '당신이 이전에 해본 성공 사례를 말해주세요.'
▲ '이전에 당신에게 어떤 것이 효과가 있었나요?'
▲ '지금 문제 전체를 해결할 수 없다면, 문제에 어떤 부분에는 작업할 수 있나요?'
▲ '우리가 생각해낸 아이디어 가운데 어떤 것이 가장 그럴듯해 보이나요?'
▲ '그 대안을 수용한 결과는 무엇인가요?'

상담자는 이와 비슷하게 내담자의 생활 내에서 문제를 해결하고자 한다. 상담자는 라포를 형성하고, 문제를 정의하고, 내담자가 바라는 결과물을 확인하는 것이 필요하다.

내담자의 문제와 걱정을 바라는 결과와 연결하기 문제와 희망 결과 간의 차이는 세 가지 기본적인 방법으로 해결될 수 있는 부조화다. 첫째, 내담자의 준거 틀을 분명히 하기 위해서 상담자는 주의 기울이기 기술을 활용한다. 그리고 나아가 내담자의 관심사와 목표에 대한 요약을 피드백하라. 내담자는 종종 자신만의 통합을 생성해내고 문제를 해결한다. 둘째, 내담자가 새로운 답을 찾아낼 수 있도록 돕기 위하여 상담자는 정보, 지도, 심리교육적 개입을 활용할 수 있다. 셋째, 내담자가 새로운 답을 찾지 못할 경우, 상담자는 갈등을 해결하기 위하여 해석, 자기 개방 및 기타 변화 촉진 기술을 활용할 수 있다. 끝으로 체계적인 문제해결 및 의사결정에 있어서, 행동과 우선순위를 정하기 위해 상담자와 내담자는 가장 가능성 있는 대안들을 만들고 브레인스토밍을 한다.

결정과 새로운 이야기로 나아가기 탐색 · 브레인스토밍 · 이론적 전략 검증 등이 내담자가 의사결정을 하고 새로운 이야기를 생성하도록 도와준다. 일단 결정이 내려지고 나면, 또는 논의할 만한 새로운 이야기가 발견되면, 이러한 아이디어가 현실 세계에서 행동화될 수 있는 계획이 세워졌는지 확인하라. 당신은 내담자가 상담 회기 이후에 현실 세계에서 행동할 감정, 생각, 행동 및 계획 세우기를 일반화하는 데 도움을 줄 필요가 있다.

이상에서 개괄한 내용은 의사결정을 위한 상담에 특화된 것이지만, 동기 강화 상담과 위기 상담에도 결국 동일하게 적용될 것이다. 각 이론들은 기술의 활용과 이 단계의 강조점에 있어서는 다양할 것이다. 그렇지만 이론의 관점이 다를지라도 회기의 초반부는 상대적으로 유사한 경향을 보인다.

5단계. 행동—결론: 새로운 이야기를 일반화하고 행동하기('할 것이지요?')

인생의 복잡성은 마치 친숙한 일상생활에 새로운 행동을 해야 하는 어려움이다. 어떻게 생각, 감정, 행동 등을 일반화할 수 있겠는가? 어떤 상담 이론에서는 행동 및 태도의 변화가 새로운 무의식적 학습에서 산출되는 것으로 가정하고 있다. 이들은 내담자가 저절로 바뀔 것이라고 '믿는다'. 물론 그럴 수도 있겠지만, 변화에 대한 계획을 수립하면 현실 세계에서 실제로 일어날 가능성을 높인다는 증거가 증가하는 추세다.

교장과 갈등하고 있는 학생의 경우를 보자. 몇몇 좋은 아이디어가 나왔다 하더라도 학생이 그에 대한 후속 조치를 하지 않는다면, 갈등 상황에서 어떤 것도 변할 것 같지 않다. 무언가 '작업할' 거리를 찾아 반복되는 행동적 문제 속에서 변화를 이끌어내라. 아래 제시한 일반화의 목록을 자세히 읽어보기 바란다. 그러고서 이러한 십대 학생과 내담자들이 이야기 재구성을 통해 그들의 생각, 감정, 행동을 바꾸기 위해 당신이 어떻게 도와야 할지를 생각해보기 바란다.

변화는 항상 쉽게 일어나지 않는다. 많은 내담자들이 이전의, 덜 의도적인 행동으로 되돌아가버린다. 내담자가 확실히 현실 세계에 관련된 변화를 계획하도록 돕는 작업을 하라. 아래에 세 가지 기술을 제시해두었다. 이것은 내담자들이 회기에 배운 것을 활용하도록 촉진할 것이며, 내담자는 집에서 새로운 학습을 하게도 되고 새로운 행동을 시도하게도 될 것이다.

계약 내담자가 새로운 학습을 유지하고 활용하게 하는 가장 기본적인 방법은 새롭고 다른 무엇인가를 하도록 비공식적 또는 문서로 계약하는 것이다. 이상적으로는 이것은 내담자가 실제로 그것을 쉽게 할 수 있을 만큼 분명하고 구체적이어야 한다. 내담자의 문제가 보다 복잡한 경우에는 해결책 부분들을 각각 계약하라. 내담자에게 행동 전부를 바꾸라고 요구하면 실패할 가능성이 높으며 다음 회기로 갈 수도 없다.

과제와 일기 쓰기 회기가 끝난 이후에도 회기의 효과를 지속시키기 위하여 과제 부여하기는 점점 표준적인 절차가 되어가고 있다. 어떤 상담자는 '과제하기'를 싫어하는 내담자에게 '개인적인 실험'을 부여한다. 내담자에게 다음 회기 전까지 구체적인 과제를 하도록 협상하라. 아주 분명하고 구체적인 행동 과제, 이를테면 '수줍음을 고치기 위해서 종교 집회가 끝난 후에 모르는 사람에게 가서 자기소개를 하라'와 같은 것을 활용하라. 내담자에게 핵심 생각과 감정에 대하여 한 주 동안 일기를 쓰라고 요구해보라. 이 작업은 후속 회기의 기초가 될 수 있다. 역설적 의도(paradoxical intention)를 활용할 수도 있다. '다음 주에는 이번 주에 우리가 이야기했던 자기 파괴적(self-defeating) 행위를 그대로 해보라고 할 거예요. 그렇지만 다른 사람들이 어떻게 반응하는지, 당신의 감정은 어떤지를 특별히 살펴보세요.' 이러한 작업은 내담자가 자신이 무엇을 하고 있으며 그 결과는 어떠한지를 훨씬 잘 인식하게 해준다.

후속 조치 및 지지 내담자가 각각 별도의 목표를 가진 다음 회기로 돌아오도록 요청하라. 상담자는 어려운 시기 내내 사회적·정서적 지원을 제공할 수 있다. 후속 조치는 상담자가 배려한다는 신호다. 행동이 유지되는지를 점검하기 위하여 전화를 사용할 수 있다. 이메일을 사용할 수도 있지만 사생활이 침해될 수 있다. 많은 상담자들이 내담자에게 전화를 하지만, 내담자에게 자신의 이메일을 알려주지는 않는다. 상담자가 기관에서 일을 하고 내담자에게 전화번호를 주는 경우에는 항상 착신이 가능한 기관의 번호를 주도록 하라.

13장에서는 일련의 광범위한 전략과 기술을 소개할 것인데, 내담자가 회기를 통하여 더 효율적으로 학습하는 것을 보장하기 위한 것이다. 거기서는 자기주장, 상담대화기술에 대한 심리교육, 스트레스 관리 전략 등을 다루는 구체적인 사항을 확인할 수 있을 것이다. 연구 기반의 건강한 생활방식으로의 변화(TLCs)는 내담자가 운동이나 명상 등의 건강한 행동에 참여하고 그들의 영성적 자원을 활용하기를 제안하는 방법을 포함하고 있으므로, 특별히 관심을 갖고 살펴보기 바란다. 최대한의 영향과 행동 전이를 위하여, 시간적 여유를 가지고 몇몇 기술과 전략을 혼합하여 활용하기를 제안한다.

세심한 계획이 동반되지 않는다면 회기를 통하여 학습된 행동과 태도가 반드시 일상 생활로 전이되지는 않는다. 면접을 마치면서 내담자에게 '할 것이지요?'라고 물어보는 것이 좋다.

▶ 의사결정을 위한 5단계 상담 회기의 예: 사장님과 잘 지내기가 너무 어려워요

경청 기술만 사용하여 온전히 회기를 진행시키고자 한다면 내담자가 말을 많이 하고 협조적이어야 한다. 이 회기는 기술 활용과 공감의 정도를 시연하는 부분을 보여주기 위하여 따로 편집했다. 마치코(Machiko)는 대학원 학생인데, 자신이 실제로 경청 기술만을 사용하여 얼마나 '진전(get somewhere)'하는지를 알고자 한다. 내담자인 로버트(Robert, 20세)는 시간제 일을 하고 있는 학생인데, 사장과 마찰을 빚고 있다. 그는 상대적으로 말을 많이 하는 편이고, 현실 문제에 대하여 상담을 받고자 한다. 그래서 이러한 경우에는 첫 번째 단계가 아주 짧게 구성된다.

5단계 모델에 근거하여 의사결정을 위한 상담은, 독자적인 이론이면서도 모든 상담 및 치료 이론이 포함하고 있는 실질적인 접근법을 활용한다. 왜 그런가? 궁극적으로 모든 내담자는 인생사에서, 이를테면 진로, 대인 관계에서의 갈등, 불안, 우울, 외상 후 스트레스 문제 등에서 의사결정을 할 것이다. 내담자는 상담을 하고 있는 중에도 상담을 계속할지 말지, 행동, 생각, 감정 변화를 위한 새로운 아이디어에 대하여 지속적으로 후속 작업을 할지 말지 등을 놓고 결정을 하고 있을 것이다.

의사결정을 위한 상담에 대한 실제 이론은 14장에 간략히 요약할 것이다. 여기서는 마치코가 어떻게 경청 기술만으로 내담자가 의사결정을 할 수 있게 하는지를 보기로 한다.

1단계: 공감적 관계

상담자와 내담자의 대화	상담 과정에 대한 해설
1. *마치코*: 로버트, 우리의 회기를 녹음해도 될까요? 상담 실습수업을 위해서 하는 거예요. 교수님이 읽을 수 있도록 이 회기의 내용을 축어록으로 작성할 거예요. 괜찮나요? 언제든지 녹화 장치를 꺼도 되요. 축어록이 보고 싶으면 보여줄게요. 제가 그 축어록을 사용하는 것을 원하지 않으면 사용하지 않을 거예요. 자, 이 동의서에 서명해주세요.	마치코는 폐쇄형 질문으로 회기를 열고, 이어서 구조화를 한다. 내담자의 동의를 구하고 녹음하기 전에 녹음에 대한 통제권을 내담자에게 부여하라. 상담자가 학생인 관계로 비밀 보장을 법적으로 규제하지 못할 수 있을 것이다. 그래도 내담자를 보호할 의무는 있다. 회기를 시작하는 것이므로 공감을 평가하지는 않는다.
2. *로버트*: 좋아요. 저는 할 말이 좀 있어요. 서명할게요. (서명하는 동안 잠시 멈춤)	로버트가 편안해지고 이완된 것으로 보인다. 자연스럽게 녹음이 제시되었기 때문에, 로버트는 녹음에 별로 신경을 쓰는 것 같지 않다. 라포가 쉽게 형성되었다. 로버트가 상담이 시작되기를 바랐기 때문에, 이 부분이 보통 회기보다 짧다. 일반적으로 여기에서 시간을 더 많이 할애하도록 하라.
3. *마치코*: 무엇에 대해 이야기해볼까요?	자연스럽게, 거의 사회적인 대화 같은 개방형 질문은 내담자에게 최대한의 개인적 공간을 확보해주기 위하여 고안되었다.
4. *로버트*: 제 상사요. 그는 정말 끔찍해요..	비언어적 행동을 통하여 로버트는 자신이 준비가 되어있음을 분명히 보여준다. 마치코는 그가 편안하다는 것을 관찰하고 곧바로 자료 수집 단계(2단계)로 나아가기로 결정한다. 내담자에 따라서는 라포 형성에만 여러 회기가 필요할 수 있다.

2단계: 이야기와 강점

회기가 시작되고 마치코가 대화의 기본을 이끌어낸다. 로버트의 이야기는 쉽고 분명하게 도출된다. 물론, 항상 이렇게 되는 것은 아니다. 대부분의 경우에 상담자는 대화의 조각들을 끼워 맞추어 완전한 이야기로 구성해야 할 것이다.

상담자와 내담자의 대화	상담 과정에 대한 해설
5. *마치코*: 상사와 어떤 문제가 있는지 말해주겠어요?	이러한 개방형 질문은 내담자의 문제에 대한 전반적인 개요를 알기 위해 진행된다. (앞부분 언급에 기반을 두어 상호교환적 공감)
6. *로버트*: 그니까요, 사장님은 완전 대책이 없어요.	로버트는 문제에 대해 설명할 것이라는 예상과 달리 간략하게 답변했다. 따라서 예측되는 결과가 도출되지 않았다.
7. *마치코*: 대책이 없다?…… 네, 계속하세요.	격려는 별도의 반응을 준비해두어야 목적적 역량이 있다고 할 수 있다. 이럴 경우에는 내담자와의 대화에서 개방적인 자세와 특히 반영적인 말투가 적합하다. 적절한 격려는 보통 추가적 공감이지만, 여기서는 내담자가 격려에 어떻게 반응하는지를 확인해야만 판단할 수 있다.
8. *로버트*: 글쎄, 그렇다니까요. 맞아요. 정말 막무가내예요. 제가 무엇을 하든, 저를 항상 노려요. 저를 믿지 못하는 거예요. 정말 저를 너무 괴롭혀요.	내담자의 이야기가 발전하는 것이 확인된다. 상담자가 격려를 하면 내담자는 종종 근심의 구체적인 의미를 상술한다. 이러한 경우에는 격려를 활용하여 도출된 예상은 대부분 진실이다. 위의 7번 반응이 다소간 첨가 사항이 있음이 판명되었다.
9. *마치코*: 지금 당신이 좌절한 것처럼 들렸어요. 심지어 화가 난 것도 같네요. 그래요. 그 사람은 대책이 없어요. 언제나 따라다니며 당신을 감시하고요. 상사가 당신을 믿지 못한다고 여겨지는 행동이 더 있나요? 구체적인 예를 더 말해보세요.	로버트가 이야기를 다소 모호하게 하고 있다. 그 감정이 충분히 분명하지는 않지만, 마치코가 일단 그 감정을 알아차린다. 이에 상담자는 이야기에 내재한 구체적 사항을 찾기 위하여 개방형 질문을 한다. (상호교환적 공감)
10. *로버트*: 그렇다니까요. 저를 믿지 못하는 거 맞아요. 지난 주에 한 고객이 저한테 뭐라고 그랬어요. 구입한 셔츠에 불만이 있었거든요. 제 잘못도 아닌데 그 사람이 그러는 게 싫었어요. 그래서 저도 쏘아댔지요. 누구도 저한테 그럴 수는 없어요! 당연히 상사는 화가 나서 저를 야단쳤지요. 이건 공정하지 않아요.	구체적인 예를 통하여 사건이 보다 분명해질수록, 우리는 내담자의 생활과 마음을 더 잘 이해하게 된다. 또한 로버트가 상사와의 갈등에 대처하고 자신의 감정과 정서를 추스르기 위하여, 내려야 할 결정을 알아채기 시작한다.
11. *마치코*: 로버트, 제가 듣기로는 그 고객이 당신을 힘들게 했고, 당신은 화가 났어요. 그런데 마침 그때 상사가 등장하는 거네요.	마치코의 반응은 로버트가 말한 것과 비교적 유사하다. 그녀의 재진술과 감정 반영은 기본적으로 상호교환적 공감이다.
12. *로버트*: 정확해요! 정말 열받는 일이에요. 저는 다른 사람이 저에게 무엇을 하라고 지시하는 걸 좋아하지 않아요. 지난번에 직장을 옮길 때도 상사가 똑같이 했지요.	감정 반영을 통해 로버트의 분노는 훨씬 분명해졌다. 정확한 경청은 내담자가 '정확해요!'라고 말하도록 한다.
13. *마치코*: 그러니까 지난번 상사도 마찬가지로 불공정했다는 거지요?	마치코의 말투와 몸짓은 판단적이지 않으면서 온정과 존중이 담겨있다. 마치코는 로버트의 핵심 단어인 불공정을 재진술하는 기술을 활용하여 질문하는 말투로 다시 가져오는데, 이 말투는 암묵적 점검을 보여준다. (상호교환적 공감)

이 회기는 로버트와 고객, 상사, 과거 상사와의 갈등을 계속해서 탐색한다. 과거 몇 년간 권위를 가진 사람들과의 갈등에는 일정한 방식이 있는 것 같다. 이러한 방식은 젊은 남성이 처음 취업을 했을 때 흔히 나타난다. 로버트는 이러한 상황에서 무엇을 해야 할지 결정해야 한다. 구체적인 갈등 상황과 여타 몇몇 방식의 예를 논의한 후에, 마치코는 강점을 확인하고자 긍정적 자산을 탐색하기로 결정했다. 내담자가 자신의 강점과 자원을 인식하게 되면 결정은 쉽게 이루어질 수 있다.

상담자와 내담자의 대화	상담 과정에 대한 해설
14. *로버트:* 그렇다니까요.	
15. *마치코:* 로버트, 우리는 직장에서의 어려움에 대해 잠시 이야기를 했는데요. 로버트가 거기서 잘 지냈던 일에 대해서도 알고 싶어요. 그러니까 직장에서 기분이 좋았던 일을 말해줄 수 있겠어요?	재진술, 구조화, 개방형 질문, 긍정적 자산 탐색 시작. (회기에서 새로운 정보가 추가되면서 추가적 공감)
16. *로버트:* 물론 있지요. 사실 저는 엄청 열심히 일해요. 거기 사람들은 다들 제가 열심히 한다고 말했어요. 그것이 좋았어요.	로버트의 더 긴장된 몸짓은 자신의 긍정적 자산을 소개하면서 이완되기 시작한다. 그는 점점 천천히 말한다.
17. *마치코:* 좋은 평가를 받은 것이 자신에 대해 좋은 기분이 들도록 했다는 말이군요.	감정 반영, 긍정적 관점에 주목하기. (상호교환적 공감)
18. *로버트:* 그렇지요, 예를 들어…….	

로버트는 자신의 성취에 대해 계속 이야기한다. 이렇게 하여 마치코는 로버트의 어려움이 아니라 긍정적 측면에 대해 다소 알 수 있었다. 그녀는 로버트가 자신에 대해 더 나은 감정을 가질 수 있도록 하기 위하여 기본 경청 기술을 활용했다. 마치코는 또한 로버트에게 진정한 강점, 이를테면 일을 열심히 하려는 결심과 의지 등이 있음을 알게 되었다. 이러한 강점과 타고난 지성은 그가 문제를 해결하는 데 도움이 될 것이다.

3단계: 목표

상담자와 내담자의 대화	상담 과정에 대한 해설
19. *마치코:* 로버트, 하고 싶은 말은 다 한 것 같군요. 이제 이상적인 해결책을 말해볼 수 있을까요? 일이 어떻게 진행되기를 원하지요?	개방형 질문. 내담자를 위한 새로운 가능성을 추가하면 추가적 공감이 잠재적으로 시작된다. 그것은 로버트가 새로운 것을 생각할 수 있도록 할 것이다. 당연히, 목표는 로버트가 내리고자 하는 결정에 근거해야 할 것이다.

상담자와 내담자의 대화	상담 과정에 대한 해설
20. *로버트*: 글쎄요. 그저 부드럽고, 쉽게, 큰 갈등 없이 일이 마무리되면 좋지요. 집에 오면 피곤하고 짜증나거든요.	여기서 5단계 회기의 핵심 결과를 확인할 수 있다. 로버트는 이 회기에서 자신이 어디로 나아가야 할지를 매우 구체적인 결정으로 말하고 있는 것이다.
21. *마치코*: 그렇겠어요. 당신을 지치게 하는군요. 좀 더 구체적으로 말해볼까요? 어떻게 하면 상황이 좋아질까요?	재진술, 보다 구체적이게 하는 개방형 질문
22. *로버트*: 저는 그저 조용히 끝나는 게 좋아요. 저는 제가 무엇을 하고 있는지 알고 있어요. 그런데 그것이 도움이 별로 안 되네요. 저는 이 문제를 굴욕 없이 해결할 수 있었으면 좋겠어요.	로버트가 기대한 만큼 구체적이지 않다. 그렇지만 갈등의 새로운 양상인 포기를 제시한다. 이 개념은 무엇을 의미하는가?
23. *마치코*: 굴욕이요.	격려
24. *로버트*: 네! 저는 제가 정말 당당했으면 좋겠어요. 가끔 저는 사장님과 제가 경쟁하고 있는 것 같아요. 저는 상사가 저를 통제할 수 있다는 생각을 갖고 있는 게 싫어요.	여기에서 로버트는 완전히 마음을 열고 있다.

마치코는 로버트의 갈등에 대해서 또 다른 측면을 알게 된다. 기본 경청 기술의 후속 활용은 내담자와 여러 고객, 상사와의 갈등 방식을 잘 드러내준다. 목표 설정 과정에서 새로운 자료가 주어지면, 당신은 걱정의 정의를 바꿀 필요가 있음을 알게 된다. 어쩌면 더 많은 자료를 얻기 위하여 2단계로 돌아가야 할 수도 있다.

상담자와 내담자의 대화	상담 과정에 대한 해설
25. *마치코*: 그러니까 로버트, 목표의 차원에서 두 가지를 들을 수 있었는데요. 하나는 당신이 귀찮아지지 않기를 바란다는 것이고, 또 하나는, 똑같이 중요한 것인데, 굴욕적인 것이 싫다는 것이지요. 일어나고 있는 상황에 대한 통제권을 갖는 것이네요. 맞나요?	가시화된 해결책이 아직 있는 것은 아니지만, 마치코는 로버트가 자신의 걱정을 분명히 하게 하려고 요약하기를 활용한다. 상담자는 자신의 경청에 대한 정확성을 점검한다. (상호교환적 공감)
26. *로버트*: 네, 맞아요. 그런데 이제 제가 무엇을 해야 하나요? 저는 좀 더 통제권을 갖고 싶어요. 그러나 확실히 귀찮지 않았으면 좋겠고, 이 직장이 필요해요. 화내는 게 썩 도움이 되지는 않아요.	로버트가 자신의 문제에 대하여 어느 정도 통찰하기 시작한다.
27. *마치코*: 화를 내는 것은 당신이 진정으로 원하는 것을 가져 오지 못하지요. 좋아요. 오늘 우리가 작업할 수 있는 목표를 얻은 것 같군요. 이제 그 목표를 더 구체적이고, 실현 가능한 것으로 만들어 봅시다. 좋지요?	감정 반영은 또한 로버트의 문제를 재구성하는 데 필요한 요소들을 가지고 있다. 이로써 목표를 구체화하는 것이 더 가능해졌다. 함께 작업한다는 상담자의 언급은 둘은 평등한 관계이며, 상담자가 답을 찾는 데 함께하고 있음을 내담자에게 상기시킨다. 마치코의 진실성과 진정성이 느껴지는 대목이다. (추가적 공감)

4단계: 이야기 재구성

상담자와 내담자의 대화	상담 과정에 대한 해설
28. *마치코*: 자, 로버트. 한편으로는 당신이 상사와 고객들과의 갈등에 관한 오래된 방식에 대해 들었고요, 한편으로는 귀찮아지지 않고, 통제권을 갖고 싶다는 당신의 바람을 똑똑히 들었어요. 통제권의 문제는 '굴복'보다는 현실적인 문제로 보여요. 우리는 당신이 훌륭한 직원이며, 일을 잘한다는 것을 또한 알고 있어요. 자, 이제 문제는 분명해졌는데요, 그럼 당신은 이 대목에서 어떤 것을 할 수 있을까요?	마치코는 여전히 비평가적인 자세를 유지하고 있고, 내담자에 대한 단어 선정과 몸짓언어상에 일치성이 드러난다. 이는 매우 중요한 공감적인 요약이다. 상담자의 도움으로 로버트는 더 포괄적인 문제가 통제권에 있고, 동시에 번거로운 상황을 모면하고 싶다는 것을 알게 된다. 상담자는 로버트의 마음속에 있는 가능한 해결책이 무엇인지를 개방형으로 질문하는 것으로 끝내고 있다. (추가적 공감, 포기하기는 통제권의 문제를 재구조화하고, 이야기는 더욱 구체적인 형태로 요약한다)
29. *로버트*: 그렇지요, 저는 괜찮은 직원이에요. 그런데 너무 많이 부딪히고 있어요. 상사와 고객들이 저를 더 통제하고 있어요. 다음번에 고객이 불평을 하면, 그냥 조용히 환불증이나 써주어야겠어요. 제가 뭐 때문에 세상사를 다 떠맡겠어요?	로버트가 신속하게 말을 한다. 또한 몸을 앞으로 숙인다. 주의 깊게 들어주면, 많은 내담자들은 스스로 해결책을 찾아내기 시작한다. 그렇지만 항상 이렇게 쉽고 빠르게 진행되지는 않는다. 그런데 로버트가 인상을 찡그린다. 긴장한 징후다. 그는 '열심히 상담에 임하는' 중이다.
30. *마치코*: 당신은 무언가 다른 것을 해보고 싶어 하는군요. 당신이 할 수 있는 것 가운데 하나는 조용히 있는 것이네요. 당신은 나름의 방식으로 통제를 할 수 있을 거예요. 굴욕적이지도 않고요. (잠시 멈춤)	마치코가 로버트의 비언어적 정서를 알아주는 데서 시작한다. 그런 후 마치코는 로버트의 핵심 단어(회기 초반에 로버트의 현재 생각을 보강하는 데 쓰인 '통제'라는 새로운 단어를 포함하는)를 이용하여 재진술한다. 그렇지만 그녀는 로버트의 반응을 기다린다. (상호교환적 공감)
31. *로버트*: (잠시 멈춤) 아, 제가 할 일이 바로 그거네요, 조용히 있는 거.	그가 팔짱을 끼고 물러나 앉는다. 이는 앞의 '좋은' 반응이 어떤 점에서는 실제로 축소적이라는 것을 나타낸다. 더 작업해야 할 것이 있다. 변화인 것처럼 여겨진 것은, 기껏해야 겨우 시작일 뿐이다.
32. *마치코*: 출발로는 좋아 보이네요. 그렇지만 좀 다른 것도 한번 생각해볼 수 있겠지요? 특히 그저 조용히 있을 수 없는 경우에 말이에요. 뭐 좀 생각나는 거 없나요?	마치코가 로버트에게 간단한 피드백을 한다. 그녀의 개방형 질문이 회기에 추가된다. 그녀는 그의 폐쇄적 비언어적 행동에는 무엇인가 필요하다는 것을 안다. (추가적 공감을 포함한 상호교환적 공감)

내담자들은 종종 문제해결에 대한 첫 번째 아이디어에서 벗어나지 못하는 경향이 있는데, 이로 인하여 더 이상의 생각을 못하는 경우가 있다. 다양한 질문과 경청 기술을 사용하여 내담자가 충분히 생각해낼 수 있도록 해야 한다. 강점과 건강한 자질을 주기적으로 언급하면 내담자를 집중하게 하고, 그들이 어렵고 도전적인 문제에 대항할 수 있게 한다.

4단계의 후반부에서 로버트는 실행 가능한 두 가지를 정할 수 있었다. (1) 사장과 진솔한 대화를 하고 자신의 업무에 대해서 그의 조언과 피드백을 구하기, (2) 대학의 상담센터에서 분노 조절 프로그램에 참여하기. 회기의 결과로 로버트는 상사와의 문제가 지속되어오던 권위와 분노 조절의 문제의 한 예임을 알게 되었다. 그와 마치코는 그들이 계속해서 상담을 할 것인지, 아니면 로버트가 추가적 도움을 받으러 전문 상담자를 만나볼 것인지를 논의했다. 로버트는 마치코와 좀 더 이야기를 하고 싶어 했다. 계약서가 작성되었다. 직장 내 상황이 2주 안에 개선되지 않으면 로버트는 상담센터에 가서 분노 조절 프로그램을 추가로 듣기로 한다.

5단계: 행동 일반화와 학습의 전이

후속 조치를 할 계획이 없다면 행동할 것을 계약서에 써서 남겨두었더라도, 내담자는 대체로 회기 이후에 후속되어야 하는 행동을 하지 않고, 실제로 합의한 것만 하게 된다. 대화는 매우 효과적일 수 있다. 그런데 많은 상담자들이 이 대목에서 끝낸다. 매 회기의 끝부분에 최소 5분 정도를 할애해서, 내담자가 집에 가서 새로운 학습을 할 수 있도록 행동 계획을 수립해야 한다.

후속 조치에 대한 계약서를 더 정밀하고 구체화시키는 것은 더 도움이 될 것이다. 그렇지만 이는 대개 변화 촉진 기술, 과제 등의 활용을 수반한다. 구체화와 명료화는 내담자가 결정을 내리고 결정에 따른 행동을 하는 데 매우 유용하다는 것을 알게 될 것이다. 마치코가 로버트에게 구체적으로 무엇을 할 것인지를 물었을 때, 그것이 특히 중요한 반응이었다.

처음에는 주의 기울이기, 관찰하기, 기본 경청 기술만 사용하여 체계적인 5단계 회기로 작업하는 것이 도전이라고 생각했을 것이다. 그렇지만 이것은 가능하다. 말로 표현하고 문제를 해결하고자 조바심을 내는 사람들에게 이러한 양식은 유용하다. 당신은 또한 이러한 의사결정을 위한 구조화가 결정을 내리기를 원하지만 저항하는 내담자에게 유용하다는 것을 알게 될 것이다. 거울처럼 비추어주고 질문을 함으로써, 당신은 많은 내담자들이 자신이 나아갈 방향을 찾아내도록 격려할 수 있다. 5단계 구성과 의사결정을 위한 상담에 대한 정보는 14장에 사례와 함께 더 기술할 것이다.

상담자와 내담자의 대화	상담 과정에 대한 해설
33. *마치코*: 자, 이제 가장 도움이 되는 조치로 당신은 다음과 같이 결정했어요. 상사와 이야기하는 것, 그리고 귀찮고 짜증날 때마다 숨을 크게 들이쉬는 것, 그리고 당신이 처음 제시한 것처럼 침묵하는 것. 하지만 중요한 질문은 '정말 그렇게 할 것입니까?'입니다.	재진술, 개방형 질문. (추가적 공감)
34. *로버트*: 네, 할게요. 처음으로 상사가 편안하게 여겨지네요.	로버트가 결정을 향해 나아가기 시작하고 있다.
35. *마치코*: 당신이 상사에 대해 말한 내용으로 미루어보면, 로버트……. 시간이 꽤 걸릴 거예요. 다음 회기에 우리가 그것에 대해 함께 이야기해서 구체적인 계획을 세워보겠어요?	재진술, 개방형 질문. 회기를 일반화하기 위하여, 내담자가 자신의 결정에 관련된 무언가를 하도록 확신을 줄 수 있는 특정적이고 구체적인 행동을 격려하라.

상담자와 내담자의 대화	상담 과정에 대한 해설
36. *로버트:* 당신 말이 맞는 것 같아요. 우선 저는 마음을 좀 편히 가져야 할 것 같아요. 상황을 찬찬히 살피면서, 상사가 다른 직원들한테는 어떻게 하는지도 좀 봐야 할 것 같아요. 그가 가까이 와서 귀찮고 짜증이 나도, 조용히 있어야 하겠어요. 좋아요, 상사와 저는 같은 축구팀을 응원해요. 때때로 월요일 늦은 오후에 일요일 시합 후에 카페에서 커피를 한 잔 하지요. 그 시간이 상사와 함께 하기에 가장 좋은 시간이에요.	새로운 이야기에 근거한 나아갈 구체적인 결정 계획이 발전되는 중이다.
37. *마치코:* 와, 정말 환상적인 계획을 생각해내었군요. 정말 대단한 결정을 한 거예요. 잠시 물러서서 일의 추이를 살피는 것은 분명히 도움이 되지요. 그리고 카페는 가볍게 이야기 나누기에 알맞지요. 음……, 상사와 특히 무슨 말을 하고 싶은가요?	마치코가 로버트의 계획에 찬사를 더한 피드백을 한 후, 다시 개방형 질문을 덧붙여 더욱 구체화를 유도하고 있다. 로버트에게 이 계획에 있어서 더 많은 명료성이 필요할 경우, 이러한 작업은 추가적 공감이다.
38. *로버트:* 저는 여기서 일하는 것을 진심으로 좋아하는데요, 다루기 어려운 고객을 다루는 게 어렵다고 말할 것 같아요. 상사에게 조언과 노하우를 물어볼 거예요. 한편으로는 좀 걱정이 되기도 해요. 상사에게 항복하고 싶지 않지만, 그러나 어쩌면 상사가 좋은 생각을 가지고 있을 수도 있지요.	로버트는 수행해야 할 무언가를 계획할 수 있다. 이 연습 회기는 내담자들과 함께 역할극으로 해볼 수 있다. 상담자가 상사 역할을 하고, 로버트 역을 하는 내담자에게 대화의 대본을 작성하도록 하면 될 것이다. 상담자는 조언을 하거나 상사와 이야기하기 전에 수행해야 할 과제를 부과할 수 있다. 상담자는 로버트가 여전히 '항복함(give in)'을 걱정하는 것을 주목할 수 있다. 통제 문제는 아직 남아있는데 다음 회기에서 다룰 수 있다.
39. *마치코:* 이 일에 대해서는 다음 회기에 자세히 이야기해주세요. 당신이 더 편할 수 있는 방법으로 이 문제를 처리할 방법을 상사와의 대화 속에서 찾을 수 있을 거예요. 좋은 약속이네요. 로버트, 상사와 이야기해보고요, 이번 주나 다음 주에 다시 만나요.	개방형 질문, 구조화하기. 로버트가 상사와 이야기하고 조언을 듣기로 결정하면, 그의 행동은 실제로 변한 것이다. 이번 회기는 전체적으로 추가적 공감으로 평가될 수 있다. 그렇지 않다면 평가는 낮아질 것이다. 마치코는 다음 회기를 위하여 통제라는 포괄적인 문제를 적절히 남겨놓았다.

▶ 회기 내 기록하기

초보 상담자들이 전형적으로 하는 질문에는 '회기 중 기록을 해야 하는가?'가 있다. 기록하기를 찬성하는 입장과 반대하는 입장을 쉽게 발견하게 된다. 사람들은 생각이 매우 다양하다는 것을 인정하면서 우리는 경험에 근거하여 우리의 입장을 밝히고자 한다. 가장 중요한 것은 당신이 속한 상담 기관의 지침을 따르는 것이다.

상담에서 목적지향성(의도성)은 정확한 정보를 필요로 한다. 그러므로 의도를 가지고 들으면서 기록할 것을 권장한다. 이것이 우리의 입장이다. 물론 모든 전문가가 이에 동조하는 것은 아니다. 상담자와 내담자는 대체로 둘 다에게 적합한 방식으로 작업을 수행할 것이다. 기록하는 것이 개인적으로 편하다면 문제가 되지 않는다. 그렇지만 기록

하는 것이 맘에 걸린다면, 그것은 문제가 될 수 있다. 새로운 내담자를 만나면 초기에 기록에 대한 허락을 얻는 것이 좋다. 우리는 사례 기록도 내담자에게 활용될 수 있다고 주장한다. 자원한 내담자가 상담 회기 중에 보여준 피드백은 당신만의 고유한 도움 스타일에 대해 생각해보는 데 가장 큰 도움이 될 수 있다. 당신만의 고유한 스타일을 활용하라. 다음과 같이 시작해도 좋다.

'저는 당신이 한 말 중 몇 가지는 메모해두고 싶어요. 괜찮나요? 또한 나중에 참고할 수 있게 당신이 한 말 중 핵심 단어를 적어둘 거예요. 원하신다면 돌아가기 전에 기록한 것들을 복사해 드릴 수 있어요. 아시다시피 당신은 파일 안에 있는 모든 기록을 언제든지 볼 수 있어요.'

상담 회기 내 메모는 상담 초기에 가장 도움이 많이 되고, 내담자를 더 많이 알아갈수록 덜 중요하다. 녹음이나 영상 촬영에서도 동일한 지침이 적용된다. 상담자가 긴장하지 않고 내담자에게 그 근거를 알려줄 수 있다면, 이러한 기록물 남기기는 일반적으로 매끄럽게 진행된다. 어떤 내담자는 녹음된 내용을 집에 가서 들어보는 것이 도움이 되고, 이를 통하여 상담 회기에서 학습한 것을 향상시킬 수 있다는 것을 경험한다. 회기 중 기록물을 남기지 '않았다' 해서 잘못되는 것은 아니다. 그렇지만 기록은 보통 작성되어 왔으며, 회기를 마치고 간단히 기록할 것을 권장한다. 최근의 상담 수행 보고서에 따르면 명확한 기록이 상담자, 내담자, 상담자가 속한 기관에 도움이 될 수 있다.

기록과 관련한 미국 의료정보보호법(HIPAA)의 법적 요구사항은 매우 상세하고 구체적이지만 항상 그런 것은 아니다. 어떤 규정은 일반 의료 기록보다 더 자세하게 내담자 보호를 강조하고 있다. 그런데 이러한 규정이 때로는 모호하게 기술되어있는데, 상담의 이중 기록 가능성을 언급하고 있는 것이다. 당신이 속한 기관은 실습 과정이나 인턴십 기간에 이 부분에 대한 지침을 줄 것이다. Zur(2011)가 제시한 『건강보험양도 및 책임에 관한 법령 규정 준수 지침(The HIPAA Compliance Kit)』을 참고하는 것도 도움이 된다.

▶ 요약: 기본 경청 기술을 활용한 잘 구성된 회기

이전 논의와 예를 통해서 소개된 의사결정을 위한 5단계 구성의 상담은 모든 상담대화 기술과 기본 경청 기술의 개념들은 의미 있고 잘 구성된 회기에 통합적으로 활용될 수 있음을 보여주고 있다. 조언이나 변화 촉진 기술을 활용하지 않고 '공감적 관계-이야기와 강점 - 목표 - 이야기 재구성-행동'의 절차를 수행하는 것은 도전일 수 있지만 충분히 가능한 작업이다. 이 5단계 구조는 언어적 표현을 많이 하고, 불안하지만 자신의 문제를 해결할 능력이 있는 내담자들, 그리고 스스로 결정하고 싶은데 저항하는 내담자들에게 유용한 형식이다. 거울처럼 비추어주고 질문함으로써, 우리는 많은 내담자들에게 자신이 가야 할 방향을 알아차리도록 격려할 수 있다.

5단계 의사결정을 위한 상담 방식은, 이론적으로나 철학적으로 Carl Rogers(1957)의 인간중심 상담과 유사한 점이 많다. Rogers는 '치료적으로 성격 변화를 위한 필요충분조건'에 대한 지침을 개발했는데, 이 책에서 기술한 공감적인 구조는 그의 개념에 근거한 것이다. Rogers는 처음에는 질문하기를 사용하는 것에 반대했지만, 후반에 그의 입장을 수정했다. 정보 제공, 조언, 변화 촉진 기술을 활용하지 않고 회기를 운영할 수 있다는 것은, 자신만의 길을 찾을 수 있는 인간의 능력을 존중하는 것이다. 주의 기울이기, 관찰, 기본 경청 기술만으로 회기를 운영하다는 것은, 당신이 바로 인간중심 접근법을 상담에 적용하고 있다는 말이다.

아마도 더 중요한 것은, 당신이 5단계 구성이 모든 상담 이론과 함께 적용할 수 있다는 것을 알아차리는 것이다. 이 부분은 15장에서 더 자세히 다룰 것인데, 그 장에서는 다수의 이론과 전략이 축어록과 함께 간략하게 제시되어있다. 예를 들어 최근에 인기 있는 인지행동치료(CBT)의 회기는 공감적 관계가 구축된 상태에서 이루어질 필요가 있다는 것이다. 상담자와 내담자 간에 좋은 작업동맹이 이루어지지 않으면, 변화는 느리게 이루어지거나, 아예 나타나지 않을 수도 있다. 인지행동치료 상담자는 내담자의 관심사를 찾아 이끌어내야 할 필요가 있으며, 성공률을 높이기 위하여 강점에 주목하는 긍정적 접근법을 점차로 학습하고 있다. 목표 설정은 언제나 인지행동치료의 중심 개념이었다. 반면에 인간중심 상담 회기의 목표는 보다 좋은, 보다 수용적인 자기 개념(self-concept)을 발달시키거나 정서를 이해하는 것일 수 있다. 인지행동치료는 보통 분명하게 규정된, 구체적인 행동 목표와 또는 더 합리적이고 효과적인 사고에 근거한 목표 등을 미리 정의하지 않는다. 이야기 재구성 단계에서 인지행동치료는 독특하게 구체적이고 검증된 전략을 적용한다. 그리고 인지행동치료는 행동 단계에서 현실적인 강점과 **재발 예방**(relapse prevention. 이는 많은 다른 이론에서도 지원 체계로 활용되는 표준 개입이 되었다)(14장 참고) 개념을 발전시키고 있다.

요점	
기본 경청 기술	질문, 격려, 재진술, 감정 반영, 요약 등을 통하여 내담자의 이야기와 강점을 이끌어낸다. 이 절차는 상담뿐 아니라 다양한 상황에서 활용된다.
5단계 상담 회기 모델	1단계. *공감적 관계:* 라포 형성과 구조화('안녕하세요?') 2단계. *이야기와 강점:* 정보 수집과 문제 정의하기('당신의 상담 주제는 무엇인가요?', '당신의 강점은 무엇인가요?') 3단계. *목표:* 결과물 정하기('어떤 일이 일어나기를 원하나요?') 4단계. *이야기 재구성:* 대안과 내담자의 모순 · 부조화 탐색('우리가 이 주제에 대해서 무엇을 어떻게 할까요?') 5단계. *행동:* 일반화와 학습의 전이('할 것이지요?')

▶ 실습과 역량 포트폴리오

이 장의 기술들을 습득하려면 긴 시간을 요구하는 복잡한 과정이다. 다음은 각 기술에 대한 개인 및 집단을 위한 기본적인 실습 양식들이다.

개인 실습

연습 1. 다양한 상황에서 기본 경청 기술(BLS)의 기능 기술하기 예를 들어 '이번 여름에 직업을 못 구했어요'라는 내담자의 문제를 해결하도록 도움을 준 상담의 단서들을 기록하라. 문제의 진술 전체를 상상한 후, 기본 경청 기술이 드러나는 반응을 기술하라.

개방형 질문 _____

폐쇄형 질문 _____

격려 _____

재진술 _____

감정 반영 _____

요약 _____

부모가 25년 이상의 결혼 생활을 접고 이혼하려 한다고 말하는 내담자와의 대화를 상상해보라. 당신의 과업은 이 소식에 대해 내담자가 어떻게 생각하고, 느끼며, 행동하는지를 알아내기 위하여 기본 경청 기술을 활용하는 것이다.

개방형 질문 _____

폐쇄형 질문 _____

격려 _____

재진술 _____

감정 반영 _____

요약 _____

마지막으로 아무도 놀아주지 않는다고 울면서 방문한 초등학생과 어떻게 이들 기술을 활용하겠는가?

개방형 질문 _____

폐쇄형 질문 _____

격려 _____

재진술 _____

감정 반영 _____

요약 _____

연습 2. 긍정적 자산 탐색과 기본 경청 기술 당신이 진로 상담 장면을 역할극으로 하고 있다고 상상해보라. 내담자가 '맞아요, 저는 미래를 생각하면 진짜로 혼란스러워요. 한편으로는 심리학을 계속 전공하고 싶은 마음이 있지만 장래를 생각하면 경영학으로 전과해보고 싶기도 해요'라고 말한다. 이런 내담자에게서 긍정적 자산을 찾아내기 위하여 기본 경청 기술을 활용하라. 이 경우, 당신의 첫 번째 질문에 대한 내담자의 반응을 상상해야 할 것이다.

개방형 질문 _____

폐쇄형 질문 _____

격려 _____

재진술 _____

감정 반영 _____

요약 _____

당신은 이혼을 생각 중인 부부를 상담하고 있다. 남편은 '마법이 약간 풀렸나 봐요. 저는 여전히 샨텔(Chantell)을 좋아해요. 그러나 우리는 맨날 싸워요. 어떤 때는 정말 별것도 아닌 일로도요'라고 말한다. 문제에 대한 긍정적 해결책을 찾아내도록 강점과 자원을 이끌기 위하여 긍정적 자산 탐색을 활용하라. 특히 결혼 상담에서 많은 상담자들이 처음에 그들이 부부가 되게 했던 강점과 긍정적 부분에 주목하기를 실패하는 오류를 범한다.

개방형 질문 _____

폐쇄형 질문 _____

격려 _____

재진술 _____

감정 반영 _____

요약 _____

집단 실습

연습 3. 잘 구성된 5단계 상담 회기와 인간중심 상담의 실습 이제 당신은 의사결정을 위한 상담 모델의 상담대화기술 5단계 구조를 실습을 할 차례다. 이제까지 배운 지식을 활용하여 상담을 하는 것은 5단계를 충분히 적용하는 것이다. 결정을 내리기를 원하거나 의논할 기회나 문제가 있는 사람 중에서 내담자 역할을 할 사람을 찾아보라. 여기서 배운 기술을 사용하여 최소한 15분 이상 면접하라.

31~38쪽을 다시 읽어보고, 자원한 내담자를 상담할 때 필요한 윤리 지침을 따라 수행하라. 회기의 녹음에 대해서는 내담자의 동의를 구하면서 상담 회기를 구조화하라. 녹음은 언제든지 중단될 수 있음을 내담자에게 고지하라. 상식적인 선에서 윤리 실천사항을 준수하고 내담자를 존중하라. 비밀 보장 문제를 의논하고, 내담자가 2장의 동의서 양식(35쪽)에 서명하도록 하라.

활용한 모든 상담대화기술들과 개념들을 의미 있고 잘 구성된 상담 회기에 통합하려고 노력하라. 조언과 변화 촉진 기술을 활용하지 않고, 공감적 관계−이야기와 강점−목표−이야기 재구성−행동의 절차대로 작업하는 것은 도전이 되겠지만 할 수 있다. 이 5단계는 언어적 표현을 잘하고, 불안하지만 자신의 문제를 해결할 능력이 있는 사람들, 그리고 스스로 결정을 하고 싶은 저항적 사람들에게 유용한 형식이다.

상담 회기를 완수하고 나서, 내담자가 피드백 양식을 작성하도록 하라. 연습 회기에서는 내담자에게서 곧바로 피드백을 받도록 하라. 그것은 내담자가 당신을 어떻게 생각하는지를 알려줄 것이다. 미래의 내담자에게도 주기적으로 이 작업을 계속하라. 이후의 연구와 분석을 위하여 이 회기 축어록을 작성하라. 당신은 처음 녹음한 상담 회기와 이 회기를 비교해보고 싶을 수도 있다. 이 과정의 후반부에 또 다른 기회를 갖게 될 것이다.

상담 회기의 녹음 내용과 동영상을 검토하고 스스로에게 다음 질문을 해보라.

1. 활용한 모든 상담대화기술과 개념을 의미 있고 잘 구성된 5단계 상담 회기에 통합할 수 있었는가?
2. 효과적이고 도움이 되었다고 생각하는 것은 무엇인가?
3. 내담자 피드백 양식과 내담자가 당신에게 상담 회기에 대해 언급했던 것 중에서 무엇이 제일 눈에 띄었는가?

당신의 상담 회기를 평가하기 위해 제공된 [글상자 8.1]을 이용하거나, 함께 배우고 있는 동료들에게 이 양식을 이용하여 당신의 녹음 · 녹화를 검토해달라고 요청해보라.

피드백 양식: 기본 경청 기술만 사용한 회기 실습

_____
(날짜)

_____   _____
(상담자 이름)   (양식 작성자 이름)

지시 사항 **상담자:** 기본 경청 기술들만 활용하여 짧은 5단계 상담 회기를 진행한다. 자원한 내담자와 사전에 단계들을 공유할 것을 제안한다. 주어진 주제들은 진로 결정하기, 일과 놀이 간의 균형 맞추기 문제, 2장의 건강증진적 주제 등이다. 너무 복잡하지 않은 최근의 일상의 문제를 선택할 수도 있다.

관찰자: 상담자에게 피드백과 조언을 하라. 이 상담자는 경청 기술만으로 상담 회기를 진행할 수 있는가?

1. _공감적 관계_. 회기 시작. 라포의 성격은? 회기가 다음 단계로 진행되기 전에 관계를 형성했는가? 상담자는 구조화를 제공했는가? 회기 내내 라포가 유지되었는가? 기본 경청 기술에서 무엇을 관찰했는가?

2. _이야기와 강점_. 자료 수집, 상담 주제를 정의하고, 자질 확인하기. 상담자가 경청 기술만을 활용하여 내담자의 이야기를 이끌어내었는가? 내담자의 긍정적 자산, 자원, 강점이 적어도 하나 이상 확인되었는가? 기본 경청 기술에서 무엇을 관찰했는가?

3. _목표_. 합의적으로 목표 설정하기. 경청 기술을 사용하여 내담자를 위한 구체적 결과와 목표가 그려졌는가? 목표는 구체적이고 실행 가능한가? 기본 경청 기술에서는 무엇을 관찰했는가?

4. _이야기 재구성_. 작업하기. 경청 기술만을 사용해서 상담자는 내담자가 새로운 아이디어를 만들도록 도왔는가? 회기는 목표 달성을 향해 나아갔는가? 아니면 목표는 내담자가 달성하기에는 너무 광범위했는가? 기본 경청 기술에서 무엇을 관찰했는가?

5. 행동. 회기를 종결하고, 일반화하기. 아이디어를 집으로 가져가겠다는 계획과 계약이 이루어졌는가? 후속 조치와 유지를 위한 체계적인 계획이 있는가? 기본 경청 기술 과정에서 무엇을 관찰했는가?

6. 목적적 역량. 상담자가 제대로 한 것은 무엇인가? 기본 경청 기술의 사용이 예상한 결과를 가져왔는가? 기대한 결과를 얻지 못했을 때, 상담자가 의도적으로 융통성을 가지고(flex), 다른 경청 기술을 사용했는가?

역량 포트폴리오

이 장에서 배운 아이디어와 기술을 통해 일생을 자기 이해와 역량 증진에 사용할 수 있다. 당신은 상담 회기 내의 활용 기술과 지속적인 공감의 개념, 잘 형성된 상담 회기의 5단계의 숙달을 통해 예측에 대한 기본 생각을 배우고 능통해질 것을 요구받는다. 우리는 학생이 이 개념을 습득하는 것이 가능하다는 것을 이미 보았다. 그러나 우리는 인생은 실습하고 학습해야 한다는 점을 시작 단계에서 각성하게 된다.

당신은 경청 기술만으로 회기를 구성할 수 있다는 점에 기뻐해야 한다. 성취에 초점을 두고, 이것을 미래를 향한 건축 자재처럼 활용하라. 그렇게 할 때 당신은 자신의 스타일과 이론을 발전시킬 준비가 더 잘 될 것이다.

다음의 체크리스트를 사용하여 당신의 현재 상담자 역량의 숙달 수준을 평가해보라. 아래 항목을 검토하고 자신이 이것을 할 수 있는지 자문해보라. 먼저 현재 할 수 있다고 느껴지는 영역에 체크하라. 체크되지 않은 영역은 앞으로의 목표로 정하도록 한다. 이 책을 공부하면서 모든 영역에서 목적적 역량을 달성할 것이라고 기대하지 않는 것이 좋다. 계속적인 반복과 연습을 통해 상담자 역량은 향상될 것이다.

1단계: 확인 및 분류
☐ 경청의 세부 기술을 확인하고 분류하기
☐ 공감과 동반되는 영역을 확인하고 분류하기
☐ 회기의 5단계 구조를 확인하고 분류하기
☐ 예비 단계로 이러한 아이디어와 관련된 다양한 경험들에 대해 토론하기

2단계: 기본 역량 다음 기술로 넘어가기 전에 역량 차원에서의 목적

☐ 실제 회기나 역할극 회기에서 경청의 세부 기술을 활용하기

☐ 실제 회기나 역할극 회기에서 공감의 영역을 시연하기

☐ 실제 회기나 역할극 회기에서 5단계로 형성된 회기를 시연하기

3단계: 목적적 역량 아래의 질문에 대답하라. 이 질문들은 5단계 작업과 기본 경청 기술에서 당신의 효과를 예측하고 평가해준다. 이것들은 언젠가 도달할 수 기술들이다. 끈기를 가지고 습득하고 이해하도록 하라.

☐ 경청의 세부 기술을 활용하여 내담자에게 기대되는 결과를 예측하기

☐ 공감을 통해 내담자가 편안하고 쉽게 느끼게 하고, 정서적인 표현을 할 수 있도록 촉진하기

☐ 내담자가 5단계 회기 과정의 목표지점에 도달하게 하기: (1) **공감적 관계**—라포 형성과 상담 회기가 잘 형성되었다고 느끼게 하기, (2) **이야기와 강점**—관심사와 문제해결을 도와줄 수 있는 긍정적 강점에 대해 이야기하기, (3) **목표**—정체성 확인과 회기의 목표를 바꾸기, (4) **이야기 재구성**—문제해결을 위한 작업, (5) **행동**—회기에서 일상으로 아이디어를 일반화하기

4단계: 심리교육적 교육 역량 기술 중 교육 역량은 미래를 위한 가장 최선의 계획이다. 그러나 회의를 진행하거나 체계적인 계획을 설정하고자 하는 사람들은 5단계 회기 과정을 배우는 것이 적절할 수 있다. 아래의 체크리스트는 회의나 계획 세우기 회기에서 가장 중요한 관점을 확인하게 해준다.

☐ 내담자에게 5단계 회기와 경청 기술을 강조하여 지도하기

☐ 소집단에서 이 기술을 지도하기

▶ 스타일과 이론 정하기: 경청 기술을 통합하는 차원에 대한 비판적 자기 성찰

당신은 이제 자신만의 상담 과정을 처음으로 구성하는 단계에 와 있다. 당신은 분명 우리가 말한 것을 모두 동의하지는 않을 것이다. 당신은 아마도 다른 사람보다 당신이 더 잘 할 수 있는 기술들을 발견했을 것이고, 당신의 가치와 인생사는 회기를 구성하는 방식에 깊게 영향을 끼칠 것이다. 몇몇 기술은 유지하고 몇몇 기술은 바꿀 것이다.

자신만의 스타일과 이론을 형성해줄 다음의 기본적인 질문에 대해 생각할 때, 지금까지 배운 여덟 개의 장을 다시 한 번 훑어보라고 권한다.

이 장에서 소개한 내용, 수업, 또는 비공식적 학습을 통해서 알게 된 것들 중에서 가

장 인상 깊게 다가온 한 가지 생각은 무엇인가? 당신에게 가장 크게 다가오는 핵심 개념이나 생각이 다음 단계로 가는 방향을 안내해줄 것이다.

대답을 적어가면서 계속 자신만의 스타일과 이론을 발전시켜가도록 하라.

3부

초점 맞추기와 공감적 직면: 뇌과학, 기억, 변화 촉진 기술

내담자와 상담자의 상호작용은 내담자의 뇌와 상담자의 뇌를 변화시킨다. 머지않은 미래에 상담과 심리
치료는 선천적 요소(nature)를 양육하는(nurture) 이상적인 방법으로 간주될 것이다.

_Oscar Gonçalves

이 책의 저자들은 이 책에서 상담이 뇌를 변화시킨다는 것을 언급했다. 신경 발생을 통해서 우리
는 일생 동안 새로운 뉴런(neuron)과 뉴런 연결망을 만들고 뉴런의 수를 약 1,000억 개로 유
지한다. 전두엽과 후각(olfactory) 영역에서도 새로운 뉴런이 형성된다는 증거가 있지만, 연구 결과
에 따르면 대부분의 새로운 뉴런이 만들어지는 영역은 해마의 기억 센터인 것으로 나타났다(Gould,
Beylin, Tanapat, Reeves, & Shors, 1999; Seki, Sawamoto, Parent, & Alvarez-Buylla, 2011).

따라서 상담이 기억을 변화시킨다고 하는 진술은 정확한 것이다. 기억의 변화를 통해서 상담은 사
고, 정서, 행동의 성장과 변화를 촉진한다. 기억에서의 변화는 뇌 전체에 영향을 미친다. 특히 기억
에서의 변화는 실행 영역인 전두엽과 TAP(시상, 전대상계, 전두엽)에 영향을 미침으로써 사고, 감정,
행동의 변화를 가능하게 한다.

3부를 구성하는 두 장(9장, 10장)에서는 두 개의 상담 회기에 대한 축어록을 제시하는데, 여기에
서는 뇌과학의 개념을 사용해서 상담 기술이 어떻게 실제로 기억을 변화시키는지 보여준다(Ivey,
Ivey, Gluckstern-Packard, Butler, & Zalaquett, 2012). 경청 기술을 통해서 기억이 탐색되고 초점 맞추
기와 공감적 직면을 통해서 기억이 변화되는 것을 보게 될 것이다. 내담자인 넬리다 자모라(Nelida
Zamora)는 기억의 변화 및 정서와 행동의 변화를 가져오는 새로운 인지(생각)를 개발한다.

9장 | 상담 회기에 초점 맞추기: 다양한 시각에서 이야기 탐색하기

9장에서는 내담자인 넬리다가 수업에서 마주친 억압적인 괴로운 경험을 토로하는데, 놀랍게도 이 경험은 그녀의 장기 기억에 즉각적으로 각인되어있다. 상담자는 경청과 초점 맞추기를 사용해서 내담자의 이야기를 다양한 시각에서 검토하고 내담자의 문제와 근심을 광범위하게 살펴본다. 초점 맞추기는 경청에 기초한다. 초점 맞추기를 통해서 내담자는 상담자가 문제에 대한 답을 제공하지 않아도 자신의 이야기를 새로운 방식으로 바라볼 수 있다.

10장 | 공감적 직면과 창조적 새로움: 내담자의 갈등을 확인하고 도전하기

10장에서 넬리다와 두 번째 상담이 제시되며, 여기에서는 명료화와 공감적 직면이 어떻게 기억의 영구적인 변화를 이끌어내는지를 보여준다. 많은 이론가와 상담자들은 공감적 직면을 내담자의 변화와 발달을 가능하게 만드는 핵심 자극으로 고려한다. 공감적 직면은 상담자가 공감적으로 경청하고 내담자의 갈등을 관찰하는 능력에 기초한다. 지지적 직면을 통해서 갈등과 모순의 해결이 가능하며, 이는 새로운 행동, 사고, 감정, 의미로 이어진다.

▶ 상담 회기에서 기억의 변화가 어떻게 실현되는가?

초점 맞추기와 직면에 대한 9장과 10장에서는 부정적 이야기를 이끌어내는 것과 재구조화와 의미의 변화를 보여주며, 이를 통해 내담자는 자신에 대해 더 긍정적으로 느끼고 보다 효과적으로 생각하고 행동할 수 있다. 남부 플로리다 대학교의 매우 뛰어난 대학원생인 넬리다 자모라는 그녀가 이 책의 저자인 앨런(Allen)과 녹화한 두 번의 상담 회기를 우리가 이 책에서 사용하는 것을 허락해주었다. 이 상담 회기를 검토하면서 경청 기술과 변화 촉진 기술이 어떻게 결합될 수 있는지를 볼 수 있다.

뇌 기반 상담 기술 접근을 사용해서 상담자와 내담자를 살펴보자. 내담자인 넬리다는 자신의 이야기를 공유한다. 상담자인 앨런은 경청하고 반영하고 내담자가 기억과 그 의미를 재진술하도록 돕는다. 상담 회기에서 두 사람의 뇌는 활발하게 활동하며, 이러한 상호작용 속에서 두 사람의 뇌는 단기 기억과 장기 기억을 포함해서 변화할 수 있다. 해마에 저장된 두 가지 기억이 의식적 대화의 '지금 여기'에서 만난다. 작업 기억(working memory)은 상담 회기에 생동감과 변화의 가능성을 가져온다. 결과적으로 상담에서의 변화는 내담자의 작업 기억에 긍정적인 방식으로 영향을 미치는 상호작용 과정이다. 우리는 작업 기억을 통해서 장기 기억에 접근하며, 장기 기억의 변화는 사고, 감정·정서, 행동의 변화를 가져온다. 상담은 일방향적 과정이 아니다. 내담자와 상담을 진행하면서 상담자도 배우고 변화한다.

작업 기억은 상담의 대화에서 행동의 통합된 핵심 기제다. 작업 기억은 단기 기억과 장기 기억의 정보를 저장할 뿐만 아니라, '지금 여기'의 의식에서 빠른 속도로 처리되는 자료를 저장하는 영역으로 정의할 수 있다. 넬리다와 앨런은 각자 작업 기억에 최대 18개 사항까지 저장할 수 있다. 그렇지만 작업 기억의 정보의 양은 언제든지 바뀔 수 있다. 예를 들어서 내담자가 매우 정서적인 경험을 하게 되면 작업 기억에 한두 가지 사항만 남게 될 수 있다.

내담자와 상담자의 상호작용을 통해서 일어나는 변화 과정을 생각해보면, 우리는 실행 경영자인 전두엽과 편도체 및 변연계의 HPA(시상하부, 뇌하수체, 부신)의 관계 역시 다룬다. 주의를 기울이는 상담 기술(시상과 전두엽 TAP에 의해 강하게 통제되는 주의 기울이기 과정)은 장기 기억들이 해마에 잘 저장되는지를 결정하는 기초가 된다. 그렇지만 작업 기억이 기능하고 활동하기 위해서는 에너지를 불어넣는 편도체를 통한 정서적 관여가 필요하다.

한 번에 작업 기억에 몇 개의 사항을 집어넣을 수 있는지에 대해서는 학자들마다 의견이 다양하다. 작업 기억의 원래 정의 또는 자주 사용되는 정의는, 우리가 7개 더하기 2개 또는 7개 빼기 2개(7±2) 사항을 담을 수 있다는 것이다(Miller, 1956). 우리가 작업 기억에 담을 수 있는 최대 개수는 7개지만, 연습을 통해서 어떤 사람들은 20개 이상도 기억할 수 있다. 상담에서 종종 발생하는 어려운 경험에 대해 이야기하는 것은 작업 기억의 용량을 감소시킬 수 있다. 때로는 장기 기억의 무의식에서 나오는 강력한 정서와 기억이 '지금 여기'에서 일어나는 것을 지워버리기도 한다. 그리고 명상의 '지금 여기'에서 즉각적인 의식은 작업 기억의 활동을 중지시키는 것으로 보인다.

시간에 기초한 정보 처리 관점(Ivey, 2000)에서 보면, 의식(C)은 심리적 현재를 나타내며, 의식의 지속 시간은 100~750밀리세컨드(1밀리세컨드는 1,000분의 1초 단위이다)이고 단기 기억과 장기 기억에 접근할 수 있다. 명상 중인 사람, '달리는 쾌감(runner's high)'을 경험하는 사람, 발레리나, 테니스 스타, 화가와 같은 사람들은 의식의 '지금 여기'에서 사는 것과 매우 유사하다. 물론 연습 없이는 이러한 목표에 도달하기 어려우

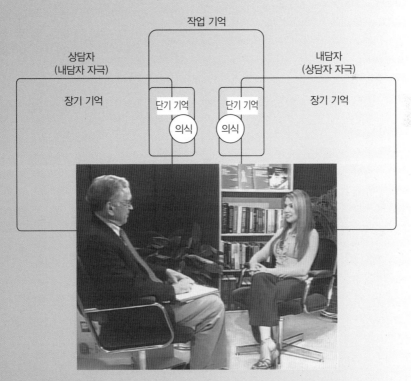

상담자(앨런)와 내담자(넬리다)가 대화하고 있다. 비언어적 비추기(mirroring)(상담자와 내담자의 자세가 거울을 보는 것처럼 유사하다)와 함께 장기 기억과 단기 기억의 도식을 나타낸다.

며, 여기에는 실행 TAP, 변연계 HPA, 편도체의 자극, 해마의 기억, 뇌 전체가 관여한다. 장기 기억은 과정 기억에 자동화되었으므로, 인간이 '지금 여기'에서 충분하게 존재할 수 있도록 한다. 흥미로운 점은, 이것이 또한 상담의 목표라는 것이다. 즉, 내담자가 존재의 새로운 방식을 배우도록 도움으로써 결과적으로 이 새로운 존재 방식이 내담자의 자연스러운 하나의 부분이 되어서 내담자가 자신의 행동에 대해 생각하지 않아도 되는 것, 이것이 상담의 목표다.

단기 기억은 의식에 즉각적으로 접근할 수 있는 정보를 약 10초간 저장하며, 100개의 사항을 담을 수 있다. 학습이 발생하면 정보는 장기 기억으로 이동한다. 장기 기억은 서술 정보(일화 정보, 의미 정보)와 비서술 정보(절차적 정보, 지각 정보, 고전적 조건형성, 정서 정보)를 저장하는 곳이다. 장기 기억의 깊숙한 곳에는 무의식적 인생 경험이 있으며, 이는 접근성은 떨어지지만 적절한 자극이 주어지면 단기 작업 기억과 의식으로 불러올 수 있다. 적절한 사건이 일어나거나 상담자가 핵심 자극을 제시한다면, 우리는 무의식 자료에 접근이 가능하다. 작업 기억은 심리치료 변화의 '행동적' 기초라고 할 수 있으며, 즉각적인 '지금 여기'의 의식을 단기 기억 및 장기 기억과 통합한다.

상담의 주요 과제는 내담자가 과거 경험을 재진술하고 새로운 기억과 연결(행동, 사고, 감정, 의미)을 만들도록 돕는 것이다. 성공적인 상담은 내담자와 내담자의 장기 기억을 상당한 정도로 변화시키며 뇌에서 새로운 신경망을 구축하기도 한다(뇌 가소성). 앞서 제시한 주의를 기울이는 상담대화기술들은 이해와 변화를 증진시키는 인지적·정서적 '에너지'를 제공한다. 3부에서 제시하는 변화 촉진 기술은 그 변화 과정을 시작하고 견고하게 만든다.

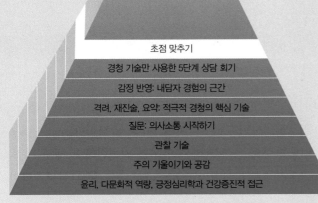

상담 회기에 초점 맞추기: 다양한 시각에서 이야기 탐색하기

초점 맞추기
경청 기술만 사용한 5단계 상담 회기
감정 반영: 내담자 경험의 근간
격려, 재진술, 요약: 적극적 경청의 핵심 기술
질문: 의사소통 시작하기
관찰 기술
주의 기울이기와 공감
윤리, 다문화적 역량, 긍정심리학과 건강증진적 접근

나는 나이며, 나의 환경이다(Yo soy yo y mi circunstancia).

_José Ortega y Gasset

'상담 회기에 초점 맞추기'의 목적

초점 맞추기는 다른 책에서 흔히 제시하지 않는 상담 기술이다. 초점 맞추기의 역할은 상담자와 내담자가 다시 이야기하고 행동하기 위한 창조적이고 새로운 가능성을 생각하도록 돕는 것이다. 체계적인 틀에서 초점 맞추기는 문제, 걱정거리, 어려운 과제를 재구조화하고 다시 설계하는 것을 돕는다. 초점 맞추기 기술은 (1) 개인의 중요성을 강조하고 (2) 개인 내담자가 어떻게 사회적 맥락(특히 지역사회와 가족)에서 발달하는지에 대한 인식을 넓히는 가장 명확한 방법이다.

9장의 목표

초점 맞추기에 대한 알아차림, 지식, 기술, 행동은 다음과 같은 것을 할 수 있게 한다.

▲ 내담자가 여러 가지 참조틀에서 자신의 이야기를 하고 문제를 기술하도록 돕는다. 이는 창조적 변화를 위한 좋은 방법이다.

241

▲ 내담자의 인지적·정서적 복합성을 높이며, 따라서 내담자가 문제를 다시 이야기하고 해결할 가능성을 넓힌다.

▲ 지역사회 가계도와 가계도를 통해서 내담자가 관계 속의 자기와 지역사회 속의 개인을 보도록 돕는다.

▲ 내담자가 자신의 걱정거리, 문제, 어려운 과제를 다루는 행동을 취하도록 돕는다.

▲ 사회적 약자의 권리 옹호, 지역사회에 대한 인식, 사회 변화를 상담이나 심리치료 실제의 한 부분으로 포함한다.

스페인 철학자 호세 오르테가 이 가세트(José Ortega y Gasset)의 유명한 인용구인 'Yo soy yo y mi circunstancia'를 그대로 직역하면 '나는 나이며, 나의 환경이다(I am I, and my circumstance)'가 된다. 그렇지만 하나의 언어를 다른 언어로 직역한다고 해서 그 의미 전체를 모두 옮기기는 어렵다. 우리에게는 이 말이 '나는 나이며, 나의 문화적·환경적·사회적 맥락이다'라는 의미로 다가온다.

우리는 남부 플로리다 대학교 대학원생이었던 넬리다 자모라에게 그녀의 이름과 지역사회 가계도를 이 책에서 사용하도록 허락을 받았다.* 넬리다는 상담 입문 수업에서 자신이 불편한 감정이 들었던 상황에 대해서 이야기했다. 이것은 흔하게 발생하는 상황으로, 백인이 아닌 많은 학생들은 자신이 여기에 속하는 느낌을 받지 못한다.

넬리다: 여기에서 저는 상담을 전공하는 대학원생이에요. 저는 마이애미에 있는 대학에서 공부를 잘 했고 마이애미는 여기에서 4시간 반 정도 걸리는(그리 멀지 않은) 곳이기 때문에 크게 문제가 되지 않을 거라고 생각했어요. 하지만 수업 첫 시간에 제가 손을 들고 발언을 했는데, 같은 수업 수강생이 제가 미국 사람인지 (신경질적인 웃음) 그리고 영어가 모국어인지 (신경질적인 웃음) 물었어요. 저는 미국인이라고 했고 여기에서 4시간 반 정도 걸리는(가까운) 곳에서 왔다고 했더니, 그 사람이 믿기 어렵다고 하더군요. 첫 시간에 그런 대화가 오고 간 뒤에, 저는 수업 토론에 참여하기가 좀 꺼려졌어요. 저 자신을 좀 더 의식하게 되었어요. (여기에서 우리는 하나의 발언이 편도체와 전두엽에 영향을 미치고 이로 인해 인지적·정서적 기억이 해마에 즉각적이고 영구적으로 저장되는 것을 볼 수 있다)

앨런: 스스로를 의식하게 되었군요. 그것에 대해서 좀 더 탐색해볼까요? 어떤 감정이 들었는지를 먼저 영어로 표현해보시겠어요? (나중에 다시 나오겠지만, 이 감정들은 스페인어로도 탐색된다)

---

* Ivey, A., Ivey, M., Gluckstern-Packard, N., Butler, K., Zalaquett, C. (2012)의 DVD에서 앨런 아이비와 넬리다 자모라 사이에서 진행된 이 면접의 사본도 DVD에서 볼 수 있다. *Basic Influencing Skills* [DVD]. Alexandria, VA: Microtraining/Alexander Street Press. By permission of Microtraining/Alexander Street Press. www.alexanderstreet.com.

넬리다: 글쎄요, 좀 놀랐는데요……. 왜냐하면 마이애미에서는 많은 가족들이 최근에 쿠바에서 이민 왔는데, 그분들은 저를 미국 사람으로 여기고 놀리기도 해요.

앨런: ……그런 일들이 당신을 부끄럽게 만드는군요.

넬리다: 맞아요. 제가 마이애미에 있을 때는 가족들과 친구들이 저를 스페인어를 100% 완벽하게 말하지 못하는 미국 사람이라고 놀려요. 영어 때문에 스페인어를 많이 까먹었거든요. 이제 탬파로 왔더니 저는 영어를 할 줄 모르는 쿠바 사람인 거예요. 저는 뭔가 분리된 것 같아요. 어떨 때는 어디에 속한 건지 잘 모르겠어요.

넬리다가 겪고 있는 문제는 무엇인가? 어떤 내적 요소와 외적 요소가 그녀의 생각, 감정, 행동에 영향을 미치는가? 가능한 한 많은 요소들을 생각해보자.

▶ 도입: 초점 맞추기

먼저 넬리다는 소속감을 느끼지 못하고 다른 사람들과 다르다는 느낌으로 인해 스트레스를 받고 있으며, 마이애미의 쿠바 문화와 탬파의 대학 문화 사이에서 이러지도 저러지도 못하고 있다. 이와 같은 스트레스 요인은 넬리다의 정서에 영향을 끼치며 그녀의 뇌에 좋지 않은 부신피질 호르몬을 분비시키고, 자신에 대한 부정적인 이미지를 장기 기억에 각인시킨다. 넬리다는 심각한 불일치 상태에 처해 있다. 초점 맞추기를 사용하면 갈등과 불일치를 경험하는 부분을 분명하게 파악할 수 있고 어떤 부분을 먼저 다룰 것인지를 정하는 데 도움이 될 것이다. 경청과 지지적 도전을 사용해서 넬리다가 자신이 처한 상황을 보다 분명하게 바라보고 문제 상황에 보다 적극적으로 다가갈 수 있도록 한다.

9장(초점 맞추기)과 10장(공감적 직면)에서는 사례를 통해서 상담이 어떻게 기억을 변화시키는지를 소개한다. 첫 번째 회기에서 지역사회 가계도를 소개하는데, 이를 통해 오래된 긍정적인 기억들을 체계적으로 다시 살펴보고 내담자가 사회적 맥락에서 자신을 바라보도록 돕는다. 지역사회 가계도는 내담자의 개인적·문화적 배경을 이해하는 시각적 그림을 제공한다.

넬리다의 핵심 주제는 문화적 탄압(oppression)이다. 이것은 그녀 안에 내재화되어있으며, 다른 사람과 다르다는 것에 대해서 스스로를 '비난'하게 되었다. 넬리다가 자신에게 초점을 두기보다는 교실 안에서 탄압과 같은 다른 관점들을 볼 수 있도록 상담자가 돕는다면, 넬리다는 보다 수월하게 부정적인 기억을 다시 구성하고 변화시킬 수 있다. 그뿐만 아니라 가족과 문화적 배경에 초점을 맞춤으로써 넬리다가 가지고 있는 쿠바 가족과 문화에 대한 자부심을 불러일으키고, 이는 그녀가 수업에서 경험한 부정적 발언에 보다 효과적으로 대처할 수 있는 긍정적 자산과 힘이 될 것이다.

아래에 정의한 초점 맞추기 상담 기술을 상담자가 잘 사용한다면 다음과 같은 내담자의 반응을 기대할 수 있다.

초점 맞추기	기대할 수 있는 결과
상담 회기에서 선택적 주의집중을 사용하여 내담자, 주제·걱정거리·문제, 중요한 타인(배우자, 가족, 친구), 공동체로 '우리'에 대한 초점, 상담자, 문화적·환경적 맥락에 초점을 맞춘다. 회기 동안 '지금 여기'에서 무엇이 일어나고 있는지에 초점을 맞춘다.	내담자는 대화나 이야기의 초점을 상담자가 반응하는 영역에 둔다. 상담자가 새로운 초점 영역을 제기하면 이야기는 다각도로 정교하게 구성된다. 상담자가 내담자 개인에게만 초점을 두면 보다 광범위한 사회적 맥락의 차원을 놓치게 될 수 있다.

3장에서 논의한 선택적 주의집중은 초점 맞추기의 기본이지만 이것이 작용하는 방식은 다르다. 우리는 모두 서로 다른 주제에 초점을 맞추거나 귀를 기울인다. 내담자는 상담자가 주의를 기울이는 주제에 대해 말하는 경향이 있다. 상담자는 주의 기울이기 기술(얼굴 표정, 음성의 질, 음성 언어의 단서 쫓아가기, 몸짓언어)을 통해서 내담자에게 자신이 경청하고 있으며 어디에 주의를 기울이고 있는지를 보여준다. 상담자는 자신이 선택적 주의집중을 하는 의식적·무의식적 양상을 잘 인식하고 있어야 한다. 내담자는 자신이 정말 말하고 싶은 것보다 상담자가 보내는 신호에 따라서 이야기할 수 있다.

상담은 무엇보다도 내담자 개인에 대한 것이다. 상담자가 내담자 개인의 문제에 초점을 맞추면, 내담자는 자신의 개인적 참조틀에 따라서 문제를 이야기할 것이다. 따라서 초점 맞추기의 첫 번째 차원은 내담자 개인이다. 내담자의 이름과 '당신(you)'이라는 단어를 사용하면 상담의 초점을 내담자 개인에게 맞추게 된다. 상담자가 내담자의 이야기를 끌어내는 것이 매우 중요하지만, 이야기의 세부 사항에 너무 빠져들어서 내담자라는 사람을 잊어버리지 않도록 한다. 일부 상담자들은 마치 관음증이 있는 사람들처럼 내담자의 개인 문제를 필요 이상으로 깊숙이 캐기도 한다.

초점 맞추기의 두 번째 영역은 상담 회기에서 **주제** 또는 주요 화제에 주의를 기울이는 것이다. 이 과정에서 중요한 점은, 경청하기와 주제·이야기·내담자가 걱정하는 문제에 초점을 맞춤으로써 내담자의 기억에서 강점과 힘을 이끌어내는 것이다.

여기에서 상담자는 내담자의 이야기와 주제, 걱정을 탐색하지만, 동시에 내담자의 힘과 긍정적 자산을 찾는다. 예전에는 이것을 '**문제**(problem)'를 탐색하는 것으로 보았다. 그렇지만 '문제'라는 단어 자체가 문제가 될 수 있으며, 이는 내담자를 한 단계 낮추어 보는 것이다. 건강증진적 접근에서는 이 주제를 상당히 다른 방식으로 다룬다. 내담자가 중요한 관계가 단절되거나 학업의 어려움이 있거나 암과 같은 심각한 질병이 있다면, 상담자는 세부적인 이야기를 들어야 하며 때로는 아주 긴 이야기를 들어야 한다. 이야기하는 것만으로도 마음이 한결 가벼워질 수 있다. 누군가 우리의 이야기를 진지하게 듣고 이해하려고 할 때 기분이 좋아진다. 하지만 많은 초보 상담자와 일부 전문 상담자들조차도 관음증이 있는 사람들처럼 내담자의 문제 상황에만 지나치게 관심을 가진다.

이는 한 사람으로서 독특한 내담자에 초점을 맞추지 못하고 문제해결을 촉진할 수 있는 내담자의 강점에 초점을 맞추지 못하는 결과를 가져온다.

넬리다는 여러 체계로 이루어진 광범위한 맥락에서 살고 있다. 관계 속의 자기라는 개념이 이를 이해하는 데 도움이 될 것이다. **지역사회 속의 개인**이라는 개념은 Ogbonnaya(1994)가 흑인 중심적 관점에서 개발했는데, Ogbonnaya는 우리 안에 가족과 지역사회의 역사와 경험이 살고 있다고 보았다. 그 이후로 지역사회 속의 개인이라는 개념은 널리 사용되었으며 '한 명의 아이를 키우는 데 온 마을이 필요하다'는 말도 종종 들을 수 있다. 내담자는 내담자 자신과 세계에 대한 관점에 영향을 주는 많은 지역사회의 목소리를 상담자에게 전한다. 이 장에서 넬리다의 지역사회 가계도를 살펴봄으로써 이 방법이 내담자의 역사를 이해하는 유용한 방법이며 내담자의 강점과 자원을 파악하는 좋은 출발점임을 알아볼 것이다.

일반적으로 개인 상담은 개인과 가족, 또는 개인과 친구 간의 갈등, 불일치, 격차 등의 문제에 초점을 맞춘다. 하지만 많은 경우 내담자의 문제는 가난한 학교, 홍수, 경제 상황과 같은 보다 넓은 맥락에서의 문제와 사건에 의해 일어나거나 또는 이와 연결된다. 상담자가 내담자 개인과 내담자에게 처음 듣는 이야기에만 초점을 맞추게 되면 이러한 맥락을 놓칠 수 있다. 상담자가 내담자로 하여금 그들의 문제를 **지역사회 속의 개인**의 관점에서 보도록 돕는다면, 내담자는 스스로를 새로운 방식으로 생각하는 법을 배울 수 있고 지금 가지고 있는 지지 체계를 보다 효과적으로 사용할 수 있다. 상담자가 상담 회기에서 특정한 영역에 초점을 맞출 수 있도록 하는 몇 가지 반응과 질문이 아래에 제시되어있다.

중요한 타인(배우자, 친구, 가족)
'넬리다, 마이애미에서 지낼 때 가족들과의 관계에 대해 좀 더 말씀해주세요.' (긍정 기억 초점)
'예전에 할머니가 많은 도움을 주셨군요. 할머니는 이런 상황에 대해서 뭐라고 하실까요?'
'친구들이 어떻게 도움을 줄 수 있을까요?'

상호 초점(내담자, 상담자, 집단에 대해 '우리' 진술문 사용)
(상담 회기 초기에) '넬리다, 당신이 일 년 넘게 힘들게 지냈지만, 우리가 이 상황을 헤쳐 나갈 거예요. 상담에서 무엇을 하는 것이 가장 좋을까요?'

상담자 초점(상담자의 경험과 반응 공유)
'수업 첫 시간에 일어날 일을 들으니 저도 마음이 많이 불편하네요.'
'당신이 남미 사람으로서 정체성을 찾고 수업에서 경험한 일이 일종의 인종차별이라는 것을 인식하게 되었다는 말을 들으니 저도 기분이 좋습니다.'

문화 · 환경 · 맥락 초점(경제적 영향과 같은 광범위한 문제 포함)

'넬리다, 당신의 지역사회 가계도를 한번 살펴봅시다. 그러면 넬리다라는 사람을 구성하는 것이 무엇인지를 더 잘 알게 될 것 같아요.'

'교회와 지역사회에서 당신이 얻는 강점에는 어떤 것들이 있을까요?'

'마이애미와 탬파 간에는 어떤 차이가 있을까요? 그리고 이러한 차이가 당신에게 어떤 영향을 줄까요?'

즉각적 초점(상담 회기에서 그 순간에 일어나는 일에 대한 이야기)

상담자는 상담 회기 중 '지금 여기'에서 일어나고 있는 일에 초점을 맞출 수 있다. 여기에서 문제에 초점을 두지만 상담자와 내담자의 긍정적인 관계가 뒷받침된다.

'넬리다, 지금 당신이 아파한다는 것을 느낄 수 있어요.'

'넬리다, 제가 방금 말한 것에 대해서 당신이 당황스러워한다는 느낌을 받았습니다. 당신의 감정을 저에게 표현할 수 있어서 다행이에요.'

상담자로서 자신이 상담 회기에서 어떻게 초점을 맞추고 어떻게 상담 회기를 넓힐 수 있는지를 인식해야 한다. 그러면 내담자는 관계 속의 개인이나 지역사회 속의 개인과 같이 자신과 다른 사람, 자신과 사회 체계의 관계에 대해 잘 인식할 수 있다. 어떤 면에서 상담자는 오케스트라의 지휘자와 같은 존재로 어떤 악기(생각)에 초점을 맞출 것인지 선택하고 전체를 더 잘 이해하도록 한다. 일부 상담자들은 내담자와 내담자의 문제에만 초점을 맞추고 내담자 문제의 전체적인 맥락은 인식하지 못한다.

기억은 많은 것을 담고 있다. 상담자가 어떤 한 측면에만 초점을 맞추면 전체 그림을 놓치게 된다. 내담자와 상담자가 전체 그림을 이해하는 하나의 방법이 지역사회 가계도다.

▶ 지역사회 가계도

내담자는 많은 이야기를 상담에 가져온다. 많은 경우 상담자는 이 중에서 하나의 이야기만을 다룬다. 그러나 다른 많은 사람들(예: 친구, 가족, 다양성의 독특한 요인)의 이야기와 주제가 내담자의 이야기에 깊은 영향을 미친다. 내담자가 삶과 개인적 결정에서 복잡다단함을 다루도록 상담자가 도와주고자 한다면, 상담자가 초점을 맞출 수 있는 다른 많은 요인들이 존재한다.

지역사회 가계도는 내담자의 이야기에 초점을 맞추고 이를 풍성하게 하는 것의 가치를 이해하는 좋은 방법이다. 지역사회 가계도를 통해서 상담자는 내담자의 문화적 배경과 역사에 대한 그림을 그릴 수 있고, 따라서 사회적 맥락에서 내담자를 바라볼 수 있다. 상담에서 지역사회 가계도를 통해서 내담자는 다른 사람들과의 관계에서 자신에 대해 보다 잘 이해할 수 있다.

지역사회 가계도는 특정한 형식이 없으며, 내담자는 자기만의 고유한 방식으로 자신의 원(源)지역사회 또는 현재 지역사회를 표현한다. [글상자 9.1]에 지역사회 가계도의 예가 나와 있다. 지역사회 가계도를 통해서 상담자는 내담자의 발달력을 보다 잘 이해하고 문제해결을 위한 내담자의 강점을 파악할 수 있다. 내담자 혼자 지역사회 가계도를 만들기도 하고, 또는 상담자가 질문을 하거나 내담자가 가계도에 포함하고 싶은 사항을 들음으로써 내담자를 돕기도 한다.

자신의 지역사회 가계도 만들기

아래에 제시된 단계에 따라서 자신의 지역사회 가계도를 완성하는 것에 초점을 맞추는 것부터 시작해보자. 상담자가 시간을 들여서 자신의 지역사회 가계도를 만든다면, 내담

글상자 9.1   지역사회 가계도: 세 가지 예

내담자들에게 자신의 원(源)지역사회나 현재 지역사회의 지지 체계를 그림으로 표현해보도록 한다. 여기에 제시된 예들은 많은 가능성 중에서 세 가지를 고른 것이다.

1. **넬리다 자모라의 지역사회 가계도**

넬리다는 많은 생각 끝에 이 가계도를 만들고 이를 이 책의 저자인 앨런과 이야기를 나누었다. 그녀는 컴퓨터에서 출력한 이미지를 사용해서 자신의 원(源)지역사회를 표현했다. 가계도를 보면 그녀가 단지 몇 개의 핵심 차원만을 사용했으며, 그녀가 상당히 작은 라틴계 지역사회에서 자랐음을 알 수 있다. 각각의 이미지는 소중한 이야기를 담고 있으며, 이를 통해 지역사회에서 전체적 한 사람으로서 넬리다에 대해 더 잘 이해할 수 있다.

2. 지도

내담자는 지역사회의 실제 지도나 은유적인 지도를 그릴 수 있다. 이 경우는 시골 지도다. 이 그림에서 내담자가 자신의 배경을 보는 관점을 통해 확대가족과 친밀한 관계가 있었고 상대적으로 작은 경험 세계를 가지고 있다는 것을 알 수 있다. 그림에서 친구들이 없다는 것이 주목할 만하다. 가족이 아닌 외부 요인은 교회가 유일한 요소다.

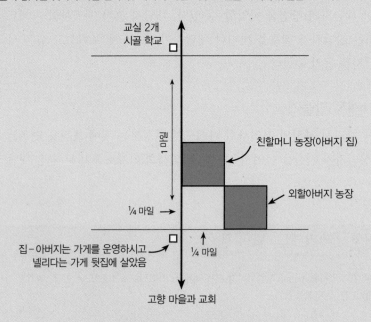

3. 별모양 그림

초등학교 때가 그녀의 인생에서 어려운 시기였다는 것을 알 수 있다. 그렇지만 지지 체계와 긍정적 기억에 대해서도 주목할 필요가 있다.

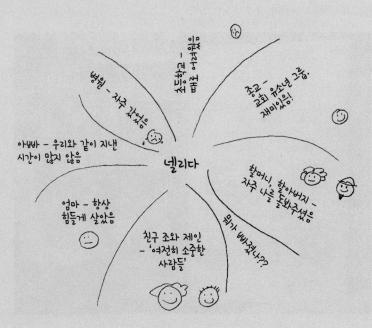

자가 자신을 지역사회 속의 개인으로 생각하고 사회적 맥락에서 스스로를 보도록 더 잘 도와줄 수 있을 것이다. 지역사회 가계도는 상담자와 내담자의 문화에 대한 단면을 보여준다.

▲ 자신이 주로 성장한 지역사회를 선택한다. 원(源)지역사회란 자신의 문화에 대해 주로 배운 곳을 말하지만, 과거나 현재의 어떤 지역사회를 사용해도 좋다.

▲ 큰 포스터 용지나 화이트보드를 준비한다. 자신이나 내담자(지역사회 가계도의 주인공)를 중요한 표시로 나타내고 포스터 용지나 화이트보드의 가운데 또는 적절한 곳에 그린다. 내담자에게 창조적으로 표현하도록 격려하고 마음에 끌리는 방식으로 지역사회를 나타내도록 한다. 지도나 별 모양 등도 가능하다(글상자 9.1).

▲ 자신이나 내담자에게 가장 적합한 상징을 사용해서 핵가족 또는 확대가족을 표시한다. 다양한 문화 집단들은 다양한 방식으로 가족을 정의한다. 이것으로도 가족 정보를 충분히 제공할 수 있다.

▲ 지역사회 가계도에서 가장 영향력 있는 집단을 독특한 표시를 사용해서 표현한다. 학교, 가족, 이웃, 종교 집단이 많이 선택되는 집단이다. 십대들에게는 또래 집단이 특히 중요하기도 하다. 성인에게는 직장이나 다른 특별한 집단이 보다 중심적인 역할을 한다.

▲ 상담자는 1장에서 논의했던 RESPECTFUL 모델과 관련되는 측면들을 제안할 수 있다. 이러한 방식으로 다양성의 주제를 가계도에 포함할 수 있다. 넬리다의 라틴계 배경은 그녀의 자기 개념의 핵심이다. 모든 내담자는 인종, 민족, 사회 계층, 또는 다른 요인들의 영향을 깊이 받고 있지만, 때로 이런 요인들이 내가 누구인지(who they are)에 어떻게 영향을 미치는지에 대해서는 인식하지 못하고 있다. 지역사회 가계도를 통해서 개인이 어디에서 왔는지를 이해하는 것이 가능해진다.

상담자가 내담자의 삶과 사회적 맥락에서 무엇에 초점을 두는지에 따라서 더 넓은 이해와 다양한 시각에서 상담 회기를 진행할 수 있다. 상담자가 특정 주제에 초점을 맞추는 것은 상담자 자신의 사회적 맥락과도 일부 관련된다. 상담자의 과거와 현재 문제가 상담에 영향을 미칠 수 있다. 상담자는 의식적 또는 무의식적으로 자신을 불편하게 만드는 어떤 주제에 대해서 말하는 것을 피할 수 있다. 상담자도 내담자와 똑같은 행동을 할 수 있다. 상담자의 편견을 인식함으로써 상담자는 각 개인의 고유한 면을 보다 완전하게 이해할 수 있다.

개인적 강점과 다문화적 강점을 파악하기

상담자는 지역사회 가계도를 강점과 긍정적 자산으로 활용해야 한다. 내담자가 지역사회에서 겪었던 많은 어려움에 대해 논의하기보다는 긍정적인 것에 초점을 맞추고 내담자의 강점과 자원을 파악한다. 지역사회 가계도를 사용해서 내담자의 강점에 대한 이미지와 이야기를 찾도록 한다.

▲ 상담 회기에서 지역사회 가계도를 벽에 붙인다.
▲ 지역사회나 가족의 단일 차원에 초점을 맞춘다. 내담자가 부정적인 이야기로 시작하고 싶어 해도 긍정적인 이야기를 강조한다. 내담자가 힘든 이야기를 해야 할 필요성이 분명하지 않다면, 긍정적인 강점이 마음에 확고하게 자리를 잡을 때까지는 부정적인 측면에 대해 다루지 않는다.
▲ 선택한 지역사회 차원과 관련해서 내담자가 긍정적인 이야기를 나누도록 돕는다. 상담자가 자신의 가계도에 대해 작업하고 있다면, 이런 긍정적인 이야기를 일기 형식으로 적을 수도 있다.
▲ 지역사회의 다른 집단에 대해서 적어도 두 가지 이상의 긍정적인 이미지와 이야기를 작성하도록 한다. 긍정적인 가족 이미지, 종교나 영성에 대한 이미지, 문화에 대한 이미지 등을 만들어봄으로써 정신건강과 지지 체계의 여러 영역이 포함되도록 한다.

이 장의 후반부에 넬리다와 앨런의 상담 축어록에서 이 과정이 나타나게 된다. 축어록 분석에는 넬리다의 지역사회 가계도에 대한 분석이 포함되어있으므로, 상담자가 지역사회 가계도를 어떻게 사용할 수 있을지에 대한 아이디어를 얻을 수 있을 것이다.

▶ 가계도

넬리다의 지역사회 가계도를 보면 가족이 중심에 있다. 가계도는 가족을 훨씬 더 자세하게 살펴보는 것으로, 대부분의 상담과 치료 프로그램에서 일반적으로 사용되는 전략이다. 저자들은 내담자와 상담을 진행할 때 지역사회 가계도와 가계도 둘 다 자주 사용하며, 때로는 가계도를 상담실 벽에 붙여놓기도 한다. 이는 내담자에게 상담 회기에서 그들이 혼자가 아님을 알려준다. 많은 내담자들이 자신의 강점과 사회적 맥락을 인식함으로써 편안함을 느낀다고 한다.

많은 사람들은 여러 세대에 걸쳐서 전해 내려오는 가족 이야기에 대한 기억을 가지고 있다. 고난을 성공적으로 견뎌낸 할아버지나 조상에 대한 이야기와 같은 것들은 내담자의 힘의 원천이 될 수 있다. 가족 이야기는 자부심의 원천이며 긍정적 자산을 찾는 데 중심적 역할을 할 수 있다. 대부분의 상담자들은 가족력에서 문제를 살펴보는 경향이 있는데, 물론 이것도 적절한 접근이다. 하지만 가족력에서 문제뿐만 아니라 긍정적인 가족 이야기도 반드시 찾도록 한다.

아동 역시 가계도를 좋아하며, '가족 나무'라고 하는 단순한 방식으로 변형하면 아동 상담에 잘 맞는다. 아동에게 나무를 그리도록 하고 자신이 원하는 가지에 가족들을 배치하도록 한다.

▶ 지역사회 가계도 분석

지역사회 가계도를 분석하는 것은 상담자가 내담자의 발달력과 문화적 배경에 대해 배울 수 있는 기회다. 이를 통해 상당한 자료를 얻을 수 있고 상담자는 핵심 문제에 초점을 맞출 수 있다. 먼저 내담자에게 그들이 과거에서 가장 중요하게 생각하는 지역사회와 사건을 기술하도록 한다. 내담자의 지역사회에 대한 개요를 그린다.

다음으로 가계도의 각 요소에 대한 이야기를 내담자에게 부탁한다. 재미, 정서적 지지, 힘, 용기, 고난을 이겨내는 것과 같은 긍정적인 이야기를 찾도록 한다. 내담자의 이야기에서 사실, 감정, 생각을 끌어낸다. 많은 사람들이 힘든 환경이나 때로는 탄압적인 지역사회에서 자랐기 때문에, 긍정적 방향성을 지향하는 것은 내담자에게 도움을 준 긍정적인 힘과 강점에 초점을 맞추도록 할 수 있다. 긍정적 방향성을 지향함으로써 희망적인 자세로 문제를 탐색할 수 있다. (지역사회 가계도에 대한 더 많은 정보에 대해서는 Rigazio-DiGilio, Ivey, Grady, & Kunkler-Peck, 2005를 참고한다)

아래에는 넬리다의 가계도를 실제 분석한 것의 일부가 제시되어있다.

상담자와 내담자의 대화*	상담 과정에 대한 해설
1. 앨런: 봄방학 바로 전에 지역사회 가계도 작업에 대해 이야기를 나눴습니다. 가계도를 만들 수 있었나요?	넬리다와 그녀의 이야기 주제 및 근심거리에 초점을 맞춘다. 이 회기에서 주제는 지역사회 가계도와 넬리다의 배경에 대한 인식이다. 간단한 인사와 함께 넬리다가 어떻게 지냈는지에 대해 확인하면서 상담 회기를 시작했다. 넬리다는 고향인 마이애미에 다녀왔다. 상담 회기의 주제인 가계도 분석에 대해 개방형 질문을 던지는 것으로 상담을 시작했다.
2. 넬리다: 예. 제가 만든 걸 보여드릴게요.	넬리다는 열정을 보이면서 자신이 만든 지역사회 가계도를 보여준다(글상자 9.1).
3. 앨런: 컴퓨터를 사용해서 우리를 위해 멋진 가계도를 만들었군요. 여기에 어떤 것들이 있는지 말씀해주시겠어요?	넬리다 개인과 주제에 초점을 맞춘다. 피드백을 주고 주제에 대한 개방형 질문을 한다. 지역사회 가계도를 사용하는 데 있어서 걱정이나 근심거리보다는 긍정적인 강점에 초점을 두도록 한다. 이러한 긍정적인 측면들을 사용해서 내담자가 건강한 자질에 기초를 두고 힘든 일을 헤쳐 나갈 수 있도록 할 수 있다.

* 앨런 아이비와 넬리다 자모라 사이에서 실제 진행된 면접의 이 축어록은 명확성을 위해 편집되었다. 면접이 실린 DVD의 출처: Ivey, A., Ivey, M., Gluckstern-Packard, N., Butler, K., & Zalaquett, C. (2012). *Basic Influencing Skills*, 4th ed. [DVD]. Alexandria, VA : Microtraining / Alexander Street Press. By permission of Microtraining/Alexander Street Press. http://alexanderstreet.com/products/microtraining.

상담자와 내담자의 대화	상담 과정에 대한 해설
4. *넬리다*: 네. 제가 자라면서 지역사회에서 중요했던 측면들을 넣기로 했어요. 오늘날의 저를 만들었거든요. 두꺼운 선은 긍정적인 관계를 의미하고, 실선은 긍정적이면서 부정적인 관계를 의미하고, 지그재그 선은 좀 더 부정적인 관계를 의미해요.	지역사회 가계도를 만드는 데에는 다양한 방법이 있으므로, 각 내담자가 자신의 방식을 정하도록 한다. 넬리다는 컴퓨터를 사용해서 가계도를 만든 다음 이를 확대해서 보드에 붙였다. 가족 치료 관계도의 방법을 따라서 실선과 지그재그 선으로 관계의 유형을 나타냈다.
5. *앨런*: 대학, 교회, 공원, 조부모님이 긍정적인 관계군요. 당신 어머니의 집은 긍정과 부정이 모두 있고요. 우리가 예전에도 당신의 부모님과 관련된 주제를 일부 이야기했는데, 오늘은 당신의 여러 가지 배경에서 긍정적인 면과 강점에 초점을 맞추고 싶어요. 당신의 배경 각각에 대해서 짧게 긍정적인 이야기를 해보고, 그중에서 한두 가지를 골라서 좀 더 깊이 살펴보도록 하지요. 그러면 어려운 것부터 시작해볼까요. 선이 뚝뚝 끊어져 있는 고등학교 시절에 대해서 이야기해볼까요?	주제와 중요한 타인에 초점을 맞춘다. 앨런이 가계도에서 보는 것을 다시 설명한다. 여기에서도 긍정적인 주제에 주로 초점을 맞추고 넬리다의 어머니에 대해서는 간략하게 언급한다. 앨런은 긍정적인 내용에 초점을 맞추는 것으로 가계도 분석을 구조화했지만, 부정적인 관계를 나타내는 지그재그 선에서부터 분석을 시작할 것을 제안했다. (이 부분까지는 구체적인 공감 반응이 나타나지 않는다. 그러나 상담 관계는 탄탄해 보이므로 지금까지의 상담 회기를 상호교환적 공감으로 평가할 수 있다)
6. *넬리다*: 음, 고등학교 때는 제가 대학을 갈지 잘 몰랐어요. 저희는 아주 전통적인 가족이거든요. 남미 사람들이니까 여성이 집안 살림을 하고 아내 역할을 하고 고등 교육을 받지 않는 것을 더 익숙하게 받아들였어요. 그래서 제가 처음 대학에 진학하려고 했을 때에는 부모님과 조부모님의 지지를 받지 못했어요. 그래서 고3 때가 약간 힘들었죠.	여기에서 넬리다가 대학에 진학하기 전에 가족들과 갈등이 있었음을 알 수 있다. 다문화 주제와 성별에 대한 주제가 분명하게 드러난다.
7. *앨런*: 고등학교 시절이 힘들었고 전통적인 라틴 문화에서는 여성의 교육을 지지하지 않았군요. 하지만 그 과정에서 뭔가 긍정적인 일이 있었나요? 뭔가 좋은 일이 있었을 것 같아요. 아니었다면 당신이 지금 여기에 있지 않겠지요.	앨런은 문화적·환경적 맥락에 잠시 초점을 맞추었다가 곧바로 긍정적인 기억에 대해 질문을 한다. 긍정적인 기억을 강조하는 것은 지역사회 가계도에서 매우 중요한 부분이다. 우리는 모두 우리의 고향 지역사회에서 어려움을 겪은 경험이 있으며, 이는 나중에 적절한 시기에 탐색할 수 있다. 여기에서의 목적은 넬리다가 미래에 사용할 수 있는 강점을 가져오는 긍정적 자산을 찾는 것이다. 이 장의 후반부에서 문화·환경·맥락 초점의 중요성을 배우게 될 것이다.
8. *넬리다*: 아, 저는 운 좋게도 고등학교 때 아주 좋은 상담 선생님을 만났어요. 제가 가고자 하는 방향으로 가도록 지도해주셨죠. 그 선생님은 저에게 상황을 여러 관점에서 보도록 도와주셨는데, 그게 아주 도움이 많이 되었어요.	자신을 지지하는 상담자의 중요성을 언급했다. 이는 지역사회에 있는 다른 사람들이 어떻게 우리가 가고자 하는 곳에 도달하도록 도와줬는지를 보여주는 좋은 예다. 이 상담자는 긍정적 자산이었으며 지금도 도움이 되고 있을 수 있다.
9. *앨런*: 상담자가 도움을 주었다니 다행이군요. 당신이 상담 분야를 공부하게 된 것이 크게 놀랍지는 않네요. 그러면 당신이 고등학교에 대해서 부정적인 관계로 표시했지만, 당신의 지역사회에 당신이 앞으로 나아가도록 도움을 준 강점도 있군요.	넬리다와 주제에 초점을 맞춘다. 앨런은 넬리다의 과거에서 중요한 인물에 초점을 맞춤으로써 긍정적인 면을 지지한다. 앨런은 재진술의 측면에서 '강점'이라는 단어를 추가한다. (다소 추가적 공감)

상담자와 내담자의 대화	상담 과정에 대한 해설
10. *넬리다:* 다행히 엄마와의 관계는 지금 훨씬 더 좋아요. 기회가 될 때마다 엄마를 보는 건 언제나 좋아요.	넬리다는 과거와 현재에 그녀를 지탱했던 기억을 떠올리면서 보다 긍정적으로 말하고 있다. 많은 상담자들이 안 좋은 기억을 찾으려고 하거나 이를 강조하곤 하는데, 이는 상담 회기를 부정적인 분위기로 만든다. 우리가 할 수 있는 것에 대한 강점과 긍정적인 기억을 가질 때 문제를 가장 잘 헤쳐 나갈 수 있다.
11. *앨런:* 당신이 어머니에 대해 이야기하는 것을 들으면서 제가 느낀 것은, 어머니와의 관계를 약간 갈등이 있었던 것으로 말하면서도 당신의 눈은 마치 춤을 추는 것 같아요.	넬리다에게 초점을 맞춘다. 비언어적 의사소통에 대한 피드백. (추가적 공감)
12. *넬리다:* 그래요? 솔직히 저도 기분이 좋아요. 고등학교 때 엄마와 관계는 굉장히 힘들었는데 제가 대학에 진학하고 나중에 대학원에 가기로 결정했을 때 엄마가 중요한 지지 체계 중 하나였어요.	가계도에서는 엄마와의 관계를 어려운 관계로 표현했지만, 넬리다는 이 관계를 좀 더 긍정적인 관점으로 재구조화했다. 앨런이 부정적인 측면에 초점을 맞췄다면 슬픈 이야기나 때로는 우울한 이야기들이 지속되었을 것이고, 이는 내담자에게 그다지 도움이 되지 않았을 것이다. 여기에서 넬리다가 수업에서 경험했던 부정적인 이야기가 긍정적인 인생 경험과 비교되는 것을 볼 수 있는데, 이는 뇌에 저장된 부정적인 기억을 다시 이야기하거나 다시 쓰는 유용한 방법이다.
13. *앨런:* 그래서 지금은 어머니와 관계가 훨씬 좋군요. 그래요, 그리고 조부모님은 당신이 자랄 때 아주 특별한 존재셨군요.	중요한 타인에 초점을 맞춘다. 긍정적인 면을 강조하는 재진술이다. (상호교환적 공감)
14. *넬리다:* 네. 그래요. 알다시피 그분들이 저를 키우셨죠. 그래서 아주 전통적이고 보수적인 분들이시고, 어떤 것들, 이를테면 여성이 고등교육을 받는 것에 대해서 그렇게 개방적이지는 않으셨어요. 하지만 그럼에도 불구하고 제가 결정한 사안에 대해서 항상 지지해주셨고, 저에게 큰 힘과 지지가 되어주셨어요.	여기서 넬리다는 다시 한 번 그녀가 가족에게서 받은 지지를 말한다. 내담자가 계속해서 긍정적인 힘과 자원을 말하는 것은 좋은 신호이며, 이는 내적 자원의 발달을 강화한다. 여기에서 나타나고 있는 것은 자신의 힘에 대한 정서적 자각 능력을 높이고, 결과적으로 자신의 힘을 바탕으로 변화할 가능성을 높이는 것이다.
15. *앨런:* 조부모님이 보수적이긴 하셨지만 당신에게 아주 중요한 분들이셨고 아주 중요한 지지를 해주셨군요. 제 생각에 '보수적'이라는 단어가 또한 당신이 어려움을 겪을 때 그분들에게 의지할 수 있다는 의미도 될 것 같습니다. 그런가요?	중요한 타인과 넬리다에게 초점을 맞춘다. 간단한 재진술에 이어서 '보수적'이라는 단어를 보다 긍정적인 측면에서 재구조화한다. 이는 내담자를 존중하는 것이면서 동시에 그녀의 가족과 라틴 문화에 대한 존중을 보여준다. (추가적 공감)
16. *넬리다:* 네. 그분들에게 의지할 수 있어요.	
17. *앨런:* 다음으로 공원과 교회가 있군요.	상담 회기의 주제인 지역사회 가계도에 초점을 맞춘다. 앨런이 주제를 바꾸면서 지역사회 가계도에서 다른 긍정적인 연결성에 주목한다.

상담자와 내담자의 대화	상담 과정에 대한 해설
18. *넬리다*: 이 장소들은 어린 시절의 좋은 기억을 불러와요. 조부모님 댁에서 바로 건너편에 있었죠. 사실 평소에 많이 생각하는 것은 아니지만, 가계도를 만들면서 항상 공원에 대한 기억으로 다시 돌아갔어요. 제가 자랄 때 가지고 있던 좋은 기억이죠. 할아버지께서 저를 공원에 데리고 가서 같이 자전거를 타곤 했던 그런 기억들이 있거든요. 이런 기억들을 떠올리면 정말 기분이 좋아져요. 그래서 공원을 가계도에 넣기로 했어요.	긍정적인 이야기를 끌어냄으로써 내담자에 대한 존중을 보여줄 수 있다. 좋은 관계와 경험에 대한 기억을 통해 내담자는 자신의 삶에서 긍정적인 것을 보여줄 수 있는 기회를 가지게 된다. 내담자는 그저 문제를 계속해서 반복적으로 읊는 존재가 아니다.
19. *앨런*: 할아버지에 대한 기억과 함께 공원이 중요하군요. 공원을 생각하면 떠오르는 어떤 특별한 이미지가 있나요?	중요한 타인과 넬리다에 초점을 맞춘다. 재진술과 개방형 질문을 사용한다. 여기에서 앨런이 지역사회 가계도와 관련해서 이미지를 사용하는 것으로 이동하고 있음을 볼 수 있다(이러한 변화 촉진 기술에 대한 구체적인 내용은 13장을 참고하라). 시각적 기억은 때로 인생의 사건들을 보관한다.
20. *넬리다*: 아주 고요한 느낌이 들어요.	이미지가 항상 시각적인 것은 아니다. 여기에서 넬리다는 자신을 평화롭게 하는 감정에 대해 말하고 있다.
21. *앨런*: 고요하군요.	넬리다에게 초점을 맞춘다. 격려 반응. '고요하다'는 분명한 핵심 단어이며, 이는 과거의 기억이 '지금 여기'에서 긍정적인 기억을 나타낸다. 감정 반영에 대한 논의에서, 정서와 감정의 기술적 정의가 다르다는 것을 논의했다. 정서는 부분적으로 인지적인 구성개념(constructs)인 반면 감정은 신체와 좀 더 관련된다. 이미지 연습의 목표는 자신의 감정을 더 잘 느끼도록 하는 것이다. (상호교환적 공감)
22. *넬리다*: 네. 조부모님과 엄마 사이에는 항상 불화가 있었고, 당연히 저에게도 영향을 미쳤어요. 하지만 공원이 어떤 도피처가 되어주었어요. 공원은 그냥 차분하고 평화로운 분위기였죠. 할아버지가 저를 데리고 자전거를 타러 가곤 하셨는데, 그때가 집안의 복잡한 문제에서 잠시 벗어날 수 있는 기회였죠. 마치 짧은 휴가를 떠나서 어디론가 여행을 가는 것 같았어요.	감정과 함께 가는 인지(생각)를 알 수 있다.
23. *앨런*: 당신이 정말 고요하고 평화로움을 느낄 수 있는 장소군요. 평화롭다는 감정에 좀 더 머물러 있고 싶군요. 그 공원에서 할아버지와 함께 아주 평화롭고 고요한 느낌을 가졌던 구체적인 시간을 떠올리고 그 시간에 대한 어떤 시각적 이미지를 떠올려보시겠어요?	넬리다에 초점을 맞춘다. 감정 반영과 재진술. 이미지와 관련된 제안이 이어진다. 이 반응은 넬리다가 보다 구체적인 깊이로 자신의 경험 속으로 들어가도록 격려하기 때문에 추가적 공감이라고 볼 수 있다. 구체성을 추구하는 것은 종종 추가적 도움(additive helping)과 연관된다. 앨런이 이미 탐색된 불화의 문제를 다루지 않는다는 점에 주목한다. (상호교환적 공감. 시각적 이미지에 대한 요구는 추가적 공감일 가능성이 있다)
24. *넬리다*: 그건 아마도 제 자전거를 가지고 공원으로 가서 그냥 비탈길을 오르기도 하고 여기 저기 다녔던 시간이었을 거예요. 음, 아주 평화로웠고 거기에서 할아버지와 함께 안전하게 다닐 수 있었어요.	넬리다는 거의 완전하게 회상 속에 있는 것으로 보이며, 이는 분명히 그녀의 작업 기억에 떠올라 있다. (넬리다가 시각적 이미지를 사용할 수 있었기 때문에 대화 23에서 앨런의 반응은 추가적 공감이라고 볼 수 있다)

상담자와 내담자의 대화	상담 과정에 대한 해설
25. 앨런: '평화롭고 자유롭다'는 말을 한번 해보시겠어요?	넬리다에 초점을 맞춘다. 질문 형태의 격려 반응으로 즉각성과 순간에서의 경험을 촉진하고자 한다.
26. 넬리다: 나는 평화롭고 자유롭다.	이후에 이어지는 넬리다와 앨런의 반응 교환이 매우 짧다. 이는 상담 회기가 '지금 여기'의 순간에 있음을 나타낸다.
27. 앨런: 그 말을 할 때 어떤 느낌이 드나요?	넬리다에 초점을 맞춘다. 기본 감정에 방향을 둔 개방형 질문
28. 넬리다: 진정되어요.	정서에 비해서 보다 기본적인 감정을 분명하게 보여주는 예.
29. 앨런: 진정된다. 몸의 어떤 부분에서 진정되는 감정이 느껴지세요?	넬리다에 초점을 맞춘다. 격려 반응. 넬리다가 자신의 몸에서 '지금 여기'의 감정을 인식하도록 이끄는 질문. (또 다른 추가적 반응으로 볼 수 있다)
30. 넬리다: 여기 가슴 부분이요.	넬리다 역시 평화롭고 고요한 실제 감정을 보이고 있다. 이는 넬리다가 할아버지와 함께 공원에 있었던 감정에 대한 기억과 아주 유사할 수 있다. 감정과 정서는 인지 이상의 것으로, 어떤 수준에서는 신체적으로도 느껴진다.
31. 앨런: 가슴 부분에서 진정되는 것을 느끼는군요. 지역사회 가계도의 목적 중 하나는 우리가 과거의 사건이나 현재 사건에서 얻을 수 있는 강점을 찾고, 또 이를 우리의 몸에서 찾으려고 하는 것이에요. 우리가 스트레스를 받을 때, 지지와 힘을 받았던 과거의 이야기를 이끌어낼 수 있고, 이런 과거의 이야기들은 우리에게 어려운 문제가 생길 때 이를 다룰 수 있도록 돕지요. 이해되나요?	넬리다와 그녀의 고민에 초점을 맞춘다. 감정을 반영하고 이어서 신체에 있는 긍정적 사건의 가치를 설명한다. 앨런이 이러한 긍정적인 감정을 더 완전하고 단단하게 연결하는 데 시간을 더 들였다면 좋았을 것이다. (상호교환적 공감)
32. 넬리다: 이해돼요. 음, 제 몸에 있는 그 감정이 제가 그 기억을 다시 볼 수 있도록 도와줬어요. 실제로 떠올리기 전까지는 제가 그 기억에 대해 얼마나 많이 생각했는지를 알지 못했거든요. 네, 그 기억과 이미지와 공원에 있었을 때 가졌던 그 조용하고 진정되는 감정으로 다시 돌아가는 것을 알겠어요.	이것은 넬리다에게 새로운 기억이 아니지만, 연습을 통해 기억의 중요성이 보다 풍부하게 인식된다.
33. 앨런: 예. 몇 가지만 짚고 넘어갈게요. 먼저, 당신이 스트레스와 긴장을 느낀다는 것을 인식하게 되면, 당신과 할아버지의 고요한 감정이 당신의 가슴에 항상 있다는 것을 기억하세요. 숨을 크게 쉬고, 스트레스와 긴장을 보내고, 공원을 떠올리면, 그것이 우리가 자원이라고 하는 것입니다.	넬리다, 주제, 넬리다의 고민에 초점을 맞춘다. 정보 제공과 제안. 여기에서 강조하는 것은 넬리다가 이 경험을 실제 세계에서 행동으로 일반화하도록 돕는 것이다. 내담자들이 자신의 몸에 여러 가지 긍정적인 신체적 감정을 가지고 있다면, 스트레스를 겪는 시기에 이를 끌어올려서 앞으로 나가는 데 도움이 될 수 있다. (추가적 공감)
34. 넬리다: 그럴 것 같아요. 감사합니다.	

▶ 초점 맞추기를 사용해서 자신의 신념과 접근 검토

내담자의 생각의 폭을 넓히는 데 초점 맞추기가 어떻게 사용될 수 있는지에 대한 보다 일반적인 고려사항에 대해 생각해보자. 이 책을 계속 읽기 전에, 시간을 두고 낙태라는 어려운 문제에 대한 당신의 생각을 검토해본다. 시간을 들여서 아래에 고딕 강조체로 제시된 질문에 대해 자신의 반응을 적어보는 것이 도움이 될 것이다.

상담자 또는 심리치료자로서 당신은, 여러 의견이 갈등을 일으킬 수 있는 사례를 만나게 될 것이고 당신이라면 내리지 않았을 다른 결정을 내린 내담자와 상담하게 될 것이다. 낙태는 때로 일명 '문화 전쟁(culture wars)'의 한 부분이다. 낙태 문제에 대해서는 깊은 신념과 정서가 존재한다. '낙태 찬성(pro-choice)'과 '낙태 반대(pro-life)'와 같은 단어조차도 어떤 사람에게는 강한 감정을 불러일으킨다. **이 어려운 문제에 대한 당신의 개인적 입장은 무엇인가?**

당신의 가족, 친구, 당신과 가까운 다른 사람들은 낙태에 대해 어떻게 생각하는가? 예전과 지금 당신의 지역사회와 교회는 어떤 이야기를 하고 어떻게 생각하는가? 법률과 광범위한 언론 보도에 대한 당신의 이해가 당신의 생각에 어떤 영향을 미치는가? 보다 복합적이고 맥락을 고려한 관점을 가지기 위해 시간을 잠시 두고 이 문제에 대한 당신의 생각에 무엇이 영향을 미쳤는지에 대해 생각해보도록 한다. 당신이 알게 된 것을 적어본다. **누가 결정했는가? 당신인가, 아니면 당신의 가족·지역사회 환경인가?**

상담자로서 당신은 낙태 또는 다른 논쟁의 여지가 있는 문제에 대해서 다양한 입장을 취하는 사람들의 상황, 생각, 감정을 이해하는 것이 매우 중요하다. 당신이 그들과 동의하는지 동의하지 않는지와 관계없이 말이다. **당신과 다른 입장을 보이는 사람들의 생각과 감정을 파악할 수 있는가? 그들은 어떻게 생각하고 느끼는가?**

상담은 내담자에게 어떻게 살 것인지 또는 무엇을 믿을 것인지를 가르치는 것이 아니다. 그보다 상담자는 내담자가 스스로 결정을 내리는 것을 추구한다. 상담자의 개인적 입장이 무엇인지와 관계없이 상담자는 상담 회기를 사용해서 자신의 입장을 펼치려고 하는 자신을 발견할 것이다. 상담자가 상담에서 편견을 피해야 한다는 것에는 모두가 동의할 것이다. 상담자는 내담자가 낙태에 대해 하나 이상의 여러 가지 입장이 있다는 것을 이해하도록 도울 필요가 있다. 또한 상담자는 내담자의 의식적 또는 무의식적 성차별주의, 인종차별주의, 반(反)유대주의, 반이슬람주의, 그리고 여러 다른 형태의 불관용을 다루도록 도울 필요가 있다. 효과적인 상담의 예술적인 측면은 상담자가 내담자의 자아 발견, 자율성, 성장에 관심을 가지고 편견을 가지지 않은 채 탐색하며, 이것이 신념에 대한 인식 및 존중과 결합할 때 일어난다.

▶ 어려운 문제에 초점 맞추기 적용

몇몇 학교와 기관들은 낙태에 대한 토론을 금지하는 방침이 있다. 상담자가 어떤 기관에서 일한다면(예: 종교 기반 상담 기관이나 낙태 찬성 또는 낙태 반대 상담 클리닉), 해당 기관은 낙태 상담에 관한 구체적인 방침을 가지고 있을 것이다. 윤리적 측면에서 내담자는 상담을 시작하기 전에 기관의 구체적인 신념을 알고 있어야 한다. 아래에 제시된 질문들에 대해 당신의 답을 써보도록 한다. 이러한 어려운 문제들에 있어서 '정답'은 없다.

어떤 내담자가 낙태를 한 뒤 바로 상담자인 당신을 찾아왔다고 해보자. 자신의 이야기를 할 필요가 있는 이 내담자를 당신은 어떻게 도울 것인가? 아래 여러 가지 문제가 제시되어있다. 이에 대해 당신이 여러 가지 초점 차원을 사용해서 어떻게 반응할지 생각해보기 바란다.

개인과 중요한 타인에 초점 맞추기

> 테레사: 이제 막 낙태를 했는데 정말 기분이 좋지 않아요. 의사들은 훌륭했고 수술도 잘 됐어요. 하지만 코델(Cordell. 낙태한 아이의 아버지)은 이제 저와 아무 관계없는 사람이고, 부모님과도 이 이야기를 할 수 없어요.

- 한 사람으로서 테레사에게 초점을 두면서 어떤 말을 할 것인가?
- 중요한 타인으로서 코델에게 초점을 두면서 어떤 말을 할 수 있을까?
- 테레사의 친구들의 태도와 이들이 보낼 수 있는 지지에 어떻게 초점을 둘 수 있을까?

적절한 초점을 선택하는 것은 매우 어렵다. 많은 초보 상담자들은 오직 문제에만 초점을 둔다. '낙태에 대해 좀 더 말씀해주시겠어요?'라는 반응은 낙태에 대한 자세한 이야기를 끌어낼 수 있을지 모르지만 내담자의 특별한 개인적 경험에 대해서는 거의 알수 없다. '당신의 이야기를 듣고 싶군요' 또는 '당신은 저에게 무엇을 말씀하고 싶으세요?'는 어떤가? 어디에 초점을 줄지에 대한 절대적인 법칙은 없지만 일반적으로 상담자는 내담자의 독특한 경험을 듣고 싶어 한다. 사람에게 초점을 맞추는 것이 일반적으로 상담을 시작하는 지점이다. 당신의와 당신은과 같은 단어를 강조한 것에 주목한다.

다른 핵심 인물(코델, 가족, 친구들)은 더 큰 그림의 일부분이다. 그들의 이야기는 무엇인가? 그들은 관계 안의 사람으로서 테레사와 어떻게 관계를 맺는가? 상담자가 다른 이야기와 관점을 이끌어내면서 그녀의 상황에 대해 더 완전하게 이해할 수 있다. 문제를 살펴보고 해결하는 과정에서 모든 중요한 타인들을 염두에 두도록 한다. 내담자의 경험을 완전히 이해하기 위해서는 궁극적으로 모든 관련된 관계들이 탐색될 필요가 있다.

가족에 초점 맞추기

> 테레사: 저의 가족들은 신앙심이 깊고 항상 낙태에 반대했어요. 이 모든 것이 저에게 더 죄책
> 감을 들게 하네요. 가족들에게 절대 말할 수 없어요.

그녀의 말에 반응해서 어떻게 가족에 초점을 맞출 수 있을까?
가족에서 테레사에게 도움을 주거나 지지할 수 있는 사람을 어떻게 찾을 것인가?

가족은 개인의 가치와 윤리를 최초로 학습하는 공간이다. 테레사는 '가족'을 어떻게 정
의하는가? 핵가족 이외에도 많은 가족 형태가 있다. 흑인계 미국인과 남미계 내담자들
은 가족을 대가족으로 생각하고, 동성애자는 자신을 지지하는 가족은 다른 동성애자들
이라고 볼 수 있다. 한 부모 가정이나 대안적인 가족 형태는 가족의 그림을 보다 복잡
하게 만들고 있다. 지역사회 가계도나 가계도를 만드는 것은 테레사가 자신에게 도움이
되는 지원이나 모델을 찾도록 도울 수 있다. 테레사의 부모가 정서적으로 도움이 되지
않는다면 아마도 이모나 할머니가 도움이 될 수 있다.

상호성 초점

> 테레사: 모든 사람들이 저를 판단하고 있는 것 같아요. 모두 저를 비난하고 있는 것 같아요. 심
> 지어 당신(상담자)도 조금 무서워요.

당신과 내담자의 관계에 어떻게 적절하게 초점을 맞출 것인가?
테레사에게 '지금 여기'의 감정에 초점을 맞추는 어떤 이야기를 할 수 있는가?

상호적이고 즉각적인 초점 맞추기는 '지금 여기' 관계에서 우리(we)를 강조한다. 동등한
관계에서 함께 작업하는 것은 내담자에게 힘을 북돋아준다. 또한 내담자가 '지금 여기'
에서 자기 감정의 깊이를 인식하도록 돕는 것은 매우 가치 있고 강력한 힘을 발휘할 수
있다. '지금 이 순간 우리는 문제를 다루고 있습니다', '당신에게 도움이 될 수 있도록 우
리가 같이 힘을 모을 수 있을까요?', '우리가 어떻게 하고 있는지에 대한 당신의 생각과
감정은 무엇입니까?' 여기에서 강조하는 것은 상담자와 내담자의 관계다. 문제에 대해
서 두 사람이 같이 작업하고 있고 상담자는 문제에 대한 소유권을 부분적으로 받아들이
고 있다.

여성주의 상담에서 '우리'에 대한 초점은 특히 적절할 수 있다. '우리는 이 문제를 해
결할 거예요.' '우리'에 대한 초점은 책임을 공유하는 것을 제공하며, 이는 종종 내담자
의 배경 변인과 관계없이 내담자에게 위안을 준다. 많은 여성주의 상담자들이 '우리'를

강조한다. 몇몇 상담 이론과 서구 문화에서는 '당신(내담자의 초점)'과 '나(상담자 초점)'를 구별하는 것이 보다 일반적이며 '우리'를 강조하는 것은 적절하지 않는 것으로 생각된다.

상호성 초점은 때로 '지금 여기' 차원을 포함하며 상담 회기에 즉각성을 가져온다. '지금 여기'에 초점을 맞추기 위해 상담자는 여러 가지 서로 다른 유형의 반응을 선택할 수 있다. '테레사, 지금 당신은 낙태에 대해 진심으로 상처를 입고 슬퍼하고 있습니다.' '지금 표현되지 않은 커다란 분노를 느낍니다.' 또한 전통적인 질문인 '지금 이 순간 어떤 느낌이세요?'도 있다.

상담자 초점

테레사: 제가 한 행동에 대해서 어떻게 생각하세요? 제가 어떻게 해야 할까요?

당신은 뭐라고 말할 것인가? 상담자 초점은 생각과 감정에 대한 자기 개방, 또는 내담자와 상황에 대한 개인적인 조언을 포함한다. '저는 이 일에 대해 걱정이 되고 슬픕니다', '지금, 저는 당신의 상황에 대해 마음이 아프네요. 하지만 당신이 이 상황을 이겨낼 힘을 가지고 있다는 것을 알아요', '저는 돕고 싶습니다', '저도 역시 낙태 경험이 있습니다. ⋯⋯제 경험은⋯⋯.' 상담자나 심리치료자의 관여의 적절성에 대해서 다양한 의견이 있을 수 있지만, 이러한 반응의 가치와 힘에 대한 인식은 점차 높아지고 있다. 자기 개방 반응은 과도하게 사용되어서는 안 되며, 자기 개방 반응은 짧게 한다.

당신의 생각과 감정을 어떻게 적절하게 공유할 것인가?
당신의 참조틀에서 내담자에게 조언을 할 것인가? 어떤 조언을 할 것인가?

문화 · 환경 · 맥락 초점

지금까지 테레사의 이야기로 볼 때 보다 넓은 문화 · 환경 · 맥락 문제를 불러오기 위해 어떤 말을 할 것인가?

아마도 문화 · 환경 맥락(cultural/environmental context: CEC)이 가장 복잡한 초점 차원일 것이다. 이 광범위한 영역 안에서 몇 가지 주제들이 내담자에 대한 가능한 반응과 같이 제시되어있다. 때로 낙태 문제를 논의하는 데 있어서 핵심적인 문화 · 맥락 문제는 종교와 영성이다. 내담자가 보수 기독교인, 자유주의 기독교인, 유태교인, 힌두교인, 이슬람교인, 또는 종교가 없는지와 관계없이, 종교적 관점에서 가치 문제를 논의하는 것이 내담자의 사고와 존재에서 핵심이 될 수 있다.

▲ 도덕적·종교적 문제: '당신의 종교적 배경에서 당신에게 도움이 되는 것으로 사용할 수 있는 것은 무엇입니까?'

▲ 법적 문제: '우리 주(州)에서는 낙태라는 문제가 몇 가지 법적인 문제를 가져옵니다. 이런 문제를 다뤄본 적이 있나요?'

▲ 여성 문제: '여성을 위한 집단이 막 시작했습니다. 참석하고 싶나요?'

▲ 경제적 문제: '수술 비용을 어떻게 지불할지 몰랐다고 말씀하셨는데요.'

▲ 건강 문제: '최근에 식사와 수면은 어땠습니까? 수술 후유증이 있나요?'

▲ 교육·진로 문제: '학교/직장에 다니지 않은 지 얼마나 오래되었나요?'

▲ 민족·문화 문제: '당신의 가족/교회/이웃 사람들에게 낙태의 의미는 무엇입니까?

다른 많은 문제를 포함해서 이 문제들 중 어떤 문제라도 내담자에게 중요할 수 있다. 어떤 내담자들에게는 만족스러운 문제해결을 위해서 모든 문제 영역들이 탐색될 필요가 있다. 내담자의 문제를 폭넓게 개념화할 수 있는 상담자나 심리치료자는 문제 또는 상황에 대한 여러 가지 중요한 측면을 다룰 수 있다. 문화·환경·맥락에 대한 초점에서 많은 부분이 상담자의 섬세한 주도와 변화 촉진을 요구한다는 점에 주목한다.

▶ 문화적·환경적 맥락, 권리 옹호, 사회정의

사회적 약자의 권리 옹호와 사회정의에서 상담자 또는 심리치료자의 역할은 무엇인가?

상담자는 자신이 상담에서 최선을 다해서 노력해도 내담자가 문제를 해결하고 삶에서 앞으로 나아가도록 돕는 데 충분하지 않은 상황에 부딪히게 될 것이다. 집이 없는 상태, 가난, 인종차별, 성차별, 다른 환경적인 문제와 같은 사회적 맥락으로 인해 내담자는 불가능한 상황에 처할 수 있다. 이러한 문제에는 학교에서 아이들의 괴롭힘, 불공평한 교사, 공정 고용 원칙을 거부하는 고용주가 있을 수 있다. 상담자가 내담자가 처한 사회적 스트레스 요인을 살펴보면, 내담자가 문제를 해결하도록 돕는다는 것은 훨씬 더 어려운 과제가 된다.

사회적 약자의 권리 옹호는 내담자를 위해 목소리를 내는 것이다. 이는 학교, 지역사회, 보다 넓은 사회적 맥락에서 내담자를 돕는 것이며, 또한 사회 변화를 위해 노력하는 것이다. 내담자가 살고 있는 체제를 더 좋게 만들기 위해서 상담자인 당신은 일상생활에서 무엇을 할 것인가? 아래에는 단순히 내담자의 문제에 대해 이야기하는 것만으로 충분하지 않은 상황에 대한 몇 가지 예가 제시되어있다.

▲ 초등학교 학교 상담자인 당신은 운동장에서 괴롭힘을 당하는 아이를 상담한다.

▲ 고등학교 학교 상담자인 당신은 동성애자라는 이유로 놀림과 학대를 받는 고등학교

1학년 학생을 상담한다. 담임교사는 이를 바라보기만 하고 아무 말도 하지 않는다.

▲ 인사 담당자인 당신은 승진에서 여성과 소수 인종에 대한 체계적 편향이 있다는 것을 발견한다.

▲ 지역사회 기관에서 일하는 상담자인 당신은, 가정에서 학대를 받지만 재정 지원을 받을 곳이 없기 때문에 집을 나오는 것을 두려워하는 내담자를 상담한다.

▲ 당신은 위험한 고혈압을 가진 흑인계 미국인 내담자를 상담하고 있다. 당신은 인종차별이 혈압에 영향을 미친다는 것이 어느 정도 탄탄한 근거가 있다는 것을 알고 있다.

초등학교 학교 상담자인 당신은 학교 관계자와 협력해서 괴롭힘에 관한 규정을 만들 수 있다. 이는 괴롭힘의 발생을 허용하는 환경을 적극적으로 변화시키는 것이다. 고등학교 학교 상담자인 당신은 상담에서의 비밀 보장으로 인해 즉각적으로 학급에 어떤 행동을 취하는 것이 어렵기 때문에 특히 어려운 문제에 부딪히게 된다. 학급에 조치를 취하는 것이 가능하지 않다면, 상담자는 학급에서 일어나는 탄압에 반대하는 학교 규정과 인식 프로그램을 시작할 수 있다. 상담자인 당신이 모든 교사에게 제공하는 훈련 프로그램을 통해서 수동적인 담임교사가 이 문제를 좀 더 인식하게 될 수도 있다. 당신은 흑인계 미국인 내담자에게 고혈압이 단지 '개인의 문제'가 아니며, 고혈압이 그의 환경에서 일어나는 인종차별과 일부 관련됨을 이해하도록 도울 수 있다. 당신은 지역사회에서 이러한 탄압을 없애는 활동을 할 수 있다.

다른 사람들이 피하고 싶어 하는 문제를 제기하는 '내부 고발자(whistle-blowers)'는 어려움에 처할 수 있다. 회사나 관련 기관은 자신들의 체계적인 편향이 드러나는 것을 원하지 않을 수 있다. 반면, 주의 깊은 자문과 자료 수집을 통해서 인사 담당 직원은 관리자가 보다 공정하고 정직하고 공평한 스타일을 가지도록 도울 수 있다. 여기에서 다시한 번 제도의 문제가 중요해진다. 상담자는 직장에서 제도의 변화와 동등한 일에 대한 동등한 임금 지급을 지지할 수 있다. 상담자는 인종, 성별, 성적 지향성에 대한 괴롭힘으로 괴로워하는 내담자를 도울 수 있다. 상담자는 고용주에게 어떻게 하면 보다 많은 장애인들을 고용할 수 있는지에 대해 이야기할 수 있다.

지역사회 기관에서 일하는 상담자는 내담자가 학대를 받고 있을 때 사회적 약자의 권리 옹호가 유일한 가능성이라는 것을 알고 있다. 이러한 상황에 처한 내담자에게는 집에서 나와서 새로운 주거지를 찾고 학대를 가하는 사람에 대해 어떻게 접근 금지 명령을 얻는지를 알려주는 방식으로 지지하는 것이 자기 관찰과 자기 이해보다 훨씬 더 중요할 수 있다.

내담자를 진심으로 걱정하는 상담자들은 필요할 때 내담자를 지지하는 옹호자로서 역할을 한다. 이들은 기꺼이 상담소에서 나와서 사회정의를 추구하고자 한다. 상담자는 전반적인 인간 발달과 복지를 촉진하기 위해 다른 사람들과 협력해서 구체적인 원인이나 문제에 대한 작업을 할 수 있다(예: 임신 돌봄, 아이 돌봄, 주거지, 노숙자를 위한 쉼터, 저소득층 지역을 위한 놀이터나 운동장). 이를 위해서 상담자는 목소리를 내어야 하고 언론을 상대하는 기술을 개발해야 하고 법률적인 문제를 배워야 한다. 윤리적 증인 (ethical witnessing)은 불의의 희생자와 일하는 것을 넘어서 사회적 약자의 권리 옹호의 가장 깊은 수준으로 나아가는 것이다(Ishiyama, 2006). 상담, 사회복지, 인사는 기본적으로 사회정의와 관련된 전문 분야다. 사회정의를 위한 목소리를 내는 것은 우리의 시간과 주의를 필요로 한다.

▶ 요약: 관계 속의 존재, 지역사회 속의 개인이 되기

초점 맞추기는 내담자가 자신의 문제를 보다 넓은 상황에서 보도록 돕는다. '나'에 초점을 맞추는 것이 핵심이지만, 우리는 또한 관계 속의 존재이다. 물론 우리에 앞서 독특한 개인에 초점을 맞추는 것에서 시작해야 한다. 상담과 심리치료는 개인을 위한 것이다. 그렇지만 다양한 차원에 초점을 둠으로써 상담자는 내담자가 시야를 확장하도록 도울 수 있다. 연결성과 상호의존성은 독립성과 자율성만큼 정신건강에 필수적이다.

지역사회 가계도는 문화적 맥락에서 가족과 연결된 내담자의 위치를 보여준다. 가계도에서는 원(原)지역사회의 부정적인 측면에 초점을 두기보다 여기에서 또한 강점을 배웠음을 보여준다. 지역사회와 문화적 강점에 대한 이야기를 떠올리는 것은 상담과 심리치료에서 매우 유용할 것이다.

우리는 상담자가 내담자와 함께 가계도와 지역사회 가계도를 만들고 상담 회기 동안 가계도를 벽에 걸어놓을 것을 권한다. 이러한 방식으로, 상담자와 내담자는 모두 관계 속의 자기에 대해 생각하게 되고 어떤 문제에 대해서든지 다양한 시각에서 바라볼 필요가 있음을 인식하게 된다.

모든 내담자와 가계도를 만들 필요는 없다. 가장 중요한 것은 내담자의 어떤 문제에 대해서도 여러 가지 설명과 여러 가지 새로운 이야기가 있을 수 있음을 인식하는 것이다.

요점	
선택적 주의집중	상담자가 듣는 방식은 내담자가 주제와 반응을 선택하는 것에 영향을 미칠 수 있고 영향을 미친다. '나' 진술문만 듣는 것은 내담자가 자신의 문제를 말하는 방식에 영향을 미친다. 문화, 성별, 맥락을 듣는 것 역시 내담자가 반응하는 방식에 영향을 미친다.

요점	
여러 가지 초점 맞추기를 통해서 이야기 이끌어내기	내담자의 이야기와 문제에는 많은 차원이 있다. 내담자가 제시하는 대로 그냥 문제를 받아들이고 삶의 복잡다단함을 단순하게 하고 싶은 유혹이 생기기도 한다. 초점 맞추기는 상담자와 내담자가 문제와 관련된 많은 요인들을 인식하고 생각을 정리하도록 돕는다. 초점 맞추기는 혼란스러운 내담자가 중요한 차원에 목표를 두도록 도울 수 있다. 따라서 초점 맞추기는 논의를 시작하거나 논의를 좁히는 것에 사용될 수 있다. 선택적 주의집중을 사용해서 상담 회기의 초점을 내담자, 내담자의 문제, 중요한 타인(배우자, 가족, 친구), 상보적인 '우리', 상담자, 문화·환경·맥락 문제에 맞추도록 한다. 상담자는 또한 상담 회기의 '지금 여기'에서 무엇이 일어나고 있는지에 초점을 맞출 수도 있다.
일곱 가지 초점 차원	초점에는 일곱 가지 유형이 있다. 상담자가 선택하는 초점은 내담자가 다음에 무엇에 대해 이야기할 가능성이 높은지를 결정하지만, 각각의 초점 유형은 내담자의 문제를 더 폭넓게 살펴볼 수 있는 여지를 제공한다. 상담자나 심리치료자로서 당신은 다음과 같이 많은 것에 대해 이야기할 수 있다. ▲ **내담자에 초점 두기:** '타리(Tari), 지난번에 당신은 미래가 걱정된다고 말했죠.' ▲ **중요한 주제나 문제에 초점 두기:** '직장에서 해고된 것에 대해서 좀 더 말해볼까요? 구체적으로 무슨 일이 있었나요?' ▲ **다른 사람에게 초점 두기:** '그래서 당신은 판매 책임자와 사이가 좋지 않았군요. 그 사람에 대해서 좀 더 알고 싶습니다.' '당신의 가족은 얼마나 당신을 지지했나요?' ▲ **상호 문제나 집단에 초점 두기:** '우리는 이 문제를 같이 해결할 겁니다. 당신과 제가(우리 집단이) 어떻게 하면 가장 효과적으로 같이 일할 수 있을까요?' ▲ **상담자에 초점 두기:** '힘든 슈퍼바이저에 대한 제 경험은······.' ▲ **문화·환경·맥락 문제에 초점 두기:** '요즘 실업률이 높지요. 이를 고려할 때 직장을 구하는 여성으로서 당신에게 어떤 문제가 중요할까요?' ▲ **'지금 여기'에 초점 두기(즉각성):** '지금 당신은 실망하는 것처럼 보이네요. 지금 당신의 마음에 어떤 생각이 들었는지 말해보시겠어요?'
지역사회 가계도와 가계도	가계도는 내담자가 자기 자신, 가족 및 지역사회와의 관계에 대해 새로운 시각을 가지도록 돕는 시각적 지도다. 가계도는 내담자에게 영향을 미치는 '내면화된 목소리들'에 생명을 불어넣을 수 있다. 지역사회 가계도는 상담자와 내담자에게 내담자와 환경의 관계를 이해하도록 도울 것이며, 내담자의 삶에서 스트레스 요인과 자원을 모두 보여줄 것이다. 가계도는 내담자의 가족력과 현재 관계를 이해하는 데 도움이 될 것이다. 지역사회 가계도와 가계도는 모두 내담자의 역사를 이해하고 내담자의 힘과 자원을 파악하는 유용한 방법이다.
초점 맞추기를 적용해서 상담자 자신의 신념 살펴보기	상담자로서 자신의 신념을 탐색하고 이를 다른 사람들의 관점과 비교한다. 초점 차원을 사용해서 다른 사람들의 관점을 탐색한다. 당신의 가족, 친구, 당신과 가까운 지인들은 어떻게 생각하는가? 당신 자신의 관점과 다른 사람들의 관점을 인식하는 것은 내담자와의 상담 작업에 도움이 될 것이다.
초점 맞추기와 다른 상담 기술	초점 맞추기는 주의 기울이기, 질문, 재진술과 같은 기본 상담 기술에 의식적으로 추가될 수 있다. 내담자에 대한 주의 깊은 관찰은 가장 적절한 초점으로 이어질 것이다. 평가와 문제를 정의하는 단계에서 내담자가 모든 차원에 대해 한 번에 하나씩 초점을 맞추면서 문제를 탐색하도록 의도적으로 돕는다. 내담자의 문제가 상담 회기만으로 해결될 수 없다는 것을 발견하게 되면 권리 옹호와 사회적 행동이 필요할 수 있다. 상담은 사회정의와 관련된 분야로 기술될 수 있다.

요점	
다문화적 주제	초점 맞추기는 모든 내담자들에게 유용할 것이다. 많은 내담자들에 대해서 상담의 목적은 그들이 자신에게 초점을 맞추도록 돕는 것이다(내담자 초점). 그러나 많은 사람들, 특히 남부 유럽이나 흑인계 미국인 배경을 가진 사람들에게 가족과 지역사회 초점이 때로 보다 적절할 수 있다. 북미에서 이루어지는 많은 상담과 심리치료의 목적은 개인의 자아실현인 반면, 다른 문화에서는 상담의 목적이 다른 사람들과 조화를 이루는 것(관계 속의 자기)이기도 하다. 내담자 문제의 모든 복잡한 부분들이 드러나게 되는 문제의 정의와 평가 단계에서 의도적인 초점이 특히 도움이 된다. 하나의 초점 차원에서 또 다른 초점 차원으로 계속해서 이동하는 것은, 내담자의 인지적 복합성을 높이고 결정을 내리는 데 있어서 많은 문제들이 서로 연결되어있음을 인식하는 것에 도움이 된다. 생각이 흩어져 있을 수 있는 내담자들에게는 단일 초점이 현명한 접근일 수 있다.
사회정의와 사회적 약자의 권리 옹호	때로 내담자와 상담을 하는 것만으로는 충분하지 않은 경우가 있다. 내담자가 불공평한 상황을 탐색하도록 돕는 것, 학교와 협력해서 필요한 편의를 제공하는 것, 사회 변화를 위해 일하는 것은 당신의 내담자가 살고 있는 시스템을 더 좋게 만들도록 도울 수 있다.
개인주의적인 '나' 초점의 중요성	상담은 내담자를 위한 활동임을 기억한다. 맥락과 관계 속의 자기에 대한 인식을 넓히고 어떤 상황에 대한 대안적 이야기들을 이해하는 것이 내담자에게 매우 유용할 수 있지만, 결국에는 고유한 개인으로서 내담자가 결정을 내리고 행동을 할 것이다. 분명한 것은, 상담자는 내담자가 자신만의 새로운 이야기와 행동 계획을 써나가도록 도와야 한다.

▶ 실습과 역량 포트폴리오

자각, 지식, 기술이 모두 중요하지만 행동이 가장 핵심이 된다. 상담과 심리치료 기술을 숙달하는 것은 실습과 경험을 통해 이루어진다. 책을 읽고 이해하는 것은 시작에 불과하다. 어떤 사람들은 상담 기술의 개념이 상대적으로 쉽고 이 기술들을 실행할 수 있다고 생각하지만, 기본 상담 기술을 능숙하게 구사할 수 있게 하는 것은 연습과 실습을 통해서만 가능하다.

개인 실습

연습 1. 대안적 초점으로 문장 써보기 35세의 내담자가 찾아와서 임박한 이혼 심리(審理)에 대해 이야기한다. 그는 다음과 같이 말한다.

저는 지금 정말 뭐가 뭔지 모르겠어요. 엘르(Elle)와 같이 지낼 수는 없지만 아이들이 정말 보고 싶어요. 제 변호사는 엄청나게 비싼 수수료를 요구하고 있고, 저는 그 사람을 믿지 않아요. 몇 년 동안 저에게 일어난 일들에 대해 몹시 화가 납니다. 교회에서 남성들을 대상으로 한 집단에 참여한 것이 도움이 됐지만 어느 정도일 뿐이에요. 다가오는 2주를 어떻게 버틸 수 있을까요?

당신이 관찰한 대로 내담자의 주요 문제를 적어본다. 그리고 아래의 빈칸에 여러 가지 대안적 초점으로 문장을 쓴다. 여러 가지 문화적·환경적·맥락적 가능성을 모두 생각하도록 한다.

내담자가 제시한 주요 문제 ＿＿＿＿＿＿＿＿＿＿＿＿＿＿＿＿＿＿＿

내담자 초점 ＿＿＿＿＿＿＿＿＿＿＿＿＿＿＿＿＿＿＿＿＿＿＿＿＿

주제, 근심, 이야기 초점 ＿＿＿＿＿＿＿＿＿＿＿＿＿＿＿＿＿＿＿＿

타인 초점 ＿＿＿＿＿＿＿＿＿＿＿＿＿＿＿＿＿＿＿＿＿＿＿＿＿＿

가족 초점 ＿＿＿＿＿＿＿＿＿＿＿＿＿＿＿＿＿＿＿＿＿＿＿＿＿＿

상호적, 집단, '우리' 초점 ＿＿＿＿＿＿＿＿＿＿＿＿＿＿＿＿＿＿＿＿

상담자 초점 ＿＿＿＿＿＿＿＿＿＿＿＿＿＿＿＿＿＿＿＿＿＿＿＿＿

문화·환경·맥락 초점 ＿＿＿＿＿＿＿＿＿＿＿＿＿＿＿＿＿＿＿＿＿＿

즉각성 초점 ＿＿＿＿＿＿＿＿＿＿＿＿＿＿＿＿＿＿＿＿＿＿＿＿＿

연습 2. 지역사회 가계도 만들어보기 이 장에서는 지역사회 가계도를 만드는 방법을 구체적인 단계별로 제시했다(글상자 9.1 참고). 대부분의 학생들은 지금쯤 가계도를 만들었을 것이다. 그중 한 사람과 함께 251~255쪽에 있는 아이디어를 사용해서 가계도를 분석한다. 넬리다와 앨런의 상담 회기도 참고한다. 넬리다와 앨런의 상담 회기의 끝부분에서 사용했던 이미지 연습을 시도해볼 수 있다. 완성된 가계도를 발표하고 당신이 배운 것을 간단하게 요약한다.

연습 3. 가계도 만들어보기 이 장과 [글상자 9.1]의 예시에서 제시된 정보를 사용해서 자원한 내담자나 동료 학생들과 가계도를 만들어본다. 가계도를 만든 후 내담자에게 아래에 제시된 질문을 하고 각 질문이 어떤 영향을 미치는지 살펴본다. 자원자의 필요와 관심사에 맞추어서 질문의 단어나 순서를 바꾸도록 한다.

- 이 가계도는 당신에게 어떤 의미인가요? (개인 초점)
- 당신의 가계도를 보면서, 두드러지게 나타나는 중요한 주제나 문제는 무엇인가요? (주제, 문제 초점)
- 당신의 발달과 당신 가족의 발달에 영향을 미쳤을 수 있는 중요한 타인들, 이를테면 친구, 이웃, 교사, 또는 어떤 적대적인 관계에 있는 사람은 누구입니까? (타인 초점)
- 당신 가족의 다른 구성원들은 이 가계도를 어떻게 해석하겠습니까? (가족, 타인 초점)
- 당신의 민족, 인종, 종교, 그리고 그 외 문화·환경·맥락 요인들은 당신의 발달과 당신 가족의 발달에 어떤 영향을 미쳤습니까? (문화·환경·맥락 초점)
- 당신의 상담자로서 제가 이 가계도에서 배운 것은 ＿＿＿＿＿(상담자의 관찰을 말한다)입니

다. 제가 본 것에 대해서 어떤 생각이 드세요? (상담자 초점)

이 연습에서 당신이 배운 것을 일기 형식으로 요약한다. 어떤 질문이 가장 도움이 되었는가?

집단 실습
연습 4. 초점 맞추기 기술의 연습

1단계: 실습 집단 구성하기

2단계: 집단 지도자 선정하기

3단계: 첫 연습 회기를 위해 역할 분담하기

▲ 내담자: 가계도나 지역사회 가계도를 만든다.

▲ 상담자: 초점 맞추기를 사용해서 과거의 기억에 다가간다. 긍정적인 지향성을 사용한다.

▲ 관찰자 1: [글상자 9.2]의 피드백 양식을 사용해서 내담자의 초점에 특별히 주의를 기울인다. 반응을 각각 평정한다. 여기에서 슈퍼비전의 핵심 문제는 상담자가 계속해서 내담자에게 중심 초점을 두면서 동시에 내담자의 맥락 세계에 대한 포괄적인 그림을 그리도록 돕는 것이다.

▲ 관찰자 2: [글상자 9.2]의 피드백 양식을 사용해서 상담자의 초점에 특히 주의를 기울인다.

4단계: 계획 세우기 상담 회기에 대한 분명한 목표를 세운다. 이 연습에서 상담자가 해야 할 일은 일곱 가지 유형의 초점을 모두 사용해서 내담자의 문제를 체계적으로 그려 나가는 것이다. 상담자가 이 과제를 성공적으로 해낸다면, 내담자의 문제와 관련된 보다 큰 그림을 사용할 수 있을 것이다.

이 역할극에서 유용한 주제는 당신의 가족이나 지역사회의 이야기다. 여기에서 당신의 목표는 내담자가 문제를 보다 넓은 관점에서 보도록 돕는 것이다.

관찰자들은 시간을 충분히 들여서 피드백 양식을 검토하고 자신의 회기를 계획한다. 내담자는 1장에 제시된 내담자 피드백 양식을 작성한다.

5단계: 초점 맞추기 기술을 사용해서 5분 연습 회기 실행하기

6단계: 연습 회기를 검토하고 10분간 상담자에게 피드백 제공하기 상담자가 목표를 얼

_____
(날짜)

_____　　_____
(상담자 이름)　　　　　　　　　(양식 작성자 이름)

지시 사항　관찰자 1은 내담자에게 주의를 기울이고 관찰자 2는 상담자에게 주의를 기울인다. 상담자 반응과 내담자 반응의 일치성에 주목한다. 아래의 표에 사용된 핵심 단어를 기록한다. 상자에 체크하면서 각각의 반응을 분류한다.

핵심 단어	내담자							상담자						
	내담자(자기)	가정·문제	중요한 타인	가족	상호적 '우리'	상담자	문화·환경·맥락	내담자(자기)	가정·문제	중요한 타인	가족	상호적 '우리'	상담자	문화·환경·맥락
1.														
2.														
3.														
4.														
5.														
6.														
7.														
8.														
9.														
10.														
11.														
12.														
13.														
14.														

내담자의 언어적 행동과 비언어적 행동에 대한 관찰:

상담자의 언어적 행동과 비언어적 행동에 대한 관찰:

마나 달성했는지를 특히 주의 깊게 검토하고 상담자가 보인 역량의 숙달 정도를 결정한다.

7단계: 역할 바꾸기

일반적인 유의 사항　모든 초점 유형을 다루도록 한다. 대부분의 연습 회기에서는 처음 세 가지 초점 유형만을 탐색한다. 어떤 연습 회기에서는 집단에서 3명이 모두 동일한 내담자와 이야기를 하고, 각 상담자는 서로 다른 초점을 사용한다.

역량 포트폴리오

상담과 심리치료의 역사는 이 분야에 주로 '나'에 대한 초점을 제공했다. '나'에 대한 초점은 내담자를 전적으로 개인주의적인 틀에서 고려하고 다룬다. 초점 맞추기 기술은 문화적으로 유능한 상담과 심리치료의 미래에 핵심적인 역할을 한다. 왜냐하면 초점 맞추기 기술은 상담자와 내담자가 세계에 대해 생각하고 기억을 검토하는 방식을 넓혀주기 때문이다. 이것은 '나'에 대한 초점의 중요성을 부정하는 것이 아니다. 그보다는 상담 기술을 사용해서 여러 가지 이야기가 가능해지는 것은 개인을 강하게 만든다. 왜냐하면 우리는 모두 관계 속의 자기에 살고 있기 때문이다. 우리는 혼자가 아니다. 집단은 개인을 강하게 만든다.

동시에 위 문단은 중요한 이론적 논점을 나타낸다. 어떤 사람들은 이 장에서 강조한 것들에 동의하지 않을 수 있으며, 오직 개인과 문제 초점만이 적절하다고 주장할 수 있다. 당신의 생각은 어떠한가? 여기에 제시된 상담자 역량의 목록을 살펴보면서 이 생각들을 당신의 상담자 역량 포트폴리오에 어떻게 포함시키거나 적용할 수 있을지 생각해본다.

다음의 체크리스트를 사용하여 당신의 현재 상담자 역량의 숙달 수준을 평가해보라. 아래 항목을 검토하고 자신이 이것을 할 수 있는지 자문해보라. 먼저 현재 할 수 있다고 느껴지는 영역에 체크하라. 체크되지 않은 영역은 앞으로의 목표로 정한다. 이 책을 공부하면서 모든 영역에서 목적적 역량을 달성할 것이라고 기대하지 않는 것이 좋다. 계속적인 반복과 연습을 통해 상담자 역량은 향상될 것이다.

1단계: 확인 및 분류　상담자와 내담자가 보이는 일곱 가지 초점 유형을 파악할 수 있다. 상담 회기의 대화 흐름에서 초점이 미치는 영향을 알 수 있다.

☐ 상담자의 초점 반응을 파악한다.

☐ 내담자의 대화 흐름에서 초점 반응이 미치는 영향을 인식한다.

☐ 단일 내담자 반응에 대해서 대안적 초점 반응을 적어본다.

2단계: 기본 역량 역할극 회기와 일상생활에서 일곱 가지 초점 유형을 사용할 수 있다.

☐ 역할극 회기에서 초점 유형을 사용하고 여러 가지 이야기를 이끌어낸다.

☐ 일상생활 장면에서 초점을 사용한다.

3단계: 목적적 역량 상담에서 일곱 가지 초점 유형을 사용한다. 내담자는 상담자가 초점을 바꾸는 것에 따라서 대화의 방향을 바꿀 것이다. 상담자가 원한다면 내담자와 동일한 초점을 유지한다(한 가지 주제에서 다른 주제로 옮겨다니지 않는다). 이 상담 기술과 앞서 논의한 상담 기술(감정 반영과 질문)을 결합하고 각각의 상담 기술을 서로 다른 초점과 함께 사용한다. 당신이 숙달한 상담 기술을 확인하고 실제 상담 회기 자료(축어록, 녹음) 근거를 제시한다.

☐ 내담자는 자신의 문제에 대해 여러 가지 이야기를 한다.

☐ 내담자와 동일한 초점을 유지한다.

☐ 상담 회기 동안 내담자의 대화에서 초점이 변하는 것을 관찰하고, 내담자에게 도움이 된다면 초점을 원래 초점으로 바꾼다.

☐ 초점 상담 기술과 앞서 배운 상담 기술을 결합한다. 특히 내담자의 발달을 넓히기 위해 초점 맞추기와 직면을 같이 사용할 수 있다.

☐ 내담자가 마주한 복잡한 문제에 대해 여러 가지 초점 전략을 사용한다.

▶ 스타일과 이론 정하기: 초점 맞추기에 대한 비판적 자기 성찰

이 장에서 소개한 내용, 수업, 또는 비공식적 학습을 통해서 알게 된 것들 중에서 가장 인상 깊게 다가온 한 가지 생각은 무엇인가? 당신에게 가장 크게 다가오는 그 생각이 다음 단계로 가는 방향을 안내해줄 것이다. 선택적 주의집중과 초점에서 선택적 주의집중의 역할에 대해 당신은 어떻게 생각하는가? 초점 맞추기는 개인의 기억뿐만 아니라 관계, 상황, 맥락에 주의를 집중한다. 이 접근에 대한 당신의 생각과 감정은 어떠한가? 다문화적 문제와 초점 맞추기 상담 기술의 사용에 대한 당신의 생각은 무엇인가? 지역사회 가계도와 가계도에 관한 당신의 생각과 경험은 어떠한가? 자신만의 스타일과 이론을 형성해나가는 데 이 장에서 다룬 개념과 생각을 어떻게 활용할 수 있는가?

10장
공감적 직면과 창조적 새로움: 내담자의 갈등을 확인하고 도전하기

공감적 직면

초점 맞추기

경청 기술만 사용한 5단계 상담 회기

감정 반영: 내담자 경험의 근간

격려, 재진술, 요약: 적극적 경청의 핵심 기술

질문: 의사소통 시작하기

관찰 기술

주의 기울이기와 공감

윤리, 다문화적 역량, 긍정심리학과 건강증진적 접근

창조성을 위한 조건은 당황하고, 집중하고, 갈등과 긴장을 수용하고, 매일 새롭게 태어나고, 자기(self)를 느끼는 것이다.

_Erich Fromm

'공감적 직면과 창조적 새로움'의 목적

상담자와 내담자 사이에 일어나는 언어적 · 비언어적 행동을 관찰하여 상담의 기술을 정교화한다. 관찰 기술은 상담자를 상담 회기 안에서 현재 일어나는 중요 주제로 이끌어줄 것이다. 덧붙여 관찰 기술은 상담자로 하여금 개인적 · 문화적 차이에 적절히 대응할 수 있게 한다.

10장의 목표

직면에 대한 알아차림, 지식, 기술, 행동은 다음과 같은 것을 할 수 있게 한다.

▲ 행동, 사고, 감정 · 정서에서 갈등, 모순, 불일치, 양가성, 혼재된 메시지를 파악한다.

▲ 갈등과 불일치에 대한 탐색과 창조적 해결책을 격려하고 촉진한다.

▲ 내담자 변화 척도를 사용해서 단일 회기 중 또는 치료 회기 전체에 걸쳐서 나타나는 내담자의 창조적 변화를 평가한다.

▲ 직면을 사용할 때 다문화와 개인차를 고려한다.

▶ 공감적 직면 정의하기

많은 내담자들은 자신의 문제를 해결하는 데 대안이 별로 없는 '고착 상태(stuck)'에서 상담에 온다. 상담자의 과제는 내담자를 고착 상태에서 자유롭게 하고 창조적 사고의 발달과 선택의 확대를 촉진하는 것이다. **고착**(stuckness)은 게슈탈트 이론가인 Fritz Perls가 만든 단어로, 의도성이 없거나 창조성이 없는 상태를 투박하지만 매우 잘 나타내는 용어다. 고착을 나타내는 다른 단어나 구절로는, **부동성과 양가성, 봉쇄, 반복 강박, 목표를 성취할 수 없음, 이해의 부족, 제한된 행동 레퍼토리, 제한된 인생 각본, 막다른 골목**(impasse), **동기의 부재** 등이 있다. 고착은 또한 갈등을 해결하거나, 불일치를 조정하거나, 일관적이지 않은 상태를 다룰 수 없는 것으로 정의되기도 한다. 즉 내담자는 다양한 이유로 고착 상태에 처해 있으면서 여기에서 움직이고, 행동의 선택지를 넓히고, 무언가를 하고자 하는 동기를 가지고 자신의 인생 이야기를 다시 쓰고자 하기 때문에 상담을 찾게 된다.

공감적 직면(empathic confrontation)이란 내담자가 자신의 언어적 소통과 비언어적 소통 간의 불일치, 태도와 행동 간의 불일치, 또는 다른 사람들과의 갈등의 측면에 있어서 자신의 이야기를 살펴보도록 하는 변화 촉진 기술이다. 효과적인 직면은 내담자로 하여금 새롭고 창조적으로 사고하는 방식과 의도성을 높이도록 한다.

공감적 직면은 직접적이고 가혹한 도전이 아니다. 공감적 직면은 먼저 내담자의 이야기를 주의 깊게 존중하면서 귀 기울여 듣고 내담자로 하여금 자신 또는 상황을 보다 완전하게 살펴보도록 격려하는 부드러운 상담 기술이다. 직면은 내담자에게 '반대로 가는(going against)' 것이 아니다. 오히려 직면은 내담자와 '함께 가는(going with)' 것을 말하며 명확성과 창조적 **새로움**의 가능성을 찾고 이를 통해 어려움을 해결하고자 하는 것이다. 그렇지만 몇몇 내담자들에게는 상담자의 말을 듣게 하기 위해 다소 직접적이고 명확한 직면을 하는 것이 필요하다는 것을 알게 될 것이다.

공감적 직면은 주의 깊은 경청에 기초를 둔다. 갈등이나 불일치가 어떤 결정과 관련되고 결정의 장점(+)과 단점(−)을 따져볼 필요가 있을 때에는 재진술이 특히 유용하다. 감정 반영(reflection of feeling)은 정서적 문제에서 중요하며, 특히 내담자가 양가적 감정이나 혼합 감정을 보일 때 그러하다(예: '한편으로는 ……하게 느끼지만 다른 한편으로는 ……하게 느끼는군요'). 요약(summary)은 생각, 감정, 행동의 많은 갈래들을 모을 때 사용할 수 있는 좋은 방법이다. 때로 언어적ㆍ비언어적 행동에 대한 상담자의 관찰과 내담자에게 무슨 일이 일어나고 있을 것이라는 개인적 자각을 통해 상담자는 상담자의 생각을 직면에 **조심스럽게** 더하기도 한다. 상담자의 고유한 말은 추가적이며 내담자의 세계를 풍요롭게 할 수 있다. 그러나 그것이 내담자에 맞춰지지 않으면 매우 축소적일 수 있다.

상담자가 의도성과 효과성을 가지고 직면을 사용할 때 상담자는 다음을 예상할 수 있다.

직면	기대할 수 있는 결과
드러나는 불일치와 갈등을 다루도록 내담자에게 지지적으로 도전한다. 1. 내담자의 언어적·비언어적 행동에서의 갈등, 서로 상반되는 메시지, 불일치를 듣고 관찰하고 주목한다. 2. 내담자의 내부와 외부의 불일치를 요약하여 내담자에게 전함으로써 이를 요약하고 분류한다. 3. 내담자가 어떻게 반응하는지, 그리고 직면이 내담자의 변화를 어떻게 이끄는지 평가한다. 내담자가 변하지 않는다면 다른 상담 기술을 시도한다.	내담자는 새로운 아이디어, 생각, 감정, 행동을 만듦으로써 불일치와 갈등에 대한 직면에 반응할 것이다. 그리고 이는 내담자 변화 척도(Client Change Scale: CCS)로 측정할 수 있다. 내담자의 변화가 없다면, 일단 귀 기울여 듣도록 한다. 그리고 다른 스타일의 직면을 시도한다.

▶ 직면에서의 다문화적·개인적 주제

상담자와 심리치료자들은 문화적 의도성(cultural intentionality)을 상담의 중요한 목적으로 보았다. 고유한 개인으로서 내담자와 계속 변하는 내담자의 요구와 문제에 반응하는 능력이 상담자에게 요구되기 때문에, 상담자는 상담 회기에서 유연하고 창조적인 여러 가지 반응을 가지고 있어야 한다. 의도성과 창의성은 변화 과정에서 매우 중요하다. 내담자는 인생의 여러 가지 도전에 유연하게 대응할 필요가 있으며, 계속해서 **새로움**을 창조할 필요가 있다. 내담자의 불일치, 서로 상반되는 메시지, 갈등이 세련되고 비판단적인 방식으로 직면되면, 내담자는 자신의 문제와 이슈를 보다 자세하게 말하고 해결하는 용기를 가질 수 있다.

직면은 모든 내담자와 관련되지만, 진정한 창조성이 일어나기 위해서는 내담자의 개인적·문화적 요구에 맞게 직면의 말을 만들어야 한다. 모든 내담자가 직면에 반응하지 않는다는 것을 알게 될 것이며, 상담자는 다른 경청 기술을 사용할 준비가 되어있어야 한다. 자기애적이거나 자기중심적인 내담자는 직면에 저항할 수 있다. 이런 내담자에게는 해석과 피드백의 상담 기술이 더 도움이 될 수 있다. 또 다른 내담자들은 보다 직접적인 도전을 필요로 하거나 선호할 수 있다. 예를 들어 행동화(acting-out)나 반사회적 성향이 있는 내담자와 상담을 한다면 단호하고 보다 직접적인 직면이 필요할 수 있다. 내담자는 '착한' 상담자를 조롱하거나 조종하기도 하지만, 자신의 말을 잘 듣고 존중하면서도 내담자에게 물러서지 않는 상담자를 존중하고 상담에 임할 가능성이 높다. 백인계 미국인과 흑인계 미국인같이 보다 직접적이고 표현을 잘 하는 문화의 내담자는 적절한 직면에 잘 반응할 것이다. 동양인처럼 미묘함과 간접적인 접근을 강조하는 문화의 내담자는 보다 부드럽고 공손한 직면을 선호할 것이다. 특정한 문화권에 속하는 개인이 항상 그 문화권의 양상을 따를 것이라고 기대하지 말고 고정관념을 피하도록 한다. 개인차와 문화의 차이에 맞추어 상담 스타일을 수정하는 것이 필요하다.

▶ 공감과 비판단적 직면

관계를 유지하지 못한다면 내담자를 잃게 될 것이다.

_Allen Ivey

내담자에게 직면을 하면서 도전하고자 한다면, 좋은 경청 기술과 함께 공감적 관계가 반드시 필요하다. 상담자는 내담자의 이야기와 강점을 이끌어내면서 내담자의 언어적 · 비언어적 갈등과 불일치를 찾게 될 것이다. 직면의 핵심적인 부분은 갈등을 재진술하고, 복합적인 메시지에 담긴 감정을 반영하고, 상황에 대한 정확한 요약을 하는 것이다. 내담자들이 도전을 편안하게 받아들일 준비가 될 필요가 있음을 기억한다. 그러나 많은 내담자들이 약간의 자극을 필요로 하고 때로는 직면이 일으킬 수 있는 불안을 필요로 한다. 이 모든 상황에서 비판단적인 접근이 핵심이다.

상담자가 공감적 경청을 해도, 도전이나 직면을 받는 내담자는 곤혹스럽게 느끼거나 때로는 상담자가 자신을 공격하고 있다고 느끼기도 한다. 여기에서 Carl Rogers의 **무비판적**(nonjudgmental) 공감이 큰 도움을 준다. 무비판적 태도는 긍정적 존중과 밀접한 관련이 있으며, 상담자가 자신의 의견과 태도를 보류하고 내담자와의 관계에서 가치중립적인 태도를 보이는 것이다. 많은 경우에 내담자들이 자신의 문제와 걱정에 대해 가지고 있는 태도가 상담자가 소중하게 여기는 신념 및 가치와 부딪힐 수 있다. 그러나 심각한 어려움을 겪고 있는 사람이 판단이나 평가를 받을 이유는 없으며, 상담자가 내담자와의 관계를 유지하고 싶다면 상담자의 중립성이 반드시 필요하다.

무비판적 태도는 목소리의 톤과 몸짓언어를 통해서 표현되며 승인하지도 거부하지도 않는 말을 통해 표현된다. 그러나 모든 태도와 기술이 그러하듯이 당신의 판단이 내담자의 탐색을 촉진하기도 한다. 상담과 심리치료에 절대적인 것은 없다.

잠시 시간을 두고 당신을 기분 나쁘게 하거나 화나게 하는 행동을 하는 사람에 대해 생각해보라. 그 사람은 당신이 정직하지 않다고 생각하는 사람일 수도 있고, 폭력을 행사하는 사람일 수도 있고, 성차별이나 인종차별을 분명하게 보이는 사람일 수도 있다. 이는 무비판적 태도에 어려움을 주는 순간이다. 상담자가 무비판적 태도를 유지하기 위해 개인적 신념을 포기할 필요는 없다. 그보다는 자신의 사적인 생각과 감정을 보류하는 것이 필요하다. 상담자는 내담자의 생각이나 행동에 동의하거나 승인하지 않아도 된다. 그렇지만 상담자가 이런 사람들이 변화하고 의도와 목표를 가지도록 돕고자 한다면, 상담자를 무비판적으로 제시하는 것이 매우 중요하다. 상담자는 내담자를 교육하고 내담자가 새로운 이해와 새로운 이야기를 향해 나아가도록 도울 의무가 있다. 그렇지만 변화를 위해서 신뢰와 정직이 기초가 되기 때문에 상담자는 자신을 표현하는 데 있어서 무비판적이어야 한다.

그렇지만 때로는 판단이 요구될 수 있다. 예를 들면 9장에 제시된 넬리다와의 상담은 기본적으로 무비판적이고 지지적이었다. 그렇지만 앨런은 넬리다의 라틴계 뿌리를 존중하지 않는 사람들에 대해서 분명히 판단적 태도를 보였다. 이러한 종류의 판단은 여기에서는 적절할 수 있다. 그렇지만 내담자에게 너무 빨리 동조하고 내담자의 관점에 동의하는 것은 내담자의 문제와 걱정에 대한 사실을 왜곡할 수 있다. 이는 또한 상담에서 경계선을 넘는 것일 수 있다.

또한 내담자가 억압적인 인종차별, 성차별, 또는 차별과 관련되는 언행을 할 때에는, 때로는 심리교육과 정보를 제공하는 것(13장)이 현명할 수 있다. 그렇지만 이 역시 무비판적이고 지지적인 방식으로 이루어져야 하며, 그렇지 않으면 내담자는 돌아오지 않을 것이다.

▶ 공감적 직면의 기술: 통합적 3단계 과정

공감적 직면은 경청과 변화의 촉진을 모두 포함하는 통합적인 결합 기술이라고 할 수 있다. 상담자가 '한편으로 이렇지만 다른 한편으로는 이런 것 같습니다. 이 두 가지를 어떻게 결합할 수 있을까요?'와 같은 형식으로 양가감정이나 갈등을 재진술하거나 요약할 때 직면 기술을 가장 쉽게 확인할 수 있다. 이와 같은 방식으로 갈등, 불일치, 또는 혼재된 메시지를 내담자에게 분명하게 전달할 수 있다.

이야기가 드러나고 이야기 속의 갈등이 파악된다. 또한 긍정적인 이야기를 이끌어내는 것이 직면 과정에서 매우 도움이 된다. 예를 들면 '한편으로는 배우자로부터 자신을 방어할 수 없는 것에 대해 말하지만, 다른 한편으로는 예전에 당신이 고등학교에서 괴롭힘을 어떻게 성공적으로 다루었는지에 대한 이야기를 들었습니다. 당신의 고등학교 때 이야기에서 현재 상황에 대해 어떤 것을 알 수 있을까요?'

실제로 경청 및 변화의 촉진과 같은 상담적 반응의 목적은 내담자로 하여금 불평하기보다 양가감정과 갈등을 탐색하도록 하는 것이다. 나아가 상담자 반응을 통해 내담자가 스스로 해결 방향(창조적 **새로움**)을 찾는 것을 촉진하고자 한다. 때로 상담자는 내담자가 불일치를 '통합하도록' 돕기 위해 재구조화나 자기 개방을 사용해야 할 수도 있다. 그러나 궁극적으로 불일치와 갈등을 해결하는 것은 거의 전적으로 내담자의 몫이다.

그렇지만 내담자가 학대를 받거나 위험에 처한 상황, 또는 내담자가 심각한 위기 상황에 처해서 움직이지 못할 때, 또는 내담자가 인종차별, 성차별, 계급차별과 같은 억압을 받을 때에는, 충분한 해결책을 찾도록 돕기 위해 상담자가 행동을 취하고 상담 회기 동안, 그리고 상담 회기 밖의 지역사회에서 행동을 취하는 것이 필요하기도 하다. 예를 들면 학교 괴롭힘 상황에서는 상담자가 학교와 지역사회 수준에서 개입을 해야 한다.

지지적 도전인 직면은 다음의 세 단계로 이루어진다.

1. 경청하기: 모순, 불일치, 양가감정, 혼재된 메시지를 관찰함으로써 갈등을 파악한다.
2. 요약하기: 내적·외적 갈등의 문제를 명확하게 하고 이를 해결하기 위해 작업한다.
3. 평가하기: 내담자 변화 척도를 사용해서 변화 과정을 평가한다.

1단계: 경청하기

모순, 불일치, 양가감정, 혼재된 메시지를 관찰함으로써 갈등을 파악한다.

초점 맞추기를 다룬 9장에서 넬리다의 사례를 제시했다. 넬리다는 앨런과의 상담 회기를 이 책에서 사용하는 것을 허락했으며, 이를 통해서 우리는 실제 상담 회기에서 즉각적으로 드러나는 상담 기술을 제시할 수 있었다. 이 장에서도 넬리다와의 상담을 다시 만나게 된다. 여기에서 9장에서 제시했던 지역사회 가계도에 이어지는 초기 상담 회기를 다시 제시한다. 여기에 제시된 축어록은 편집본이며 원본을 많이 축소했다.*

넬리다가 겪고 있는 갈등과 도전에는 어떤 것들이 있는가? 가능한 한 많이 나열해보라.

내담자와 상담자의 대화	상담 과정에 대한 해설
1. 넬리다: 여기에서 저는 상담을 전공하는 대학원생이에요. 저는 마이애미에 있는 대학에서 공부를 잘 했고 마이애미는 여기에서 4시간 반 정도 걸리는(그리 멀지 않은) 곳이기 때문에 크게 문제가 되지 않을 거라고 생각했어요. 하지만 수업 첫 시간에 제가 손을 들고 발언을 했는데, 같은 수업 수강생이 제가 미국 사람인지(신경질적인 웃음) 그리고 영어가 모국어인지 물었어요(신경질적인 웃음). 저는 미국인이라고 했고 여기에서 4시간 반 정도 걸리는(가까운) 곳에서 왔다고 했더니, 그 사람이 믿기 어렵다고 하더군요. 첫 시간에 그런 대화가 오고간 뒤에, 저는 수업 토론에 참여하기가 좀 꺼려졌어요. 저 자신을 좀 더 의식하게 되었어요.	넬리다의 말에는 여러 가지 차원의 갈등이 있다. 독자들은 몇 개나 찾았는가? 하나의 부정적인 언급이 얼마나 강력한 힘을 발휘하는지에 주목한다. 이 말의 정서적인 충격은 해마와 전두엽에 즉각적인 기억을 불러일으킨다. 집행부인 전두엽의 메시지는 수업에서 조용히 있고 말하지 말라는 것이다. 여기에서 이미 암묵적인 목표가 형성된다. 암묵적인 목표는 넬리다가 자신의 문화적 뿌리와 영어 실력에 자부심을 가지도록 돕고, 그녀가 자존감과 자신감을 키워서 스스로의 목소리를 낼 수 있도록 돕는 것이다.
2. 앨런: 스스로를 의식하게 되었군요. 그것에 대해서 좀 더 탐색해볼까요? 어떤 감정이 들었는지를 먼저 영어로 표현해보시겠어요?	정서에 대한 재진술과 개방형 질문을 사용해서 격려한다. 이후에 나오겠지만 이러한 감정은 스페인어로 탐색된다. (정서 차원을 더하기 위한 의도의 상호교환적 공감)
3. 넬리다: 글쎄요, 좀 놀랐는데요……. 왜냐하면 마이애미에서는 많은 가족들이 최근에 쿠바에서 이민 왔는데, 그분들은 저를 미국 사람으로 여기고 놀리기도 해요.	당신은 갈등을 더 증가시키는 문화·환경·맥락에서의 문제를 파악할 수 있는가?
4. 앨런: ……그런 일들이 당신을 부끄럽게 만드는군요.	비언어적 단서에 의존해서 앨런은 감정을 파악하는 정서 단어를 제공한다. 그렇지만 이것이 적확한 단어인가? 이를 넬리다의 다음 반응에서 알 수 있다. (상호교환적 반응)

내담자와 상담자의 대화	상담 과정에 대한 해설
5. *넬리다*: 맞아요. 제가 마이애미에 있을 때는 가족들과 친구들이 저를 스페인어를 100% 완벽하게 말하지 못하는 미국 사람이라고 놀려요. 영어 때문에 스페인어를 많이 까먹었거든요. 이제 탬파로 왔더니 저는 영어를 할 줄 모르는 쿠바 사람인거예요. 저는 뭔가 분리된 것 같아요. 어떨 때는 어디에 속한 건지 잘 모르겠어요.	여기에서 문화적 갈등은 무엇인가?

다음으로 넘어가기 전에 당신이 파악할 수 있는 갈등을 가능한 한 많이 생각해보고, 아래에 적어보도록 한다. 당신이 상담 회기에서 넬리다가 이루기 바라는 이상적인 목표나 결과는 무엇인가?

_____

_____

효과적인 직면에서 첫 번째 과제는 내담자의 혼재된 메시지에서 갈등, 불일치, 모순을 경청하고 파악하는 것이다. 상담자가 상담 회기의 '지금' 그리고 '여기'에 무엇이 일어나고 있는지, 또 내담자에게 어떻게 반응할지에 대해 생각하고 싶어 하기 때문에, 초인지(metacognition)가 작동하는 부분이기도 하다. 상담자는 내담자의 말을 경청하면서 지금 내담자에게 무슨 일이 '일어나고 있는지'에 대해 조용히 상담자의 마음을 들여다본다. 내담자가 자신의 문제를 명확하게 하도록 돕기 이전에 경청하고 생각하라.

다음의 질문들을 사용해서 초인지 기술을 연습한다. 넬리다의 축어록을 읽으면서 어떤 갈등이 보이는가? 어떤 생각을 했는가?

_____

어떤 정서적 또는 신체적 반응이 기억나는가?

_____

_____

넬리다의 대화가 당신에게 당신의 삶에서 있었던 무언가를 상기시켰는가?

_____

_____

* 앨런 아이비와 넬리다 자모라 사이에서 실제 진행된 면접의 이 축어록은 명확성을 위해 편집되었다. 면접이 실린 DVD의 출처: Ivey, A., Ivey, M., Gluckstern-Packard, N., Butler, K., & Zalaquett, C. (2012). *Basic Influencing Skills*, 4th ed. [DVD]. Alexandria, VA : Micronizing / Alexander Street Press. By permission of Microtraining/Alexander Street Press. http://alexanderstreet.com/products/microtraining.

넬리다가 말한 것이 당신의 생각, 감정, 행동에 어떤 영향을 미쳤는가?

_____

_____

이제 넬리다에게 영향을 미치고 있는 내적·외적 갈등을 살펴본다. 내적 갈등과 외적 갈등 모두에 초점을 맞추는 것이 궁극적으로 넬리다가 이 문제들에 대한 자신의 감정과 사고를 해결하도록 도울 수 있으며, 행동에서 변화를 가져올 수도 있다. 2단계에서 넬리다의 상담 회기에서 갈등의 문제가 어떻게 드러나는지를 보게 될 것이다.

2단계: 요약하기

내적·외적 갈등의 문제를 요약하고 명확하게 하며 관찰과 경청 기술을 통해서 갈등의 해결을 위해 작업한다.

내적 갈등(internal conflicts)이란 내담자의 생각과 감정 안에 있는 주요 갈등이다. 넬리다가 겪고 있는 내적 갈등은 무엇인가? '뭔가 분리되어있는 것 같아요'라는 말은 상담에서 다뤄야 하는 핵심 문제를 나타낸다. 여기에는 부끄러움, 다른 사람들과 다름, 자의식(self-consciousness), 자신의 능력을 모두 발휘할 수 없는 것에 대한 복합적이고 갈등적인 생각이 있다. 이러한 내적 갈등을 통해서 수업에서 발언하지 않겠다는 결정을 내렸는데, 이는 그녀가 자신이 생각한 것을 말하는 스타일임을 생각할 때 또 다른 내적 갈등이라고 할 수 있다.

핵심적인 **외적 갈등**(external conflicts)은 내담자와 그 사람을 둘러싼 외부 세계와의 갈등이다. 물론 이러한 외적 갈등은 내담자에게 내적 갈등도 가져온다. 외적 갈등의 원천은 넬리다의 억양으로 인해 그녀가 따로 떨어지거나 배제된 느낌을 가지게 만든 같은 수업 수강생이거나 그녀를 '미국 사람'이라고 하는 마이애미의 가족과 친구들이다. 여기에 내재되어있는 것은 문화적·환경적 맥락의 문제다. 쿠바 출신 미국인은 무엇을 의미하는가? 나의 출신 배경은 현재 내가 있는 위치와 어떻게 관련되는가? 이러한 새로운 맥락에서 나는 다른 사람들과 어떻게 관련되는가? 그리고 외적 갈등은 거의 항상 내적 갈등이 되기 때문에, 내적으로는 '이 모든 것을 다 가지고 있으면서 어떻게 내가 여전히 나 자신에 대해서 괜찮게 느낄 수 있나?'와 같은 갈등이 있을 수 있다.

초점 맞추기(focusing)는 갈등을 파악하고 작업하는 데 큰 도움이 된다. 상담자의 중심 초점은 항상 내담자에게 있지만, 넬리다의 갈등과 내적 불일치는 문화적·환경적·맥락적 문제(쿠바 출신 미국인의 문화와 '미국식의' 탬파의 강의실 문화)와 그녀의 가족과 관련된다. 따라서 상담 회기에서 이러한 핵심 영역에 주의를 기울여야 할 필요가 있다.

우리는 이제 넬리다의 상담 초기 회기로 다시 돌아가서, 이번에는 갈등과 불일치 문제를 주의 깊게 살펴볼 것이다. 여기에서 직면으로 이동하기 시작한다. 이 장에서 앞서 제시되었던 상담 회기에서 계속되는 부분이다(상담 회기의 맥락을 제공하기 위해 대화 4와 대화 5가 반복해서 제시되었다). 9장에서 제시되었던 넬리다의 지역사회 가계도가 상담 회기에서 배경 요인으로 작용하며, 변화가 이루어질 수 있는 여러 가지 긍정적인 이야기를 제공했다. 이어지는 상담 회기에서 지역사회 가계도에서 파악한 강점과 자원을 다시 한 번 검토했는데, 여기에서는 지면 관계상 편집해서 직면 기술에 집중하도록 한다.

이 대화를 통해서 앨런이 갈등의 다른 측면들을 이끌어내려고 하면서, 동시에 넬리다가 창조적인 해결을 이끌어낼 수 있도록 넬리다의 강점에 초점을 맞춘다는 것을 주목해서 보도록 한다. 우리는 강점, 자원, 긍정적 자산에서 우리의 어려움을 가장 잘 해결할 수 있다.

내담자와 상담자의 대화	상담 과정에 대한 해설
4. *앨런:* ……그런 일들이 당신을 부끄럽게 만드는군요.	이전 축어록에서 앨런의 발언을 다시 제시한다.
5. *넬리다:* 맞아요. 제가 마이애미에 있을 때는 가족들과 친구들이 저를 스페인어를 100% 완벽하게 말하지 못하는 미국 사람이라고 놀려요. 영어 때문에 스페인어를 많이 까먹었거든요. 이제 탬파로 왔더니 저는 영어를 할 줄 모르는 쿠바 사람인거예요. 저는 뭔가 분리된 것 같아요. 어떨 때는 어디에 속한 건지 잘 모르겠어요.	넬리다는 자신의 핵심 갈등을 분명하게 파악하지만 자신의 이야기를 좀 더 자세하게 할 필요가 있다.
6. *앨런:* 그러면, 한편으로 당신은 여기에서는 영어로 인해 어려움을 느끼면서, 다른 한편으로 집에 가면 스페인어로 인해 어려움을 느끼는군요. 분리된 것처럼 느끼고…… 당신의 분리된 감정을 스페인어로 뭐라고 하나요?	재진술과 '분리됨'이라는 핵심 단어를 강조하는 감정 반영의 형태로 직면을 한다. 갈등에는 필연적으로 정서적 차원이 있다. 인지적 의사결정 문제만 가지고 작업하는 것은 덜 효과적이다. 개방형 질문을 사용해서 넬리다에게 그녀의 감정을 스페인어로 표현하도록 한다. 영어를 제2언어로 사용하는 내담자들은 때로 자신의 큰 문제를 제1언어로 먼저 표현하고 이를 상담자에게 번역하는 것을 더 편안하게 느낄 수 있다. 실제로 앨런은 이 반응을 하면서 한 손에서 다른 손으로 넘기는 손동작을 했다. 　내담자에게 자신의 모국어를 사용하도록 격려하는 것은 상담자의 공감적 존경의 표시이며 진솔한 개방성을 보여준다.
7. *넬리다:* Muy conflictiva. 그냥 아주 갈등적이라는 거예요.	넬리다는 신체적 언어에서 더 많은 긴장과 좌절을 나타낸다. 직면을 통해서 넬리다가 자신의 문제를 해결하지는 못했지만, 분리됨과 갈등의 감정은 이제 분명해졌다. 여기에서 감정과 정서가 인지적이면서 또한 신체적임을 알 수 있다.
8. *앨런:* 영어로 말할 때와 스페인어로 말할 때 차이를 인식했나요?	내담자와 스페인어의 중요성을 확인하기 위한 폐쇄형 질문. 모든 내담자들이 이러한 방식으로 자신의 문제를 이야기할 때 편안함을 느끼는 것은 아니지만, 대부분의 내담자들은 편안함을 느낄 것이다. 이는 이 자체로 두 개의 언어 간의 갈등을 지적하는 직면 반응이며, 넬리다가 자신의 언어의 힘을 배우도록 격려하는 것이다. 넬리다는 대학원에서 스페인어가 일종의 장애라는 이상한 감정을 경험했었다.

내담자와 상담자의 대화	상담 과정에 대한 해설
9. *넬리다*: 음, 스페인어로 말했을 때 더 실제라고 느꼈어요······. 더 진짜라는 느낌. 저는 영어와 스페인어 모두 편하지만, 말씀드렸듯이 스페인어가 제 모국어예요. 그래서 아마도 스페인어로 말할 때 어느 정도 더 실제이고 스스로에게 진실하다고 느껴지는 것 같아요.	넬리다가 스페인어에 대해 새로운 의미를 만들어내면서 여기에서 새로운 이야기가 만들어진다. 앞서 스페인어가 장애로 기술된 반면, 넬리다는 자신의 영어가 훌륭하며(수강생의 부정적인 말에도 불구하고) 또한 그녀의 스페인어가 존중받고 가치 있다는 것을 인식하는 방향으로 움직이고 있다는 것을 볼 수 있다. 이중 언어 사용(bilingualism)은 강점이며 실제로 단일 언어 사용에 비해서 뇌의 신경망을 더 넓게 구축한다.
10. *앨런*: 스페인어로 말할 때 더 실제로 느끼시는군요. (잠시 멈춤) 당신 이야기를 좀 더 들어보고 싶어요. 마이애미에서 탬파로 온 것이 당신에게 어떤 의미였고 어떻게 진행되었는지를요.	감정에 대한 재진술에 이어서 상황의 *의미*에 대한 개방형 질문. 구체적으로 넬리다는 자신에게 일어난 일을 어떻게 구조화하고 해석하는가? 11장에서 재구조화와 의미 해석에 대해 설명할 것이다. (상호교환적 공감)
11. *넬리다*: 음, 저는 일단 놀랐는데요. 왜냐하면 마이애미에서는 많은 가족들이 최근에 쿠바에서 왔기 때문에 저를 미국 사람으로 보고 놀려요. 마이애미에 있을 때는 저는 스페인어를 100% 완벽하게 말하지 못하는 미국 사람이라고 놀려요. 영어 때문에 스페인어를 많이 까먹었거든요. 이제 탬파로 왔더니 저는 영어를 할 줄 모르는 쿠바 사람인 거예요. 저는 뭔가 분리된 것 같아요. 어떨 때는 어디에 속한 건지 잘 모르겠어요.	이제 넬리다는 자신의 주요 갈등을 분명하게 인식하고 있고, 상담 회기에서 이런 순간들을 통해서 갈등을 더 잘 이해하게 될 것이다.
12. *앨런*: 집에서는 가족들과 갈등을 겪고 있고, 탬파에서는 같은 수업 수강생들과 갈등을 겪고 있는 것으로 보이는군요. 그리고 또 이 두 가지 갈등이 서로 갈등상태에 있는 것 같고 분리되는 것이 더 가중되는 것 같습니다.	직면 문제에 대한 요약 반응. 한편으로는 집에서······, 다른 한편으로는 여기에서······. (상호교환적 반응)
13. *넬리다*: 정말 그래요. 하지만 제 조부모님은 저에게 제가 스페인어를 잊어버리고 있다고 말씀하세요. 뭔가 혼란스럽고 분리되는 느낌이 들어요. 음.	'정말 그래요', '말한 그대로예요', '그래요'와 같은 표현을 통해 요약 반응의 정확성을 확인한다.
14. *앨런*: 음······, 음.	앨런은 넬리다가 문제를 계속 처리하기를 기대하면서, 최소 격려 반응과 함께 몸을 앞으로 살짝 기울인다.
15. *넬리다*: 대학원 첫 학기는 많이 안 좋았어요. 아마 첫해 내내 안 좋았던 것 같아요. 여기 학교에서 한동안 살다 보니 제 억양은 어느 정도 없어졌다고 생각하지만, 아직도 가끔씩 억양이 나올 때가 있어요. 그렇게 자주는 아니지만요. 그리고 탬파에 있는 가족들은 제가 대학원을 성공적으로 다니는 것을 보면서 점점 지지를 더 많이 보내줬어요.	여기에서 넬리다가 불일치를 종합하고 언어와 관련된 문제의 일부분을 해결하는 것을 볼 수 있다. 넬리다는 내담자가 갈등을 해소하는 자신만의 방식을 찾을 수 있음을 보여준다.

내담자와 상담자의 대화	상담 과정에 대한 해설
16. *앨런:* 당신의 지역사회 가계도와 당신이 지난번 집에 다녀온 것에 대해 말하는 것에서 볼 때, 조부모님과 어머님이 때로는 당신의 '미국식 억양'에 대해 놀리시기도 하지만 당신을 점점 더 지지하는 것으로 들리네요.	이전 상담 회기에 대한 요약 반응. 넬리다와 조부모의 관계에 대해서 긍정적인 측면과 부정적인 측면을 모두 살펴봄으로써 가볍게 직면 한다. 앨런은 이전 상담 회기와 지역사회 가계도의 정보를 따라가고 있다. (이전 상담 회기와 현재 상담 회기를 연결하므로 추가적 공감)
17. *넬리다:* 예. 아마도 제가 그렇게 분리된 감정을 느끼지 않아야 할 것 같아요. 상황이 여러모로 좋아지고 있어요. 그렇지만 억양에 대한 코멘트를 어떻게 다루어야 할지 모르겠어요. 그런 말을 자주 듣지는 않지만…….	가족과의 갈등에 대해 작업하고 가족 가계도에서 나타난 지지와 자원을 기억하고 난 뒤, 넬리다는 보다 즉각적인 문제를 탐색할 준비가 되었다.

3단계: 평가하기

내담자 변화 척도를 사용해서 변화 과정을 평가한다.

직면의 효과성은 내담자가 어떻게 반응하는지로 측정된다. 상담 회기에서 '지금 여기'를 면밀하게 관찰한다면, 상담자는 자신의 개입이 얼마나 효과적이었는지 평가할 수 있다. 상담자는 자신의 직면 시도가 축소적인지, 상호교환적인지, 추가적인지 알게 될 것이다. 촉진적 직면을 사용하면 상담자는 상담 회기에서 내담자가 언어와 행동에서 변화하는 것을(또는 변화하지 않는 것을) 볼 수 있다. 상담자가 기대하거나 필요하다고 생각하는 변화가 일어나는 것을 보지 못한다면, 창조적 의도성, 다른 반응이나 기술, 또는 전략을 마련할 때다.

▶ 내담자 변화 척도*

상담자가 내담자의 갈등을 요약하는 방식으로 직면을 했다고 생각해보자('한편으로 당신은 A라고 느끼지만, 다른 한편으로 B라고 생각합니다. 이 두 가지를 어떻게 통합하시나요?) 내담자 변화 척도는 내담자가 상담자의 직면에 어떻게 반응하는지를 평가하는 틀을 상담자에게 제공한다. 내담자가 갈등, 불일치, 혼재된 메시지가 존재한다는 것을 부인했는가? 통합의 방향으로 약간 이동했는가? 또는 생각과 감정에서 중요한 변화를 이끌어내는 방식으로 직면을 사용해서 이후 이러한 발견이 행동의 변화로 연결할 수 있는가?

아래에 내담자 변화 척도에 대한 요약이 제시되어있다. [그림 10.1]에서는 내담자가 변화의 다양한 수준을 어떻게 이동할 수 있는지 보여준다.

---

* Heesacker와 Pritchard가 지필 형식의 측정도구인 내담자 변화 척도(Client Change Scale: CCS)를 개발했으며, 이후 Rigazio-Digilio가 이를 반복 검증했다(Ivey, Ivey, Myers, & Sweeney, 2005에서 인용). 500명 이상의 학생들을 대상으로 한 요인 분석 연구와 1,200명을 대상으로 한 두 번째 연구를 통해서 내담자 변화 척도의 5개 수준이 확인되고 측정되었다.

내담자 변화 척도(CCS)	기대할 수 있는 결과
내담자 변화 척도는 내담자가 변화 과정에서 어디에 있는지를 상담자가 평가하는 것을 돕는다. 1수준: 부인 2수준: 부분적 검토(부분적 수용) 3수준: 수용과 인식. 그러나 변화는 없음 4수준: 새로운 해결책 5수준: 초월	내담자 변화 척도는 상담자가 자신의 상담 기술 사용의 효과를 결정하는 것을 도울 수 있다. 이러한 평가에서 변화 과정을 분명하게 하고 지지하기 위해 상담자가 사용할 수 있는 다른 기술과 전략이 제안될 수 있다. 상담자는 (1) 자신이 말한 것의 가치와 효과를 평가하고, (2) 단일 치료적 개입에 대한 반응으로 내담자가 변화하고 있는지를 관찰하고, (3) 일련의 상담 회기 동안 행동 변화를 살펴보는 방법으로서 내담자 변화 척도를 사용할 수 있도록 하는 체계가 있는 것이 매우 가치 있다는 것을 알게 될 것이다.

부인에서 수용을 통해 중요한 변화로 이어지는 진행이 선형적이고 단계적으로 진행될 수도 있지만, [그림 10.1]에 나타나듯이 항상 그렇게 진행되는 것은 아니다. 배우자가 죽음을 앞두고 있거나 순조롭지 않은 이혼을 겪고 있는 내담자를 생각해보자. 이 내담자가 갈 수 있는 한 가지 방향은 내담자 변화 척도 수준을 한 번에 하나씩 이동하는 것이다. 그러나 때로 차근차근 앞으로 나아가고 있는 것처럼 보이는 내담자가 갑자기 하나 또는 두 개 수준 뒤로 돌아가기도 한다. 어떤 회기에서 내담자는 앞으로 다가올 일

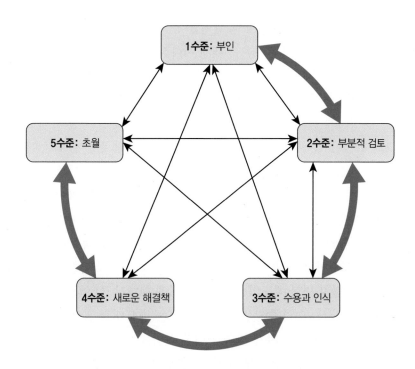

그림 10.1 내담자 변화 척도(CCS). 창조적 변화의 5개 수준은 순서대로 일어날 수 있다. 그러나 화살표들이 가리키는 것처럼 수준 간에 앞뒤로 이동할 수 있다. 실제로 내담자가 새로운 생각, 감정, 행동, 의미를 발견하면서 과정 전체가 시작 수준으로 돌아갈 수 있다.

들을 받아들이는 것처럼 보이다가(3수준), 다음 회기에서는 부분적 검토(2수준)나 부인(1수준)까지 돌아가기도 한다. 그러다가 수용(3수준)으로 다시 돌아와서 초월(5수준)로 일시적인 도약을 하기도 한다.

여러 유형의 상담에서 내담자 변화 척도는 성공에 대한 유용한 측정치로 광범위하게 사용될 수 있다. 내담자 변화 척도는 책무성(accountability)과 내담자의 성장을 측정하는 유용한 틀을 제공한다. 가장 분명한 예는 물질 남용 문제가 있는 내담자의 예다. 물질 남용 문제가 있는 내담자는 자발적으로 상담에 오거나 또는 법정의 의뢰로 상담에 오기도 한다. 그들은 우울한 상태일 수 있고 고통을 줄이기 위해 약물을 사용할 수 있다. 때로 이러한 내담자들은 자신이 실제로 문제가 있다는 것을 부인하면서 시작한다(내담자 변화 척도의 1수준). 상담자가 성공적으로 도전하고 지지하고 직면한다면, 내담자가 자신에게 문제가 있을 수도 있음을 받아들이면서 2수준으로 올라가는 것을 볼 것이다. 어떤 사람들은 이를 '교섭(bargaining)' 수준이라고 하는데, 여기에서 내담자는 부인과 무엇인가 해야 될 필요가 있음을 인식하는 것 사이를 왔다 갔다 한다.

3수준에서 수용과 문제에 대한 인식이 일어난다. 이 수준에서 알코올 의존증을 가진 사람은 자신이 정말 알코올 의존증임을 받아들이며 코카인 남용자는 중독 상태를 인정한다. 그러나 문제의 수용과 인식이 문제의 해결은 아니다. 내담자의 우울은 줄어들 수 있지만 여전히 계속해서 술을 마시거나 약물을 이용할 수 있다.

변화는 내담자가 4수준에 도달했을 때 일어난다. 이 수준이 되면 알코올이나 중독 물질 사용을 실제로 중단하며, 이후 우울은 대개 사라진다. 물질 남용과 우울은 때로 동시에 발생하는 정신건강 문제지만, 우울이 지속될 위험이 있으며 계속적인 치료가 필요할 수도 있다. 그럼에도 불구하고 이는 상담과 치료의 실질적인 성공이다. 이는 쉽게 달성할 수 없지만 분명하게 관찰 가능하고 측정할 수 있다. 5수준인 초월과 새로운 방식의 존재와 사고의 발전이 일어날 수 있지만, 모든 내담자들이 이 수준에 도달하는 것은 아니다. 중독 물질 사용자가 지지 집단에 매우 적극적으로 참여하고, 다른 사람들이 중독에서 벗어나도록 돕고, 알코올 남용과 중독이 가져온 감정, 행동, 관계에 대해 계속해서 작업하는 것이 5수준에서 나타나는 모습이다. 이 사람은 인생의 의미의 변화를 이루었고 자신과 세상을 훨씬 더 긍정적으로 바라보게 되었다. 이는 '그럭저럭 버티는' 것보다 훨씬 높은 상태에 도달한 것이다.

아래의 표에는 내담자 변화 척도의 5개 하위 척도에 대해서 (1) 이혼과 관련된 문제에 대한 내담자의 반응과 (2) 수업 수강생의 상처를 주는 말에 대한 넬리다의 생각의 두 가지 예시를 함께 제시했다. 내담자가 변화에 대한 작업을 할 때에는 어느 시점에서든지 다양한 자각 수준에서 자신의 문제에 대해 말한다. 내담자는 어느 순간에는 부인하다가, 바로 다음에 자신의 문제를 수용하는 것처럼 말하고, 변화를 거부하는 교섭 수준으로 다시 돌아오기도 한다.

상담자가 내담자에게 직면을 하거나 핵심 질문을 하거나 치료적 개입을 할 때, 내담

내담자 변화 척도 수준	내담자 예시 (1) 이혼에 대한 내담자의 진술 반응 (2) (말로 표현되지 않은) 넬리다의 내적 사고와 감정
1수준: 부인. 내담자는 모순이나 혼재된 메시지가 존재한다는 것을 부인하거나 알지 못한다.	(1) 저는 이혼에 대해 분노하지 않아요. 이런 일은 생길 수 있죠. 슬프고 상처받았지만 절대로 화가 난 건 아니에요. (2) 여기 있는 다른 모든 사람들처럼 영어를 말하지 않으니까 제가 뭔가 잘못된 거예요.
2수준: 부분적 검토. 내담자는 불일치의 일부분에 대해 작업하지만 혼재된 메시지의 다른 측면들을 고려하지 못한다.	(1) 그래요. 저는 상처받았고 아마 화가 나야 되겠죠. 하지만 실제로 화가 느껴지지는 않아요. 아마 다시 한 번 살펴봐야겠어요. (2) 그들이 저에게 상처를 줄 의도는 없었다고 생각하지만, 그래도 저에게 상처를 줬어요. (스스로에 대한 넬리다의 정서적 태도가 부정적이다)
3수준: 수용과 인식, 그러나 변화는 없음. 내담자는 직면을 받아들이기도 하지만 해결하지 못한다. 내담자가 모순, 고착 상태, 혼재된 메시지를 정확하게 살펴볼 때까지는 생각, 감정, 행동에서 실질적인 변화는 어렵다. 분노나 또는 다른 부인된 정서를 인정하고 바라보게 된 것은 훌륭한 돌파구이며 때로 내담자에게 해결책으로 충분하다.	(1) 아마 이혼에 대해 복합적인 감정이 있나봐요. 결혼에 대해 상처받았다는 느낌이 듭니다. 상처도 받았지만 지금은 제가 얼마나 화가 나 있는지 깨닫고 있어요. (2) 음, 그 학생은 민감하지 못했고 그런 말을 하면 안 된다는 것을 이제 알겠어요. 한편으로는 제가 스페인어를 말하는 것이 괜찮아요. (자신에게 불편한 감정이 들도록 한 학생들에 대한 넬리다의 생각이 변하고 있다. 스페인어에 대한 넬리다의 정서적인 느낌이 좋아지고 있지만 '괜찮은' 정도다)
4수준: 새로운 해결책. 내담자는 모순이나 갈등을 인식하는 수준 이상으로 움직이고 상황을 새롭고 생산적인 방식으로 상황을 조합한다. 당연한 일이지만, 이러한 수준은 즉각적으로 일어나지 않는다. 여기에는 몇 주 또는 몇 달에 걸쳐서 여러 상담 회기가 소요될 수 있다.	(1) 그래요, 저는 분노를 회피해왔어요. 그리고 분노가 저에게 걸림돌이었다고 생각해요. 제가 여기에서 벗어나고자 한다면 분노를 받아들이고 다루어야 할 거예요. (2) 실제로 저는 제 언어와 쿠바 문화 배경에 자부심을 가지기 시작했어요. 여기 학생들은 이걸 이해하지 못하고 아마도 약간 인종차별을 하는 아이들일 거예요. (자부심의 정서로 움직이고 학생들에 대한 분노를 인식한다)
5수준: 초월 – 새롭고 더 범위가 넓고 보다 포괄적인 구조(constructs), 양상, 행동의 발전. 많은 내담자들이 이 수준에 도달하지 못한다. 내담자가 불일치를 인식하며 모순에 대처하고 해결하는 새로운 사고 양상이나 행동을 만들어낼 때 직면이 가장 성공적으로 이루어졌다고 할 수 있다.	(1) 당신은 제가 혼재된 감정과 생각이 모든 관계의 한 부분이라는 것을 볼 수 있도록 도왔어요. 제가 너무 많은 것을 기대하고 있었어요. 상처받은 마음과 분노를 좀 더 효과적으로 표현했다면 이혼을 마주하지 않았을 것 같아요. 하지만 이제 저 자신과 좀 더 가까워졌다는 것을 알게 되었고 저 자신과의 새로운 관계는 잘 진행될 것 같아요. (2) 학생들을 교육시켜야 된다는 것을 알지만, 날카롭게 화를 내는 것은 아무 도움이 되지 못해요. 이런 부정적인 감정을 더 가지고 가지는 않을 거예요. 아마도 다른 라틴계 학생들을 찾아서 여기에서 어떤 일이 일어나고 있는지에 대해 집단 토론 모임을 시작해야겠어요. (생각을 넘어서는 행동에 대한 인지적 움직임. 이는 억압에 대한 자각 및 자신과 쿠바 문화에 대한 긍정적 정서에 대한 자각에 기초를 두고 있다)

자는 다양한 반응을 보인다. 이상적인 반응은 내담자가 적극적으로 새로운 아이디어를 생각하고 앞으로 나아가는 것이지만, 그러기보다 내담자는 다양한 수준의 반응들 사이를 왔다 갔다 하는 양상을 보일 가능성이 높다. 내담자는 선형적인 방식으로 차례차례 5개 수준을 거치지 않는다. 내담자는 이 수준 저 수준을 넘나들면서 때로 상담 주제를 바꾸기도 한다. 상담자가 공감적이고 인내심을 가지고 상담 주제에서 벗어나지 않는 것이 내담자가 변화를 일으키는 방향으로 움직이는 것을 돕는다.

상담 주제가 무엇인가에 따라서 변화가 느릴 수 있다. 어떤 내담자들에게는 부분적 수용(2수준)이나 수용하지만 변화는 없는 수준(3수준)으로 움직이는 것이 대단한 성과다. 다양한 문제에 있어서 수용은 매우 성공적인 상담으로 여겨진다. 예를 들면, 내담자는 변화가 불가능하거나 매우 어려운 상황에 있을 수 있다. 따라서 상황을 '있는 그대로' 받아들이는 것은 좋은 결과다. 아마도 이에 대한 가장 좋은 예는 죽음을 앞둔 내담자다. 이 상황에서는 항상 새로운 해결책과 초월에 도달할 이유가 없다. 현재 상황을 받아들이는 것만으로도 충분하다. 어떤 일들은 변화될 수 없고 더불어 살아야 할 필요가 있다. '서두르지 말자' '인생은 공평하지 않다' '불가피한 것을 받아들일 필요가 있다'. 배우자나 부모가 알코올 의존증인 사람에게는 상황이 변화될 수 없다는 것을 인정하는 것이 중요한 단계다. 수용하는 것이 중요한 돌파구가 되며 이후 새로운 해결책으로 이어질 것이다. 새롭게 발견한 해결책은 중재 과정을 촉진하고 갈등을 해결하는 것을 도울 것이다.

이제 넬리다의 문제로 돌아가서 세 번째 단계인 내담자 변화 척도를 사용한 변화 과정의 평가에 초점을 맞춰보자. 여기에서 넬리다가 내담자 변화 척도의 5수준으로 이동하는 것을 볼 수 있다.

내담자와 상담자의 대화	상담 과정에 대한 해설
1. *앨런*: 당신을 키워주신 조부모님은 쿠바에서 오셨군요. 그분들 이야기에 대해 말씀해보시겠어요?	개방형 질문. 가족과 문화적·환경적 맥락에 모두 초점을 둔다.
2. *넬리다*: 카스트로가 권력을 잡았을 때 그분들은 27살이었고 좋은 직장을 가지고 계셨어요. 공산주의에 동의하지 않으셨기 때문에 뉴욕으로 이사하기로 결정하셨죠. 할머니는 재봉 일을 하셨어요. 할아버지는 청소 일을 하셨는데 할아버지가 여기로 오셨을 때 유일하게 구할 수 있는 직업이 청소부였어요. 할아버지는 영어를 제대로 배울 수 있는 시간이 없었고, 그래서 지금도 영어로 말씀하시는 것을 어려워하시고 유창하지 않으세요. 제 생각에 이것이 제가 조부모님들과 더 의사소통을 잘 하고 스페인어를 잘 하고 싶은 이유와 연결되는 것 같아요……. (잠시 멈춤)	내담자 변화 척도에서 3수준으로 현재 무엇이 일어나고 있는지를 인식한다. 내담자의 이야기가 처음에는 1수준인 문제의 부인에서 시작할 수 있다. 넬리다 역시 '넌 어디 출신이니?'와 같은 부정적인 사소한 차별(microaggression)을 받아들였을 때 부인의 모습을 보였다. 하지만 가족 가계도에서 나타난 강점을 살펴보면서 넬리다는 자신의 오래된 생각에 도전할 수 있고 이제 그녀의 이야기는 상황을 '있는 그대로' 인식한다.

내담자와 상담자의 대화	상담 과정에 대한 해설
3. 앨런: 조부모님께 유창한 스페인어로 말하는 것이 중요하군요.	재진술. (상호교환적 공감)
4. 넬리다: 네. 조부모님이 제가 예전에 비해서 쿠바 문화를 잊어버리거나 소중하게 여기지 않는다고 생각하지 않으셨으면 해요. 왜냐하면 저에게 쿠바 문화는 여전히 소중하니까요.	내담자 변화 척도에서 3수준의 인식. 앨런의 재진술은 넬리다가 자신의 문화를 인식하고 소중하게 여길 필요가 있다는 자각을 강화했다. 이러한 측면에서 이전 반응인 앨런의 재진술은 추가적인 측면이 있다. 여기에서 넬리다의 태도와 정서가 장기 기억을 변화시켰다는 것을 알 수 있다.
5. 앨런: 그래요. 잠시 강점으로 다시 돌아가고 싶군요. 당신이 쿠바 문화에서 지내면서 쿠바 문화의 강점에는 어떤 것이 있다고 보시나요?	앨런이 넬리다에게 그녀가 예전에 쿠바 문화에 가졌던 부정적인 신념을 강점과 대비하도록 요청하고 있기 때문에 이는 장기적인 측면에서의 직면이라고 할 수 있다. 주제를 바꿈. 개방형 질문. 문화적·환경적 맥락에 초점을 둔다. (존경을 강조하므로 추가적 공감으로 볼 수 있는 가능성도 있지만, 넬리다가 어떻게 반응하는지 보아야 한다. 하나의 반응이 얼마나 추가적인지는 상담자가 말하는 것보다 내담자의 반응에 의해 더 결정된다)
6. 넬리다: 끈기가 많으세요. 저희 조부모님은 항상 아주 끈기 있게 앞으로 나가셨다는 걸 알아요. 뉴욕에 계시다가 마이애미로 옮기셨는데, 지금은 예전보다 훨씬 잘 살고 계시죠. 하지만 그분들이 여기까지 오는 동안 힘든 일을 정말 많이 하셨어요.	내담자 변화 척도에서 3수준. 여기에서 넬리다가 가지고 있는 자원의 강점에 대한 아주 구체적인 예를 볼 수 있다. 앨런 또한 넬리다의 배경이 되는 문화적 맥락과 문화에 대해 배우고 있다.
7. 앨런: 그래요. 끈기가 많으시군요. 끈기가 많은 사람이 또 누가 있죠?	넬리다와 넬리다의 조부모를 비교하는 긍정적인 직면. '끈기가 많다'는 핵심 단어에 대한 격려 반응과 뒤이은 개방형 질문. (추가적 반응일 가능성. 넬리다와 그녀의 문화에 대한 존경의 마음을 나타낸다)
8. 넬리다: 가계도에 따르면 저도 끈기가 많죠. (웃음) 제가 탬파에 왔을 때 여기에서는 문화가 폄하된다는 것을 알았어요. 조부모님의 이야기를 생각하면 자랑스러워져요.	내담자 변화 척도에서 4수준으로, 새로운 사고와 감정 만들기. 넬리다는 자신의 문화적 배경과 가족 배경의 중요성에 대한 생각을 재구성하고 있다.
9. 앨런: 자랑스럽고 끈기가 많다. 상당히 인상적이군요. 조부모님이 겪으신 일들을 생각해보면, 당신이 자랑스러울 수 있는 것이 많이 있을 것 같습니다. 그리고 지금 당신도 같은 것을 할 수 있을 것 같네요.	격려 반응. 자기 개방. 추가적 공감과 함께 피드백. 예전에 넬리다는 마이애미 쿠바 배경을 문제로 보았지만, 지금은 그녀가 자랑스러울 수 있는 것이 많이 있다는 생각의 직면을 받는다. 여기에서 주요 갈등을 다음과 같이 요약할 수 있다. '넬리다, 한편으로 그동안 쿠바계 미국인 배경을 중요하게 생각하지 않았지만, 다른 한편으로는 이제 자신의 문화에 대해 자랑스러울 수 있는 것이 많이 있고 당신이 아니라 다른 사람이 문제일 수도 있다는 것을 깨닫고 있군요.' 앨런이 직면을 이렇게 분명하게 말하지는 않겠지만, 넬리다가 스스로 이러한 발견을 하도록 격려한다.

내담자와 상담자의 대화	상담 과정에 대한 해설
10. 넬리다: (잠시 멈춤) 이제 생각해보니, 아마도 제가 생각했던 것보다 더 잘 해왔던 것 같아요. 주변 사람들이 저의 가치를 낮게 평가하도록 만들었고, 시간이 갈수록 저 자신에 대한 자신감을 계속 잃었어요. 학교 공부도 잘했지만 저 자신에 대해 긍정적으로 평가한 적이 없었어요.	내담자 변화 척도에서 3수준으로, 인식을 하고 있으며 이는 이후 더 큰 변화를 이끌 수 있다. 넬리다 스스로가 앞서 앨런이 하고자 했던 직면 반응을 말하고 있다. 넬리다는 '한편으로 A이고, 다른 한편으로는 B'를 스스로 인식하고 있다. 내담자가 자신의 갈등을 긍정적이고 장점에 기반을 둔 방식으로 직면하도록 촉진한다. 앨런의 대화 9의 반응은 이제 분명히 추가적 반응이며, 존중은 상담 과정에서 도움이 되는 부분이다.
11. 앨런: 그 부분에 대해서 좀 더 탐색해봅시다. 당신은 자신감을 잃었지만, 이제 자신을 조금 다르게 보고 있습니다. 제가 질문을 하나 할게요. 사람들이 다른 사람들을 불공평하게 대할 때, 특히 사람의 민족이나 종교나 성적 정체성에 대해 말할 때 어떻게 느끼시나요?	직면. 앨런은 넬리다가 자신에 대해 가지고 있는 예전 관점과 새로운 관점을 요약한다. 그러한 자기에 대한 긍정적인 관점에 기초해서 앨런은 넬리다가 불공평함에 대해 어떻게 느끼는지에 대해서 직면시킨다. (추가적 공감)
12. 넬리다: 그건 옳지 않아요.	내담자 변화 척도에서 4수준으로, 상황에 대한 새로운 관점. 넬리다의 반응은 간결하고 분명하며, 자신의 마음 안에서 갈등을 해결하고 있다.
13. 앨런: 그건 옳지 않다. 사람들이 당신을 대하는 것은 어떤가요?	격려 반응. 재진술과 질문을 통한 직면
14. 넬리다: 옳지 않아요.	내담자 변화 척도에서 4수준. 반복을 통해서 변화에 대한 확신. 일단 새로운 생각이 받아들여지고 강화되면, 이는 자기 개념의 한 부분이 된다. 하지만 넬리다 자신과 앨런이 이를 좀 더 강화할 필요가 있다.

지면 관계상 대화 15부터 대화 21은 생략되었다. 이 대화에서 넬리다는 그녀에게 일어난 일이 옳지 않았다는 자신의 생각을 재확인했고, 앨런이 제시하는 감정 반영을 통해서 이제 그녀가 괴롭힘(harassment)으로 인식하는 것에 대한 자신의 분노를 자각하게된다. 넬리다는 내적 충돌('내가 부적절한 존재야')에서 외부와의 갈등에 대한 인식으로 이동했으며, 이 상황이 같은 수업 수강생의 무의식적(또는 의식적) 언어의 억압과 어떻게 관련되는지 발견하기 시작한다. 넬리다는 또한 자신이 괴롭힘에 맞서기보다 공감적이 되고자 노력하는 것에 대한 대가를 치르고 있음을 자각하게 된다.

이 시점에서 넬리다와 이 회기에 대한 당신의 생각은 어떠한가? 그녀가 과도하게 반응하고 있다고 생각하는가? 당신이라면 이 상담 회기를 앨런과 어떻게 다르게 다룰 것인가? 상담자가 여성이거나 여성 문제를 인식하고 있다면, 아마도 이 상담 회기에서 몇가지를 더 추가할 것을 짐작할 수 있다. 예를 들면, 학생들이 라틴계 남학생을 같은 방식으로 대했을까?

회기는 계속 진행되어 5수준으로 이동해서 행동에 대한 계획을 다룬다.

내담자와 상담자의 대화	상담 과정에 대한 해설
22. 넬리다: 항상 공감하는 것이 아니라 아마도 그 감정을 어떻게 다룰 것인지에 대해서, 제가 어떻게 다르게 할 수 있을까요? (잠시 멈춤) 아마도 그걸 말해야겠지요. 무례하게 굴고 싶지는 않아요. 제가 말씀드렸듯이, 의도를 가지고 한 말은 아니었을 테니까요. 하지만 그래도 말해야 할 것 같아요.	내담자 변화 척도에서 3수준으로, 인식과 함께 더 깊이 탐색하고자 하는 마음이 나타난다.
23. 앨런: 그래요. 말해야 하지요. 그러면 한 가지 가능성은, 그런 일이 일어날 때 말하는 거예요. 당신이 누군가가 당신의 문화를 폄하하는 방식으로 말하는 것을 알았을 때 그것을 뭐라고 하시겠어요? 음, 우리가 뭐라고 부를 수 있을까요?	격려 반응·반복 진술·재진술. 이어서 앨런은 브레인스토밍의 방향을 제시하는 지시문을 말하고 개방형 질문을 한다. (이는 추가적 공감일 가능성이 높다. 넬리다와 그녀의 문화적 배경에 대한 수용뿐 아니라 '그녀가 있는 자리 그대로' 넬리다를 수용한다)
24. 넬리다: 음, 피해자로 만드는 거지요······. 그리고 저 스스로가 피해자가 되도록 허용했어요. 다문화 수업을 떠오르게 하네요. ······저 자신에 대한 부정적 관점을 내재화했어요. 그리고 실제로는 일종의 인종차별이고, 제가 생각하지 않은 채로 제 내면으로 받아들였네요.	내담자 변화 척도에서 5수준으로, 그녀와 그녀의 상황에 대해서 새롭고 더 큰 관점을 개발한다. '피해자로 만들기(victimizing)'와 같은 초월적 단어의 사용에 주목한다.
25. 앨런: 피해자로 만들었다. 좋아요. 그러면 당신이 피해자가 되었을 때, 그리고 그동안 당신이 스스로가 피해자가 되도록 허용했다는 것을 알게 되었을 때, 어떤 느낌이 드세요?	요약 형태의 직면. 확인·지각에 대한 확인이 이어진다. (상호교환적 공감)
26. 넬리다: 정말 그래요. 제가 잘못된 방식으로 갔어요. (웃음)	내담자 변화 척도에서 4수준으로, 넬리다가 스스로 만든 새로운 구성개념을 통합한다.
27. 앨런: 그래서 당신이 민감하지 않음, 피해자로 만들기, 인종차별 억압이 당신 주위에 있도록 허용하고 스스로에 대해서 부정적으로 느꼈네요. 28. 넬리다: 그런 식으로는 한 번도 생각해보지 않았어요. 29. 앨런: 그래요. 제가 보기에 당신의 생각이 변하고 있는 것 같네요. 30. 넬리다: 그래요. 분명히 그래요.	대화 27~30을 하나로 묶었다. 먼저 앨런이 직면과 함께 갈등의 핵심을 요약한다. 넬리다는 새로운 방식의 존재에 대한 자각으로 이에 반응한다. 그다음 앨런은 넬리다가 방금 말한 것을 재진술한다. 가장 의미 있는 것은 '분명히 그래요(definitely)'라고 처음으로 강하게 말했다는 것이다. 이는 5수준의 생각과 감정을 공고하게 한다(그러나 아직 행동의 변화는 아니다).
31. 앨런: 이제, 당신과 당신의 조부모님이 가지고 있는 힘과 끈기 있음을 나타내는 스페인어는 무엇인가요? 이를 의미하는 스페인어는 뭔가요? 32. 넬리다: Fuerza. 33. 앨런: 한 번 더 말해보세요.	내담자 변화 척도에서 4수준과 5수준. 여기에서 반응 교환은 넬리다로 하여금 그녀를 둘러싼 세계에 행동적으로 대처할 수 있도록 하는 넬리다의 자원을 보다 굳건하게 다지는 것을 나타낸다. fuerza라는 단어에 담겨진 강점은 넬리다의 존재의 핵심이 된다. 앨런은 게슈탈트 기법인 반복 지시어를 사용해서 넬리다가 새로움을 만드는 것을 강화하는 것을 도왔고, 이는 보다 자신감 있는 자기 개념으로 이어진다.

내담자와 상담자의 대화	상담 과정에 대한 해설
34. 넬리다: Fuerza.	여기에서 다시 모국어로 핵심 단어, 특히 정서 단어를 말하는 것이 권장된다. 여기에서 앨런의 노력은 추가적 공감의 효과가 있다.
35. 앨런: 크게 말해보세요.	
36. 넬리다: Fuerza!	
37. 앨런: 다음번에 지금까지 그래왔던 것처럼 당신이 의기소침해질 때, 그 단어를 떠올리고 그것이 어떻게 당신과 조부모님의 자부심과 힘을 나타내는지 생각할 수 있겠어요?	
38. 넬리다: 분명히 그럴 거예요.	내담자 변화 척도에서 4수준과 5수준
39. 앨런: Fuerza. 좋아요, fuerza가 당신을 내면에서 보호해줄 거예요. 그러면 이제 당신을 괴롭혔던 사람들을 어떻게 대할 건가요? 당신이 발견한 것을 가지고 이를 사용해서 상황을 당신에게 더 좋게 만들 수 있을까요? 그리고 다른 사람들에게도 더 좋게 만들 수 있을까요?	요약 반응, 회기에서 다음 단계로 진행하는 움직임, 이어서 개방형 질문. 여기에는 분명하게 의미를 담은 직면이 있다. '한편으로 당신은 스스로에 대해서 그리고 당신의 문화에 대해서 더 긍정적으로 느끼고 있습니다. 다른 한편으로 이를 가지고 무엇을 할 건가요?' 이 모든 문제들이 다음에 이어지는 3회기에서 탐색될 필요가 있다.

넬리다와의 첫 상담 회기를 돌아보면, 그녀가 내담자 변화 척도의 1수준이나 2수준에서 벗어나서 스스로에 대한 관점에서 중요한 변화를 보이고 행동을 취하고자 하는 자발적 의지를 볼 수 있다. 넬리다가 자신의 개인적 강점, 그리고 가족과 친구들의 자원에 대한 자각이 훨씬 더 높아지는 것 또한 볼 수 있다. 분명한 것은, 그녀가 스스로에 대한 내적 감정에서 상당한 진전을 보였으며 자신을 괴롭혀왔던 외부 요인을 더 잘 이해하게 되었다는 것이다.

여기에서는 제시되지 않았지만 회기의 끝부분에서 넬리다는 내담자 변화 척도의 5수준으로 움직인다. 그녀는 다른 사람들이 자신의 쿠바 혈통을 폄하할 때 이를 방관하지 않고 자신의 의견을 말하고, 가능하면 그 사람들을 교육시킬 필요성에 대해 언급했다. 그녀는 이중 언어를 사용하는 것이 강점임을 인식한다. 끝으로 그녀는 스페인어를 사용하는 다른 학생들을 모아서 서로를 지지하는 모임에 대한 가능성을 논의한다.

▶ 문화 정체성 발달과 직면 과정

우리는 넬리다가 내담자 변화 척도에서 1수준에서 4수준과 5수준으로 움직이는 것을 보았다. 이 과정에서 핵심적인 것은 그녀가 문화적 인간으로서 자신의 정체성을 자각하게 된 것이다. 문화적 인간으로서 넬리다는 스페인어를 구사하는 라틴계 여성으로 백인이 대부분인 환경에서 소수 민족이다. 분명한 것은, 넬리다와 많은 내담자들이 자각하지 못하지만 문화적 배경이 개인 정체성의 중요한 부분을 차지한다는 것이다.

문화 정체성 발달 이론은 내담자 변화 척도와 유사한 면이 있다. 정체성의 5단계는 William Cross(1971, 1991)가 처음 확인했는데, 그는 흑인 정체성 발달 단계를 구체적이고 측정 가능한 방식으로 제시했다. 그 이후로 여러 이론가들이 Cross의 5단계 모델을 탐색했고 이는 인종·민족 문제뿐 아니라 성(性) 인식 발달, 동성애자(게이 또는 레즈비언) 정체성, 장애인 및 기타 여러 집단에 적용되었다. 여기에는 백인 자각도 포함되는데, 이는 백인성(whiteness)과 하나의 문화로서 백인의 경험에 초점을 두고 있다.

문화 정체성에서 한 단계에서 다른 단계로 이동하기 위해서는 그 단계에서의 삶에서 불일치에 대한 직면이 요구된다. 예를 들면 동조 단계(conformity stage)를 보여주는 예로는 인종 문제를 부인하는 흑인계 미국인, 남성의 가치를 '진실'로 받아들이는 여성, 자신의 성 정체성을 내면에 가두고 부인하는 남성 동성애자를 들 수 있다. 이들은 모두 삶에서 다른 사람들과 상호작용하면서 자신들이 매일 목격하는 모순과 불일치를 끊임없이 마주하게 된다. 이러한 경험으로부터 충분한 자료와 정서적 충격이 축적되면, 불일치를 직면하고자 하는 에너지가 쌓이게 되고 문화 정체성 발달의 다른 단계로 움직이게 된다.

인종·문화 정체성 발달(Racial/Cultural Identity Development: R/CID) 모델(Sue & Sue, 2013)은 내담자가 자신의 문화 정체성 발달에서 어느 단계에 있는지를 이해하고 어떻게 진전을 보이고 있는지를 평가하는 데 사용되는 모델이다. 인종·문화 정체성 발달 모델은 발달의 5단계, 즉 동조(conformity), 부조화(dissonance), 저항과 몰입(resistance and immersion), 내성(introspection), 통합적 인식(integrative awareness)을 상정한다. Cross 모델과 마찬가지로 인종·문화 문제에 초점을 두는 이 모델은 RESPECTFUL의 틀 안에서 모든 집단에 적용할 수 있고 유용하다.

문화 정체성 이론은 [글상자 10.1]에 요약되어있으며 문화적 관점에서 상담과 심리치료를 조망한다.

상담자는 자신이 만나는 내담자 한 사람 한 사람에 대해서 소수 인종이든 백인이든 이들이 어떤 수준의 문화 정체성을 가지고 있다는 점을 인식해야 한다. 다수의 백인들은 자신에게 문화가 있거나 문화 정체성이 있다는 것을 부인하며, 이는 **새로움**을 만들어내는 것이 도전적인 과제가 될 수 있는 상담 자체에서 문제가 될 수 있다. 백인과 정체성 발달에 대한 논의를 시작하는 좋은 출발점은 민족이나 지역이다. 백인 내담자들은 종종 아일랜드계, 폴란드계, 독일계 배경을 정체성으로 탐색하고자 하지만, 종종 '백인성(whiteness)'이라는 단어를 더 어려워한다. 민족과 종교에 대한 편견에 대해 검토하는 것도 사회 억압과 관용의 부재에 대한 자각을 촉진하는 한 가지 방법이다.

문화 정체성 발달을 이해하는 것은 상담자로 하여금 문화적으로 다양한 내담자들을 이해하는 데 있어서 문화·맥락 요인의 역할을 평가할 수 있도록 한다. 상담자는 이러한 지식을 가지고 내담자들이 자신의 문화 정체성을 포용하고 삶의 질을 향상시킬 수 있도록 힘을 북돋아줄 수 있다.

글상자 10.1	문화 정체성 발달

동조 단계 이 단계에 있는 내담자들은 다음의 특징들을 종종 보인다. (1) 자기 비하적 태도와 신념, (2) 같은 소수 인종 집단의 구성원에 대한 집단 비하적 태도와 신념, (3) 다른 소수 인종 집단 구성원에 대한 차별, (4) 지배 집단 구성원에 대한 집단 순응적 태도와 신념. 이들은 지배 문화의 가치를 선호한다. 이들은 자신의 문화 집단을 거부하지 않으면서 다수 집단과 일치되고자 한다. 이들은 자신의 뿌리나 문화 집단에 대해 부정적인 관점을 가질 수 있다.

부조화 단계 지배 집단의 문화 가치를 선호하는 내담자들은 종종 그런 가치와 일관적이지 않은 정보나 경험을 겪게 되고 지배 집단의 가치에 의문을 가지기 시작한다. 이 단계에 있는 내담자들은 일반적으로 다음의 특징을 보인다. (1) 자기 비하적 태도 및 신념과 자기 가치적 태도 및 신념 간의 갈등, (2) 같은 소수 집단 구성원에 대해서 집단 비하적 태도 및 신념과 집단 가치적 태도 및 신념 간의 갈등, (3) 소수 집단 위계에 대해서 지배 집단이 가지는 관점과 자신이 공유하는 경험에 대한 감정 간의 갈등, (4) 지배 집단 구성원에 대해서 집단 비하적 태도 및 신념과 집단 가치적 태도 및 신념 간의 갈등.

저항과 몰입 단계 이 단계에 있는 내담자들은 소수 집단의 관점에 찬성하고 지배 집단의 사회적 가치를 거부하는 경향을 보인다. 이러한 내담자들은 다음의 특징을 보인다. (1) 자기 가치적 태도와 신념, (2) 같은 소수 집단 구성원에 대한 집단 가치적 태도와 신념, (3) 다른 소수 집단의 경험에 대한 공감 감정과 문화중심주의(culturocentrism)의 감정 간의 갈등, (4) 지배 집단 구성원에 대한 집단 가치적 태도와 신념. 내담자들은 죄책감, 수치심, 분노를 느낄 수 있다. 억압 및 인종차별주의를 없애고자 하는 동기와 변화하는 외부 요인에 대한 초점이 관찰된다.

내성 단계 이 단계에 있는 내담자들은 이전 단계에서 자신이 가졌던 집단에 대한 관점에 불편감을 느낀다. 내담자들은 다음의 사항에 대한 우려를 나타낸다. (1) 자기 비하적 태도와 신념의 근거, (2) 같은 소수 집단 구성원에 대한 집단 가치의 분명한 성격, (3) 다른 사람들을 판단하는 민족중심적인 편향, (4) 지배 집단 구성원에 대한 집단 비하의 근거. 내담자는 자신에 대한 이해와 자신의 문화 집단에 대한 이해에 초점을 맞추기 시작한다.

통합적 자각 단계 이 단계에 있는 소수 집단 내담자들은 개인적 안정감 및 자신의 소수 집단 문화와 지배 문화를 모두 이해할 수 있다. 내담자들은 일반적으로 다음의 특징을 보인다. (1) 자기 가치적 태도와 신념, (2) 같은 소수 집단 구성원에 대해 집단 가치적 태도와 신념, (3) 다른 소수 집단 구성원에 대한 집단 가치적 태도와 신념, (4) 지배 문화 구성원에 대한 선택적 가치의 태도와 신념. 내담자들은 모든 형태의 억압과 차별을 없애고자 헌신하려는 마음을 표현한다.

▶ 문화 정체성 발달 그리고 넬리다와 앨런의 상담 회기

넬리다와 앨런의 두 번의 상담 회기는 내담자가 인종·문화 정체성과 관련된 갈등을 다루도록 돕는 것의 중요성을 보여준다. 내담자는 낮은 자기 가치감과 자존감을 보고할 수 있으며 스스로를 비난하기도 한다. 이러한 감정과 생각은 억압과 인종차별주의의 산물일 수 있다. 넬리다는 스스로에 대한 갈등적이고 부정적인 감정을 보고했다. 그녀는 '자신에 대해 긍정적으로 평가한 적이 없었고' 자신을 방어하고 옹호할 수도 없었다. 그녀는 다른 학생의 질문이 '어떤 의도를 가지고 한 것이 아니었을' 것이라는 핑계를 대었다.

앨런의 도움을 받아서 넬리다는 자기 문화의 가치를 인식하기 시작하고 조부모님이 미국에 왔을 때 끈기와 힘든 일을 견뎌낸 것을 '자랑스럽게' 느낀다. 그녀는 자신의 가치도 인식하기 시작하며 자기 안에 있는 긍정적 속성도 볼 수 있다. 넬리다는 같은 수업 수강생의 말로 인한 부정적인 감정과 '평가절하되는' 느낌이 수업 시간에 언급했어야 하는 문제라는 것을 인식했다. 왜냐하면 이는 '피해자로 만들고(victimizing)' 자신을 비하하는 말이었기 때문이다. 자신의 정체성 발달에서 상위 단계로 나아가면서 넬리다는 자신에 대한 내재화된 부정적인 관점을 없애고 그 자리에 자신에 대한 긍정적인 관점과 인종차별주의 및 억압을 없애는 것에 대한 헌신으로 채울 수 있을 것이다.

내성 단계와 통합적 자각 단계에서 완전한 자각에 도달하기 위해서 넬리다는 실제 세계에서 행동을 취할 필요가 있을 것이다. 앞서 제시된 상담 회기에서 대화 39 이후에 넬리다는 더 이상 상황을 있는 그대로 계속해서 수동적으로 받아들이고 싶지 않으며 조부모님과 자신의 문화에 대해 분명하게 말하고 싶다는 의지를 처음으로 명확하게 표현했다. 넬리다가 처음 생각한 행동은 의도하지 않게* 그녀의 억양을 폄하하고 암묵적으로 그녀의 문화 역시 폄하할 수 있는 사람들을 교육시키고자 하는 것이었다. 그녀는 다음과 같이 말했다. "아마 제가 어디에서 왔고 제 문화가 무엇인지에 대해서 그 사람을 어느 정도 교육해야 할 거예요. 바라건대 그 사람이 자신의 질문이 누군가에게 하기에는 무지한 질문이었다는 것을 깨달았으면 해요. 아마 그들에게 제 문화에 대해서 어느 정도 설명해야 하겠지요. 이제 제가 저를 위해서뿐만 아니라 조부모님과 제 문화를 위해서 말하고 있다는 것을 알 수 있어요. 무언가 할 필요가 있어요."

넬리다의 주위 사람들을 교육하는 몇 가지 가능성이 탐색되었고, 이것이 그녀의 중요한 목표라는 것이 분명해졌다. 그녀는 분노를 표현하는 것에 관심이 없었다. 억압적이거나 인종차별적인 말을 하는 사람들을 모두 교육하고자 노력하는 것이 때로는 매우 지칠 수 있기 때문에, 넬리다는 때로는 그냥 무시하는 것이 현명하다는 것을 깨닫게 되었다. 그리고 이를 무시하면서 자신의 몸에서 가족과 문화에 대한 긍정적인 경험을 나타내는 좋은 감정들을 생각하는 것이 현명하다는 것도 알게 되었다.

교육하고 무시하는 것 이외에, 넬리다는 이러한 사건들에 대해서 친구들과 가족들과 이야기할 수 있다는 것을 알게 되었다. 그녀의 조부모도 특히 뉴욕에서 유사한 인종차별적인 사건들을 경험했다. 그녀는 또한 학내의 라틴계 학생 집단에 가입해서 보다 넓은 교육적 노력을 실행할 수 있는 가능성도 고려했다.

---

* 문화 차이에 대한 존중을 표현하는 것은 공감적 관계에서 매우 중요하다. 넬리다의 동료 학생들은 '의도하지 않게' 그녀의 인종과 그녀의 출신지를 존중하지 않는다는 것을 보여주었다. 자신이 '소수' 문화나 '소수' 집단에 속한다는 것을 알게 된 사람들은, 기본적으로 '선한' 사람들이 상처를 주는 말을 할 때 종종 의도하지 않은 인종차별주의를 경험한다. 이는 실질적인 인종차별주의나 다른 형태의 억압을 나타낸다. 몇 가지 예를 들면 '당신은 영어를 정말 잘 하시는군요'라는 말을 (말한 사람보다 영어를 더 잘 하는) 3세대 아시아계 미국인에게 하는 경우, '흑인계 미국인은 재능이 많아요. 특히 음악과 운동에서요', '분명히 집에서 훌륭한 멕시코 요리를 즐기시겠네요'라는 말을 하는 경우를 들 수 있다.

▶ 여러 회기에 걸친 변화를 측정하는 체계로서의 내담자 변화 척도

우리는 넬리다가 지역사회 가계도와 상담 회기를 통해서 내담자 변화 척도의 1수준과 2수준에서 3수준과 4수준으로 이동하고 5수준의 시작 지점까지 나아가는 것을 보았다. 내담자 변화 척도는 어떤 주제에 대한 상담 회기에서도 나타날 수 있다. 내담자가 부인 수준에 있다면, 이야기는 왜곡될 수 있고 다른 사람들을 공정하지 않게 비난할 수 있고 이야기에서 내담자에 대한 부분은 부인될 수 있다. 결국 부인(1수준) 수준에 있는 내담자는 현실을 다루지 않는다. 내담자가 효과적으로 직면되면, 일관적이지 않은 것과 모순에 대한 논의가 이루어진다. 여기에서 우리는 2수준인 **교섭**과 **부분적 수용**을 볼 수 있다(이야기가 변화하는 것이다). 수용(3수준)에서는 이야기의 실제 현실이 지각되고 받아들여지며, 따라서 이야기가 보다 정확하고 완전하다. 또한 **새로운 해결책**과 **초월**(4수준과 5수준)을 만드는 것이 가능하다. 생각, 감정, 행동에서의 변화가 새로운 이야기로 통합되면, 우리는 내담자가 새로운 사고방식으로 크게 변화하는 것을 볼 수 있고 상담 회기가 끝났을 때 행동으로 이어지는 것을 볼 수 있다.

실제로 내담자가 보이는 어떤 문제도 이 5개 수준 중 어느 한 수준에서 평가될 수 있다. 내담자가 부인이나 **부분적 검토**(1수준 또는 2수준)에서 상담자와 시작해서 상담자의 도움으로 수용과 **새로운 해결책 만들기**(3수준 또는 4수준)로 이동한다면, 상담자는 자신의 치료 과정의 효과성에 대한 분명한 증거를 가지는 것이다. 5개 수준은 상담과 치료의 변화 과정을 바라보는 일반적인 방법으로 볼 수 있다. 직면 반응이나 '지금 여기'에서 다른 상담 개입을 통해서 내담자 자각에서 눈에 띄는 변화를 가져올 수 있다.

하나의 상담 회기에서 작은 변화는 하나의 상담 회기나 또는 일련의 상담 회기에 걸쳐서 더 큰 내담자 변화를 가져올 것이다. 상담자는 이러한 시간에 따른 변화를 측정할 수 있을 뿐만 아니라, 내담자와 파트너십을 맺어서 갈등을 해결하고 불일치를 통합하고 문제에 대해 작업할 수 있다. 구체적인 목표를 설정하는 것 역시 내담자가 직면을 보다 효과적으로 다루도록 돕는다.

내담자 변화 척도는 상담자에게 각각의 치료적 개입의 효과성을 평가하고 내담자가 상담 회기의 '지금 여기'에서 어떻게 변화하는지를 추적할 수 있는 체계적인 방법을 제공한다. 상담자가 내담자 변화 척도 모델을 사용해서 내담자 반응을 평가하는 것을 연습한다면, 궁극적으로 상담자는 내담자가 상담자에게 어떻게 반응하는지를 보면서 '그 자리에서' 자동적으로 결정할 수 있게 될 것이다. 예를 들면, 내담자가 상담자의 직면에도 불구하고 문제를 부인하고 있는 것처럼 보인다면, 상담자는 의도적으로 보다 성공적일 수 있는 다른 상담 기술이나 접근으로 방향을 전환할 수 있다.

▶ 갈등 해결과 중재: '새로움'을 창조하기 위한 심리교육적 전략

공감적 직면은 중재를 위한 탄탄한 기초의 역할을 한다. 아이들, 청소년, 어른 사이에서 갈등 해결과 중재에서, 아래에 제시된 상담 기술과 5단계 상담과 심리치료 모델은 유용한 틀을 제공한다.

공감적 관계

라포를 형성하고 상담 회기의 구조를 세운다 당연한 것이지만, 모든 사람들이 자신의 관점을 피력하는 온전한 기회를 가지도록 하면서 말하는 시간이 치우치지 않도록 한다. 때로 한 사람이 지배하기도 한다. 내담자들이 화내지 않고 다른 사람에 대해서 부정적인 말을 하지 않도록 하는 것이 중요하다. 구조화의 한 부분으로 이에 대해 동의하도록 한다. 그리고 이런 상황이 발생했을 때, 이에 대해 언급하고 논의를 차분하게 가라앉히도록 한다. 정직함과 실제 생각 및 감정을 가질 것을 요청한다. 주의 기울이기는 행동을 사용해서 모든 사람들이 다른 사람들의 말을 온전히 듣도록 요청한다. 상담자가 각 참여자에게 다른 사람이 말한 것을 재진술하도록 요청하는 것이 도움이 된다. 시간이 좀 걸릴 수도 있지만 정확한 경청이 이루어지고 있음을 확실하게 할 수 있다. 재진술을 들은 사람이 재진술을 좋아하지 않는다고 하더라도 정확한 경청이 이루어지고 있음을 확인할 수 있다.

이야기와 강점

문제(관심사)를 정의한다 기본 경청 기술을 사용해서 논박과 연관되는 모든 사람의 관점을 분명하고 구체적으로 이끌어낸다. 감정의 폭발을 피하기 위해 감정 반영보다는 감정을 인정할 것을 권한다. 각자의 참조틀을 요약하고 상담자가 정확하게 요약했는지를 모든 사람과 주의 깊게 확인한다. 상담자는 주장하는 사람 각자에게 상대방의 관점을 말하도록 요청할 수도 있다. 갈등이 복잡하다면 동의하는 바와 동의하지 않는 바를 글로 적어서 요약한다.

목표

기본 경청 기술을 사용해서 만족스러운 문제해결을 위해 각자가 원하고 바라는 바를 이끌어낸다 정서나 추상적이고 손에 잡히지 않는 것보다는 구체적인 사실에 주로 초점을 맞춘다. 이는 협상 과정의 시작이며, 여기에서 문제와 걱정이 재정의되고 명확해지기도 한다. 가능한 공동 목표와 합의점에 주의를 기울이면서 각자의 목표를 요약한다.

이야기 재구성

신중하게 협상을 시작한다 상담자의 경청 기술에 의존해서 각 집단이 자신이 만족스러운 해결책을 만들 수 있는지를 살펴본다. 일정 수준의 구체성과 명확성이 이루어지면 각 집단이 합의에 가까워질 수 있다. 집단들의 갈등이 크다면 각 집단을 개별적으로 만나서 대안 해결책을 궁리해본다. 민감한 문제에 대해서는 이를 글로 적어서 요약한다. 이 책의 후반부에 논의되는 많은 변화 촉진 기술들이 협상 과정에서 유용하게 사용될 것이다.

행동

계약을 맺고 일반화한다 기본 경청 기술을 사용한다. 합의된 해결책(또는 협상이 여전히 진행 중이라면 해결책의 일부분)을 요약한다. 해결책을 가능한 한 구체적으로 만들고 각 집단이 합의 사항을 이해할 수 있도록 민감한 주요 문제들을 문서로 작성한다. 이후에 시행될 단계에 대한 합의를 도출한다. 아동을 대상으로 한 작업이라면 아이들에게 열심히 작업한 것에 대해 축하하고 아이들 각자에게 도출된 해결책에 대해서 친구들과 이야기를 나누도록 한다.

마틴 루터 킹 주니어 센터(1989)에서는 비폭력 변화를 위한 6단계를 다음과 같이 요약한다. 이는 그들의 중재 모델과 밀접하게 관련되기도 한다. (1) 정보 수집, (2) 교육, (3) 개인적 헌신, (4) 협상, (5) 직접 행동, (6) 화해. 상담자가 기관이나 지역사회의 변화와 관련되는 복잡한 문제에 대해 작업할 때 킹 박사의 모델을 검토하면 중요한 도전 과제에 어떻게 접근할 것인지를 생각하는 데 도움이 될 것이다.

▶ 요약: '새로움'을 창조하기 위한 지지적 도전

우리는 내담자가 자신의 이야기에서 불일치와 모순을 인식하도록 돕는 데 사용되는 지지적 도전으로 공감적 직면을 정의했다. 이 도전에는 다음의 세 가지 단계가 포함된다.

1. 모순, 불일치, 혼재된 메시지를 관찰함으로써 갈등을 파악한다.
2. 모순이 되는 문제를 가려내고 해결책을 찾기 위해 작업한다.
3. 내담자 변화 척도를 사용해서 변화 과정을 평가한다.

공감적 직면은 다양한 방식으로 사용될 수 있는 일련의 기술들이다. 가장 일반적인 직면은 재진술, 감정 반영, 내담자에게서 관찰되는 불일치 또는 내담자와 내담자의 상황 간에 관찰되는 불일치의 요약을 사용한다. 그러나 질문과 변화 촉진 기술 및 전략 역시 내담자의 변화를 이끌어낼 수 있다.

직면은 보통 상담 회기 대화에서 '지금 여기'에서만 일어난다. 예를 들면, 넬리다는 자신이 외로움을 느꼈던 수업 상황에 대해서 이야기하고 더 이상 말할 필요를 느끼지 않았다. 그리고 나서 아마도 10~20개의 반응이 오가고 난 뒤에 그녀는 자신의 문화와 언어가 자신에게 얼마나 가치 있는지에 대해 말할 수 있다. 그러면 그때 상담자는 이 두 가지 상황을 요약하고 '이 두 가지 상황을 어떻게 통합하시나요?'와 같은 반응과 함께 직면할 수 있다. 이와 유사하게, 직면되는 문제들이 한두 회기의 시간을 두고 나올 수 있다. 두 문제의 요약을 통해서 내담자는 새로운 연결점을 볼 수 있고 창조적인 통합을 할 수 있을 것이다.

내담자 변화 척도는 상담자의 직면의 창조적 효과를 결정하는 데 사용될 수 있다. 이는 또한 모든 상담 기술에 대해서 사용될 수 있고 일련의 상담 회기에 걸쳐서 상담자의 치료적 개입의 성공 정도에 대한 비공식적 평가 도구로 사용될 수 있다. 어떤 내담자들은 단일 상담 회기에서 5단계 모두를 빠르게 이동할 것이고, 대부분의 내담자들은 보다 천천히 이동할 것이다. 상담자가 이혼과 같은 중요한 상실 반응이나 금주와 같은 매우 중요한 변화에 대한 작업을 한다면 내담자가 상담자의 직면에 빠르게 반응할 것을 기대하지 않도록 한다. 하지만 상담자가 상담 작업을 진행하면서, 시간이 흐르면서 나타나는 내담자의 변화를 면밀히 지켜보도록 한다. 새로운 이야기에 기초한 행동은 시간과 인내심을 필요로 한다.

요점	
직면	내담자는 발달 과정에서 옴짝달싹하지 못하는 고착 상태에서 상담자를 찾아온다. 직면과 같은 상담 기술의 사용을 통해서 상담자는 변화, 움직임, 전환(이야기 재구성과 행동)을 촉진한다. 　직면은 상담자가 모순과 불일치를 탐지하고 그러한 불일치를 내담자에게 알려주거나 재진술하는 지지적 도전으로 정의되었다. 상담자의 과제는 불일치의 해결을 위해 작업하는 것이다.
직면과 변화 전략	명시적 직면은 '한편으로 ……하지만, 다른 한편으로는 ……한 것 같습니다. 이 두 가지를 어떻게 결합할 수 있을까요?'라는 모범 반응으로 알 수 있다. 여기에 더해서 많은 상담 반응들이 내담자의 성장과 발달적 움직임을 증진하는 것에 도움이 되는 암시적 직면을 담고 있다. 예를 들면, 상담자는 불일치를 드러내면서 내담자의 대화를 요약하거나 해석·재구조화나 변화를 일으키는 피드백과 같은 변화 촉진 기술을 사용할 수 있다.
내담자 변화 척도	내담자 변화 척도는 상담 회기에서 상담 기술과 직면이 내담자의 언어 반응에 즉각적으로 미치는 영향을 살펴볼 수 있는 도구다. 내담자는 가장 낮은 수준에서는 자신의 모순을 부인하고, 중간 수준에서는 모순을 받아들이고, 높은 수준에서는 모순을 새로운 이야기와 행동으로 전환하거나 통합한다.
다문화와 개인 문제	직면은 모든 내담자와 관련된 것으로 생각되고 있지만, 개인적 욕구와 문화적 욕구에 맞추어 직면의 언어를 사용해야 한다. 어떤 문화 집단의 사람들이 항상 단일 양상을 따를 것이라고 기대하지 않도록 한다. 고정관념을 피하고 개인차와 문화차에 따라서 직면을 적용한다.

요점	
인종 · 문화 정체성 발달 (R/CID) 모델	Sue와 Sue(2013)가 개발한 인종 · 문화 정체성 발달 모델에는 동조, 불일치, 저항과 몰입, 내성, 통합적 자각의 5가지 발달 단계가 있다. 인종 · 문화 정체성 발달 모델의 사용은 상담자로 하여금 문화 정체성 발달에서 내담자의 위치를 이해하고 문화 · 맥락 요인의 역할을 결정하는 것을 돕는다. 이러한 지식에 기초해서 상담자는 내담자가 자신의 문화 정체성을 포용하고, 삶의 향상을 높이고, 진전을 평가할 수 있도록 힘을 북돋아주는 치료적 개입을 제공할 수 있다.

▶ 실습과 역량 포트폴리오

이 장은 상담자가 변화를 지향하는 도움의 관점을 형성하도록 설계되어있다. 상담자가 이 장에 제시된 인지적 개념을 숙달하고 아래에 제시된 상담 실습을 신중하게 연습한다면, 상담자는 내담자의 변화를 도모하고 자신의 치료적 개입의 효과성을 평가할 수 있을 것이다. 다시 한 번 강조하지만, 이는 연습과 경험이 필요한 부분이다. 연습에 연습을 거듭하도록 한다. 그리고 이 책을 계속 공부하면서 이 생각을 적용하도록 한다.

개인 실습

연습 1. 불일치, 모순, 혼재된 메시지, 해결책으로 이끄는 강점을 파악하기 당신의 첫 상담 회기(1장)와 지금까지 해온 다른 연습 문제들을 다시 살펴본다. 특히 자신의 상담 회기를 녹화한 것을 보는 것은 갈등, 불일치, 모순, 직면에 대해 학습하는 효과적인 방법이다. 당신 자신에게서 모순을 파악하지 못한다면, 다른 사람의 모순을 본다는 것은 어렵거나 심지어 부적절한 일이다. 아래에 제시된 연습이 직면 상담 기술의 학습을 진전시킬 것이다.

내부의 자기와의 불일치 당신의 비언어적 행동과 언어적 진술이 서로 일치하지 않고 당신의 본심을 드러냈던 때를 구체적으로 확인할 수 있는가? 당신이 두 가지를 동시에 말하고 그들이 서로 일관적이지 않은 때가 있는가? 어떤 것을 말하면서 행동은 다른 행동을 한 적이 있는가?

당신과 외부 세계와의 불일치 인생의 일부는 갈등과 함께 살아가게 된다. 많은 갈등은 풀 수 없는 것들이면서 당신에게 상당한 고통을 준다. 당신과 다른 사람들 간의 불일치에는 어떤 것들이 있는가? 당신이 학교나 직업 세계에서 마주하게 되는 혼재된 메시지, 갈등, 불일치에는 어떤 것들이 있는가?

당신과 내담자와의 불일치 당신은 이미 이를 경험했을 수 있고, 당신이 내담자와 일치하지 않는 것을 느꼈던 때를 쉽게 요약할 수도 있다. 또는 당신이 상담 경험을 어느 정도

하지 않은 상태라면, 당신이 다른 사람과 크게 다르다는 것을 느꼈던 상황을 떠올리는 것이 도움이 되기도 한다. 때로 우리는 '우리를 화나게 만들고' 너무 빨리 행동으로 옮기는 전형적인 상황을 경험한다. 이런 영역에 대한 자기 인식이 매우 도움이 될 수 있다.

구체적인 강점 갈등과 불일치의 해결은 때로 긍정적인 참조틀로부터 이루어진다. 당신이 내적 차이와 외적 차이를 해결하는 데에 도움이 될 수 있는 개인적 강점과 건강한 자질을 찾을 수 있는가? 다른 사람들의 강점에서 당신이 부러워하고 당신의 강점으로 더 하고 싶은 것은 무엇인가?

연습 2. 자신의 생각에 대해 생각하기 상담 회기에서 생각, 감정, 행동을 관찰하는 것은 자신을 살펴보는 것을 높인다. 상담과 치료에서 자신의 작업에 대해서 자신이 어떻게 생각하는지를 살펴보는 것은, 자신의 의사결정 과정을 이해하고 보다 효과적인 상담을 하도록 도울 것이다.

먼저 당신이 녹화했거나 녹음한 상담 회기 하나를 (들어)본다. 상담 과정에서 당신이 무슨 생각을 했는지 자신에게 물어본다. 상담 회기 동안에 자신의 마음에 어떤 일이 일어나고 있었는지에 대해 생각해본다.

다음으로 모순이나 불일치가 포착되었을 때 녹화(또는 녹음)를 멈춘다. 그 순간에 자신의 마음에 어떤 일이 일어나고 있었는지를 적어본다. 회상을 촉진하기 위해 아래의 질문을 사용한다.

- 어떤 생각을 하고 있었는가?
- 어떤 정서나 신체 경험이 기억나는가?
- 불일치나 갈등에 대한 행동에 대해서 어떻게 생각하는가?
- 어떤 점이 좋았는가?
- 무엇을 다르게 하고 싶은가?
- 당신이 말한 것이 내담자의 갈등적인 생각, 감정, 행동에 어떤 영향을 미쳤는가?

연습 3. 모순과 갈등에 대한 직면 연습 아래의 상황에 대한 직면 반응을 적어본다. 모범 반응인 '한편으로 ……하지만 다른 한편으로는 ……한 것 같습니다'는 실제로 직면하는 데 있어서 유용한 표준 형식이 된다. '당신은 ……라고 말하지만 ……하게 행동하고 있습니다'와 같이 약간 변형된 방식을 사용할 수도 있다. 직면 반응 뒤에 확인을 한다.

내담자가 '네, 도서관에 가서 진로에 대한 정보를 찾아보라는 당신의 제안이 정말 좋아요. 어……, 도움이 될 거라는 것을 알겠어요'라고 말하면서 눈 맞춤을 피하고, 말의 속도가 느려지고, 의자에 깊숙하게 기대어 앉는다.

'네. 가족은 저에게 정말 중요해요. 그들과 많은 시간을 같이 보내고 싶어요. 이 큰 프로젝트를 끝내면, 일을 많이 하는 것을 그만하고 제가 해야 하는 것을 하기 시작할 겁니다. 걱정할 일은 아니에요.'

'제 남편은 대부분 저에게 정말 잘 해줘요. 그 사람이 저를 때린 것은 이번이 두 번째예요. 이 건 크게 문제 삼을 일이 아니라고 생각해요.'

'딸과 저는 사이가 좋지 않아요. 저는 정말 열심히 노력한다고 생각하는데 딸아이가 반응을 안 해요. 지난주만 해도 딸에게 선물을 사줬는데 걔는 그냥 무시했어요.'

연습 4. 내담자 변화 척도 연습 아래에 내담자의 반응이 몇 가지 제시되어있다. 내담자 의 각 반응에 대해서 5수준 중 어떤 수준을 나타내는지 파악한다.

1. 부인
2. 부분적 검토
3. 수용과 인식
4. 새로운 해결책 만들기
5. 초월

건강 문제 부인으로부터 자신의 몸을 돌보는 새로운 방식까지의 변화를 본다.

_____ 저에게 심장 발작이 생길 수 없어요. 저에게 절대 일어나지 않을 거예요. 저 는 진짜 음식을 먹을 필요가 있어요.

_____ 음, 제 생각에 과체중이에요. 그렇지만 버터를 조금 줄이고 아마 밀크셰이크 를 먹지 않으면 괜찮아질 거예요.

_____ 음식 조절을 해야 할 필요가 있다는 걸 알겠어요. 하지만 바쁜 삶 속에서 음 식 조절이 가능할지 잘 모르겠어요.

_____ 이제 지방을 줄일 수 있게 되었어요. 적어도 그건 된 것 같아요.

_____ 제 삶의 방식을 완전히 바꿨어요. 식생활을 건강하게 하고, 지방을 전혀 섭취 하지 않고, 운동을 해요. 심지어 이완과 스트레스 관리 방식을 좋아하게 되었 어요.

진로 설계 아무 행동을 하지 않거나 아무렇게나 하는 방식에서 행동으로 가는 변화를 본다.

_____ 좋아요, 당신이 말하고자 하는 바를 알겠어요. 저는 두 번의 진로 · 학업 프 로그램에 참석하지 못했는데 제시간에 가지 못했기 때문이에요. 하지만 그건

_____ 상사들 잘못이에요. 자신들이 원하는 바를 좀 더 분명하게 했어야죠.

_____ 선생님이 저를 당신에게 보냈어요. 모두 진로 계획이 있는데, 저는 그것에 대해서 그렇게 걱정할 필요가 없다고 봐요. 저는 괜찮을 거예요.

_____ 예, 저는 진로 계획이 필요해요. 이제 그게 필요하다는 걸 알겠어요. 진로 계획을 하나 작성해서 내일 가져오겠습니다.

_____ 직장을 구했어요! 계획대로 잘 진행이 되어서 면접도 잘 했고, 이제 궤도에 올라선 것 같습니다.

_____ 진로 계획이 도움이 되었어요. 이제 어떻게 면접을 좀 더 효과적으로 하고 저 자신을 잘 보일 수 있는지 알게 되었어요.

인종차별주의, 성차별주의, 동성애 차별주의에 대한 인식 이러한 문제들이 있다는 것을 부인하는 것에서부터 인식과 행동으로 가는 이동을 본다.

_____ 이 문제를 아주 중요하게 느껴요. 저는 집과 학교에서 행동을 시작했고, 차별을 막기 위한 보다 적극적인 방법에 집중할 겁니다.

_____ 글쎄요, 차별을 하는 사람들이 있지요. 하지만 제 생각에는 많은 사람들이 너무 과잉 반응하는 것 같아요.

_____ 인종차별주의나 성차별주의 같은 것이 실제로 있다고 믿지 않아요. 그건 그냥 사람들이 불평하는 거예요.

_____ 제 가족과 아이들과 함께, 우리와 다른 사람들에 대해서 그들을 보다 용인하고 공정하게 대하고 이해하는 작업을 시작했습니다.

_____ 상당한 정도의 편견, 인종차별주의, 성차별주의는 어디에나 있어요.

연습 5. 모범 직면 반응을 적어보기 내담자 변화 척도를 검토하고, 아래의 직면 반응을 읽어본다.

도미니크: 그녀는 어떻게 제가 집안일을 하기를 기대할 수 있나요? 그건 여자들의 일이에요!

라이언: 한편으로는 제가 듣기에 당신은 그녀가 수입을 벌기를 원하고 있습니다. 다른 한편으로는 당신은 그녀가 예전과 마찬가지로 아무 도움을 받지 않고 집안일을 계속하기를 원하는 것으로 보입니다. 이 두 가지를 어떻게 결합할 수 있을까요?

도미니크는 부인을 사용해서 직면에 반응할 수도 있고, 또는 새로운 사고방식을 하는 방향으로 작업할 수도 있다. 아래에 내담자 반응 척도의 5수준을 나타내는 도미니크의 반응의 예를 적어본다.

1수준 (부인): _____

2수준 (부분적 검토): _____

3수준 (수용과 인식): _____

4수준 (새로운 해결책 만들기): _____

5수준 (초월: 새롭고 보다 넓고 포괄적인 개념, 방식, 행동을 개발함): _____

_____

내담자: 당신과 말하면서 점점 지치네요. 당신은 제가 항상 쉬운 길로 간다고 생각하는 것 같아요.

상담자: 한편으로는 당신이 변화하고 싶다고 말해요. 이것이 당신이 상담을 시작한 이유죠. 하지만 다른 한편으로는 이제 변화가 가까이 다가오니까 떠나고 싶다고 말하는 것처럼 들리네요. 이것은 당신이 이성과의 관계를 대하는 방식과 비슷하게 보입니다. 누군가 당신에게 가까이 다가오면 당신은 떠나지요. 여기에 어떤 반응이 떠오르시나요?

내담자 변화 척도의 각 수준을 나타내는 반응을 적어본다.

연습 6. 자신의 인종·문화 정체성 발달 단계에 대해 생각하기 [글상자 10.1] 문화 정체성 발달을 다시 검토하고 아래의 질문에 대답해본다.

▲ 인종·문화 정체성 발달 모델에 대해 생각해보면 당신은 어떤 단계에 있는가?

▲ 이것은 당신에게 어떤 의미인가? 당신이 더 좋은 상담자가 되는 것에 도움이 되는 문화 발달 자각을 어떤 방법으로 높일 수 있는가?

▲ 당신의 문화 자각을 증진시키거나 또는 문화 발달 모델에서 상위 단계로 나아가기 위해 할 수 있는 행동에는 어떤 것이 있는가?

집단 실습

연습 7. 내담자 변화 척도를 사용해서 직면 반응과 내담자의 반응을 평가하기

1단계: 실습 집단 구성하기

2단계: 집단 지도자 선정하기

3단계: 첫 연습 회기를 위해 역할 분담하기

▲ 내담자

▲ 상담자

▲ 관찰자 1: 피드백 양식(글상자 10.2)을 사용해서 내담자 반응을 각각 평정한다. 녹음

_____
(날짜)

_____   _____
(상담자 이름)   (양식 작성자 이름)

지시 사항 최선의 피드백을 얻기 위해서는 비디오 녹화나 또는 오디오 녹음이 필요할 것이다. 다른 방법으로는, 직면이 일어난 직후에 관찰자(들)이 상담 회기를 멈추고 관찰한 것을 논의하는 것이 좋은 방법이다. 이 연습을 통해 우리는 상담자가 사용하는 모든 반응을 검토하고자 하지만, 특히 직면 반응에 주목하고 있다. 내담자 변화 척도의 5점 척도를 사용해서 내담자가 직면에 어떻게 반응했는지 평정한다. 1: 부인, 2: 부분적 검토, 3: 수용과 인식, 4: 새로운 해결책 만들기, 5: 초월과 새로움의 창조.

상담자 반응 (기억과 논의에 도움이 되는 핵심 단어를 적는다)	내담자 반응 (기억과 논의에 도움이 되는 핵심 단어를 적는다)	내담자 변화 척도 평정
1.		
2.		
3.		
4.		
5.		
6.		
7.		
8.		
9.		
10.		

이나 녹화를 되돌려보는 과정에서 내담자의 반응 뒤에 녹음·녹화를 멈추고 이를 주의 깊게 평정한다.

▲ 관찰자 2: 다른 종이에 상담자의 각 반응에 대해서 핵심 단어를 기록한다. 이를 통해서 상담 회기 전체의 그림을 구성하는 것이 가능해진다. 관찰자 2는 상담자가 사용하는 상담 기술에 특히 주의를 기울인다.

4단계: 계획 세우기 회기의 목표를 진술한다. 상담자가 해야 할 일은 기본 경청 기술을 사용해서 내담자의 갈등을 이끌어낸 후에 이 갈등이나 모순을 직면하는 것이다. 상담자는 회기 중에 즉각적으로 불일치를 관찰하거나 주목하고 이를 내담자에게 되돌릴 것이다.

이러한 연습 회기에서는 자원한 내담자가 내적 또는 외적으로 갈등을 느끼는 어떤 주제라도 유용한 주제가 된다. 내적 갈등은 때로 과거 또는 현재에서 어려운 결정을 중심으로 일어난다. 가족구성원, 친구, 또는 직장에서 같이 일하는 사람과 어려움이 있을 때 외적 갈등이 가장 자주 일어난다. 상담자는 보통 내담자에게서 내적 갈등과 외적 갈등을 모두 볼 수 있다. 유용한 주제로 가능한 것들은 다음과 같다.

▲ 중요한 구매

▲ 대출을 받을 것인가, 시간제로 일할 것인가?

▲ 대학에서 동일하게 매력적인 두 개의 전공 중에서 선택하기

▲ 수입이 더 많은 직업과 더 즐겁고 만족스러운 일 중에서 선택하는 진로 결정

▲ 도덕적 결정. 진실을 숨기고 있다고 말하는 것부터, 낙태, 이혼, 또는 어떤 일에 헌신하는 것에 대한 의견의 차이, 가족에서 다양성이나 종교의 역할과 같은 문제까지 다양한 범위의 문제가 가능함

▲ 올해 가장 멋진 파티에 갈 것인지, 다음 날 시험공부를 할 것인지에 대한 논쟁

▲ 기숙사 룸메이트에게 자기 물건을 치울 필요가 있다고 말하는 것에 대한 결정

▲ 당신의 약혼자에게 그(그녀)를 더 이상 사랑하지 않는다고 어떻게 말할 것인지에 대한 결정

▲ 도서관에서 당신의 친구가 책을 훔치는 것을 보고 나서 친구를 직면하는 것

▲ 거의 모든 유형의 대인관계 갈등

5단계: 경청과 관찰 시연의 한 부분으로 직면 기술을 사용하여 5분 연습 회기 실행하기

6단계: 직면 기술을 사용한 연습 회기 검토하기

7단계: 역할 바꾸기

일반적인 유의 사항 자원한 내담자에게 1장에 나온 내담자 피드백 양식을 작성하도록 부탁할 수 있다. 이 연습은 지금까지 이 책에 제시된 많은 상담 기술과 개념을 통합하고자 하는 시도다. 충분한 시간을 들여서 이 연습 상담 회기에 대해 생각하고 계획한다. 긍정적 자산을 찾는 것과 정신건강 가능성에 대한 온전한 인식의 잠재적 가치를 기억하도록 한다.

역량 포트폴리오

직면 상담 기술은 상담 과정에서 먼저 경청하고 그 다음에 행동을 취하는 상담자의 능력에 따라 좌우된다. 이는 다름에 대한 존중과 함께 비판단적인 방식으로 행해질 필요가 있다. 아래에 제시된 상담자 역량의 목록을 살펴보면서, 자신의 상담자 역량 포트폴리오에 직면 기술을 어떻게 포함시킬 것인지를 생각해본다.

다음의 체크리스트를 사용하여 당신의 현재 상담자 역량의 숙달 수준을 평가해보라. 먼저 현재 할 수 있다고 느껴지는 영역에 체크하라. 체크되지 않은 영역은 앞으로의 목표로 정하도록 한다. 이 책을 공부하면서 모든 영역에서 목적적 역량을 달성할 것이라고 기대하지 않는 것이 좋다. 계속적인 반복과 연습을 통해 상담자 역량은 향상하게 될 것이다.

1단계: 확인 및 분류
- ☐ 상담 회기에서 내담자가 보이는 불일치와 모순을 파악하는 능력
- ☐ 상담 회기 동안 인종 · 문화 정체성 발달에서 내담자의 단계를 파악하는 능력
- ☐ 직면의 요소가 있거나 없음을 나타내는 상담자 반응을 분류하고 작성하는 능력
- ☐ 관찰을 통해서 내담자 변화 척도에서 내담자의 변화 과정을 파악하는 능력

2단계: 기본 역량
- ☐ 실제 또는 모의 상담 회기에서 직면 기술을 보여주는 능력
- ☐ 내담자 변화 척도의 5개 수준에 해당하는 내담자 반응을 상담 회기의 '지금 여기'에서 관찰하고 파악하는 능력
- ☐ 정신건강과 긍정적 자산을 활용해서 내담자가 직면을 받았을 때 긍정적인 변화의 방향으로 내담자가 움직이는 데 도움이 될 수 있는 강점을 찾을 수 있도록 돕는 능력

3단계: 목적적 역량 상담자는 내담자 변화 척도와 같이 내담자가 자신의 사고와 행동을 향상시키는 방식으로 직면 기술을 사용할 수 있다.
- ☐ 직면의 결과로 내담자가 문제에 대해 말하는 방식을 변화하도록 돕는 능력. 이는 내담자 변화 척도나 다른 사람들의 관찰을 사용해서 공식적으로 측정할 수 있다.
- ☐ 내담자와 문제를 처음 논의할 때 내담자 변화 척도의 가장 낮은 수준에서 시작해서

상담 회기가 끝날 즈음에는, 또는 문제가 충분히 탐색되었을 때에는 더 높은 발달 수준에 대한 논의로 내담자를 움직이는 능력

☐ 내담자 변화 척도에서 추론된 내담자 반응을 상담 회기에서 즉각적으로 파악하고 이러한 반응에 맞춰서 상담 개입을 바꿀 수 있는 능력

4단계: 심리교육적 교육 역량 변화와 직면의 개념을 내담자와 다른 사람들에게 가르칠 수 있는가?

직면의 기본 차원은 내담자보다는 상담자와 심리치료자를 위해 설계된다. 그러나 몇몇 아주 특수한 방식으로 심리교육이 상담 실제에서 중요한 부분이 되기도 한다. 첫째, 죽음과 관련된 상실의 단계를 겪고 있는 사람들의 경우 변화의 단계를 파악하는 것이 도움이 될 수 있으며, 이는 그들로 하여금 자신의 감정과 생각을 보다 온전하게 이해할 수 있도록 한다. 이러한 변화의 단계는 또한 심각한 질병, 사고, 알코올 의존증, 외상 사건에 대한 반응을 이해하는 데에도 도움이 될 수 있다. 둘째, 상담자는 내담자와 변화의 목표를 설정하고 이러한 목표에 도달하고 인생의 변화를 만드는 데 있어서 내담자들이 얼마나 전진했는지를 알기 위한 작업을 할 수 있다.

▶ 스타일과 이론 정하기: 직면에 대한 비판적 자기 성찰

직면은 주로 경청 기술에 기초를 두고 있지만, 불일치와 갈등을 강조함으로써 상담자가 상담 회기에서 보다 적극적으로 움직여야 한다. 상담자가 상담 회기의 '지금 여기'에서 치료적 개입의 영향을 평가할 수 있다는 것을 보여주기 위해서 내담자 변화 척도를 제시했다. 창조적인 새로움은 직면과 변화에 보다 철학적인 차원을 제공한다.

이 장에서 소개한 내용, 수업, 또는 비공식적 학습을 통해서 알게 된 것들 중에서 가장 인상 깊게 다가온 한 가지 생각은 무엇인가? 당신에게 가장 크게 다가오는 그 생각이 다음 단계로 가는 방향을 안내해줄 것이다. 직면은 다양성 문제와 어떻게 관련될 수 있는가? 이 장에서 당신에게 중요하게 다가온 또 다른 내용은 무엇인가? 자신만의 스타일과 이론을 형성해나가는 데 이 장에서 다룬 개념과 생각을 어떻게 활용할 수 있는가?

4부

창조적 변화를 위한 대인관계
변화 촉진 기술

성공적인 리더십의 핵심은 권위가 아니라 영향을 미치는 것이다.

_Kenneth Blanchard

모 든 상담 기술과 전략은 주의 기울이기, 관찰하기, 경청하기에 기초하고 있다. 4부에 제시되는
변화 촉진 기술은 이 책의 전반부를 보충하는 기술로 매우 유용하다. 11장, 12장, 13장에 제시
되는 상담 기술과 앞서 제시한 초점 맞추기 및 직면을 결합하면, 상담자는 내담자와 창조적으로 상담
작업을 할 수 있는 여러 방법을 풍부하게 갖추게 되며, 이는 내담자가 새로운 발견을 위한 목적을 가
지고 행동을 취하는 능력을 높이게 된다.

　상담자는 주의 기울이기와 경청하기를 통해서 내담자에게 간접적으로 영향을 미친다. 변화 촉진
기술은 경청하기에 기반을 두어야 하지만 동시에 보다 직접적인 접근을 취한다. 그러나 상담자가 주
도권을 가지고 있다고 가정하지 않도록 한다. '결정을 내리는 사람'은 내담자다. 상담자가 해야 할 일
은 여러 가지 선택 사항을 제시하는 것을 돕고, 변화를 지지하고 격려하는 것이다. 변화 촉진 기술은
신중하게 사용되어야 하고 남발하지 않아야 한다.

　이런 점들을 고려할 때, 상담자가 변화 촉진 기술에 대해 평등하고 공감적인 접근을 취할 때 대부
분의 내담자들이 이를 잘 받아들인다는 것을 상담자는 알게 될 것이다. 여기에서 중요한 것은 상담자
의 목적성과 창조성이 아니라, 내담자의 목적성과 창조성을 기르는 것이다. 흥미로운 점은, 내담자의
목적성과 창조성을 효과적으로 기르는 데에는 상담자의 목적성과 창조성 역시 필요하다는 것이다.

4부를 구성하는 세 장(11장, 12장, 13장)에서는 다음과 같은 상담 기술과 전략을 다룬다.

11장 | 의미 반영과 해석 · 재구조화: 내담자가 자신의 삶을 다시 쓰도록 돕기

의미 반영과 해석 · 재구조화는 많은 내담자들이 삶의 의미와 비전을 찾는 데 가장 도움이 되는 변화 촉진 기술이다. 삶의 의미와 비전은 내담자가 많은 어려움을 겪는 과정에서 이들을 지지하는 목표를 제공한다. 이 장에서는 내담자의 행동, 사고, 감정, 그리고 그 바탕에 있는 의미 구조 간의 관계를 살펴볼 것이다. 의미 반영과 해석 · 재구조화는 상담자가 내담자 각각의 문제와 역사를 보다 깊이 이해하도록 돕는다. 내담자는 자신의 문제와 이야기에 대한 귀중하고 새로운 관점을 가지게 될 것이다.

12장 | 자기 개방과 피드백: 상담에서 즉시성과 진솔성

자기 개방과 피드백은 상담 회기가 진실하고 즉각적인 연관성이 있음을 확인하도록 돕는 매우 유용한 상담 기법이다. 자기 개방은 내담자의 세계에 대한 상담자의 즉각적인 경험, 또는 상담자 자신의 삶에서 관련되는 짧은 이야기를 드러내는 것이다. 피드백에서 상담자는 내담자의 행동, 생각, 감정에 대한 상담자의 지각을 공유한다. 상담자의 경험과 지각에 대해 알게 되는 것은, 내담자가 새로운 이야기를 만들고 상담 회기에서 알게 된 것을 행동으로 옮기고 실생활에 적용하는 것을 돕는다.

13장 | 내담자 변화를 위한 구체적인 행동 전략: 필연적 결과, 지도 · 심리교육, 스트레스 관리, 건강한 생활방식으로의 변화

13장에서는 변화를 촉진하는 행동적 상담 기술들이 내담자의 재진술과 행동을 촉진하기 위한 구체적인 제안들과 함께 탐색된다. 이 장에서 독자는 내담자가 다른 방식으로 사고하고 행동하는 데 적극적으로 관여하게 하는 다양한 대안 방법들을 알게 될 것이다. 스트레스 관리 전략과 건강한 생활방식으로의 변화에 특히 초점을 둔다. 이러한 모든 전략을 사용하는 데 있어서 내담자와 공감적이고 평등한 관계가 매우 중요하다.

변화 촉진 기술을 개발하면서 상담자는 다음과 같은 역량을 개발하는 것을 기대할 수 있다.

1. 의미 반영과 해석 · 재구조화 상담 기술을 사용해서 내담자가 보다 깊은 수준의 자기 탐색과 자기 이해를 하도록 돕는 능력
2. 보다 개방적이고 평등한 관계를 만드는 과정에서 자기 개방과 피드백을 사용해서 내담자가 자신의 이야기를 다시 하는 것을 촉진하는 능력
3. 내담자의 발달 과정을 돕는 변화 촉진 기술과 전략을 사용하는 역량, 특히 보다 반영적인 경청 기술이 내담자의 변화와 이해를 가져오지 못했을 때 이러한 기술을 사용하는 역량

변화 촉진 기술 역량은 상담자가 목적하는 역량을 더욱 증진할 것이다. 효과적인 상담자는 항상 과정 중에 있으며, 새로운 학습에 반응해서 계속해서 성장하고 변화한다.

11장

의미 반영과 해석 · 재구조화: 내담자가 자신의 삶을 다시 쓰도록 돕기

의미 반영과 해석 · 재구조화
공감적 직면
초점 맞추기
경청 기술만 사용한 5단계 상담 회기
감정 반영: 내담자 경험의 근간
격려, 재진술, 요약: 적극적 경청의 핵심 기술
질문: 의사소통 시작하기
관찰 기술
주의 기울이기와 공감
윤리, 다문화적 역량, 긍정심리학과 건강증진적 접근

오늘날 우리의 뇌는 강렬하고 기억할 만한 형태로 매일의 사건을 구성하는 영화, 소설, '새로운 이야기'를 찾는다. 아이들은 잠들기 전에 듣는 이야기를 아주 좋아한다. 위대한 종교를 담은 종교 서적들은 우화로 구성되어있다. 인지 과학 연구 결과, 최종 변론을 '사건에 대한 사실'을 늘어놓는 변호사와 비교할 때 '이야기로' 변론하는 변호사가 재판에서 이기는 경우가 더 많았다.

_Drew Westen

'의미 반영과 해석 · 재구조화'의 목적

일반적으로 상담과 심리치료의 주요 목적은 생각, 감정, 행동에서의 변화라고 하지만, 상담자는 관심의 초점이 인생의 방향에 대한 비전에 있고 '모든 것의 의미'를 보다 깊이 이해하고자 하는 내담자를 만나게 된다. 해석 · 재구조화가 하는 역할은 이야기를 다시 구성하고 생각, 감정, 행동을 이해하는 새로운 방법을 제공하는 것이다. 이는 때로 의미를 만드는 새로운 방식을 가져온다. 이러한 두 가지 상담 기술은 새로운 관점과 여러 가지 문제에 대해서 생각하는 새로운 방식을 촉진하고자 한다는 점에서 연관된다.

---

* 이 장을 Viktor Frankl에게 헌정한다. 의미 반영이라는 상담 기술에 대한 최초의 모태는, 우리가 독일 강제수용소인 아우슈비츠를 방문한 직후 비엔나에서 Viktor Frankl과 가진 2시간의 만남에서 왔다. 그는 상담과 치료에서 의미의 핵심적 가치로 우리에게 깊은 인상을 주었다. 의미는 대부분의 치료에서 충분히 관심을 두지 않은 주제였다. 우리에게 가장 큰 인상을 남긴 것은 불가능한 외상을 겪으면서도 긍정적인 의미를 찾는 그의 남다른 능력이었다. 또한 그의 생각은 행복과 긍정적 강점에 대한 우리의 지향성에 영향을 미쳤다. 상담과 치료에 대한 그의 이론적 · 실제적 접근은 지금 받고 있는 것보다 훨씬 더 많은 관심을 받을 가치가 있다. 우리는 심각한 인생 위기를 겪고 있는 내담자에게 그의 강력한 책인 『죽음의 수용소에서(Man's Search for Meaning)』(1959)를 권한다.

의미 반영과 해석 · 재구조화에 대한 알아차림, 지식, 기술, 행동은 다음과 같은 것을 할 수 있게 한다.

▲ 의미 반영과 해석 · 재구조화를 이해하고 이들 간의 유사점과 차이점을 이해한다.

▲ 의미 반영을 통해서 내담자가 자신의 보다 깊은 의미와 가치를 탐색하고 자신의 비전, 목적, 인생의 목표를 구별하도록 돕는다.

▲ 인식의 힘을 깨닫도록 한다. 우리가 사물을 인식하고 생각하는 방식은 우리가 어떻게 생각하고 느끼고 행동하는지에 영향을 미친다.

▲ 해석 · 재구조화를 통해서 내담자의 개인적 발달을 촉진하는 대안적인 참조틀이나 사고방식을 찾도록 돕는다.

▲ 이러한 기술들이 내담자 변화 척도로 측정될 수 있는 변화를 어떻게 가져오는지를 이해한다.

▶ 도입: 의미 반영과 해석 · 재구조화 기술 정의하기

의미 반영과 해석 · 재구조화는 서로 밀접하게 관련되는 상담 기술이며 내담자가 자기 자신, 자신의 감정, 자신의 이야기에 대해 다르게 생각할 수 있도록 한다. 이는 그저 사실을 기술하는 것 이상의 작업으로, 이야기의 본질과 그 의미에 대한 것이다. 상담자는 숙련된 변호사와 유사할 수 있지만 상담자는 내담자를 대신해서 말하지 않는다. 상담자가 해야 할 일은 내담자가 직접 예전 이야기를 재구조화하고 새롭고 긍정적인 이야기를 개발하도록 촉진하는 것이다. 해석 · 재구조화와 의미 반영은 '사실'을 새롭게 지각하는 것에 도달하는 중요한 통로다.

의미 반영과 해석 · 재구조화는 모두 내담자와의 대화의 표면 아래에 있는 암묵적 문제와 의미를 찾는다. 의미 반영은 내담자의 보다 깊숙한 문제와 과거, 현재, 미래에 대한 비전을 상담자가 깊이 있게 경청하는 것을 통해 내담자로 하여금 자신의 삶을 바라보는 새로운 방식을 찾도록 격려하는 예술이다. 해석 · 재구조화는 내담자에게 새로운 관점, 단어, 생각을 제공하고 그들이 이를 사용해서 생각과 감정의 새로운 방식을 창조하고 궁극적으로는 다른 방식으로 행동할 수 있도록 하는 예술이다.

의미 반영과 해석 · 재구조화에 대한 이러한 정의를 보면, 이와 같이 밀접하게 연관된 상담 기술을 같이 제시하는 논리를 알 수 있다. [그림 11.1]에는 의미의 중요성이 제시되어 있다. 해석 · 재구조화와 의미 반영은 모두 내담자로 하여금 '세상의 존재에서 중심'을 찾도록 도울 수 있다.

의미를 일깨우고 반영하는 것은 기술이자 전략이다. 기술로서 의미 반영은 상당히 직접적이다. 의미를 일깨우기 위해서 내담자에게 기본 질문인 '……는 당신과 당신의 과거, 당신의 미래에서 어떤 의미인가?'와 이를 약간씩 변형한 질문을 던진다. 이와 동시에 의미의 효과적인 탐색이 상담자가 내담자의 과거, 현재, 미래에서의 이야기를 이끌어

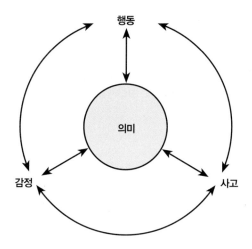

그림 11.1 행동, 사고, 감정, 의미 간의 관계에 대한 그림

© Cengage Learning

내는 중요한 전략이 된다. 상담자는 이러한 자기 관찰을 촉진하기 위해 경청, 초점 맞추기, 직면과 같은 모든 상담 기술을 사용하지만, 그 초점은 내담자의 의미와 내담자의 삶에서 목적을 찾는 것에 맞추어져 있다.

해석과 재구조화는 이론적 방향에 따라서 다양하다. 해석과 **재구조화** 두 상담 기술 모두 내담자에게 사고의 새로운 방식이나 새로운 참조틀을 제공하는 것에 초점을 두기 때문에 해석·재구조화라는 단어를 사용한다. 하지만 **재구조화**라는 용어는 일반적으로 상담자의 '지금 여기'에서의 관찰에서 오는 좀 더 부드러운 구성개념이다. 상담자가 변화 촉진 기술을 사용할 때 해석 반응이 의미 반영보다 더 직접적이라는 것을 기억하도록 한다. 상담자가 해석·재구조화를 사용할 때 상담자는 주로 자신의 참조틀에서 작동하고 있다. 이를 좋은 방법인지 좋지 않은 방법인지의 관점에서 바라보기보다는, 상담자가 변화 촉진 기술을 사용할 때 이를 자각할 필요가 있다.

상담자가 여기에서 정의된 것처럼 의미 반영과 해석·재구조화 기술을 사용한다면 상담자는 내담자가 어떻게 반응할지를 예상할 수 있다.

찰리스(Charlis)의 사례를 통해서 의미 반영과 해석 간의 유사점과 차이점을 살펴보도록 한다.

45세의 일중독자이며 중간 관리자인 찰리스는 최근 심장 발작을 겪었다. 중환자실에서 며칠을 보낸 뒤 그녀는 병원 사회복지사인 당신이 심장 발작 사후관리 팀으로 일하는 병실로 옮겨졌다. 찰리스의 동기 수준은 높다. 그녀는 의사의 지시에 잘 따르고 있고 가능한 한 빠른 속도로 회복하고 있다. 그녀는 식이조절과 운동 제안을 주의 깊게 들으며 훌륭한 예후를 보이는 이상적인 환자로 보인다. 그러나 그녀는 압박 수준이 높은 자신의 직업으로 복귀해서 회사에서 계속 승진하기를 원하고 있다. 당신은 그녀가 자신에

의미 반영	기대할 수 있는 결과
의미는 내담자의 핵심 경험과 가깝다. 내담자가 자신의 관점에서 자신의 의미와 가치를 보다 깊이 있게 탐색하도록 격려한다. 의미를 일깨우는 질문은 때로 매우 중요한 첫 단계다. 의미 반영은 재진술과 매우 유사하게 보이지만 내담자가 말한 것 이상의 무언가에 초점을 맞춘다. 때로 **의미**, **가치**, **비전**, **목표**와 같은 단어들이 논의에 등장한다.	내담자는 보다 깊은 의미, 가치, 이해를 특히 강조하면서 자신의 이야기, 문제, 근심을 보다 깊이 있게 논의할 것이다. 내담자는 자신의 인생 목표와 미래를 향한 비전을 인식할 수 있다.
해석 · 재구조화	기대할 수 있는 결과
해석 · 재구조화는 내담자에게 새로운 의미나 관점, 참조틀, 문제에 대해 생각하는 방식을 제공할 수 있다. 해석 · 재구조화는 상담자의 관찰에서 오기도 한다. 해석 · 재구조화는 도움 분야에 대한 다양한 이론적 지향점에 따라서 이루어질 수도 있고 결정적인 생각들을 서로 연결할 수도 있다.	내담자는 이야기나 문제에 대해서 또 다른 관점이나 생각하는 방식을 발견할 수 있다. 새로운 관점은 상담자가 사용하는 이론에 의해서, 아이디어나 정보를 연결함으로써, 또는 상황을 새롭게 바라봄으로써 생성될 수 있다.

게 일어난 일에 대해서 어느 정도의 공포와 당황스러움을 느낀다는 것을 관찰한다.

▶ 의미 반영

당신은 찰리스가 인생의 의미를 다시 평가하고 있다는 것을 알게 된다. 그녀는 대답하기 어려운 질문들을 던진다. "왜 저죠? 제 인생의 의미는 뭘까요? 신은 저에게 어떤 이야기를 하는 걸까요? 제가 잘못된 길을 가고 있는 걸까요? 제가 **정말로** 무엇을 해야 할까요?" 당신은 그녀가 자신의 인생에서 무언가 빠져있다고 느낀다는 것을 알았고 그녀 역시 자신이 어디로 가고 있고 무엇을 하고 있는지를 다시 평가하고 싶어 한다. 당신은 찰리스를 어떻게 도울 것인가? 당신에게 어떤 생각이 떠오르는가? 당신은 그녀의 삶의 의미와 목적과 관련해서 무엇이 핵심 문제라고 보는가?

의미를 일깨우기 위해서 상담자는 찰리스에게 기본 의미 질문을 약간 변형한 질문인 '심장 발작은 당신과 당신의 과거, 당신의 미래에서 어떤 의미인가?'라는 질문을 할 수 있다. 상담자는 또한 그녀가 **분별**(discernment) 과정을 통해서 자기 인생의 의미를 살펴보기를 원하는지 물어볼 수 있다. 분별 과정은 의미와 목적에 대한 보다 체계적인 접근으로 이 장의 후반부에서 보다 자세하게 정의된다. 그녀가 원한다면 상담자는 이 장에서 제시된 분별에 대한 구체적인 질문을 공유할 수 있고 그녀가 어떤 영역을 탐색하고 싶은지 물어볼 수 있다. 또한 그녀가 자신의 삶, 자신의 일, 자신의 목표, 자신의 의무를 구별하도록 도우면서 그녀에게 자신에게 특히 중요한 질문이나 문제를 생각해보도록 요청할 수 있다. 이러한 질문들은 종종 (강한) 정서를 불러일으키며, 내담자의 생각과 인지에서 의미를 이끌어낸다. 내담자가 의미 문제를 탐색할 때, 내담자는 거의 정의할 수 없는 것을 정의하고자 애쓰기 때문에 상담 회기의 정확성은 감소하게 된다. 아래의 질문들을 상황에 적절하게 사용하면 일반적인 의미의 문제들을 보다 자세하게 다룰 수 있다.

'당신의 직업에서 무엇이 가장 큰 만족을 주었나요?'
'당신의 현재 삶에서 무엇이 빠져있었나요?'
'당신의 인생에서 무엇을 가치 있게 여기십니까?'
'이번 심장 발작과 당신의 미래를 어떻게 이해하시나요?'
'당신의 미래에 무엇이 당신에게 가장 의미 있을까요?'
'당신이 그렇게 열심히 일하는 목적은 무엇입니까?'
'당신은 이번 일을 통해서 신이 당신에게 무엇을 말하고자 하는 것인지에 대해 의문을 가진다고 말했습니다. 당신의 생각을 말해보시겠어요?'
'당신은 세상에 어떤 선물을 남기고 싶으십니까?'

의미를 일깨우는 것이 때로 의미 반영보다 먼저 일어난다. 상담 기술로서 의미 반영은 감정 반영이나 재진술과 매우 유사하게 보이지만, 핵심 단어인 의미, 느낌, 보다 깊은 이해, 목적, 비전 또는 관련된 단어들이 명시적으로 또는 암묵적으로 제시될 것이다. '찰리스, 심장 발작이 당신으로 하여금 당신의 인생에서 기본적으로 이해하던 몇 가지 사항에 대해 의문을 가지도록 만들었다고 느낍니다. 당신이 느끼는 것에 가깝나요? 그렇다면 저에게 조금 더 말씀해보시겠어요?' 의미를 일깨우고 반영하는 것은 내담자가 최종적인 답은 없지만 그보다는 인생의 가능성에 대한 깊이 있는 인식에 대한 문제를 탐색하도록 하는 출구다. 의미 반영과 해석·재구조화는 모두 내담자가 보다 깊이 있게 보는 것을 돕도록 설계되어있다. 이는 먼저 내담자의 말을 주의 깊게 경청하고 다음에는 내담자로 하여금 새로운 관점에서 자신을 살펴보도록 돕는다.

의미 반영은 내담자의 방향과 관련되고, 해석·재구조화는 **심리치료자**의 방향을 의미한다. 내담자는 의미 반영을 통해서 새롭고 보다 포괄적인 관점을 제공하는 반면, 해석·재구조화는 상담자가 제안하는 존재의 새로운 방식을 제공한다.

▶ 의미 반영과 해석 · 재구조화 비교하기

찰리스가 자신의 심장 발작과 관련된 기저의 문제들을 이해하고자 하는 과정에서 의미 반영과 해석이 찰리스에게 어떻게 작동될 수 있는지에 대한 간단한 예가 제시되어있다.

상담자와 내담자의 대화	상담 과정에 대한 해설
찰리스: 제 일은 상당히 힘들어서 저는 항상 압박감을 느끼지만, 그걸 그냥 무시해요. 이렇게 심장 발작이 일어날 때까지 무슨 일이 일어나고 있는지를 제가 왜 파악하지 못했는지 이해할 수가 없어요. 저는 전혀 상관하지 않고 계속 앞으로 갔어요.	스트레스는 대부분의 내담자들과의 상담 작업에서 마주하게 되는 문제다. 스트레스를 다루는 방법 중 하나는 문제, 근심거리, 또는 더 큰 이야기를 재구조화하거나 다르게 생각하는 것을 배우는 것이다.

의미 일깨우고 반영하기

상담자와 내담자의 대화	상담 과정에 대한 해설
상담자: 알겠습니다. 당신은 계속 앞으로 가기만 했군요. 앞으로 *계속 가는 것*이 어떤 느낌이고 그것이 당신에게 무엇을 *의미하는지* 말씀해보시겠어요?	핵심 단어인 '앞으로 계속 가는 것'에 초점을 둔 격려 반응. 의미에 대한 개방형 질문. (상호교환적 공감)
찰리스: 저는 앞으로 계속 가는 방식으로 길러졌어요. 어머니는 항상 일을 잘하는 것에 대해 자신을 자랑스러워 하셨죠. 가장 힘들 때에도요. 할머니도 마찬가지셨어요.	가족력이 이야기에서 중요한 부분이다.
상담자: 찰리스, 당신 이야기를 들으니 앞으로 전진하고 끈기 있는 것이 당신에게 아주 중요하게 남아있는 핵심적인 가족 가치군요. '버티는 것'이 당신이 잘하는 것이에요. 이제 앞으로 전진하고 끈기 있는 것에 대한 가치가 당신의 재활과 어떻게 관련되는지에 초점을 맞춰볼까요?	강점을 강조하는 의미 반영. 그녀가 미래의 계획을 세우도록 돕는 데에 가족의 장점을 사용하고자 하는 개방형 질문이 이어진다. (추가적 공감)
찰리스: 음, 그럴 수 있을 것 같아요. 제가 어떻게 시작할까요? 우리가 이것에 대해서 이야기할 수 있나요?	끈기 있음의 의미가 생활방식의 변화의 필요성에 적용된다.

해석 · 재구조화

상담자와 내담자의 대화	상담 과정에 대한 해설
찰리스: 제 일은 상당히 힘들어서 저는 항상 압박감을 느끼지만, 그걸 그냥 무시해요. 이렇게 심장 발작이 일어날 때까지 무슨 일이 일어나고 있는지를 제가 왜 파악하지 못했는지 이해할 수가 없어요. 저는 전혀 상관하지 않고 계속 앞으로 갔어요.	해석과 재구조화는 어떻게 다른가?
상담자: 알겠습니다. 당신은 계속 앞으로 가기만 했군요. 심장 발작은 아주 두려운 일이지만, 당신이 무엇을 해왔고 당신의 인생에 대해서 무엇을 하고 싶은지 바라보는 기회를 제공하는군요.	해석 반응. 이 의미와 주제는 상담자로부터 온다. 심장 발작이 인생을 돌아보는 기회를 제공한다는 의미에서 심장 발작을 재구조화하는 적절한 방식이다. 찰리스가 여기에 반응한다면 추가적 공감이다.
찰리스: 네, 저도 그 점에 대해서 생각해왔어요. 제가 압박에 눌린 삶을 정리할 수 있을까요? 하지만 저는 생활을 해야 하고, 가능한 한 빨리 직장으로 돌아가야 해요.	찰리스는 간단하게 응답하지만, 일을 더 많이 하는 것이 답이라고 생각하는 쪽으로 기울고 있는 것으로 보인다. 따라서 앞선 반응이 그녀로 하여금 계속 이야기하도록 했으므로, 반응의 공감 평정을 상호교환적인 것으로 변경한다.

상담자와 내담자의 대화	상담 과정에 대한 해설
상담자: 그러면 당신의 삶의 방식에 대해 계속 생각해왔지만, 이를 바꾸는 것이 얼마나 어려운지를 깨닫고 있군요. 삶의 방식과 압박에 대한 당신의 생각에 대해서 좀 더 말씀해주시겠어요?	먼저 찰리스의 반응 중 전반부를 재진술하지만 동시에 반복된 충동과 일 중독자의 면모는 무시하고 있다. '좀 더 말씀해주시겠어요?'는 개방형 질문을 나타내며 상담자가 해석ㆍ재구조화의 대상으로 선택한 주제로 돌아간다. (추가적 공감 또는 축소적 공감일 가능성이 있다. 이는 많은 해석ㆍ재구조화 반응이 동반하는 위험성을 보여주는 예다)
찰리스: 음……, 제가 지금까지 살아온 방식을 계속하는 것은 말이 되지 않아요. 제 생각에 저는 정말 속도를 늦출 필요가 있어요. 집에 오면 너무 지치고 기운이 다 빠진 상태예요. 아마 다른 방법이 있을 것 같아요.	찰리스는 더 많은 생각과 함께 반응한다. 경청과 해석의 조합이 효과가 있는 것으로 보인다.
상담자: 당신이 변하고 싶다고 하는 것으로 들리네요. 당신 가족의 끈기에 대한 가치를 크게 두는데, 이것을 인생의 속도를 늦추는 데에 어떻게 적용할 수 있을까요?	재진술이지만 찰리스가 실제로 말한 것보다 조금 더 나아가는 해석적 성향이 있다. 이어서 가족의 생활방식인 끈기를 다른 방향으로 어떻게 사용할 수 있을지에 대한 재구조화 반응. (잠정적으로 추가적 공감)
찰리스: (잠시 멈춤) 음, 당신이 무엇을 말하는지 알겠어요. 한번 해보지요.	해석ㆍ재구조화가 찰리스로 하여금 다른 방향으로 움직이고 보다 유용한 인생의 대안 방식을 고려하도록 도운 것으로 보인다.

이 상황에 대한 의미 반영과 해석ㆍ재구조화는 모두 비슷한 곳에서 마무리된 것으로 보인다. 그렇지만 의미 반영과 관련된 과정에서 찰리스가 좀 더 주도권을 가지고 있었다. 의미 반영과 해석ㆍ재구조화 중에서 어떤 접근을 사용하든지, 상담자는 찰리스가 자신의 미래 인생의 의미와 방향이라는 어려운 문제에 대해 작업하도록 돕는 것에 더 가까워진다. 내담자가 의미 반영 전략에 반응하지 않는다면 보다 적극적인 재구조화나 또는 이론적 해석을 사용해본다. 상담자는 가능한 상담 회기의 권력과 통제를 내담자에게 주어야 한다. 내담자는 때로 자신의 문제에 대한 새로운 해석ㆍ재구조화와 문제를 생각하는 새로운 방식을 생성할 수 있다.

연결(linking)은 해석의 중요한 부분이다. 연결은 때로 효과적인 의미 반영에서도 나타난다. 연결을 통해서 둘 또는 그 이상의 생각들이 같이 모아지고 이는 내담자에게 새로운 통찰을 제공한다. 의미 반영에서 통찰은 주로 내담자에게서 오지만, 해석ㆍ재구조화에서 통찰은 거의 모두 상담자에게서 온다. 아래의 네 가지 예시를 생각해보자.

해석ㆍ재구조화 1. 찰리스, 지금 이 순간 저에게 눈에 띄게 두드러지는 것은 당신의 능력이 뛰어나다는 것입니다. 우리는 당신의 '똑똑함'과 능력을 사용해서 상황을 이해하고 새롭고 보다 편안한 방향을 찾을 수 있어요. (매우 긍정적인 관점에서 해석ㆍ재구조화. '지금 여기'에서 긍정적인 재구조화는 때로 매우 유용하다)

해석ㆍ재구조화 2. 찰리스, 당신은 과거부터 오랫동안 지속된 생각의 방식이 있는 것 같아요.

우리는 그것을 '자동적 사고'라고 부르지요. 당신은 약간 완벽주의도 가지고 있는 것 같고, 당신 자신에게 계속 '무슨 일이 있든 계속 앞으로 가야 해'라고 말하고 있군요. (인지행동 이론. 과거와 현재의 완벽주의를 연결한다)

해석 · 재구조화 3. 당신은 스스로를 바라보는 것을 피하는 방식으로 힘들게 일하는 것을 사용하고 있는 것처럼 들리네요. 이런 회피는 당신이 미래에 당신 자신을 더 건강하게 하기 위해서 변화해야 한다고 생각하는 것들을 다루는 것을 피하는 방식과 유사합니다. (면접 과정에서 일어나고 있는 것들을 연결시키면서 이를 직면과 결합한다. 그러나 긍정적인 관점은 강하지 않다)

해석 · 재구조화 4. 심장 발작이 무의식적인 자기 처벌처럼 들리네요. 마치 당신이 직장에서 쉴 수 있는 시간을 가지고 당신의 삶을 다시 평가하기 위한 기회를 가지기 위해서 심장 발작이 일어나기를 바란 것처럼 말이에요. [정신분석적 관점에서 해석 반응. 부정적인 문제(자기 처벌)에 먼저 초점을 두고, 그 뒤에 이제 펼쳐진 새로운 기회에 초점을 둔다(인생의 재평가)]

요약하면, 의미 반영은 재진술과 매우 유사해 보이지만 내담자가 말한 것 이상의 의미에 초점을 둔다. 때로 의미, 가치, **목표**와 같은 단어들이 논의에 등장한다. 내담자는 자신의 관점에서 자신의 의미를 보다 깊이 있게 탐색하도록 격려를 받는다. 질문과 의미를 일깨우는 것이 때로 아주 중요한 첫 단계로 이루어진다.

해석 · 재구조화는 내담자에게 문제에 대한 새로운 관점, 참조틀, 문제를 생각하는 방식을 제공한다. 해석 · 재구조화는 상담자의 관찰에서 올 수도 있고, 도움 분야에 있는 다양한 이론에 기초를 두기도 하며, 또는 중요한 생각들은 서로 연결하기도 한다.

이 두 가지 상담 기술은 내담자로 하여금 사물을 바라보는 새롭고 보다 도움이 될 수 있는 방식을 만들도록 돕는다는 점에서 비슷하다. 의미 반영은 내담자의 세계관에 초점을 두고 무엇이 내담자에게 동기 부여를 하는지를 찾는다. 의미 반영은 내담자의 가치와 인생의 보다 깊은 의미를 더 명확하게 한다. 해석 · 재구조화는 상담자의 관찰에서 기인하며, 새롭고 보다 유용한 사고방식을 찾는다.

▶ 상담 예시: 트래비스가 최근에 이혼한 것에 대한 의미 탐색

다음에 제시되는 상담 회기에서 트래비스(Travis)는 최근 자신의 이혼을 다시 생각해본다. 관계가 끝났을 때, 상대방에 대해서 그리고 상대방과 같이 보낸 시간에 대한 생각, 감정, 기저의 의미는 종종 풀리지 않는 수수께끼로 남는다. 나아가서 일부 내담자들은 새로운 사람을 만났을 때 관계에서 같은 실수를 반복하는 경향이 있다.

그러나 해석 · 재구조화와 의미 반영은 모두 내담자로 하여금 자신과 세계에 대해 새로운 관점을 가지도록 돕는 데 있어서 핵심적인 기술이다. 상담자인 테럴(Terrell)은 트래비스가 관계라는 단어와 그것의 의미에 대해 생각해보도록 돕고자 한다. 트래비스가 친밀감 및 돌봄과 함께 상대방과 연결되는 것의 중요성을 강조한다는 점에 주목한다. 다른 사람에 대한 관계 속의 자기(self-in-relation)의 문제는 다양한 문화적 맥락에 속한 사람들에 따라서 매우 다르게 작동할 것이다. 많은 내담자들은 독립성에 대한 욕구에 초점을 둘 것이다.

상담자와 내담자의 대화	상담 과정에 대한 해설
1. *테럴*: 그래서, 트래비스, 당신은 이혼에 대해서 다시 생각하고 있군요…….	격려 반응/재진술. (상호교환적 공감)
2. *트래비스*: 예, 이혼은 정말 저에게 놀라운 일이었어요. 저는 애슐리를 아주 소중하게 생각했거든요……. 음……, 우리는 잘 지냈어요. 하지만 무언가 빠져 있었죠.	상담자가 격려 반응/재진술을 사용할 때 예상되는 대로 트래비스는 문제에 대해 보다 깊이 들어간다.
3. *테럴*: 음……, 무언가 빠져 있었다고요?	의미와 밀접하게 관련된 것으로 보이는 격려 반응. 상담자가 내담자가 한 말을 그대로 되풀이하면 내담자는 때로 자신의 핵심 단어의 의미를 제공한다. (상호교환적 공감)
4. *트래비스*: 음……, 우리는 아주 기본적인 것들을 전혀 공유하지 않았어요. 우리 관계는 더 나아갈 수 있는 깊이가 충분하지 않았어요. 우리는 서로를 좋아했고 즐거웠지만, 그 이외에는……, 잘 모르겠네요.	트래비스는 애슐리와의 관계보다 더 가깝고 더 중요한 관계의 의미에 대해서 보다 자세하게 설명한다. (트래비스는 내담자 변화 척도의 2수준 또는 3수준에서 이 상담 회기를 시작하는 것으로 보인다. 그는 무슨 일이 일어나고 있는지 알고 있지만 여전히 매우 혼란스럽다)
5. *테럴*: 서로 즐겁게 지냈지만 당신은 좀 더 깊이 있는 관계를 원했다. 이것은 어떤 의미일까요?	트래비스의 핵심 단어를 사용한 재진술. 의미를 촉발하기 위한 질문으로 이어진다. (상호교환적 공감)
6. *트래비스*: 글쎄요, 어떤 면으로 관계가 얕은 것 같아요. 우리가 결혼했을 때, 의미 있는 관계에 맞는 충분한 깊이가 없었죠. 섹스는 좋았지만 어느 정도 시간이 지나자 그것도 지루해졌어요. 우리는 대화를 많이 나누지 않았어요. 저는 좀 더 많은 것이 필요했고요…….	트래비스가 자신의 과거를 설명하는 데 있어서 개인적 구성 개념이 '얕은(shallow)'이라는 단어와 대비되는 '의미 있는(meaningful)'이라는 단어가 중심이 된다는 점에 주목한다. 이렇게 서로 반대되는 양극을 세우는 것이 아마도 트래비스가 자신의 경험을 조직하는 것과 관련되는 중요한 의미 중 하나일 것이다.
7. *테럴*: 음……, 당신은 얕은 관계와 의미 있는 관계의 관점에서 말하는 것 같군요. 의미 있는 관계는 어떻게 느껴지나요?	의미 반영. 의미의 탐색을 촉발하는 질문으로 이어진다. (추가적 공감의 가능성)
8. *트래비스*: 음, 제 생각에……. 어……, 좋은 질문이네요. 제 생각에, 저에게는, 그냥 일상적으로 생활하는 것 이상으로 어떤 실제로, 실제로 마음을 써야 된다고 봐요. 영혼으로 바로 느껴지는 무언가가 있어야 해요. 배우자와는 아주 강력한 방식으로 진실로 연결되어야 해요.	연결이라는 것이 의미에서 중요한 차원으로 보인다. 트래비스는 자신의 의미를 보다 깊이 있게 탐색하고 있다.

상담자와 내담자의 대화	상담 과정에 대한 해설
9. *테럴:* 그러면 연결, 영혼, 보다 깊은 면들이 당신에게 중요한 것으로 다가오는군요.	의미 반영. 이 반응 역시 재진술과 매우 유사하며 테럴이 트래비스의 핵심 단어를 사용한다는 것에 주목한다. 의미 반영과 재진술을 구분하는 것은 의미의 문제다. 의미 반영은 재진술의 특수한 유형으로 볼 수 있다. (상호교환적 공감)
10. *트래비스:* 맞아요. 저는 결혼 생활을 유지하기를 진실로 원하는 어떤 이유가 있어야 해요. 그녀와는…… 그런 연결과 깊이가 없었다고 생각해요. 우리는 서로 좋아했지만, 둘 중 한 명이 없을 때에는 그냥 우리가 여기 있으나 저기 있으나 문제가 되지 않는 것 같았어요.	여기에서 내담자 변화 척도에서 움직임을 보기 시작한다. 트래비스는 3수준에서 보다 완전하게 생각하고 있는 것으로 보인다. 그는 자신의 상황을 상당히 잘 이해하고 있지만, 실질적인 변화는 보기 어렵다.
11. *테럴:* 그러면 상대방이 곁에 없어도 의미 있는 관계에 대한 정말 좋은 느낌이 있군요. 당신들은 서로를 그만큼 가치 있게 여기지는 않았고요.	의미 반영과 약간의 감정 반영. 테럴이 설명하면서 *가치* (value)라는 단어를 추가한 것에 주목한다. 의미 반영에서는 상담자나 심리치료자가 *의미, 이해, 느낌, 가치*와 같은 단어들을 더하는 경우가 많다. 이러한 단어들은 내담자가 자신의 참조틀로부터 경험을 이해하도록 돕는다. (추가적 공감의 가능성)
12. *트래비스:* 네.	
13. *테럴:* 음……, 다른 관계에서 그런 생각, 감정, 의미가 어떻게 나타날지 상상해볼 수 있나요?	의미를 향한 개방형 질문. (추가적 공감의 가능성. 어떤 질문이 얼마나 효과적인지의 여부는 내담자의 반응을 보기 전까지 알기 어렵다)
14. *트래비스:* 음, 제 생각에 어떤 사람으로부터 어느 정도의 독립성을 가지는 것은 중요해요. 하지만 우리가 서로 떨어져 있을 때 여전히 상대방을 생각하고 있어야 해요. 깊이와 영혼의 동반자가 제가 원하는 것입니다.	관계에 대한 트래비스의 의미와 희망이 이제 더 자세하게 탐색되고 있다. 트래비스는 자신의 인생 목표를 보다 정확하게 정의하면서 더 나아가고 있다. 이는 3+수준의 반응이라고 할 수 있다.
15. *테럴:* 음……, 음.	격려 반응
16. *트래비스:* 다른 말로 하면, 저는 우리가 항상 같이 다니는 관계를 원하지는 않아요. 그런 관계의 반대는 우리가 함께 있든 없든 상관하지 않는 관계겠지요. 이런 관계는 충분히 친밀하지 않아요. 저는 결혼에서 친밀감을 원해요. 제가 상상하는 배우자는 제가 많이 아끼고 저를 많이 아끼는 독립적인 배우자입니다. 우리는 각자 개인이면서 여전히 유대감과 연결되어있는 관계지요.	연결은 트래비스에게 중요한 의미의 문제다. 다른 내담자들에게는 독립성과 자율성이 문제일 수 있다. 또 다른 내담자들에게는 관계의 의미는 이 두 가지의 균형일 수 있다. 내담자 변화 척도에서 좀 더 진전했다는 것을 이 반응에서 볼 수 있지만, 4수준(새로운 해결책 만들기)이 여전히 이루어지지 않았다는 것은 분명하다.
17. *테럴:* 당신이 말한 것을 제가 잘 조합할 수 있는지 봅시다. 핵심 단어는 친밀함과 돌봄을 동반한 독립성인 것 같습니다. 배우자와 함께 있든 아니든, 이런 개념들이 유대감과 연결을 만들어낼 수 있고요.	이 의미 반영 반응은 거의 의미의 요약이 된다. 핵심 단어와 구성개념이 의미와 가치에 대한 질문에 반응해서 내담자로부터 나왔다는 점에 주목한다. 트래비스가 새로운 의미를 진실로 통합하고 이를 위해 행동할 때 내담자 변화 척도에서 4수준이 일어날 것이다. (추가적 공감)

이후 진행될 상담의 목표는 생각과 조화되는 행동을 가져오는 것이다. 내담자의 행동이 표현된 의미를 얼마나 잘 보여주는지 또는 보여주지 않는지 알기 위해 과거나 현재의 다른 관계가 탐색될 수 있다.

이 상담 회기를 보면서, 상담자가 의미의 문제에 초점을 맞추기 위해 경청 기술과 핵심 단어 격려 반응을 사용한 것을 볼 수 있다. 가치와 의미를 향한 상담자의 개방형 질문은 종종 내담자가 의미의 문제에 대해 말하는 것을 일깨우는 데 효과적이다. 또한 의미 반영이 재진술과 아주 비슷하게 보이지만, 의미 반영에서는 암묵적인 보다 깊은 문제에 초점을 두고 있으며, 이는 때로 내담자가 밖으로 보이는 언어나 행동에서 충분히 표현되지 않는 것이다.

▶ 개념을 행동으로: 의미를 찾아내고 성찰하는 구체적인 기술

어떤 사람이 심각한 질병(AIDS, 암, 심장 발작, 시력 상실)을 겪거나, 인생을 바꾸는 경험(배우자나 가족의 죽음, 이혼, 실직)에 직면하거나, 심각한 외상(전쟁, 강간, 학대, 아이의 자살)을 겪은 후에 의미의 문제가 종종 크게 부각된다. 의미의 문제는 또한 인생에서 큰 변화에 직면한 나이 많은 내담자들에서도 분명하게 나타난다. 이러한 상황들은 변화될 수 없다. 이들은 인생 경험에서 영구적인 부분이다.

의미 반영은 또한 내담자가 일상생활의 문제를 다루어 나가도록 도울 수 있다. 앞서 제시된 상담 회기의 예에서 트래비스가 이혼의 의미에 대해 고찰하면서 어떻게 자신에 대한 이해를 얻게 되었는지를 보았다. 의미, 가치, 인생의 목적을 진지하게 검토하는 방향을 취한다면 삶의 일상적인 문제들과 흔한 근심걱정의 많은 부분들이 해결될 수 있다. 삶에서 종교와 영성은 가치의 기초를 제공하며 계속해서 힘과 명확성의 자원이 될 수 있다.

내담자의 의미 일깨우기

내담자를 이해하는 것이 가장 중요한 첫 단계다. 내담자가 의미를 만드는 것의 배경을 발견하는 유용한 방법으로 이야기 만들기(storytelling)를 생각해볼 수 있다. 주요 생활 사건이 결정적이라면, 이를 묘사하는 이야기가 의미의 탐색을 위한 기초가 될 수 있다. 의미의 문제가 내담자의 주 호소 문제의 중심이 될 수 있지만, 내담자가 자진해서 의미의 문제를 제기하지는 않는다. 질병, 부모나 사랑하는 사람의 상실, 사고, 이혼과 같은 결정적인 생활 사건이 때로 사람들로 하여금 보다 깊은 의미의 문제와 마주하게 만든다. 영성 문제가 전면에 나온다면, 내담자의 종교적 뿌리에 대한 구체적인 예가 되는 이야기를 한두 가지 논의해본다. 기본 경청 기술과 조심스러운 주의집중을 통해서 상담자는 내담자의 의미를 표현하는 행동, 생각, 감정을 관찰할 수 있다.

내담자의 이야기와 의미 체계를 일깨우기 위한 몇 가지 유용한 질문들이 아래에 제시되어있다. 이는 Mary Fukuyama(1990, p. 9)의 글에서 차용한 것이다.

- '인생에서 언제 실존적 질문이나 의미 질문을 가졌습니까? 지금까지 이 문제들을 어떻게 해결하셨나요?'
- '어떤 중요한 생활 사건이 삶에 대한 당신의 신념을 만들어왔습니까?'
- '처음으로 당신의 민족·문화 배경을 확인한 가장 어렸을 때 기억은 무엇인가요? 종교의 측면에서는 어떤가요?'
- '교회, 유대교 예배당, 회교 사원, 절대자, 또는 종교 없음에 대해서 가장 어렸을 때 기억은 무엇인가요?'
- '당신의 인생 여정에서 당신은 지금 어디에 있을까요? 영적 여정에서는 어디에 있을까요?'

내담자의 의미 반영하기

내담자에게 그들의 정확한 핵심 의미와 가치 단어를 다시 말해준다. 상담자의 의미 체계가 아니라 내담자의 의미 체계를 반영한다. 상담자의 주의 깊은 경청과 내담자로부터 의미 문제를 일깨우기 위해 설계된 질문을 통해서 암묵적 의미는 명확해질 것이다. 내담자의 핵심 단어를 사용하는 것이 더 좋지만, 때로 상담자 자신이 필요한 의미 단어를 제시할 수도 있다. 상담자가 그렇게 할 때 상담자가 사용한 단어가 내담자에게 맞게 느껴지는지 내담자에게 조심스럽게 확인한다. '당신은 ……하게 느끼는군요'를 '당신은 ……를 의미하는군요'로 바꾼다. 의미 반영은 재진술 또는 감정 반영과 유사하게 구조화되어있다. '당신은 ……를 가치 있게 여기는군요', '당신은 ……를 소중하게 여기는군요', '당신의 이유는 ……이군요', 또는 '당신의 의도는 ……이군요'와 같은 표현이 있다. 의미 반영, 재진술, 감정 반영을 구별하는 것은 어려울 수 있다. 때로 숙련된 상담자도 이 세 가지 상담 기술을 함께 섞어서 사용할 것이다. 그러나 실습의 목적을 위해서는 의미 반응을 따로 떼어서 상담 회기에서의 의미와 힘을 이해하는 것이 유용하다. 의미와 관련되는 핵심 단어(의미, 가치, 이유, 의도, 원인 등)에 주목하는 것이 의미 반영을 다른 상담 기술과 구별하는 것에 도움이 될 것이다.

의미나 가치가 서로 충돌할 때 의미 반영은 좀 더 복잡해진다. 여기에서 직면 개념(10장)이 유용할 수 있다. 내담자가 표현하는 혼재되고 혼란스러운 감정의 기저에는 명확하든 암묵적이든 서로 충돌하는 가치가 있다. 예를 들면, 내담자는 가족에게 충실한 것과 배우자에게 충실한 것 사이에서 선택해야 할 수 있다. 가족과 배우자 모두에 대한 사랑이 존재하지만 이는 가족으로 형성되는 의존이라는 가치와 배우자가 나타내는 독립성이라는 가치로 인해 복잡해진다. 내담자가 중요한 결정을 내릴 때 그들이 핵심 의미 문제를 구별하도록 도와주는 것이, 결정에 영향을 미치는 다른 많은 문제보다 훨씬 더 중요할 수 있다.

예를 들면, 어떤 젊은이가 진로 선택에서 가치의 충돌을 경험하고 있다고 하자. 종교의 의미가 직업 환경과 갈등을 빚을 수 있다. 사실은 정확하게 재진술될 수 있고 각각의 선택에 대한 감정은 적절하게 다루어질 수 있지만, 각 선택의 배경에 있는 의미가 가장 중요할 수 있다. 상담자는 다음과 같은 질문을 할 수 있다. '각각의 선택이 당신에게 어떤 의미인가요? 각각의 선택에서 어떤 의미를 만드나요?' 내담자의 대답은 상담자에게 의미를 반영하는 기회를 제공하며, 이는 결과적으로 사실과 감정뿐만 아니라 가치와 의미를 담은 결정으로 이어지게 된다. 그리고 직면에서와 마찬가지로 상담자는 10장의 내담자 변화 척도를 사용해서 의미 체계에서 내담자의 변화를 평가할 수 있다.

분별: 삶에서 해야 할 일과 목표를 파악하기

들으라. 의도를 가지고, 사랑과 함께, '마음의 귀로' 들으라. 지적으로, 머리로 들을 뿐만 아니라 우리의 모든 감정, 우리의 정서, 상상, 우리 자신과 함께 들으라.

_Esther de Waal

분별(discernment)이란 '우리의 내적 · 외적 경험의 원천을 결정하기 위해 우리의 경험들을 거르는 것'이다(Farnham, Gill, McLean, & Ward, 1991, p. 23). 분별이라는 단어는 라틴어의 discernere에서 왔으며, 이는 '분리하다', '결정하다', '걸러내다'를 의미한다. 영성이나 종교적 의미에서 분별은 어떤 상황에서 영성(신의 기운이나 다른 기운)이 작동하고 있음을 확인하는 것을 의미한다. 분별 과정은 내담자들의 영성이나 종교적 지향성 또는 종교가 없는 것과 관계없이 모든 내담자들에게 중요하다. 분별은 상담과 심리치료에서 폭넓게 적용된다. 분별은 상담자가 내담자들과 깊은 수준의 의미에서 작업할 때 상담자가 하는 것을 설명한다. 분별은 또한 내담자가 의미로 여행하는 자신의 미래를 그려보는 것에 초점을 맞출 수 있는 과정이다.

"진실로 중요한 문제는 오직 한 가지다. 그것은…… 인생이 살아갈 가치가 있는지를 판단하는 것이다"(Camus, 1955, p. 3). Viktor Frankl(1978)은 『의미를 향한 소리 없는 절규(The Unheard Cry for Meaning)』를 썼다. Frankl은 자살에 성공하는 사람들의 85%가 인생을 의미가 없는 것으로 보았다고 주장했으며, 그는 이것의 원인을 자기(self)에 대한 과도한 초점을 인식하는 것으로 돌렸다. 그는 사람들이 자기를 초월(transcendence) 해서 자기의 존재 그 이상으로 살아갈 필요가 있다고 했다.

비전을 추구하는 것은 미국 인디언, 캐나다 원주민(Dene), 호주 원주민들의 전통과 관련되며, 청소년과 다른 사람들이 인생의 목적과 의미를 찾도록 돕는 것을 지향한다. 이들은 자신의 핵심적인 인생 목표를 찾거나 그리기 위해 때로 야외에서 진지하게 경험을 수행한다. 어떤 문화에서는 문화 구성원들이 의미와 방향성을 찾도록 돕기 위해 명상을 사용한다.

상담자가 많은 내담자들과 분별 과정을 경험하는 것은 아니다. 자기 자신 그리고 선한 일을 하는 자신의 잠재력을 이해하거나 보다 깊은 영성의 의미를 얻는 것에 진실로 관심이 있는 내담자들과 분별 과정을 경험하게 된다. 상대적으로 건강한 상태면서 어려움을 겪고 있거나 자신의 삶이나 주변 상황에 대해 우울한 내담자, 또는 '인생의 의미 없음'을 고민하는 내담자들은 자신에게 중요한 것을 분별함으로써 도움을 받을 수 있다.

목표, 가치, 의미의 탐색을 이끌어내는 구체적인 분별 질문들이 [글상자 11.1]에 제시되어있다. 이 질문들을 내담자와 공유하고, 내담자에게 상담자와 함께 어떤 질문과 문제가 가장 중요한지 결정하는 작업에 참여하도록 격려한다. 이 질문들은 문제에 대해서 새롭고 도움이 되는 사고방식을 가져오기 때문에, 상담자는 모든 내담자와의 상담 회기에서 이 질문들을 꺼낼 수 있다.

글상자 11.1 　삶의 목적과 의미를 분별하도록 이끄는 질문

상담자가 분별 과정을 시작하기 전에 내담자와 이 목록을 같이 공유하는 것이 도움이 된다. 또한 상담자와 내담자에게 떠오르는 주제와 질문을 추가하는 것도 좋다. 분별은 매우 개인적인 의미의 탐색이며, 내담자가 더 많이 참여할수록 분별이 더 도움이 될 가능성이 높다. '지금 여기'와 직관에 초점을 둔 질문들은 보다 깊은 발견을 촉진할 수 있다.

아래에는 분별에 대한 체계적인 접근이 제시되어있다. 상담자나 내담자는 먼저 무엇이 삶의 목적, 의미, 비전을 주는지에 대해 조용히 생각하는 것으로 시작할 수 있다. '지금 여기'에서 신체 경험과 이미지가 직관과 분별을 위한 신체적 기반으로 작동할 수 있다.

▲ 긴장을 풀고, 자신의 몸을 탐색해보세요. 당신이 찾는 과정에서 어떤 축의 역할을 할 수 있는 강점에 대한 긍정적인 감정을 찾아보세요. 그 감정을 차츰 더 높여보고 그것이 어디로 가는지 지켜보세요.

▲ 조용히 앉아서 어떤 이미지(시각, 청각, 운동 감각)를 떠올려보세요.

▲ 즉각적으로 어떤 느낌이 듭니까? 당신의 본능적인 느낌은 무엇입니까? 당신의 몸과 연결해보세요.

▲ 자신이 해야 할 일을 분별하는 것은 지적인 활동을 통해서만 찾을 수는 없습니다. 지금 이 순간 당신에게 어떤 느낌이 듭니까?

▲ 지금 당신이 지향하는 바를 이끄는 어린 시절의 감정이나 생각을 기억할 수 있습니까?

▲ 당신이 몸으로 느껴지는 영성, 인생에서 해야 할 일, 인생 목적은 무엇입니까?

이야기를 하는 것을 이끌어낼 수 있는 구체적인 질문들이 도움이 될 수 있다.

▲ 위의 이미지에 대한 이야기를 해보세요. 또는 '지금 여기' 경험에서 어떤 것에 대한 이야기도 좋으니 해보세요.

▲ 당신의 목표, 비전, 해야 할 일과 관계되는 이야기를 해줄 수 있습니까?

▲ 당신이 바라는 것과 관련되는 감정이 무엇인지 말할 수 있습니까?

▲ 당신이 과거에 했던 일이나 현재 하고 있는 일 중에서 특히 만족감을 주고 인생에서 해야 할 일과 가깝게 느껴지는 것은 무엇입니까?

▲ 당신이 인생에서 해야 할 일에서 어떤 걸림돌이나 방해가 되는 것은 무엇입니까? 무엇이 당신을 앞으로 나아가지 못하게 하고 있습니까?

▲ 당신에게 영향을 미친 영적인 이야기를 말씀해주시겠습니까?

자기를 되돌아보는 탐색에 대해서는 아래의 내용들이 유용할 수 있다.

▲ 원래의 이미지나 또는 그 이미지와 함께 하는 이야기로 돌아가 봅시다. 당신이 그 경험이나 이야기를 생각해보면, 어떤 것이 당신에게 떠오릅니까?

▲ 당신의 삶을 되돌아보면 큰 만족감을 느꼈던 것은 무엇입니까? 실망했던 것은 무엇입니까?

▲ 당신이 옳은 일을 한 것은 무엇입니까?

▲ 당신의 인생에서 최고의 순간이나 경험은 무엇이었습니까?

▲ 당신이 그 상황을 다시 마주하게 된다면 무엇을 바꾸시겠습니까?

▲ 이러한 비전으로 당신을 움직이게 하는 어떤 의무감이 있습니까?

▲ 우리들 대부분은 이러한 커다란 인생의 도전을 겪으면서 여러 가지 정서를 느끼게 됩니다. 어떤 감정을 느끼고 이 감정들이 당신에게 어떤 영향을 미칩니까?

▲ 당신은 사랑 · 열의 · 도덕성에 의해 동기부여를 받습니까?

▲ 당신의 인생 목표는 무엇입니까?

▲ 당신의 인생 목표의 몇 가지 구체적인 예를 들 수 있습니까?

▲ 당신이 인생에서 해야 할 일이 무엇이라고 보십니까?

▲ 종교 · 영성은 당신에게 어떤 의미입니까?

아래에 제시된 질문들을 통해 보다 큰 체계와 관계, 즉 관계 속의 자기(self-in-relation)에서 내담자의 위치를 알 수 있다. 이 질문들은 또한 의미에 대한 논의에 다문화 주제를 가져올 수 있다.

▲ 당신이 예전에 논의했던 경험과 이미지를 좀 더 넓은 맥락에서 살펴봅시다. 여러 가지 체계들(가족, 친구, 지역사회, 문화, 종교, 중요한 타인들)이 이러한 경험에 어떻게 관련되었습니까? 당신 자신을 관계 속의 자기, 지역사회 속의 개인으로 생각해보세요.

▲ 가족. 당신의 부모, 조부모, 형제자매로부터 배운 것들 중에서 분별 과정에 도움이 될 수 있는 것은 무엇입니까? 당신이 따르고 싶은 모델이 될 만한 사람들이나 또는 당신이 따르고 싶지 않은 사람들이 있습니까? 당신의 가족이 있다면, 그들에게서 무엇을 배우고 그들에게 있어서 당신의 분별이 가지는 의미는 무엇일까요?

▲ 친구. 당신의 친구들로부터 무엇을 배웁니까? 그들과의 관계가 당신에게 얼마나 중요합니까? 당신이 또래 집단과 가졌던 중요한 발달적 경험을 회상해보세요. 그들에게서 무엇을 배웁니까?

▲ 지역사회. 어떤 사람들이 당신에게 영향을 주었고 역할 모델이 되었습니까? 지역사회에서 어떤 집단 활동들이 당신에게 영향을 미쳤습니까? 지역사회를 더 좋게 만들기 위해 어떤 일을 하고 싶습니까? 당신이 기억하는 중요한 학교 경험은 무엇입니까?

▲ 문화 집단. 당신의 분별에서 당신의 민족 · 인종이 가지는 위치는 무엇입니까? 성별은? 성적 지향성은? 신체적 능력은? 언어는? 사회경제적 배경은? 나이는? 외상과 관련된 인생 경험은 무엇입니까?

▲ 중요한 타인(들). 당신의 중요한 타인은 누구입니까? 그 또는 그녀가 당신에게 어떤 의미를 가집니까? 이 사람(또는 사람들)이 분별 과정에 어떻게 관련됩니까? 관계가 주는 선물을 생각해보면 어떤 것들이 떠오릅니까? 관계가 주는 어려운 점은 무엇입니까?

▲ 종교 · 영성. 당신은 어떻게 섬기고 싶습니까? 종교에 얼마나 헌신합니까? 영성 및 종교와의 관계는 어떻습니까? 당신의 종교 경전은 분별 과정에 대해 어떤 이야기를 합니까?

분별 질문의 출처: Ivey, A., Ivey, M., Myers, J., & Sweeney, T. (2005). *Developmental Counseling and Therapy: Promoting Wellness Over the Lifespan*. Boston: Lahaska/Houghton Mifflin. Reprinted by permission.

다문화적 주제와 의미 반영

실질적인 다문화 상담과 심리치료를 위해서 초점의 개념을 다시 생각해본다. 내담자가 의미를 만들도록 도울 때, 개인에 대해서뿐만 아니라 보다 넓은 삶의 맥락에 대해서도 의미의 탐색의 초점을 둔다. 많은 경우 서구 사회에서 개인이 의미를 만드는 사람이라고 가정하는 경향이 있다. 상담자는 대부분의 내담자들과 작업할 때 그들이 의미를 찾고 개인의 삶의 목표를 결정하도록 돕지만, 문화적 맥락은 여전히 중요하다.

다른 많은 문화에서, 예를 들면 전통적인 이슬람 세계에서는 개인이 확대 가족, 이웃, 종교에 맞추어서 의미를 만든다. 개인적인 의미가 문화적 신념과 일관적이지 않다면, 일상생활에서 의미를 만드는 작업이 내담자에게 어려운 과제가 된다. 흑인계 미국인이나 라틴계 미국인 내담자들도 보다 넓은 맥락에서 의미를 만드는 작업을 할 때 보다 편안하게 느낀다. 이와는 대조적으로 많은 백인 미국인들은 더 넓은 맥락에는 거의 주의를 기울이지 않고 개인의 의미에 초점을 맞춘다. 이는 미국 사회의 개인적 문화를 반영한다.

문화, 인종, 종교, 성(性) 집단들은 모두 개인에게 일관성 및 다른 사람들과 연결감을 주는 의미 체계를 가지고 있다. 이슬람인들은 코란의 가르침에 의지한다. 이와 유사하게 유태교, 불교, 기독교, 다른 종교 집단들도 그들의 경전과 전통에 의지한다. 흑인계 미국인들은 어려운 상황에 대처해 나갈 때 맬컴 엑스(Malcolm X)나 마틴 루서 킹 목사(Martin Luther King Jr.)의 힘에 의지하거나 또는 흑인 교회의 지지에 의지한다. 여성들은 때로 남성보다 관계 지향적이며, 관계를 통해서 의미를 만드는 반면, 남성은 개인의 자율성 문제에 보다 초점을 맞춘다.

상담자는 어떤 형태의 종교적 편견이나 학대를 경험한 내담자를 상담하게 될 수 있다. 많은 사람들의 삶에서 종교가 매우 중요한 역할을 하기 때문에, 어떤 지역이나 나라에서 지배적인 종교의 구성원들은 소수 종교를 따르는 사람들과 상당히 다른 경험을 가질 수 있다. 예를 들면, 기독교는 북미에서 일종의 특권을 가지고 있는데, 유태교나 다른 종교를 가진 사람들은 기독교 명절 기간에 불편한 느낌을 가질 수 있다(Blumenfeld, Joshi, & Fairchild, 2009). 반(反)유태주의, 반(反)이슬람주의, 반(反)자유주의 기독교, 반(反)복음주의 기독교는 모두 내담자가 영적 · 종교적 불관용을 경험할 때 일어날 수 있는 결과다. 기독교나 다른 종교 집단이 소수 집단인 나라에서는 이들이 죽음에까지 다다를 수도 있는 심각한 종교적 박해를 받을 수 있다.

▶ Frankl의 의미치료: 극도의 스트레스에서 의미 만들기

유대인 대학살 시기에 Viktor Frankl은 아우슈비츠의 독일 강제 수용소에 감금되어있는 동안 많은 유대인들이 생존하고 의미를 찾도록 도왔다.

> 그때 나는 인생에 의미를 부여하는 많은 기회에 대해 이야기했었다. 나는 동료들에게 이렇게 말했다. …… 인간의 삶은 어떤 상황에 처해있더라도 의미를 가지고 있다고……. 어려운 시기에 누군가가 우리들 한 사람 한 사람을 지켜보고 있다. 그 사람은 친구, 배우자, 살아있는 사람이거나 죽은 사람, 또는 신일 수 있다. 그리고 그 사람은 우리가 자신을 실망시키지 않을 것으로 기대할 것이다……. 나는 초라한 행색을 한 나의 친구들이 절뚝거리면서 나에게 와서 눈물을 글썽거리며 고맙다고 하는 것을 보았다.

의미와 치료 과정에 대해서 오직 한 사람만을 꼽으라고 한다면, 그 사람은 의미치료의 창시자인 Viktor Frankl일 것이다. Frankl(1959)은 우리로 하여금 고통을 넘어서서 우리의 존재에서 의미를 찾을 수 있도록 하는 인생철학의 중요성을 강조했다. 그는 인간의 가장 위대한 욕구는 인생의 의미와 목적의 핵심에 대한 욕구라고 주장했다.

아우슈비츠의 독일 강제 수용소의 생존자인 Frankl은 자신의 상황을 변화시킬 수는 없었지만, 자신의 유대인 전통의 중요한 힘을 끌어내서 자신이 만든 의미를 바꿀 수 있었다. 다른 사람들을 돕는 유대인 전통이 그의 생존을 도왔다. 상황이 특히 좋지 않고 수감자들이 폭행을 당하고 굶주리고 있었을 때, Frankl(1959, pp. 131-133)은 자신의 막사에 있는 수감자 전체를 상담했고, 그들이 미래를 위해 자신의 힘을 키우고 있다는 것을 보여주면서 공포와 어려움을 재구조화하도록 도왔다.

강제 수용소에서 풀려난 지 얼마 되지 않아서 Frankl은 그의 유명한 책인 『죽음의 수용소에서』(1959)를 3주 만에 썼다. 이 짧지만 정서적으로 강력한 책은 그 이후로 꾸준히 베스트셀러 목록에 올라있다. Frankl은 절망의 늪에서 긍정적인 의미를 찾는 것이 자신이 계속 살아있는 것에서 가장 중요하다고 믿었다. 가장 어두운 순간에서도 그는 자신의 아내와 그들이 함께 즐거워했던 좋은 일들에 주의를 집중했다. 극도의 배고픔에서도 그는 아름다운 석양에 대해 생각하곤 했다.

이 책의 저자인 메리와 앨런은 폴란드에서 여러 강연과 여행을 한 뒤 Frankl 박사와 2시간 동안의 만남을 가졌다. 폴란드 여행에는 아우슈비츠 방문도 포함되어있었다. 그곳에서 우리는 유대인, 집시, 장애인들을 완전하게 없애기 위해 특별히 설계된 가스실과 소각장을 보았다. 셀 수 없이 많은 공산주의자들, 동성애자들, 폴란드 남성, 여성, 아이들 역시 대상이었다. Frankl은 다시 한 번 생존을 위한 긍정적인 의미의 중요성을 나누었다. 그는 독일 철학자 니체의 말을 인용했다. "**왜(why)를 가진 자가 어떻게(how)를 발견할 것이다.**"

내담자들이 의미 있는 비전과 인생의 방향(왜)을 찾을 수 있다면, 그들은 자신의 문제들을 해결하고 삶을 지속해나가는 방법을 찾으면서 많은 어려운 일들을 견딜 것이다. 또한 기억해야 할 것은 "우리들 중 가장 뛰어난 사람들이 살아남지 못했다"는 Frankl의 말이다. 인지행동치료 운동(Mahoney & Freeman, 1985)의 실질적인 선구자였던 사람과 만나는 것은 놀라운 경험이었다. Frankl은 의미 그 자체로는 충분하지 않다는 것을 잘 알고 있었다. 우리는 의미와 가치 체계에 대해 **행동**을 취해야 한다.

우리는 실제 위기 상황에 직면한 많은 내담자들에게 『죽음의 수용소에서』를 주었다. 이 책을 공부하면서 독자도 읽어볼 것을 권한다. 이 책은 독자와 삶에서 실질적인 어려움을 겪고 있는 내담자들에게 변화를 가져올 것이다. 이 책에서 정신건강과 긍정적 자산을 찾는 것에 초점을 맞추는 것은 Frankl의 영향을 크게 받았다. 긍정심리학과 정신건강에 대한 최근의 움직임은 강점을 강조하는 것이 어떻게 내담자를 도울 수 있는지를 보여주는 또 다른 예다.

의미치료는 행동과 생각의 기저에 있는 긍정적인 의미를 찾는다. 역반영(dereflection)과 기저의 태도의 수정은 의미를 발견하고 새로운 행동을 촉진하기 위해 의미치료에서 사용하는 구체적인 기법이다. 많은 내담자들은 그들의 삶의 사건들의 부정적인 의미에 대해 '과도하게 반영(hyperreflect)'하고(너무 많이 생각하고) 폭식하거나 폭음하거나 우울에 빠지기도 한다. 그들은 끊임없이 인생의 원인을 부정적인 의미로 돌린다. 내담자들이 부정적인 것에만 집중하고 있을 때, 역반영은 보다 깊은 의미를 발견하고 내담자로 하여금 보다 긍정적인 조망을 취하도록 돕는다.

의미의 직접적인 반영은 이런 내담자들로 하여금 부정적인 생각과 행동 방식을 계속하도록 자극할 수 있다. 이와는 대조적으로 역반영은 내담자의 내면에 깊숙이 자리 잡은 가치를 발견하도록 돕고자 한다. 이 전략은 긍정적 재구조화·해석과 유사하지만, 상담자보다는 내담자가 많은 긍정적 사고를 한다. 이 상담 기법의 목적은 내담자로 하여금 부정적인 문제가 아닌 다른 것들을 생각하고 동일한 사건에 대해서 대안이 되는 긍정적 의미를 찾을 수 있도록 하는 것이다. 320~321쪽에 제시된 질문들은 내담자가 역반영을 하고 자신의 태도를 변화하도록 돕는 첫 번째 단계를 나타낸다. 아래에 제시된 축약된 상담 예시는 이 방법을 보여준다.

> 내담자: 저는 정말 어찌할 바를 모르겠어요. 지금은 제 삶에서 어떤 것도 이해가 되지 않아요.
> 상담자: 이해해요. 우리는 그동안 당신의 배우자 문제와 얼마나 당신이 슬픈지에 대해 이야기했지요. 여기서 잠깐 방향을 바꿔봅시다. 예전에 당신에게 의미 있고 중요한 것에 대해 말씀해보시겠어요? (내담자는 자신이 지지를 받았던 몇 가지 중요한 종교 경험에 대해 나눈다. 상담자는 이야기를 이끌어내고 주의 깊게 경청한다)
> 상담자: (의미 반영) 그러면 당신은 종교 활동과 조용하게 시간을 보내는 것에서 상당한 의미와 가치를 찾았군요. 당신은 또한 교회의 예배 활동에서 가치를 찾았고요. 당신은 배우자가 종교에 흥미가 없었기 때문에 종교에서 멀어졌습니다. 그리고 지금 당신은 자신이 몇 가지 기본적인 가치를 어겼다고 느끼는군요. 당신의 현재 문제를 다루는 의미 있는 방법에 있어서 이것이 당신을 어디로 이끌고 있을까요?

역반영 과정은 긍정적 자산 찾기의 특수한 형태다. 그렇지만 단지 구체적인 행동(종교 활동, 봉사 활동, 야외 산책, 친구들과 즐거운 시간 가지기)에 초점을 맞추기보다, 상담자는 이러한 구체적인 행동의 긍정적 의미를 탐색한다. '종교 활동은 당신에게 어떤 의미입니까?' '야외 활동과 석양을 즐기는 것에서 즐거움을 찾는 사람을 당신은 어떻게 이해하시나요?' '봉사 활동에서 어떤 가치를 찾으십니까?' 의미를 탐색하는 것에서 문제를 다시 이야기하고 심지어 인생의 방향을 바꾸는 행동에 대한 자료가 나올 수 있다.

그러나 Frankl은 의미 이상의 것에 관심이 있었다. 그는 내담자가 일상생활의 '지금 여기'에서 할 수 있는 구체적인 행동에 대해 논의했다. 실행과 행동이 없는 의미는 충분하지 않다. Frankl은 새로운 생각을 하는 것을 넘어서 행동을 강조했는데, 이는 혁신적인 관점이었다.

▶ 해석 · 재구조화의 기술

당신은 미래를 내다보면서 사건을 연결할 수는 없습니다. 과거를 돌아보면서 사건을 연결하는
것만이 가능하지요. 그래서 당신은 미래에 사건들이 연결될 것이라는 것을 믿어야 합니다. 당
신은 무언가를 믿어야 합니다. 그것이 당신의 본능이든, 운명이든, 삶이든, 카르마든, 무엇이
든지요. 이런 방식으로 접근하는 것은 절대 당신을 실망시키지 않을 것이고 그것은 제 인생의
모든 변화를 만들었습니다.

_Steve Jobs

상담자가 해석 · 재구조화 기술을 사용할 때, 상담자는 내담자가 다시 이야기하도록 돕거나 또는 문제나 걱정거리를 새롭고 보다 유용한 관점에서 바라보도록 돕는 것이다. 이렇게 새롭게 생각하는 방식은 다시 이야기를 만들고 행동하는 과정의 중심이다. 상담 대화기술 위계에서 **해석**과 **재구조화**라는 단어는 서로 바꿔서 사용할 수 있다. 해석은 내담자가 말하거나 행동한 것의 이면에 있는 새로운 관점이나 새로운 사고방식을 드러낸다. 재구조화는 문제에 대해 생각하는 또 다른 참조틀을 제공한다. 그리고 궁극적으로 내담자의 이야기는 다시 생각되고 다시 써지게 된다.

해석 · 재구조화의 기본 기술은 다음과 같이 정의될 수 있다.

▲ 상담자는 내담자의 이야기와 문제를 경청하고 내담자가 이야기나 문제를 어떻게 이해하고 생각하고 해석하는지를 배운다.

▲ 상담자는 개인적인 경험 또는 내담자에 대한 관찰로부터 도출하거나(재구조화) 또는 이론적 관점을 사용해서 이야기에 대한 대안적 의미나 해석을 제공한다. 여기에는 앞서 논의된 정보나 생각들 중에서 서로 관련되는 것들을 **연결하는** 것도 포함된다. 연결은 내담자를 위해 생각과 감정을 통합하고 내담자가 문제에 대한 새로운 접근을 개발할 수 있도록 하기 때문에 특히 중요하다.

▲ (개인적인 경험으로부터 긍정적 재구조화) '당신은 동성애자임을 밝히게 되면 직업을 잃게 되고 조용히 있지 않은 것에 대해 자신을 비난할 거라고 느끼는군요. 아마도 당신은 본래의 당신 자신이 되어야 할 겁니다. 당신은 보다 자신감 있고 스스로에게 확신이 있는 것으로 보여요. 시간이 걸리겠지만 당신이 이 어려운 상황을 이겨내리라고 봅니다.' 여기에서 자기비난이 궁극적으로는 긍정적인 단계로 재해석 혹은 재구조화되었다.

▲ (다문화적 자각과 함께 정신분석적 해석) '당신을 해고한 사람은 자신과 다른 사람에게는 누구든지 불안정하게 구는 것으로 들리네요. 그는 자신의 이성애 우월주의나 동성애 공포증을 바라보기보다는 자신의 무의식적인 불안정성을 당신에게 투사하고 있는 것으로 보입니다.'

상담자의 논리에서 발전된 해석·재구조화의 예를 생각해보자. 내담자인 앨런은 이혼 중에 있고 분노에 차 있다. 이는 심각한 결별을 경험하고 있는 사람들에게서 나타나는 일반적인 반응이며, 특히 재산 문제가 엮여있을 때 더욱 그렇다. 그는 변호사에게 자신이 무엇을 원하고 왜 그런지를 자세하게 말하고 있었다. 변호사들은 많은 질문을 하는 면접 형식을 사용하며, 이는 때로 비공식적인 상담의 형식을 띤다. 앨런의 문제를 주의 깊게 듣고 그의 강한 감정을 인정한 후에(반영이 아니다) 앨런의 변호사는 책상에서 일어나 앞으로 나와서 앨런 앞에 서서 이렇게 말한다. "앨런, 그건 당신의 이야기예요. 하지만 저는 당신이 원하는 것을 얻지 못할 거라는 것은 당신에게 말할 수 있어요. 당신의 부인 역시 자신의 이야기가 있을 거고, 앞으로 일어날 일은 당신과 당신 부인 모두 자신이 원하고 자격이 있다고 생각하는 내용들입니다. 당신을 위해서 그리고 자녀들을 위해서 그 점에 대해 생각해보세요." 이는 앨런의 이야기에 대한 상당히 거칠고 직면적인 재구조화다. 이는 또한 논의의 초점을 앨런과 앨런의 문제에서 앨런의 부인과 아이들로 변화시켰다. 다행스럽게도 앨런은 이 강력한 재구조화를 받아들였고 이혼에서 입장 차이의 해결이 비로소 시작되었다.

이 이야기는 여러 가지 의미를 가진다. 첫째, 가장 효과적인 경청을 사용하더라도 내담자는 여전히 해결의 실마리가 보이지 않는 이야기, 비효율적인 생각, 자기 파괴적인 행동을 보일 것이다. 분명히 그들은 새로운 관점이 필요하다. 내담자의 말과 인생을 새로운 방식으로 해석하거나 재구조화하기 전에 그들의 참조틀을 존중하도록 한다. 즉, **해석이나 재구조화를 하기 전에 경청하라.** 어떤 내담자들은 앨런처럼 강력하고 직면적인 해석이 필요할 것이다. 그러나 변호사가 먼저 앨런의 이야기를 주의 깊게 경청했다는 것을 기억한다.

또한 해석·재구조화를 새로움(the New)의 창조로 볼 수도 있다. 왜냐하면 상담자와 내담자가 문제에 대해 생각하는 또 다른 방법을 만들고 있고, 궁극적으로는 보다 효율적이고 행복한 자기(self)를 창조하는 것이기 때문이다. 해석이나 재구조화의 가치는 이에 대한 내담자의 반응과 내담자가 생각, 감정, 행동을 어떻게 변화시키는지에 따라 달라진다. 내담자 변화 척도를 생각해보자. 내담자가 각각의 해석에 어떻게 반응하는가? 내담자가 해석을 부인하거나 무시한다면, 상담자는 내담자 변화 척도에서 명백하게 부인(1수준)의 수준으로 작업하고 있는 것이다. 내담자가 해석·재구조화를 탐색하고 어떤 이득을 얻는다면, 상담자는 그 내담자를 교섭과 부분적 수용의 수준(2수준)으로 높인 것이다. 상호교환적인 반응과 해석의 수용(3수준)은 자기와 상황에 대한 새로운 이해를 향한 점진적인 성장의 중요한 부분이 된다. 내담자가 사고와 행동에서 유용하고 새로운 방식을 개발한다면(4수준) 변화의 움직임은 분명하게 일어나고 있다. 초월, 그리고 궁극적인 새로움의 창조(5수준)는 상담과 심리치료의 방향을 바꾸는 중요한 돌파구가 있을 때에만 나타난다. 하지만 부인(1수준)에서 문제에 대한 부분적 고려(2수준)로 이동하는 것 또한 내담자가 좋아지기 시작하는 중요한 돌파구가 될 수 있다.

효과적인 해석·재구조화의 잠재적 힘은 앞서 제시된 앨런의 이혼의 예에서 볼 수 있다. 앨런은 이혼에서 자신이 '얻을' 수 있는 것에 대해 부인하고 있었으며 교섭하는 것조차 거부했다. 그러나 그를 압도하는 변호사의 직면을 받으면서 앨런은 거의 즉각적으로 부인(1수준)에서 변호사의 재구조화를 받아들이는 새로운 이해(3수준)으로 이동했다. 변화에 대한 실질적인 검증은 그가 새로운 통찰의 결과로 행동을 변화할 것인지 여부다. 새로운 해결책(4수준)은 행동 변화 없이는 결코 도달할 수 없다. 초월(5수준)은 이혼과 같은 복잡한 사례에서는 거의 나타나지 않는다.

▶ 해석·재구조화와 그 외 상담대화기술

초점 맞추기는 의미 반영 및 해석·재구조화와 마찬가지로 내담자가 새로운 관점을 만들게 하는 또 다른 변화 촉진 기술이다. 앨런과 변호사의 이야기에서 아내와 그녀의 요구에 초점을 두는 것이 성공적인 재구조화의 핵심이었다. 또 다른 예로 상담자는 성차별이나 성적 괴롭힘의 대상이 되어왔다고 느끼는 내담자와 상담 작업을 할 수 있다. 당신이 개인에만 초점을 맞춘다면 내담자는 문제에 대해 자신을 비난할 수 있다. 성별이나 다른 다문화 문제에 초점을 둠으로써 상담자는 내담자의 관점을 확장시키고 이어서 내담자는 새로운 관점을 만들 수 있다. 이는 문제를 자기 나름대로 해결하는 방식, 즉 새로움의 창조를 의미한다.

해석은 재진술, 감정 반영, 초점 맞추기, 의미 반영과는 약간 다를 수 있다. 이런 상담 기술에서 상담자는 내담자의 참조틀에 머무르며 효과적인 경청이 때로 새로움의 창조를 가능하게 한다. 해석·재구조화에서는 참조틀이 상담자의 개인적 또는 이론적 구성개념에 있다.

아래에 해석·재구조화가 기타 상담 기술과 같이 사용되는 예가 제시되어있다.

(낮은 자아존중감을 가진) 아날리스(Annaliese)	저는 스스로에 대해 너무 안 좋게 생각해요. 직장에서 일을 잘 하고 있지 않다고 느껴요. 제 생각에 상사가 곧 저를 혼낼 거예요.
상담자	(재진술) 당신이 바라는 만큼 잘 하고 있지 않고 당신의 상사가 좋아하지 않는다고 알고 있군요.
상담자	(의미 일깨우기) 잠시 동안 다른 방향으로 한 번 가볼까요? 아날리스, 이 직업이 진실로 당신에게 어떤 의미인가요? 당신의 인생 목적에 부합하나요?
아날리스	아니요. 전 지루하고 좌절감을 느껴요. 제 직업은 이해가 안 돼요. 이해가 될 거라고 생각했는데, 아니에요. 저는 제가 정말 소중하게 여기는 무언가가 필요해요. 저에게 의미 있는 일이어서 제가 무언가 가치 있는 일을 했다는 느낌으로 집에 갈 수 있도록 말이에요. 저는 하루 종일 숫자와 씨름하기보다 다른 사람들을 돌보는 일을 하고 싶어요.

상담자	(감정 반영) 아날리스, 당신은 정말 힘들고 걱정이 많군요. 아마 두려운 마음도 있을 것 같아요.
상담자	(의미 반영) 무슨 말인지 알겠어요, 아날리스. 당신은 돕고 싶군요. 그런데 당신이 가진 것은 당신에게 의미가 없지만 보수가 좋은 직업이에요. (상담자는 더 깊은 의미를 반영함) 당신은 다른 사람들을 더 도울 수 있다면 당신 자신을 더 가치 있게 여긴다고 느끼는 것 같네요. (상담자는 더 깊이 있게 의미를 일깨움) 잠시 동안 다른 사람들을 돌보는 일을 탐색해봅시다. 그리고 그것이 어떻게 더 의미 있는 일로 연결될 수 있을지도요. 당신의 인생 목적을 보다 깊이 있게 탐색하는 방법으로 분별을 생각해볼 수 있습니다.
상담자	(긍정적 재구조화 · 해석) 아날리스, 다른 방법으로 봅시다. 당신이 지루하다는 것은 당신이 현재 직업에서 당신이 필요한 것을 이미 성취했다는 신호이기도 합니다. 당신은 뛰어난 기술을 보여주었고 이제 자신의 강점을 보다 효과적으로 사용할 수 있는 새로운 무언가로 움직일 준비가 된 거지요.
상담자	(해석 · 재구조화–연결) 아날리스, 이것은 당신이 지난주에 이야기했던 봉사 활동과 연결되는 것 같아요. 몇 년 전에 도심 아이들과 같이 일했던 봉사활동을 즐거워했다는 것 말이에요. 당신은 봉사활동에서 즐거움을 느꼈지만 지금의 직업을 선택했지요. 당신은 보다 깊은 수준에서 만족감을 주는 무언가로 갈 준비가 된 것 같습니다. 당신에게 보다 큰 기쁨을 주는 것으로요.

해석은 전통적으로 상담자가 내담자의 성격 깊숙한 곳에 도달해서 새로운 통찰을 제공하는 신비로운 활동으로 생각되었다. 그러나 해석을 새로운 참조틀로 생각한다면, 해석의 수수께끼를 풀 수도 있다. 해석은 상황을 재구조화한다. 이런 측면에서 본다면 어떤 해석의 깊이는 내담자가 활용하고 있는 참조틀과 심리치료자가 제공하는 참조틀 간의 불일치의 크기를 말한다. 재구조화(reframing)라는 용어가 해석이라는 용어보다 이해하기 쉬운 관점을 제공하기 때문에 재구조화를 점점 더 많이 사용하고 있다.

상호성을 확실하게 하고 내담자에게 너무 많은 영향을 미치지 않기 위해서는 해석 · 재구조화를 한 뒤에 다음과 같이 확인하도록 한다. '이 말이 어떻게 들리시나요?' '제가 방금 말한 것에서 어떤 의미를 찾았습니까?'

▶ 상담 이론과 해석 · 재구조화

이론에 기초한 해석은 상담자에게 내담자에 대해 생각하는 검증된 개념적 틀을 제공하기 때문에 매우 가치가 높다. 각 이론은 그 자체로 이야기이며, 지금 일어나고 있는 것에 대한 이야기다. 그리고 각 이론은 고유한 방식으로 의미를 만들고 언어를 사용한다. 통합 이론들은 각각의 이론의 이야기에 어떤 가치가 있다고 본다. 상담자가 자신만의 고유한 상담 스타일을 만들어가면서, 자신에게 가장 이해와 공감이 되는 이론적 접근들을 통합해서 상담자 자신의 통합적 이론을 개발할 것이다.

[표 11.1]에는 서로 다른 이론들이 동일한 정보를 어떻게 해석하는지에 대한 여러 가

지 예가 제시되어있다. 여기에서는 찰리스가 자신이 꾼 꿈에 대해 이야기한다. 실제 해석 반응 앞에는 해당 해석 반응의 배경이 되는 이론에 대한 짧은 문단이 제시되어있다.

상담자는 찰리스와 오랜 기간 동안 상담을 했으며, 그녀는 뒤숭숭한 꿈에 기분이 좋지 않은 상태로 상담에 왔다. 이 꿈은 어린 시절에 반복해서 자주 꾸었던 꿈인데, 심장 발작 이후에 더 심하게 다시 이 꿈을 꾸기 시작했으며 찰리스는 한밤중에 식은땀을 흘리며 깨곤 했다. 찰리스는 당신에게 꿈 이야기를 한다.

표 11.1 이론에 기초한 해석

이론	상담자 반응	과정에 대한 평가
결정 이론: 모든 내담자들에게 상담에서 핵심 문제는 적절한 결정을 내리고 행동의 대안을 이해하는 것이다. 문화적·환경적 맥락에 대한 인식과 함께 결정을 내릴 필요가 있다. 해석·재구조화는 내담자로 하여금 자신의 결정에 대해 새롭게 생각하는 방식을 찾도록 돕는다. 여러 가지 아이디어를 연결하는 것이 특히 중요하다.	찰리스, 당신은 심장 발작 이후로 새로운 도전을 마주하고 있고 많은 중요한 결정을 내려야 합니다. 남은 삶 동안 하고 싶은 것을 포함해서요. 상황이 빨리 정리되지 않으면 절벽에서 떨어질 것 같은 느낌이에요. 이 모든 상황은 두렵고 결정을 내리는 것은 이를 더 좋지 않게 만들 수 있습니다. 반면에 우리는 이미 당신이 내려야 하는 중요한 결정들을 내릴 수 있게 도와주는 여러 가지 강점을 찾았습니다.	심장 발작에서 파생된 일들에 대한 해석. 강점과 정신적으로 건강한 측면을 이끌어낸다.
인간중심 이론: 내담자는 궁극적으로 자아실현을 한다. 상담자의 목적은 내담자가 자신의 강점을 공고하게 하는 이야기를 찾도록 돕고 더 깊은 의미와 목적을 찾도록 돕는 것이다. 의미 반영은 내담자가 상황을 다르게 보는 방식을 찾도록 돕는다. 해석·재구조화는 사용되지 않는다. 효과적인 요약을 통해 연결이 일어날 수 있다.	그 꿈은 당신에게 중요한 것을 의미하는 것 같군요, 찰리스. 끔찍한 공포를 들었고 바다의 분노를 보았습니다. 당신은 그 꿈을 여러 번 꾸었고, 지금 그 꿈이 무엇을 의미하는지 궁금해 하는군요.	의미 반영과 감정 반영. 인간중심 이론에서 해석은 매우 드물게 나타난다.
단기 해결중심 상담: 단기 상담은 내담자가 핵심 목표에 도달하는 빠른 방법을 찾도록 돕고자 한다. 먼저 상담 회기는 목표를 세우는 과정으로 설계되고, 다음에는 시간 효율적인 방법을 통해서 목적에 도달하는 방법을 찾는다. 핵심 아이디어를 연결할 때를 제외하고 해석·재구조화는 거의 사용되지 않는다.	당신은 심장 발작 이후로 새로운 도전을 마주하고 있고 몇 가지 중요한 결정을 내려야 합니다. 찰리스, 이 목표는 중요해요. 낫기 위해서 어떤 길을 가고 싶나요?	가벼운 해석. 목표 설정을 향해 이동한다.

표 11.1 이론에 기초한 해석

인지 행동 이론: 이 이론에서는 일련의 행동 및 생각과 그 결과로 내담자에게 내적·외적으로 어떤 일이 일어나는지를 강조한다. 때로 내담자의 마음에서 무엇이 일어나고 있는지를 이해하거나 또는 환경이 인지와 행동에 어떻게 영향을 미치는지와 내담자를 연결하는 데 해석·재구조화가 유용하다.	찰리스, 그 꿈은 당신이 지금 겪고 있는 것과 아주 가까운 것으로 보입니다. 당신은 당신에게 일어난 일에 분노를 느끼고 이제 어떤 방향으로 가야 할지 잘 모르겠다고 말했지요. 우리가 이제 해야 할 일은 몇 가지 스트레스 관리 전략을 함께 논의하고 당신이 이런 어려운 일에 대처할 수 있는 행동을 찾을 수 있도록 돕는 것입니다. 그 뒤에 이것이 당신의 부모님과 관계에서 일어나고 있는 일과 어떻게 관련되는지 살펴보지요.	여기에서 상담자가 꿈과 현재 문제를 적극적으로 연결하고 있음을 볼 수 있다.
정신역동 이론: 사람들은 무의식적 힘에 의존하고 있다. 해석·재구조화는 서로 다른 생각들을 연결하고 내담자가 무의식적 과거와 오랫동안 깊숙이 자리 잡은 생각, 감정, 행동이 '지금 여기'에서 일상생활 경험을 어떻게 형성하는지 이해할 수 있도록 한다. 프로이트, 아들러, 게슈탈트, 융, 그리고 여러 다른 정신역동 이론들은 각각 서로 다른 이야기를 한다.	찰리스, 당신은 부모님에게 분노를 느끼고 있군요. 그리고 당신이 실제로 어떻게 느끼는지 알지 못하고 있습니다. 이것이 당신을 두렵게 만들지요. 그리고 이제 당신은 주변 사람들이 당신에게 당신 감정을 드러내지 않도록 압박을 가하고 있다는 것을 알지만, 그들에게 도전하는 것을 생각하는 것은 무섭습니다. 이것은 당신이 예전에 말했던 부모님을 의지할 수 없는 이야기와 연결됩니다.	과거가 어떻게 현재에 영향을 미치는지를 강조한다.
다문화 상담과 치료: 개인은 문화적·환경적 맥락에 속해 있으며, 상담자는 내담자가 자신의 문제와 근심을 자신의 다문화적 배경과 관련지어서 해석하고 재구조화하도록 도울 필요가 있다. (1장에 나온 RESPECTFUL 모델 참고) 다문화 상담과 치료는 앞서 제시된 모든 방법을 적절하게 사용해서 내담자가 자기 자신 그리고 문화적·환경적 맥락이 개인적으로 그들에게 어떻게 영향을 미치는지를 이해하도록 돕는다.	당신은 두렵군요. 당신의 이야기에서 볼 때, 심장 발작 이전에 당신이 겪었던 스트레스 요인 중 하나가 성적 괴롭힘이었습니다. 절벽은 당신이 직장에서 겪었던 여러 가지 어려움을 나타낼 수 있고 이 시점에서 직장으로 다시 돌아가는 것은 분명히 두렵겠지요. 저는 또한 그 절벽에서 나와서 어려운 일들을 마주하는 용기를 가진 여성의 이야기를 듣고 있습니다. 찰리스, 우리가 함께 힘을 모아서 당신이 어려운 일들에 대처할 수 있는 지지체계를 찾도록 도울 거예요.	여성주의 참조틀. 다문화 맥락에서 문제들이 해석된다.

찰리스: 저는 절벽을 따라서 걷고 있었고 아래에는 파도가 치고 있어요. 저는 두려움에 떨고 있어요. 절벽을 피해서 갈 수도 있었는데, 그냥 어떻게 해야 할지를 몰랐어요. 꿈은 계속 되었어요. 저는 식은땀을 흘리면서 잠에서 깼어요. 지난 상담 회기 이후로 거의 매일 이 꿈을 꾸었어요.

서로 다른 상담 이론에서 이 꿈을 서로 다른 방식으로 해석하고 상담 작업을 할 것이다. 하지만 각각의 상담 이론은 내담자에게 새로운 참조틀과 새로운 시각을 제공할 것이다.

모든 상담 이론들은 내담자에게 상황을 바라보는 새롭고 대안적인 방식을 제공한다. 간단히 말하면 해석은 '현실'을 새로운 관점에서 다시 명명하거나 다시 정의한다. 때로는 문제를 새로운 방식으로 바라보는 것만으로 충분히 변화를 일으킬 수 있다. 어떤 것이 정확한 해석인가? 상황과 맥락에 따라서 이 중 어떤 해석도 도움이 될 수도 있고 해가 될 수도 있다. 단기 결정 이론과 인간중심 이론은 '지금 여기'에서 현실을 다루는 반면, 정신역동적 해석은 과거를 다룬다. 여성주의적 해석은 심장 발작을 직장에서 성적 괴롭힘과 연결한다.

▶ 해석 · 재구조화에서 유의할 점

해석 · 재구조화는 내담자에게 힘들거나 부정적인 감정, 행동, 사건을 재해석한다. 많은 사람들이 부정적인 것을 보다 긍정적이고 다룰 수 있는 것으로 보이도록 하는 구체적인 목적을 가지고 이 상담 기술을 사용한다. 실제로, 상황에 대한 즉각적인 반응을 바꾸거나 걱정스러운 행동에 대한 합리화를 하려는 목적으로 해석 · 재구조화를 하는 것은, 정치가들이나 고객 서비스 담당자들이 비난이나 어려운 사안의 방향을 바꾸기 위해서 하는 일과 유사하다. 자살 시도를 용기를 보인 것으로 재정의하는 것은 내담자나 가족의 마음을 다치게 할 수 있다. 불안한 내담자에게 정신과 의사의 약 처방은 내담자의 불안 장애에 생물학적 기초가 있음을 보여주는 것이라고 말하는 것은 부적절하다. 좋은 의도를 가진 해석 · 재구조화는 내담자와 상황을 고려하고, 지지적이고 비판단적이며, 분명한 내담자 중심의 목적이 있다.

▶ 요약: 내담자가 핵심 의미를 발견하고 새로운 관점을 개발하도록 돕기

의미를 일깨우고 반영하는 것은 복잡한 상담 기술이며, 내담자의 의미를 만드는 체계로 들어가야 한다. 인생의 의미를 온전하게 탐색하는 것은 내담자가 자기 지시적이고 과묵하지 않으며 자신의 이야기를 하고자 하는 마음이 있어야 한다. 이 복합적인 상담 기술은 종종 추상적이고 형식적 조작기의 상담 스타일과 관련된다. 하지만 우리는 모두 의미를 만드는 과정에 있으며 혼란스러운 세계를 이해하려고 애쓰고 있다. 보다 구체적인 수준에 있는 내담자에게도 의미를 일깨우고 반영하는 것이 유용하다는 것을 알게 될 것이다. 그렇지만 이런 내담자들은 자신의 생각에서 어떤 방식을 보지 못할 수 있고, 보다 복합적인 수준에서 사고하는 내담자만큼 자기 지시적이거나 반영적이지 않을 수 있다. 자신에 대해 반영하는 데 어려움을 겪는 내담자들에게는 인지행동 심리치료자들이 사용하는 의미에 대한 보다 직접적인 접근이 더 유용할 수 있다.

언어 구사력이 매우 좋거나 저항하는 내담자의 경우에는, 의미에 대해 생각하고 반영하는 데 많은 시간을 보낼 가능성이 높으며, 따라서 자신의 행동, 생각, 감정을 변화하려는 행동은 거의 하지 않은 채 주지화(intellectualizing)하는 모습을 보게 될 것이다. Viktor Frankl은 이러한 문제의 가능성에 대해 잘 알고 있었으며, 내담자에게 의미에 대해 행동을 취하도록 격려했다. '실제 세계'로 나아가지 않는 의미는 그 자체로 하나의 문제가 될 수 있다.

의미는 우리의 존재의 중심에 있는 구성개념이다. 의미 반영이 깊이 있게 이루어지면, 상담자는 대부분의 다른 상담 기술을 통해서 가능한 것보다 훨씬 더 폭넓게 내담자를 이해할 수 있을 것이다. 의미를 이해하는 상담 기술에 능숙해지는 것은 다른 상담 기술보다 더 많은 시간을 요구한다. 이 장에 제시된 연습 문제들은 상담자가 그 목표를 향해 가는 것을 도와주도록 설계되어있다.

상담자가 해석을 하거나 재구조화를 할 때, 먼저 내담자의 이야기나 근심을 충분히 듣고, 그 뒤에 개인적 경험을 끌어내거나 내담자에게 문제에 대해 생각하거나 이야기하는 새로운 방식을 제공하는 이론적 관점을 끌어낸다. 초점 맞추기와 다문화 상담 및 치료는 다문화 문제를 논의하는 가장 확실한 방법이다. 내담자가 문제의 문화적·환경적 맥락을 보도록 돕는 것은 새로운 관점을 드러낼 수 있으며, 이는 완전히 새롭고 보다 달성 가능한 의미를 제공한다.

해석·재구조화의 효과성은 내담자 변화 척도로 측정될 수 있다. 내담자가 긍정적인 방향으로 움직인다면 새로운 관점은 유용하다. 각각의 상담 이론은 내담자의 문제에 대해서 새롭고 다른 이야기를 제공한다. 해석·재구조화를 위해 이론을 사용하는 것은 내담자에 대해 생각하는 보다 체계적인 틀을 제공한다. 그렇지만 논리와 상담자의 개인적 경험 및 관찰도 이론에 바탕을 둔 재구조화만큼 효과적일 수 있다.

요점	
의미	의미는 관찰할 수 있는 행동이 아니다. 그러나 의미는 우리 존재의 핵심에 다다르는 인지의 특별한 형태라고 설명할 수 있다. 내담자가 자신의 삶에서 의미와 목적을 분별하도록 돕는 것은 변화의 동기 부여 요인으로 작용할 수 있고 그 변화의 방향을 제시할 수 있다. 의미는 삶의 경험을 조직하며 때로 내담자가 생각, 감정, 행동을 생성하는 은유의 역할을 한다. 의미감(sense of meaning)과 미래에 대한 비전을 가진 사람은 때로 가장 어려운 문제를 버텨내고 그 문제와 같이 살아갈 수 있다. 일반적으로 의미 반영은 말을 잘하는 내담자들과의 상담 회기에서 더 자주 발견된다.

의미를 어떻게 사용할 것인가?	적절한 시점에서 의미 반영은 극도로 어려운 상황에 처한 많은 내담자를 도울 수 있다. 똑같은 단어도 때로 각 내담자에게 다양한 기저의 의미를 가지기 때문에, 의미 반영은 문화 차이와 개인 차를 명확하게 할 수 있다. 의미는 종종 암묵적이므로, 내담자가 의미를 탐색하고 명확하게 하도록 만드는 질문을 하는 것이 도움이 된다.
	의미 일깨우기: "XYZ'는 당신에게 어떤 의미인가요?' 내담자의 핵심 단어를 'XYZ'에 대입한다. 이는 핵심 단어의 기저에 있는 의미와 중요한 생각으로 이어질 것이다. '그것을 어떻게 이해하고 있습니까?', '당신의 행동에는 어떤 가치가 있나요?', '그것이 왜 당신에게 중요한가요?', '왜 그렇습니까?' (조심스럽게 사용할 것)
	의미 반영하기: 근본적으로 이는 감정 단어의 자리에 '의미', '가치', '의도'를 넣는다는 것을 제외하고는 감정 반영과 유사하다. 예를 들면, '당신의 이야기는 ……를 의미하는군요', '그것이 당신이 ……라는 것을 의미할 수 있을까요?', '당신은 ……를 가치 있게 여기는 것으로 들립니다', '당신의 행동에 깔려있는 이유·의도 중 하나는……'. 그리고 내담자의 단어를 사용해서 내담자의 의미 체계를 기술한다. 상담자는 맥락에 대한 재진술을 추가로 언급하고 내담자와 확인 과정을 거치면서 마무리한다.
	예를 들면, 상담자는 다음과 같은 방식으로 즉각적인 의미를 반영할 수 있다. '애니, 당신은 다른 사람들에게 봉사하는 것을 가치 있게 여기고 병원에서 자원봉사로 일하는 것에서 기쁨을 느꼈군요.' 그러나 가치와 의미에서 갈등이 있다면, 개인의 가치와 가족의 가치의 불일치를 직면하는 방식으로 다음과 같이 더할 수 있다. '당신의 가족은 의사라는 직업이 돈을 많이 벌기 때문에 이를 가치 있게 여겼습니다. 하지만 당신은 암에 대한 연구를 하고 싶어 하는군요. 왜냐하면 당신은 그것이 궁극적으로 더 많은 사람들을 돕는 가장 좋은 방법이라고 보고, 금전적인 보상은 당신에게 그렇게 중요하지 않기 때문이지요. 제가 가치의 충돌을 명확하게 요약했는지요?'
해석·재구조화	상담자는 내담자가 새로운 관점, 새로운 참조틀, 때로는 새로운 의미를 가지도록 돕는다. 이는 모두 내담자가 자신의 관점을 변화하고 자신의 문제에 대해 생각하는 방식을 바꾸도록 돕는다. 이 상담 기술은 주로 상담자의 관찰에서 나오며, 가끔 내담자로부터 오기도 한다.
	이론적 해석: 이는 정신 역동 이론, 대인 관계 이론, 가족 치료, 심지어 Frankl의 의미 치료와 같은 특정한 상담 이론에서 나온다. 내담자는 자신의 이야기를 하거나 문제에 대해 이야기한다. 그러면 상담자는 특정한 이론적 관점에서 내담자가 말한 것을 이해한다. '그 꿈은 당신이 남편으로부터 도망치고자 하는 무의식적 바람을 제안하는군요.' '그것은 우리가 경계라고 부르는 문제처럼 들리는군요. 당신의 남편/아내는 당신의 공간을 존중하지 않고 있어요.' '당신이 어디로 가고 있는지 잘 모르겠다고 말하고 있군요. 당신의 삶에서 의미를 잃은 것으로 들립니다.'
	재구조화: 재구조화는 상담 회기의 '지금 여기' 경험에서 나오거나, 또는 중요한 내담자의 이야기의 더 큰 틀일 수 있다. 이 틀은 상담자가 내담자에게 일어날 일이나 이야기를 어떻게 바라볼 것인가에 대한 또 다른 해석을 제공하는 상담자의 경험에 기초한다. 효과적인 재구조화는 내담자의 삶에서 핵심 이야기의 의미를 바꿀 수 있다. 긍정적인 재구조화가 특히 중요하다. '찰리스, 지금 이 순간 저에게 가장 크게 다가오는 것은 당신이 얼마나 능력이 많은 사람이며 우리는 당신의 '영민함'과 상황을 이해하는 능력을 사용해서 새롭고 보다 편안한 방향을 찾을 수 있다는 것입니다.' '지금 여기'에서 긍정적인 재구조화가 가장 유용하다.

▶ 실습과 역량 포트폴리오

이 장의 개념들은 앞 장에서 배운 내용을 기반으로 한다. 당신이 주의 기울이기와 내담자 관찰에 대한 상담 기술을 탄탄하게 가지고 있고, 질문을 효과적으로 사용할 수 있고, 격려 반응, 재진술, 감정 반영을 효과적으로 사용한다는 것을 보여줄 수 있다면, 당신은 아래에 제시되는 연습에 대한 준비가 되어있다.

개인 실습

연습 1. 상담 기술 파악하기 아래의 내담자 반응을 먼저 읽어보자. 다음 상담자의 반응 중에서 재진술(P), 감정 반영(RF), 의미 반영(RM), 해석 · 재구조화(I/R)는 무엇인가?

저는 너무나 슬프고 외로워요. 호세(Jose)가 저의 반쪽이라고 생각했어요. 그는 이제 가버렸어요. 우리 관계가 깨지고 나서 저는 여러 사람을 만나봤지만 아무도 특별하지 않았어요. 호세는 저를 진심으로 위하고 저를 편안하게 했었던 것 같아요. 호세 이전에 저는 그냥 즐기기만 했었거든요. 특히 카를로스(Carlos)와요. 하지만 결국에는 그저 성관계만인 것 같았어요. 정말 가까웠던 사람은 호세인 것 같아요.

_____ '당신은 지금 정말로 상처를 입고 슬픈 느낌이군요.'

_____ '결별 이후에 당신은 많은 사람을 만났지만, 호세가 당신이 가장 바라는 것을 주었군요.'

_____ '당신은 당신이 가지지 못했던 아버지 같은 사람을 찾고 있는 것 같군요. 호세는 어느 정도 그런 사람이었고요.'

_____ '이것을 바라보는 또 다른 방식은 당신이 무의식적으로는 다른 사람에게 가까워지고 싶지 않다는 것입니다. 정말로 가까워지면 관계가 끝나지요.'

_____ '평화로움, 돌봄, 편안함, 친밀함과 같은 느낌들이 당신에게는 아주 많은 것을 의미했던 것으로 보이네요.'

_____ '당신은 호세를 정말 가깝게 느꼈고 이제는 슬프고 외롭군요.'

_____ '평화로움, 돌봄, 특별한 사람이 당신에게 많은 것을 의미하는군요. 호세는 당신에게 그런 의미였고요. 카를로스는 주로 가벼운 즐거움을 의미하는 것으로 보였고 당신은 그 사람에게서 진실한 의미를 찾지 못했습니다. 제가 이야기한 것이 어느 정도 가까운가요?'

내담자의 반응에 대해서 한 단어로 이루어진 격려 반응을 나열해본다. 한 단어로 이루어진 격려 반응을 사용하는 것이, 아마도 다른 어떤 상담 기술보다, 내담자가 자신의 행동과 생각의 기저에 있는 고유한 의미에 대해 보다 깊이 있게 말하도록 이끌 것이다. 유용한 일반적인 규칙은 핵심 단어를 주의 깊게 찾고, 이를 반복하고, 그 의미를 반영하는 것이다.

연습 2. 내담자의 의미 주제 파악하기 앞서 제시된 내담자 반응에서 정서 단어는 '슬픔'과 '외로움'이다. 내담자 반응에서 몇몇 다른 단어들과 짧은 문구들은, 더 많은 것이 표면 아래에서 발견될 수 있음을 제안하는 요소들을 담고 있다. 다음은 당신이 나열했을 수 있는 격려 반응에 대한 몇 가지 핵심 단어다. '나의 반쪽', '나를 진심으로 위함', '나를 편안하게 함', '즐기기만 했음', '그저 성관계', '우리는 가까웠음.' 감정 단어는 현재 상황에 대한 내담자의 정서를 나타낸다. 다른 단어들은 내담자가 세계를 표현하기 위해 사용하는 의미를 나타낸다. 구체적으로, 내담자는 그녀가 남성들과의 관계에 대한 자신의 세계를 어떻게 세우는지에 대한 지도를 제공했다.

기저에 있는 의미를 파악하기 위해서는 내담자 또는 내담자 역할을 하는 사람과 이야기하면서 그 사람의 핵심 단어를 관찰한다. 특히 서로 다른 상황들에서 반복적으로 나타나는 단어를 관찰한다. 그러한 핵심 단어들을 격려 반응, 재진술, 의미를 일깨우기 위한 질문의 기초로 사용한다. 이는 내담자와 내담자의 필요에 따라서 상당히 민감하게 이루어져야 한다. 이 중요한 연습에 대한 당신의 경험의 결과를 기록한다. 당신은 기본적이고 보다 표면에 있는 많은 행동, 생각, 감정을 일으키는 의미를 만드는 양상을 기록할 수 있다.

연습 3. 의미 일깨우기를 위한 질문하기 내담자가 당신을 찾아와서 자신의 삶에서 중요한 문제(예: 이혼, 죽음, 은퇴, 딸의 임신)에 대해 이야기한다고 가정하자. 그 사건의 의미를 파악하는 데 유용할 수 있는 질문 5개를 적어본다.

연습 4. 다른 장면에서 상담 기술 연습하기 친구들과의 대화나 또는 당신의 상담 면접을 하면서, 질문과 한 단어로 이루어진 격려 반응을 함께 사용해서 의미를 일깨우는 연습을 해보고 상대방에게 의미를 다시 반영한다. 당신은 한 단어로 이루어진 격려 반응이 사람들로 하여금 의미 있는 문제에 대해 이야기하도록 한다는 것을 알게 될 것이다.

이 연습의 가치에 대한 당신의 관찰을 기록한다. 당신의 경험에서 가장 두드러지는 한 가지는 무엇인가?

연습 5. 분별: 한 사람의 목적과 임무 검토하기 [글상자 11.1]의 제안을 사용해서 네 가지 영역의 질문들을 각각 숙지한다. 명상 접근이나 일기를 사용해서 혼자서 이 작업을 할 수도 있고, 같이 수업을 듣는 학생이나 친한 지인과 함께 이 작업을 할 수도 있다. 충분한 시간을 들여서 각각의 영역에 대해서 주의 깊게 생각해본다. 당신에게 떠오르는 질문이나 주제를 추가하면서 이 연습을 온전히 개인화한다.

이 연습을 통해서 당신의 삶과 바람에 대해서 무엇을 배웠는가?

집단 실습

여기에서는 세 가지 집단 실습이 제시된다. 첫 번째 실습에서는 의미를 일깨우고 반영하는 기술에 초점을 두고, 두 번째 실습에서는 의미치료에서 사용될 수 있는 역반영 과정에 초점을 둔다. 세 번째 실습에서는 해석·재구조화에 초점을 둔다.

연습 6. 의미 일깨우기와 의미 반영하기에 대한 체계적인 집단 실습

1단계: 실습 집단 구성하기

2단계: 집단 지도자 선정하기

3단계: 첫 연습 회기를 위해 역할 분담하기
▲ 내담자
▲ 상담자
▲ 관찰자 1: 의미 반영에 대한 피드백 양식(글상자 11.2)을 사용해서 내담자가 기술하는 단어와 반복되는 핵심 단어를 관찰한다.
▲ 관찰자 2: 동일한 피드백 양식을 사용해서 상담자의 행동에 주목한다.

4단계: 계획 세우기 이 상담 기술의 연습을 위해서는 내담자가 아래에 있는 문장들 중 하나를 완성하는 것으로 상담 회기를 시작하는 것이 가장 도움이 될 것이다. 그리고 나서 그 문장의 기저에 있는 내담자의 태도, 가치, 의미를 탐색하게 된다.

'종교에 대한 제 생각은…….'
'이 지역에서 다른 지역으로 이사하는 것에 대한 제 생각은…….'
'제 인생에서 가장 중요한 사건은…….'

_____
(날짜)

_____   _____
(상담자 이름)   (양식 작성자 이름)

지시 사항   관찰자 1은 내담자의 말에서 의미와 관련된 단어를 기록하고 반복적으로 나타나는 핵심 단어에 특히 주의를 기울여서 이 양식의 첫 번째 부분을 작성한다. 두 번째 부분에서 관찰자 2는 의미 문제를 일깨우는 것으로 보이는 질문에 특히 주의를 기울이면서 상담자가 의미 반영 상담 기술을 사용하는 것을 적는다.

내담자 관찰

핵심 단어/구: _____
_____
_____

이 회기에서 주요 의미 문제는 무엇인가?

상담자 관찰

상담자가 사용하는 질문과 의미 반영을 나열한다. 필요하다면 여분의 종이를 사용한다.

1. _____
2. _____
3. _____
4. _____
5. _____
6. _____

의미 반영 기술의 효과에 대한 평가:

'저는 가족을 떠나고 싶은데 왜냐하면…….'

'내 삶의 중심은……'

'이혼·낙태·동성애 결혼에 대한 제 생각은…….'

몇 가지 다른 주제로는 '나의 가장 친한 친구', '나를 아주 화나게(행복하게) 만드는 사람', '내가 아주 편안하고 행복하게 느끼는 장소'가 있다. 결정을 내리는 데 있어서 갈등이나 또는 다른 사람과의 갈등도 좋은 주제가 될 수 있다.

연습 회기에 대한 목표를 설정한다. 이 경우 상담자가 해야 할 일은 내담자가 말한 문장에서 의미를 일깨우고 내담자가 기저에 있는 의미와 가치를 찾도록 돕는 것이다. 상담자는 내담자의 반응에서 핵심 단어를 찾고 질문, 격려 반응, 반영에서 그 핵심 단어를 사용해야 한다. 의미를 일깨우는 데 유용한 일련의 상담 기술을 사용하는 순서는 다음과 같다.

1. '그것에 대해서 좀 더 말해주시겠어요?', '그것이 당신에게 어떤 의미입니까?', '당신은 그것을 어떻게 이해하시나요?'와 같은 개방형 질문
2. 내담자가 계속 이야기하도록 돕는 핵심 단어에 초점을 둔 격려 반응과 재진술
3. 상담자가 내담자의 정서에 맞닿아있음을 확인하는 감정 반영
4. 구체적으로 의미와 관련되는 질문들(글상자 11.1 참고)
5. 이 장에 제시된 틀을 사용해서 사건의 의미를 내담자에게 다시 반영

연습 회기를 진행하면서 핵심 질문들과 이 순서를 옆에 두고 참고하는 것도 좋은 방법이다.

상담자 역량 포트폴리오에 있는 기본 숙달 역량을 검토하고 구체적인 목표를 달성하도록 연습 회기를 계획한다.

관찰자는 피드백 양식을 특히 주의 깊게 연구해야 한다.

5단계: 상담 기술을 사용해서 5분 연습 상담 회기를 실행하기

6단계: 연습 회기를 검토하고 10분간 상담자에게 피드백 제공하기
이는 상담대화기술에 초점을 맞춘 슈퍼비전 과정에서 치료에서 가치의 위치에 대한 집단 논의를 할 수 있는 시간이다. 여기에서 피드백 양식이 유용하다. 때로 그저 이야기만 하게 되기 쉽지만 상담자에게 도움이 되고 필요한 구체적인 피드백을 주는 것을 잊기도 한다. 연습 회기에 대해 논의하기 전에 시간을 두고 피드백 양식을 작성한다. 항상 그렇듯이, 숙달 정도의 성취에 특히 주의를 기울인다. 내담자는 1장에 나온 내담자 피드백 양식을 작성할 수 있다.

7단계: 역할 바꾸기
시간을 동일하게 한다.

일반적인 유의 사항
이 상담 기술은 다양한 이론적 관점에서 사용될 수 있다. 상담자의 행동에서 명시적 또는 암묵적 이론을 관찰할 수 있는지를 살펴보는 것이 유용할 수 있다.

연습 7. 분별 연습　또 다른 사람과 분별 과정을 연습한다. 각 단계를 주의 깊게 연습한다. 다른 사람의 말을 어떻게 듣는지에 대한 de Waal의 말을 기억한다.

들으라. 의도를 가지고, 사랑과 함께, '마음의 귀로' 들으라. 지적으로, 머리로 들을 뿐만 아니라 우리의 모든 감정, 우리의 정서, 상상, 우리 자신과 함께 들으라. (de Waal, 1997, 서문)

질문의 목록과 생각을 내담자와 함께 공유한다. 내담자에게 이 목록에 없는 다른 질문이나 문제들을 제안하도록 부탁한다. 내담자에게 어떤 문제를 논의하고 싶은지 정하도록 한다. 내담자가 자신의 방향과 의미를 찾도록 돕는 데 있어서 당신의 모든 경청 기술을 사용한다. 시간을 충분히 두도록 한다.

당신과 내담자가 배운 것은 무엇인가?

연습 8. 해석 · 재구조화 실습

1～3단계　연습 7을 참고한다. '피드백 양식: 해석 · 재구조화'(글상자 11.3)를 사용한다.

4단계: 계획 세우기　이 상담 기술 연습을 위해서, 내담자에게 지금 현재 내담자에게 좌절감을 주는 것을 생각해보고 설명하도록 부탁한다. 몇 가지 가능한 주제로는 '기숙사를 옮겨야 한다', '룸메이트의 종교적 신념이 나와 다르다', '보다 건강한 식습관을 기르려고 한다', '어려운 과목을 듣고 있다', '꾸물거리는 경향이 있음을 알게 되었다' 등이 있다.

연습 회기에 대한 목표를 설정한다. 상담자가 해야 할 첫 번째 일은 내담자의 이야기를 듣고 내담자가 절망스러운 문제를 어떻게 생각하고 해석하는지 배우는 것이다. 두 번째 해야 할 일은 이야기에 대해서 대안적 의미나 해석을 제공하는 것이다. 개인적인 경험이나 이론적 관점에서 해석을 끌어온다. 또한 당신은 중요한 생각들을 서로 연결할 수도 있다(이 장에 제시된 연결에 대한 예 참고). 상담자 역량 포트폴리오에서 기본 숙달 역량과 의도적 숙달 역량을 검토하고 구체적인 목표를 달성하도록 회기를 계획한다.

해석 또는 재구조화의 가치는 이에 대한 내담자의 반응에 달려있다. 10장에 제시된 내담자 변화 척도(CCS)를 사용해서 당신의 재구조화에 대한 내담자의 반응을 평가한다. 관찰자들은 연습하기 전에 피드백 양식을 연구해야 한다.

5단계: 상담 기술을 사용해서 5분 연습 상담 회기를 실행하기

6단계: 연습 회기를 검토하고 10분간 상담자에게 피드백 제공하기　도움 과정에서 재구조화의 역할에 대한 논의를 한다. 피드백 양식을 사용하는 것을 잊지 말고, 숙달 정도의 성취에 특히 주의를 기울인다. 내담자는 1장에 나온 내담자 피드백 양식을 작성할 수

_____

(날짜)

_____　_____

(상담자 이름)　(양식 작성자 이름)

_____

지시 사항　관찰자 1은 10장에 제시된 내담자 변화 척도를 작성한다. 관찰자 2는 아래에 제시된 문항들을 작성한다.

1. 상담자는 기본 경청 기술을 사용해서 내담자의 이야기나 근심을 이끌어내고 명확하게 했는가? 얼마나 효과적이었는가?

2. 해석 · 재구조화의 사용에 대해서 상담자에게 비판단적이고 사실에 기초한 구체적인 피드백을 준다.

3. 상담자가 자신의 개입에 대해서 내담자의 반응을 확인했는가? 내담자는 내담자 변화 척도에서 상위 수준으로 이동했는가?

있다.

7단계: 역할 바꾸기　시간을 동일하게 한다.

일반적인 유의 사항　해석 · 재구조화를 사용할 때 우리는 상담자의 참조틀을 통해서 작업이 이루어진다. 당신의 목적은 내담자로 하여금 절망스러운 문제 또는 근심에 대해서 새로운 관점에서 다시 이야기하거나 바라보도록 돕는 것이다. 이 목적을 이루기 위해 당신은 해석이나 재구조화를 하기 전에 내담자의 이야기를 잘 들을 필요가 있다. 내담자의 말과 절망스러운 상황을 새로운 방식으로 해석하거나 재구조화하기 전에 내담자의 참조틀을 존중한다. 내담자에게 문제에 대한 새로운 관점이나 사고방식을 제공한다.

역량 포트폴리오

아래에 제시된 상담자 역량의 목록을 살펴보면서, 자신의 상담자 역량 포트폴리오에 의미 반영과 관련되는 아이디어를 어떻게 포함시킬 것인지를 생각해본다.

다음의 체크리스트를 사용하여 당신의 현재 상담자 역량의 숙달 수준을 평가해보라. 아래 항목을 검토하고 자신이 이것을 할 수 있는지 자문해보라. 먼저 현재 할 수 있다고 느껴지는 영역에 체크하라. 체크되지 않은 영역은 앞으로의 목표로 정하도록 한다. 이 책을 공부하면서 모든 영역에서 목적적 역량을 달성할 것이라고 기대하지 않는 것이 좋다. 계속적인 반복과 연습을 통해 상담자 역량은 향상하게 될 것이다.

1단계: 확인 및 분류 당신은 관련 상담 기술인 재진술 및 감정 반영과 의미 반영 및 해석 · 재구조화를 구별할 수 있다. 당신은 내담자가 의미에 대해 이야기하는 것을 도와주는 일련의 질문들을 파악할 수 있다. 당신은 해석 · 재구조화를 통해서 내담자가 문제에 대해 생각하는 새로운 방법을 제공할 수 있다.

☐ 상담 기술을 확인하고 분류한다.
☐ 내담자의 의미를 일깨우는 질문을 확인하고 적어본다.
☐ 의미를 가리키는 내담자의 핵심 단어에 주목하고 기록한다.

2단계: 기본 역량 의미를 일깨우고 반영하는 기술과 해석 · 재구조화 기술을 사용할 수 있다. 역반영의 기초적인 기술을 사용할 수 있다.

☐ 역할극 회기에서 의미를 일깨우고 반영한다.
☐ 스스로를 검토하고 자신의 인생 방향에 대해 보다 완전하게 분별한다.
☐ 역할극 회기에서 역반영과 태도 변화를 사용한다.
☐ 해석 · 재구조화를 사용한다.

3단계: 목적적 역량 당신은 경청 기술과 격려 반응을 사용해서 의미 문제를 이끌어낸 후 의미를 정확하게 반영할 수 있다. 당신은 자신의 단어를 사용해서 재구조화하기보다 (해석) 내담자의 핵심 단어와 구성개념을 사용해서 의미를 정의할 수 있다. 당신은 자신이 해석하지 않고 내담자가 경험을 해석하는 것을 촉진한다.

해석 · 재구조화에 대해서 당신은 내담자의 문제에 대해서 새로운 관점을 제공할 수 있다.

☐ 질문과 격려 반응을 사용해서 의미 문제를 이끌어낸다.

- 의미를 반영할 때, 자신의 말보다는 내담자의 핵심 단어와 구성개념을 사용한다.
- 내담자가 의미와 가치 문제를 보다 깊이 있게 탐색하기 시작하는 방식으로 의미를 반영한다.
- 상담 회기에서 필요에 따라서 대화의 초점을 의미에서 (감정 반영 또는 감정을 향한 질문을 통해서) 감정으로 또는 (재진술이나 내용을 향한 질문을 통해서) 내용으로 바꾼다.
- 다른 사람들이 인생에서 목표와 해야 할 일에 대해 분별하도록 돕는다.
- 내담자가 사건이나 사람의 부정적인 의미에 대해서 과도하게 반영하고 있다면, 그 사람이나 사건에서 무언가 긍정적인 것을 찾고 내담자가 긍정적인 것에 초점을 맞춤으로써 역반영하도록 돕는다.
- 내담자에게 자신의 문제에 대해서 생각하는 적절하고 새로운 방식을 제공하고, 그들이 자신의 행동, 생각, 감정에 대해서 새로운 관점을 만들도록 돕는다.
- 당신의 지식을 이용해서 해석·재구조화를 통해 새로운 관점을 제공하고, 내담자가 이 아이디어를 사용해서 자신의 문제에 대한 생각을 확장하도록 돕는다.
- 다양한 이론적 관점을 사용해서 당신의 재구조화를 조직한다.

4단계: 심리교육적 교육 역량
- 내담자에게 자신의 의미 체계를 어떻게 검토할지 가르친다.
- 다른 사람들이 분별 질문 전략을 이해하고 사용하도록 촉진한다.
- 다른 사람들에게 의미 반영을 가르친다.
- 내담자에게 새로운 참조틀에서 자신의 경험을 어떻게 해석할지, 그리고 자신의 경험을 여러 가지 관점에서 어떻게 생각할지에 대해 가르친다.
- 해석·재구조화를 다른 사람들에게 가르친다.

▶ 스타일과 이론 정하기: 의미 반영과 해석·재구조화에 대한 비판적 자기 성찰

의미는 상담과 심리치료에서 핵심적인 문제로 제시되었다. 해석은 많은 유사한 목적을 달성하는 대안적 방법이면서 상담자가 더 많이 관여하는 방법으로 제시되었다. 이 장에서 소개한 내용, 수업, 또는 비공식적 학습을 통해서 알게 된 것들 중에서 가장 인상 깊게 다가온 한 가지 생각은 무엇인가? 당신에게 가장 크게 다가오는 그 생각이 다음 단계로 가는 방향을 안내해줄 것이다. 다문화 주제와 이 상담 기술의 사용에 대한 당신의 생각은 무엇인가? 이 장에서 당신에게 중요하게 다가온 또 다른 내용은 무엇인가? 자신만의 스타일과 이론을 형성해나가는 데 이 장에서 다룬 개념과 생각을 어떻게 활용할 수 있는가? 새로운 의미를 찾고 당신 자신의 인생 경험을 재해석하고 재구조화할 수 있는가? 특히, 분별과 이것이 당신 자신의 삶에 가지는 관계에 있어서 무엇을 배웠는가?

▶ 찰리스에 대한 우리의 생각

의미를 이끌어내고 반영하는 것은 기술이며 전략이다. 기술로서 그것은 상당히 직설적이다. 의미를 이끌어내기 위해서는 찰리스에게 기본 질문을 변형하여 물을 수 있다. '심장마비가 당신에게, 그리고 과거와 미래 삶에 어떤 의미입니까?' 상황에 따라 다음 질문들의 의미의 일반적인 주제를 보다 상세하게 다룰 수 있다.

'당신의 직업에서 무엇이 가장 큰 만족을 주었나요?'
'당신의 현재 삶에서 무엇이 빠져있었나요?'
'당신의 인생에서 무엇을 가치 있게 여기십니까?'
'이번 심장 발작과 당신의 미래를 어떻게 이해하시나요?'
'당신의 미래에 무엇이 당신에게 가장 의미 있을까요?'
'당신이 그렇게 열심히 일하는 목적은 무엇입니까?'
'당신은 이번 일을 통해서 신이 당신에게 무엇을 말하고자 하는 것인지에 대해 의문을 가진다고 말했습니다. 당신의 생각을 말해보시겠어요?'
'당신은 세상에 어떤 선물을 남기고 싶으십니까?'

이런 질문들은 구체적인 행동 기술로 이어지지는 않는다. 종종 감정을 불러일으키고, 특정 종류의 생각과 인지를 불러일으킨다. 전형적으로 이 생각들은 깊이가 있으며, 거기서 의미와 이해를 찾을 수 있다. 내담자가 의미를 탐색하면, 필연적으로 치료 회기의 정확성은 떨어진다. 왜냐하면 우리가 정의할 수 없는 것을 정의하려고 하기 때문이다.

찰리스와의 작업에서, 그녀가 분별 과정을 통해서 보다 상세하게 그녀 인생의 의미를 점검하기를 원하는지를 확인할 수 있다. 그 과정은 이 책에 기술된 것보다는 의미와 목적을 다루는 보다 체계적인 접근이다. 만약 그녀가 원한다면, 그녀에게 더 중요한 질문들을 생각해보라고 요청할 것이다. 그리고 그녀의 삶, 직장, 목표와 목적의 의미 분별을 돕는 과정에 더 주의를 기울일 것이다.

의미 반영은 감정 반영이나 재진술과 매우 비슷하게 보인다. 하지만 의미, 느낌, 깊은 이해, 목적, 비전 혹은 그와 관련된 개념들이 명시적으로 혹은 암묵적으로 제시될 것이다. '찰리스, 심장 발작이 당신으로 하여금 삶의 기본적 이해에 의문을 가지도록 만들었다고 느낍니다. 그런가요? 그렇다면 좀 더 말씀해주시겠습니까?'

의미를 이끌어내고 반영하는 것은 궁극적인 답은 없지만 삶의 가능성에 대한 깊은 자각으로 이끄는 주제들을 탐색하도록 하는 출구다. 동시에, 효과적인 의미 반영은 내담자의 이야기, 과거, 현재, 미래를 이끌어내는 주요한 전략이 된다. 당신은 이 자가 점검을 촉진하기 위해 경청, 초점 맞추기, 직면 기술을 사용할 것이다. 하지만 초점은 내담자가 자기 삶의 의미와 목적을 찾는 데 있다.

12장

자기 개방과 피드백: 상담에서 즉시성과 진솔성

自기 개방과 피드백

의미 반영과 해석 · 재구조화

공감적 직면

초점 맞추기

경청 기술만 사용한 5단계 상담 회기

감정 반영: 내담자 경험의 근간

격려, 재진술, 요약: 적극적 경청의 핵심 기술

질문: 의사소통 시작하기

관찰 기술

주의 기울이기와 공감

윤리, 다문화적 역량, 긍정심리학과 건강증진적 접근

당신에게 나 자신을 개방하기 전에, 나는 당신이 어디에서 오는지를 알고 싶습니다. ······ 다른 말로 하면, 문화적으로 다른 내담자는 도움 전문가인 당신이 먼저 자기 개방을 하기 전까지는 자기 개방을 하지 않을 것입니다. 따라서 많은 소수 집단 내담자들에게 있어서 자신의 생각과 감정을 표현하는 상담자가 상담 상황에서 더 잘 받아들여집니다.

_Derald Wing Sue, Stanley Sue

'자기 개방과 피드백'의 목적

자기 개방과 피드백이 주의 깊고 섬세하게 사용된다면 상담 회기에 '지금 여기'의 즉시성을 가져올 수 있다. 상담자가 자신의 경험을 내담자와 나누거나 또는 자신의 삶에서 무언가에 대해 짧게 이야기한다면 내담자는 이를 들을 것이다. 내담자의 행동, 생각, 감정을 상담자가 잘 관찰하고 피드백을 주는 것은 큰 도움이 될 수 있다. 그러나 상담자의 권력이 부적절하게 사용될 수 있기 때문에 이 두 가지 상담 기술의 사용에 대해서는 논쟁이 계속되고 있다.

12장의 목표   자기 개방과 피드백에 대한 알아차림, 지식, 기술, 행동은 다음과 같은 것을 할 수 있게 한다.

▲ 자기 개방을 사용한다. 이는 평등한 느낌을 갖게 하고 내담자의 신뢰와 개방성을 격려한다. 자기 개방의 대상은 즉각적인 '지금 여기'에서 감정, 상담자의 개인사, 상담자가 가질 수 있는 생각과 감정이

된다.

▲ 상담 회기의 '지금 여기'에서 상담자에 의해 내담자가 어떻게 경험되고 있는지, 내담자가 문제에서 어떻게 진행하고 있는지, 다른 사람들이 내담자를 어떻게 바라보는지, 상담 회기에서 관찰되는 생각, 감정, 행동에 대한 정확한 피드백을 제공한다.

▲ 상담 회기에서 상담자의 권력을 인식하고 개인적인 진솔성과 진정성을 가지고 공감적으로 자기 개방과 피드백을 적용한다.

▲ 즉시성의 공감적 힘을 가지고 효과적으로 상담 작업을 한다.

▶ 자기 개방의 정의

우리는 모두 문화적 존재다. 따라서 앞서 제시된 Sue 형제의 인용구는 모든 내담자에게 적용된다. 상담자가 관계, 즉 작업동맹을 형성하기 위해서 신뢰와 개방성이 반드시 필요하기 때문에, 많은 상담자들은 내담자가 한 사람으로서 상담자에 대해 질문하는 것을 허용하며, 상담 과정 초기에 이러한 질문을 하는 것을 격려한다. 이 장에서는 상담자로서 당신이 상담 회기에서 개인적인 질문에 어떻게 응답하고 스스로에 대한 정보를 제공하는지에 대한 몇 가지 즉각적인 구체적 사항에 대해 이야기한다. 상담자는 권력과 영향력을 미칠 수 있는 위치에 있으며, 내담자는 상담자가 말하는 것에 과도하게 반응할 수 있다. 따라서 내담자의 요구에 대한 민감성과 자각이 중요하다.

상담자가 자신의 개인적인 관찰, 경험, 생각을 내담자와 나누어야 하는가? 상담자의 자기 개방은 오랫동안 논쟁의 대상이 되어왔다. 몇몇 이론가와 임상가들은 상담자가 자신을 공개하고 나누는 것에 반대하며, 보다 거리를 두고 객관적인 입장을 가지는 것을 선호한다. 그러나 인간중심 이론과 여성주의 이론 상담자들은 적절한 자기 개방의 가치를 증명해왔다. 다문화 이론에서는 상담 초기의 자기 개방이 궁극적으로 신뢰 형성의 핵심이라고 본다. 이는 상담자의 배경이 내담자의 배경과 매우 다를 때 특히 그러한 것으로 보인다. 예를 들면, 자신보다 나이가 많은 내담자를 상담하는 상담자는 이 문제를 회기 초기에 논의할 필요가 있다. 또한, 연구 결과 자기 개방을 하는 상담자와 작업한 내담자가 증상이 더 많이 감소되고 상담자를 더 좋아한다고 보고했다(Barrett & Berman, 2001).

다음에 자기 개방의 간단한 정의와 상담자가 자기 개방을 적절하게 사용할 때 기대할 수 있는 결과가 제시되어있다.

자기 개방의 개념은 상담자가 어떤 방식으로 내담자의 문제를 경험하지 않았을 때 누군가를 효과적으로 상담할 수 있는지에 대한 중요한 문제를 제기한다. 알코올 의존증이 있는 많은 사람들은 그들에게 일어나고 있는 일을 알코올 의존증이 없는 사람들이 이해할 수 있는지에 대해 의문을 가진다. 심각한 난임 문제를 겪고 있는 내담자는 때로 같은

자기 개방	기대할 수 있는 결과
상담자의 개인적인 과거 삶의 경험, 내담자에 대한 '지금 여기'에서의 관찰이나 감정, 또는 미래에 대한 의견을 내담자와 같이 나눈다. 자기 개방은 종종 '나' 진술문으로 시작한다. 내담자에 대한 '지금 여기'의 감정은 강력할 수 있으며 주의 깊게 사용되어야 한다.	자기 개방이 적절하고 공감적으로 사용되면, 내담자는 보다 깊이 있게 자기 개방을 하도록 격려되고 상담 회기에서 보다 평등한 관계를 만들 수 있다. 내담자는 관계에서 보다 편안하게 느끼고 상담자의 자기 개방과 연관 지어서 새로운 해결책을 찾을 수 있다.

문제를 경험하지 않았다면 아무도 자신을 제대로 이해할 수 없다고 느낀다.

당신이 35년의 결혼 생활 후에 이혼을 앞두고 있는 나이 많은 사람을 상담한다고 상상해보자. 당신의 배경은 내담자의 배경과 매우 다르며, 내담자에게 진실하게 공감하는 것이 어려울 수 있다. 또한, 나이 많은 내담자도 상담자와 상담자의 경험을 신뢰하는 데 어려움을 겪을 수 있다. 당신 쪽에서 터놓고 논의하고 약간의 자기 개방을 하며 서로의 차이를 탐색하는 것이 매우 중요할 수 있다. 당신이 누구인지에 대한 자기 개방은 당신이 '경험해보지' 않은 상황에서 도움을 줄 수 있다.

당신이 알코올 의존증인 사람이나 마약 중독자, 당신이 경험해보지 않은 상황에 있는 사람을 상담할 때 비슷한 일이 일어날 것이다. 여성이나 남성은 반대 성에 대해서 불편감을 느낄 수 있다. 당신이 RESPECTFUL 모델(1장)의 어떤 차원에서든지 내담자와 상당히 다르다면 그 차이가 논의될 필요가 있다.

회기가 진행되면서 자기 개방은 내담자의 이야기를 격려하고, 상담자와 내담자 사이에 더 많은 신뢰를 생성하고, 보다 동등한 관계를 만들 수 있다. 그럼에도 불구하고 이것이 상담자의 상담 기술에 포함되어야 하는 현명한 기술이라는 것에 모든 사람들이 동의하는 것은 아니다. 몇몇 사람들은 상담자가 대화를 독점하거나 너무 일찍 공개를 격려함으로써 내담자의 권리를 남용하는 것에 대한 타당한 우려를 제기한다. 이들은 또한 자기 개방이 전혀 없어도 상담과 치료가 성공적으로 이루어질 수 있다는 점을 제기한다.

자기 개방의 위험

자기 개방의 혜택과 더불어, 자기 개방의 실질적인 위험을 고려할 필요가 있다. 첫째는 **역전이**(countertransference)로, 역전이는 내담자의 문제에 현명하지 않거나 무의식적으로 얽히는 것을 말하며, 이는 상담자와 내담자 간의 경계를 무너뜨린다. 상담자의 잠재된 또는 무의식 감정이 내담자의 정서, 경험, 문제와의 동일시를 통해서 다시 수면 위로 떠오를 수 있다. 내담자의 문제가 상담자 자신의 문제를 상기시킬 수 있으며, 갑자기 상담자는 초점을 내담자에게 두지 않고 상담자 자신의 문제에 대해 너무 많이 이야기할 수도 있다. 자기 개방을 짧고 간명하게 하고 초점을 다시 내담자로 돌리도록 한다. 공감적 이해를 위해서는 내담자의 정서적·인지적 문제에서 상담자를 분리하면서, 동시에 상담자가 '내담자의 입장이 되고' 내담자가 바라보는 방식으로 사물을 바라보려고 하는 과정에서 내담자의 문제를 충분히 인식하고 있어야 한다.

얽힘과 역전이의 또 다른 유형은 상담자의 자기 개방이 내담자의 문제와 너무 거리가 멀 때 발생한다. 예를 들면, 내담자는 수업에서 의무적으로 해야 하는 구술 발표에 대한 불안에 대해 이야기하고 있다고 하자. 상담자는 최근에 자신이 대규모 관중 앞에서 패널로 말해야 했을 때 경험했던 불안에 대해 말하기 시작할 수 있다. 상담자의 자기 개방은 내담자와 관련되고 시의성 있게 이루어져야 한다.

부적절하고 지나치게 확대된 자기 개방은 상담의 초점을 내담자에서 멀어지게 한다. 내담자와 상담자를 분리하는 경계가 무너질 수 있으며, 이로 인해 내담자에게 해를 입힐 수 있고 윤리에 위배되는 경우가 생길 수도 있다.

자기 개방의 기술

다음은 자기 개방의 다섯 가지 핵심 측면이다.

1. **경청한다.** 모든 변화 촉진 기술과 마찬가지로, 먼저 내담자의 이야기에 주의를 기울이고, 그 다음에 상담자가 할 수 있는 자기 개방의 적절성을 평가한다. 상담자의 자기 개방이 내담자의 문제와 관련되도록 한다.
2. **자기 개방 후에 짧게 같이 나눈다.** 자기 개방이 어떻게 받아들여지는지에 주목하면서, 즉각적으로 내담자에게 초점을 돌린다(예: '이것이 당신과 어떻게 관련될까요?')
3. **'나' 진술문을 사용한다.** 자기 개방은 거의 항상 '나' 진술문 또는 '나', '나를', '나의'와 같이 자기 참조 대명사를 사용하거나 자기 참조를 의미하는 말을 사용한다.
4. **상담자의 생각, 감정, 행동을 나누고 간략하게 논의한다.** '당신이 얼마나 고통스러운 느낌일지 상상할 수 있습니다', '당신이 그 놀라운 경험에 대해 이야기하는 것을 들으니 행복하군요. 그것은 진정한 변화였어요!', '제 이혼 경험 역시 고통스러웠습니다', '저 역시 알코올 의존증이 있는 부모 밑에서 자랐고 당신이 느끼는 혼란을 어느 정도 이해합니다.'
5. **공감적으로 진술하고 적절한 즉시성과 긴장을 사용한다.** 상담자의 자기 개방이 사실인가, 꾸며낸 것인가? 없는 일을 만들어내지 않는다. 가장 도움이 되는 자기 개방은 일반적으로 '지금 여기'에서 현재형으로 일어난다(예: '바로 지금 저는 느낍니다', '지금 이 순간 당신을 보니 마음이 아프네요'). 그러나 자기 개방의 힘을 더 강하게 하거나 부드럽게 하기 위해 과거형 또는 미래형과 같은 시제의 변화를 사용한다.

▶ 공감적 자기 개방

상담자는 내담자에게 즉각적이고 가까운가? 당신은 그러한가? 상담자는 내담자의 영역을 침범하지 않으면서 내담자에게 의미 있는 방식으로 자기 개방을 할 수 있는가? 내담자와 관련되는 자기 개방을 하는 것은 다음과 같은 문제를 포함한 복잡한 과제다.

진솔성

진솔성(genuineness)을 보여주기 위해, 상담자는 공유하는 감정, 생각, 경험을 실제로 그리고 솔직하게 소유해야 한다. 둘째, 자기 개방은 진솔하고 내담자와 관련해서 적절해야 한다. 예를 들면, 상담자가 알코올 의존증이 있는 부모 밑에서 자란 내담자와 상담 작업을 하고 있고 상담자도 자신의 가족에 알코올 의존증을 가진 사람이 있다면, 상담자 자신의 이야기를 간단하게 나누는 것이 도움이 될 수 있다. 물론, 이런 이야기를 하는 것의 위험성은 상담자가 자신의 문제에 너무 많은 시간을 소비하고 내담자를 무시하게 될 수 있다는 것이다. 이때 [글상자 12.1]에 제시된 '1-2-3' 변화를 촉진하는 방식이 특히 중요하다.

즉시성

아래에 제시된 예는 **지금 여기**(here and now)의 사용이 어떻게 상담 회기에 즉시성(immediacy)을 가져오는지 보여준다. 이는 과거형이나 미래형으로 된 **그때와 그곳**(there and then)과 비교될 수 있다. 그렇지만 세 가지 접근 모두가 상담 회기에서 유용하다는 것 역시 기억한다. 상담자는 과거를 어느 정도 알 필요가 있고 미래 역시 예측할 필요가 있다.

> 매디슨: 저는 권위적인 위치에 있는 남자들이 저를 대하는 방식에 정말 화가 나 있어요.
>
> 상담자: (현재형) 당신은 지금 정말 화가 나 있는 것으로 느껴집니다. 드디어 당신의 감정과 접촉하는 것을 보니 기쁘네요.

글상자 12.1 경청하고, 변화를 촉진하고, 내담자의 반응을 관찰하는 '1-2-3' 방식

1. 경청
주의 기울이기, 관찰, 경청 기술을 사용해서 내담자가 세계를 바라보는 관점을 발견한다. '나' 진술문과 내용(재진술), 감정(감정 반영), 의미(격려 반응과 의미 반영)에 대한 핵심 표현을 통해서 내담자가 어떻게 세계를 보고, 듣고, 느끼고, 나타내는가?

2. 평가와 변화 촉진
변화 촉진 기술은 상담자가 내담자의 이야기를 듣고 이해한 *다음*에 사용하는 것이 가장 좋다. 시의성이 핵심이다. 내담자가 들을 준비가 되어있거나 지금까지 논의된 것에 대해 생각하는 새로운 방식을 배울 준비가 된 때는 언제인가? 피드백, 필연적 결과, 지시와 같은 변화 촉진 기술은 내담자가 준비가 되지 않았다면 경청하는 방식에서 갑자기 변하는 것이 될 수 있다.

3. 확인 후 내담자 반응 관찰
상담자는 변화 촉진 기술을 사용하면서 확인을 한 다음('이것이 당신에게 어떻게 보입니까?') 경청하고 주의 깊게 관찰한다. 내담자의 언어적·비언어적 행동이 모순되거나 갈등적인 것으로 보인다면, 경청 기술을 사용하는 것으로 다시 돌아간다. 변화 촉진 기술은 상담자가 내담자와 전적으로 '함께'하지 못하게 할 수 있다.

상담자: (과거형) 저도 과거에 제 감정을 표현하는 데 비슷한 어려움을 겪었습니다. 그냥 앉아서 참기만 했던 것을 기억해요.

상담자: (미래형) 이렇게 정서를 인식하는 것은 앞으로 감정에 대한 접촉이 더 높아지도록 도울 수 있습니다. 저는 이것이 저에게 계속 도움이 될 것이라는 것을 알아요.

내담자가 '당신이 제 입장이라면 어떻게 하시겠어요?'라고 물을 때 주의한다. 내담자는 때로 내담자가 어떻게 해야 한다고 생각하는지에 대한 상담자의 의견과 조언을 직접적으로 구할 것이다. '제 전공을 무엇으로 해야 한다고 생각하세요?' '당신이 제 입장이라면 이 관계를 정리하시겠어요?' 효과적인 자기 개방과 조언은 도움이 될 가능성이 있지만, 상담자가 해야 하는 첫 번째 일은 아니다. 상담자의 과제는 내담자가 자신의 결정을 내리도록 돕는 것이다. 상담자에게 옳은 해결책이 내담자에게 옳은 해결책은 아닐 수 있으며, 상담자가 지나치게 일찍 관여하는 것은 내담자의 의존성을 조장하고 내담자를 잘못된 방식으로 이끈다. 아래의 대화에 주목해본다.

매디슨: 상사가 저에게 이성으로 접근하는 것에 대해 상사에게 말하는 것에 대해 어떻게 생각하세요?

상담자: 제가 당신의 입장에 있지는 않고, 아직 상사나 또는 직업에 대해서 충분히 이야기를 듣지 않았습니다. 먼저, 상사와의 관계에 대해서 좀 더 자세하게 탐색할 수 있을까요?(과거형)

상담자: (상담자가 하고 싶지 않지만 자신의 생각을 공유해야 하는 느낌을 받는다면, 상담자의 반응을 짧게 유지하고 내담자의 반영을 물어본다) 매디슨, 지금 당신의 분노를 느낍니다('지금 여기', 현재형). 제 생각에는 당신의 상사가 하고 있는 행동에 대해 이야기하는 것이 좋은 것 같군요. 당신의 상사는 자신이 어떻게 당신에게 영향을 미치는지에 대해 온전하게 인식하지 못하고 있을 수 있습니다. 하지만 제가 당신이 아니고, 당신의 상사는 당신의 이야기를 듣지 않을 수도 있습니다. 당신이 상사에게 이야기한다면 어떤 결과가 있을 수 있을까요?(미래형)

상담자: (관계에 대해 더 많은 정보를 이끌어낸 뒤) 제가 들은 바로, 지금 일어나고 있는 일을 보다 안전한 시기에 이야기를 꺼내는 것이 현명할 것 같습니다. 이야기를 직접 꺼내는 것이 중요하다고 생각하고, 당신이 앞일을 미리 생각하는 방식을 존중합니다. 제 말이 어떻게 들리시나요?(문제를 더 탐색하면서 미래형을 '지금 여기'로 가지고 옴)

시의성

내담자가 어떤 일에 대해 순조롭게 이야기하고 있다면 상담자의 자기 개방은 필요하지 않다. 그러나 내담자가 무엇인가에 대해 이야기하고 싶어 하는 것으로 보이는 데 어려움을 겪고 있다면 상담자 쪽에서 주도적으로 약간 자기 개방을 하는 것이 도움이 될 수 있다. 지나치게 깊고 관여도가 높은 자기 개방은 내담자를 당황하게 하거나 멀어지게 할 수 있다.

문화적 의미

상담자는 내담자가 가져오는 모든 문제를 경험했을 수 없다. 상담 회기를 시작하고 적절한 시간이 흐른 후에, 예를 들어 남성 상담자가 여성 내담자와 상담을 한다면, 다음과 같이 말하는 것이 유용할 수 있다. '남성이 여성의 문제를 항상 이해하는 것은 아닙니다. 당신이 말하고 있는 주제는 분명히 성(性)과 관련되는 문제입니다. 최선을 다하겠지만, 제가 무언가를 놓친다면 알려주세요. 저에게 물어보고 싶은 것이 있으신가요?' 상담자가 백인계 미국인이거나 흑인계 미국인이고 내담자의 인종이 상담자와 다르다면, 상담 회기의 시작 시점에서 상담자가 문화의 차이를 인식하고 있음을 솔직하게 드러내는 것이 신뢰를 쌓는 데 도움이 될 수 있다.

상담자와 내담자가 문화적으로 서로 다를 때, 자기 개방에 대해서 사전에 더 많은 생각을 할 필요가 있으며, 상담자가 내담자와의 문화적 차이를 개인적으로 편안하게 느끼는 것이 중요하다. 상담자 쪽에서 개방적 논의와 어느 정도의 자기 개방이 필수적이다. 차이에 대한 솔직한 공개는 라포 형성에 도움이 될 수 있다. 알코올 의존증을 가진 많은 사람들은 알코올 의존증이 없는 사람들이 자신들에게 일어나고 있는 것을 이해할 수 있을지에 의문을 가진다. 암이나 심장병이 있는 내담자는 그 질병을 경험하지 않았다면 아무도 정말로 이해할 수 없다고 느낄 수 있다. 그런 반면 상담자가 알코올과 관련해서 어려움을 겪었던 경험이 있다면 자신의 이야기를 간단하게 나누는 것이 매우 도움이 될 수 있다. 때로 내담자에게 '당신이 원한다면 저에 대해 자유롭게 물어보세요'라고 말하는 것이 도움이 된다. 상담자의 대답을 짧게 하도록 한다. 상담자가 하는 것 또는 하지 않는 것이 상담자의 지식과 편안함의 수준과 일치하도록 하며, 또한 자기 개방이 내담자에게 합리적이고 편안하게 다가가도록 한다.

▶ 피드백의 정의

다른 사람들이 우리를 보는 것처럼 우리 자신을 보는 것,
다른 사람들이 우리의 이야기를 어떻게 듣는지를 듣는 것,
우리가 다른 사람들에게 영향을 주는 것처럼 영향을 받는 것……
이것이 효과적인 피드백의 목표다.

_ Allen Ivey

상담자가 아래에 제시한 것처럼 피드백을 효과적으로 사용한다면, 상담자는 다음과 같

피드백	기대할 수 있는 결과
내담자가 어떻게 생각하고 느끼고 행동하는지에 대해 상담자가 어떻게 생각하는지에 대해서, 그리고 중요한 타인이 내담자와 내담자의 행동을 어떻게 바라보는지에 대해서 내담자에게 분명하고 비판단적인 정보를 제시한다.	내담자는 상담자의 피드백에 기초해서 자신의 생각, 감정, 행동을 향상시키거나 변화한다.

은 내담자의 반응을 예상할 수 있다.

다른 사람들이 자신을 어떻게 바라보는지에 대해 아는 것은 인간의 변화에서 강력한 차원이며, 내담자가 먼저 피드백을 구한다면 가장 큰 도움이 된다. 상담자가 좋은 상담관계를 형성했고 내담자가 상담자를 신뢰한다는 것을 알 정도로 내담자와 충분한 경험이 쌓였다면, 피드백은 중요한 변화 촉진 전략이다. 아래에 제시된 피드백에 대한 가이드라인이 매우 중요하다.

1. 피드백을 받는 내담자가 주도권을 가져야 한다. 내담자가 피드백에 대한 준비가 되어있는지 알기 위해 먼저 내담자의 말을 경청한다. 피드백은 내담자가 먼저 피드백을 구할 때 더 성공적이다. (경청하기 – 피드백 주기 – 확인하기)

2. 상담자가 내담자의 강점 또는 내담자가 할 수 있는 것에 초점을 둘 때 피드백이 가장 잘 수용된다. 긍정적인 특징에 대해 피드백을 주고 강점을 길러나가는 것이 더 효과적이다. 교정적 피드백은 내담자가 생각, 감정, 행동을 향상시킬 수 있는 영역에 초점을 둔다. 교정적 피드백은 내담자가 변화할 수 있는 것, 또는 내담자가 변화될 수 없는 것을 인식하고 받아들일 필요가 있는 상황에 대한 것일 필요가 있다.

3. 피드백은 구체적이어야 한다. '당신은 최근에 크리스(Chris)와 두 번 언쟁을 벌였고, 이로 인해 두 사람 모두 화가 났군요. 당신 이야기를 들으면 두 번 모두 당신이 거의 즉각적으로 져주는 것 같습니다. 자신의 생각을 표현하는 기회를 가지기도 전에 포기하는 패턴이 있는 것 같군요. 여기에 어떤 반응이 드나요?' 다음과 같은 추상적이거나 일반적인 반응은 피하도록 한다. '그것은 당신의 전형적인 반응인 것 같군요.' '당신이 그런 방식으로 생각·행동하는 것을 멈추는 것이 더 좋을 것 같습니다.'

4. 피드백이 공감적이고, 상대적으로 비판단적이고, 상호작용일 때 가장 좋다. 공감의 핵심 차원은 내담자와 비판단적인 방식으로 같이 있는 것이다. 사실과 구체적인 사항에서 벗어나지 않도록 한다. 사실은 우호적이지만, 판단은 우호적일 수도 있고 그렇지 않을 수도 있다. 상담자의 목소리 톤과 몸짓언어를 통해서 상담자의 비판단적 태도를 보여준다. '당신이 아주 열심히 노력하는 것을 알겠어요. 당신은 진심으로 크리스의 방식을 받아들이려는 마음이 있고 당신이 바꿀 수 없는 것과 더불어 사는 법을 배우려고 합니다. 제 말이 어떻게 들리세요?', '당신은 너무 쉽게 포기해요. 당신이 더 열심히 노력했으면 합니다'라든지 너무나 흔한 '잘 하셨어요'와 같은 반응은

피하도록 한다.

5. 피드백은 간결하고 정확해야 한다. 내담자에게 부담을 주지 않도록 한다. 교정적인 피드백은 짧게 한다. 대부분의 사람들은 자신이 들을 수 있는 내용에 한계가 있고 한 번에 한 가지씩만 바꿀 수 있다. 피드백을 위해서 한두 가지 사항을 선택하고 나머지는 미래를 위해 남겨둔다.

6. 상담자의 피드백이 어떻게 받아들여졌는지를 확인한다. 확인을 통해서 내담자를 피드백에 관여시킨다. 내담자의 반응을 통해서 내담자가 상담자의 말을 잘 들었는지 그리고 상담자의 피드백이 얼마나 유용했는지를 알 수 있다. '당신은 여기에 어떤 반응이 드나요?' '제 말이 당신의 생각과 가까운가요?' '이 피드백은 당신에게 어떤 의미입니까?'

　　긍정적 피드백(positive feedback)은 '승자의 아침식사(the breakfast of champions)'로 기술되어왔다. 상담자의 긍정적이고 구체적인 피드백은 내담자가 자신의 문제와 근심을 다시 이야기하도록 돕는다. 가능하다면 내담자에게 적합한 것을 찾도록 한다. 상담자가 어렵고 도전적인 피드백을 해야 할 때에도, 내담자의 긍정적 자산을 포함하도록 노력한다. 내담자가 자신의 정신건강에서의 강점, 긍정적 자산, 유용한 자원을 발견하도록 돕는다.

　　교정적 피드백(corrective feedback)은 부정적 피드백과 미래를 위한 긍정적 제안의 미묘한 균형이다. 내담자들이 자신을 진지하게 살펴볼 필요가 있을 때 교정적 피드백은 잘못하고 있는 부분이나 미래에 해가 될 행동에 초점을 맞출 필요가 있다. 기관 장면, 교정 기관, 학교와 대학에서는 때로 상담자가 징계나 일정한 유형의 처벌의 형태로 교정적 피드백을 주어야 하는 경우가 있다. 상담자가 부정적 교정적 피드백을 주어야 할 때에는 문제가 고통스러운 것이라고 하더라도 목소리 톤과 몸짓언어를 비판단적으로 유지하고 사실에서 벗어나지 않도록 한다. **칭찬과 지지적 반응**(praise and supportive statements)(예: '당신은 할 수 있어요. 제가 도와드리겠습니다.')은 상담자가 내담자에게 힘든 피드백을 주어야 할 때에도 내담자에 대한 상담자의 긍정적인 생각을 전달한다.

　　내담자가 교정적 피드백을 들으려고 하지 않을 때에는 **부정적 피드백**(negative feedback)이 필요하다. 예를 들면, 학대, 자신이나 다른 사람에게 해를 입히는 계획된 행동, 범죄 행동의 경우, 내담자의 행동이 가져올 수 있는 부정적 결과를 포함한 부정적 피드백이 필요하며 이것이 도움이 될 수 있다. 이러한 상황에서 어떤 행동을 취하는 것이 상담자의 책임이지만, 내담자가 가해자라고 하더라도 내담자의 관점을 경청하는 것이 중요하다.

　　피드백과 관련해서 상담자 자신의 긍정적 · 부정적 경험을 기억하도록 한다. 이는 친구, 가족, 교사, 직장 상사로부터의 피드백이었을 수 있다. 효과적인 피드백과 효과적이지 않은 피드백에 대해서 당신은 개인적으로 어떤 점에 주목하는가? 당신이 이 장에서

모호하고 판단적, 부정적 피드백	매디슨(Madison), 저는 당신이 상사를 대하는 방식이 효과적이라고 생각하지 않습니다. 당신은 그저 상황을 내버려두고 있고, 일어나고 있는 일을 그저 받아들이는 것으로 느껴집니다.
구체적, 비판단적, 긍정적 피드백	매디슨, 당신은 할 수 있어요. 저는 다른 장면에서 당신이 할 수 있는 일들을 보았습니다. 당신의 자기주장 능력은 중요할 것입니다. 당신이 다음에 그런 상황을 마주하게 되었을 때 도움이 될 수 있는 몇 가지 구체적인 것들을 제안해도 될까요?
교정적 피드백	당신이 노력하는 방향은 옳은 방향입니다. 우리가 행동의 새로운 방식을 연습하는 역할극을 해본다면 당신은 더 잘 할 수 있어요. 역할극을 하면서 당신이 행동을 변화하는 데 도움이 되는 몇 가지 제안을 할 수 있습니다. (상담 회기에서 역할극의 활용에 대한 아이디어에 대해서 13장을 참고한다)

피드백에 대한 내용을 읽은 후, 피드백을 줄 때 당신은 어떤 점을 더 잘 하고 어떤 점에 유의할 것인가?

▶ 상담 회기 예시: 직장에서 어려운 상황을 어떻게 다루는가?

다음은 상담자인 오나우미(Onawumi)가 자기 개방과 피드백을 사용해서 매디슨과 진행한 또 다른 상담 회기의 후반부에서 가져온 축어록이다. 매디슨은 자신에게 이성으로 접근하기 시작한 상사와의 어려움에 대해 말하고 있다.

상담자와 내담자의 대화	상담 과정에 대한 해설
1. *오나우미:* 매디슨, 지난 몇 회기 동안 우리가 이야기했듯이, 당신은 아주 능력 있고 자신에 대해 확신에 차 있는 모습으로 저에게 다가옵니다. 그런데 이 상황에서 당신은 확신이 없어요. 지금 상사인 잭슨(Jackson)이 당신에게 이성적으로 접근하고 있고 당신은 직장을 잃을까봐 두려워하지만 상사의 행동에 대해서 여전히 화가 나 있습니다. 당신이 화가 난 것이 잘 이해가 됩니다.	여기에서 오나우미는 매디슨의 강점에 대해 짧게 피드백을 주는 것으로 시작하고, 이어서 그녀가 가진 능력과 현재 그녀의 공포와 분노를 대조해서 말한다. 여기에서 다음의 두 가지 중요한 불일치가 직면된다. (1) 그녀가 과거에 보였던 내적 강점과 현재의 두려움 및 우유부단함이 대조됨. (2) 현재 그녀의 침묵과 직장을 지키고 싶은 욕구를 포함한 상사와의 갈등. 오나우미는 또한 매디슨의 두려움에는 주의를 더 적게 기울이면서 그녀의 분노가 타당하다는 것에 대한 피드백을 주고 있다. (추가적 공감)
2. *매디슨:* 맞아요. 제가 뭘 하고 있는 거죠? 무엇을 할 수 있을까요?	앞서 매디슨이 이 문제에 대해 이야기할 때, 내담자 변화 척도에서 1수준과 2수준을 왔다 갔다 하고 있는 것이 분명하게 나타났다. 때로 그녀는 어떤 일이 벌어지고 있다는 것을 부인했지만, 그 후에는 이 문제를 부분적으로 살펴볼 수 있었다. 마침내 그녀는 어떤 일이 일어났는지를 명확하게 인식하면서 3수준으로 이동했다.

상담자와 내담자의 대화	상담 과정에 대한 해설
3. 오나우미: 당신은 많은 강점을 가지고 있어요. 여성들에게는 이런 일이 너무나 자주 일어나지만, 이에 대해 어떤 행동을 할 수 있습니다. 어떤 생각이 떠오르시나요?	강점에 대해 다시 한 번 피드백을 주면서, 또한 다른 여성들에 대한 피드백을 제공한다. 그 뒤에 오나우미는 결정권을 매디슨에게 넘김으로써, 그녀를 존중하고 잠재적으로 힘을 실어주고 있다. (추가적 공감)
4. 매디슨: 음, 당신과 이야기를 하는 것이 도움이 돼요. 무슨 일이 일어나고 있는지를 더 분명하게 보고 있는 것 같아요. 저는 결국에는 제 자신을 잘 추스를 수 있다고 생각해요. 제가 하는 일을 잭슨이 좋아한다는 것도 알고 있어요. 제가 일을 잘했기 때문에 급여도 인상되었다고 생각해요. 잭슨이 저에게 관심이 있어서가 아니라요.	매디슨은 긍정적 피드백에 의지하고 있으며 자신과 자신의 능력에 대해 보다 확신하고 있음을 보여준다. 그녀는 내담자 변화 척도에서 3수준으로 이동했다.
5. 오나우미: 그러면 당신은 잭슨이 당신이 하는 일을 존중한다는 것을 알고 있군요. 그리고 당신이 말한 내용에서 보면 당신이 잭슨과 회사를 위해서 중요한 프로젝트를 진행하고 있어요. 거기에서 분명히 당신에게 유리한 점이 있습니다. 계속 말씀해보세요. 당신이 맞는 방향으로 가고 있는 것 같아요.	재진술, 피드백. (추가적 공감)
6. 매디슨: 제가 잭슨과 마주 앉아서 프로젝트의 현재 진행 상황과 일이 얼마나 잘 진행되고 있는지를 검토한다면 어떤 일이 일어날지 궁금해요. 그가 강제로 어떤 행동을 하려고 하거나 직접 저를 당황하게 한 것은 절대 아니지만 그런 암시는 정말 있거든요. 아마도 우리가 프로젝트를 검토한 다음에 그 사람과 같이 일하는 것은 좋지만 우리 관계를 일과 관련된 관계로만 유지해야 한다고 말할 수 있을 것 같아요. 그가 말했던 몇 가지에 대해서 불편한 감정을 느꼈지만, 여전히 그를 존중해요. 우리 관계의 초점을 프로젝트에 맞춘다면 그 사람이 싫어할까요?	이러한 모습이 그다지 빠르게 나타나지 않았음을 기억한다. 상담 회기의 마지막 15분이 되어서야 매디슨은 실질적인 움직임을 보였다. 여기에서 그녀는 내담자 변화 척도의 3수준에 있지만 4수준을 향해 가고 있다.
7. 오나우미: 글쎄요, 그 사람이 합리적인 사람이라면 아마 잘 될 거예요. 당신은 그 사람을 존중하지만, 당신 자신을 위해 말할 수 있어요. 당신의 생각을 역할극으로 해봅시다. 제가 잭슨 역을 할게요. 당신이 말하고자 하는 것을 한 번 연습해보세요.	매디슨의 생각에 대해 피드백. 이어서 매디슨의 생각을 역할극으로 시험해보는 지시문(13장 참고).

역할극으로 이어진다. 매디슨은 프로젝트를 명확하게 요약하고 때로 긴장감이 드는 관계에 대한 그녀의 감정을 요약했다. 그녀가 상황에 대해 설명할 때 그녀는 자신의 '침착함'을 유지하면서 또한 상사를 존중하는 모습을 보인다. 그녀는 역할극에서 자신의 방식에 대해 좋은 느낌을 가진다.

| 8. 오나우미: 아주 잘 했어요, 매디슨. 제 생각에 우리가 지금 연습한 것을 당신이 시도할 수 있을 것 같아요. 잘 진행되기를 바랍니다. 조금 다른 이야기를 하면, 저도 비슷한 상황에 있었고 우리가 방금 역할극을 했던 방식을 시도했어요. 그때 제 상사는 제가 한 말을 무시했지만 저를 내버려두기 시작했어요. | 피드백에 이은 자기 개방. 오나우미의 삶에서 유사한 상황에 대한 자기 개방은 정확한 반응이지만, 이는 또한 매디슨에게 더 많은 두려움을 줄 수 있다. 그럼에도 불구하고, 매디슨이 자신의 의견을 말하는 것에 대한 가능한 논리적인 부정적 결과를 탐색하는 것은 중요하다. (잠정적으로 추가적 공감) |

상담자와 내담자의 대화	상담 과정에 대한 해설
그렇지만 제가 어떤 힘을 잃어버린 것은 아닐까 의문이 들어요. 당신도 잘 진행하기 위해 몇 가지 아이디어가 있겠지만…… 만일 잘 진행되지 않는다면 어떨 것 같으세요?	
9. *매디슨*: 아, 그 사람이 화가 날 수 있다는 것을 알아요. 하지만 당신도 같은 일을 겪었다는 것을 알게 되니 좋네요. 여성들은 이런 일을 너무 자주 겪게 되지만 우리의 권리를 위해서 무언가를 하기 시작해야 해요. 제 상사는 이걸 받아들일 수 있고 아마 그래야 할 거예요. 성희롱과 회사 방침에 대한 기업 차원에서의 훈련을 받았거든요. 그 사람은 제 피드백을 가치 있게 생각할 수도 있어요. 그 사람은 자신이 하는 행동을 잘 모르고 있을 수 있다고 봐요.	4수준 반응이 더 많이 나타난다. 피드백과 자기 개방이 매디슨으로 하여금 결정과 미래의 행동을 자신이 통제할 수 있게 했음에 주목한다.
10. *오나우미*: 그러면, 잘 진행되지 않으면 어떨까요?	일어날 수 있는 일을 직면시키는 개방형 질문. (잠정적으로 추가적 공감)
11. *매디슨*: 사실, 직장을 잃는 것에 대해서 이전만큼 두렵지는 않아요. 제가 이 상황을 이겨낼 수 있다고 생각해요. 제 의견을 표현해야 해요. 잭슨은 프로젝트 때문에 제가 필요해요. 그리고 이 일이 잘 진행되지 않는다면 직장을 떠날 준비가 되어있어요. 다른 직장을 찾을 수 있다는 걸 알아요.	내담자 변화 척도에서 4수준
12. *오나우미*: 당신이 그 위험을 감수할 수 있다고 하는 것이 저를 기분 좋게 하네요. 제 느낌에 결과가 어떻게 되든 관계없이 당신은 이 일을 추진할 힘과 지혜를 가지고 있습니다. 어떻게 진행되는지 기다릴게요. 당신은 자신을 위해 옳은 일을 하고 있습니다.	자기 개방과 피드백

▶ 피드백과 뇌과학

긴장 완화 훈련, 바이오피드백·신경피드백, 전기 피부 반응 및 기능적 자기공명영상(fMRI)을 사용해서 뇌 활동의 피드백을 통한 스트레스 관리법은 널리 활성화되어있다. 신경피드백은 두통, 우울, 주의력 결핍 장애에도 유용한 것으로 밝혀졌다. 이들은 지금까지 이 장에서 논의된 것과는 매우 다른 유형의 피드백이다. 그러나 다양한 유형의 전기 피드백의 사용은 미래의 상담 실제에서 중요한 부분이 될 것이다. 여기에 몇 가지 예가 제시되어있다.

바이오피드백 기계는 뇌파, 근육 긴장도, 피부 전도, 심장 박동, 통증 지각과 같은 생리적 기능을 측정한다. 내담자는 근전도 검사(EMG), 뇌파 기록기(EEG), 심전도계(ECG)와 같은 피드백 도구 검사를 받는다. 내담자의 몸에 센서가 적절하게 부착되고 내담자는 생리적 반응을 통제하는 것을 학습한다. 이와 같은 전략은 스트레스, 불안, 두통, 우울 및 많은 다른 문제들을 다룰 때 유용하다.

뇌를 위한 바이오피드백으로도 알려진 신경피드백은 뇌과학에 기초한 하나의 방법이다. 신경피드백은 개인이 뇌파 활동을 인식하고 점검하고 스스로 조절하도록 함으로써 정신적으로 보다 건강하고 자기 조절을 하고 정신 장애에 대처하도록 한다. 신경피드백은 정상적인 인간 반응(예: 집중과 직업 관련 수행)과 정신건강(예: 긴장 이완)을 증진시키는 데 사용될 수 있다. 신경피드백은 뇌의 가소성(plasticity)을 통해서 정신건강 장애(예: 주의력 결핍 장애 및 두통)로 표출될 수 있는 기저의 기능적 역기능이나 결점을 다룰 수 있다. 많은 경우에 신경피드백은 해로운 부작용이 있을 수 있는 약물 치료에 기초한 광범위하고 비용이 많이 드는 치료의 필요성을 줄이거나 제거할 수 있다.

어떤 사람들은 10년 이내에 상담자가 고급 기술을 사용해서 진단 및 치료에 대한 제안을 하게 될 것이라고 예측한다. 기능적 자기공명영상(fMRI)과 양전자방출단층촬영법(PET) 관련 체계는 주로 진단과 연구에 사용된다. 이 책에 이에 대한 여러 연구들이 인용되어있으며, 이러한 연구들은 우리가 상담에서 하는 많은 것들을 지지하는 가치 있는 정보를 제공했다. 이러한 연구에 대한 지식 역시 우리의 상담 실제를 정교하게 하는 데 도움이 된다.

▶ 요약: 자기 개방과 피드백의 보상 및 위험성

자기 개방과 피드백의 몇 가지 잠재적 핵심 가치는 다음과 같다.

▲ 자기 개방과 피드백이 아니라면 내담자가 얻을 수 없는 상담자의 경험과 지식에서 얻을 수 있는 기회를 제공한다.
▲ 관계를 증진시키고 내담자가 보다 개방적이고 자기 개방을 하도록 격려한다.
▲ 상담 회기에 '지금 여기'에서의 즉각성을 가져온다.

다음에는 때로는 논쟁의 여지가 있는 상담 기술이 될 수 있는 자기 개방과 피드백의 사용에 대한 몇 가지 주의 사항이 제시되어있다.

▲ 상담자가 상담 회기에서 가지는 권력을 남용할 가능성에 대해 인식한다. 내담자는 상담자가 말하는 것을 때로는 너무 쉽게 신뢰하는 경향이 있다.
▲ 자기 개방과 피드백 반응을 짧고 핵심에 맞게 한다. 초점을 빨리 내담자에게 돌리도록 한다.
▲ 상담자가 말하고자 하는 바를 내담자가 있는 곳에 맞추도록 한다. 여기에서 의미하

는 것은 상담자의 반응이 내담자의 인생 경험과 관련되도록 한다. 상담자와 유사한 경험이나 유용한 피드백으로 보이는 것도 내담자의 세계관에서는 멀리 떨어져 있을 수 있다.

▲ 상담자가 이 두 가지 기술을 사용하는 것이 내담자의 다문화적 배경에 적절한지 고려한다. 1장에서 소개한 RESPECTFUL 모델에 대해 인식한다.

당신은 개인적으로 이 상담 기술의 사용에서 어디에 있는가? 인본주의적 상담에 특히 관심이 있다면 이 상담 기술을 정기적으로 사용할 가능성이 높다. 인지 행동적 접근을 선호한다면 이 상담 기술을 정기적으로 사용할 가능성은 적지만 이를 선택적으로 사용할 수 있다. 특히 상담 회기 초기에서 자기 개방을 할 수 있다.

요점	
내담자를 최우선으로 하기	이상적으로는 내담자가 먼저 피드백과 자기 개방을 요구해야 한다. 내담자가 상담자에게 자신의 입장이라면 어떻게 할 것인지에 대해 묻는다면, 상담자가 해야 할 일은 내담자가 자신의 결정을 내리도록 돕는 것이다. 상담자가 너무 초기에 관여하는 것은 의존성을 조장하고 잠재적으로 내담자를 잘못된 방향으로 이끌 수 있다. 다문화적 차이를 공개적으로 그리고 존중과 함께 논의하는 것이 중요하다.
'1-2-3' 방식	내담자와 모든 상호작용에서 먼저 내담자의 참조틀에 주의를 기울이고 이를 결정한다. 그 다음에 내담자의 반응을 평가하고 상담자가 변화 촉진 기술을 사용한다. 마지막으로 상담자의 상담 기술 사용에 대한 내담자의 반응을 확인한다.
자기 개방	자기 개방은 내담자에게 상담자의 생각과 감정을 나타내는 것이며, 아래의 요소가 필요하다. 1. 개인적 대명사를 사용한다('나' 진술문). 2. 내용이나 감정에 대한 동사를 사용한다('……하게 느낀다', '……하게 생각한다'). 3. 부사와 형용사를 함께 사용해서 목적어를 사용한다('당신이 자기주장을 할 수 있는 것에 대해서 행복하게 느낀다……'). 4. 상담자의 감정을 적절하게 표현한다. 자기 개방은 진솔하고 시의성 있고 현재형으로 기술될 때 더 효과적인 편이다. 상담자의 자기 개방은 짧게 한다. 때로 상담자 자신의 삶의 이야기를 짧게 나누는 것을 고려한다.
피드백	상담자나 다른 사람들이 내담자를 어떻게 보는지에 대해서 정확한 자료를 피드백한다. 다음 사항을 기억한다. 1. 내담자가 주도권을 가져야 한다. 2. 강점에 초점을 맞춘다. 3. 구체적으로 한다. 4. 비판단적으로 한다. 5. 적절한 때에 '지금 여기' 피드백을 한다. 6. 피드백을 간략하고 정확하게 한다.

요점	
	7. 상담자의 피드백이 어떻게 받아들여지는지를 확인한다. 이러한 지침은 모든 변화 촉진 기술에 대해 유용하다.
긍정적 피드백	긍정적 피드백은 '승자의 아침식사'다. 이 상담 기술을 상대적으로 자주 사용하도록 한다. 긍정적 피드백은 보다 도전적이고 필요한 교정적 피드백과 균형을 유지해줄 것이다.
교정적 피드백	때로 교정적 피드백이 필요하다. 교정적 피드백은 내담자가 실제로 변화할 수 있는 것에 초점을 맞출 필요가 있다. 비난을 피하도록 한다. 구체적이고 명확하게 피드백을 한다. 가능하다면 변화를 지지하는 내담자의 강점을 보완한다.
부정적 피드백	어떤 경우(예: 학대 행동이나 범죄 행동)에는 내담자의 행동이 가져올 수 있는 부정적 결과를 포함한 부정적 피드백이 필요하며 도움이 될 수 있다. 이러한 상황에서 행동적 개입을 하는 것이 상담자의 책임이지만, 내담자가 가해자라고 하더라도 내담자의 관점을 경청하는 것을 유지하는 것이 중요하다. 이 상담 기술은 가끔 사용한다.

▶ 실습과 역량 포트폴리오

개인 실습

이 장에 제시된 두 가지 상담 기술을 모두 연습할 것을 권한다.

연습 1. 자기 개방 같은 수업 수강생이나 친구를 구하고, 상대방의 허락을 구한다. 서로에게 자기 개방 전략을 시도해본다. 어떤 일이 일어나는가? 당신에게 어떤 것이 나타나는가? 당신은 무엇을 배웠는가? 이 상담 기술을 계속 지속하고 연습하고 싶은가?

연습 2. 피드백 다시 한 번 같은 수업 수강생이나 친구를 구하고, 상대방의 허락을 구한다. 서로에게 피드백 전략을 시도해본다. 어떤 일이 일어나는가? 당신에게 어떤 것이 나타나는가? 당신은 무엇을 배웠는가? 이 상담 기술을 계속 지속하고 연습하고 싶은가?

집단 실습

연습 3. 자기 개방과 피드백에 대한 집단 실습 변화 촉진 기술에 대한 소집단 작업에서는 각각의 상담 기술에 대한 연습을 해야 한다. 소집단 작업의 일반적인 모델이 제안되어있다. 연습 회기의 한 부분으로 1장에 제시된 내담자 피드백 양식을 포함하도록 한다. 이는 집단 슈퍼비전, 나누기, 피드백을 연습하는 데 있어서 특히 중요하다.

1단계: 실습 집단 구성하기

2단계: 집단 지도자 선정하기

3단계: 첫 연습 회기를 위해 역할 분담하기

▲ 내담자

▲ 상담자: 경청 기술을 사용해서 내담자의 이야기나 문제를 끌어낸다. 그 뒤에 피드백
이나 자기 개방과 같은 한두 가지의 변화 촉진 기술을 시도한다.

▲ 관찰자: 피드백 양식 [글상자 12.2]를 작성한다.

글상자 12.2	피드백 양식: 자기 개방과 피드백

_____

(날짜)

_____   _____
(상담자 이름)   (양식 작성자 이름)

_____

지시 사항   두 명의 평정자가 양식을 작성한 뒤 자신들이 관찰한 것을 상담자 및 자원한 내담자와 함께 논의한다.

_____

1. 상담자가 기본 경청 기술을 사용해서 내담자의 이야기를 끌어내고 명확하게 했는가? 얼마나 효과적으로 했는가?

2. 상담자를 위해서 구체적인 변화 촉진 기술이나 지시 전략의 사용에 대해서 비판단적, 사실적, 구체적 피드백을 제공한다. 피드백이 얼마나 공감적이었는가?

3. 상담 회기를 전체적으로 보았을 때 회기의 시작 시점에서 내담자는 내담자 변화 척도에서 어디에 있었는가? 회기의 종결 시점에서 어디에 있었는가? 상담 기술이나 전략에서 어떤 측면이 가장 유용하고 효과적이라는 인상을 주었는가?

4. 자기 개방의 사용의 효과성과 공감 수준을 평가한다.

4단계: 계획 세우기 변화 촉진 기술의 사용에 있어서 숙달된 정도를 알 수 있는 척도는, 내담자가 실제로 기대되는 것을 하는지(예: 내담자가 주어진 지시문을 따르기) 또는 피드백이나 자기 개방에 긍정적인 방식으로 반응하는지 여부다.

소집단에서 한 사람이 자신이 현재 경험하고 있는 개인적 문제들을 제시할 수도 있고 과거에 경험했거나 관찰했던 상황에 대해 역할극을 할 수도 있다. 상담자가 해야 할 일은 내담자의 문제와 관련된 개인적인 사항을 공유하고 피드백을 제공하는 것이다. 내담자의 반응을 확인하는 것은 모든 경우에 중요하다.

5단계: 상담 기술을 사용해서 5~15분 동안 연습 회기를 실행하기 변화 촉진 기술은 상담 회기를 계속 진행하는 주의 기울이기 기술 사이에 흩어져서 사용되어야 하기 때문에 특정한 변화 촉진 기술을 자주 사용하는 것이 어렵다는 것을 알게 될 것이다. 그렇지만 연습 회기 동안에 목표로 하는 상담 기술을 적어도 두 번 사용하도록 시도한다.

6단계: 연습 회기를 검토하고 10~12분 동안 피드백 제공하기 상담자를 위한 적절한 피드백을 제공하기 위해 필요한 부분에서 녹음을 중지하도록 한다.

7단계: 역할 바꾸기

역량 포트폴리오

이 장은 두 가지 핵심적인 대인관계 변화 촉진 기술인 자기 개방과 피드백에 대한 장이다. 상당한 정도의 연습과 경험을 쌓을 때까지는 이 상담 기술을 숙달하는 것을 기대하기 어렵다. 하지만 이 시점에서 이 장에 제시된 주요 개념과 당신이 현재 서 있는 지점에 대해 생각해보는 것이 도움이 될 것이다. 또, 당신은 다음 단계로 어디로 가고 싶은가?

다음의 체크리스트를 사용하여 당신의 현재 상담자 역량의 숙달 수준을 평가해보라. 아래 항목을 검토하고 자신이 이것을 할 수 있는지 자문해보라. 먼저 현재 할 수 있다고

상담 기술과 전략	1단계: 상담 기술을 확인 및 분류하고 예시 문장을 쓸 수 있는가?	2단계: 역할극 회기에서 상담 기술을 사용할 수 있는가?	3단계: 내담자에게 특정한 영향을 미치면서 상담 면접에서 이 상담 기술을 사용할 수 있는 능력을 보일 수 있는가?	4단계: 이 상담 기술을 다른 사람들에게 가르칠 수 있는가?
자기 개방				
피드백				

느껴지는 영역에 체크하라. 체크되지 않은 영역은 앞으로의 목표로 정하도록 한다. 이 책을 공부하면서 모든 영역에서 목적적 역량을 달성할 것이라고 기대하지 않는 것이 좋다. 계속적인 반복과 연습을 통해 상담자 역량은 향상하게 될 것이다.

▶ 스타일과 이론 정하기: 자기 개방과 피드백에 대한 비판적 자기 성찰

당신은 자기 개방과 피드백의 두 가지 상담 기술을 접하고 연습했다. 이 상담 기술에 대해서 무엇을 배웠는가? 이를 어떻게 사용하려는 계획을 세우고 있는가? 자기 개방과 피드백 중에서 어떤 기술에 더 편안함을 느끼는가? 자신의 개인적인 측면을 의도적으로 드러내는 것에 대해서 어떻게 느끼는가? 내담자에게 직접적인 피드백을 제공하는 것에 대해서 어떻게 느끼는가?

　이 장에서 소개한 내용, 수업, 또는 비공식적 학습을 통해서 알게 된 것들 중에서 가장 인상 깊게 다가온 한 가지 생각은 무엇인가? 당신에게 가장 크게 다가오는 그 생각이 다음 단계로 가는 방향을 안내해줄 것이다. 다문화 주제와 이 상담 기술의 사용에 대한 당신의 생각은 무엇인가? 이 장에서 당신에게 중요하게 다가온 또 다른 내용은 무엇인가? 자신만의 스타일과 이론을 형성해나가는 데 이 장에서 다룬 개념과 생각을 어떻게 활용할 수 있는가?

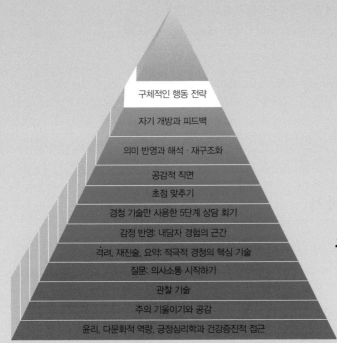

구체적인 행동 전략

자기 개방과 피드백

의미 반영과 해석 · 재구조화

공감적 직면

초점 맞추기

경청 기술만 사용한 5단계 상담 회기

감정 반영: 내담자 경험의 근간

격려, 재진술, 요약: 적극적 경청의 핵심 기술

질문: 의사소통 시작하기

관찰 기술

주의 기울이기와 공감

윤리, 다문화적 역량, 긍정심리학과 건강증진적 접근

13장
내담자 변화를 위한 구체적인 행동 전략: 필연적 결과, 지도 · 심리교육, 스트레스 관리, 건강한 생활방식으로의 변화

축복받는다는 것은 진정으로 사랑하는 인간의 영혼이 타인에게 주는 영향이다.

_George Eliot

'내담자 변화를 위한 구체적인 행동 전략'의 목적

논리적인 평가를 통한 행동 기술과 전략, 지도 · 심리교육, 스트레스 관리와 건강한 생활방식으로 변화하기는 내담자의 생각, 감정과 행동 및 실생활에서 행동으로 옮겼을 때 느끼는 감정에 대해 새로운 가능성을 검토할 수 있도록 돕기 위한 것이다. 뛰어난 경청 기술과 변화 촉진 기술과 함께 상담자는 보다 구체적이고 적극적인 기술과 전략을 활용하여 내담자의 이야기를 재구성하거나 그들이 처한 문제를 해결하고, 그들의 삶에 변화를 가져올 수 있다.

13장의 목표
변화 촉진 기술에 대한 알아차림, 지식, 기술, 행동은 다음과 같은 것을 할 수 있게 한다.

▲ 내담자가 자신의 대안적 선택과 행동의 필연적 결과를 평가할 수 있게 한다.

▲ 단순히 내담자에게 일러주기보다는 지도와 심리교육 방법을 활용하여 내담자와 상호작용한다.

▲ 스트레스의 중요성과 상담에서 다루는 대부분의 주제와 관련성을 가지고 있는 스트레스의 심리생물

학적 측면을 이해하고, 상담에서 스트레스 관리를 중요하게 다룬다.

▲ 정신적·신체적 건강을 향상시킨다고 증명된 건강한 생활방식으로의 변화(TLCs)를 잘 인식하여, 스트레스 관리와 건강한 생활방식으로의 변화와의 관계를 탐색한다.

▲ 이러한 기술과 전략을 인지행동 상담 이론, 의사결정을 위한 상담 이론과 같은 다양한 상담 이론과 연결시킨다.

▶ 필연적 결과 정의하기

모든 행동이 다음 일곱 세대에 이르기까지 어떤 결과로 발생할지를 고려하라.

_Yakima nation proverb

결정내리기와 행동하기는 필연적 결과를 포함하고 있으며, 이는 내담자의 '지금 여기'에서의 상황에 영향을 미친다. 중요한 결정은 내담자의 미래 삶을 변화시킨다. 만일 중요한 결정에 대한 결정이 가져올 필연적 결과를 제대로 인식하지 못하고 적절하지 않은 결정을 내리게 되면, 그 결정으로 인하여 내담자뿐 아니라 주위 사람들도 어려움을 겪게 된다. 필연적 결과 평가하기는 대부분의 상담 이론에 적합한 전략으로, 특히 의사결정을 위한 상담, 인지행동 상담, 동기강화 상담 및 단기적 상담에서 많이 활용한다. 위기 상담에서는 명확하고, 필연적 결정을 내리는 일이 매우 중요하다.

필연적 결과 평가는 일반적으로 내담자가 자신이 처한 상황에서의 위험을 인지하지 못하거나, 숙고하지 않고 결정을 내리거나 현재의 행동을 변화하지 않았을 경우 어떤 일이 발생할지에 대해 명확하게 만드는 것을 목표로 한다. 한편으로 어떤 내담자들은 이보다는 좀 더 역동적이고, 적극적인 접근을 선호하기도 한다. 상담 과정에서 자신의 결정이나 행동에 대하여 숙고하고, 정서적으로 인지할 수 있게 함으로써 얻을 수 있는 긍정적인 결과가 많다.

상담 회기의 과제는 내담자로 하여금 자신의 행동에 대하여 가능한 결과와 논리적인 평가를 예측할 수 있도록 돕는 것이다. '만일 당신이 _____을 한다면, _____라는 결과를 경험하게 될 것이다.' 상담자가 이 전략을 활용함으로써, 상담자는 내담자가 어떻게 반

필연적 결과	기대할 수 있는 결과
내담자와 함께 구체적인 대안의 긍정적인 결과와 부정적인 결과를 모두 꼼꼼하게 탐색한다. '만일 당신이 _____을 한다면, _____라는 결과를 경험하게 될 것이다.	내담자는 자신의 행동으로 인한 결과를 예상해봄으로써 현재 자신의 생각, 정서, 행동을 변화시킬 수 있다. 상담자가 각 가능성의 긍정적이거나 부정적인 결과를 탐색할 때, 내담자는 의사결정 과정에 보다 더 참여하게 될 것이다.

응하고, 미래의 결과와 대안적인 결정에 대해 어떤 예상을 가지고 있는지 알 수 있다.

아래에 제공되는 예시는 필연적 결과 평가가 의사결정을 위한 상담과 어떻게 관련성을 가지는지 보여준다. 내담자가 새로운 일자리에 대한 제안을 받고 흥분하여 회기에 왔다고 가정하자. 새로운 일자리는 더 많은 임금을 제공하지만 동시에 가족이 새로운 도시로 이주해야 한다는 사실을 내포하고 있다. 상담자가 내담자와의 더 깊은 토의와 질문을 통해 결정에 영향을 주는 요인과 결과를 살펴볼 필요가 있다.

결정에는 긍정적인 결과와 부정적인 결과를 포함하고 있는 대안이 있다. 일자리를 바꾸게 되었을 때의 **부정적인 결과**(negative consequences)는 편하게 일했던 환경에서 벗어나고, 익숙했던 동료들과 헤어지고, 오랜 친구와 헤어지기도 하고, 십대의 아이들의 경우 전학을 가야 할지 모른다. **긍정적인 결과**(positive consequences)는 임금이 오르고, 더 좋은 학교에 다닐 수 있고, 새 집을 사거나, 앞으로 더 좋은 조건을 갖게 될 수 있다.

상담자는 내담자로 하여금 행동으로 인하여 경험할 수 있는 부정적인 결과(심지어는 처벌도 포함)를 차분하게 따져볼 수 있도록 도와야 한다. 특히 학교를 그만두려고 하는 청소년, 임신한 흡연자, 상사나 직장 동료들에게 '핀잔주려고(tell off)' 생각중인 내담자들에게 부정적인 결과를 따져보는 일은 중요하다.

상담자는 또한 긍정적인 결과와 결정과 행동에 따른 보상을 생각해볼 수 있도록 해야 한다. 학교를 중단하지 않고, 졸업을 하면 더 나은 직장을 구할 수 있고, 흡연하지 않으면 더 건강한 아이를 낳을 수 있고, 주위의 어려운 사람은 한동안 가만히 참아주는 것이 더 효과적일 수 있다. 상담자가 경청하고, 질문하고, 직면을 통하여 내담자가 자신이 어떤 행동을 하든 간에 결과를 예측할 수 있다면 제일 좋다.

선택을 하거나 결정을 내릴 때 정서적인 요인이 핵심이다. 결정이 합리적이고, 바른 것으로 보일지라도 내담자는 내린 결정으로 나아가기 위하여 정서적으로 안정되고 만족감을 느낄 수 있어야 한다. 결정을 내리기에 고민이 많지만 현명한 결정에 대한 예도 많다. 즉 새로운 도시의 새로운 직장으로 옮겨가는 일은 경력적인 측면에서 아주 좋은 기회지만, 친구와 가족을 떠나야 함을 의미한다. 내담자는 결정으로 인한 이득과 손해를 잘 따져볼 필요가 있다. 또 다른 예로는, 자신을 학대하는 배우자로부터 떠나려는 결정을 내려야 할 경우가 있는데 배우자를 떠나면 경제적인 어려움이 있을 수 있다. 그리고 약물 사용을 거절하거나 학교에서 부정행위에 가담하지 않는 결정을 할 경우, 약물을 사용하거나 부정행위를 한 친구들로부터 놀림을 당할 수 있다. 결과적으로 현명하고 긍정적인 선택은 단기적으로 정서적인 결과를 유발하게 되므로, 내담자들에게 이러한 점을 인식하도록 준비시킬 필요가 있다.

전략은 기술과 어떤 관련성을 가지는가? 기술은 상담자가 사용하는 언어적·비언어적 행동(예: 경청하는 태도, 재진술하기, 피드백 주기)으로 나타난다. 전략은 행동을 이끌기 위한 계획이다. 전략은 다양한 상담대화기술을 포함하고 있지만, 눈으로 관찰할 수 없는 인지적 생각을 포함한다.

효과적인 상담 전략은 다양한 상담 기술의 통합을 필요로 한다. 예를 들어, 필연적 결과 평가와 지도 및 심리교육은 우선적으로 내담자를 공감적으로 이해하고, 내담자와 상담자가 공유하는 전략에 내담자가 관심을 가지고 참여하려고 하는지를 확인하는 작업이 필요하다. 그리고 구체적인 행동으로 나아가야 한다. 상담 기술을 적용하여 내담자가 상담 회기 동안 생각하고, 생각은 내담자의 이득을 위한 행동이 일어나게 만든다.

아래 예문은 필연적 결과 전략의 실제를 보여준다. 상담자가 이미 내담자의 상황을 듣고, 질문과 재진술을 이용하여 내담자가 스스로 자신의 생각을 끄집어낼 수 있도록 이끈다.

상담자: 만일 임신 중임에도 계속 담배를 핀다면 어떤 결과가 발생할 것 같으세요?

내담자: 담배를 피우는 일이 좋지 않다는 것은 저도 알지만, 저는 그만둘 수 없고요, 진짜 그만 두고 싶지 않아요. 담배를 피우면 마음이 평안해지고, 지난 몇 년간 별일이 없었는데요. (내담자는 질문에 부분적으로 답하고 있으며, 아기에게 미칠 영향은 피하고 있다)

상담자: 담배를 피우면 마음이 편안해지는군요. 만일 담배를 계속 핀다고 했을 때 어떤 부정적인 결과가 발생할 수 있다고 생각하는지 궁금하네요. (감정을 성찰하도록 하고, 내담자에게 직면하는 질문을 던지게 한다)

내담자: (잠시 멈춤) 뱃속의 아기에게 해로울 수 있다고 들었어요.

상담자: 그렇죠. 그게 당신이 원하는 일일까요? 만일 담배를 끊는다면 아기에게 어떤 긍정적인 결과가 있을까요? (필연적 결과 전략은 내담자를 앞에서 이끄는 형태가 될 수 있다. 내담자가 부담을 느껴 내담자를 잃을 수 있으니 조심할 필요가 있다).

내담자: 아기에게 부정적인 영향을 주고 싶지 않아요. 죄책감을 갖게 되겠지요. 제가 어떻게 하면 담배를 끊을 수 있을까요?

상담자: 담배가 간절해질 텐데요. 그러나 담배로 인한 부정적인 영향에 대한 죄책감이 느끼겠지요. 그럼 그 감정을 좀 더 이야기해보도록 하죠. 당신이 어떤 생각을 하고 있는지 좀 더 설명해주세요. …… (개방적 토론을 이끌어냄으로써, 주제에 대한 상호 탐색을 하고, 단기적·장기적 결과를 다룬다)

만일 내담자가 훈육의 주제나 강제적으로 상담 회기에 올 경우, 상담자에게 많은 결정권이 주어지고, 내담자와의 신뢰 구축이 어려울 수 있다. 신뢰 문제 및 상담에서의 비밀 보장은 내담자와 충분히 논의되어야 한다. 학교, 기관 혹은 법정은 상담자에게 권고(recommendation)를 따르도록 요구할 수 있다. 필연적 결과의 형태인 경고는 **예상되는 처벌**의 주요 내용이 될 수 있다. 만일 내담자를 충분히 지지하고 경청하면서 필연적 결과 평가가 잘 이루어졌을 때, 경고는 내담자의 위험한 모험을 줄이고 바람직한 행동을 유도할 수 있다. 그러나 경고는 내담자가 상담자의 말을 잘 듣고 변화하고자 동기화되었을 때 진정으로 효과가 있다.

교정 상황에서 내담자는 자신을 위한 긍정적인 대안을 선택함으로써 향후 보다 행복한 삶을 살 수 있음을 생각할 수 있어야 한다. 학교 교사, 변호사 및 교정직 공무원들은 청소년들이 앞두고 있는 자신의 상황을 확실하게 볼 수 있도록 도와야 한다. 그러나 내담자의 생각에 대한 결과를 따라가야 하는 것이지, 내담자를 지시하거나 영향을 미치려고 할 경우 내담자에 끼칠 수 있는 영향력을 잃게 된다. 그러므로 '만약, 그럴 경우에'라는 용어 사용이 효과적으로 상황을 정리하는 데 활용될 수 있다. '만약 우리가 상담 회기를 진행하지 않으면, 판사가 어떤 결정을 내려버릴지, 당신은 알 거예요.'

마지막으로 품행 장애를 진단받은 아동을 상담하거나, 반사회적 성향의 청소년이나 성인을 상담할 때, 우선적으로 상담자와 주위사람의 안전을 고려하고 사건을 예방한다. 상담자는 기본적으로 친절하고, 부드럽고, 진정성을 유지하되 결단력 있고 중심을 잃지 않아야 한다. 그들에게 상담자는 쉽게 '반대자(cons)'로 인식될 수 있다.

아래에 구체적인 필연적 결과 평가 기술을 정리해두었다. 이 과정에서 상담자는 경청 기술을 함께 활용할 수 있다.

1. 내담자의 이야기 듣고 강점을 알아차리라. 경청 기술을 이용하여 내담자의 현 사안을 해결하기 위해 유용한 내담자의 자원과 강점을 이끌어내야 한다.
2. 대안을 만들라. 질문을 던지고, 브레인스토밍 기법을 통하여 내담자가 자신의 이야기를 재구성하고 문제를 해결하기 위한 대안을 구성할 수 있도록 돕는다. 필요한 경우, 조심스럽게 상담자가 의견을 제시할 수 있다.
3. 긍정적인 결과와 부정적인 결과를 파악하라. 내담자와 함께 행동이나 결정의 긍정적인 측면과 부정적인 결과를 그려본다. 내담자가 특정한 선택을 할 경우, 향후 어떤 일이 발생할지 생각해보게 한다. 예를 들어 '지금으로부터 2년 후의 모습을 상상해보면, 지금 우리가 정리한 결정을 선택할 경우 당신의 인생은 어떨 것 같습니까?' 미래를 상상하는 과정에서 현재의 결정과 계속할 혹은 변화시킬 행동의 감정적 결과에 관심을 가져야 한다. 감정이 궁극적으로 '결정 내리게 하는 요인(decider)'이다.
4. 요약하라. 내담자에게 주어진 상황에 대한 긍정적인 결과와 부정적인 결과에 대하여 비판단적인 태도로 요약해주거나 내담자가 스스로 요약하도록 요청한다. 특별히 감정적인 문제에 관심을 기울여야 한다. 내담자가 이미 자신의 결정을 내리고 판단을 한 경우 이 단계가 반드시 필요하지 않다.
5. 내담자의 결정과 행동을 격려하라.

▶ 지도와 심리교육 전략 정의하기

우리는 일반적으로 상담이 내담자들에게 지도(instruction)를 제공하거나, 내담자들에게 새로운 기술을 가르치거나 교육을 한다고 생각하지 않는다. 그러나 진로 상담과 건강이나 생활방식과 관련된 정보를 제공할 때에 지도와 심리교육은 많이 사용하는 전략이다. 지역사회나 가족의 가계도 작성에는 교수적 과정이 필요하다. 스트레스 관리, 생활방식의 전환, 위기 상담 등 많은 상담과 심리치료 이론은 지도와 심리교육을 한다.

필연적 결과 추론과 같이 모든 지도와 심리교육 전략을 사용하기 전에 내담자의 사고의 틀을 먼저 점검하는 일이 필요하다. 내담자가 상담 과정에 관심이 없거나, 충분히 적극적으로 참여하지 않는다면 상담자와 같이 공유하는 자신의 생활에 유용할 수 있는 정보를 경청하지 않는 경향이 있다.

심리교육은 지도와 유사하면서도 차이를 보이는데, 심리교육에서는 상담자가 더욱 교육을 자세하게 담당하는 역할을 하며, 내담자가 생활 기술을 증진시킬 수 있도록 체계적인 방법들을 제공해준다. 이러한 생활 기술은 이 장 뒤에 제시되는 심리치료적 생활방식 변화와 스트레스 관리와 연결된다. 심리교육은 최근 인지행동치료에서 중요하게 다루어지고 있으며, 내담자의 행동을 변화시키기 위해 준비시키고, 아주 다양한 형태의 도전적 상황에 대처할 수 있도록 한다.

상담자가 정보나 의견을 제시하고, 심리교육을 통하여 내담자를 교육했을 때 내담자가 어떻게 행동할지를 예측하는 것은 다른 기술과는 다른데, 그 이유는 이 가정에서는 내담자가 정보를 취했는지, 그리고 그 정보가 내담자에게 유용했는지를 살펴볼 시간이 필요하다. 만일 상담자가 다음에 제시된 기술을 사용한다면, 상담자는 내담자가 어떻게 반응할지에 대해 예측할 수 있지만, 항상 내담자가 관심이 없거나, 제시되는 상황에 어떻게 대응할지에 대한 대안을 항상 마련할 수 있는 것은 아니다.

지도와 심리교육	기대할 수 있는 결과
내담자와 구체적인 정보를 공유한다. 즉, 직업에 대한 정보, 전공 선택, 지역 자원을 위해 갈 수 있는 곳 등이다. 조언이나 의견은 내담자가 자신의 문제를 해결할 수 있는 가능한 방법으로 제시하고, 내담자의 결정을 지지한다. 내담자에게 유용한 정보를 가르치는데, 예를 들어 건강증진 계획(wellness plan)이나 대인관계에서 사용할 수 있는 상담대화기술을 가르쳐주기도 하고, 다문화적 주제와 차별에 대한 교육을 포함한다.	만일 제공되는 정보나 의견이 내담자에게 효과적으로 전달되었다면, 내담자는 좀 더 새롭고 긍정적인 방법으로 행동하기 위해 그 정보들을 사용할 것이다. 시기적절하게 제공되고, 내담자가 과정에 참여한 심리교육은 내담자의 변화에 대한 동기를 높이는 데 영향력을 발휘한다.

효과적인 지도와 심리교육을 제공하기 위해서는 앞에서 제시한 필연적 결과 평가와 유사한 접근 방법이 요구된다. 효과적인 지도와 심리교육은 내담자의 행동 전략이므로, 내담자가 적극적으로 참여하는 태도가 중요하다.

1. 내담자를 지도와 심리교육 전략이나 프로그램의 공동 참여자로 참여시킨다. 내담자의 이야

기와 내담자의 강점을 끄집어낸다. 내담자가 할 수 있는 적절한 목표를 함께 찾는다. 목표를 찾으면서 지도와 심리교육의 효과를 볼 수 있는 경우도 있다. 상담자가 생각하거나 알고 있는 유용한 내용을 공유하고, 언제든지 내담자가 상담자가 하려는 말을 들을 자세가 되어있는지 늘 신경 쓰고, 제공되는 정보가 내담자의 생활을 바꿀 수 있다고 믿어야 한다. 내담자를 위한 것이 아니라 내담자와 함께여야 함을 다시 한 번 강조한다.

2. 상담자의 언어적 표현이 명확하고 확실해야 하며, 내담자의 요구에 지도가 타이밍이 적절해야 한다. 지시문은 권위가 있고 명확하다는 측면에서 필요하지만, 내담자의 필요와 보조를 맞추어야 한다. 다음의 내용을 비교해보자.

제가 생각하기에는 지금 이러한 문제들을 잘 관리하기 위해서는 우선 여유를 갖는 것이 필요해요. 다음 주에 그걸 적용하기를 바랍니다. (모호한 지도) 이완훈련과 호흡은 스트레스를 잘 다룰 수 있는 좋은 방법이지요. 다른 것들은 다음 기회에 하도록 해요. 지금 당신의 몸이 조금 긴장되어있는 것 같고, 심호흡이 짧은데요. 예전에 이완훈련을 해본 적이 있으세요? (지도를 위한 구체적 준비)

집에 가서 연습할 수 있는 자료를 드릴게요. 우선 지금은 이완훈련을 위한 구체적인 내용들을 함께 해볼게요. 준비되었나요? (구체적인 지도)

조용히 앉아, 당신의 어깨로 의자 뒤편을 느껴보고, 눈을 감고…… 당신의 호흡을 살펴보세요. 숨을 깊게 쉬고…… 근육의 긴장을 찾아보세요. 그리고 긴장을 풀어보세요……. 지금 당신의 오른손을 꽉 쥐어보고…… 지금 힘을 천천히 빼보세요…… (상담자는 하나씩 하나씩 진행하여 몸을 움직여본다). (구체적인 지도)

이완훈련과 명상은 이 장의 뒤에서 보다 자세하게 다룰 것이다. 이완훈련과 명상은 건강함에 신경 쓰기 시작한 내담자들 돕기 위한 유용한 방법이다. 위의 예는 내담자에게 무엇을 해야 하는지에 대해 구체적이며 명확하게 설명하는 일이 중요함을 보여준다. 당신이 말하려고 하는 것을 알고, 그 내용을 명확하고 정확하게 말하라.

3. 내담자가 지도와 심리교육에 저항하는지 살펴보고, 상담자의 접근방법을 내담자에게 맞추어야 한다. 연구에 따르면, 내담자가 저항하거나 화가 난 상태일 때는, 비지시적인 경청이 더 효과적인 방법이다. 만일 내담자가 관심을 보이고 협조적일 때에는 명확하고 확실한 지시와 조언을 받아들일 가능성이 더 많다(Karno, 2005).

4. 상담자의 지도가 정확하게 전달되고 이해했는지 확인해야 한다. 상담자가 생각하기에 명확한 태도를 보였다는 것이 내담자가 상담자의 말을 이해했다는 의미는 아니다. 상담자가 말한 것이 확실하게 전달되었는지 표면적으로 혹은 암묵적으로 확인한다.

이러한 과정은 복잡한 전략을 사용할 때 아주 중요하다. 예를 들어. '제가 당신에게 내리는 지시사항을 저에게 다시 말해주시겠어요?' 또는 '저는 이번 주에 해야 할 과제로 세 가지를 제시했어요. 제가 확실하게 전달했는지 확인할 수 있게 내용을 간략하게 요약해주시겠어요?' 상담자의 지시 내용의 결과로 내담자의 생각, 감정 혹은 행동이 달라졌는지에 대하여 내담자 변화 척도를 사용해 확인할 수 있다.

▶ 스트레스와 스트레스원

생각 없는 감정이 없고, 감정 없는 생각은 없다.

_Jean Piaget

스트레스(stress)란 현재나 혹은 미래에 발생할 수 있는 변화에 대한 심리적·신체적 반응이다. 삶에는 긍정적인 스트레스와 부정적인 스트레스가 있다. 긍정적인 스트레스는 우리를 즐겁게 만들거나 행복하게 만든다. 데이트나 결혼식 준비, 오페라 감상, 야구 경기에 빠져들기, 암벽 등반이나 달리기, 자동차 경주와 같이 빠른 속도로 달리기 등이 예가 된다. 긍정적인 스트레스는 그리스어로 '유스트레스(eustress)'라고 부르는데, 스트레스 단어에 '좋다'는 의미의 'eu'를 첨가했다. 유스트레스는 일을 잘 마무리 짓거나 다른 사람을 도와주었을 때, 새롭고 어려운 과제를 학습하고 마무리했을 때, 대학원 석사학위를 받았을 때나, 해비타트(Habitat) 집짓기 봉사에 참여했을 때 만족감과 충만함을 느끼게 한다.

좋은 일들은 몸뿐 아니라 마음에도 영향을 미친다. 전두엽 피질의 실행 기능을 활성화시키는 것과 더불어 긍정적인 스트레스는 혈압과 심장 박동 속도를 높이고, 신체 호르몬 순환을 변화시키고, 기쁨 속에 담긴 긍정적인 사회적 감정을 느끼게 한다. 코르티솔은 학습을 할 때 필요한 호르몬인데, 긍정적인 스트레스는 코르티솔 분비를 돕고, 면역 기능을 향상시키고, 신진대사의 균형을 유지할 수 있도록 도와준다. 위급한 상황에서 코르티솔은 위험하거나 무서운 상황에서 재빠르게 대처할 수 있도록 우리의 반응을 높인다.

부정적인 스트레스는 사람들을 상담과 심리치료를 받게 하는 주요 요인이다. 사람들이 경험하는 많은 사건과 걱정거리는 시험 탈락, 관계 단절 등이며 우울과 자살 생각을 유발한다. 슬픔, 분노, 놀람과 같은 정서는 정적인 스트레스와도 관계가 있으며, 변연계(limbic HPA)와 관련이 높다. 부정적인 스트레스는 전두엽 피질의 인지적 기능에 손상을 가져온다. 긍정적인 스트레스처럼 혈압이 높아지고 심장박동이 높아지지만, 부정적인 스트레스는 건강을 해치는 방향으로 기능하며, 지속될 경우 불안장애, 우울, ADHD 및 인지적·정서적으로 기능에 지장을 가져온다. 아드레날린(A of HPA)은 과도한 코르티솔 분비를 가져오고, 이는 면역체계의 손상을 가져오고, 염증이나 심장 발작을 유발하는데 노년기 알츠하이머의 가능성을 높인다. 이런 결과로부터 상담에서 스트레스 관리가 얼마나 중요한지 알 수 있다.

스트레스는 좋을 수도 있고 나쁠 수도 있다. 스트레스가 인생을 흥분되고, 흥미진진하게 만들 수도 있고, 압도당하거나 저항하기 힘들다고 느끼기도 한다. 적절한 스트레스는 신경 발생을 유발하고 새로운 신경계 연결망을 구성하고, 학습이나 상담에서의 변화에 도움이 된다. 스트레스 관리와 건강한 생활방식으로의 변화는 효과적으로 스트레스를 다루고, 부정적인 스트레스로 인한 손상을 예방한다.

스트레스 관리의 핵심은 신체 반응의 인식을 높이는 것이다. 자신의 몸과 마음이 긴장했을 때는 어디에 그리고, 어떻게 느껴지는지를 확인하는 것이다. 이완하거나 평화로운 순간같이 긍정적인 상황에서 몸은 어떻게 느끼는가?

어린아이나 어른들이 부정적인 의견을 듣거나, 개인적으로 어려운 경험을 하게 되면 스트레스를 경험한다. 부정적인 사건들은 편도체에 영향을 주고, 긍정적인 경우보다 더욱 깊숙이 해마에 기억을 담아준다. 9장과 10장에서 언급된 내담자인 넬리다와 관련된 내용에서 교실에서 부정적인 의견을 들은 학생은 교실 내에서 입을 다물었다. 그녀의 전두엽이 말을 멈추려는 결정을 내리고, 부정적인 의견은 해마에 기억으로 저장된다. 한 개의 부정적인 의견을 상쇄시키기 위해서는 열 개의 긍정적인 의견이 필요하다. 만일 트라우마를 가지고 있다면 열 개의 긍정적인 의견이 한 개의 부정적인 의견을 극복하게 하는 데도 충분하지 않으며, 부정적인 기억은 평생 동안 지속된다. 내담자가 자신의 인생에 대해 부정적인 시각을 가지고 있다면, 매일 일기를 작성하고, 하루 중 발생한 일 중 긍정적인 사건과 부정적인 사건을 점검하도록 한다. 내담자들은 자신이 비록 주의를 기울이지 못했지만 하루 중 얼마나 많은 긍정적인 일들을 경험하게 되는지에 대해 놀라게 된다. 이와 유사하게 우리가 부정적인 사건을 앞두고 있을 때, 자신을 보호하기 위하여 사건이 일어나기 전에 적어도 세 가지 이상 긍정적인 일을 준비할 수 있다. 부정적인 사건을 예상하는 일은 예상하지 못하고 부정적인 일을 당하는 것보다 부정적인 영향력이 감소한다.

Hans Seyle은 1956년 스트레스에 관한 주제에 관심을 가지기 시작했고 시간이 지나면서 그의 영향력은 커졌다. 그는 긍정적인 스트레스를 유스트레스라고 분류했다. 긍정적인 스트레스는 시험에서 좋은 성과내기, 체육대회에서 메달 따고, 롤러코스터 타기, 승진하기 등 내담자 삶의 좋은 사건들이다. 상담자가 내담자의 삶에서 긍정적인 사건들을 가져온다면, 상담자는 내담자가 과거에 있었던 긍정적인 스트레스에 관심을 갖도록 도울 수 있다. 그러나 내담자가 긍정적인 스트레스에 의한 신체적인 반응이 너무 많으면 신체는 긍정적인 스트레스와 부정적인 스트레스를 구분하지 못하게 된다. 때로는 긍정적인 스트레스로 인해 괴로워하는 내담자를 만날 수 있는데, 이런 내담자들은 자신의 일을 좋아하고 성공했지만 늘 바쁘고, 한 번에 여러 가지 일을 하면서도 늘 무엇인가를 더 해야 한다고 자신에게 요구한다. 결국 그들의 몸은 소진되게 되고 이러한 내담자들이 스트레스 관리를 통해 도움을 받을 수 있다.

[표 13.1]은 스트레스로 인해 유발되는 이익과 부정적인 결과를 정리해두었다.

표 13.1 스트레스로 인한 긍정적인 효과와 부정적인 효과

긍정적인 스트레스	부정적인 스트레스
신경 발생과 학습	코르티솔의 과잉분비와 신경 손상
전두엽 강화	대뇌 변연계와 부정적 정서 통제
(뇌와 척수의) 회백질과 백질의 증가	신경 손상과 뇌의 축소
편도체 크기 감소	편도체 크기 증가
건강함, 장수	정신적 · 신체적 질병 유발

© Cengage Learning

[그림 13.1]은 높은 수준의 스트레스가 어떻게 뇌를 활성화시키는지를 보여준다. 이 그림은 1장(그림 1.3)에서 제시되었지만 스트레스 관리의 중요성을 잘 보여주기 때문에 다시 제시했다.

집단 따돌림이나 일의 압박 혹은 개인적 어려움으로 인해 지속적으로 스트레스를 받게 되면, 뇌는 손상되고 내담자의 두뇌 기능은 영향을 받는다. 지나친 수준의 스트레스를 받게 되면, 뇌는 강압적으로 활성화되고 결국 소진된다. 몸과 마음은 어느 정도 적정한 수준의 스트레스를 견뎌낼 수 있다.

상담 주제 중 다양한 스트레스에 관한 주제가 핵심 내용이 되므로, 상담자가 스트레스 관리 전략에 유능해야 하고, 다양한 이론들과 쉽게 연합될 수 있어야 한다.

▶ 스트레스 관리와 건강한 생활방식으로의 변화

치료는 스트레스 관리에 기초를 두어야 한다.

_Patrick McGorry, M.D.

스트레스 관리(stress management)는 내담자가 가지고 살아갈 수 있고, 스트레스를 효과적으로 다룰 수 있게 하는 교수 전략 시리즈로 조직된다. 대부분의 상담자와 심리치료자들은 내담자의 욕구와 관심에 부합하기 위하여 스트레스 관리 전략을 이끌어낸다. 일반적으로 스트레스 관리는 인지행동치료(CBT)의 일부로 생각하기 쉬운데, 스트레스 관리는 그 자체로 하나의 체제를 가지고 있으며, 다양한 이론적 입장과 믿음을 가진 상담

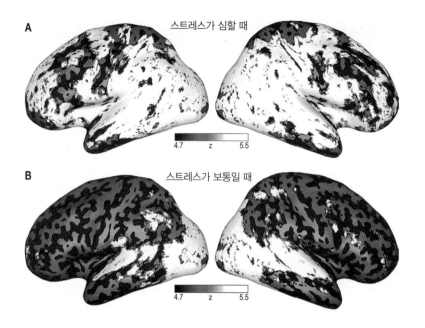

그림 13.1 스트레스에 따른 뇌 활성화

출처: Hermans, E., van Marle, H., Ossewaarde, L., Henckens, A., Qin, S., Kesteren, M., Schoots, V., Cousijn, H., Rijpkema, M., Oostenveld, R., & Fernández, G. (2012). Stress-related noradrenergic activity prompts large-scale neural network configuration Science, 334, 1151–1153. Reprinted with permission from AAAS.

자들에 의해 활용되고 있다. 현대사회는 지나치게 바쁘게 돌아가고 있으며, 우리의 두뇌는 과부화에 걸리고, 때로는 우리의 수행 수준이 떨어지기도 한다(Hallowell, 2005). 스트레스를 받게 되어, 잘못된 결정을 내리기도 하고 무엇이 가장 중요한지를 결정하지 못하기도 하고, 다음에 무엇을 해야 할지에 대해 결정을 내리지 못하고, 감정적 혼란을 경험하기도 한다.

　　건강한 생활방식으로의 변화(Therapeutic Lifestyle Changes: TLCs)는 교수적인 전략으로 신체적 건강과 정신적 건강을 목적으로 하며, 신경의학, 약학, 상담을 통합한다. 건강한 생활방식으로의 변화는 초기 심장병 생존자들을 위한 예방적 작업에서 유래한 용어다(Freidman et al., 1986). 반복적인 심장 발작 연구에서 공격적이고 화가 많은 A 타입 환자들이 행동적 상담을 통해 두 번째 심장 발작이 절반으로 줄어드는 결과를 보였다. 행동적 상담은 좀 더 느긋한 생활방식을 강조하고, 행동적 변화를 위한 구체적인 내용을 제공하고, 심장 질환 생존자들에게 더 오래 살 수 있도록 도와주었다. 그 이후 주로 의학 연구에서 암 생존자, 당뇨병 환자, 알츠하이머 환자 등에게 다양한 건강한 생활방식으로의 변화 개념의 적용에 대한 여러 연구 결과가 보고되고 있다.

　　전통적으로 스트레스 관리는 이미 스트레스를 받고 도움이 필요한 내담자들의 회복을 돕는 치료적 기능으로 사용했다. 건강한 생활방식으로의 변화는 스트레스 관리 전략과 많은 다른 전략들을 사용하지만, 중요한 점은 **일차적이거나 이차적인 스트레스 예방**인데,

스트레스 관리와 건강한 생활방식으로의 변화	기대할 수 있는 결과
교수 전략은 내담자의 신체적·심리적 건강을 증진하기 위해 구성되었다. 이완, 명상과 비합리적 사고, 사고 중지하기와 시간 관리는 스트레스를 관리하는 생활방식 변화를 위한 다양한 전략과 기술이다.	내담자는 제공되는 정보와 실습을 통하여 자신의 스트레스를 관리하고, 생활방식을 변화하여 자신의 신체적·정신적 건강을 향상시킬 수 있다. 시간이 지날수록 신체적·정신적 증상이 나아질 것이다.

스트레스 관리 치료에도 많이 사용된다. 스트레스 관리나, 건강한 생활방식으로의 변화는 모두 신체적·정신적 건강에 긍정적인 영향을 미치며, 뇌에 대한 이해와 연구를 통해 약학, 상담, 심리치료에 통합되고 있다. 많은 연구를 통해 그들의 효과가 가치가 증명되고 있다.

아래 [글상자 13.1]에는 일반적인 스트레스 관리와 상담과 임상적 장면에서 사용할 수 있는 건강한 생활방식으로의 변화의 교수적 전략의 목록을 제시하고 있다. 이 중 몇 가지는 이번 장에서 설명될 것이다. 이러한 전략에 대한 보다 자세한 논의는 정기적으로 보완되는 『이완과 스트레스 감소 워크북(The Relaxation and Stress Reduction Workbook)』(Davis, Eshelman, & McKay, 2008)을 참고하기를 제안한다.

글상자 13.1 스트레스 관리와 건강한 생활방식으로의 변화의 교수 전략

스트레스 관리와 관련된 내용	심리치료적 생활방식 변화와 관련된 내용	
필연적 결과 추론 사회기술 훈련 주장성 훈련 사고 중지하기 이미지, 이미지 그리기 긍정적으로 재구조화 시간 관리 갈등 해결 게슈탈트 연습 바이오피드백 뉴로피드백 이완훈련 인지행동치료(CBT) 사고, 정서, 행동 재구조화 과제	**여섯 가지 건강한 생활방식으로의 변화의 주요 주제** 1. 운동(앉아있지 않기) 2. 수면 3. 사회적 관계 4. 영양 5. 인지적 도전 및 교육 6. 명상 **매우 유용한 건강한 생활방식으로의 변화의 기타 전략들** TV 시청, 컴퓨터, 게임 사용 시간 통제하기 기도 긍정적 사고, 낙관주의	약물 사용 금지, 알코올 제한 금연 종교, 영성, 강한 가치 체계 자연과 함께 하는 휴식 시간 갖기(커피 휴식 대신) 즐거운 취미 갖기, 미술, 음악, 수집, 카드, 독서 등 다른 사람을 돕거나, 사회정의를 지키는 행동 의약품 최소 사용 과제

▶ 개념을 행동으로: 심리교육적 스트레스 관리 전략

심리교육은 교육적 목적과 치료적 목적을 모두 가진 교수법이다. 심리교육의 일반적인 유형으로는 삶의 기술 훈련이 포함된다. 이 훈련은 역할극을 포함하고, 내담자의 현재 지금 삶에서의 장면들을 인식하게 예상되는 미래 상황을 포함할 수 있다. 이러한 종류의 심리교육은 일련의 회기 동안 계획적인 과제와, 읽기 활동을 포함하고, 집단이나 가족 단위의 활동으로 진행하게 된다. 의사소통 기술 훈련, 자기 주장성 훈련, 생각 멈추기 훈련이 세 가지 예다.

의사소통 기술 훈련

내담자들에게 경청하는 행동과 경청 기술을 가르치는 것은 개념부터 상담대화기술 패러다임(microskill paradigm)으로 인식되었다. 기술 훈련은 부끄럼을 많이 타거나 경도의 우울함을 가진 내담자들에게 특별히 효과적이다. 앞에서 대학생, 우울증 환자, 조현증 환자에게 상담대화기술을 가르치는 것은 치료를 보완하는 효과적인 기술이라는 것을 보여주었다. 이와 관련된 내용은 3장 87쪽에서 찾아볼 수 있다. 기술을 가르치는 일은 중요하다고 할 수 있기 때문에 3장에서 언급했고, 역량 교육과 치료로서의 훈련에 관해 이 책 전반에 걸쳐 설명했다. 의사소통 기술을 가르치는 것은 상담의 유용한 전략으로 활용할 수 있다.

치료로서의 상담대화기술 심리교육은 상담자가 이미 실습에서 경험했던 것과 유사하지만, 차이점은 상담대화기술 심리교육은 전적으로 경청하기, 관찰하기와 기본 경청 기술을 강조한다는 것이다. 또 다른 차이점은 상담과 달리, 상담자는 내담자에게 의사소통 기술을 가르쳐서 내담자가 더 나은 대인관계를 유지할 수 있도록 돕는다는 데 있다. 다음에 제시하는 의사소통 기술 훈련에 관한 상담대화기술의 내용은 이제 독자에게 익숙한 것이다.

내담자에게 기술을 가르치는 '방법'은 직접적이며 단계적이다. 그러나 지도와 심리교육 과정 동안 공감과 신뢰를 유지하는 것(물론 다른 변화 촉진 기술도 중요하지만)은 중요하며, 특히 1단계에서 4단계, 8단계에서 9단계를 진행하는 동안은 특별히 중요하다는 점을 기억해야 한다.

1. 내담자와 확실한 공감적 관계를 형성하는 것이 중요하다.
2. 내담자의 이야기에 귀 기울이고, 그의 강점을 파악하도록 한다. 내담자의 부모, 배우자, 자녀, 룸메이트, 회사 동료 및 상사와의 의사소통에 어려움이 발생하는 부분을 찾아본다. 기본적인 기술인 주의 기울이기, 문장 바꾸어보기, 요약하기와 조심스러운 감정의 인정은 다른 이들과의 심각한 갈등이나 관계의 어려움을 해결하는 데 도움을 줄 수 있다. 주의를 기울이는 것 하나만으로 열려 있는 사람들에게 듣기

의 중요성에 관한 기본적인 핵심이 전달될 수 있음을 가르친다.

3. 내담자가 관심을 가지고 배우려는 기술을 확인한다. 내담자의 목표는 무엇인가? 우울한 내담자는 목표를 설정하는 데 어려움을 경험하기도 하고, 자신의 부족함이나 패배감을 겪게 된다. 그들은 다른 사람들과 의사소통하는 데 어려움을 겪기도 한다. 그들이 다른 이들과 눈을 마주치지 못하고, 자신의 좌절된 몸짓언어 사용을 확인한다. 이러한 내담자뿐 아니라 다른 내담자들에게 주의 기울이는 행동과 질문하는 기술을 가르치는 것은 도움이 되는 좋은 행동이 된다. 내담자가 다른 사람에게 주의를 기울이게 되면 자신의 어려움에 집중하기 어려워진다. 그리고 우리가 다른 사람을 귀 기울여 듣게 되면, 우리의 자존감이 제고되는 결과를 얻는다.

4. 기술의 내용에 관한 언어적 정보를 제공한다(3V's+B).

5. 효과적이지 않은 경청 기술에 관한 역할극을 실시하고, 어떤 점이 비생산적인지 토론한다.

6. 가능하다면 회기를 녹화하거나 녹음한다. 녹화되거나 녹음된 내용을 듣거나 보면서, 내담자가 변화하고 싶은 행동이 무엇인지 찾도록 격려한다.

7. 모범적인 경청 기술을 활용한 긍정적인 회기에 대하여 역할극을 실시한다.

8. 내담자에게 의미 있는 과제를 통하여 현실 세계에서 실행해보는 것을 약속한다.

9. 효과성 확인과 다음 단계 진출을 위한 추수 지도를 실시한다.

그 외의 의사소통 기술을 교육하고 상담자와 내담자가 파악한 행동의 변화를 연습하기 위하여 동일한 틀을 활용한다. 예를 들어, 앨런이 전쟁으로 인해 병원에 입원하고 심각하게 동요되었던 군인에게 이 틀을 효과적으로 적용하였다. 앨런은 내담자와의 회기를 녹화하고, 내담자와 함께 복습하면서, 내담자가 무슨 행동을 변화시키기 원하는지 결정하도록 하였다. 극도로 심한 스트레스를 받는 내담자의 경우 한 번에 한 가지 주의 기울이기 기술 행동(즉, 눈 마주치기, 언어적 추임새)을 배우는 것이 최선이다.

주장성 훈련

주장성 훈련은 상담대화기술을 활용한 의사소통 훈련과 유사한 모델을 따른다. 예를 들어, 내담자가 직장에서 다른 동료들로부터 공정하지 않은 대우를 받는데, 그냥 단순히 앉아서 주어진 상황을 받아들이며 아무런 말도 하지 않는다. 다시 말해, 상담자는 내담자의 이야기를 전부 다 듣고 좋은 작업동맹 관계를 가질 필요가 있다. 내담자의 강점과 자원을 발굴해야 하고, 내담자가 효과적이었던 영역을 찾아야 한다. 상담자가 발굴한 강점이 있는 지역사회 가계도는 도움이 될 뿐 아니라, 내담자가 회기에서의 현재에서 지원할 수 있다. 내담자의 목표는 확실하게 보다 주장적이고, 행동을 조절할 수 있게 되는 것이다.

주장성 훈련은 상황이 어려운 여성 내담자의 선택을 위한 치료로 오랫동안 활용되었다. 동시에 조심해야 하는 것은, 감정적으로 학대받는 관계에 있었던 내담자가 주장성이 증가하면 부정적인 상황이 더 나빠질 수 있다는 점이다. 이 상황에서 상담의 본질은 여성 내담자로 하여금 대안과 그녀가 현재의 관계를 유지하기를 원하는지를 심각하게 고려할 수 있도록 해야 한다. 만일 신체적인 학대가 포함된 상황이라면, 내담자의 안전을 유지하는 것이 첫 번째 책임이고, 생존을 위한 기술 훈련은 두 번째로 고려되어야 한다. 또한 안전한 장소를 알고 있어야 한다.

이야기를 재구성하는 단계에서, 내담자가 보이는 비논리적인 생각과 비효과적인 행동을 찾아보고, 생각과 감정을 조심스럽게 구분해낼 수 있어야 한다. 이 시점에서 자동적 사고를 점검하는 인지행동 전략이 도움이 될 수 있다(15장 참고). 목표가 명확해지면, 내담자가 자신이 일하는 곳이나 다른 곳에서도 보다 주장적이고, 적절한 행동을 연습할 수 있도록 도와야 한다. 주장성 훈련에 추가적으로 위에서 언급한 상담대화기술에 영상물 훈련을 실시하게 되면 효과적일 수 있다. 또한 내담자와 행동으로 옮기는 것에 대하여, 그리고 행동 계약과 추수 회기를 통해 내담자가 필요한 주장성 훈련과 지지를 제공해야 한다. 어떤 내담자는 타인을 고려하지 않고 자신의 믿음이나 요구를 너무 큰 소리로 전하는 경우가 있다. 사회적 관계에서 적절하고, 유용한 행동에 대해 교육하는 데 주장성 훈련의 시스템이 활용될 수 있다.

사고 중지하기

이 전략은 매우 간단하기 때문에 회기 중에 진행하는 많은 것들을 쉽게 무시하거나 잊을 수 있다. 그러나 우리는 이 방법이 상담에서 가장 효과적인 개입 전략 중의 하나임을 지속적으로 확인해왔다. 사고를 중지하기에 대해 진지하게 생각하기 바란다.

많은 사람들은 부정적인 자기 말(self-talk)을 내재화하려는 경향이 있다. 스트레스를 불러일으키는 생각들을 하루에도 여러 번 자신에게 말하기도 하는데, 예를 들면 다음과 같은 것들이다.

'나는 뭐 하나 제대로 하는 것이 없어.'
'나는 괜찮은 사람이 아니야.'
'나는 언제나 일을 망치지.'
'내가 좀 더 잘했어야 하는데.'

다른 부정적인 사고는 죄책감, 상황을 과도하게 생각하여 지연하게 되거나, 상세한 내용을 걱정하거나, 상황이 더 안 좋아질까 두려워하게 되고, '일을 제대로 한 적이 없어서' 다른 사람을 언짢게 하고, 과거의 실패를 계속 생각하게 되고, 다른 사람들의 인정을 늘 필요로 하는 경우를 포함한다.

사고 중지하기의 강점을 이해하는 가장 좋은 방법은 자신에게 적용해보는 것이다. 자신을 괴롭히고, 사실상 자신을 비하하는 개인의 부정적인 사고부터 시작하라. 예를 들어, 어떤 사람들은 자신들은 실패할 것이며, 일을 완수하지 못할 것이라고 생각한다. 가끔 내담자들은(당신도 그렇겠지만) 자신이 잘못한 일에 대해 혹은 타인이 그렇게 말한 상황에 대해 계속해서 생각한다. 이런 생각들은 자기 개념(self-concept)의 일부가 될 때까지 마음속에서 반복될 수 있다. 무엇보다 중요한 점은 머릿속으로 부정적인 생각들이 떠오르고 있음을 지각하는 것이다. 그만 생각하라!

부정적인 생각을 갖고 있음을 인식했다면 아래 내용에서 하나 이상을 시도해본다.

1. 마음을 편하게 하고, 눈을 감는다. 그리고 자신이 부정적인 자기 진술을 만들어가는 상황을 상상해본다. 시간을 갖고, 그 상황이 더 발전할 수 있도록 한다. 생각이 명확해졌을 때, 자신이 어떻게 느끼고, 어떤 상황이 발생하는지 관찰한다. 그리고 자신에게 나지막하게 '그만해'라고 말한다. 정서적인 사고를 중지하고 싶을 때는 처음에 큰소리로, 때에 따라 소리를 쳐도 좋다.

2. 손목에 고무줄을 감고, 부정적인 생각이 떠오를 때마다, 고무 밴드를 잡아당기며 '그만해'라고 말한다.

3. 자신이 부정적인 생각을 얼마나 자주 사용하고 있는지에 대한 이해가 생긴다면, '그만해'라고 말한 뒤에 부정적인 사고를 대체할 수 있는 긍정적인 자기 진술을 한다.

   '나는 많은 일을 제대로 해낼 수 있어.'
   '나는 유능한 사람이야.'
   '나는 가끔 망치기도 하지만 누구든 완벽하지는 않아.'
   '나는 내가 할 수 있는 최선을 다했어.'

4. 하루에 적어도 한 번은 이것을 하라.

당신의 부정적인 자기 진술을 대체할 수 있는 긍정적인 자기 진술은 무엇인가?

긍정적인 이미지 그리기

심리교육과 거의 함께 제공되는 심상화는 내담자가 긴장을 해소하고, 긍정적 자산을 찾아내는 것을 돕는 인기 있는 기술이다(Utay & Miller, 2006). 우리 모두는 기억할 만한 경험들을 가지고 있는데, 호숫가, 산의 웅장한 광경, 눈이 내리는 장면이나, 조용하고 특별한 장소에 대한 것이다. 이러한 이미지는 도전적인 상황에 처하거나 긴장할 때 긍정적 자산으로 활용할 수 있다. 예를 들어, 우리가 갈등을 겪게 되면 신체적으로 긴장감을 느끼게 된다. 우리가 자신의 내적·신체적 긴장감을 인식하게 되면, 우리는 이완되는 장면에 즉시 간단히 집중할 수 있고, 심호흡을 하며 현재 처한 도전적인 상황에 효과적으로 대처할 수 있다. 상담자가 내담자에게 이미지 그리기를 지시할 때는, 상담자가 관찰하는 시간 동안 이미지 그리기가 실행되어야 한다.

'당신이 평안하고, 즐거운 상황에 있으며, 철저하게 자기 자신인 상황을 상상해보세요. 긴장을 풀고 눈을 감고, 느낌을 즐기세요. (한참 후에) 당신은 무엇을 보고, 듣고, 느꼈나요? (이 경험 자체로도 긴장이완의 반응을 가져올 수 있다. 스트레스가 적어서 평온한 긍정적인 상황을 그려보도록 한다)

'당신이 희망하는 이상적인 날/직업/반려자는 어떤 모습인가요?'

'눈을 감고, 과거에 당신을 도와주었거나 지원해준 사람을 떠올려보세요. 가족이나 친구나 교사 중 한 명일 수 있지요. 그 사람과의 관계에 대한 내용을 간단하게 생각해보세요. 그리고 그 사람이 지금 당신의 말을 경청하고 있는 장면을 그려보세요. 그 사람이 당신에게 지금 뭐라고 말할까요? 그 사람이 그 말을 할 때 느낌은 어떠했나요? 그리고 당신은 지금 내면에서 어떻게 느끼고 있나요?'

'과거에 당신이 도전받는 상황에서도 당신의 의사를 표현할 수 있었던 경험을 말해주시겠어요?' (상담자는 강점이 발휘되는 상황을 이끌어낸다) '지금 다시 그 상황에 있다고 상상해보세요. 그리고 눈을 감고 그 상황을 이야기해보세요. 당신은 무엇을 보고, 무엇을 듣고, 무엇을 느낍니까?' (앞의 상황보다 나아진다)

이미지 그리기 지시문은 때때로 강력하게 작용하며 주의를 기울여 사용해야 한다. 내담자가 이미지 그리기 경험에 대해 언급할 기회를 주고, 향후 행동에 대해 이야기할 필요가 있다.

부정적인 이미지를 탐색하는 과정은 일반적으로 부적절하고 비윤리적일 수 있다. 상담자가 자격을 충분히 갖추어야 하고 타이밍과 상황이 내담자에게 적절해야 한다. 거짓된 기억은 쉽게 생겨날 수 있고 내담자를 해칠 수 있다.

과제

가정에 돌아가서 연습하고 사용하지 않는 한 스트레스 관리와 건강한 생활방식으로 변화하기 힘들다. 다섯 번째 단계는 행동으로 옮기는 것이며, 이는 회기가 끝난 후 현실에서 행동으로 옮긴다는 의미다. 그러므로 우리는 내담자가 자신의 변화에 대해 관심이 있고, 새로운 행동을 시도하고자 하는 데 의욕이 있고, 할 수 있음에 대해 협의할 필요가 있다. 행동으로 옮기기에는 계약과 구체성이 필요하다.

과제는 스트레스 관리 또는 생활방식 변화에 대한 추후 관리도 포함한다. 과제는 친구들과 배구를 하는 항목이 포함되기도 하고, 걷기와 달리기 프로그램에 참여하기, 혹은 먹은 음식에 대한 일기를 작성하기가 포함된다. 만일 사고 중지하기가 주제라면, 과제는 매일 매일의 성공의 수준에 대한 일기를 작성하는 것이다.

어떤 내담자들은 자신을 관찰하는 것으로 행동을 변화시킬 수 있다. 내담자로 하여금 발생한 상황 전후의 생각을 기록하게 할 수 있다. 이러한 기록들이 잘못된 사고방식을 바꾸는 데 소중하게 사용될 수 있다. 내담자를 참여시킬 수 있는 방법은 무한하다. 상담자는 어려움을 겪고 있는 부부의 경우 그들의 많은 논쟁을 스스로 관찰하도록 요청할 수 있다. 상담자는 상담자와 토론하기 위해 내담자가 논쟁의 사전, 과정, 사후에 양상을 기록하게 한다. 내담자가 단순히 진행 상황을 관찰하고 기록하기만 한다면 아무런 변화도 없을 것이다.

▶ 건강한 생활방식으로의 변화

나는 금연을 하고, 잘 먹고, 운동하고, 잔다. 내가 고질적인 질병을 가질 가능성의 80%를 줄인다. 약은 없다. 생활방식이 약이다.

_David Katz, MD

건강관리 비용의 4분의 3은 생활방식과 관련된다.

_Robert Jacobs

건강한 생활방식으로의 변화(TLCs)는 건강함에 관심이 많고 실습하려는 내담자들에게 거의 완벽한 치료 대용이다. 선행 연구의 결과를 살펴보면, 치료적 생활방식의 변화는 약물과 유사하거나 약물보다 더 강한 효과가 있는 것으로 나타났다(Ivey, 2012). 건강한 생활방식으로의 변화는 정신적·신체적 건강을 위한 예방적인 동인으로 효과적이므로 의료적·상담적·심리적 서비스를 종합하는 것으로 인식되고 있다. 건강한 생활방식으로의 변화를 활용하는 데 발생하는 주된 어려움은 내담자가 그 방식을 시도하고 유지하게 만드는 것이다. 가장 효과적이기 위해서는 치료 회기의 부분으로 포함시키고, 행동으로 옮길 수 있도록 하며, 생활방식의 변화를 일상생활에 적용할 수 있도록 지지적인 상담을 제공하는 것이다.

건강한 생활방식으로의 변화를 상담에 접목하는 일은 직업에서의 근본적인 변화를 상징한다. 건강한 생활방식으로의 변화에 포함된 정기적인 운동, 건강한 식생활, 명상에 대한 관심은 최근 급격하게 증가했다. 우리는 스트레스 관리와 내담자의 다양한 문제에 대해 작업하는 과정에서 건강한 생활방식으로의 변화를 접목하기를 제안한다.

상담자에게 건강한 생활방식으로의 변화를 치료 프로그램에 포함시키려고 할 때 당면하는 어려움은 내담자가 집으로 돌아가서 희망하는 행동을 실천하고 지키는 것이다. 아래 제시한 6개의 요인(예: 운동, 수면, 섭식)은 대부분의 내담자들에게 잘 알려진 내용이며, 그들이 무엇을 해야 할지에 대해 알고 있음에도 제대로 실천하지 못한다. 2장에서 제시된 낙관주의와 건강함에 대한 진단 및 논의에 대한 내용은 내담자가 자신의 생활방식을 변화시켜야 할지에 대해 진지하게 고민하고 행동으로 옮기고자 하는 데 도움이 된다. 인생의 의미 있는 목표(예: 분별)를 설정하는 일이 이 과정에서 중요한 부분이다. 신체적인 위협을 느끼는 내담자(알츠하이머, 당뇨병)나 심장 질환으로 인한 병원에서 퇴원한 병원에서 내담자들에게 건강한 생활방식으로의 변화를 적용하는 일은 쉽다. 건강한 생활방식으로의 변화를 활용한 암 환자의 생존율은 더 높고, 정신질환을 향상시키는 효과도 있다.

하루에 20만 개의 새로운 신경계의 연결망(시냅스)이 발생하기도 하고 사라지기도 한다. 우리는 잃어버리는 것들을 대체할 수 있는 새로운 것들을 만들어낼 필요가 있다. 건강한 생활방식으로의 변화는 정신건강에 도움을 주는 새로운 신경계 연결망을 발달시키는 데 도움이 되는 중요한 과정이다. 방대한 분량의 뇌과학, 상담 및 의학의 연구에서 보고되고 있는 것처럼 이 모든 과정들이 개인의 자아존중감을 높이고, 정신적·신체적 건강을 향상시킨다. 상담과 의학은 정신적·신체적 건강과 관련된 주제를 모두 다루고 있다.

건강한 생활방식으로의 변화의 모든 전략들이 치료적인 효과가 있고, 심리적·정신적 건강을 지원하는 데 도움이 되며, 핵심적인 여섯 가지는 다음과 같이 정리된다. 정기적인 운동, 수면, 섭식, 사회적 관계, 인지적 도전, 명상. 이는 '주요 여섯 가지 영역(Big Six)'이라고 용어를 정리할 수 있는데, 대부분의 내담자를 위한 상담에 효과적으로 활용될 수 있다. 건강한 생활방식으로의 변화의 다양한 전략들이 치료의 과정으로 포함되며 평가되어야 한다. 개인에 따라 다양한 건강한 생활방식으로의 변화에 대한 반응이 달라질 수 있다.

운동

운동이 제공하는 좋은 점에 대한 증거가 쌓여가고 있다. 하지만 심리학자들은(그리고 상담자와 의사들은) 운동을 치료에 포함시키지 않는 경우가 많다.

_Kirsten Weir

스트레스 관리의 주요한 목표는 뇌와 몸에 혈액의 순환을 돕는 것이다. 운동은 뇌의 부피를 증가시키고, 이는 경도 우울증이 나아지는 데 효과적이고, 암을 예방하고, 알츠하이머의 진행을 늦추는 효과가 있다.

운동과 관련된 연구와 그 연구물이 상담에 가지는 의의는 John Ratey(2008)의 『스파크: 획기적인 운동과 두뇌의 신과학 발견(Spark: The Revolutionary New Science of Exercise and the Brain)』에 잘 요약되어있다. 앞서서 생활하는 경우보다 운동을 했을 때 얻을 수 있는 장점이 위의 [표 13.2]에 제시되어있다. 이 장에 있는 모든 표는 Allen Ivey(2012)의 연구문헌 개관에서 가져왔다.

표 13.2 건강한 생활방식으로의 변화: 운동

적응	부적응
종류에 상관없이 모든 운동이 도움이 됨	앉아서 생활하는 경우 생명이 단축됨
수면 시간의 증가	수면 중 자주 깨어남
도파민과 신경전달물질 생성	비만
우울·불안 치료	정신건강 문제
뇌의 회백질 부분 증가	뇌의 회백질 부분 감소
서서 컴퓨터 작업이나 읽기	4시간의 TV 시청: 80%의 심장 질환에 따른 사망률 증가, 40%의 모든 원인에 따른 사망률 증가
장수	

© Cengage Learning

우리는 몸이 편안할 때 더욱 효과적으로 일할 수 있다. 건강한 몸이 정신건강을 위해서도 중요하다. 성인에게는 일주일에 최소한 150분(매일 20분간) 운동하기를 권장하며, 대부분의 사람들이 하루에 20분 이상 운동한다고 주장한다. 하루에 15분씩 운동을 할 경우 암 발생에 따른 사망률을 10% 감소시키며, 전반적인 사망률을 14% 감소시키는 효과가 있다. 이러한 결과는 평균적으로 3년의 수명이 더 연장될 수 있음을 의미하는 것이다(Wen et al., 2011).

내담자를 대상으로 건강한 생활방식으로의 변화를 교수하는 데 당면하는 가장 큰 문제는 내담자의 순응으로, 내담자가 알고 있는 내용을 집에 가서 실천하도록 하는 것이다. 우리가 내담자에게 무엇을 하라고 드러내서 말하기 어렵고, 잘못하면 내담자와의 관계에서 갈등이 발생할 수 있다. 내담자의 행동을 변화시키기 위하여 돕는 행위는 내담자가 동반자로서의 과정을 승인하여 참여하는 과정에서 미묘하고 능숙한 교수법을 포함한다.

운동에 관한 엄밀한 연구는 운동하기가 뇌의 위축과 우울을 유발시키는 유전적 문제를 극복할 수 있다고 보고하고 있다. 특히 유산소 운동은 뇌의 신경전달물질(brain-derived neurotrophic factor: BNDF)을 증가시키는 긍정적인 효과가 있다. 뇌 신경전달물질은 '뇌를 위한 성장 기적 물질'이라고 불린다. 뇌의 신경전달물질 증가는 학습, 기억, 고등 사고에 관여하는 해마, 전두엽과 대뇌피질의 새로운 뉴런 형성과 시냅스가 성장하는 데 중요하다. 신경전달물질의 증가는 신경 발생, 더 큰 해마와 우울증 감소를 가져온다. 이러한 결과는 쥐를 대상으로 한 실험과 인간을 대상으로 진행한 실험에서 모두 동일한 결과를 산출했다(Erickson, Miller, & Roecklin, 2012). 연구 결과를 정리하면 다음과 같은 결론이 도출된다.

▲ 노화와 신경전달물질의 감소는 해마의 부피를 감소시키고, 기억력이 감퇴된다. 이러한 과정은 우울이나 알츠하이머의 발생 가능성을 높인다.

▲ 운동은 신경 발생을 통해 신경전달물질, 세라토닌, 해마의 부피를 증가시킨다. 결과적으로 기억력이 증가하고, 우울증의 감소와 치료에 도움이 된다.

▲ [그림 13.2]에서 강조된 부분은 운동을 통해 뇌의 회백질이 증가한다는 것을 보여준다. 매주 걷는 것은 유용하며, 10~15킬로미터를 걷게 되면 더욱 효과적이다.

운동하기는 고밀도(HDL) 콜레스테롤의 영향을 변화시킨다. 건강한 행동이 DNA와 유전자의 긍정적인 변화를 이끌어낼 수 있다는 연구 결과가 보고되고 있으며, 수면을 잘 하도록 돕는다(스트레스와 다른 환경적인 요인은 반대의 효과가 있음이 보고되고 있다). 22,939명이 참여한 한 연구는 9개의 유전자가 콜레스테롤 수준과 관련이 있으며 운

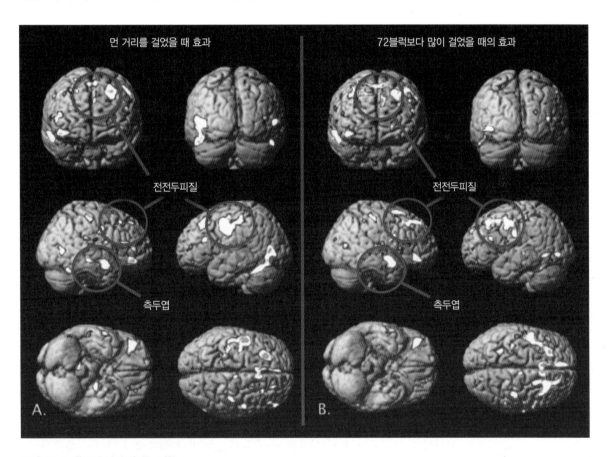

그림 13.2 운동이 뇌에 미치는 영향

출처: Erickson, K., Miller, D., & Roecklein, K. (2012). The aging hippocampus: Interactions between exercise, depression, and BDNF. *The Neuroscientist*, 18, 82–97. Copyright 2012. Reprinted by permission of SAGE Publications.

동이 증가하자 안전한 수준의 HDL 콜레스테롤 수준과 관련된 유전자가 영향을 받았다 (Ahmad et al., 2011). Brendan Everett 박사는 "콜레스테롤이 높은 사람에게 내가 가장 먼저 하는 말은 밖으로 나가 운동하라는 말이다"라고 말했다.

성관계도 일종의 운동으로, 상담 전문가들이 관심을 가져야 할 부분이다. 연구에 따르면 혈압을 낮추고, 면역성을 높이고, 칼로리를 연소시키고, 심장 건강을 증진하고, 자존감을 높이고, 친밀감의 증가 및 고통을 감소시키는 효과가 있다(Stöppler, 2011). 그녀의 연구 요약은 www.medicinenet.com/sexual_health_pictures_slideshow/article.htm에서 볼 수 있다.

수면

어떤 이들이 여섯 가지의 건강한 생활방식으로의 변화 중 첫째라고 일컫는 수면은 정신과 신체적 건강의 기초가 된다. 상담과 심리치료에서 수면 패턴 파악이 중요하다는 것을 고려해야 한다. 수면의 어려움은 우울증이 증가하고 있다는 주요한 증상 중의 하나다. 많은 정신건강이 수면 건강과 밀접한 관련성이 있기 때문에, 수면 패턴을 평가하는 것이 중요하다.

William Dement(2000)의 『수면의 약속(The promise of sleep)』은 최적의 기준서로 남아있으며 여기서 제시되는 내용의 주요 참고 자료다. 보다 최근의 연구들은 Dement의 연구와 그의 이 분야에 대한 종합적 시각을 지지하고 더 자세히 연구하고 있다.

충분한 휴식이 뇌의 기능과 새로운 신경망 발달에 중요한 역할을 한다. 우리가 중요한 결정을 해야 할 때, 상담자가 내담자에서 '자면서 생각해보세요'라고 말하는 것은 시간을 가지고 성찰을 해보면서 성급한 결정을 내리지 말라는 의미를 포함한다. 시간을 가지게 되면 기억을 공고하게 할 수 있고, 최종 결정을 내리기 위한 다양한 요인들을 고려할 수 있다.

[표 13.3]은 수면에 의한 긍정적인 측면과 부정적인 측면을 요약했다.

수면 부족은 짜증스러움, 인지적 손상, 도덕적 판단의 흐려짐과 같은 증상을 가져오며, 이러한 증상들은 ADHD와 우울증의 증상과 유사하고, 면역체계를 손상시키고, 심장병과 당뇨병의 위험이 증가한다. 또한 다른 여섯 가지의 건강한 생활방식으로의 변화의 손상을 가져오며, 스트레스를 관리할 수 있는 능력을 저하시킨다. 수면 부족뿐만 아니라, 수면 장애, 기면증도 포함된다.

학교에 다니는 학생들(5~10세)은 10~11시간의 수면이 필요하고, 청소년은 9시간, 성인은 7~9시간의 수면이 필요하고, 임산부는 8시간 이상의 수면이 필요하다. 현대사회에서는 대부분 기준을 지키지 못하고 있다. 밤늦게까지 깨어 TV 시청을 하거나 다른 방식으로 영상물을 시청하고 아침에 일찍 일어나 학교 가거나 직장에 출근하기 때문이다.

수면은 작업 기억에서의 기억을 통합하고 시냅스 연결을 강화하는 것과 관련 있다. Freud가 주장한 꿈에 대한 견해도 확인되었지만, 아직까지 Freud가 제안한 상징의 의미

표 13.3 건강한 생활방식으로의 변화: 수면	
적응	**부적응**
7~9시간의 수면	수면 부족, 시차에 따른 부족
책 읽기, 명상, 조용한 환경에서 TV 없애기	밤늦은 식사
측두엽과 호르몬 증가	학교 지각
학습 내용 공고히 하기	두뇌의 일부분이 작동하지 않음, 술의 효과와 비슷
주의집중의 증가	사고 위험 증가
기분 고양	

© Cengage Learning

를 어떻게 해석할 수 있을지에 대해서는 명확하지 않으며, 특히 다문화적인 특성이 고려되어야 한다.

다음 단계에 따라 내담자의 수면에 관한 체계적인 계획을 수립하는 데 도움을 줄 수 있다. 첫째, 오후 늦게 운동을 하는 것은 도움이 되지만, 저녁식사 이후 운동은 도움이 되지 않는다. 둘째, 저녁 7시 이후에는 식사와 알코올을 금지해야 한다. 셋째, 저녁에 휴식시간을 마련하고 영상물 시청 시간을 90분 이내로 제한하며 자주 자리에서 일어난다. 넷째, 잠자리에 들기 전에 30~90분 정도 책을 읽는다. 그러나 자극적인 소설이나 그날의 부정적인 뉴스는 피한다. 다섯째, 15~20분간 명상한다. 여섯째, 방을 어둡게 하고, 소음을 줄인 환경에서 잠자기, 성적 경험 역시 도움이 될 수 있다. 내담자의 특성이 다르기 때문에, 상담자는 내담자마다 가장 효과적일 수 있는 수면 방법을 찾아본다.

영양 상태

당신이 무엇을 먹는지가 당신이 누구인지를 말해준다.

_Victor Lindlahr

영양의 중요성에 대한 자료가 충분하기 때문에 상담자들이 내담자의 지도 전략으로 영양에 관한 내용을 추가할 필요가 있다. 하지만 도움 과정에서 영양 평가가 지속적으로 누락되었다. 운동, 수면, 명상과 성에 대한 활동처럼 영양에 대한 주제도 상담에서 다루는 경우가 많지 않다. 상담자가 영양에 대한 전문가가 되길 기대하는 것이 아니라 필요에 따라 적절한 식습관과 의뢰할 수 있는 자원에 대한 적절한 정보를 제공할 수 있어야 한다. 채소, 과일과 지역의 유기농 음식이 신체적 상태에 변화를 줄 뿐 아니라, 정신건강에도 영향을 준다. 신체적인 건강이 위태로운데 정신적 건강을 유지한다는 것은 어려운 일이다.

비만은 알츠하이머의 발달을 촉진하고, 도파민 수용기의 손상을 통한 중독을 발생시킨다. 높은 지방 수치는 유전자를 활성화시켜 리보핵산(RNA)을 방출하여 아포토시스(apoptosis)와 세포의 소멸을 촉진한다. 상담자는 체중 문제가 있는 내담자를 돕고, 내담자가 자신의 결심을 적고, 다른 이들과 공개적으로 나눌 수 있도록 다양한 자원을 확보하고 있어야 한다. 체중 문제가 있는 내담자가 체중을 줄이기 위하여 체중 증가에 영향을 주는 파스타, 설탕, 흰 빵과 같은 '백색 음식'을 피해야 하고, 간식을 줄이는 것과 같은 보다 적절한 식습관을 지도할 필요가 있다.

많은 사람들이 이와 같은 체중 감소에 관한 권장사항을 반대할 수 있다. 지방 수용에 대한 운동에서는 '뚱뚱함(fatism)에 대한 핍박'이라고 말한다. 어떤 내담자는 체중 감소를 하지 못할 수 있다. 내담자가 비만의 위험성과 비만으로 인하여 생명이 짧아진다는 점에 대해 인지하고 있다 하더라도 아직 변화에 대한 결심을 내리지 못할 수 있다. 이와 같은 주제에 대하여 내담자와 작업할 때, 운동과 같은 건강한 생활방식으로의 변화의 중요성을 이야기할 필요가 있는데, 좋은 신체적 상태를 유지하는 것이 그들의 건강에 큰 변화를 가져올 수 있기 때문이다. 내담자들이 자기 수용할 수 있도록 돕고, 내담자들이 뚱뚱하다는 명칭에 대해 잘 대처할 수 있도록 돕는다. '지방 수용' 그리고 '뚱뚱함'이라는 키워드를 사용해서 Youtube를 검색하면 많은 열정적이고 개인적인 진술들을 찾을 수 있다.

상담자들은 영양 보조 식품들에 대한 이해를 높이고, 지속적으로 최신 연구 결과를 수집해야 한다. 예를 들어, 오메가 3와 생선 오일은 최근 ADHD와 청소년의 조현증 예방을 위한 보조식품으로 활용되고 있으며 그 결과는 성공적이다(Amminger et al., 2010). 비타민 D_3는 알츠하이머를 유발시키는 아밀로이드(amyloids)를 제거하는 효과가 있다("Scientists Pinpoint", 2012). 중요한 점은 상담자가 이와 같은 보조식품에 대하여 알고 있어야 한다는 것이며, 내담자들은 식생활에 보조식품을 포함시키기 위해서는 내과의사와 협의해야 한다.

우리는 상담자가 내담자에게 식품보조제를 섭취하라고 조언하기를 권하지 않는다. 이 문제는 내과 의사와 상의할 내용이다. 그러나 건강하지 않은 식생활에 대한 객관적인 정보를 가지고 있을 경우, 의학적인 의뢰는 내담자의 역할 중의 하나다. 내담자로 하여금 영양에 대하여 정보를 찾아보도록 하는 것은 상담의 중요한 부분이 된다. [표 13.4]에 제시된 영양학적 내용들은 도움이 된다.

정신건강을 위해 어류의 기름, 오메가3 및 생선 섭취가 도움이 된다는 결과는 많다(Raji et al., 2011). 5년간 종단 연구 결과 일주일에 1회 이상 생선을 섭취한 사람의 뇌의 회백질이 증가하여 알츠하이머의 위험성을 5배 낮추는 것으로 나타났다. 생선을 굽거나 찌는 것이 좋으며, 튀긴 생선은 좋지 않았다. 튀김과 칩은 건강한 음식이 아니다.

오메가3는 청소년 중 우울, 양극성장애 및 조현병의 위험이 높은 경우 치료제로 사용된다. 오리진 청소년 건강 프로그램(Orygen Youth Health Program)은 과도하게 스트레스를 받은 청소년들의 예방 처치에 초점을 맞춘다(McGorry, 2007, 2009; McGorry,

표 13.4 건강한 생활방식으로의 변화: 영양	
적응	**부적응**
미엘린(myelin) 증가	염증
저지방, 단순 탄수화물 다이어트	설탕, 파스타, 복합 탄수화물이 풍부한 다이어트
올리브유, 카놀라유	팜유
풍부한 색채의 과일과 채소	농약 오염도 심한 12종(Dirty dozen) 과일과 채소 (대부분의 농약 잔류물 포함)
비타민 D₃, 오메가 3 / 연어 / 생선 기름	고기 호르몬 및 항생제
순수한 물	플라스틱 물병의 물
유기농 식품	정크 푸드
호두 및 기타 견과류	

© Cengage Learning

Nelson, Goldstone, & Yung, 2010). 프로그램은 심리교육, 가족치료와 최소한의 약물 처방을 병행한 인지행동치료를 포함한다. 오리진 청소년 건강 프로그램은 치료 및 예방을 포괄하며, 연구 결과 조현병, 우울과 양극성장애 예방하는 데 효과적인 것으로 나타났다.

신시내티 대학(University of Cincinnati) 연구에서 경도 인지장애(MCI) 환자들이 식단에서 탄수화물을 10% 줄였을 때 인지 기능이 활성화되었다. 스트레스를 조절하고 적절하게 식사하는 것이 뇌의 기능을 최적화하는 데 도움이 되고, 인슐린 공급을 증가시킨다(Jameson, 2012).

비타민 D₃(5,000unit)와 커큐민(Curcumin)을 섭취하는 것이 뇌에서 위험한 아밀로이드를 제거하는 데 도움이 된다. 아밀로이드는 알츠하이머를 발생시키는 주요한 원인이 되며, 경도 인지장애의 결과로 파악된다(Masoumi et al., 2012). 경도 인지장애는 알츠하이머보다 훨씬 더 흔하게 나타나고 있지만, 의학적·심리학적·상담적 관심을 덜 받고 있다. 인지 기능적 변화를 파악함으로써 치매로 발전하는 것을 예방할 수 있다. 많은 내과 의사들이 경도 인지장애에는 관심을 기울이지 않고 알츠하이머 진단을 쉽게 한다. 상담자는 경도 인지장애라는 용어를 사용함으로써 내담자와 내담자 가족을 도울 수 있으며, 건강한 생활방식으로의 변화(TLC)와 스트레스 관리가 인지 문제의 진행을 어떻게 늦출 수 있는지에 대해 관심을 갖도록 도울 수 있다. "커피가 치매예방에 도움이 된다"라는 흥미로운 제목의 글(Anderson, 2012)은 경도 인지장애를 가지고 있는 사람들이 하루에 5잔의 커피를 마신 결과 향후 2년과 4년 동안 치매로의 진행을 예방할 수 있다고 보고하였다(Cao et al., 2012). 적절한 양의 알코올 섭취(남성 2잔, 여성 1잔)도 도움이 되며 적포도주를 추천한다.

영양과 정신건강과의 관계에 대한 정보가 증가함에 따라, 상담자는 내담자의 욕구 평가에서 영양에 대한 평가도 포함시키기를 원할 것이다.

사회적 관계

왜 우리는 잘 지낼 수 없는가?

_Rodney King

외롭거나 격리된 사람들이 정신적 · 신체적 건강의 문제가 증가한다는 사실에 대한 증거는 명백하다. 상담은 사회적 관계에 대한 것이다. 인간관계는 건강함의 중요한 요소이며, 어린이들의 사랑에 대한 욕구로부터 가족을 지원하거나, 십대의 또래집단과의 관계로부터 성인기까지의 관계에 대한 방대한 연구 결과를 소유하고 있다. 암이나 다른 질병을 가진 환자의 경우에도 안정된 사회적 관계를 가지고 있으면 생존기간이 더 긴 경향이 있다.

기초적인 자료와 임상적인 결과를 [표 13.5]에 정리해두었다.

소심하고, 격리된 사람들을 밖으로 이끌어내고, 타인과 효과적으로 의사소통할 수 있도록 돕는 것은 사회적 관계를 개선하는 데 유용하다. 가까운 관계를 유지하고 있는 사람들의 건강 상태가 더욱 좋은 경향이 있다. 내담자의 경청 기술의 상담대화기술 훈련을 고려하여 내담자를 돕는 방법을 고려해볼 수 있다.

여기에서는 상담을 평가하지는 않지만 연구 결과들은 긍정적이다. 우리의 많은 작업은 내담자를 지지하고, 그들이 관계를 개선하도록 돕는 것이다.

표 13.5 건강한 생활방식으로의 변화: 사회적 관계	
적응	**부적응**
사랑, 성관계	혼자 살기
즐거운 관계	부정주의, 비판
수명 연장	뇌세포 감소
옥시토신 수준의 향상	스트레스
타인 돕기	자신에게 관심 집중

© Cengage Learning

인지적 도전

예방은 약물이나 장기치료와 같이 큰돈이 들지 않는다.

마음을 활동적으로 사용하지 않으면, 사고는 느려지고, 뉴런이 감소하고, 신경망이 시간의 흐름에 따라 쇠퇴한다. 수업을 듣거나, 언어를 배우고, 새로운 악기를 배우는 것 등 기본적으로 낯설고 도전적인 무언가를 하라. 우리가 이미 잘하고 있는 것을 하는 것도 유용하다. 하지만 새로운 것을 하는 것보다 성장하지는 않는다. 불확실성이 성장을 가져온다. "교육자들이 말하기를 성인들의 경우 젊은 시절부터 축적해왔던 가정들을 도전하는 것이 뉴런을 바른 방향으로 자극하는 방법이다. 성인 학습자의 경우 뇌에 이미 잘 연결된 구조망을 가지고 있으므로, 그들의 믿음에 대립적인 생각을 통해 시냅스를 자극할 필요가 있다"(Strauch, 2010). 방법에 대한 다양한 아이디어를 [표 13.6]에 정리해 두었다.

표 13.6 치료적 생활방식 변화: 인지적 도전	
적응	**부적응**
어떤 인지적 도전	TV
모든 유형의 변화	반복적인 사소함
악기 배우기	혼자 있기
새로운 언어 배우기	앉아있기
브리지 게임, 가로세로 낱말 맞추기 게임	지루함
노인들을 위한 컴퓨터 활용하기	장시간 영상 시청
여행	

© Cengage Learning

연구로 입증된 두 종류의 훈련 프로그램은 내담자에게 유용하게 적용될 수 있다. 루미너시티(www.lumosity.com)라는 두뇌 인지적 게임은 즐겁고 도전적인 활동이며 연구 결과에 따르면 매일 15분 활동을 할 경우 주의력, 유연한 사고 및 인지의 다양한 측면을 향상시키는 것으로 나타났다. 훨씬 더 철저하게 연구되고 권장되는 것은 일반적인 두뇌 운동, 시각적 정확성 및 운전 시 경각심을 포함하는 포짓사이언스 프로그램(posit science: www.positscience.com)이다. 이 프로그램은 보다 치밀한 연구를 하고 있지만 더 많은 시간과 노력을 투자해야 한다.

우리는 두뇌의 도전을 통해 이득을 얻을 수 있다. 나이 든 내담자가 치매 예방을 위해서는 다양한 활동에 참여하여 두뇌를 사용할 수 있는 활동을 고려할 수 있다. 메이오 클리닉(Mayo Clinic)의 연구 결과에 따르면, 컴퓨터 사용 시간과 운동 시간이 인지적 어려움이 있는 성인들의 인지적 기능과 상관관계를 가지고 있다(Geda et al., 2012). 그러나 아동과 청소년들의 장시간 TV 시청은 운동 시간과 사회적 활동을 감소시키고 수면을 방해하기 때문에 현명하지 않다(Rose, 2012).

마음챙김 명상과 바디스캔

Jon Kabat-Zinn(2005a, 2005b)은 의자에 깊숙이 앉아서 이완하는 것이 사람들의 스트레스 대처와 통증과 불안을 낮추는 데 도움이 된다는 연구 결과를 발표했다. 그는 이러한 기술을 '바디스캔(Body Scan)'이라고 부르고, 마음챙김 명상과 함께 사용한다. 바디스캔은 기본적으로 이완 시스템에 초점을 맞추고 있으며 명상을 준비하기 위한 유용한 방법이다.

이 책의 저자인 앨런과 메리는 Kabat-Zinn의 프로그램에 참여하여, 마음챙김 명상을 배우면서 인생의 중요한 경험을 했다. 경험이 많은 임상가들은 배우기 쉽고 가르치기 쉬운 바디스캔이나 체계적인 명상보다는 마음챙김 명상 기술을 더 선호한다. 상담자와 심리치료자들은 자신 스스로 마음챙김 명상 훈련을 받고 실습한 후에 내담자에게 마음챙김 명상 기법을 가르쳐야 한다. 많은 사람들이 마음챙김을 위해서는 자신의 일상생활 방식을 바꿀 필요가 있다. Kabat-Zinn(1990)은 Dalai Lama와 긴밀하게 연구하여 긍정적이며 개방적인 마음챙김 방법을 통해 두뇌가 변화할 수 있다는 연구 결과를 보고했다.

마음챙김의 혜택에 대해 Davis와 Hayes(2012)가 검토했다. 마음챙김은 스트레스와 불안을 낮추고, 정서 조절과 부정적인 반추와 사고를 줄여주고, 작업 기억의 기능을 향상시키고 반응의 유연성을 높이고, 동정심을 증가시키는 것으로 나타났다.

마음챙김 명상은 기본적으로 불교적 사고와 수행에서 발전했다. 마음챙김에서는 '목표' 없이 최대한 바로 '지금 여기'에 머무르면서 사는 것이다.

임상가들은 이완 기법과 유사하게, 바닥에 편안하게 눕거나 적절한 의자에 앉아 눈을 감는다. 초점은 현재가 중요해지면서, 자신의 호흡에 특별히 집중하고, 어떻게 숨을 들이쉬고 내쉬는지에 집중한다. 숨은 한쪽 콧구멍을 통해 들이쉬고, 다른 구멍으로 내쉬면서 현재에 집중하도록 돕는다. 숨쉬기와 위장의 상하운동에 집중함으로써 현재에 집중하는 효과를 얻을 수 있다. 당신의 마음에 사고와 감정이 흘러가기 시작한다. 그러한 생각이나 감정과 싸우지 말고, 현재에 대한 자각에 그 생각과 감정들이 들어오게 하고 자유롭게 떠돌아다니도록 한다. 이 과정이 명상 과정 중 초보자들에게 가장 어려우며, 이 시점에서 멈추게 된다.

일반적으로 몇 주 동안 명상을 연습한 후에는 현재 순간의 인식에 '정지하기'에 거의 가까운 경험을 할 수 있다. 이 상태가 유일하게 뇌에서 긍정적인 영역의 신경 연결망을 발달시킨다는 명확한 연구 결과들이 있다. 이러한 과정들을 지속한다면 하루 종일 '지금 여기'에 충분히 인식하며 지낼 수 있다. 세상의 아름다움에 대해 새로운 방식으로 인식할 수 있으며, 당신의 친구나 동료가 이 순간 아주 다르게 인식될 것이다.

내담자를 의뢰할 경우 세상에 허풍쟁이와 사기꾼이 많기 때문에 마음챙김에 대해 실제적인 경험을 가진 전문가에게 의뢰하기를 추천한다. 이 방법 외에 안전한 방법은 마음챙김 기법을 배울 수 있도록 마음챙김 사이트(www.mindfulnesstapes.com)에 접속하며 필요한 자료를 구입하여 스스로 학습할 수 있도록 안내한다.

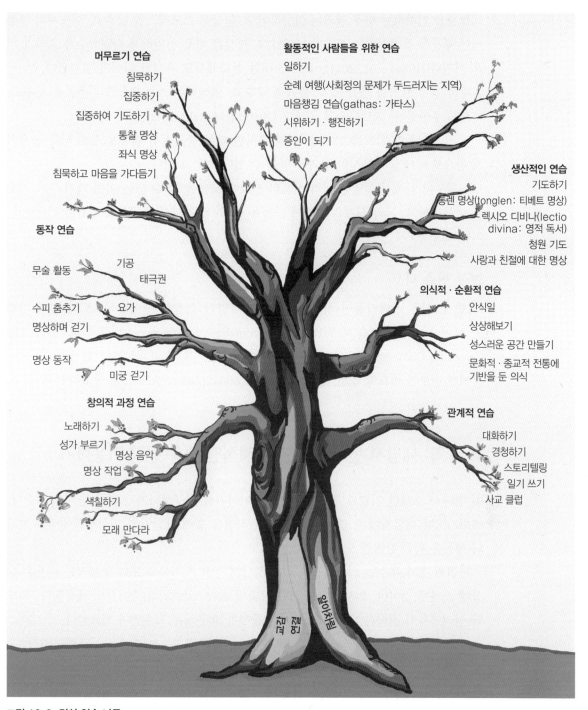

그림 13.3 명상 연습 나무

출처: The Center for Contemplative Mind in Society, www.contemplativemind.org. Reproduced by permission.

명상을 지지하는 연구 결과는 인상적이다. 명상은 스트레스를 낮추고, 편도체의 긍정적인 부분을 증가시키는 결과가 나타났다. 명상을 더욱 진지하게 실천할수록 효과가 더욱 커진다(Hölzel et al., 2011). 요가에 대한 결과에서도 유의한 차이가 발견된다. 암 생존자의 경우 요가를 했을 경우 불안을 낮추고, 인식하는 스트레스와 피곤함을 낮추고, 기분이 좋아진다. 코르티솔의 손상도 감소한다(Mulcahy, 2011).

많은 사람들이 기도를 하거나, 이와 유사한 다른 종교적인 활동을 통해 뇌를 조용하게 함으로써 명상과 유사한 결과를 얻을 수 있다고 믿고 있다.

이제부터 앞에서 설명한 뇌와 신체의 건강에 도움을 줄 수 있는 여섯 가지 주요 기법을 마무리하고, 뇌와 신체의 건강에 도움을 줄 수 있는 다른 프로그램에 관한 간단한 논의를 제공하고자 한다.

명상 연습 나무

[그림 13.3]은 상담자들이 사용할 수 있는 다양한 건강한 생활방식으로의 변화 기법을 보여주는 명상 연습 나무(the tree of contemplative practices: 인생의 나무)다. 'The Center for Contemplative Mind in Society'에서 많은 가능성을 찾아보기를 권한다. 보다 자세한 정보가 필요할 경우, 웹사이트 www.contemplativemild.com을 참고하면 된다.

▶ 요약: 내담자 변화를 위한 구체적인 행동 전략 이용하기

이 장에서 소개한 기술과 전략은 회기 중 이야기를 재구성하거나 행동 단계에 속한다. 매회기마다 내담자에게 경청하고, 공감적 직면을 통해 내담자의 일상생활에서의 변화와 행동을 위한 강력한 도구가 된다.

필연적 결과 유추는 의사결정을 위한 상담의 중요한 기술로 보다 구체적인 내용은 14장에 소개될 것이며, 의사결정을 위한 상담의 예가 되는 회기 축어록도 제공된다. 지도와 심리교육적 전략은 내담자의 흥미와 참여를 요구하는 교수법이 필요하다. 스트레스관리를 위한 다양한 전략과 건강한 생활방식으로의 변화는 심리교육을 포함하지만, 순응(compliance)이라는 특별한 도전을 경험해야 한다. 내담자가 이러한 행동에 참여해야한다는 것을 알더라도 참여하게 만들기는 쉽지 않다. 2장의 낙관주의와 건강함 평가가내담자의 관심을 증가시키는 첫 단계가 될 것이다. 내담자들이 자신의 생활방식의 중요한 변화를 통해 평생의 혜택을 인지할 수 있다. 그리고 상담자의 말에 더욱 귀 기울이게된다. 그러나 내담자를 강요하는 것은 적절하지 않으며, 내담자가 이러한 점을 원할 수있어야 한다.

요점	○
필연적 결과	이상적으로 이 기법은 내담자가 결정을 내려야 할 경우 문제들을 찬찬히 따져보도록 도와주는 기술이다. 결정의 결과는 긍정적일 수도 부정적일 수도 있다. 핵심은 발생할 수 있는 결과에 있으며, 과제는 행동을 위한 다양한 대안들을 검토하면서 결과를 예측할 수 있도록 내담자를 돕는 것이다. 일반적으로, '만일 당신이 _____을 한다면, _____라는 결과를 경험하게 될 것이다'라는 문장을 사용한다. 이 기술은 내담자의 행동에 대한 가능한 결과들을 다음 다섯 단계를 통해 예측할 수 있게 한다. 1. 상담자가 내담자의 상황을 이해하고, 발생한 상황과 상황이 의미하는 바를 내담자가 어떻게 이해하는지를 듣는다. 2. 결정의 긍정적인 측면과 부정적인 측면에 대해 생각하도록 내담자를 격려한다. 3. 필요한 경우, 결정의 긍정적·부정적 측면에 관하여 비판단적 태도로 의견을 제공한다. 4. 긍정적인 측면과 부정적인 측면을 요약하여 정리한다. 5. 내담자가 어떤 행동을 취할 것인지 결정하도록 한다.
지도와 심리교육	지도와 심리교육은 관련성이 높다. 정보와 조언을 제공하는 지도는 내담자의 현실에서의 실제 행동을 이끌어낼 수 있는 간략하고, 상대적으로 짧은 조언이다. 심리교육은 보다 종합적인 것이다. 대부분의 경우 내담자는 삶의 주제와 관련하여 상담자의 지식과 경험이 필요하다. 상담자는 활용할 수 있는 자원과 지역사회를 알고 있다. 상담자는 이혼, 가족의 사망 및 삶에서의 다른 주제에 대한 유사한 방식을 알고 있다. 심리교육은 내담자의 새로운 삶의 가능성에 대한 체계적인 방법을 교육하는 것으로, 의사소통 기술 훈련으로부터 성공적인 건강증진 계획을 발전시키는 것을 포함한다. 지도와 심리교육을 시작하기 전에 1. 작업동맹을 공고히 하는 것이 중요하다. 2. 내담자의 이야기를 듣고 강점을 찾아낸다. 3. 내담자의 흥미 수준과 정보를 받아들일 준비 정도를 확인한다. 4. 간결하고 명확하게 요약하며, 내담자의 참여와 피드백을 격려한다.
의사소통의 상담대화기술을 포함한 심리교육	내담자의 의사소통 기술을 가르치는 것은 우울하거나 직장에서 어려움을 겪고 있거나, 배우자와의 관계에서 어려움이 있는 내담자를 돕는 데 도움이 된다. 위에서 언급한 네 단계가 중요하며, 내담자에게 주장적인 훈련 혹은 행동적 기술을 가르치기 위하여 다음의 단계들이 추가되어야 한다. 5. 내담자가 어려움을 느끼는 특별한 상황과 예에 대해 확실하게 이해해야 한다. 6. 상황에 대한 역할극을 하고, 상담자가 상대 역할을 한다. 회기를 녹화하여 필요한 경우 구체적인 피드백을 제공한다. 7. 역할극을 함께 시청하며 행동을 관찰하고 내담자가 자신이 효과적인 지점을 확인할 수 있도록 돕는다. 필요한 경우, 구체적인 상담대화기술을 가르친다. 처음 시작할 때는 경청과 개방형 질문을 사용하는 것이 효과적이고, 또한 감정에 대해 작업할 때 만약 존중하는 태도와 문화적으로 적절하다면 효과적이다. 특히 대안적 행동변화 방법을 공유하고 문제해결을 위한 구체적인 방향을 제안하는 방법은 내담자에게 도움이 된다. 8. 협력적으로 작업하며, 방향을 설정하는 데 내담자가 참여할 수 있어야 한다. 적절한 경청 행동과 자기주장적 몸짓언어, 목소리 톤, 맞춤은 여전히 중요하고, 명확하고 구체적인 언어적 표현과 내담자의 참여 여부를 확인한다. 지시적 접근은 일반적으로 자기주장 훈련과 사회기술 훈련에 적용되며, 상상하기, 사고 중지하기, 일기 쓰기 및 이완훈련과 같은 특별한 연습을 포함한다.

스트레스 관리	스트레스원을 바꾸거나 스트레스원에 대한 내담자의 반응을 변화시키는 것이 스트레스 관리의 핵심 목표다. 다양한 전략이 이러한 목표를 성취하기 위해 적용할 수 있으며, 전략에는 이완, 명상, 비합리적 믿음, 사고 중지하기, 시간 등의 기술들이 포함된다.
건강한 생활방식으로의 변화 (TLCs)	건강한 생활방식으로의 변화는 내담자들에게 잘 알려져 있다. 중요한 문제는 내담자로 하여금 생활방식 변화를 진지하게 받아들이고, 변화를 위해 행동하도록 돕는 것이다. 운동, 수면, 영양, 사회적 관계, 인지적 도전과 명상은 잘 알려진 여섯 가지 영역이지만, 예방부터 안녕감 향상을 위한 다양한 중요한 측면이 있을 수 있다. '명상 연습 나무'는 이러한 가능성에 대한 종합적인 그림을 제공한다.
뇌와 몸의 보호	지속적이고, 만성적이며 고강도의 스트레스는 몸과 마음에 부정적인 영향을 미친다. 심리교육, 스트레스 관리와 건강한 생활방식으로의 변화 전략은 신체적·정신적 건강을 보호하는 데 중요하다.
그 외	대부분의 변화 촉진 기술들은 구체적이고 명확할 필요가 있다. 상담자는 변화 촉진 기술을 활용하여 내담자를 동반자로 참여시켜야 한다는 것을 기억해야 한다.

▶ 실습과 역량 포트폴리오

개인 실습

연습 1. 필연적 결과 문장 작성하기 다음 필연적 결과 전략의 5단계를 적용하여 다음 상황(예: 학대적 관계 유지하기, 임신 중 흡연, 마리화나 사용에서 코카인 사용하기)에서 발생할 수 있는 필연적 결과가 무엇인지 간략하게 설명한다.

1. 내담자의 문제를 상담자의 언어로 '만약, 그렇다면'으로 요약하기
2. 지금 행동을 지속할 경우 발생할 수 있는 긍정적·부정적 결과에 대하여 구체적인 질문 던지기
3. 지금 행동을 지속할 경우 발생할 수 있는 결과에 대하여 '만약, 그렇다면' 용어를 활용하여 상담자의 피드백을 제공하기
4. 내담자가 변화를 원하지 않는다고 말할 경우 내담자의 입장에서의 피드백과 주어진 피드백 사이의 차이점을 요약하기(이는 직면을 시사한다)
5. 내담자가 스스로 결정을 내릴 수 있도록 격려하기

연습 2. 경청 기술을 적용한 필연적 결과 질문 기술을 적용하여 상담자는 내담자로 하여금 자신의 행동으로 인해 발생할 수 있는 결과를 생각해볼 수 있도록 격려한다('만일 당신이 그렇게 한다면, 어떤 결과가 일어날 것으로 예상하나요?', '당신이 그 행동을 유지한다면, 어떤 결과를 얻을 수 있을까요?'). 그러나 질문하기와 상황에 대해 바꾸어 말

한다고 해서 내담자가 자신의 행동에 대한 필연적 결과를 충분히 인식할 수 있는 것은 아니다. 다음 내담자와 상황에서 필연적 결과 문장을 적게 함으로써 내담자가 상황에 대하여 충분히 이해할 수 있도록 도울 수 있다.

1. 약물을 처음 시작하려고 고민하는 학생
2. 유산을 고민하는 젊은 여성
3. 대학 진학을 위하여 학자금 대출을 고려하는 학생
4. 대인관계 기술 부족으로 인하여 해고 위험에 처한 간부
5. 상담 회기에 매번 늦으며 비협조적인 내담자

연습 3. 실습 전략 이 장에서는 실습을 위한 다양한 가능성을 설명했다. 시간이 허용하는 한, 각 기술과 전략을 연습해본다. 내담자와 작업하기 전에 상담자가 각 전략을 작업해본다.

1. 전략을 상담자 자신에게 적용해본다. 모든 전략에 대해 실제적으로 적용해보고, 과정을 공부한다. 무슨 일이 일어나는가? 당신에게 어떤 일이 생겼는가? 배운 점은 무엇인가? 앞으로 이 방법을 지속적으로 사용하고 실습할 의향이 있는가?
2. 동료를 찾아서, 동료나 친구의 동의를 얻은 후 전략들을 함께 실습해본다. 무슨 일이 일어나는가? 당신에게 어떤 일이 생겨나는가? 배운 점은 무엇인가? 앞으로 이 방법을 지속적으로 사용하고 실습할 의향이 있는가?

집단 실습

연습 4. 필연적 결과 유추와 지도 · 심리교육 세 가지 변화 촉진 기술을 활용한 집단 실습은 각 전략에 대한 역량을 개발하기 위한 실습이 요구된다. 일반적인 집단 실습 모델을 제공하는데 한 번에 하나의 전략만 적용해야 한다.

연습 회기에 내담자의 피드백 양식(1장)을 포함하고, 집단 슈퍼비전과 피드백 공유가 중요하다.

1단계: 실습 집단 구성하기

2단계: 집단 지도자 선정하기

3단계: 첫 연습 회기를 위해 역할 분담하기
▲ 내담자
▲ 상담자, 상담자는 경청 기술을 통해 내담자의 이야기와 문제를 이끌어내고, 효과적

인 변화 촉진 기술과 전략 중의 하나를 선택하여 적용해본다.

▲ 관찰자 1: 피드백 양식(글상자 13.2)을 작성한다.

▲ 관찰자 2: 피드백 양식을 작성하고, 10장에 제공되었던 내담자 변화 척도 평가 양식을 이용하여 상담자의 변화 촉진 기술이 얼마나 효과적이었는지를 평정한다.

글상자 13.2	피드백 양식: 필연적 결과, 지도 · 심리교육, 스트레스 관리, 건강한 생활 방식으로의 변화

이 양식을 www.cengageasia.com의 Counseling CourseMate 웹에서 다운받을 수 있다.

_____   _____
                                   (날짜)

_____   _____
(상담자 이름)   (양식 작성자 이름)

지시 사항 두 명의 관찰자가 이 형식을 완성하고, 상담자와 내담자 역할에 대하여 관찰한 내용을 토론한다.

1. 상담자가 내담자의 이야기나 걱정거리를 이끌어내기 위하여 기본 경청 기술을 사용했는가? 얼마나 효과적이었는가?

2. 상담자가 상담대화기술을 사용하는 데 도움이 될 수 있는 무비판적이고, 사실적이고, 구체적인 피드백을 제시하라.

3. 회기 전체를 놓고 볼 때, 처음 내담자 변화 척도에서 내담자는 어디에 위치해있었는가? 회기 끝에는 어디에 위치해있었는가? 관찰자에게 가장 유용하고 효과적이라는 인상을 받은 기술이나 전략은 무엇이었는가?

4단계: 계획 세우기 변화 촉진 기술을 적용하는 데 내담자가 실제적으로 예상하는 바대로 행동하는지(예: 내담자가 지시문을 따르는가?) 또는 피드백에 응답하는지, 자기 개방을 하는지 확인한다. 각 기술에 대하여 다른 주제가 유용할 수 있다. 각 상황에서 성취하고자 하는 목표를 설정한다. 몇몇 아이디어는 다음과 같다.

▲ 필연적 결과: 집단구성원이 내리려고 하는 결정을 설명한다. 상담자는 내담자의 결정에 따른 긍정적 · 부정적 결과를 탐색한다.

▲ 지도와 심리교육: 상담자가 내담자에 관한 지도와 심리교육을 제공한다. 교육의 내용은 건강증진 계획의 가치, 가족의 사망 다루기 등이 포함될 수 있다. 집단은 상담자가 정보를 제공하는 데 있어 구체적이고, 흥미롭고, 도움이 되는지에 대한 피드백을 제공한다. 개인이나 집단을 대상으로 의사소통 기술에 대한 상담대화기술을 가르칠 수 있다.

▲ 스트레스 관리와 건강한 생활방식으로의 변화: 이 장에서 제공된 기술 중 한 가지를 선택하여 적용해보고 구체적인 단계를 따라 작업한다. 내담자가 과정에 포함되고, 시도하고자 하는 전략을 함께 선택한다. 실습 과정에서 내담자에게 무엇이 기대되고, 어떤 결과를 예상하는지 말한다.

5단계: 전략을 활용하여 5~15분간 연습 회기 실행하기 선택한 전략을 적용하는 데 경청 기술을 적용한다. 내담자가 적극적으로 참여하는가?

6단계: 연습 회기를 검토하고, 10~12분간 상담자에게 피드백 제공하기 상담자에게 절절한 피드백을 제공하기 위하여 녹화를 중지한다.

7단계: 역할 바꾸기

역량 포트폴리오

이 장에서는 다양한 대인관계에서 영향을 미치는 전략을 제공했고, 유용한 정보였다. 상당한 정도의 연습과 경험을 해야 이 개념들에 숙련될 것이다. 하지만 이 점에서는 이 장에서 소개된 주요 개념들을, 그리고 스스로가 어디쯤 와 있는지를 생각해보는 것이 도움이 될 것이다. 또한 다음 단계에는 어디쯤 도달하고 싶은가?

다음의 체크리스트를 사용하여 당신의 현재 상담자 역량의 숙달 수준을 평가해보라. 아래 항목을 검토하고 자신이 이것을 할 수 있는지 자문해보라. 먼저 현재 할 수 있다고 느껴지는 영역에 체크하라. 체크되지 않은 영역은 앞으로의 목표로 정하도록 한다. 이 책을 공부하면서 모든 영역에서 목적적 역량을 달성할 것이라고 기대하지 않는 것이 좋다. 계속적인 반복과 연습을 통해 상담자 역량은 향상하게 될 것이다.

기술 · 전략	1단계 기술과 전략 확인하기	2단계 기술이나 전략을 행동으로 보여주기	3단계 내담자에게 실제적으로 영향을 줄 수 있는 기술이나 전략 사용하기	4단계 다른 사람들에게 기술이나 전략 가르치기
필연적 결과				
지도와 심리교육				
스트레스 관리				
상담대화기술을 활용하여 대인관계 의사소통 가르치기				
자기주장 훈련				
사고 중지하기				
긍정적인 장면 시각화하기				
건강한 생활방식으로의 변화				
운동하기				
수면				
영양				
사회적 관계				
인지적 도전				
명상				
영성 · 기도				
사회정의 행동				
명상 연습 나무에서 당신이 숙련하고 싶은 다른 역량(그림 13.3)				

▶ 스타일과 이론 정하기: 변화 촉진 기술에 대한 비판적 자기 성찰

상담자는 4부에서 효과적인 상담대화기술과 전략을 만나보았고, 각 기술에 대한 적어도 짧은 소개를 받았다. 그중에서 가장 편하게 느낀 전략이나 기술이 있는가? 어떤 부분을 활용하게 될 것 같은가? 어떤 부분은 피하고 싶은가? 회기의 방향에 의식적으로 영향을 끼치는 생각에 대해서 당신은 어떻게 느끼는가?

이 장에서 소개한 내용, 수업, 또는 비공식적 학습을 통해서 알게 된 것들 중에서 가장 인상 깊게 다가온 한 가지 생각은 무엇인가? 당신에게 가장 크게 다가오는 그 생각이 다음 단계로 가는 방향을 안내해줄 것이다. 내담자를 돕고, 내담자의 스트레스를 줄이기 위해 그 기술을 어떻게 활용할 것인가? 다문화 상황에 대해 그 기술을 어떻게 적용할 수 있을까? 이 장에서 당신에게 중요하게 다가온 또 다른 내용은 무엇인가? 자신만의 스타일과 이론을 형성해나가는 데 이 장에서 다룬 개념과 생각을 어떻게 활용할 수 있는가? 이 장에서 제공된 내용을 바탕으로 당신은 임의로 다양한 목표를 설정할 수 있는데 그중 특별히 다음 달에 당신이 변화 촉진 기술 및 전략을 사용해서 성취하고 싶은 세 가지 구체적 목표를 세워보자.

5부

기술 통합, 이론을 실제로, 그리고 개인적 스타일 정하기

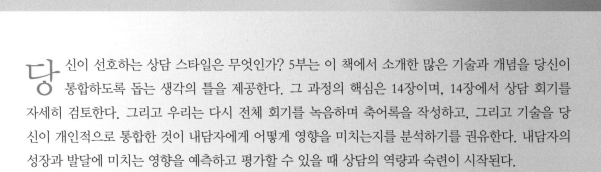

당신이 선호하는 상담 스타일은 무엇인가? 5부는 이 책에서 소개한 많은 기술과 개념을 당신이 통합하도록 돕는 생각의 틀을 제공한다. 그 과정의 핵심은 14장이며, 14장에서 상담 회기를 자세히 검토한다. 그리고 우리는 다시 전체 회기를 녹음하며 축어록을 작성하고, 그리고 기술을 당신이 개인적으로 통합한 것이 내담자에게 어떻게 영향을 미치는지를 분석하기를 권유한다. 내담자의 성장과 발달에 미치는 영향을 예측하고 평가할 수 있을 때 상담의 역량과 숙련이 시작된다.

14장 | 기술 통합, 의사결정을 위한 상담, 치료 계획, 재발 예방

이 장에는 몇몇 중요한 개념이 소개된다. 가장 많이 쓰이는 이론으로 볼 수 있는 의사결정을 위한 상담이 소개되고, 실제 상담대화기술과 전략을 보여주는 앨런과 메리의 의사결정을 위한 상담 회기 전체 축어록이 제시된다. 회기 분석 후에는 재발 예방으로 선호되는 인지행동치료가 회기 후의 내담자의 행동 변화 유지를 돕기 위해 제공되었다.

하지만 가장 중요한 것은 이 장의 가장 마지막에 제시된 과제인데, 회기를 녹음하고, 처음에 녹음했던 회기와 비교하는 것이다. 앨런과 메리의 의사결정을 위한 면접 축어록은 한 회기의 복잡한 작업을 자세히 보여준다. 당신 자신의 축어록을 개발할 때, 당신은 회기와 그 회기 분석에 부가적인 생각과 주의를 기울이게 될 것이다. 이것이 당신을 달라지게 할 것이고 이 책과 책을 활용한 수업에서 학습한 것을 경력 내내 유지할 수 있도록 도울 것이다.

15장 | 상담대화기술과 5단계 모델을 여러 상담과 심리치료 이론에 적용하기

15장에서 당신은 의사결정을 위한 상담, 인간중심 상담, 의미치료, 다문화 상담에 대한 요약을 볼 것이다. 그리고 그 후에는 위기개입과 인지행동치료에 대한 보다 자세한 설명을 볼 것이다.

16장 | 개인적 스타일 정하기와 미래 이론과 실제의 통합

이 마지막 장은 상담대화기술, 5단계 전략, 상담에 대한 생각을 검토할 수 있는 기회를 제공한다. 당신은 자신만의 고유한 스타일과 미래의 계획에 대한 질문을 받을 것이다. 당신은 지식과 기술을 사용하여 당신 자신만의 문화적으로, 의도적이고, 문화적으로 적절한 상담 스타일을 만들 수 있을 것이다.

이제 상담의 기초 과정이 거의 끝나간다. 이제 당신은 여러 상황에서 사용할 수 있는 기본 역량을 갖추었다. 상담대화기술과 5단계 상담 회기는 모든 의사소통(예: 상담, 비즈니스, 세일즈, 법, 의학, 동료 돕기 등)에 기본이 된다.

14장
기술 통합, 의사결정을 위한
상담, 치료 계획, 재발 예방

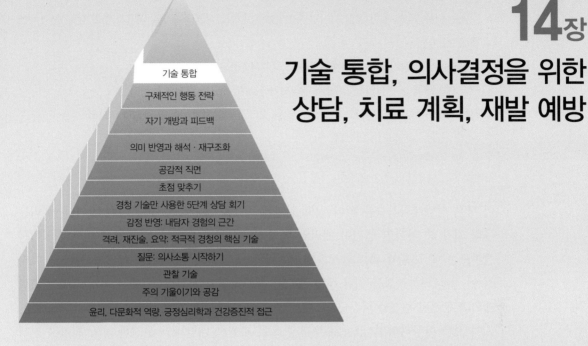

- 기술 통합
- 구체적인 행동 전략
- 자기 개방과 피드백
- 의미 반영과 해석·재구조화
- 공감적 직면
- 초점 맞추기
- 경청 기술만 사용한 5단계 상담 회기
- 감정 반영: 내담자 경험의 근간
- 격려, 재진술, 요약: 적극적 경청의 핵심 기술
- 질문: 의사소통 시작하기
- 관찰 기술
- 주의 기울이기와 공감
- 윤리, 다문화적 역량, 긍정심리학과 건강증진적 접근

나는 사람들이 당신이 한 말과 행동은 잊어도 당신 때문에 느낀 감정은 잊지 않는다는 것을 알게 되었다.

_Maya Angelou

'기술 통합, 의사결정을 위한 상담, 치료 계획, 재발 예방'의 목적

상담자와 내담자는 상담 기술과 전략 및 상담의 개념들을 통합하고 활용하여 자연스럽게 진행되는 회기와 치료 계획에서 도움을 받는다. 이번 장은 개념을 중심으로 핵심 주제를 설명하고 있으며, 이 내용들은 상담자가 내담자와의 상담 회기를 진행하고 무슨 일이 일어났는지에 대해 분석하는 데 중요하다. 치료 계획, 의사결정을 위한 상담, 재발 예방은 상담과 심리치료에 중요한 세 가지 영역이다.

14장의 목표

이 장에서 배운 내용에 대한 알아차림, 지식, 기술, 행동은 다음과 같은 것을 할 수 있게 한다.

- ▲ 앞 장에서 배운 개념, 상담 기술과 전략을 통합한다.
- ▲ 의사결정을 위한 상담의 기초와 5단계 구조가 다른 이론과 어떻게 연결되는지 이해한다.
- ▲ 첫 회기를 계획할 수 있으며, 체크리스트를 활용하여 첫 회기의 중요한 요소들이 잘 진행되었는지

확인한다.

▲ 수행된 의사결정을 위한 상담 회기의 축어록을 검토하고 상담대화기술, 내담자 변화 척도, 공감 구조를 검토한다.

▲ 내담자를 위한 장기 상담 계획을 수립하고 체계적으로 기록한다.

▲ 재발 예방을 통해 면접의 5단계에서 내담자가 집에서 해오는 숙제를 늘린다.

▲ 당신 자신의 회기를 기록하고 분석하라. 상담 스타일을 이전에 녹음한 면접과 비교하라.

이 장은 상담대화기술을 의미 있고 일관된 회기로 통합하는 것에 관한 것이다. 우리는 우리 저자 중 하나인 앨런이 메리와 함께 5단계 상담 회기를 통해 진로 변화의 의미를 살펴보는 데 도움이 되는 틀로서의 의사결정을 위한 상담 회기를 살펴볼 것이다. 따라서 이 장은 의사결정을 위한 상담 준비를 개관하면서 시작한다. 예시 회기 후에는 치료 계획과 관련된 주제를 다룬다.

이 장을 마무리하면서, 동료 수강생 혹은 자원한 내담자와 온전한 상담 회기를 진행하고, 축어록을 작성하며, 당신 개인의 스타일을 분류하고, 그리고 이 책의 기술과 전략을 어떻게 개인적으로 통합했는지를 약술하라고 제안한다.

우리는 기술 통합의 정의와 기대할 수 있는 개인적인 결과에서부터 시작할 것이다.

기술 통합	기대할 수 있는 결과
상담대화기술을 잘 구성된 상담 회기에 통합하라. 그리고 교실 장면 밖의 상황에서 기술을 일반화하라.	성장하는 상담자는 기술을 자신만의 고유한 스타일로 통합할 것이다. 선택은 개인마다 다를 수 있지만 점차적으로 상담자는 자신 무엇을 하는지, 하고 있는 것이 효과적이지 않을 때 의도적으로 어떻게 조율해야 하는지, 노력의 결과로 회기에서 무엇을 기대할 수 있는지를 알게 될 것이다.

▶ 의사결정을 위한 상담: 실제적 이론의 개관

결정하지 않는 것도 결정하는 것이다.

_Harvey Cox

결정을 내리는 과정은 창의력와 절제된 자유와, 변화에 대한 열린 마음 그리고 내가 행동했을 때 발생할 수 있는 결과를 그려볼 수 있는 역량이 필요하다. 오래된 우화(Zen fable)에서 이러한 특징들이 잘 보인다.

한 여성이 캘리포니아 시에라 산의 4.6미터 높이의 오솔길 가장자리를 따라 걷고 있었다. 그녀가 모퉁이를 도는 순간 돌격하려는 곰을 보았다. 깜짝 놀랐지만 그녀는 조용하게 옆에 있는 넝쿨을 잡고 옆으로 몸을 움직였다. 다행히 그녀는 넝쿨에 매달려 있으면서 뛰어내릴 수 있는 안전한 장소를 찾을 수 있었다. 그런데 발밑에 또 다른 곰 한마리가 더 있었다. 마침 여름 산딸기가 맛있게 익어가고 있는 중이라, 그녀는 줄기를 잡고 다른 한 손으로 산딸기를 땄다. 산딸기는 아주 달았다.

우리는 내담자가 곰을 마주했을 때와 같이 결정을 내려야 한다. 하나의 결정에 하나의 결과를 가져오고, 다른 결정은 또 다른 결과를 가져온다. 우리는 내담자가 맛있는 딸기를 맛볼 수 있도록 도와야 하고, 내담자가 뛰어내리기 전에 중요한 점들을 볼 수 있도록 도와야 한다. 우리는 내담자의 결정이 맞닥뜨린 곰보다는 더 나은 것이기를 기대한다.

내담자는 우리에서 문자 그대로 '사방에 널려 있는' 인생의 조각들을 가지고 온다. 기적 같은 창의성은 이미 존재하는 것들로부터 순발력 있게 새로운 무엇인가를 만들어내는 그 순간에 찾아온다. 의사결정이란 창의적인 수행이다.

결정이란 인생의 부분이다. 결정은 우리에게 도전이 될 수도 있고 기회가 될 수도 있다. 의사결정을 위한 상담(Ivey & Ivey, 1987; Ivey, Ivey, & Zalaquett, 2010)이란 결정을 내리기에 대한 실제적인 모델로 인식할 수 있으며, 상담대화기술들은 상담과 심리치료의 중 이론에서의 역량을 강화시키는 데 도움을 줄 수 있다.

▶ 실용적인 의사결정을 위한 상담의 역사: 특성요인 이론

의사결정을 위한 상담은 8장에서 결정 과정에 대한 기초를 마련한 Benjamin Franklin의 역사적 공헌에 대한 논의로 간략하게 기술했다. 결정 과정이란 (1) 문제 정의하기, (2) 대안적인 해결책 만들기, (3) 행동 결정하기로 구성된다. 이 접근 방법은 상당히 미국 문화에 기반을 두고, 이론적인 관심보다 무엇이 실용적인지에 대해 초점을 두고 있다. 중요한 점은 무엇이 현 문제를 해결하는 데 효과가 있는 방법을 찾아내고, 인생을 살아나가는 것이다.

의사결정을 위한 상담 이론과 실제의 목표는 내담자의 의사결정 과정을 도와주고, 단하나의 결정을 내릴 때에도 숨겨진 다양한 특성과 요인을 고려하도록 촉진하는 것이다. 특성요인 이론은 상담 영역에서 오랫동안 자리 잡은 이론으로, 1908년 진로 교육의 선구자인 Frank Parsons로 거슬러 올라간다. Parsons는 Franklin의 이론적 토대를 확장시켜, 내담자가 직업적인 결정을 내릴 때 (1) 개인의 특성, 능력, 기술, 흥미 고려하기, (2) 환경적 요인 살펴보기(일자리 여건과 실제 기회, 위치 등), (3) "(1)과 (2)의 관계에 대하여 정확하게 논리적으로 추론하기"(Parsons, 1909/1967, p. 5)가 필요하다고 했다. 그 당시 특성요인 이론을 지지하는 사람들은 '진정한 추론'과 의사결정에 숨겨져 있는 다양한 측면을 찾아냈다.

점차적으로 특성요인 이론의 불완전함이 인식되기 시작하면서부터 새로운 의사결정과 문제해결 모델이 출현했다(Brammer & MacDonald, 2002; D'Zurilla, 1996; D'zurilla & Nezu, 2007; Egan, 2010; Janis & Mann, 1977). 새로운 모델 모두는 Benjamin Franklin의 모델과 특성요인 이론의 현대적 재구성이라고 기술할 수 있다.

▶ 현대 상담에서의 의사결정을 위한 상담의 위치

의사결정 과정은 평생 동안 다루어지는 주제다. 내담자들은 언제나 자신의 인생 주제를 해결하고 의사결정을 내리기 위해 노력한다. 성인기 초반에는 대학에 가거나 직업을 결정하고, 관계를 유지하고, 결혼하고 아이를 낳는 문제에 대해 결정을 내려야 한다. 성인기 후반에서는 자신의 일에서 어떻게 성공하고, 까다로운 동료와 좋은 관계를 유지하고, 자녀의 교육을 위하여 재정적 계획을 세우고, 은퇴에 대한 계획을 세우기 위한 결정을 내려야 한다. 사람들은 은퇴한다고 의사결정 주제가 끝나지 않음을 알게 된다. 많은 은퇴자들이 가지게 되는 첫 질문은 '앞으로 남은 시간 동안 무엇을 할 수 있을까?'이다. 건강 문제, 유서 및 자신의 장례식 계획과 같이 어려운 결정을 내릴 때 때로는 상담이 필요하다.

다양한 상담과 심리치료 이론에서 내담자가 결정 내리는 것을 돕기 위한 다양한 접근 전략과 내용을 제공하고 있다. 상담과 심리치료는 건강함과 안녕감을 촉진하는 방향에 초점이 맞추어있다. 건강함과 안녕감에 대한 접근과 더불어 내담자들에게 자신과 자신의 소중한 사람을 잘 관리할 수 있기 위한 현명한 결정을 내리기 위한 정보에 대한 도움도 필요하다. 이는 상담자들이 스트레스 관리에 대한 인식을 높이고, 내담자가 건강한 생활방식으로 변화할 수 있도록 도와주어야 한다는 걸 뜻한다.

정리하면, 의사결정을 위한 상담의 역량은 상담과 심리치료에서 다루는 거의 모든 주제를 다루는 데 중요하다. 상담자는 아동이나 청소년들이 자신의 또래들과의 문제를 잘 처리할 수 있도록 도울 수 있고, 바른 행동과 학업 성취를 요구하는 부모와 교사와의 관계를 잘 해결하고, 대학 진학이나 입대와 같은 선택을 결정하는 데 도움을 줄 수 있다. 청소년이나 성인이 약간의 혹은 심각한 우울증 증세를 가지고 있을 때, 선택을 하고, 대인관계의 문제를 해결하기 위하여 인지행동 기법을 사용하여 치료 계획을 수립하고, 자신의 생활방식을 변화시키거나 약물 치료를 의뢰한다. 많은 내담자들에게 자신의 스트레스를 관리하고 건강한 생활방식으로의 변화를 위해 결정을 내리는 일은 중요하다.

의사결정을 위한 상담의 실용적 기반은 5단계 상담 회기 모델을 따른다(**공감적 관계-**

이야기와 강점-목표-이야기 재구성-행동). 이러한 5단계 모델은 독창적이면서도 목적을 가진 의사결정의 안정적인 구조를 제공한다. 5단계 구조는 경청 기술과 노련한 직면만을 사용하는 내담자로 하여금 의사결정을 내리고 변화를 이끌어내는 데 효과적임을 기억하자. 변화 촉진 기술을 최소한으로 사용할 때, 이는 인간중심 상담에 가깝지만, 여전히 내담자가 더 나은 결정을 내릴 수 있도록 도울 수 있다. 내담자가 인간중심 상담이든 인지행동치료든 장기간 정신역동 상담에 참여하든 간에 결정 내리기는 상담 회기의 일부분이 된다.

의사결정을 위한 상담은 개인적으로 어려운 결정을 내릴 때 유용하다. 의사결정을 위한 상담은 통합적이고 절충적인데 내담자가 현재 당면하고 있는 실용적인 욕구를 만족시키기 위하여 어떠한 이론에서도 자유롭게 활용할 수 있다. 따라서 내담자는 진로 선택으로 상담을 시작하고 이 주제와 함께 알코올과 관련된 염려와 실제적인 문제를 언급하면서 숨어있던 불안과 우울 문제를 발견할 수 있다. 의사결정을 위한 상담에서는 내담자가 당면하고 있는 진로 선택이나 직업 주제를 해결하기 위하여 동기강화 상담(motivational interviewing)이나 단기 상담을 적용할 수 있다. 상담자는 내담자의 우울과 불안을 다루는 데 스트레스 관리와 인지행동치료 기법을 활용할 수 있다.

▶ 의사결정을 위한 상담과 감정 이해

감정과 정서는 사치품이 아니다. 감정과 정서는 우리 마음의 상태를 타인에게 알리는 의사소통 수단이다. 또한 강점과 정서는 우리의 판단과 의사결정을 안내하는 길이다. 감정은 신체를 이성의 순환고리로 끌어올린다.

_Anthony Damasio

문제해결 모델의 일반적인 한계는 모델이 주로 특성요인의 틀과 가깝기 때문에 결정을 내리는 과정에서의 **감정적인 측면**에 충분히 관심을 갖지 못한다는 점이다. 우리 대부분은 결정내리는 과정이 이성적이고 인지적인 과정만을 포함한다는 설명에 만족하지 못한다. 결정내리는 과정은 정서적 에너지가 필요하고, 이는 새로 내린 결정을 우리의 장기 기억에 저장하는 데 중요한 역할을 한다. 상담자의 개인적 스타일이나 선택 이론을 떠나서 상담 회기에서 내담자가 결정내리는 주제를 다룰 때 더 많은 정서와 감정을 언급해야 함을 기억해야 한다.

내담자가 자신의 결정에 대해 정서적으로 어떻게 느끼는지는 결정 이후 행동을 옮길 것인지, 옮기지 않을 것인지를 결정하는 데 지대한 영향을 미친다. 그러므로 상담 회기의 네 번째 단계와 다섯 번째 단계에서는 내담자가 어떻게 느끼고, 정서가 상담 이후 실제 생활에서 행동으로 옮길 때 어떻게 연관성을 가지는지에 대하여 성찰할 수 있도록 더욱 관심을 가져야 한다. 이 과정의 첫 번째 단계는 각각의 대안과 관련된 정서와 느낌을 탐색하는 것이다. 예를 들어, 내담자가 작지만 상처 주는 행동이 궁극적으로 파트너와의 관계를 파괴한다는 것을 알아차리지 못할 경우가 있다. 내담자는 현재의 상태를 보면서 어떤 감정을 느끼고 있는가? 현재의 이야기는 무엇인가? 그리고 내담자가 자신의 중요한 행동의 변화를 미리 생각해보았을 때 어떻게 느낄 것인가?

인생에서 중요한 결정을 내릴 때는 보다 체계적으로 미래의 대안과 함께 정서적인 결과를 탐색해야 한다. 아래에 제시되어있는 정서 대조표는 우리가 의사결정을 위한 상담에서 정서의 역할을 어떻게 충분히 다룰 수 있는지를 보여준다.

인지와 정서 대조표

호주의 Leon Mann은 필연적 결과 유추의 확장으로 대조표를 개발했다. 각각의 대안에 대한 이득과 손실을 적어두었으며, 결정의 다측면적인 내용을 정리해두어 결정을 내릴 때 다루어야 하는 중요한 문제를 확인할 수 있다. [표 14.1]은 학대당한 여성을 위해 만들어진 결정에 관한 대조표다. 현재 학대받는 관계에 남아있는 사안에 대해 논쟁은 뜨겁다. 그리고 상담자가 이런 경우 지지해주는 것이 왜 중요한지를 보여준다.

다른 예시는 상담자가 물질남용 환자를 도울 때 **정서 대조표**(emotional balance sheet)를 사용하여 알코올 남용과 약물 사용에서의 중요한 주제를 살펴볼 수 있다. 대조표에 초점 개념을 추가함으로써 알코올 의존증이 있는 사람이 술 마시는 행동이 타인의 인생에 미치는 영향을 좀 더 넓게 바라볼 수 있게 되며, 정서적 문제도 다룰 수 있게 된다. 대조표는 술을 마심으로써 발생하는 긍정적인 측면과 부정적인 측면을 모두 적는다. 이러한 작업은 상담자와 내담자가 협력하여 함께 작성하도록 한다. 동기강화 상담 기법을 대조표를 받아들여, 중독에 관한 대조표를 사용한다(Miller & Rollnick, 2002).

정서적 균형 잡기(emotional balancing)는 내담자가 가능한 결정을 내린 후 어떻게 느끼는지에 특별히 주의를 기울인다. 결정내리기는 인지적 활동이지만, 진정한 만족감은 결과에 대한 만족과 즐거운 감정으로부터 느낄 수 있다. 이러한 활동을 통해 정서는 필연적 결과 유추 전략 과정 전체에서 강조된다. 예를 들어, '술 마실 때 어떤 감정과 즐거움을 느끼십니까?', '코카인 사용이 당신에게 주는 좋은 점이 무엇입니까?', '술을 마시지 않는 모습을 상상한다면 자신에 대해 어떻게 느끼겠습니까?', '당신의 가족은 어떻게 느끼겠습니까?'와 같이 현재 지금의 감정은 물론 과거와 미래의 감정을 묻는다. 그리고 변화에 따른 장기적 이득이 무엇인지를 기대하게 한다.

향후 정서적 지원을 위한 미래 일기

내담자에게 유용한 과제는 만일 내담자기 어떠한 이유에서 특정한 결정을 내렸다면, 다음 달과 다음 해에 자신의 인생이 어떤 모습일지에 대해 생각해보도록 하는 것이다. 미래 일기를 작성함으로써 내담자에게 자신이 내린 어려운 결정의 의미를 생각해보고 정

표 14.1 인지와 정서 대조표*

아래에 각각의 가능한 대안에 대하여 긍정적인 측면과 부정적인 결과를 제시했다. 한 가지 이상의 대안이 있다면, 각 대안에 대한 인지와 정서 대조표를 따로 작성해야 한다.

어떤 결정을 내려야 할까? 내가 만일 학대하는 배우자를 떠난다면 어떤 일이 생길까?

나에게 주어지는 긍정적인 이득은 무엇일까?	나를 위한 정서적인 이득은 무엇일까?	다른 사람들이 얻을 수 있는 긍정적인 이득은 무엇일까?	다른 사람들을 위한 정서적인 이득은 무엇일까?
학대는 중단되고, 나는 더 이상 다치지 않을 것이다.	무서워하지 않아도 된다.	우리 엄마는 계속 전화하지 않아도 된다.	우리 엄마는 모든 것이 끝나서 안심할 것이다.
나는 내 인생을 살아갈 수 있다.	아마도 나 자신에 대해 좋은 감정을 갖게 될 것이다.	우리 엄마가 도와주려고 할 것이다.	우리 엄마가 나에게 다시 중요한 사람이라고 느낄 것이다.
나 자신이 될 수 있다.	나는 괜찮다고 느끼게 되고, 점점 안정될 것이다.		

나에게 주어지는 가능한 손실은 무엇일까?	나를 대면하게 될 정서적 손실은 무엇일까?	다른 사람들이 받을 수 있는 손실은 무엇일까?	다른 사람들의 정서적 손실은 무엇일까?
내가 스스로 서야 한다.	머무르는 것만큼이나 두렵다.	아무도 생각할 수 없다.	아무도 생각나지 않는다.
			그가 떠나간 것을 기뻐할 것이다.
경제적인 문제를 내가 어떻게 해결할 수 있을까?	나를 겁나게 할 것이다.	나의 부모님이 일정 기간 나를 지원해주어야 할 수도 있다.	부모님이 사정이 좋은 것이 아니고, 그와 함께 나가지 말라고 할 것이다. 그들은 나를 도와주겠지만 화를 낼 것이다.
그 모든 학대에도 불구하고, 아직 그를 사랑한다.	외로울 것이다.	내 친구들도 함께 있어줄 것이다.	그들은 내 상황을 좋아하고, 내 말을 들어줄 것이다.
그가 만일 나를 따라오면, 상황은 더욱 악화될 것이다.	나의 미래는 더 이상 없을 것 같고, 철저하게 혼자라고 느낀다.	상담자가 함께 있으면서 조언해주고 지지해줄 것이다.	나는 내가 생각하는 것처럼 혼자가 아니고, 주위 사람들이 지지해주고 챙겨줄 것임을 안다.

* Leon Mann (Mann, 2001; Mann, Beswick, Allouche, & Ivey, 1989); Miller and Rollnick (2002) 인용.

리할 수 있다. 또한 미래 일기는 내담자의 결정에 대한 대안을 생각해보도록 하고 결과에 대해 경험할 수 있는 감정을 고려하도록 돕는다. 미래 일기는 회기 중 '지금 여기'의 경험과 함께 완성하도록 한다. 이미지 그리기를 활용하여, 내담자가 자신의 결정에 대한 결과와 결과에 따른 감정을 예측하도록 한다. 결정을 내리는 일은 인지적 과정이지만, 인지적 결정만이 전부가 아니며 정서적 균형도 만족스런 결정을 내리기 위해 중요하다.

▶ 사례개념화와 작업 가설의 중요성

상담자의 작업에서 기초는 상담자의 내담자에 대한 이해, 내담자의 문제와 내담자가 내리고 싶어 하는 결정에 대한 이해다. 사례개념화는 상담자의 이론적 모델을 개인적으로 적용하는 것으로, 상담자가 내담자를 관찰한 내용, 유추한 내용, 사례의 선행 사건을 고려한다. 상담자가 내담자의 접수 면접 기록에서 얻는 인구학적 자료, 개인사, 그리고 현재 걱정거리와 지금 관심사를 포함해야 한다. 회기가 진행됨에 따라, 내담자의 언어표현 내용과 스타일, 비언어적 표현, 정서적 경험, 상담자가 파악한 내담자의 특성, 상담 회기에서의 상호작용, 검사 결과, 진단 내용, 강점과 자원, 약점과 차이점, 지지하는 내용, 유추 사항과 가정, 작업 가설(working hypothesis), 치료 목표, 치료 계획, 예상되는 어려움, 개입 전략과 결과의 평가가 내담자를 위한 상담자의 사례개념화에 지속적인 변화를 가져온다.

위에서 언급한 정보를 바탕으로 상담자가 구성한 사례개념화는 지속적으로 변화되며, 관계가 발전됨에 따라 좀 더 유용해지고, 더욱 정확해진다. 많은 상담자들과 심리치료자들은 상담자의 사례개념화를 내담자와 공유해야 한다고 제안한다. 사례개념화는 회기가 지날수록 정확해지고, 내담자와의 관계를 강화하고, 내담자와의 협업을 강화하며, 회기에서 학습한 내용과 결정을 바탕으로 실제 행동으로 옮길 가능성을 높인다. 사례개념화는 내담자의 행동, 사고, 정서적 변화를 만드는 데 조력할 수 있다.

이러한 사례개념화는 치료를 유도하는 작업 가설이 될 수 있다. 또한 사례개념화는 회기가 진행되면서 내담자와 함께 점점 확고해지고, 내담자의 치료 계획에 대한 결정을 내릴 때, 개입을 결정할 때, 숙제 과제를 내줄 때, 뒤로 물러섬에 대처할 때, 치료를 끝낼 때 도움이 된다. 메리를 상담한 앨런의 작업 예시에서 이 개념들을 제시하고 있다.

▶ 첫 연습 회기 계획하기와 체크리스트 사용하기

이 장에서 소개하는 의사결정을 위한 상담 회기는 내담자 메리의 실제 진로 계획을 바탕으로 앨런과 메리가 수행한 역할극이다.

상담 전에 작성한 접수 면접지에 메리는 "나는 체육교사로서 현재 직업이 지루하고 좌절스럽다. 지금이야말로 새로운 일을 찾아야 할 때다. 아마 나는 사업을 시작해야 할 것 같다. 가끔 나는 내 상황 때문에 우울하다"라고 적었다. 이 첫 회기는 진로 상담이 개인 상담과 관련성이 높다는 것을 보여준다. 직업과 관련된 문제를 다루다 보면 개인적 주제가 나타난다. 추가적으로 성은 다문화적 주제로 지속적으로 다루어야 한다.

5단계에 따라 회기의 계획을 생각하고 작업할 수 있다. 나중에 이 계획은 사례 노트를 틀로 활용할 수 있다. 첫 회기가 진행되기 전에, 내담자의 자료를 숙지하고, 내담자의 문제를 파악하고 어떻게 다룰 것인지에 대해 예측해본다. 미리 계획을 세운다는 것이 상담자가 견해나 의견을 가지고 내담자에게 강요한다는 의미하지는 않는다. 오히려 내담자가 가지고 있는 목표를 성취할 수 있는 접근을 고민한다. 상담자가 계획을 세우고 있다고 하여, 향후 모든 일이 상담자가 예상하는 대로 일이 진행된다고 기대해서는 안 된다. 내담자들은 늘 새로운 사안을 가져오고, 상담자로 하여금 어떻게 다음 단계로 나아가야 할지에 대해 생각하게 만든다. 경우에 따라서는 상담자의 계획을 모두 폐기할 필요가 있다. 언제나 새로운 대안에 대해 생각하고 유연한 의도성이 주요하다.

아래에 제시된 계획은 메리와의 추후 회기에 대한 앨런의 평가를 포함하고 있다. 사전 질문지를 포함한 메리의 파일을 숙지한 후 계획을 세웠다. 방문 자료에 메리는 "나는 새로운 직업과 관련하여 다른 일을 하고 싶다. 나는 새로운 일을 시작할 준비가 되었다. 그런데 무엇을 해야 할까?"라고 적었다. 계획은 내담자가 스스로 경력 계획을 만들게 하고, 내담자의 개인적 사안에 대한 논의를 돕는다. 계획은 내담자의 목적을 달성할 수 있도록 하며 결정을 내릴 수 있도록 돕는다. 하지만 회기가 진행되면서 계획이 유연하게 변화할 수 있고, 새로운 주제가 나타나는 것을 허용해야 한다.

단계 및 측면, 주요 질문	상담자의 준비
공감적 관계: 회기 시작하기, 라포를 형성하고 발전시키기. '회기를 어떻게 구조화할 것인가? 특정 이론을 사용할 계획인가? 라포의 발전을 예측하는 데 특별한 주제가 있는가?'	메리는 표현적이고 적극적인 사람이다. 나는 그녀가 수영을 좋아하고 신체적인 활동을 좋아한다고 메모를 해두었다. 나도 달리기를 좋아하니, 이 점이 우리 둘이 대화할 공통점이 될 수 있다. 5단계를 따르지만, 구성은 열어둔 채 진행하고자 한다. 메리가 현재 직업에서 만족하지 않으며, 직업 선택에 대한 대안을 찾고 있다. 다른 개인적인 주제는 그녀의 이혼이다. 그녀의 이야기를 좀 더 들어볼 필요가 있고, 반영적 경청 기술을 이용하여 결정 내리기 모델을 따를 예정이다.
이야기와 강점: 자료 수집, 이야기, 관심사, 문제 이끌어내기. '예상되는 문제는 무엇인가? 내담자와 문제를 정의하기 위한 계획은 무엇인가? 행동, 사고, 감정 및 의미를 강조할 것인가?'	나는 메리의 강점을 활용하여, 메리가 무엇을 할 수 있을지 찾아보려고 한다. 그녀의 입장에서 주제를 다루기 위하여 기본 경청 기술을 이용하고, 그녀가 자신의 미래와 직업을 어떻게 생각하고 있는지 파악하고자 한다. 그녀의 개인적 생활에도 관심을 가지고, 그녀가 이혼 후 삶이 어떻게 진행될지에 관심을 갖고자 한다. 변화하는 사회에서 여성은 어떤 존재인가? 메리는 여러 문제를 언급할 것이다. 이 단계에 맞추어 내용을 정리하다 보면, 사안이 많으면 일의 우선순위를 정할 수 있게 된다. 주로 진로 선택과 관련된 이야기를 할 것이다.
목표: 내담자와 논의하여 목표를 세우고, 결과 산출하기. '이상적인 결과는 무엇인가? 내담자의 이상적인 자신과 세상에 대한 견해를 어떻게 이끌어낼 것인가?'	기본 경청 기술을 활용하여 그녀가 가지고 있는 환상이나 이상적인 해결책이 무엇인지 물어본다. 현실적인 것과 이상적인 의견을 정리하고, 직면으로 마무리하려고 한다. 나는 결과로서 메리가 다양한 대안을 가지고, 방향을 스스로 정리하는 것을 보고 싶다.

단계 및 측면, 주요 질문	상담자의 준비
이야기 재구성: 대안을 만들고 탐색하기. 내담자의 부조화와 갈등 직면하기. '어떤 이론을 적용할 것인가? 어떤 구체적인 부조화를 알아차렸는가, 혹은 예측하는가? 대안을 어떻게 이끌어낼 것인가?'	의사결정을 위한 상담 모델을 적용하여 작업하면서, 메리의 긍정적 강점과 건강한 자질을 정리하는 것으로 이 단계를 시작하려고 한다. 그녀의 사전 자료에서 상담과 사업 분야가 적절한 대안이 될 수 있다. 다른 가능성이 있을까? 주된 부조화는 현재 지금의 상태와 앞으로 나아가고 싶은 방향이다. 첫 회기지만 나는 그녀에게 어떤 대안을 찾고 싶은지 물어보고, 그 대안 중 하나를 선택하여 나아가기를 바란다. 회기 후에는 선택한 대안에 대한 행동이 일어나기를 바란다. 내 생각에 진로 검사를 해보는 것은 유용하다.
행동: 일반화하고, 새로운 이야기를 실행하기. '훈련을 위해 어떤 구체적인 계획을 가질 수 있을까? 어떻게 하면 회기를 의미 있다고 느낄 수 있을까?'	우리가 새로운 대안들을 생각해내면 만족감을 느낄 것이다. 직업적 대안을 탐색할 수 있다. 계획을 세우고, 다양한 대안 중 한 가지를 선택하고, 다음 회기 전에 과제로 하도록 하고 싶다.

관계 특히 전문적인 관계가 가지는 복잡성 때문에, Atul Gawande는 『체크! 체크리스트(The Checklist Manifesto)』(2009, 21세기북스)를 썼다. 그는 우선 의학에 초점을 맞추어, 수술 과정에 포함된 기본적인 체크리스트를 확인함으로써 수술에서 발생할 수 있는 위험한 실수를 현격하게 줄일 수 있음을 발견했다. 어떤 영역이든 간에 무엇을 할 것인지를 미리 생각한다면 수행이 더욱 좋아질 수 있다. [글상자 14.1]은 첫 회기를 위한 체크리스트다. 유능하고 경험이 많은 상담자라도 체크리스트 안에 있는 내용을 가끔 잊기도 한다. 내담자와의 상담을 진행하기 전에 체크리스트를 한 번 검토하고, 회기가 끝난 후에 다시 검토해보면서 놓친 것이 있는지 살펴본다. 체크리스트 안의 내용은 어떤 회기라도 적용할 수 있다. 상담자 임의적으로 내용을 줄이거나 덧붙일 수 있고, 따라서 개별화된 목록을 가질 수 있다. 체크리스트를 수정해서 개인에게 그리고 기관에게 보다 적절하게 하는 것이 중요하다.

첫 회기에 새로운 내담자와 관계를 만들어가고, 회기를 구조화하면서 내담자에 대해 더 많이 알게 되면서 여러 도전들을 경험한다. 회기에 대하여 계획을 세우고 체크리스트를 검토하는 일은 매 회기에 도움이 되지만, 특히 첫 회기는 많은 주제를 다루어야 하기 때문에 더욱 요긴하다. 아무리 경험이 많고 유능한 상담자나 심리치료자라 하더라도 회기를 진행하면서 그리고 계획하면서 목록에 있는 중요한 요인들을 빠뜨리기도 한다.

▶ 상담 회기 전체 축어록: 새로운 진로를 찾고 싶어요

이 시점에서 상담 회기 전체 축어록 분석을 제시하는 이유는 무엇인가? 비록 한 줄 한 줄 읽어 내려가는 일이 흥미롭진 않지만 주의 깊게 읽고 분석하기를 추천한다. 이 책을 읽으면서 이미 많은 상담의 예를 보았다. 이 시점에 당신은 이미 상담 회기에 대해 많이

회기 시작 전

☐ 미국 의료정보보호법(HIPAA), 기관의 정책, 주요한 법령을 얼마나 잘 알고 있는가? 핵심적인 관련 정책에 대한 내용을 상담실에 구비해두었는가? 이 내용에 대해 초기에 내담자와 공유할 필요가 있다.

☐ 파일이 있는가? 파일에 있는 메모를 읽어본 적이 있는가? 기억을 잘 하기 위해서 파일의 내용을 메모할 필요가 있는가?

☐ 상담실 환경이 비밀 보장을 확보하고 있는가? 만일 상담실이 공개된 공간이라면, 사생활 보호를 어떻게 할 것인가?

☐ 상담실은 적절하게 조용한가? 문 밖에 음향 기기가 필요한가?

☐ 내담자를 만나는 장소가 적절하게 호의적인 분위기인가? 편안하고, 잠재적 내담자와 관련된 미술 작품을 소지하고 있는가? 상호 평등함을 느낄 수 있게 의자 배치가 되어있는가?

☐ 비공식적 상담 장면, 예를 들면 거리나 체육관에서 상담을 진행할 때도 여전히 상황을 편안하게 만들 수 있는가?

1단계: 공감적 관계

회기를 시작하라. 라포를 형성하고 구조화하라.
'안녕하세요? 오늘 무슨 이야기를 할까요?'
다음과 같은 일을 할 수 있다.

☐ 공감적 관계 형성과 독특한 내담자와 관계를 맺기 위한 유연한 계획을 사전에 세웠는가?

☐ 내담자의 책임과 의무에 대해 논의했는가? 상담과 치료적 관계에서 서로의 책임과 의무에 대해 명확히 규정해야 관계가 잘 진행될 수 있다.

☐ 회기에 어떤 일이 일어날지에 대해 설명해주고, 대화는 어떻게 구성되며 진행될지에 대해 설명해준다

☐ 의료정보보호법 기관 규정과 법률적 주제를 검토했는가? 기관에서 진단명을 요청한다면 내담자에게 이러한 상황을 설명하고, 내담자가 원하는 진단을 제공할 수 있는가?

☐ 비밀 보장과 비밀 보장의 한계를 논의했는가?

☐ 상담 내용을 메모하는 것이나 녹음·녹화하는 것에 대하여 내담자의 승인을 받았는가? 만일 내담자가 원한다면 상담 회기에 대한 메모와 녹음 내용을 검토할 수 있음에 대해 공지했는가?

☐ 나이가 어린 아동을 상담할 때, 법이나 규정에 따라 학부모 동의를 받았는가?

☐ 회기 시작 전에 내담자에게 질문할 수 있는 기회를 주었는가? 다문화적 차이를 다루었는가?

☐ 회기의 일차적인 목표와 목적을 세우기 위하여 내담자와 협의했는가?

☐ 내담자가 주제와 고민에 대하여 바로 말할 수 있도록 준비되었는가? 나중에 주의 깊게 듣고, 시간이 부족하여 주의를 기울이지 못한 주제로 다시 돌아갔는가?

2단계: 이야기와 강점

자료를 모은다. 내담자의 이야기, 관심사, 문제 혹은 주제를 이끌어내기 위해 기본 경청 기술을 사용하라.
'당신의 관심사는 무엇입니까?' '당신의 강점과 자원은 무엇입니까?'

☐ 내담자가 자신의 이야기를 충분히 전달할 수 있도록 허용적인 분위기를 조성했는가? 내담자의 '문제'를 좀 더 긍정적이고 변화를 지향하는 용어인 '주제', '도전 과제', '관심사', '변화할 준비가 되어있음'으로 재정의했는가?

☐ 이야기와 관련성이 높은 중요한 사실, 생각, 감정, 행동을 이끌어냈는가? 내담자의 이야기 속에 드러나지 않은 깊은 의미를 찾아보려고 했는가?

☐ 내담자의 사생활에 관심을 가지고, 내담자의 이야기에 파묻혀 헤어나오지 못함을 피하고, 내담자의 말에 '부정적인 의미'를 부여하고 있지는 않는가? Eldridge Cleaver의 말을 빌어 '상담자가 문제를 제기하는 역할이었는가? 해결책을 제시하는 입장이었는가?'라고 표현할 수도 있다.

☐ 내담자의 개인적 강점과 외현적인 자원에 대한 구체적인 예시와 내담자의 이야기를 이끌어냈는가? 이야기 중에서 긍정적인 이미지를 찾아낼 수 있었는가? 그리고 긍정적인 이미지는 신체의 일부분에 근거하는가?

☐ '지금까지 우리가 이야기한 내용과 관련 있는 내용이 또 없을까요?', '그 외에 당신의 인생에서 또 어떤 일이 진행되고 있나요?', '또 내가 당신에게 물었어야 하는데 묻지 않은 내용이 있을까요?'라는 질문을 던져야 한다.

3단계: 목표

상호협의하에 목표를 세워야 한다. 기본 경청 기술은 목표를 설정하는 데 도움이 된다.
'어떤 일이 있었으면 좋겠다고 바라나요?' '목표를 성취하면 당신은 어떤 기분일까요?'

☐ 내담자가 초기에 설정했던 목표를 검토하라. 그리고 이야기

---

* 이 체크리스트는 Atul Gawande의 『체크! 체크리스트』(New York : Holt, 2009)의 저서에서 영감을 받았다. Gawande는 성공적인 수술을 위한 체크리스트의 중요성에 대해 구체적으로 이야기하고 그 아이디어가 다른 분야에도 적용될 것을 제안한다. 이 상담 체크리스트는 이 책의 저자인 앨런(Allen Ivey)이 저술했다. 앨런은 이 체크리스트의 출처를 적절히 밝힌 후에 자유롭게 사용할 수 있도록 허용하였다. Copyright © 2014 Allen Ivey.

와 내담자의 강점에 따라 수정했는가?

□ 내담자와 함께 목표를 구체적이고 관찰 가능하도록 설정했는가?

□ 필요한 경우, 목표를 좀 더 구체적이고, 관리할 수 있는 일련의 목표로 나누어 설정했는가? 목표의 우선순위를 정했는가?

□ 내담자가 자신의 목표를 달성하는데, 활용할 강점과 자원을 가지고 있음을 상기시켰는가?

4단계: 이야기 재구성

기본 경청 기술을 이용하여 대안을 탐색하라. 내담자의 비일관성과 갈등을 직면하고, 새로운 이야기를 구성하기.

'우리가 이 문제를 가지고 무엇을 해야 할까요?' '새로운 방식으로 생각하거나, 느끼거나, 행동할 수 있을까요?'

□ 이론적 근거를 고려하지 않고, 브레인스토밍을 했는가? 주제와 목표에 대한 내용을 요약하면서, 지지적인 도전을 통해 직면했는가?('한편으로 우리의 목표는 _____이고, 다른 한편으로는 우리가 당면해야 할 도전은 _____이네요. 지금 당신이 생각하는 해결 방안은 무엇인가요?') 때때로 상담자의 지원을 받아, 내담자는 스스로 이전에는 생각하지 못했던 독특하고 효과적인 답을 이끌어낼 수 있다.

□ 적절한 이론과 전략을 활용했는가?

□ 내담자의 쟁점에 대해 내담자가 이야기를 재구성할 수 있도록 다양한 경청 기술과 변화 촉진 기술을 사용했는가?

□ 내담자가 자신의 능력에 대해 부정적이고, 자신없어할 때 확인했던 강점과 자원을 활용했는가?

□ 회기 후에 과제를 하고, 개인적 경험을 하는 데 동의했는

가?

□ 행동을 이끌어내고, 실생활에 적용할 수 있도록 명확하게 정의되고, 좀 더 실현 가능한 이야기를 이끌어냈는가?

5단계: 행동

회기에서 학습한 내용을 실생활에 적용할 계획을 세우라. '해낼 수 있을까요?' 기본 경청 기술을 활용하여 내담자가 회기 이후 실제적으로 적용할 수 있는 의지를 평가해본다.

□ 새로운 이야기를 구성하고, 새로운 이야기 속에서 내담자가 구체적인 행동을 취하고, '실생활'을 배울 수 있도록 했는가?

□ 학습한 내용을 실생활로 전화할 계획은 명확하고 실천 가능한가?

□ 내담자로 하여금 체계적이고, 작동할 수 있는 재발 예방 계획을 작업했는가? (이 책 444~446쪽에서 소개된 내담자가 상담실 밖에서 행동을 변화하도록 하는 인지행동치료 접근 참고)

□ 내일이나 이번 주에 그전과 달리 새로운 일을 최소 한 가지 이상 실천하기로 약속했는가?

□ 다음 회기에 과제를 검토하겠다는 계획에 동의했는가?

□ 내담자에게 어떻게 작동하는지 확인했는가? 내담자는 상담자와 작업할 만하다고 생각하는가? 상담자로 함께 일하는 사항에 대해 동의했는가?

□ 다음 회기 일정에 대해 협의했는가?

□ 축어록을 빠른 시간 내에 정리했고 필요한 경우 슈퍼바이저를 찾거나 동료로부터 자문을 받았는가?

알고 있다. 당신은 상담과 심리치료가 복잡한 전문 분야라는 것을 알 것이다. 아래에 제공된 상담 회기 축어록을 검토하면서, 지난 회기를 통해 이해한 내용을 바탕으로 상담자와 내담자 간에 어떠한 일이 발생하고 있는지 이해하게 될 것이다.

상담대화기술을 회기에 따라 구체적이고, 관찰 가능한 과정으로 분리하여 제시했는데, 각각의 기술을 통합하는 것은 또 다른 주제다. 기술, 전략과 개념은 통합되어 승화된 형태로 만들어진다. 여기 제시된 예는 다음의 목표를 만족시키고자 한다.

1. 실제 회기의 흐름을 관찰할 수 있다. 결정내리기와 변화가 짧은 예시에서 제시한 것보다 천천히 이루어지는 것을 관찰할 수 있다.

2. 기술 분류와 과정 노트가 회기 중에 어떠한 일이 발생하는지 알 수 있는 정보를 제공한다.

3. 축어록은 학습자가 자신의 회기를 진행할 때 활용할 수 있는 모델로 작용할 수 있으

며, 상담자의 행동과 그에 따른 내담자에 미치는 영향을 분석할 수 있다. 상담에 능숙한 상담자라도 자신의 회기를 이와 같은 방식으로 분석하라고 추천한다. 정기적으로 비디오 촬영을 하고, 무슨 일이 발생했는지에 대해 검토하라. 검토에 내담자를 참여시켜 추가적인 피드백을 받는다.

이 의사결정을 위한 상담 회기에서 마리는 36세, 이혼한 두 아이의 엄마인 내담자이다. 분석을 위하여 회기를 표에서 세 칸으로 구분하여 정리했다. 첫째 칸은 상담자와 내담자의 대화 축어록이다. 두 번째 칸에는 상담자의 기술과 내담자의 응답을 분류했다. 세 번째 칸에는 기술의 효과를 분석했고, 상담자의 내담자 공감과 내담자의 변화에 초점을 맞추었다. 상담 기술의 분류와 상담자 행동을 분석하고 내담자에게 미치는 영향력을 분석하는 능력은 경험이 많은 상담자들도 부족할 수 있는 중요한 역량이다.

상담 축어록을 읽으면서, 앨런의 개인적 스타일을 평가하라. 특별히 의미 있게 느껴진 방식은 무엇이며, 그의 개입이 적절했는가? 당신이라면 무엇을 다르게 할 것인가? 자신만의 스타일을 생각해보고, 자신이 정한 상담 스타일이 다양한 내담자들에게 어떻게 받아들여질지에 대해 생각해보라. 분석해보면, 어떤 전략이 다른 것에 비해 덜 효과적일 수 있음을 알게 된다. 우리 모두는 실수를 한다. 실수를 통해 새로운 것을 배우는 것은 우리의 능력이며, 변화가 우리를 더욱 효과적이 되게 한다.

회기의 1단계에서는 내담자와의 작업동맹을 맺는 것이다. 지문을 읽으면서, 다음의 질문에 답해보라.

1. 앨런은 메리를 어떻게 편안하게 만들었는가? 이 방법은 효과적이었나?
2. 자신이 실습을 한다고 했을 때, 메리를 편하게 만들기 위해서 어떤 방법을 사용할 것인가?
3. 메리는 매우 기능적인 내담자이다. 만일 어린아이나 정서적으로 건조한 내담자나 비자발적 내담자와 초기 회기를 어떻게 구성할지에 대하여 최소 세 가지 방법을 제시해보자.

상담자와 내담자의 대화	초점과 직면을 포함한 상담 기술 분류	공감과 내담자 변화 정도를 포함한 회기 과정의 평가
1단계: 공감적 관계 회기 시작하기, 라포를 형성하기, 구조화하기 '안녕하세요. 우리는 오늘 무슨 이야기를 할까요?		
1. 앨런: 안녕하세요, 메리. 별일 없었어요?	개방형 질문, 내담자에게 초점 맞추기	앨런이 대기실로 가서 내담자를 맞이하고 미소를 지으며 들어오도록 한다.

상담자와 내담자의 대화	초점과 직면을 포함한 상담 기술 분류	공감과 내담자 변화 정도를 포함한 회기 과정의 평가
2. 메리: 네……, 좋아요……. 어떠세요?	자기 개방, 상담자에게 초점 맞추기	메리가 들어오면서 말문을 열며 두 번 말을 더듬었다.
3. 앨런: 네, 저도 잘 지내요. 만나서 반가워요. 기록을 보니 수영대회에 나갈 정도로 수영을 오랫동안 했네요.	자기 개방, 파일의 내용을 바꾸어 말하기, 상담자와 내담자에게 초점 맞추기	앨런은 메리의 뜸 들이는 말투를 눈치챘고, 그녀의 불안감을 감지했다. 라포 형성을 위한 시간을 갖고, 그녀를 안심시키려고 했다. 그녀의 강점 중 긍정적인 건강함에 초점을 맞추어 언급하고, 회기 초기임에도 내담자의 강점을 인지했다. (추가적 공감)
4. 메리: 아, 네. (웃음) …… 제가 수영을 좋아해요.	긍정적인 강점에 대한 자기 개방	
5. 앨런: 요즘같이 더운 날씨에 저도 몇 번 나가곤 했어요. 최근 수영했어요?	자기 개방, 폐쇄형 질문, 상담자와 내담자에게 초점 맞추기	첫 회기에는 본격적으로 대화를 시작하기 전에 비공식적 대화를 통해 내담자와 가까워지고, 편안함을 느낄 수 있도록 한다.
6. 메리: 네, 저도 운동을 좋아해요. 운동은 좋은 이완 방법이죠.	자기 개방	
7. 앨런: 상도 여러 번 받은 것 같은데요. (메리: 네) ……운동에 대해 자신이 있겠어요.	파일의 내용 재진술, 정서 반영하기, 내담자에게 초점 맞추기	메리의 비언어적 행동이 좀 더 편안해졌다. 내담자와 상담자의 몸짓언어가 서로 일치하기 시작한다.
8. 메리: 네, 자랑스럽지요. 그리고 즐거웠어요.	자기 개방, 강점과 즐거움에 초점을 맞추기	
9. 앨런: 즐거워할 수 있는 운동을 한다는 것과, 그걸 즐거워한다니 좋네요. (잠시 멈춤) 우리가 시작하기 전에 제가 대화 내용을 녹음해도 될까요? 저는 당신의 서면 동의가 필요합니다. 괜찮을까요? 기록된 모든 내용은 언제든지 열람할 수 있어요. 사람들은 가끔 녹음한 내용을 집에 가서 들으면서 도움을 받기도 하지요.	피드백, 정보 제공	회기 녹음에 대한 동의를 얻는 것은 중요한 일이다. 편안하게 제안하면 내담자 대부분은 동의를 해준다. 때때로 내담자에게 녹음 내용을 집에 가서 듣게 하는 방법이 도움이 된다.

상담자와 내담자의 대화	초점과 직면을 포함한 상담 기술 분류	공감과 내담자 변화 정도를 포함한 회기 과정의 평가
10. *메리:* 네, 저는 좋아요. (목적이 있는 면접과 상담을 위한 상담 내용 녹음에 대한 동의서에 서명하기) 나중에 저도 녹음 내용을 집에 가서 듣고 싶을 것 같아요.	자기 개방	메리는 회기를 시작할 준비가 되었지만, 구조화가 필요하다. 내담자들은 자신의 이야기를 시작하기 전에 불안해지기 때문에, 회기 중간에 구조화가 필요할 수도 있다. 하지만 본격적으로 이야기를 시작하기 전에 구조화를 명확하게 해야 한다.
11. *앨런:* 메리, 시작하기 전에 논의해야 할 것이 있어요. 오늘 우리는 한 시간 동안 대화를 나누고, 우리는 향후 계획을 세울 겁니다. 오늘 저는 당신을 좀 더 이해할 수 있기를 바라고, 당신의 걱정을 경청하려고 할 거예요. 파일을 보니, 당신의 주제 중에 사회의 여성 문제와 관련된 것이 있네요. 그 주제를 편하게 이야기하는 일이 중요할 것 같아요. 제가 남성이라, 만일 대회 도중 주제에서 벗어나거나 이해를 잘 하지 못할 경우 이야기해주세요. 그리고 편하게 질문해주세요. (이 시점에 앨런은 비밀 보장, 미국 의료정보보호법, 그리고 기관의 주요한 규정을 논의한다)	정보 제공, 자기 개방, 내담자, 상담자, 문화적·환경적 맥락	앨런이 구조화에 대한 정보를 제공함으로써 메리는 회기에서 무엇을 기대할 수 있는지 예상할 수 있다. 메리가 편하게 질문하고, 응답할 수 있도록 성별 차이를 설명했다. 우리가 계획을 세울 것이라는 말을 함으로써 상호적인 접근(mutual approach) 전략을 이끈다. (추가적 공감)
12. *메리:* 당신과 대화하는 것이 편해요. 그런데 몇 가지 질문이 있어요. 한 가지는 상담을 전공할 가능성에 관심이 많고요, 다른 한편으로는 제 생활과 관련한 주제는 이혼과 혼자 아이를 양육한다는 점인데, 이 주제에 대해 해주실 말씀은 없나요?	내담자, 상담자. 메리의 모든 대화 내용은 자기 개방과 관련되었으며, 이제 자기 개방은 이 축어록에서 표기하지는 않는다.	메리는 상담자에게 긍정적으로 답변하지만, 두 가지 질문을 던진다. 질문을 던질 때 몸을 앞으로 약간 기울인다. 질문의 내용에 상담자는 놀랐지만, 이혼과 관계와 관련된 주제는 추후 관심을 가지고 다룰 내용이다.
13. *앨런:* 우선 저도 이혼했고, 한 아이는 저와 살고 있고, 다른 아이는 대학을 다녀요. 물론 저는 상담진로에 대해 이야기하는 것이 좋고, 저의 의견을 이야기하도록 하죠. 이혼과 상담에 대해 특별히 생각하던 의견이 있나요?	자기 개방, 개방형 질문, 상담자, 내담자	간략한 자기 개방을 하면서 내담자에게 초점을 맞춘다. 이 과정에서 편안하고 개방적인 분위기를 유지한다.
14. *메리:* 도움이 되네요. 이혼 과정이 제 인생의 가장 힘든 시간이었어요. 제 아이들이 저에게 소중하고요. 당신의 이혼 경험이 제가 어디에서 왔는지 이해하는 데 도움이 되겠어요.	내담자, 주요 주제	메리는 웃으며, 편하게 앉아 자신이 궁금해하던 일들에 대해 정보를 얻은 것처럼 보인다.

2단계는 단계는 이야기와 강점이다. 메리의 이야기를 읽어 내려가면서 아래 질문을 고려해보고 나름대로의 대답을 생각해보자.

1. 메리와 앨런이 확인한 강점의 목록을 만들어보자.
2. 메리의 이야기에서 주요 핵심은 무엇이라고 할 수 있을까?
3. 앨런이 '대화 19'에서 재진술했다. 당신이라면 문장의 내용을 어떻게 다르게 표현할 수 있을까?

상담자와 내담자의 대화	초점과 직면을 포함한 상담 기술 분류	공감과 내담자 변화 정도를 포함한 회기 과정의 평가
2단계: 이야기와 강점 정보 수집, 이야기, 관심사, 주제 이끌어내기		
15. 앨런: 여러 가지 다양한 이야기를 했는데요. 그중에서 무엇부터 시작할까요?	개방형 질문, 내담자	지금까지 진행된 상황을 보면서 앨런이 기본 경청 기술인 개방형 질문, 격려, 재진술, 감정 반영, 요약하기를 순서대로 사용하고 있음을 알 수 있다. 많은 상담자들이 다양한 상황에서 내담자의 관심사를 확인하기 위하여 이와 같은 경청 기술을 사용하거나, 기술의 변화된 형태를 사용한다.
16. 메리: 글쎄요……. 이야기하고 싶은 내용들이 많은데요. 알다시피…… 제가 이혼이라는 힘든 일을 겪었고, 제 자신과 아이들에게…… 힘들었지만 잘 해냈지요. 우리는 잘 버텼어요. 우리 애들은 학교에서 공부도 잘하고, 저도 잘 지내고 있지요. 저……, 새로운 친구를 사귀었어요. (시선 회피) 그런데 제가 13년 동안 교직 생활을 했는데, 이제 조금 지겨워졌어요. 매일 같은 일들이 반복되고요. ……괜찮은 부분도 있지만, 많은 부분 지겨워졌어요.	내담자, 주제와 관심사, 타인	많은 내담자들이 그렇듯이 메리도 해결해야 할 주제들을 나열하면서 회기를 시작했다. 목록의 마지막 항목이 내담자가 다루고 싶은 주제다. 그녀가 새로운 친구에 대해 말하면서 시선을 피한 것은, 추후 회기에서 다루어야 할 주제다. 회기가 진행되면서 진로와 관련된 주제를 다루어야 할 필요가 있고, 메리는 지루함에 대해 이야기했다. 이 점은 자신의 행동 방식과 자신에 대해 성찰할 수 있는 관념적인 내담자의 상징적인 특징이다.
17. 앨런: 지금 일에 대해 *지루하다*고 말씀하셨나요?	격려, 내담자	핵심 단어인 *지루함*이 강조되었다.

상담자와 내담자의 대화	초점과 직면을 포함한 상담 기술 분류	공감과 내담자 변화 정도를 포함한 회기 과정의 평가
18. *메리*: 네, 지루해요. 하키를 가르치고, 소프트볼이나 농구를 가르치거나, 팀 운동을 가르치는 일들 모두요. 제가 좋아하는 부분도 있어요. 춤을 추거나, 수영은 좋아해요. ……그러나 ……동일한 일을 해야 하는 것은 지겨워졌어요. 앞으로 제 인생에 좀 다른 일을 해보고 싶어요.	내담자, 주제와 관심사	메리가 자신의 지루함에 대해 좀 더 구체적으로 설명하고 있다. 앨런이 언어적인 표현으로 단어를 강조했고, 메리는 대부분의 내담자들처럼 그녀는 지루함이라는 핵심 단어의 개인적 의미를 설명했다. 때때로 짧은 격려와 단어의 반복 진술이 내담자로 하여금 주제에 대한 의미를 탐색하고, 명료화하도록 촉진하는 효과가 있다. '저는 뭔가 다른 일을 하고 싶어요'는 긍정적인 '나' 진술문이다.
19. *앨런*: 그럼, 메리, 제가 이해한 것은 당신에게 변화하고 다양한 일이 매일 똑같은 일보다 중요하다는 것이에요.	재진술, 내담자	재진술은 내담자가 직접 사용하지 않은 *변화*와 *다양함*이라는 의미 해석을 포함하고 있다. 이 단어들은 지루함과 매일 똑같은 일을 한다는 단어와 대조적이다. 재진술은 조금 위험을 감수하면서, 메리에 대한 이해를 추가적 공감 진술이다. 기존에 언급했던 부정적인 '지루함'이라는 단어 속에서 긍정적 자산을 찾아보는 한 예가 된다. 긍정적인 측면을 다루면서, 무엇을 할 수 있는지를 언급하게 된다. 그녀의 다음 대답을 보라.
20. *메리*: 네……, 저는 뭔가 다른 일을 하고 싶어요. 그런데 아시다시피……, 가르치는 일은 안정적이고, 전 연금도 받을 수 있어요. 저는 두 아이를 혼자 지원하고 있고요. 제가 무슨 다른 일을 할 수 있을지 모르겠어요. 제가 무슨 말을 하는지 이해하시죠?	내담자, 가족, 주제와 관심사	앨런이 자신의 말을 듣고 있기 때문에 메리는 그녀의 주제에 대한 심도 있는 논의로 나아갈 수 있어 보인다. 메리는 관념적이고, 자신의 행동 방식과 일반화를 이야기한다. 그녀가 구체적인 경향이 있다면, 주제에 대한 명확한 세부적인 내용과 사례를 이야기할 것이다. 그녀는 대부분의 회기를 이런 표현 방식을 사용한다. 그녀는 '새로운 어떤 일'을 안정성이 부족한 일로 동일화시키고 있다. 회기가 진행될수록, 그녀가 변화와 위험을 연합하고 있음을 알아차릴 수 있다. 이런 기본적인 의미 구조는 이미 명확하게 드러나고 있으며, 그녀의 주제와 관련 있다.

상담자와 내담자의 대화	초점과 직면을 포함한 상담 기술 분류	공감과 내담자 변화 정도를 포함한 회기 과정의 평가
21. 앨런: 교직의 안정성에 대해 만족하지만, 안정성과 결부된 지루함에 당신이 불편하게 느끼는군요. 그런가요?	양가감정에 대한 직면을 포함한 감정 반영과 확인, 내담자, 주제	감정 반영은 직면의 요소도 포함하고 있으며, 교직에 대한 안정성의 좋은 감정과, 지루함의 부정적인 감정이 모두 결부되어있다. (잠정적으로 추가적 공감)
22. 메리: 네, 알다시피 안정성은 좋지요……. 아시다시피…… 정기적인 수입이 있고 일할 곳이 있지요. 그러나 동시에 지루해요. ……저는 뭔가 다른 일을 어떻게 할 수 있을지 알고 싶어요.	내담자, 주제	메리는 반영과 재진술에 대해 '네'라고 대답하는 데 주의를 기울여야 한다. 여기서 메리는 대화 21에 앨런이 표현한 직면 내용과 씨름하고 있다. 마지막 문장에서 새로운 내용이 더해진다. 내담자 변화 척도에서 이것은 수용과 인식(3수준 공감)이다.
23. 앨런: 메리, 제가 지금까지 들은 내용을 정리해보면……, 당신은 이혼 이후 힘든 시간을 보냈지만, 잘 이겨냈어요. 아이들은 학교에서 잘 지낸다고 하셨지요. 당신은 새로운 관계에 대해 이야기했어요. 당신이 말하는 것을 들었지요. (메리: 네) 그러나 지금 당신이 말하고 싶은 주제는 일의 안정성이 좋지만, 일의 지루함에 대한 것이고, (메리: 음……) 무엇인가 새로운 일을 하고 싶다는 것이죠. 이것이 핵심적인 내용이 맞나요?	요약하기, 내담자, 가족, 주제와 관심사 확인하기	이번 요약에는 첫 번째로 다룬 주요 주제에 대한 정의가 포함되었다. 앨런은 메리가 사용한 단어로 그동안 이야기한 부분을 정리하는 작업을 했다. 긍정적 자산 찾기 작업이 짧게 이루어졌다('당신은 잘 이겨냈고요, 아이들도 잘하고 있지요'). 다른 표현들은 내담자의 강점을 강조하고 있다. 요약하는 과정 동안 메리는 몸을 앞으로 기울이고, 요약에 대한 승인의 표시로 고개를 끄덕였다. 이전 직업에 대한 직면과 '새로운 무엇인가를 해보고 싶은 건가요?'라고 말하며 요약을 결론지었다. 확인하기를 통해 요약하기의 마지막 부분에서 메리가 반응하도록 격려하는 부분에 주목해야 한다.
24. 메리: 맞아요. 바로 그래요.	내담자, 주제와 관심사	메리는 다시 내담자 변화 척도의 3수준 반응인 수용과 인식을 보였다.

회기의 3단계는 목표 설정이다. 목표 설정에 대하여 읽으면서, 아래의 질문을 고려해 보고, 답변을 생각해보자.

1. 이 단계는 목표 설정이지만 아직 메리가 목표를 세우지 않았다. 이번 회기 동안 앨런의 질문에 대한 그녀의 응답 내용을 읽으면서, 메리가 상담에서 목표를 명확하게 할 수 있도록 돕기 위해 어떤 질문을 할 수 있겠는가?

2. 이번 단계는 내담자 이야기와 강점에 관한 2단계와 어떻게 다른가?

3. 대화 41에서 앨런은 메리가 구체화한 주제와 관심사에 대해 반응했다. 당신 나름의 반응을 구성해보라. 그 응답은 앨런의 응답과 어떻게 다른가? 왜 그런 방식으로 반응했는가?

상담자와 내담자의 대화	초점과 직면을 포함한 상담 기술 분류	공감과 내담자 변화 정도를 포함한 회기 과정의 평가
3단계: 목표 상호적으로 목표를 설정하고 결과 확립하기		
25. 앨런: 제가 생각하기에 당신이 생각하는 이상적인 상황을 대표하는 새로운 일들을 구체적으로 정의하면 도움이 될 것 같은데요.	진술문 형태의 개방형 질문, 주요 주제	3단계에서 내담자가 어디로 나아가고 싶은지 찾아보고자 한다. 기본 경청 기술이 이 단계의 주요 부분으로 남아있다. 상담자의 진술문은 목표에 관한 것으로 잠정적으로 추가적 공감이다.
26. 메리: 음……, 글쎄 잘 모르겠어요. 제가 하고 있는 일에 대해 좋아하는 부분이 있는데요. 저는 다른 전문직 직원들과 상호작용하는 것을 좋아해요. 저는 아이들과 일하는 것을 즐겨요. 아이들과 이야기하는 것이 좋아요. 그건 정말 재미있어요. 그런데 알다시피 제가 지금껏 가르쳤던 내용은 지겨웠어요. 저는 지금까지 성교육과 약물교육에 대해 가르쳤어요.	내담자, 주제와 관심사, 타인	메리는 타인과 상호작용하는 것을 그녀의 직업의 긍정적인 측면으로 연합하고 있다. 그녀가 '아이들과 일하는 것이 즐겁다'라고 말했을 때, 그녀의 목소리 톤이 바뀌었고, 그녀가 그 일을 그만큼 즐기지 않음을 시사했다. 그러나 '그들과 이야기할 때'라고 말할 때 그리고 팀 스포츠가 아니라 가르치는 과목을 말할 때 바로 목소리 톤이 돌아왔다.
27. 앨런: 당신이 관심이 있는 주제에 대해 아이들과 일하는 경우 재미있었나요? 그 외에 당신의 직업에 관해서 좋았던 부분은 무엇인가요?	재진술, 개방형 질문, 내담자, 주요 주제	여기서 메리가 즐겼던 내용과 긍정적 자산에 대한 탐색이 이루어진다. '그 외에 무엇이 있나요?'라는 질문에 관심을 갖는다. (잠정적으로 추가적 공감)
28. 메리: 글쎄요. 전 아이들과 같이 여름 방학이 있다는 점이 좋았어요. 방학은 교직의 장점이지요.	내담자, 가족, 주제와 관심사	
29. 앨런: 네…….	격려	메리는 현재 일에서 한 가지 장점밖에 더 찾지 못했다. 앨런은 격려를 통해 정보를 더 찾아보려 한다. 이런 격려는 초점으로 분류되지는 않는다.

상담자와 내담자의 대화	초점과 직면을 포함한 상담 기술 분류	공감과 내담자 변화 정도를 포함한 회기 과정의 평가
30. *메리:* 당신도 아시다시피 저는 할 수 있으면 좋겠어요……. 제가 동료 교사들을 위한 워크숍을 진행했을 때 정말 기분이 좋았어요……. 제가 가진 아이디어를 다른 사람들과 나누고, 성인을 가르칠 수 있다는 점이 무척 대단하다고 느꼈어요.	내담자, 타인	메리는 자신이 관심 있는 주제를 가르치는 일을 좋아한다는 말에 대한 새로운 증거를 제공했다. 여기서 '나'의 문장은 긍정적이면서 자신에 대한 확신을 내포한다.
31. *앨런:* 당신은 학생 상담을 많이 하나요?	폐쇄형 질문, 내담자, 타인	폐쇄형 질문을 통해 주제를 변경하여 다른 영역을 탐색하려고 했다.
32. *메리:* 학생들이요. 학생들을 가르치는 일은 좋아요. 익숙하고요. 학생들이 자기 남자 친구와 영화에 대해 이야기하려고 수업 전후에 들르기도 하죠. 제가 그들의 고민 듣는 일을 좋아하죠.	내담자, 타인	메리는 상담이라는 단어에 반응을 보였고, 타인과의 상호작용에 대해 설명했다. 메리는 타인과 함께하는 일을 희망한다.
33. *앨런:* 지금까지 우리는 당신의 최근 일을 살펴보았어요. 체육교육이 아닌 학생 대상 약물 교육 훈련에 대한 내용이었어요. (메리: 맞아요) 교사를 대상으로 훈련을 했고, 당신의 전문성을 다른 사람들과 나누는 경험이었고요. 상담 관계에 대한 이야기도 했지요. (메리: 네) 앞의 경험들을 고려할 때 당신이 옮겨서 일하고 싶은 분야는 있나요?	요약, 개방형 질문, 내담자, 주제와 관심사, 타인	요약은 메리의 일에서 긍정적인 측면을 이끌어내기 위한 시도였다. 상담자가 개방형 질문을 통해 흐름을 이끌어가면서 주제를 다소 바꾸려고 했던 부분을 주의 깊게 볼 필요가 있다. 잠정적으로 추가적 공감이지만, 메리가 타인과 상호작용하는 부분을 탐색했다면 더 효과적이었는가? 여기서 질문이 어떻게 대화의 초점을 유지하면서 대화를 이끌어갈 수 있는지 보여주는 좋은 예다. 하지만 이 방향으로 나가야 할 시점인가? 어떻게 생각하나요?
34. *메리:* 체육교육에 있던 많은 사람들이 상담으로 옮겨갔지요. 이건 자연스런 현상인 것 같고요. 물론 그러기 위해서는 교육이 필요하지만요. 음, 저는 사업 관리에 대한 훈련을 받을까 생각해보기도 했어요. 가끔 교직에서 떠나 사업으로 옮겨가야 하지 않을까 생각했어요. 고등학교에서 일하기보다, 대학에서 일하는 것을 생각해보기도 했고요. 그런데 어떤 일이 제게 가장 잘 맞는지 확신이 서지 않아서요.	내담자, 주제와 관심사	메리는 상담에 대해 중간 정도의 열정을 보였다. 훈련과 사업에 대한 대화를 하면서 그녀는 더욱 참여적으로 보였다. 메리는 능력과 자산을 가지고 있음이 드러났고, 더 많은 '나' 문장을 사용하면서, 자신의 삶과 불일치하는 부분을 인식하게 되었다. 그녀는 내적으로 이미 방향을 정한 것처럼 보였다. 그녀는 확실히 관념적이고, 형식적 조작기의 사고를 하는 내담자다. 진로의 성공을 위해서 그녀는 보다 구체적이고 행동중심적일 필요가 있다.

상담자와 내담자의 대화	초점과 직면을 포함한 상담 기술 분류	공감과 내담자 변화 정도를 포함한 회기 과정의 평가
35. 앨런: 상담 분야와 훈련 분야. 당신은 학교에 남을 생각을 하기도 하고, 사업을 할 생각도 했군요. (메리: 네……, 네) 그 외에 생각나는 것이 없나요?	재진술, 개방형 질문 내담자, 주제와 관심사	간단한 재진술은 메리의 생각들을 그녀의 용어로 다듬었다. (상호교환적 공감)
36. 메리: 아뇨. 저도 그렇게 생각했어요.	주제와 관심사	
37. 앨런: 앞으로 더 나아가기 전에 그동안 당신은 가르치는 일과 교직의 안정성을 이야기했지요. 동시에 당신은 그 일의 *지루함*을 이야기했지요. 당신은 사업과 훈련에 대한 열정을 이야기했지요. 이 모든 것을 어떻게 종합할 수 있을까요? 당신에게 어떤 의미가 있나요?	요약, 직면, 개방형 질문, 의미 찾기, 내담자, 주제와 관심사	요약하기는 직면과 내용과 감정을 모두 다루고 있다. 마지막에 나온 질문은 의미에 관한 주제를 다루었다. *지루함*을 언어적으로 강조했다. 의미는 정서적 주제를 가져오고, 이는 결정 내리는 데 도움이 된다. (상호교환적 공감)
38. 메리: 아……, 같은 곳에 머물러 있다면 새로운 것이 없다는 말이겠지요. 제가 나이 든 선생님들을 보면 저는 그렇게 되고 싶지는 않더라고요. 어떤 분들은 여전히 즐겁게 일하세요. 거의 모두 재미없고, 지쳐있는 것처럼 보였어요. 저는 제 인생을 그렇게 끝내고 싶지 않아요.	내담자, 타인	메리는 그녀가 왜 자신의 직업에서 느껴지는 지루함을 피하려고 하는지에 관한 숨겨졌던 의미와 구조에 대해 설명했다. 그녀가 "인생을 그렇게 끝내고 싶지 않아요"라고 말한 것에 대해 의미를 찾아야 한다. 내담자 변화 척도에 의하면 내담자는 자신을 인식하고 수용하는 3수준이라고 할 수 있다. 내용을 깊이 이해하게 됨에 따라, 명확함이 드러나지만 큰 변화가 나타나지 않는다. 발달의 단계는 천천히 끊임없는 노력에 의해 만들어지는 것임을 알게 된다. 직면을 통해 내담자를 좀 더 이해할 수 있게 된다.
39. 앨런: 당신은 인생을 그렇게 끝내고 싶지 않다고요.	격려, 재진술, 내담자	핵심 단어를 반복했다.
40. 메리: 네, 저는 새롭고, 신나는 일을 하고 싶어요. 예전부터 제 인생은 혼란스러웠지만 이제 인생이 안정되었지요. 저도 제가 모험을 원하는지 모르겠어요.	내담자	메리는 그녀 자신이 무엇을 원하는지에 대해 계속 말하고 있으며, 새로운 요소 '모험'이 소개되었다. 모험이 메리가 인식하고 있는 안정성의 상반되는 요소로 인식할 수 있다.
41. 앨런: 그래요? 메리, 모험이 당신을 위협하나요?	감정 반영과 함께 과장적 분위기로 해석, 내담자	감정의 해석은 잠정적이며, 질문 형식으로 제시되었다. 이 방식은 확인을 암시하며, 메리가 수용하거나 혹은 감정을 명확하기 위하여 변화를 제안할 것이다. (상호교환적 공감 증가, 추가적 공감의 가능성)

상담자와 내담자의 대화	초점과 직면을 포함한 상담 기술 분류	공감과 내담자 변화 정도를 포함한 회기 과정의 평가
42. 메리: 아뇨, 그렇지는 않은데요……. 어떤 일을 준비하면서 안정성과 안정감을 포기하는 것은 두려운 것 같아요. 좀 이상해요. 뭔가 새로운 일하기를 원하는 것 같고, 그래서 인생이 반복적이지 않았으면 합니다. 음, 저는 기존에 저 자신에 대해 생각했던 것보다 능력 있고 재능 있는 것 같아요.	내담자, 주제와 관심사	위에서 언급한 내용의 추가적 공감이다. 메리는 예상처럼 변화의 두려움이라는 감정을 보다 깊게 탐색했다. 동시에 그녀는 이 모든 것에 대처할 수 있는 개인적 강점을 끄집어냈다. 긍정적인 자기 진술은 내담자 변화 척도 4수준으로 한 발자국 더 나아간 것이다.
43. 앨런: 당신의 직업 변경에 대해 당신의 재능을 발휘하고 싶고, 뭔가 새로운 일을 해보고 싶다는 것처럼 여겨지네요. 이 점은 현재 직업에서 느끼는 안정성과 확실성과는 반대되는 것 같아요. 그렇지만 현재는 주위 동료들을 관찰하면서 느낀 것처럼 현재는 지루하고, 소진되어 피곤한 것으로 보이네요. 제가 제대로 상황을 이해하고 있나요? 어떠세요?	의미 반영, 확인, 내담자, 주제와 관심사	의미 반영은 메리의 결정에 내재되어있는 주제를 직면하고 있다. 이것은 긍정적 자산 검토를 포함하고 있고, 앨런이 '재능'이라는 단어를 사용함으로써 긍정적인 측면을 포함하고 있다. (상호교환적 공감)
44. 메리: 맞아요. 그러나 제가 그 문제를 그런 방식으로 다루지 않았죠. 저는 안정감과 안정성을 바랐는데, 안정감과 안정성의 대가로 최근 제가 경험하는 우울함이나 지루함을 치루고 바꾸고 싶지는 않아요. 아마 모험을 하기 위한 필요한 자질을 제가 갖추고 있을 거예요.	내담자, 주제와 관심사	메리는 자신의 입장을 보다 긍정적인 측면에서 재해석한다. 앨런은 해석을 통해 동일한 내용을 언급할 수 있었을 것이다. 하지만 의미 반영이 메리로 하여금 그녀가 생각하는 정의를 내리도록 했다. 메리가 가지고 있는 의미에 대한 재해석은 새로운 해결방법을 구성하게 한다. (내담자 변화 척도 4수준) 그녀는 자신의 자산을 새로운 측면에서 바라볼 수 있게 되었다. 새로 통합된 측면은 주제와 관심사에 대한 해결책은 아니다. 이는 새로운 방식으로 생각하고 행동으로 옮기기 위한 시작점이다. 앨런은 회기의 4단계로 나아가려고 한다. 이는 핵심 주제에 대한 정의를 탐색하고자 하고, 목표를 보다 정확하게 탐색하고, 이러한 부분은 뒷부분에서 다루고자 한다.

4단계는 이야기의 재구성 단계로 내담자가 대안을 생각할 수 있도록 돕거나 자신의 생각이나 계획에서의 불일치되는 부분을 직면한다.

새로운 이야기 단계를 읽어나가면서 아래의 질문을 생각해보고, 나름대로의 답변을 구성해보자.

1. 메리는 변하기를 원하는 것이 확실하다. 어떤 근거를 가지고 그녀가 변화를 원한다고 결론내릴 수 있는가? 그녀가 변화하려고 하는 데 방해하는 것이 무엇인가?
2. 앨런은 어떻게 그녀가 이러한 도전들을 돌파해나가도록 도울 것인가? 당신이라면 어떤 부분을 다르게 할 것인가? 혹시 다루고자 하는 영역이 있는가?
3. 메리의 주제가 회기가 끝날 무렵 본격적으로 드러나기 시작했다. 이러한 상황은 내담자가 상담자를 편하게 느끼기 시작했을 때 나타나는 일반적인 경우이며, 내담자의 문제를 탐색할 기회를 갖게 된다. 메리의 관심사가 중요하지만, 앨런은 다음 회기에서 이 주제를 다루자고 제안할 수 있다. 만일 내담자가 감정적인 상황이 극에 달했을 때 당신은 대화 85와는 어떻게 다르게 반응할 것인가?

상담자와 내담자의 대화	초점과 직면을 포함한 상담 기술 분류	공감과 내담자 변화 정도를 포함한 회기 과정의 평가
4단계: 이야기 재구성 대안을 탐색하고 만들어내기, 내담자의 불일치 부분과 갈등 직면하기		
45. 앨런: 메리, 당신 이야기를 들으면서 당신의 유능함을 감지할 수 있었어요. 구체적으로 말하면, 당신은 함께 일하는 사람들과 따뜻하게 관계를 맺을 수 있어요. 당신에게 가장 의미 있는 것이 무엇인지 설명할 수 있지요. 제가 생각하기에 당신은 사려 깊고, 유능하고, 세심한 사람 같아요. (잠시 멈춤)	피드백, 내담자	앨런은 긍정적 자산에 대한 피드백과 자기 개방을 혼합하여 사용함으로써 대안적인 행동을 모색하기 위한 전환을 이끈다. 이 지점에서의 강조점은 메리의 경험에서의 긍정적인 측면이다. 앨런의 목소리는 다정함을 담고 있으며, 메리에게 집중하면서 진정성을 보여준다. (추가적 공감)
46. 메리: 음…….		피드백을 받는 동안, 메리는 처음에 놀라움을 보였다. 그녀는 앉아있으며, 다소 이완된 모습이고, 미소를 보이면서, 앨런이 이야기하는 것을 모두 완벽하게 흡수하듯이 그녀의 의자에 깊숙이 앉아있다. 앨런의 언급에는 칭찬의 요소가 있다.
47. 앨런: 우리가 이야기하면서 또 다른 직업과 관련한 생각들이 나올 것 같은데요. 아, 제 생각에는 지금 이 시점에 당신이 이야기하던 대안을 탐색해보도록 하죠. (메리: 네에) 당신이 말한 첫째 내용은 당신은 약물 교육과 성교육같이 가르치는 일을 좋아한다는 것이죠. 또 다른 내용을 아이들을 가르쳐본 경험이 있나요?	지시적, 재진술, 개방형 질문, 내담자, 주요 주제	앨런은 대안을 보다 구체적이고, 깊이 탐색하기 시작했다. 이 부분에서 다루고 있는 체계적인 주제/문제해결 모델은 주제와 관심사를 정의하고, 대안을 만들고, 해결책을 위한 우선순위를 정한다. 앨런은 이 과정을 회기 전체 동안 기억하고 있다. 상담자는 지시문을 사용하면서, '또 다른'이라는 질문은 논의를 개방적이게 한다. (추가적 공감)

상담자와 내담자의 대화	초점과 직면을 포함한 상담 기술 분류	공감과 내담자 변화 정도를 포함한 회기 과정의 평가
48. *메리:* 제가 좋아하는 것은…… 성교육, 약물 교육, 가족생활에 대한 내용들이에요. 그리고 때때로 의사소통 기술에 대한 것이에요.	내담자, 주제와 관심사	
49. *앨런:* 위에서 말한 주제와 관련한 워크숍에 참여한 적이 있나요?	폐쇄형 질문, 주제와 관심사	명확함을 향한 폐쇄형 질문은 구체적인 경험을 결정하는 데 도움이 되고, 그녀의 의사결정에 도움이 된다.
50. *메리:* 몇 번 참여했어요. 정말 재미있었어요. 대학에 가서 가치 명료화와 의사소통에 관한 워크숍에 참여했어요. 저는 제가 만난 사람들을 좋아했어요.	내담자, 주제와 관심사, 타인	상담자와 내담자의 대화의 핵심은 내담자의 주제와 관심사에 초점을 맞추었음을 기억하라. 당신의 반응에서 내담자를 고려해야 함을 기억하라. 어려운 점과 도전에 너무 초점을 맞추면 바로 앞에 앉아있는 내담자를 잃게 된다. 동시에 초점을 넓게 가지면 주제에 대한 폭넓은 이해를 가져온다. 예를 들어, 사회복지는 가족과 사회적인 상황을 강조한다.
51. *앨런:* 정말 워크숍이 흥미로웠나 보네요. 상담이나 교육사업 분야의 중요한 역할이 훈련이죠. 예를 들어, 심리교육을 통해 사람들에게 생활 기술과 의사소통 기술을 가르치죠. 이런 일들이 당신에게 어떨까요?	감정 반영, 정보 제공, 확인, 내담자, 주제와 관심사	앨런은 간단하게 그녀의 긍정적인 잠정을 반영했고, 직업에 대한 짧은 정보를 제공하고 있다. 그리고 확인을 추가함으로써 그녀에게 초점을 맞춘다. (추가적 공감)
52. *메리:* 그 분야의 일들을 좋아할 것 같아요. 음……, 재미있겠어요.	내담자, 주제와 관심사	
53. *앨런:* 그 분야에 관심이 많군요. 훈련을 포함해서요. 음……, 당신이 직장인을 훈련하는 장소적인 측면에서 기업체 분야는 어떻게 생각하세요?	재진술, 개방형 질문, 내담자, 주제와 관심사	두 번째 대안에 대한 메리의 과거 경험과 흥미를 검토했다.
54. *메리:* 그 분야를 잘 몰라요. 저희 아버지 사무실에서 여름 방학 동안 일한 경험이 있어서, 저는 사업에 대해 조금 노출이 되었고 그게 전부이죠. 사람들이 말하길 많은 교사들이 사업 분야에 뛰어든다고 하는데요. 교사라는 직업이 재정적으로 넉넉한 일도 아니고, 예산도 삭감되고요. 사업이 장기적으로 더 나은 대안이 아닐까 싶네요. 제 생각에는 좀 더 고려하고, 살펴봐야 할 매력적인 가능성이라고 생각되는데요. 최근 사업 위축은 겁나긴 하지만요.	내담자, 주제와 관심사, 환경적 맥락	메리는 사업에 관해 이야기할 때 열정적이고, 더 깊게 이야기했다. 그녀가 교직에 대하여 가장 많이 사용한 단어는 *지루함, 안정감, 대인간의 상호작용*이었고, 체육교육과 반대로 심리적인 측면을 가르치는 부분에서는 *흥미, 흥분됨*을 사용했다. 지금 그녀는 예산 삭감이라는 용어를 사용했다. 사업은 보다 열정적이고, 경제적으로 유익한 것으로 설명했다.

상담자와 내담자의 대화	초점과 직면을 포함한 상담 기술 분류	공감과 내담자 변화 정도를 포함한 회기 과정의 평가
		사업과 관련된 흥분은 추후 모험이라는 부정적인 요소, 여름 방학이 없다는 것과 아이들과 보내는 시간의 부족함을 예측하게 한다.
55. 앨런: 음……, 사업을 해볼까 생각을 많이 했군요. 그러나 아직 많은 생각을 한 건 아니군요. 가르치는 일이나 사업은 모두 확실한 것은 아니고, 겁나는 일이지요.	재진술, 행동에서의 불일치에 대한 직면을 포함한 감정 반영, 내담자, 주제와 관심사	재진술은 축소적이다. 그녀는 방학 동안 아버지와의 경험을 이야기했다. 앨런은 그녀가 얼마나 좋아했는지에 대한 내용을 물을 수 있었지만 그렇게 하지 않았다. 재진술은 그녀가 말하는 내용과 그녀가 탐색한다는 측면에서 어떤 행동도 하지 않았음을 직면한다.
56. 메리: 맞아요. 저도 생각은 많이 해봤어요. 그런데 별로 한 것이 없어요. 그게 전부예요.	내담자	메리의 어조는 약간 사과조이다. 그녀는 말이 조금 빨라지고, 눈 맞춤도 피하고, 의자 뒤로 기대앉았다. 메리의 반응은 내담자 변화 척도의 2 수준에 속한다. 그녀는 직면에서 언급된 주제에 대해 부분적으로만 작업할 수 있다.
57. 앨런: 네, 당신도 상담 영역을 대안으로 생각한다는 말이군요. 어떠세요?	해석, 주제와 관심사	앨런은 사업에 대한 추가적인 탐색은 빠뜨렸다. 만일 앨런이 메리가 여름 방학의 경험에서 배운 내용과 긍정적인 측면에 초점을 맞추었다면, 생각과 일치하지 않는 행동에 대한 직면에 대한 내용이 더욱 쉽게 받아들여졌을 수 있다. 실제적인 주제에 근간한 예시지만 앨런은 조금 성급히 다음 단계로 나아가려고 했다. 상담 영역은 대안이 될 수 있지만, 이 대안은 메리보다는 앨런에게서 나온 것이다. 이와 같은 축어록은 실수를 파악하는 데 도움이 된다. 상담자의 많은 실수는 상담자의 욕구와 인지적 구성 때문에 발생한다. 의도적인 재진술은 해석으로 범주화할 수 있고, 이 경우에도 메리의 생각보다는 앨런이 가지고 있는 사고 체계에 의해 내용이 설명되고 있다. 이 경우 내용이 추상적이지 않으며, 정보를 자세하게 설명하여 잠정적으로 추가적인 반응이 포함되므로 공감적인 측면이라고 명명하기 어렵다.

상담자와 내담자의 대화	초점과 직면을 포함한 상담 기술 분류	공감과 내담자 변화 정도를 포함한 회기 과정의 평가
58. *메리:* 네, 저는 사람들과 이야기하는 일을 좋아하고, 늘 관심 있었어요. 사람들도 저와 무엇인가에 대해 이야기하는 것을 좋아하고요. 재미있지요. 저는 그렇게 생각해요. (잠시 멈춤)	주제와 관심사, 타인	메리가 이 주제에 대해 열정을 가지고 시작했지만, 말을 하면서 속도가 느려졌고 점점 에너지가 감소했다.
59. *앨런:* 음…….	격려	
60. *메리:* 그 부분을 더 생각해봐야겠어요. (잠시 멈춤)	주제와 관심사	말이 좀 더 느려졌다.
61. *앨런:* 음……. (잠시 멈춤)	격려	앨런은 메리의 열정이 바뀌는 것을 감지했고, 이 부분이 다소 당황스러웠으며, 조용히 앉아 그녀가 좀 더 *말하기를* 격려하고 있다. 만일 상담자가 내담자로부터 자신이 원하는 반응을 얻어내지 못하는 실수를 했을 경우, 다시 기본 경청 기술로 돌아간다.
62. *메리:* 그러나 만일 제가 원하는 일을 하려면 몇 과목 수강해야 하겠지요.	주제와 관심사	메리가 주저하는 이유가 드러났다. 앨런의 대화 57이 다소 그녀의 집중을 흐트러뜨렸음이 분명하지만 제공된 정보는 아직 유용하다.
63. *앨런:* 그럼 이 세 가지를 종합해보면, 당신은 사람들과 관련된 일하기를 원하네요. 그런 분야의 일들이 당신에게 흥미롭게 여겨지고요.	해석·재구조화, 내담자, 주제와 관심사	이것은 약한 해석으로 세 가지 직업의 공통적인 요인들을 명했다. 이는 또한 재진술로 분류될 수 있다. 기술의 분류가 항상 명확한 것은 아니다. (교체할 수 있지만, 앨런은 제대로 수행하고 있다)

지금이 메리에게 비교표를 제시할 시점이다. 앨런과 메리가 함께 직업 변화에 대한 긍정적인 측면과 부정적인 측면을 비교해보고, 내린 결정의 필연적 결과를 살펴본다. 앨런은 나중에 비교표 작업을 실시하는데, 지금 실시하는 것이 더 시간적인 측면에서 적절하다. 비교표를 보면서 생각을 정리하고, 그 부분에 대해 보다 미래 일기를 작성하는 것은 그녀가 집에 가서 해야 할 과제로 적절하다.

64. *메리:* 확실히요. 제가 행복해하는 일이에요.	내담자	메리는 내담자 변화 척도의 3수준으로 돌아갔다.

상담자와 내담자의 대화	초점과 직면을 포함한 상담 기술 분류	공감과 내담자 변화 정도를 포함한 회기 과정의 평가
65. 앨런: 메리, 제가 이야기하다 보니, 당신이 이러한 대안에 대해 이야기할 때 관심을 보이고, 열정을 표현하는 것 같아요. 그리고 학교로 돌아가는 것에 대해 이야기할 때는 열정이 줄어드는 것으로 느껴지네요. (메리: 네, 맞아요) 저는 당신의 사업과 훈련의 가능성에 대한 열정과 교육에 대한 감정이 대비되는 것처럼 느껴지네요. 교육에 관한 훈련을 이야기할 때는 말투가 느려지고, 조금 지루해 보여요. 그런데 사업 가능성에 대해 이야기할 때는 활기가 살아나네요.	자신이 무엇을 하고 싶은지와 현재 자신의 입장에 대한 직면을 포함한 피드백, 내담자, 주제와 관심사	앨런은 회기 중에 경험한 메리에 관한 내용에 대해 구체적이고, 자세한 피드백을 제공한다. 직면은 그가 두 가지 주제를 말할 때의 그녀 행동을 대조해서 말한 것이다. 불일치 혹은 불합리한 부분에 대한 직면은 모든 기술에 활용할 수 있다. 기존의 대화 내용을 요약하거나, 앞으로의 토론을 자극하거나, 부조화된 부분에 대한 해결책을 유도하는 방식으로 직면을 시도할 수 있다. (추가적 공감)
66. 메리: 흥미롭게 들리네요. 그런데 저는 다음 단계를 위해 무엇을 해야 할지 어떤 일을 시작해야 할지 잘 모르겠어요. 대안들은 흥미로워요. 아직 발견하지는 못했지만 제가 그 분야에 재능이 있을지도 모르겠어요.	내담자, 주제와 관심사	메리는 빠르게 말했고, 얼굴은 다소 상기되었으며, 그녀의 행동에 열정이 담겨있었다. 그녀가 직면을 받았을 때, 좀 더 모험할 의지가 있어 보였다. 이는 내담자 변화 척도의 3수준에 해당하며, 아직 행동으로 옮기는 일이 남았다.
67. 앨런: 음······, 제가 한 가지는 말할 수 있어요. 당신의 개방된 열정과 능력이 향후 당신이 탐색하는 데 도움이 될 거예요. 또한 사업과 학교는 서로 다른 생활방식을 표방하고 있지요. 만일 당신이 사업 분야에 뛰어들게 되면, 여름 방학은 잃게 된다는 점을 말하고 싶어요.	피드백, 정보 제공, 필연적 결과, 직면, 내담자, 주제와 관심사	이 내용은 피드백과 필연적 결과에 대한 내용이 결합되어있다. 내담자의 행동과 상호작용에 따른 결과에 관한 경고가 주어졌다. 메리는 선택에 따른 결과에 대한 직면을 제공받았다. (추가적 공감)
68. 메리: 네, 저도 알아요. 교육 분야에 있는 저의 특별한 친구는 제가 여름 방학 동안 내내 일한다고 하면 좋아하지 않을 거예요. 사업은 수입이 좋고, 재미있는 가능성도 많을 것 같아요. (앨런: 음) ······이건 참 어려운 상황이에요.	내담자, 주제와 관심사, 타인	직면은 내담자에게 새로운 정보나 앞에서 다루지 않았던 부분에 대한 생각을 해볼 수 있는 기회가 나타나게 한다. 드러난 새로운 주제는 추후 정의하고 탐색해야 한다. 메리는 아직 내담자 변화 척도의 3수준의 반응을 보이고 있으며, 앨런은 내담자의 주제에 대한 보다 구체적인 상황을 이해하게 되었다.
69. 앨런: 어려운 상황이라고요?	격려, 재진술, 주제와 관심사	격려는 더 깊은 의미를 파악하고, 정보를 얻기 위해 사용했다.

상담자와 내담자의 대화	초점과 직면을 포함한 상담 기술 분류	공감과 내담자 변화 정도를 포함한 회기 과정의 평가
70. *메리*: 음……, 제 말은 제 친구가 2주간의 휴가를 갖는다는 점을 좋아하지 않을 거라는 거죠. (앨런: 그렇군요) 제 남자 친구는 제가 자신과 방학 동안 함께 보내기를 원할 거예요.	내담자, 주제와 관심사, 타인	메리는 말하면서 다소 주저하고, 문장 마무리를 어려워했다. 이것은 그녀와 그 남자 친구와의 관계가 의미 있는 것이고, 남자 친구의 태도가 그녀의 최종 직업 결정에 영향을 미칠 것이라는 것이다. 진로 상담에서는 직업 선택의 주제뿐만 아니라 개인적인 주제가 포함된다. 내담자의 만족을 위한 해결책 제공이 필요하다.
71. *앨런*: 제가 듣기에는 당신 친구가 당신 미래에 대한 개입할 부분이 많아 보여요. 한동안 스스로 독립적이고, 성공적으로 지냈던 당신에게 이 말이 어떻게 들려요?	해석·재구조화, 개방형 질문, 내담자, 타인, 문화적·환경적 맥락	여기서는 성별과 문화적·환경적 주제에 대한 내용이 소개되었다. 앨런이 상황에 대한 재구조화가 메리로 하여금 남자 친구와의 관계를 문화적으로 다른 측면에서 바라볼 수 있는 기회를 제공했다.
72. *메리*: 음……, 보(Bo)는 제게 특별한 사람이지요…….	타인	메리의 눈이 반짝거렸다.
73. *앨런*: 제 생각에 그분의 반응을 생각하고 있군요…….	해석, 내담자, 타인	앨런이 갑자기 개입했다. 꼭 필요한 개입이 아닐 수도 있다. 메리가 보에 대해 느끼는 긍정적인 측면을 이야기하게 하는 편이 더 효과적일 수 있다.
74. *메리*: 네……, 처음부터 저는 아무런 제한 없이 저의 가능성에 대해 좀 더 탐색할 수 있으면 좋겠어요.	내담자, 주제와 관심사	메리는 말을 천천히 하고, 생각하면서 했는데, 목소리에 슬픔이 느껴졌다. 감정은 목소리 높낮이를 통해 전해진다. 여기서 우리는 성별에 따른 중요한 문제가 드러나고 있음을 알 수 있다. 여성은 자신에 관한 중요한 결정을 내리거나 직업 선택을 하는 데 압박을 느끼는 경우가 많고, 이러한 문화에서 남성은 암묵적이거나 직접적으로 이러한 결정을 내리는 데 제한을 가한다. 여성주의 상담 이론가들은 이러한 주제에 관한 상담을 진행하는 데 남성 상담자는 효과적이지 않다고 주장한다. 이 주제에 대한 당신의 의견은 어떠한가?

상담자와 내담자의 대화	초점과 직면을 포함한 상담 기술 분류	공감과 내담자 변화 정도를 포함한 회기 과정의 평가
75. 앨런: 제가 듣기에 그 남자친구도 당신이 체육교육 직업에서 느끼는 압박에 영향을 주는 것 같은데요. 당신이 확실하게 해야 할 일이 있어요. 그렇죠?	해석·재구조화, 직면, 확인, 내담자, 주제와 관심사, 타인, 문화적·환경적 맥락	이번 해석은 지루함과 남자친구의 암묵적 압박과 관련이 있다. 해석은 확실하게 앨런의 준거 기준에 의한 것이다. 상담자의 준거 기준에 따라 해석하거나 도와주려고 할 경우 내담자의 반응을 확인하는 것이 더 중요하다. 유사한 상황을 이끌어내는 작업은 추상적이고 형식적 조작기의 특성을 가지고 있다. (잠정적으로 추가적 공감)
76. 메리: 아마도 그럴 거예요. 그 사람이 제게 어느 정도 한계를 주고 있죠⋯⋯. 제가 탐색하고 싶은 직업 영역이나 직업 가능성에 대해서요. 제한이란 그의 일정에 제 일정을 맞추는 거죠.	내담자, 주제와 관심사, 타인	메리는 재빨리 대답했다. 해석이 어느 정도 정확하고, 도움이 되었음을 보여준다. 기술의 기능과 가치에 대한 측정은 내담자가 제공된 기술을 어떻게 대응하는지에 의해 정해진다. 메리는 단어 '압박(constraints)'을 '한계(limit)'라는 단어로 바꾸었다. 메리는 아직 내담자 변화 척도의 3수준에 머물면서 자신의 주제와 관심사를 확장하고 있다.
77. 앨런: 그에 대한 반응으로 당신이 느끼는 것은⋯⋯? (의도적으로 잠시 멈추고, 메리가 자신의 감정에 대해 설명하기를 기다린다)	감정에 초점 맞춘 개방형 질문, 내담자	연구에 따르면, *가끔* 질문이 감정적 표현을 촉진할 수 있다. (추가적 공감)
78. 메리: 아⋯⋯, 저는 이 시점에서는 한계가 없었으면 좋겠어요. 저는 모든 것을 열어두고, 어떤 대안이 있는지 알아보고 싶어요. 저는 제가 하고 싶은 일들에 대해 가능성을 차단하고 싶지 않아요. (앨런: 흐음⋯⋯) 전 생애 진로를요.	내담자, 주제와 관심사	메리는 확고하게 한계를 원하지 않는다고 강조하고 있다.
79. 앨런: 당신은 인생에 있어서 흥분되는 기회를 갖고 싶다는 것이네요. 당신이 느끼는 한계라는 것이⋯⋯.	감정 반영, 재진술, 직면, 내담자, 주제와 관심사	남자 친구인 보와 직업과의 관계에서 간략한 직면을 사용했는데 효과적이다.

상담자와 내담자의 대화	초점과 직면을 포함한 상담 기술 분류	공감과 내담자 변화 정도를 포함한 회기 과정의 평가
80. *메리*: 이 남자 친구와 관계가 저의 첫 남편과의 관계를 생각나게 해요. 우리가 헤어지게 된 것은 제 일 때문예요. 집에 남아서 아이를 키우기보다는 비전통적인 역할로서의 여성과 자신의 가능성을 개발하는 여성이 되려고 했는데…… 비슷한 상황이 발생했네요.	내담자, 주제와 관심사, 타인, 문화적·환경적 맥락	직면이 다시 메리의 현재와 과거에 대한 새로운 정보를 제공한다. 새로운 관계에서도 과거 관계에서의 방식이 반복되는가? 상담자는 성에 대한 문화적 인식이 메리의 계획에 있어 환경적인 측면으로 고려해야 한다. 이번 회기에서는 드러나지 않았지만, 다음 회기에서 이 문제와 관련하여 확장된 내용이 다루어져야 한다. 다른 중요한 주제로는 메리의 부모에 대한 인식, 그녀 인생에서 중요한 타인, 여성 지지집단 및 경제적 입장과 상담자의 태도와 현재 앨런과의 관계를 중요하게 다루어야 한다. 앨런은 전형적인 서구 상담 이론에 근거하여 내담자의 '나'를 강조하고 있다. 최신의 종합적인 자료에 의하면, 좀 더 종합적인 측면으로 나아가야 한다. (내담자 변화 척도의 5수준)
81. *앨런*: 당신이 살펴봐야 할 다양한 주제가 있네요. 이 중 한 가지가 직업에서의 사업에 대한 것입니다. 또 다른 한 가지는 남자 친구 보와의 관계와, 당신이 독립적인 여성으로서 자신의 공간을 확보하고자 하는 욕구에 대한 것이네요.	요약, 내담자, 주제와 관심사, 타인, 문화적·환경적 맥락	끝날 시간이 다가오고 있으므로, 앨런은 이번 회기를 자연스럽게 마무리하고, 다음 회기를 계획해야 한다. 상담자는 메리의 직업과 관계와의 관계에서 부조화를 발견했다. 앨런은 문화적·환경적 맥락의 초점을 충분히 다루지는 못했다. 메리의 주제 중 대부분은 때때로 성차별주의적인 이 세계에서의 여성에 대한 주제와 밀접한 관련성이 있다.
82. *메리*: (느리게) 으흠…….		메리가 좀 가라앉으면서도 안정되어 보이고, 자신에게 집중한 모습이다.
83. *앨런*: 당신이 조금 슬퍼 보이는데요.	감정 반영, 내담자	감정 반영은 관찰에서 나온 것으로, 그녀의 얼굴 표정을 읽어낸 것이다. (상호교환적 공감)
84. *메리*: 두 가지가 잘 어울리면 좋겠는데, 그 둘이 잘 어울리는 것은 어려울 것 같아요.	주제와 관심사	메리는 그녀가 생각하는 이상적인 해결책을 설명하고 있다. 지금 회기는 다시 2단계와 3단계를 순환적으로 돌아가고 있으므로, 직업과 개인적 관계에 대한 주제를 구체화할 필요가 있고, 이상적인 해결안을 좀 더 확실하게 정의해야 한다.

상담자와 내담자의 대화	초점과 직면을 포함한 상담 기술 분류	공감과 내담자 변화 정도를 포함한 회기 과정의 평가
		주제 및 개인 관심사는 현재 어떤 일이 일어나고 있는지와 내담자가 어떤 일이 일어나기를 바라는지에 대한 차이에 존재한다. 이 문장은 주제의 정의와 목표 설정의 중요함을 보여준다. 메리의 직면에 대한 응답은 내담자 변화 척도의 4수준이다. 여기서 우리는 새로운 통찰을 얻었다. 하지만 통찰은 행동이 아니다. 이 인식을 바탕으로 그녀는 행동할 필요가 있다.
85. 앨런: 그건 우리가 좀 더 탐색해야 할 것이네요. 이 부분이 우리가 해결해야 할 퍼즐의 중요한 부분일 것 같아요. 다음 주에 이야기하도록 하죠. 어때요? 오늘 회기가 다 끝나가네요. 우리가 오늘과 다음 회기 사이에 어떤 행동을 할 수 있는지 생각해보는 것은 도움이 될 것 같아요.	정보 제공, 지시적, 주제와 관심사	많은 내담자들이 회기가 끝날 즈음에 중요한 주제를 떠올린다. 앨런은 어렵지만 이번 회기는 마무리하고 다음 회기에 더욱 논의하도록 결정했다. 메리는 아직도 그녀의 관계에 대하여 추상적으로 이야기하고 있다. 내담자들이 중요한 주제를 회기 끝날 무렵에 언급하는 경우가 있다.

5단계는 행동으로, 내담자가 회기 동안 작업했던 내담자의 새로운 이야기를 만드는 작업부터 시작한다. 행동 단계를 읽으면서 아래의 질문을 생각해보고 나름의 반응을 해보라.

1. 앨런은 메리에게 어떤 행동을 취하기를 요구하는가? 메리는 자신을 위하여 어떤 단계를 제안하는가? 다른 것을 생각해낼 수 있을까요? 과제로 나간 대조표를 어떻게 사용할 것인가?
2. 메리가 떠난 후, 앞으로의 행동과 후속 조치를 위해 무엇을 기록할 것인가?

상담자와 내담자의 대화	초점과 직면을 포함한 상담 기술 분류	공감과 내담자 변화 정도를 포함한 회기 과정의 평가
5단계: 행동 새로운 이야기를 일반화하고 행동하기		
86. 앨런: 우리가 그동안 이야기한 내용을 논리적으로 사업, 상담과 훈련의 세 가지로 정리할 수 있을 것 같아요. 당신이 진로와 관련된 검사를 하면 좀 더 도움이 될 것 같은데요. (메리: 으흠.)	요약, 개방형 질문, 내담자, 주제와 관심사	앨런은 자신의 말을 계속하며 5단계로 넘어갔다. 앨런은 지금까지 거론된 진로에 관한 대안을 세 가지로 정리하고, 검사 실시에 대한 가능성을 제안했다.

상담자와 내담자의 대화	초점과 직면을 포함한 상담 기술 분류	공감과 내담자 변화 정도를 포함한 회기 과정의 평가
심리검사 결과는 우리가 생각하는 대안에서 고려해야 할 부분이 있는지를 알아볼 수 있는 추가적인 정보를 제공합니다. 심리검사를 실시하는 것에 대해 어떻게 생각하나요?		리하고, 검사 실시에 대한 가능성을 제안했다. 확인(check-up)을 통해서 앨런이 메리가 검사 실시에 관하여 결정을 내릴 기회를 제공하고 있음을 확인할 수 있다.
87. *메리*: 그거 좋은 생각이에요. 제가 모든 대안들을 확인해보고 싶은 단계에 있어요. 저는 *어떤* 것에도 제한을 두고 싶지 않아요. 저는 지금 다양한 대안들을 생각해보고 싶어요. 심리검사를 해보는 것은 좋은 생각 같아요.	내담자, 주제와 관심사	메리는 심리검사 실시에 대해 긍정적이고, 다양한 대안들을 고려할 수 있는 기회가 될 것으로 보았다. 그녀가 언어로 '어떤 것'이라고 강조하는 것은, 그녀가 자신의 잠재력에 한계 지우고 싶지 않은 욕구를 반영한다. 어떤 여성들은 지금 단계에서 여성 상담자가 필요하다고 주장한다. 남성 상담자는 여성이 성장하고자 하는 욕구를 충분히 이해하지 못할 수 있다. 남자 친구 보가 메리에게 반응하는 동일한 방식으로 앨런도 메리에게 무의식적으로 반응할 수도 있다.
88. *앨런*: 그다음 우리가 해볼 수 있는 것은 도움이 될 거예요. 제 친구 중에 예전에는 운동 코치였는데, 현재 지역 회사에서 일하고 있는 친구가 있는데요. 그녀가 현재 존스사(社)에 있는 인력관리 부서로 옮겼어요. (메리: 음⋯⋯) 제가 그녀와 만날 수 있도록 약속을 잡을 수 있어요. 그녀를 만나서 새로운 가능성을 찾아보겠어요?	정보 제공, 내담자, 주제와 관심사, 상담자	앨런은 행동을 위한 구체적이고 확실한 대안을 제시한다. 메리는 추상적이고 관념적이기 때문에, 그녀는 주제에 대해 이야기하기를 좋아하지만 행동으로 옮기기를 피한다. 그것은 내담자 변화 척도의 3수준에 해당한다. 메리가 구체적인 행동을 실천하기까지, 그녀는 마음의 문제를 해결해야 한다. 그녀는 내담자 변화 척도의 2수준과 3수준에 머물러 있다. 일주일 후 그녀의 관심사에 대한 행동으로 옮기게 되면, 최소한 내담자 변화 척도의 4수준으로 옮겨갈 것이다. (추가적 공감)
89. *메리*: 해보고 싶어요. 사업 영역에 있는 것이 어떤 기분인지 느껴볼 수 있겠어요. 그 분야에 있는 사람과 이야기하는 일이 그 분야를 확인하는 데 확실한 방법이죠.	내담자, 주제와 관심사	열정적으로 말한다. 제안이 도움이 되었는지의 여부는 기업에 있는 사람을 직접 만나는지에 따라 결정될 것이고, 그녀의 사고에서 도움이 되었는지 알게 된다.

상담자와 내담자의 대화	초점과 직면을 포함한 상담 기술 분류	공감과 내담자 변화 정도를 포함한 회기 과정의 평가
90. 앨런: 당신은 가지고 있는 자산이 많아요. 저는 당신에게 도움이 되는 것을 모두 이야기해줄 필요는 없어요. 이번 주에 당신이 무엇을 하면 좋을지에 대해 어떤 생각이 있나요?	피드백, 개방형 질문, 내담자, 주제와 관심사	앨런은 자신이 너무 많은 것을 부여한다는 점을 느끼고, 조금 뒤로 후퇴했다. 앨런의 메리가 행동하도록 격려하고 있지만, 지금 그는 그녀의 생각을 이용하고 있다. (추가적 공감)
91. 메리: 대학에서 학위를 알아보는 것은…… 어떨까요? 저는 학사학위를 가지고 있긴 하지만 학교를 확인해봐야겠어요. 그러나…… 제가 강좌를 더 들어야 할지 모르겠어요.	내담자, 주제와 관심사	메리는 스스로 대학이라는 대안을 살펴보고자 결정했다. 초기에 그녀는 대학교로 돌아가는 데 흥미가 없었다는 점에서 의미 있는 일이다. 실제적인 일반화는 구체적인 행동이라는 점을 기억해야 한다.
92. 앨런: 좋아요. 그럼 당신이 확인해야 할 일이 또 있네요. (메리: 네에) 그럼 먼저 약속을 정하고, 그 결과를 다음에 이야기하죠. 당신이 어떤 일을 했는지 확인하고 싶어요. (메리: 으흠) 그럼 우리는 다음 주에 만나 이야기하는 것으로 하죠. 당신은 남자 친구, 보와의 관계에 대한 걱정을 표현했지요. 그럼 다음 주에 이 부분도 이야기할까요? 이번 회기를 돌이켜보니, 한 가지 우리가 다루지 않은 주제가 있네요. 그 주제는 여성으로서 가족에 대한 책임을 가지고 이 문제를 어떻게 다루는지에 관한 것이에요. 다음 회기에서 우리는 이 주제를 이야기하도록 하죠.	요약, 내담자, 주제와 관심사, 문화적·환경적 맥락	앨런은 마무리를 준비한다. 다행스럽게 그는 여성 문제를 고려하고 있다. 아마 이 주제는 회기에서 더 일찍 다루어졌을 수도 있다. 앨런이 이 주제를 도와줄 수 있을까? 또는 다른 상담자에게 의뢰해야 할까? (기본적으로 추가적 공감, 미래의 가능한 방향을 안내한다)
93. 메리: 네 좋아요. 하나를 결정하면 다른 부분에 영향을 주지요. 모든 요구가 논의되어야 해요. 여성 문제와 아이들에 관한 내용을 언급해주셔서 감사해요 그 주제는 제게 중요해요.	내담자, 문화적·환경적 상황	중요한 통찰이 회기 끝에 나타났다. 메리는 자신이 직업 선택에 대한 문제가 처음에 생각했던 것보다 복합적이라는 것을 인지하게 되었다. 만일 당신이 앨런의 슈퍼바이저라면, 다음 회기에서 진로 상담이나 개인 상담 중 어떤 부분을 강조할 것인가? 어떻게 조합할 것인가? 그 외에 어떤 것을 하라고 조언할 것인가?
94. 앨런: 좋아요. 그럼 다음 주에 만나요.	자기 개방, 내담자, 상담자	
95. 메리: 감사합니다.		

회기를 마무리하면서, 앨런은 메리와 함께 나가면서 다음 회기 약속을 정했다. 상담자는 내담자에게 상담실에서 제공할 수 있는 직업 정보를 제공했다.

▶ 축어록 분석

상담자는 내담자의 이야기를 듣고, 주제에 관심을 가지면서 회기 내의 활동에 영향을 미친다. 효과적인 경청은 내담자로 하여금 더 많은 통제권을 가지게 하고, 회기 중 발생하는 일들에 있어서 상담자는 내담자의 동료나 동반자 역할을 할 수 있도록 만든다. 상담자의 행동을 점검하고, 내담자에게 미치는 영향력을 인식할 수 있어야 한다. 만일 상담자가 진로 상담 회기를 계획하고 있다면, 상담자는 진로에 관한 이야기를 주로 해야 한다. 만일 상담자가 내담자가 하는 말을 듣고 무슨 일이 진행되는지 보고자 한다면 특정한 방향성이 없는 회기가 될 수 있다. 그저 발생하는 일이 일어날 것이다.

모든 회기는 상담자가 계획하는 대로 진행되지 않지만, 상담자의 개인적 결정이 회기에서 발생하는 일에 영향을 미친다. 그러므로 상담 회기에 체크리스트를 쓰고, 상담자의 방식대로 진행하고, 계획하고, 점검하는 일이 중요하다. 상담자로서 자신의 행동과 상담 방식에 대한 자세한 분석을 실시하기를 추천한다. 상담자의 분석과 생각을 내담자와 공유하는 것도 좋다. 동료 상담자나 슈퍼바이저와 함께 검토함으로써 상담자는 성장하고 발전할 수 있다.

▶ 상담 기술 그리고 상담 기술이 내담자에게 미치는 영향

회기에서 사용한 상담 기술의 분석으로 돌아가 보자. [표 14.2]는 앨런이 메리와의 상담 회기에서 사용한 상담 기술을 요약했다. 각 단계에서 서로 다른 상담대화기술을 활용하고 있음을 알 수 있다.

1단계: 공감적 관계 앨런은 경청과 변화 촉진 기술을 활용하여 메리와의 회기를 시작했다. 이 회기에는 개방형 질문, 재진술과 감정 반영이 혼합되거나, 정보 제공하기와 자기개방을 찾아볼 수 있다. 상담자는 메리의 안녕감과 수영에서의 강점에 관심을 가지고, 회기 녹음에 대한 허락을 구하며, 메리가 앨런에게 질문을 던질 수 있는 기회를 제공했다. 관찰 기술은 앨런으로 하여금 언제 대회를 지속하고 나아가야 할지를 돕는다.

2단계: 이야기와 강점 경청 기술은 메리의 이야기와 관심사를 끌어내기 위해 사용한다. 주요 관심은 체육교육에서 상담이나 사업 분야로의 직업 전환이다.

3단계: 목표 경청과 변화 촉진 기술을 사용하여 메리가 자신의 목표를 자세하게 설명하도록 한다. 직면을 통한 의미 반영으로 교직의 안정성 문제와 사업에서의 모험이 주요 관심사임이 드러났다(대화 43).

표 14.2 각 단계별 상담자가 사용한 상담 기술

단계	사용한 기술	초점
1단계: 공감적 관계 회기 시작하기	경청 기술: 6회 변화 촉진 기술: 7회 직면: 0회	내담자: 5회 주제와 관심사: 0회 상담자: 3회 문화적 · 환경적 맥락: 1회
2단계: 이야기와 강점 자료 수집하기	경청 기술: 7회 변화 촉진 기술: 0회 직면: 1회	내담자: 5회 주제와 관심사: 2회 가족: 1회 문화적 · 환경적 맥락: 1회
3단계: 목표 상호협의하에 목표 세우기	경청 기술: 15회 변화 촉진 기술: 3회 직면: 1회	내담자: 7회 주제와 관심사: 5회 중요한 타인 2회
4단계: 이야기 재구성 작업하기	경청 기술: 18회 변화 촉진 기술: 14회 직면: 5회	내담자: 14회 주제와 관심사:15회 중요한 타인: 4회 문화적 · 환경적 맥락: 3회
5단계: 행동 종결하기	경청 기술: 4회 변화 촉진 기술: 3회 직면: 0회	내담자: 5회 주제와 관심사: 4회 상담자: 2회 문화적 · 환경적 맥락: 1회
총계	경청 기술: 50회 변화 촉진 기술: 27회 직면: 7회	내담자: 46회 주제와 관심사: 24회 가족: 1회 중요한 타인: 6회 상담자: 5회 문화적 · 환경적 맥락: 6회

4단계: 이야기 재구성 작업 단계에서 앨런은 변화 촉진 기술과 부조화에 대한 직면을 사용했다. 성에 관한 문화적 · 상황적 주제는 해석과 재구조화, 경청 기술 및 간헐적인 요약을 통해 탐색했다.

5단계: 행동 회기는 메리가 해야 할 과제를 제시하고, 일반화를 위한 구체적 계획을 수립한 후 마무리되었다. 이 회기는 회기에 대한 요약으로 시작했고, 향후 계획을 원하는 토론으로 마무리했다.

비교해본 결과, 앨런은 경청 기술을 변화 촉진 기술의 두 배가량 사용했다. 역량에 관한 측면에서 살펴보면, 앨런은 각 단계별로 다양한 기술을 확인하고, 분류하고 있다. 그는 자신이 기술이 내담자에게 미치는 영향을 알아차릴 수 있다. 앨런은 5단계의 회기를 진행하는 데 기본 경청 기술을 활용할 수 있음을 보여주었으며, 변화 촉진 기술을 적용할 수 있음을 보여주었다. 앨런이 초기 회기에서는 내담자에게 초점을 맞추고 있음을 확인할 수 있고, 나중 회기에서는 직업적 문제와 도전에 초점을 맞추었다. 이는 상담자가 내담자의 인간적인 측면과 개인적 주제와 관심사와 도전 간의 균형을 유지할 수 있음을 보여준다. 비효율적인 상담자는 내담자의 주제와 관심사에 초점을 맞추느라 내담자 본인에 대한 초점을 잃게 된다.

초점 측면에서, 앨런은 여전히 내담자에게 초점을 맞추고 있는데 주 초점은 메리 본인과 메리가 회기에 가져온 그의 주제나 관심사를 동시에 고려했다. 초점 분석에서 앨런이 내담자의 가족이나 다른 사람(남자 친구 보 또는 그녀의 아이들)에 충분한 초점 맞추기를 하지 못했음을 보여준다. 보와의 관계는 회기 후반에서 좀 더 명확하게 드러난다. 앨런은 대화 71, 75, 81에서 문화적·환경적·맥락적 관점에서 여성 문제를 다루고 있으며, 이는 후속 작업을 통해 좀 더 명확하게 다루어질 필요가 있다.

메리는 4단계에서 직면을 통해 자신의 현재와 미래의 인생에 대한 통찰이 좀 더 깊어졌다. 그녀는 매번 내담자 변화 척도의 3수준의 반응을 보였다. 대화 71을 보면 메리는 자신과 보와의 관계에 대해 진술했다. 대화 79에서 앨런은 메리가 자신의 삶에 있어서 '흥분되는 기회'에 대한 욕구를 지적했고 보가 그녀의 삶에 한계를 짓는 것을 언급했다. 이 시점에서 메리는 자신의 욕구에 대해 좀 더 깊게 나아갈 수 있었다. 앨런은 회기 마지막에 확인하는 작업을 했는데, 이는 부정확한 직면이었으며(대화 75), 메리는 스스로 자신의 구성 요소를 소개하며 앨런이 말한 '압박(constraints)'을 '한계(limit)'라는 용어로 바꾸었다.

회기가 끝난 후, 메리는 행동으로 옮길 준비가 되었다. 내담자 변화 척도상에서, 그녀는 4수준으로 이동하여 자신의 문제를 새로운 방식으로 생각했다. 내담자 변화 척도(10장 참고)는 상담자가 내담자가 회기 안팎에서 자신의 목표로 나아가는 변화를 체계적으로 점검할 수 있는 방법이다. 진정한 성공은 다음 회기까지 기다려야 하고, 우리가 구성한 일반화된 계획(generalization plan)이 실천으로 옮겨졌는지에 따라 판단할 수 있다. 사고, 감정과 행동은 진정한 일반화를 통해 변화할 필요가 있다. 내담자가 회기 밖에서 행하는 것은 회기 내에서 실행하는 것보다 더욱 가치 있는 일이다. 상담의 효과는 내담자에게 얼마나 많은 선택의 기회를 제공했는지에 따라 평가할 수 있다. 일반적으로 '만일 당신의 세 가지의 가능성이 없다면, 당신은 한 가지 선택도 가지지 못한다'라고 말할 수 있다. 이 측면에서 메리는 목표를 달성했다. 추가적으로 보와의 관계와 관련된 주제가 드러나게 되었고, 주제는 그녀가 상담을 더 받을 가능성을 시사한다. 우리가 던질 수 있는 질문은 앨런이 남성 상담자로서 메리에게 적절한 상담자인지를 확인하는 것이다. 질문에 대한 대답은 우리의 개인적 세계관에 따라 달라질 수 있다. 회기에 대한 당신의 평가는 어떠한가? 당신이라면 회기에서 어떤 부분을 다르게 접근했을 것인가?

내담자와의 첫 번째 상담 회기는 상담자에서 독특한 경험을 제공해주고, 다양성과 세상의 복잡함을 배울 수 있는 기회가 된다.

▶ 추가적 고려 사항: 의뢰, 치료 계획, 사례 관리

누구에 의한, 어떤 치료가, 특정 주제를 가지며 특정 상황에 있는 한 개인에게 가장 효과적인가?

_Gordon Paul

변화 과정에 참여하는 내담자의 역량을 존중하라. 우리는 우리가 하고 있는 일을 합리적으로 내담자에게 알릴 필요가 있다. 그리고 내담자에게 회기에 대한 인식을 공유해달라고 요청해야 한다. 보다 평등한 입장을 취함으로써 내담자로부터 많이 배울 수 있다.

_Robert Manthei

이 두 문장은 이 책에 소개된 많은 생각, 개념, 이론을 통합하고 사고할 배경을 제공한다. 상담과 심리치료를 명료한 단계로 나누었지만 상담과 심리치료는 도움을 제공하기 위한 다양한 기본 요소들의 집합체이며, 상담자와 내담자가 서로 배우고 변화하는 복잡한 상호 과정을 깨닫게 한다.

상담자가 의사결정을 위한 상담, 인간중심치료, 인지행동치료 중 어떤 것을 하든지 다음에 무엇을 할지를 고려해야 한다. 다음에서 미래를 계획하는 데 다루어야 하는 세 주요 주제를 소개한다.

의뢰

모든 해답을 가진 상담자는 없다. 메리의 사례에서도 앨런이 여성의 문제를 논의할 수 있더라도 여성의 직업 변경에 있어서 발생하는 일반적인 경우이므로 여성들의 집단 상담에 **의뢰**하는 것이 더 도움이 될 수 있다. 또한 그녀는 대학교 재정 담당 장학금 부서의 의뢰가 필요할 것이다. 개인 상담의 중요한 측면은 개인이 필요한 부분을 지역의 자원을 찾아 연결함으로써 개인의 성장과 발달을 돕는다. 지역사회의 가계도(9장 참고)는 상담자가 내담자를 적절한 자원을 연결할 수 있도록 돕는다.

가끔 상담자와 내담자의 관계가 우리가 예상하는 대로 잘 진행되지 않을 때가 있다. 상담 관계가 잘 진행되지 않는다고 느낄 때 상담자나 내담자에게 책임을 돌리지 말라. 내담자의 목표에 초점을 맞추고 내담자의 이야기를 정확하고 완벽하게 들으려고 노력해야 한다. 그리고 내담자에게 어떻게 하면 더욱 효과적일 수 있는지 물어 피드백을 얻는 것이 좋다. 또 자문이나 슈퍼비전을 받아 이 상황을 해결하는 것이 모두에게 도움이 된다. 적절한 의뢰가 이루어지기 위해서, 자신의 문제가 너무 어렵다며 겁에 질려 있거나 방향감을 상실한 채 문제에 매달리고 있는 내담자를 상담자가 떠나려고 해서는 안 된다. 의뢰과정을 진행하면서도 내담자와의 연락을 유지하고, 의뢰가 완료되기까지 1~2회의 회기를 계속 진행할 수 있다. 내담자가 상담자로부터 버림받았다고 느끼지 않게 하는 것이 중요하다. 의뢰 기간 중의 상담자의 공감적인 지지와 이해는 필수적이다.

또 다른 의뢰와 관련한 중요한 주제는 상담자가 내담자를 충분히 도울 수 있는 경험과 전문성을 갖추었는가 하는 것이다. 비록 상담자가 자신은 충분히 효과적으로 작업하고 있다고 생각하더라도 충분하지 않을 수 있다. 이런 경우 사례 회의나 슈퍼비전이 도움이 된다. 자신의 작업에 관해 타인의 의견을 들을 수 있는 것이 전문가적 수행이다. 내담자에게 상담자가 슈퍼비전을 받고 있음을 알려야 한다.

치료 계획

치료 계획은, 목표와 목적에 대해 서면으로 작성된 치료 계획은 점점 표준으로 여겨지고, 기관과 보험회사가 이를 요구한다. 가능하다면 내담자와 구체적인 목표를 협상하여 공동 평가를 위하여 서면으로 작성해두는 것은 좋다. 내용은 가급적이면 구체적이고 확실하게 정리하고, 구체적인 행동 변화와 정서적 만족에 대한 지표를 포함해야 한다. 더 구조화된 접근인 인지행동 상담 이론에서는 상담 회기별 구체적인 목표와 치료 계획을 작성하는 것을 요구한다.

인지행동치료의 상담과 치료 계획은 우리 예시보다 더 구체적이다. 그러나 덜 구조화된 게슈탈트, 정신역동 및 인간중심 상담 이론에서는 내담자와의 현재 활동을 중요하게 생각하므로 치료 계획은 덜 강조한다. 단기 상담에서는 면접 계획이 치료 계획을 대신한다. 상담 회기(5~10회기)가 길어질수록, 구체적인 치료 계획과 목표가 요구된다. 기관에 따라서는 사례 관리도 치료 계획의 일부로 요구하는 경우가 있다.

아래에 제시한 내용은 앨런이 메리를 위한 2회기 계획 내용이다. 첫 회기에 수집한 내용을 바탕으로, 사례의 중요한 주제를 정리하고, 회기가 진행됨에 따라 메리로부터 받은 내용을 포함하여 계획을 수립했다.

상담자가 지역사회나 병원에 소속되어 일할 경우, 내담자를 위해서나 보험회사의 행정적인 처리를 위하여 정확한 목표 설정과 치료 계획을 제출해야 한다. 많은 기관들이 치료 계획에서 중요하다고 여기는 항목들이 [그림 14.1]에 소개되어있다. 확인해야 할 것은 구체적인 목표, 개입의 구체성, 목표 성취 달성에 대한 평가를 하는 날짜 등을 강조하고 있다는 점이다. 점점 일하는 기관이 어디든지 목표 중심적인 양식을 가지고 일하게 될 것이다.

치료 계획과 연결된 사례 관리

이 책은 회기 중 상담 기술에 초점이 맞춰져있지만, 많은 경우 치료 계획을 확장하여 사례 관리까지 다룰 필요가 있다. 사회복지사, 학교 상담자 등 정신건강 전문가들은 사례 관리가 치료 계획보다 더 중요하다. 사례 관리는 전문적인 도움을 제공하는 것으로 내담자의 이익이나 때로는 내담자의 가족을 위하여 지역사회의 자원을 조정해야 한다. 다음의 예시를 통해 사례 관리의 복잡성을 살펴보자.

단계 · 측면, 핵심 질문	상담자 평가 및 계획
공감적 관계: 회기 시작하기, 라포 형성하기, 구조화하기 이번 회기 면접은 어떤 형식으로 진행할 것인가? 특정한 이론을 활용할 계획인가? 라포가 발달하면서 어떤 특별한 주제가 나타날 것으로 예상하는가?	메리와 나는 적절한 라포를 형성했다. 첫 회기에 메리의 상황에 충분히 초점을 맞추지 못했고, 그녀의 삶에서 진행하는 다른 부분들에 관심을 갖지 못했다. 다음 주 회기에서 심리검사와 그중에 그녀가 사람들을 면접한 경험을 탐색한 후, 다른 주제들에 대한 탐색 시간을 계획하는 것이 좋겠다. 메리는 남자친구인 보와의 관계에 대해 이야기하는 것을 좋아했다. 이번 회기에서는 그녀의 현재 상태에 대한 전반적인 탐색과 함께 두 가지 주제를 고려해야 한다. 나는 심리 검사에 대한 내용을 소개하고, 보와의 관계에 대해 이야기할 것이다. 인간중심 기법의 경청 기술이 도움이 될 것이다.
이야기와 강점: 자료 모으기, 이야기, 주제, 문제, 관심사 이끌어내기 예상하는 문제는 무엇인가? 강점은? 내담자와 어떻게 주제를 정의할 것인가? 당신은 행동, 사고, 정서, 의미를 강조할 것인가?	1. 메리가 현재 자신의 직업 주제를 어떻게 정의하고 있는지 확인하기, 기본 경청 기술 사용하기 2. 나중에 적절한 시기를 봐서 보와의 관계를 질문하기, 반영적 경청 기술 사용하기, 여성의 입장에 특별히 주의를 기울이기 3. 메리는 많은 자산을 가지고 있다. 그녀는 총명하고, 말을 잘하고, 그녀의 일에서 성공했다. 그녀는 통찰력이 있고, 합리적인 모험을 할 의지가 있고, 새로운 대안을 탐색하고자 한다. 이 모든 자산들을 나중 회기에서 확인해야 한다. 4. 그녀와 함께 여성 문제를 다룬다.
목표: 상호협력적으로 목표 세우기, 결과물 만들기 이상적인 결과물은 무엇인가? 내담자의 이상적인 자아와 세계를 어떻게 이끌어낼 것인가?	우리는 이미 그녀의 직업적 목표를 논의했지만, 심리검사적인 측면과, 나아가 보에 대한 논의를 포함하여 재점검해야 한다. 이번 회기의 후반부나 혹은 다음 회기에서 보의 관계적인 측면과 직업적인 측면에서 모두 만족할 만한 새로운 결과를 정의해야 한다.
이야기 재구성: 대안을 탐색하고 찾아보기, 내담자의 갈등이나 부조화를 직면하기, 작업하고 이야기 재구성하기 어떤 이론을 사용하는 것이 필요한가? 내담자의 이야기 속에서 발견한 부조화의 구체적인 내용은 무엇인가? 대안은 어떻게 만들어낼 것인가?	1. 검사 결과를 확인하고, 그 결과를 메리에게 보고한다. 2. 그녀의 반응을 탐색하고, 대안적 직업을 고려한다. 3. 인간중심 기법을 사용하여 보와 관련된 그녀의 주제를 탐색한다. 4. 직업과 보와의 관계를 연결짓는다. 그녀 자신이 되려고 하는 욕구와 보가 그녀에게 가지고 있는 욕구 간의 차이를 직면하도록 특별히 신경 쓴다. 변화하는 사회에서의 여성 문제를 고려하고 확인한다. 메리가 추가적인 도움을 얻기 위해 다른 여성이나 여성 집단에 의뢰할 필요는 없는가? 자기주장 훈련은 도움이 될 것인가?
행동: 일반화하고 새로운 이야기를 바탕으로 행동으로 옮기기 훈련을 받기 위하여 어떤 계획을 가지고 있는가? 상담자로서 내담자와의 대화가 유용하다고 느낄 수 있는 방법은 무엇인가?	이 시점에는 직업과 관련한 추가적인 탐색이 필요하다는 것이 분명해 보인다. 보와의 관계를 좀 더 탐색해보고, 목표를 보다 정확하게 결정해야 할 것이다.

미혼모가 10세의 남학생과 함께 가족 상담 기관의 사회복지사에게 의뢰되었다. 가정전문의는 아이가 아스퍼거 증후군(Asperger's syndrome)으로 인한 사회관계에 문제가 있는 것으로 진단 했다. 아이는 친구가 거의 없지만 학교생활은 만족할 만했다. 사회복지사가 어머니를 만나 아이의 지역사회 혹은 학교에서의 성취에 관하여 보고했다. 어머니는 경제적 어려움이 있는데 직업을 구하려 하지만 어렵다고 말했다. 며칠 후 아이를 만났을 때, 사회복지사는 아이의 뛰어난 인지 능력과 언어 능력을 확인했다. 아이는 행복해 보이지 않았고, 가끔 반복적이며 거의 강박적인 행동을 보였다.

기관 종사자들은 만나서 사례 관리 치료 계획을 시작한다. 이 사례에서 어머니는 상담이 필요하고 아이는 심리적 평가가 필요하고 치료가 필요하다. 다음 사례 회의에서 다음과 같은 계획이 수립되었다. 아이는 심리학자에게 의뢰되어 진단을 받았고, 진단을 근간으로 치료를 제공할 것이다. 사회복지사는 어머니와 지지적인 상담을 실시하고 사례 관리를 책임진다. 사회복지사는 어머니를 위한 치료 계획이 필요하고, 가족 전부를 위한 사례 관리가 필요하다.

아이의 경우 학교 공부에 어려움이 없지만, 사회복지사는 초등학교 상담자와 연락했고 아이가 이미 학교 상담자로부터 상담을 받고 있음을 알게 되었다. 학교 상담자는 교사와 협력하여 아이가 교실 내와 운동장에서 또래 관계를 잘 할 수 있도록 돕고 있었다. 사회복지사와 학교 상담자는 아이의 상태에 대해 논의해야 하고, 가끔 아이가 할 일 없이 혼자 남겨진다는 점을 인식해야 한다. 방과 후 학교 프로그램이 도움이 될 수 있다. 사회복지사와 상담자는 지역사회와 연결하여 재정적 지원을 끌어올 수 있다.

이처럼 사례 관리는 기본적인 틀을 벗어나 다차원적인 접근이 필요한 것을 보여주는 시작점이다. 상담은 사례 관리의 중요한 부분이지만 전체는 아니다. 아동, 가족복지 담당 부서는 상담자를 요청하여 아동의 학대 혹은 방임을 확인할 수 있다. 어머니에게는 단기간 재정적 지원 및 직업 상담이 필요할 수 있다. 아버지가 양육비를 보내고 있지 않다면, 법적 도움이 필요할 수도 있다.

위의 모든 상황에서도 사회복지사는 사례의 모든 측면에 대한 인식을 유지해야 한다. 어머니와의 개인적 상담을 통해, 사회복지사는 상황이 어떻게 진행되고 있는지 파악해야 하고, 아이를 치료하는 주요 인물과의 관계도 유지해야 한다. 그러나 아이는 가족과, 학교, 지역사회 안에서 성공적으로 치료될 수 있다.

옹호는 전체 과정에 중요하며 우연히 일어나지는 않는다. 사회복지사는 어머니와 아이를 다양한 기관으로 연결하기 위하여 지속적으로 옹호해야 한다. 학교 상담자는 지역사회에 아이의 재정 지원 요청을 위해 찾아가는 것도 아이를 옹호하는 것이다. 또한 아이의 수준에 맞추기 위하여 교사로 하여금 교수 방법을 달리하도록 요청하는 것도 아이를 옹호하는 것이다. 초등학교 학교 상담자는 많은 시간을 학생들과 개별적인 상담을 위해 시간을 할애하지만, 학교의 공정한 정책을 위해 옹호하는 일도 필요하다.

지역사회상담소
행동적 치료 계획

이 양식은 두 달이 지나기 전에 다시 검토될 것이고 목표 달성 과정이 기록될 것이다. 개입과 목표가 변화될 때는 즉시 이를 반영해야 한다.

내담자 이름, 주소, 전화번호, 이메일: _____

_____

사례 번호 _____   보험 정보 _____

진단   내담자 호소 문제 요약
축 I _____   _____
축 II _____   _____
축 III _____   _____
축 IV _____   _____
축 V _____   _____

확인된 내담자 강점과 자산(상담 과정 동안 추가하기):
_____
_____
_____
_____

면접 진행 내러티브

문제/관심사 1		
목표	개입	목표를 향한 과정

문제/관심사 2		

문제/관심사 3		

서명 _____   날짜 _____

내담자 서명 _____   날짜 _____

내담자가 미성년자일 경우:

내담자 이름 _____   나이 _____

부모 서명 _____   날짜 _____

그림 14.1 **치료 계획 예시**

사회정의 주제가 등장할 수 있다. 대부분 지역사회나 기관에서는 위와 같은 서비스를 제공하지 않는다. 대부분 협업이 잘 이루어지지 않을 수 있다. 그리고 변화를 위해서는 조직화가 필요할 수 있다. 아이는 학교에서 따돌림을 당할 수 있지만, 학교에 집단따돌림을 예방할 수 있는 정책이 없을 수 있다. 사회정의 및 공평성 요구는 모든 아이들이 안전함을 요구한다. 가난한 학생들 그리고 소수문화 출신들에 대한 차별이 존재한다. 개인 및 집단교육 혹은 변화가 필요할 수도 있다.

▶ 변화 유지하기: 재발 예방

계획하지 않은 그리고 내담자와 계약하지 않은 변화는 잘 일어나지 않는다. 재발을 줄이기 위한 하나의 전략이 재발 예방 계획이다. 이는 원래 알코올이나 약물 남용 치료에서 발달한 것인데, 현재는 다양한 장면에서 사용한다. 재발 예방은 인지행동 상담의 기본적인 부분이 되었고, 이 장에서 소개된 개념들은 다양한 이론에서의 도움에 관한 부분을 확장한 것이다.

'변화 유지 활동지: 기술 유지를 위한 자기관리 전략'은 내담자로 하여금 재발을 피하고, 과거 행동으로 다시 돌아가는 것을 예방하는 데 도움이 된다(글상자 14.2). 상담자는 내담자에게 활동지를 건네주고 성공적인 치료를 방해하는 요인을 특히 강조하면서 함께 작업한다. 선행 연구에 따르면 이 기법은 내담자에게 효과적이고, 내담자로 하여금 회기 내 경험의 결과로 새로운 일을 시도하는 데 도움을 준다.

모든 내담자들은 독특하고, 재발 예방 계획은 내담자의 특징과 내담자의 주제 특성에 맞추어 개별적으로 구성해야 한다. 각 내담자의 재발 예방 계획은 차별화되어야 한다.

재발 예방 계획에는 내담자를 지지하는 사람들과, 원하지 않는 행동을 발생시키는 인자, 방해 요인들에 대한 가능한 반응, 부정적인 행동, 참여하지 않고 내담자가 할 수 있는 대안에 대한 목록을 포함해야 한다.

- 사람들은 전화, 문자, 이메일을 통해 연락할 수 있다: 잠정적 재발 기간 동안 내담자를 바로 지원할 수 있는 2~3명의 명단을 확보한다.
- 원하지 않는 행동을 발생시키는 방해 요인과 방해 요인에 대한 가능한 반응: 가장 큰 유혹이나 방해 요인에 대해 논의하고 기록한다. 무엇이나 어떤 상황이 당신으로 하여금 부정적인 행동을 하도록 만들 것인가? (가끔은 사람들이나, 특정 장소를 방문하고, 광경을 보고, 냄새를 맡게 되는 경우 혹은 소리) 각 방해 요인에 어떻게 반응할 것인지 계획이 있는가?
- 부정적인 행동을 포함하지 않는 보상 활동과 대안 만들기: 비활동성과 지루함이 변화하고자 하는 데 가장 큰 위협이다. 내담자가 즐기는 활동에 대한 계획을 구성하고, 부정적인 행동으로 빠질 수 있는 시간을 피할 수 있도록 원하는 일을 하도록 내담자와 작업한다.

I. 향상하거나 변화를 이끌어낼 수 있는 적절한 행동, 사고, 감정과 기술을 고르기

당신이 이끌어내려는 변화에 대해 구체적으로 기술하라.

_____

_____

이 목표를 달성하는 일이 왜 중요한가?

_____

_____

이 일이 발생할 수 있게 하기 위해 당신이 특별히 무엇을 할 수 있는가?

_____

_____

II. 재발 예방 전략

1. 가능한 어려움을 예상하고, 점검하도록 돕는 전략: 자극 관리하기

전략   당신의 상황 평가하기

- 일시적 실수가 발생할 수 있지만 이는 전반적인 실패가 아님을 의미한다는 점을 이해하고 있는가? _____
- 행동적 기술이나 사고를 배운다는 것과 그것을 어려운 상황에서 활용한다는 점이 어떻게 다른가? _____
- 지지 자원: 당신이 이 기술을 유지하도록 도와줄 사람이 있는가? _____
- 크게 위험한 상황: 어떤 상황, 사람들, 장소가 당신의 변화 혹은 변화 유지를 어렵게 만드는가? _____

2. 합리적 사고를 높일 수 있는 전략: 사고와 정서 관리하기

- 일시적인 실수에 대응할 수 있는 비합리적 · 정서적 반응은 무엇인가? _____
- 유혹적인 상황 혹은 재발 이후 상황에 효과적으로 대처하기 위하여 무엇을 할 수 있는가? 당신의 상황 평가하기 _____

3. 관련된 지지 기술을 진단하고 활용하는 전략: 행동 조절하기

- 습득한 기술을 유지하기 위해서 추가적으로 필요한 지지 기술은 무엇인가? 주장성? 이완훈련? 상담대화기술? _____

4. 적절한 행동적인 결과를 만들어내기 위한 전략: 결과 조절하기

- 당신의 새로운 행동으로 발생할 수 있는 가능한 성공의 결과를 확인할 수 있는가? _____
- 당신이 일을 잘한 것에 대해 어떻게 자신을 보상할 수 있는가? 구체적인 보상과 만족 계획 만들기 _____

- 내담자가 변화하고자 하는 일을 이루었을 때 줄 수 있는 보상: 내담자가 한 주의 변화나 두 주 이상 동안 변화를 이끌어냈다면, 내담자는 무엇을 할 수 있는가?

변화에는 시간과 노력이 필요하다. 변화하기 위하여 의도적으로 노력하고 유지하면 반드시 성공한다.

▶ 요약: 내담자가 있는 그 자리에서 내담자 만나기

당신이 한 실수가 아니라, 실수를 교정하기 위해 당신이 한 것이 중요하다.

_Allen's plumber

이 장에서는 회기에 관한 축어록 작성 및 분석하는 방법을 제시했다. 이러한 과정은 앨런이 메리와 상담에서 점검하고, 분석하고, 효과적인 행동을 확인할 기회를 제공했다. 어떤 면접도 완벽하지 않다. 내담자가 어느 수준에 있든지 내담자와 함께하기 위해서, 상담자가 자신의 행동을 의도적이며 창의적으로 변화시키는 능력이 중요하다.

결정을 내리기 위한 상담의 기초적인 내용, 사례개념화, 의뢰, 치료 계획과 재발 예방을 위한 모든 정보는 상담자의 상담 역량을 향상시킨다.

가장 중요한 점은 이것이다. 당신은 자신의 상담과 심리치료 스타일이 어떠하다고 보는가? 당신의 강점은 무엇인가? 향후 창조적 성장을 위한 기회는 무엇이라고 보는가?

요점	
의사결정을 위한 상담	의사결정을 위한 상담은 실용적인 모델로 거의 모든 내담자들이 다양한 결정을 내리는 데 도움이 필요해서 상담에 찾아온다는 가정을 기반으로 하고 있다. 결정의 범위는 일상생활에서의 결정부터 대학 전공 선택, 관계 지속 여부나 큰 재앙 후에 거주할 장소 물색과 같은 복잡한 것까지 포함된다. 내담자와 가족들은 아이가 과잉행동장애, 불안·우울, 혹은 조현병을 진단받았을 때 결정 내려야 한다. 결정내리는 것과 상담대화기술은 대부분 상담 이론과 내담자의 관심사와 도전을 다루는 데 기초가 된다.
의사결정을 위한 구조와 추가 전략	이야기 재구성 모델은 다양한 상담 이론에 기초하는 기본적인 의사결정을 위한 상담 모델이라고 할 수 있다. 상담자가 이 책의 전략과 기술을 구사할 수 있다면 다른 이론에서 역량도 쉽게 개발할 수 있다. 의사결정을 위한 상담에서의 핵심적인 전략은 직면, 창의적 브레인스토밍, 필연적 결과 유추, 대조표, 정서적 균형 유지하기, 미래 일기다.
첫 회기의 계획과 체크리스트 사용	첫 회기는 다양한 도전을 제공하고 회기 진행을 위한 체크리스트를 사용하는 것은 회기를 준비하고 기초적인 정보를 놓치지 않는 데 도움이 된다. 상담자는 5단계 모델에 따라 첫 회기를 체계적으로 계획할 수 있다. 상황이 다른 접근 방법을 필요할 수 있으므로, 의도적으로 융통성을 가지고, 변화 가능한 태도를 갖추어야 한다. 5단계는 상담이 비록 예상대로 진행되지 않더라고 상담자가 다루어야 할 내용을 모두 확인해주는 유용한 체크리스트가 될 수 있다.
회기 분석	이 책의 내용을 활용하여, 상담자 자신의 스타일과 내담자를 위해 사용하는 상담대화기술, 상담의 초점, 회기의 구조 및 결과적으로 얻어지는 내담자의 인지적·정서적 발달을 검토해볼 수 있다. 축어록은 과정을 살펴보고, 상담대화기술의 적용, 3단계의 구성 및 내담자 변화 척도에 따라 내담자의 발전을 체계적으로 검토할 수 있다. 다양한 상담 이론에 따라 상담자들은 사례를 서로 다른 방식으로 접근한다. 인간중심 상담자는 메리의 감정, 생각, 그리고 그녀 자신의 의미에 초점을 맞춘다. 인지행동 상담자는 행동에 관한 설명에 관심을 가지며 행동의 변화에 초점을 맞춘다. 이 모든 접근들이 의사결정을 위한 상담의 지식을 적용함으로써 더욱 효과적일 수 있다.
치료 계획	치료 계획은 상담 회기를 진행하면서 계획하는 장기 계획이다. 치료 계획은 내담자도 알고 있어야 하며, 내담자가 참여해야 한다. 변화를 위한 지향점과 내담자의 목표를 위한 성취를 논의해야 한다.
변화 유지와 재발 예방	재발 예방 계획은 5단계 면접이 성공적으로 완성이 되고, 실수를 감소시키는 데 도움이 된다. '변화 유지 활동지: 기술 유지를 위한 자기관리 전략'은 내담자의 실수나 재발을 피하기 위한 계획을 세울 때 도움이 된다.

▶ 실습과 역량 포트폴리오

개인 실습

당신은 상담 과정에 대한 체계적인 공부와 당신의 스타일과 기술 활용을 위한 다양한 아이디어를 경험했다. 이런 반응들은 상담자 고유의 것이어야 한다. 상담자가 단순하게 추천된 기술이나 전략을 사용한다면, 이는 내담자나 상담자 모두에게 도움이 되지 않는다. 여기 소개된 아이디어를 사용하기를 바라지만, 결국에는 당신 스스로 과학을 당신만의 예술 형태로 만들어야 한다.

상담자는 다양한 내담자를 돕기 위하여 다양한 방식의 기술을 연습해야 한다. 또한 개인 차이에 대한 이해와 다문화적 차이에 대한 감수성을 발달시켜야 한다. 즉, 서로 다른 욕구를 가지고 있는 다양한 내담자와 마주쳤을 때 상담자는 융통성과 의도성 있게 되도록 학습하라. 실제로 당신은 아동이나 성인보다는 청소년과 더 편안할 수 있다. 혹은 당신은 노인 상담에 특별한 재능이 있을 수 있다.

연습 1. 회기 전체를 진행하고 축어록으로 작성하기

1. 걱정, 주제, 혹은 기회에 대한 역할극을 수행할 자원하는 내담자를 찾는다.
2. 자원한 내담자와 15분 이상의 상담을 진행한다. 예민한 주제는 피한다. 온전한 느낌을 경험하고 싶다면 시간을 연장해도 좋다.
3. 당신만의 고유한 대화 스타일을 활용한다.
4. 내담자에게 상담 회기를 녹음해도 좋은지에 대한 승인을 얻는다.
5. 내담자에게 내담자가 원하지 않으면 언제든지 녹음을 중단할 수 있음을 알려준다.
6. 주제를 선택한다. 당신과 내담자가 대인관계 갈등이나 혹은 구체적인 주제 혹은 RESPECTFUL 모델 중 한 요인을 선택한다.
7. 2장에 소개된 윤리강령을 따른다. 내담자를 존중하고, 상식적인 회기 진행을 위하여 윤리적 기준을 준수한다.
8. 피드백을 받는다. 내담자로부터 바로 피드백을 받는 것이 좋다. 상담대화기술을 연습했다면, 상담자 피드백 양식(글상자 1.1)을 활용한다.
9. 다른 학생들의 피드백을 받는다. 작성된 축어록을 다른 팀 학생들과 교환하여 피드백을 받는다. 이 작업은 서로에게 추가적인 피드백을 제공한다.

회기를 축어록으로 정리함으로써 상담자는 자신의 작업을 충분히 분석해볼 수 있다. 회기 중의 상담자 행동을 주의 깊게 분석함으로써 자신만의 고유한 스타일을 알아차릴 수 있고, 상담자의 상담 기술 수준뿐 아니라 기술의 질적인 부분도 파악할 수 있다. 이 장에서 소개된 아이디어를 사용해서 회기에서 당신의 작업을 점검하고 분석하라.

여기서 학습한 내용을 실습에 통합할 사람은 당신 자신이라는 걸 기억하라. 상담자 자신의 스타일과 현재의 상담 기술 수준을 파악하는 일은 전문 상담가로서의 역량을 갖추고 끊임없이 성장하는 길을 보여줄 것이다. 특별히 문화적·환경적·상황적 주제에 대한 자신의 이해 수준과 활용에 대해 주의를 기울여야 한다. 자신만의 고유한 상담 스타일을 보고 자신의 다문화적 역량을 평가해야 한다.

1장에서 실시했던 회기의 축어록을 살펴보고, 그 이후 자신이 얼마나 변화했는지 확인해보자. 자신의 작업에서 어떤 강점을 발견했는가?

물론 회기 전체 축어록이 가장 좋기는 하지만, 실습을 위하여 회기에 대한 전체 축어록은 필요 없다. 최소한 20분 정도의 축어록은 필요하다. 하지만 그렇게 할 때, 회기의 다른 부분이 어떻게 진행되었는지를 알 수 있게 축어록의 맥락이 명료해야 한다.

집단 실습

연습 2. 피드백 교환하기 수업 중 팀을 구성하여 각자의 상담 회기에 대한 피드백을 받는다. 상담 회기는 축어록, 오디오 자료, 비디오 자료를 활용할 수 있다. 순서에 따라 돌아가며 피드백을 제공하며 학생의 강점을 강조한다.

역량 포트폴리오

당신의 축어록과 분석 자료를 역량 포트폴리오에 포함시킨다. 동료들로부터 받은 서면 피드백도 포함시킨다. 많은 학생들이 역량 포트폴리오를 인턴십이나 직장을 위한 면접에 가지고 간다. 축어록 분석은 당신의 상담 분야에 대한 이해와 상담 역량을 인식하는 데 도움이 된다.

▶ 스타일과 이론 정하기: 자신의 상담 실제에 대한 비판적 자기 성찰

이 장에서 획득해야 할 구체적인 역량을 제시하지는 않았다. 하지만 자신의 작업에 대해 그리고 이 책을 읽는 동안 자신의 변화를 성찰하기 바란다. 이 책을 읽는 과정에 대한 일지를 추천한다.

15장

상담대화기술과 5단계 모델을 여러 상담과 심리치료 이론에 적용하기

기술 통합
구체적인 행동 전략
자기 개방과 피드백
의미 반영과 해석 · 재구조화
공감적 직면
초점 맞추기
경청 기술만 사용한 5단계 상담 회기
감정 반영: 내담자 경험의 근간
격려, 재진술, 요약: 적극적 경청의 핵심 기술
질문: 의사소통 시작하기
관찰 기술
주의 기울이기와 공감
윤리, 다문화적 역량, 긍정심리학과 건강증진적 접근

좋은 이론만큼 실용적인 것은 없다.

_Kurt Lewin

'상담대화기술과 5단계 모델을 여러 상담과 심리치료 이론에 적용하기'의 목적

상담대화기술과 5단계 모델은 상담을 수행하면서 만나게 될 많은 상담자들의 구조와 수행을 설명하는 데 사용될 수 있다. 이 장은 이 책 개념이 궁극적으로 모든 회기에 그리고 어떤 내담자들에게 적용될 수 있으며, 어떻게 적용할 수 있는지를 설명한다.

15장의 목표 이 장에서 배운 내용에 대한 알아차림, 지식, 기술, 행동은 다음과 같은 것을 할 수 있게 한다.

▲ 다양한 상담과 심리치료에 걸쳐 상담대화기술 모델이 사용되는지를 확인한다.

▲ 이 책에서 소개하는 4개 이론의 철학과 전략들을 간단하게 검토한다. 4개의 이론은 인간중심 상담, 의사결정을 위한 상담, 다문화 · 여성주의 이론, 의미치료이다.

▲ 축어록을 읽고 연습하고, 위기 상담과 인지행동치료라는 두 접근의 기본을 활용한다.

▲ 단기 상담, 동기강화 상담, 코칭의 축어록을 검토한다.

이번 장은 세 부분으로 나뉘어 다양한 방식으로 상담 이론을 살펴볼 것이다

1부분: 상담대화기술, 5단계, 상담 이론은 다양한 이론들이 여러 방식 속에서 어떻게 상담대화기술을 사용하는지 살펴본다. 상담자들은 그 5단계 구조가 모든 회기에서, 모든 이론과 함께 적용될 수 있다는 것을 알게 된다.

2부분: 앞에서 논의된 이론의 요약은 의사결정을 위한 상담, 인간중심 상담, 다문화 · 여성주의 이론, 의미치료(logotherapy)의 기본을 설명한다. 각 이론의 철학, 핵심 방법, 상담 실제의 의미 등을 살펴본다.

3부분: 위기 상담과 인지행동치료(CBT) 역시 철학, 핵심 방법, 상담 실제의 의미를 보여준다. 상담대화기술 분석이 담긴 세밀한 축어록이 어떻게 상담자가 내담자의 문제에 대해 다양한 접근법으로 5단계와 상담대화기술을 사용할 수 있는지 설명한다.

▶ 1부분: 상담대화기술, 5단계, 상담 이론

당신은 이 책에서 익히게 된 역량이 각각의 접근에 대해 빠르고 능숙하게 작업할 수 있게 할 것이라는 것을 발견하게 될 것이다. 사실상 모든 이론적 접근이 상담대화기술과 5단계를 사용하지만 그 각각은 서로 다른 개념적 체계와 세계관을 가지고 있다.

[표 15.1]을 보면 상담의 이론들이 각각 상담대화기술 사용에 대한 분명히 구별되는 방식을 나타낸다. 기본 경청 기술을 사용하지만 각 체제를 사용하는 상담자들은 다양한 참조의 형태로 이야기를 경청한다. 인간중심 상담은 경청 기술을 더 빈번히 사용하는 경향이 있으며 문화적 · 환경적 맥락(CEC)보다는 내담자 개인에 대해 더 많이 집중한다. 단기 상담과 상담 · 코칭은 질문이 주가 되며, 인지행동치료와 게슈탈트치료는 지시적이며, 다문화 상담과 치료 및 여성주의 치료는 문화적 · 환경적 배경에 더 많은 주의를 기울인다. 의사결정을 위한 상담, 다문화 상담, 여성주의 이론은 다양한 기술을 사용하고 다차원 초점에 맞추기 때문에 가장 절충적 이론들이다.

각각의 이론들은 자체의 독특한 철학적 지향점 때문에 경험의 다양한 측면들을 강조하고 5단계 각각에 대한 다른 강조를 한다. 예를 들어, 실용적 의사결정을 위한 상담은 현 시점에서의 즉각적인 생활 문제에 대해 집중하거나 생활 계획을 세우는 것을 다루는 경향이 있다. 대조적으로, 인간중심 상담자들은 관계와 자아실현을 강조한다. 의미치료는 삶에 의미에, 인지행동치료는 인지와 행동에 초점을 맞춘다. 다문화 상담과 여성주의 이론은 위 모든 것에 해당되지만 항상 문화적 · 환경적 상황 속에 위치하는 개인을 파악하려고 하며, 내담자가 주변 환경이 인지력과 감정에 영향을 끼친다는 것을 잘 인식할 수 있도록 한다.

각 이론적 접근은 상당한 장점들이 있다. 이것이 수년 동안 여러 이론들이 확산되어 온 이유를 이해하게 해줄 것이다. 하나의 이론이 모든 것의 정답을 가지고 있는 것은 아

표 15.1 다양한 면접의 상담대화기술 방식

상담대화기술		의사결정을 위한 상담	인간중심 상담	의미치료	다문화·여성주의 상담	위기 상담	인지행동치료	단기 상담	동기강화 상담	성찰 및 교정	정신역동 상담	게슈탈트 상담	사업상의 문제해결	의료적 진단 면접
기본 경청 기술	개방형 질문	●	○	●	◑	◑	●	●	●	●●	◑	●	◑	◑
	폐쇄형 질문	◑	○	◑	◑	◑	●	●	◑	●	○	◑	◑	◑
	격려	●	◑	●	◑	◑	●	●	●	◑	◑	●	◑	◑
	재진술	●	●	◑	◑	●	●	●	●	◑	◑	○	◑	◑
	감정 반영	●	●	◑	◑	●	●	●	●	◑	●	●	○	◑
	요약	◑	◑	◑	◑	◑	◑	●	◑	◑	◑	◑	◑	◑
변화 촉진 기술	의미 반영	◑	●	●	●	○	○	◑	◑	◑	◑	◑	○	○
	해석·재구조화	◑	○	◑	◑	◑	◑	◑	●	○	●	◑	○	○
	필연적 결과	◑	○	◑	○	○	◑	◑	◑	◑	◑	◑	◑	○
	자기 개방	◑	◑	◑	◑	◑	◑	◑	◑	◑	○	◑	◑	○
	피드백	◑	◑	◑	◑	◑	◑	◑	◑	●	◑	●	◑	◑
	지도·심리교육	●	○	◑	◑	◑	●	◑	◑	◑	○	◑	◑	●
	지도	○	○	◑	◑	◑	◑	◑	◑	◑	○	●	●	●
직면 (결합 기술)		◑	◑	◑	●	○	◑	◑	●	◑	◑	●	◑	◑
초점	내담자	●	●●	●	◑	◑	●	●	●	●	●	●	◑	◑
	주요 주제	●	○	◑	◑	◑	◑	◑	◑	◑	◑	◑	○	◑
	타인	◑	◑	◑	◑	◑	◑	◑	◑	◑	◑	◑	◑	◑
	가족	◑	◑	◑	◑	◑	◑	◑	◑	◑	◑	○	○	◑
	상호성	◑	◑	◑	◑	○	◑	◑	◑	◑	●	○	○	○
	상담자 및 심리치료자	○	◑	◑	◑	○	○	○	◑	○	◑	○	○	○
	문화적·환경적 맥락	◑	○	◑	●●	●	◑	◑	◑	◑	◑	○	○	○
의미의 주제 (주의를 기울이고 강화해야 할 주제어, 주제)		문제해결	자아실현, 관계	가치, 삶의 의미와 비전	문화적·환경적 행동이 내담자에게 영향을 가지는 방법	즉각적 행동 도전에 맞서기	생각, 행동	문제해결	변화	강점과 목표	무의식적 동기	'지금 여기' 행동	문제해결	병의 진단
상담자의 행동과 말하는 시간		보통	낮음	보통	보통	높음	높음	보통	보통	보통	낮음	높음	높음	높음

부호의 의미

● 기술을 자주 사용함　　◑ 기술을 보통 사용함　　○ 기술을 가끔 사용함

© Cengage Learning

니지만 하나의 주된 문제를 해결하는 것은 분명히 전체 사람들에게 영향을 미치게 된다. 예를 들면, 인지행동치료의 효과적 사용은 종종 내담자가 결정을 보다 잘 내리고, 삶의 방향에 대한 분명한 안목을 가지게 한다.

아마도 Kurt Lewin의 이론에 대한 명언은 다음과 같이 재진술될 수 있을 것이다. 몇 가지 이론적 접근에 숙달되는 것만큼 실용적인 것은 없다.

▶ 2부분: 앞에서 논의된 이론의 요약

상담과 심리치료에 대한 다음의 네 가지 접근법을 이미 이 책에서 다루었다. 상담자는 의사결정을 위한 상담이 적어도 시작할 때보다 능숙해졌거나 발전했을 것이다. 우리는 여러 번 Carl Rogers와 인간중심 상담, 공감적 관계와 작업동맹의 중요성을 언급했다. 만약 상담자가 회기에서 질문과 변화 촉진 기술을 제외한다면, 그것은 인간중심 상담 스타일을 사용하는 것에 가깝다.

Viktor Frankl의 의미치료는 의미 반영과 분별 과정의 기술과 관련이 깊다. 의미치료에 대해 학습할 것은 많지만, Frankl의 연구를 직접 읽어보기 전까지 온전히 이해하기는 어려울 수 있다. 그의 혁신적이며 개척적인 연구가 대학원 과정에서는 강조되지 않는다. 의미 만들기, 사명, 그리고 삶의 방향에 대한 초점을 포함한 5단계는 그의 개념 일부를 사용하기 위한 토대를 마련해줄 것이다. 삶의 의미와 방향을 가진 사람들은 전형적으로 삶의 여러 상처와 정신적 외상 등을 이겨낼 수 있다.

다문화 상담에 관한 주제는 1장과 이 책 전반에 걸쳐 강조했으며 성별에 따른 문제에 대해서도 조명했다. 이 분야에 대한 수업들을 수강하게 되겠지만, 만약 상담자들이 5단계를 사용하고 문화적·환경적 맥락에 특별한 관심을 가지게 된다면, 다문화 상담을 숙달하는 데 있어 좋은 시작점이다.

의사결정을 위한 상담

우리가 매일 여닫는 문들이 우리의 삶을 결정한다.

_Flora Whittemore

철학

의사결정을 위한 상담은 미국에서의 근원적 철학을 대표한다. 효과가 있고 실질적이며 실용적인 어떤 것을 찾으라. 그러나 많은 다른 나라들과 문화들은 다양한 모델을 통해 결정을 하게 된다. 1750년경에 만들어진 Benjamin Franklin의 3단계 결정 모델이 초창기에 만들어진 좋은 예다. Franklin의 덕택에 우리는 문제를 정의하고, 대안책을 만들며 행동을 결정하게 하는 기본적인 3단계 방법을 택하고 있다. 1890년경에 C. S. Peirce

와 William James는 실용주의 철학을 확립했는데, 이것은 매우 미국적인 것이며, 의사결정과 문제해결 상담뿐 아니라 Franklin의 기본 업적의 근간이 되고 있다. 그 기본적 생각은 이론과 그 개념은 실용적인 방법으로 유용하다는 것을 보여야 하며, 생각은 행동을 이끌고, '사실'은 결과로 입증된다는 것이다. 실용주의는 오늘날 '말한 것을 실행하라(walk the talk!)'로 해석할 수 있다.

핵심 방법

사실상 기본이 되는 전략은 상담대화기술과 5단계 의사결정 구조다. 이 책의 전반에 걸쳐서 실제에 있어서 의사결정을 위한 상담을 살펴보았다. 1장은 5단계로 구성된 회기를 보여주었는데, 그것이 공감적 관계를 강조하는 Franklin의 3단계를 확장시킨 의사결정의 틀이 된다. 두 번째 단계는 기본 경청 기술(BLS)의 상담대화기술 사용으로 내담자의 이야기와 강점을 이끌어내는데 이것을 Frnakln은 '문제(the problem)'라 칭했다. 목표를 구체적으로 명시하는 세 번째 단계는 Franklin의 모델에 방향성을 덧붙이는 것이다. 네 번째 단계는 행동에 대한 대안책을 만들기 위하여 변화 촉진 기술과 기본 경청 기술을 사용하는 것이다. 다섯 번째 단계인 행동은 만약 결정한 대로 행동하지 않으면 성과가 없고 아무 일도 일어나지 않을 것이라는 자각을 가져왔다.

샘플 전략

의사결정을 위한 상담의 전략들은 위의 방법들을 통합한다. 의사결정을 위한 상담은 감정과 정서에 가장 많은 주의를 기울인다. 내담자가 감정적으로 결과에 만족하지 않는다면, 선택한 대안들이 도움이 되지 못하거나 사용되지 않게 된다. 이러한 이유로, 대조표와 미래일지는 의사결정 과정을 조직하는 데 도움이 되는 전략이다. 의사결정을 위한 상담은 모든 상담대화기술을 사용하고 적합하다면 언제나 다른 이론적 접근들도 이끌어낸다.

상담 실제의 의미

지금, 당신은 아마도 의사결정을 위한 상담에 숙달해있을 것이며 다른 이론적 접근으로 옮겨갈 준비가 되어있을 것이다. 그러나 어디로 향하든, 의사결정을 위한 상담을 언제나 명심해야 한다. 내담자들은 어려움을 겪을 때마다 실용적인 결정을 내려야 한다. 더불어, 상담자가 인간중심 상담, 인지행동치료나 다른 접근을 선호하더라도, 모든 것은 전부 의사결정과 궁극적으로 현실에서의 내담자의 행동이 필요하다. 그러므로 의사결정을 위한 상담의 5단계는 사실상 어떤 상담에서나 유용한 모델과 체크리스트로서의 역할을 한다.

추천 참고문헌

Nezu, A. M., Nezu, C. M., & D'Zurilla, T. J. (2013). *Problem-solving therapy: A treatment manual*. New York: Springer.

Haley, J. (1987). *Problem-solving therapy*. San Francisco: Jossey-Bass.

인간중심 상담

세상을 바라보면 비관적이게 되지만, 사람들을 바라보면 낙관적이게 된다.

_Carl Rogers

철학

Carl Rogers는 다른 이론이나 상담자의 의견보다 인간중심의 접근을 가치 있게 여겼다. 내담자는 자기 삶이 담긴 이야기의 전문가가 되며, 촉진자로서의 상담자를 필요로 한다. Rogers(1961, p. 32)는 이렇게 말했다.

내가 전문가가 된 지 얼마 되지 않아 이렇게 묻곤 했다. 내가 이 사람을 어떻게 대하고 어떻게 치료해야 할까, 그리고 어떻게 변화시킬 수 있을까? 그러나 현재는 이렇게 묻는다. 어떻게 내가 이 사람이 자신의 성장을 위해 유용한 관계를 제공할 수 있을까?

이러한 철학은 인간의 존엄성과 자신의 완전한 잠재력에 도달하기 위한 개인적인 자아실현에 대한 믿음에서 비롯된다. 목표는 개인이 의사결정을 하고, 자기 삶의 나아갈 길을 결정하는 것이다.

핵심 방법

궁극적으로 Rogers는 경청자였다. 그의 유명한 영상들을 보라. 그러면 그가 주의 기울이기 행동을 완벽하게 하고 있다는 것과 격려하기, 재진술, 감정 반영(의미 반영), 요약하기에 월등하다는 것을 알게 된다. 게다가, 그의 요약의 상당수가 내담자의 이야기 속 모순된 요소들을 검토하는 소리 없는 직면들의 훌륭한 예들이 된다. 그의 초점은 거의 항상 내담자다. 그는 때때로 피드백을 사용하며 아주 가끔씩 자기 개방과 해석을 하는 것을 알 수 있다.

인간중심 이론자들은 질문에 반대하는데, 질문이 내담자 자신의 자아 발견을 침해하거나 한계를 주는 것들이라고 주장한다. 그러나 Rogers의 상담 실제를 살펴보면 가끔씩 '무엇을 원하는가?'와 같은 형태의 질문들이 나타나 있음을 알 수 있다. 하지만 이러한 질문들은 내담자가 이전에 했던 말들과의 신중한 연관성 속에서 나온다. Rogers는 많은 이론들에서 사용되는 지시문들을 사용하지 않고 오히려 종종 그것들에 반대하곤 했다.

Carl Rogers는 우리가 현재 이론적 실습에서 보는 많은 것들에 확실히 반대했다. 그는 더 목표중심적인 다른 모델들이 회기의 방향을 정해버릴 수 있다는 것을 걱정한다. 의사결정을 위한 상담, 인지행동치료, 게슈탈트 상담 등의 이론들은 상담 회기에서 보다 더 적극적인 입장을 취하고 있는데, 우리는 그의 경고에 주의를 기울일 필요가 있다. Rogers(1961, p. 186)는 다음과 같이 말했다.

> 좋은 삶이란 존재의 상태가 아니라 과정이다. 목적지가 아닌 방향이다.

이것은 매우 심오하며 매력적인 말이다. Rogers는 소위 말하는 지금 현 상황에 초점을 맞추는 과정중심 상담자다. 순간에 머무는 것이 핵심이다. 대조적으로, 현재의 이론들은 전형적으로 결과와 책임, 그리고 Rogers를 슬프게 할 수도 있는 생각들에 초점을 맞추고 있다. 보다 적극적인 이론들은 중요한 변화를 가져오고, 인간중심 상담보다 더 빠르게 변화를 가져오는 것은 명백하다. 그러나 상담과 치료 과정 중에 Rogers가 의도한 공감적 관계를 형성하지 못한다면 완전히 성공할 수는 없다. 작업동맹이 없다면 성공은 더욱 힘들어질 것이다.

요약하면, Carl Rogers의 지금까지 이어지는 유산들의 핵심적인 면들을 보라. 관계형성과 공감적 이해의 중요성, 감정에 초점 맞추기, 경청의 중요성(비록 그가 기술이라고 이름을 붙인 것은 아니지만). 그는 자신의 회기를 녹음하고 공유함으로써 회기 중에 실제로 발생할 수 있음을 관찰하는 것의 중요성을 보여주었다. 그는 집단 연구와 국제적인 발표를 통해 세계평화와 다문화 이해를 위해 장려하고 노력해온 선봉자였다.

상담 실제의 의미

우리가 굳이 그의 이름을 언급하지 않더라도 이 책 전반에 걸쳐 Rogers가 끼친 영향력의 존재를 살펴보았다. 상담자가 선택한 이론이 무엇이든지 경청은 언제나 내담자를 돕는 데 있어 가장 중심에 있다. 지속적으로 경청하라. 공감적 이해를 추구하라. 그리고 상담자의 소망이 아닌 내담자의 욕구와 목표에 주목하라. 인내심을 가지고 이 주의 기울이기 기술을 연마하라. 질문의 변화 촉진 기술의 가치에 대해서는 자신이 판단하라.

추천 참고문헌

Rogers, C. R. (1961). *On becoming a person*. Boston: Houghton Mifflin.

의미치료

한 번은 치료학회(의미치료 학회가 아니다)에서 청중 중 한 명이 물었다.

"두 사람 사이에 영적인 만남을 무엇이라 합니까?"

강연자는 대답했다. "Viktor Frankl."

철학

삶에는 언제나 의미가 있다. 의미치료는 의미와 목적의 분별을 통해 한 사람을 최상의 상태가 되도록 돕는 것을 목표로 한다. 가장 비참한 경우라도, 그 삶에는 여전히 의미가 있고 도움을 제공할 수 있다. 우리는 불행하고 의미 없는 삶을 선택할 수도 있고 의미 있는 삶을 택할 수도 있다. 니체의 철학대로 이유를 가지고 있는 사람들은 어떤 상황이든 방법을 찾고 헤쳐 나갈 수 있다.

Frankl이 나치 수용소에서 살아남아 영향력 있는 삶을 살았던 것은 우리 모두에게 모범이 된다. 우리가 삶의 의미를 분별할 수 있다면 삶에서의 역경과 어려운 결정들을 헤쳐 나갈 수 있을 것이다.

핵심 방법

의미라는 단어와 상담 및 심리치료와의 연결은 Frankl의 가장 중요한 공헌일 것이다. 다른 어떤 이론도 삶의 의미에 대해 이렇게 잘 말하지는 않는다. 의미치료는 소수의 교재에서 논의되지만, 그의 생각이 너무나 강렬해서 우리의 실존 속으로 스며든다. 우리가 신경 쓰는 것, 우리가 하는 일, 그리고 삶의 의미와 목적을 파악하는 것은 모든 문제들을 초월하는 것처럼 보인다. 감옥에 있거나 궁전에 있거나 사람은 무슨 의미로 살아야 하는가?

질문과 의미 반영은 Frankl과 동일시되는 상담대화기술이다. 그는 훌륭한 경청자였다. 개인적인 의미에 대한 초점을 효과적으로 사용하면 회기가 부정적인 방향에서 긍정적이며 충만한 토론으로 바뀔 수 있다. 내담자들은 자기 파괴적일 정도로 자신의 문제를 과도하게 반추한다. 반추 제거(dereflection)가 내담자들이 자신의 문제와 심지어 전반적인 삶을 계획하는 데 새롭고 긍정적인 방식으로 사고하고 재구성할 수 있게 도와주는 훌륭한 전략이다.

분별은 분명히 Frankl의 전략은 아니지만, 그에게 영감을 받은 의미지향적 전략임은 분명하다. 분별, 즉 삶의 비전 찾기는 결정 과정이다. "모든 것을 빼앗길 수는 있다. ……하지만 마지막 남은 인간의 자유는 주어진 환경에서 자신의 태도를 결정하는 것이다"(p. 104).

사람들은 Frankl을 최초이자 독창적인 인지행동 이론가라고 생각하며 본인도 그렇게 여겼다. 어떻게 그럴 수 있을까? 간단히 말해, 숙련된 사용은 의미치료의 내담자의 인지와 감정을 **재구성**하고 새로운 방식으로 생각할 수 있게 해주는 강력한 방법이다. 대부분 현대 이론들은 그의 명제를 다룬다. 더욱이, Frankl은 언제나 사고와 의미는 현실에서 행동으로 옮겨져야 한다는 점을 강조했다. 생각만으로 충분하지 않다.

상담 실제의 의미

내담자의 이야기를 경청할 때 의미에 관한 주제들을 찾아보라. 삶의 방향에 대한 의미와 분별로 심도 있게 작업하는 것은 단기 상담, 인지행동치료와 같은 것들보다 다소 오랜 시간이 필요하다. 하지만 인생을 바꿀 수 있다. 다른 이론은 때로는 기저에 있는 의미의 문제들을 간과하곤 한다. 의미를 탐구하는 것은 특히 위기 상황에서 유용하다. 일단 내담자가 먼저 언급한 의미의 틀에서 정신적 외상이나 슬픔을 재구성하면 더 쉽게 진정되고 상담자의 도움으로 확고한 행동의 계획을 생각해낸다.

그뿐만 아니라, Frankl은 우리는 자신의 의미에 따라 살아가고 행동해야 한다고 강조했다. 그는 "당신의 가치를 결정을 하는 것은 어렵지 않다"라고 했다. 상담자는 회기의 일부를 의미 형성하기에 초점을 맞춤으로써 의미치료의 기본 개념들을 다른 이론들과 쉽게 접목시킬 수 있다.

추천 참고문헌

Frankl, V. (1959) *Man's search for meaning*. New York: Beacon.

다문화 상담과 여성주의 상담

모든 상담과 심리치료는 다문화적이다.

_Paul Pedersen

여성은 집에 속한다. ……그리고 의회에도(Senate).

_저자 미상

철학

다문화 상담과 성과 여성의 문제들은 이 책에서 강조해왔다. 하지만 두 가지를 동시에 말하려는 이유가 뭘까? 이 두 가지는 문화적 · 환경적 맥락의 토대에 기초하기 때문이다. 회기에서 문화적 · 환경적 맥락을 중심에 두는 것은 효과적인 상담과 치료에서 필수적인 것으로 보인다. 문화적 · 환경적 맥락을 고려하지 않는다면 상담과 치료 작업은 불완전하게 된다.

여성주의 상담 또는 관계적 문화 상담(relational cultural therapy)은 보통 다문화 상담에서 분리된 것으로 여겨진다. 그것은 여성 문제에 관심을 갖는 문학의 독립된 몸체를 만들어냈다. 동시에, 여성주의 이론에 헌신하는 것은 다문화 상담에 대한 존중과 그것을 내포하는 것이다. 유사하게도 다문화 상담은 여성주의 개념이 없으면 존재할 수 없다.

핵심 방법

두 개의 이론은 이 책에서 다룬 모든 이론들과 연관이 있다. 이런 면에서, 이 이론들은 절충적이면 통합적이라 할 수 있다. 이론적 접근에 적합한 모든 상담대화기술들이 사용될 것이다. 하지만 문화적 · 환경적 맥락 문제들은 언제나 고려되어야 하고 적극적으로 회기에 관여하게 된다. 그 문제는 어떻게 문화적 · 환경적 · 사회적 맥락이 내담자에게 영향을 미치는가이다.

문화 정체성 발달(Cultural Identity Development: CID)은 두 이론에 매우 중요한 부분이다. 문화 정체성 발달은 문화적 인간으로서 자신을 자각하는 5단계를 구별하고 있다(Cross, 1991). 문화 정체성 발달은 유럽 혹은 아프리카의 후손이든, 아시아인, 라틴계 사람, 혹은 북미의 원주민이든 상관없이 모든 인종과 문화에 다 적용된다.

다음은 어떻게 회기 중에 문화 정체성의 발달 이론이 등장할 수 있는지에 대한 두 가지 예가 있다. 각 단계에서, 상담자는 동일한 내담자가 전과 다르게 다른 방식으로 생각하고 다른 접근을 필요로 한다는 것을 알게 될 것이다. 각 단계들은 항상 선형적이지는 않다는 것을 명심해야 한다. 1단계에서, 아프리카계 미국인들은 아무렇지 않게 인종차별주의를 부인하고 무시하며 백인들을 따라 하고자 하거나, 여성인 경우는 기존 상태를 받아들이거나 심지어 지지하기도 한다. 2단계와 3단계에서 그들이 차별과 맞닥뜨리게 되면 자신들이 아프리카계 미국인으로서, 또는 여성으로서 자부심을 가진 문화적 존재라는 사실을 깨닫기 시작한다. 현 체제에 대한 분노와 행동은 이 단계에서 나타나는 하나의 특징이다.

4단계에 들어서면, 개인들은 그들이 독특한 자신들의 문화를 이해하는 것보다는 '억압에 맞서는' 존재였다는 것을 깨닫게 된다. 아프리카계 미국인들과 여성들은 가능한 주류 문화를 회피하며 새로운 방식으로 스스로들을 숙고하고, 연구하며 새로이 자신을 통합한다. 내면화(internalization)라 불리는 5단계는 통합적이라 할 수 있는데 왜냐하면 1단계를 제외한 모든 초기 단계를 가치 있게 생각하며 상황에 따라 그 단계별로 행동하고 사고하기 때문이다. 이 단계에 속한 사람은 헌신적으로 행동한다.

다문화 상담과 여성주의 상담을 수행하는 상담자들은 내담자의 문화 정체성의 수준과 단계를 구별하고자 노력한다. 처음에는 특정한 수준에 놓인 내담자를 만나고 상담하지만, 목표는 내담자들의 정체성 의식, 즉 여성, 아프리카계 미국인, 동성애자, 혹은 기타 문화 정체성의 의미 자각을 고취시키는 것이다. 이것은 기본 경청 기술을 사용하여 과거와 현재 경험을 경청함으로써 발생할 수 있지만, 질문이 상담자가 내담자의 문화적인 문제와 외부적 차별이 어떻게 그들의 상담 주제와 삶의 어려움의 일부가 될 수 있는지 볼 수 있게 도와준다. 차별의 본질과 그것을 어떻게 다룰 수 있는지에 대한 많은 지도가 필요하다. 물론, 옹호와 정의사회 구현이 그런 차별을 막는 데 큰 도움이 된다.

상담 실제의 의미

가장 중요한 것은 내담자들이 정체성에 영향을 끼치는 특정한 문화적 배경에서 왔다는 것을 기억하는 것이다. 비단 아프리카계 미국인과 여성들뿐만 아니라, 남성들 그리고 유럽계 미국인들과 모든 민족들과 인종들이 다양한 정체성 발달의 수준으로 문화적 ·

환경적 맥락 배경을 가지고 있다. 전부는 아니지만, 보통 백인들은 피부색 때문에 다른 인종들에게는 주어지지 못한 특권을 누리고 있다는 사실을 인지하지 못하고 있다. 모든 사회에서 남성들은 성에 따른 권리와 특권을 누리기도 한다.

항상 문화적·환경적 맥락을 대변하는 많은 집단들을 떠올리라. RESPECTFUL 모델 (D'Andrea & Daniels, 2001)은 문화적 다양성의 윤곽을 잡는 데 좋다. 이 모델은 열 가지 문화적 이슈를 포함한다. 종교 영성(Religion), 경제적·계급적 배경(Economy), 성적 지향성·성 정체성(Sexual orientation), 개인적 스타일(Personal style)과 교육, 민족적·인종적 정체성(Ethnic identity), 연령별 어려움(Chronological challenge), 외상(Trauma), 가족 배경(Family background), 특별한 신체적 특징(Unique physical characteristics), 거주 지역과 언어적 차이(Location of residence and language difference).

아마도 가장 중요한 의미는 '배우고 경험할 것이 많이 있다'는 것이다. 우리는 문화의 모든 차원들을 이해할 수는 없지만, 회기 중에 존중과 이해로 이러한 개념들을 사용하고 배울 수 있다. 상담자 주변의 가장 중요한(prominent) 문화적 집단에 특별한 관심을 가지라.

추천 참고문헌

Sue, D. W., & Sue, D. (2013). *Counseling the culturally diverse: Theory and practice* (6th ed.). Hoboken, NJ: Wiley.

Brown, L. (2009). *Feminist therapy*. Washington, DC: American Psychological Association.

▶ 3부분: 위기 상담과 인지행동치료

위기 상담과 인지행동치료는 이 책에서 어떻게 5단계와 상담대화기술이 여러 이론들에 적용될 수 있는지를 설명하기 위해 채택되었다. 위기 상담은 기본적 모델이지만, 어떤 상담자든 실질적인 어려움을 내포하는 특별한 훈련과 경험을 요구하기도 한다. 인지행동치료는 현재 가장 많이 사용되고 연구되고 있다. 인지행동치료의 스트레스 관리 전략은 많은 치료 계획서의 중심적인 부분을 차지하게 되었다. 왜냐하면 건강한 생활방식으로의 변화(TLSs)에 효과적이며 잠재적으로 삶을 변화시키기 때문이다.

단기 치료는 5단계와 유사한 틀을 사용하지만 그 시작은 목표를 강조한다. 동기강화 상담은 알코올과 약물 남용 치료에 효과적이다. 코칭은 상대적으로 상담 치료에서는 새로운 접근이지만, 사실 내담자가 목표를 찾고 따라갈 수 있도록 격려하고 건강한 생활방식으로의 변화를 사용할 때마다 상담·코칭의 중심부를 건들고 있다. 상담자들은 이 분야를 주목할 필요가 있다. 왜냐하면 개인, 가족, 기관을 상대로 한 전문적인 코칭 작업은 점차 성장해가는 분야기 때문이다.

위기 상담

우리는 사람들이 그들의 감정과 반응은 지극히 정상적이라는 것을 알기 원한다.

_익명의 위기 전문가

철학

위기 상담은 가장 실용적이며 행동지향적 형태의 도움이다. **실용주의**(pragmatism)는 그리스어로 πράγμα(pragma)이며, 실습하거나 성취하기 위해 행하는 행동이란 의미에서 온 것이다. 의사결정을 위한 상담보다 위기 상담은 행동에 보다 더 관련이 있으며, 내담자에게는 유용하고 실용적 결과를 만드는 데 관심이 있다. 그러나 실용주의는 위기에 대한 대부분 반응들이 완전히 정상적일 수 있다는 배려심 있는 태도 속에 자리 잡는다.

위기란 무엇인가? 위기는 **외상**과 밀접한 관계가 있다. 이것은 스트레스, 스트레스 호르몬, 그리고 뇌 속에 코르티솔(스트레스 호르몬의 일종)의 상승을 의미한다. 사실 세계 인구의 대부분은 한 번 이상의 위기 또는 외상을 경험한다. 이런 점에서 위기는 일상적인 일이며 위기를 정상화하는 것이 명심해야 할 가장 기본이다.

당신은 다양한 형태의 위기들을 직면했던 경험이 있을지 모른다. 빠른 실질적인 대응을 요구하는 당면한 위기에는 홍수, 화재, 지진, 강간, 전쟁, 난민 상태, 학교 또는 지역사회 총기 사건, 학대를 포함한 폭행, 인질로 갇히는 것, 심각한 사고 ,그리고 중대한 의료문제(심장마비, 암, 경화증 등)의 발견과 진단이 있다. 이것들은 즉각적인 실질적 행동이 요구된다. 하지만 많은 위기와 외상의 생존자들은 심도 있는 도움과 상담에 의해 혜택을 얻게 될 것이다.

두 번째 타입의 위기는 더욱 평범한 일상적 삶의 일부이다. 내담자들은 상담자들에게 이혼이나, 오랜 관계의 종결, 집에 대한 압류, 무단침입과 강도 혹은 사랑하는 사람의 죽음 같은 것들을 이야기하고 싶어 할 것이다. 아이들이 직면하는 위기에는 학교에서의 괴롭힘, 자신이나 부모가 가진 질병에 대한 처신, 또는 친구와 이별하거나 다른 지역으로 이사 가는 것이 있다. 일부에게는, 원하는 대학에 가지 못하거나 시험에서 떨어지는 것들도 위기 상황이 된다.

모든 위기 상담은 다음 두 가지 단계를 포함한다. (1) 초반의 외상을 작업하는 것, (2) 적합하게 이어지는 후속 작업(follow-up)과 심도 있는 상담. 상담 기술은 명확하게 두 단계 모두 요구된다. 하지만 당면한 위기에는 더욱 인지적이며 정서적 유연함과 내담자와 지금 참여하게 할 수 있는 능력이 요구된다. 두 번째 단계는 보통 상담자에게 많은 시간과 면밀히 살펴보아야 할 요인들을 제공하며 더욱 전형적인 상담처럼 보이기 시작할 것이다.

더욱 포괄적인 팀 접근법이 학교, 대학, 은행 또는 사무실의 총기 사건처럼 심각한 위기 상황일 때 요구된다. 폭발, 화재, 지진 같은 재난의 후유증들이 전형적으로 후속 조치를 위한 집단과 개인 작업이 필요하다.

팀 접근법의 좋은 예를 들면, 한 초등학교에서 상담 일을 하던 메리(Mary Bradford Ivey)는 NASA의 **챌린저호** 이륙을 함께 보기 위해 강당으로 이동하는 들뜬 초등학생들의 안내를 돕고 있었다. 그들 앞에서 챌린저호가 폭발함으로써 흥분은 공포와 눈물로 바뀌게 되었다. 메리와 선생님들은 상당한 실시간 위기를 직면한 것이다.

교사들은 메리와 함께 학교 위기 상황에 대한 사전 준비를 했다. 선생님들이 아이들을 교실로 이동시킨 후 각각의 아이들이 그들만의 독특한 반응을 보일 것이라는 것을 인지하며 말하게 하고 질문하도록 하는 것이었다. 교사는 평정심을 유지하며 아이들에게 안전함을 확신시키는 것이 중요하다. 아이들이 질문을 하도록 하는 것은 통제력을 되찾는 데 도움을 준다. 메리는 교사와 아이들을 도우면서 각 반을 순회했다. 지나치게 불안한 아이가 있으면 그녀의 사무실로 데려갔다.

그리고 다음날 혹은 주말에 지속적으로 이 주제를 이야기하도록 했다. 몇몇 아이들이 미술을 통해 감정을 표현하길 원했다. 메리는 집단 상담에 경험이 많았고, 좀 더 면밀하게 문제들을 다룰 필요가 있는 아이들을 위한 회기들을 준비했다.

이것이 주는 메시지는 바로 '위기를 준비하라'이다. 우리에게 언제 어떤 위기가 닥치게 될지 모른다.

핵심 방법

화재나 홍수와 같은 주요 위기에서 바로 살아남은 생존자에 대해 이야기하고 있지만, 그 이후에 만나게 될지도 모르는 사람들에게도 적용된다. 다시 한 번, 5단계와 상담대화기술이 이러한 내담자들을 도울 방법에 대한 유용한 틀이라는 것을 알게 된다. 465쪽에 축어록 예시가 나오는데, 여기에는 화재가 나서 집을 잃은 여인이 등장하고 5단계 모델이 적용된다.

정상화 외상을 겪은 사람들을 '희생자' 아니면 '생존자'라고 불러야 하는가? 후자는 내담자들에게 더욱 힘을 주며 그들의 통제력을 회복시킨다. 그 사람들을 희생자라고 생각하는 것은 그들을 비인격화하는 경향이 있으며 외부적 힘에 의해 통제되는 무기력한 상황으로 몰고 가는 것이다.

위기대책반 종사자들은 외상 후 스트레스 장애(PTSD)라는 용어에 반기를 든다. 사실상 어떤 심각한 위기의 조우도 극도의 스트레스와 신체적 또는 정신적 어려움을 만들게 된다. '장애'는 내담자가 비정상적인 상황에서 정상적인 방법으로 반응을 한 것이기 때문에 부적절한 용어다. 많은 사람들은 정상적인 외상 후 스트레스 반응(PTSR)이라 부르는 것을 선호한다. 당신의 내담자들은 정상적이지 않은 것들을 겪은 것이다. 내담자들이 '문제'는 그들 안에 있는 것이 아니라 외부의 스트레스 인자에 의한 필연적 결과라는 것을 알도록 돕는 것이 그 상황을 정상화하는 하나의 단계가 된다.

더불어 **스트레스 반응**(stress reaction)과 같은 용어를 사용하더라도, 어떤 식으로든 내담자에게 꼬리표를 다는 것이 중심이 되어서는 안 된다. 모든 사람들은 심각한 문제들을 직면하고 개인적인 도움과 존중이 필요하다. 그러므로 우리는 내담자의 반응을 '그 자신 안에 있는 것'의 결과라고 보는 것을 피하길 원하기 때문에 문화적 · 환경적 · 맥락적 초점 맞추기가 중심이 되어야 한다. 모든 생존자들은 그들의 난관에 대한 반응이 어떤 것이든 괜찮고 예상된 것이라는 것을 이해할 필요가 있다.

진정시키기와 보살핌　정상화시킨 후 두 번째 중요한 것은 침착함과 가능성을 제공하는 것이다. 이것은 상담자가 보살피고 경청하고 있다는 것을 나타내며 공감적 관계를 형성하는 것이다. 위기에 대해 가장 우선해야 할 것은 상담자의 차분함과 확신이다. 상담자 자신의 인내가 효과적인 위기 대처의 첫 번째 기준, 즉 내담자를 진정시키는 것에 부합할 수 있도록 해야 할 것이다.

　절대 '진정하세요. 괜찮아질 겁니다' 또는 '살아남으셔서 다행입니다'와 같은 말은 하지 말아야 한다. 유용한 진정 효과의 표현들은 '지금은 안전해요', '우리가 이 상황을 처리할 겁니다', '끔찍한 일을 겪으셔서 마음이 아픕니다', '지금 반응과 행동은 지극히 정상적이며 흔한 일입니다', '지금 무엇이 당신에게 도움이 될까요?'라고 하는 것이다. 경험한 일을 계속 떠올리는(모든 정신적 외상에서 흔히 일어나지만) 내담자들에게 진정시키기와 그들이 겪었던 일들을 정상화시키는 것이 필수다.

　특히 위기를 축소하면 안 된다. 몇몇 상황에서 상담자들은 내담자가 과잉반응을 한다고 생각하게 될 수도 있다. 상담자의 생각이 타당할 수 있겠지만, 상담자는 내담자의 현 상황과 함께 해야 한다. Carl Rogers의 말대로 "내담자의 입장이 되어보라".

안전　위기와 외상을 이겨낸 생존자들은 그들의 겪은 위험으로부터 안전하다는 것을 알아야 한다. 심각한 외상 후 스트레스(PTSD가 아닌)로부터 고통받는 병사들과 많은 사람들에게 안전함과 침착함을 느끼게 하는 것은 즉각적으로 이루어지는 것이 아니다. 위기는 끝났고 지금 안전하다고 말로 해주어야 한다. 정말 안전하다. 하지만 말보다 더한 것이 필요하다. 남편으로부터 학대를 당한 여성이나 집 없이 굶주리는 사람들은 당장 안전한 가옥과 먹을 것이 필요하다. 몇몇 상담자나 슈퍼바이저에게 이것은 '경계를 넘어서는 것(violating boundary)'이다. 이런 생각은 그 분야의 과거 잔재지만 여전히 이런 태도와 신념을 가진 상담자들이 있다. 옳은 일을 위해 일어서서 내담자들이 필요로 하는 것을 찾아 도움을 주어야 한다. 그리고 적합할 때 이렇게 말하자. '돕기 위해 당신과 함께할 겁니다'.

행동　'무엇이 필요하세요?', '어떤 도움을 원하세요?'라는 말로 시작해보자. 스스로에게 지금 즉시 혹은 앞으로 가능한 것 중 무엇을 할 수 있는지 물어보라. 지나친 약속은 피해야 한다. 위에서 언급했듯이 어떤 내담자들은 하룻밤 머물 곳이 필요하며, 또 어떤 이들은 즉시 사실을 알 필요가 있는 것이다. '성폭행 후에 검사를 받아야 할까요?', '버스로 어딘가로 옮겨지는 건가요?', '홍수가 다시 발생한다면 더 높은 곳은 어디인가요?' 이런 질문에 차분하고 분명하게 대답해주는 것이 불안함을 덜어주게 된다.

다음 단계는 내담자와 함께 하면서 그들에게 필요한 것들이 충족되고 있는지 확인해야 한다. 위기 상황은 종종 혼란스럽다. 카트리나(Katrina) 허리케인 이후, 많은 내담자들은 그들의 조력자들을 잃고 더 심한 불안과 긴장을 경험했다. 아이티(Haiti) 지진 현장의 자원봉사자들은 좋은 의도를 가지고 그곳으로 향했으며 소중한 도움을 제공하게 되었다. 하지만 곧 집으로 돌아가야만 했고 그곳의 사람들은 이후 무엇을 해야 하는지 모른 채로 남겨지게 되었다.

이야기하기 어려움을 겪거나 정신적으로 힘든 수술을 한 가족이나 친구들과 이야기해 본 적 있는가? 그들이 종종 세부적인 것들을 계속해서 말하려고 한다는 것을 알고 있는가? 그리고 나서, 다시 만나게 되면 똑같은 힘들었던 이야기를 하게 되며 이것은 계속 반복된다. 심지어 3~4회를 반복한다. Freud는 이것을 '외상을 조금씩 닳아 없애는 것'이라고 했다. 사람들은 자신의 이야기를 할 필요가 있고, 많은 이들은 그것을 반복해야 한다. 여기서 기본 경청 기술이 바로 선택된 치료 기법이다. 상담자가 진정으로 정확하게 내담자들이 말하는 것을 재진술하고, 정서를 반영하며, 요약하면, 내담자는 누군가 자신의 이야기를 마침내 듣고 있다는 것을 알게 된다.

후속 조치 즉각적 위기에서 구체적 행동은 중요하다. 가능하다면, 상담자는 세부적인 앞으로의 계획과 보고를 위해 내담자를 다시 만나길 원할 것이다. 어떤 경우, 장기간의 상담 치료가 필요할 수도 있다.

역경을 극복할 수 있는 힘과 회복력을 살펴야 한다. 초기에 충분한 도움을 받게 된다면 대부분은 그들의 위기를 극복하게 된다. 그들은 그렇게 할 수 있는 내적 힘이 있다. 이러한 힘들과 그들이 회복할 수 있도록 해주는 외부적 자원들을 찾는 것이 중요하다. 동시에 가장 회복력이 빠른 생존자들도 이야기를 반복해서 할 필요가 있다.

상담 실제의 의미

여기에서 소개하는 내용보다 위기 상담에 대해 더 많이 배울 필요가 있다. 상담자들은 기본 경청 기술과 5단계의 구조 속에서 능숙함과 전문성이 어려운 상황들을 이겨낼 수 있게 하는 지침이 될 것이라는 것을 알게 된다.

우리 모두는 위기 상황에서 도움을 줄 준비가 되어야 한다. 위에서 살펴본 것과 같은 즉각적 위기들을 다뤄야 할지 모른다. 하지만 또한 위기 상담에 대한 근본적인 개념들을 이해해야 한다. 왜냐하면 많은 내담자들이 극도로 어려운 상황들을 경험했고 그러고 있기 때문이다.

상담자들은 끔찍한 사고 현장을 목격한 사람들의 이야기를 들어줘야 할 필요성에 대해 생각해야 한다. 예를 들면, 피를 흘리는 어머니와 죽은 아이가 안전벨트에 묶여있는 것을 보고, 아버지는 놀라서 말문을 잃을 수 있다. 전문 응급구조사(EMT) 그리고 경찰이나 소방관은 직접 겪은 경험들을 결코 잊지 못한다. 감정적으로 힘들어 하며 빈번히 우울증으로 이어지기도 한다. 그런 외상이 되는 경험 이후에는 상담과 도움이 진정 필요하다.

상담자들과 심리치료자들은 종종 외상 소진을 경험한다. 상담자들은 종종 며칠간 중대한 재난사고에서 일하거나, 위기 선상에 놓인 끝없는 우울한 이야기들을 경청하거나, 일상의 정신건강 센터에서의 상담들로 인하여 그 이후 극도의 소진으로 고통을 받기도 한다. 위기를 겪은 사람들의 지속적인 무게감들이 상담자들에게 전달되고, 끔찍했던 이야기들을 들을 때 외상이 생길 수도 있다. 이때 상담자들도 도움이 필요하다. 상담자들을 위한 상담과 치료도 이 과정 속에 포함되어야 한다.

상담대화기술과 5단계는 위기 상담을 이해하는 데 출발점이 되지만, 상담자들에게는 그러한 상황에서 충분히 도움이 될 수 있도록 훈련해야 할 것이 많이 남아 있다. 동시에, 어떤 위기 상황들은 많은 조력자들과 상담자들이 필요하다. 많은 훈련을 하면서 다른 이들에게 도움의 손길을 내밀어보라.

▶ 위기 상담 첫 회기 축어록

여러 위기의 형태는 다양하므로 상담자들은 거기에 각각 맞춰 접근해야 한다. 가능한 한 빨리 신뢰와 작업 관계를 형성하라. 상담자들은 종종 빠르게 행동해야 하며, 때로는 결단력 있게 첫 회기 후에 다음 단계로 넘어갈 수 있도록 내담자들을 도와야 한다.

다음의 축어록은 화재로 집을 잃은 상실감을 이겨나가고 있는 대도시 한 가족의 사례다. 상담자 앤젤리나 녹스(Angelina Knox)는 화재가 있은 후 시민센터에서 그 가족의 어머니인 달리사이 아로요(Dalisay Arroyo)를 만난다. 31세인 그녀는 요양원에서 보조사로 일하며 두 자녀를 두고 있다. 아버지는 아이들이 태어난 이후 가끔씩만 찾아올 뿐이었다. 소방국은 그녀와 아이들을 하룻밤 머물도록 그녀의 부모님의 아파트로 옮겨가도록 했지만 그곳에서 오래 지낼 수는 없다. 상담자가 그녀를 만날 준비를 할 때, 이미 첫 구조자가 안전과 기본 필요를 제공하는 위기 개입을 했다. 그러므로 상담자는 초반의 대응 이후, 정서적 반응과 앞으로의 계획에 더 신경을 쓸 필요가 있다.

이 기록은 30분 회기 내용을 편집하고 요약한 것이다. 이 도시는 위기에 대해 준비한 내역을 가지고 있었다. 예를 들면, 홍수 지역과 여름철 화재에 취약한 곳에 관한 것이다. 게다가, 국토안보부는 현존하는 자원들을 더욱 강화시켰다. 그러므로 이 회기는 모든 위기 상황이 그런 것은 아니지만 이상적인 지원 시스템 속에서 진행되었다. 그러므로 이 축어록들을 살펴본 후 다시 한 번 위기 상황에 대해 검토할 것이며, 부적합한 지원 시스템을 가진 더 어려운 상황에서 무엇을 할 수 있는지 가늠해볼 것이다.

상담자와 내담자의 대화	상담 과정에 대한 해설
1. *앤젤리나*: (미소를 띠며 사무실로 가서 달리사이를 맞이한다) 안녕하세요, 아로요 부인. 전 앤젤리나 녹스입니다. 당신과 아이들이 끔찍한 밤을 보내셨지요. 전 이곳의 지역 센터 상담자이며 상황을 알고 싶고 또 어떻게 도움을 드릴 수 있을지 알고 싶습니다. 시작하기 전에 혹시 질문 있으신가요?	앤젤리나는 공감적 관계를 형성할 준비를 하고 있다. 하지만 많은 외상을 입은 사람들처럼 내담자는 바로 시작하길 원한다.
2. *달리사이*: 앤젤리나, 전 어디로 가야 하고 무엇을 해야 할지 모르겠어요. 부모님과 머물고 있는 것이 불편해요. 좋은 분들이지만 저와 아이들을 위한 방도 부족하고 아이들을 견디지 못하세요. 가구들은 다 없어지고요. 어떻게 해야 할지 모르겠어요. (흐느끼기 시작한다)	이것은 위기 상담에서 흔히 있는 진술이다. 내담자들은 핵심을 건너뛰며 두서없이 말하기도 하고, 일관되게 말하지 못하는 경우도 있으며, 화를 내며 즉각적 조치를 요구하기도 한다. 모든 경우를 대비해야 하며 그런 내담자들은 모두 정상이며 예상된 것이라는 점을 기억해야 한다.
3. *앤젤리나*: 힘드시죠? ……정말 힘드시겠네요. (몇 분간 조용히 앉아서 달리사이가 얼굴을 들 때까지 기다린다) 지금 반응들은 다 이해되고 정상적인 겁니다. 상황이 정리될 때까지 시간이 어느 정도 걸리겠지만 저희에겐 도와드릴 수 있는 충분한 자원이 있습니다. 계속하기 전에 먼저 무슨 일이 있었는지 말해주실 수 있나요?	앤젤리나는 내담자의 생각과 감정이 정상화되도록 노력하면서 그녀의 감정을 인정하고 이야기를 하도록 격려한다. (상호교환적 공감)

외상에 반응하는 내담자들은 자신들의 이야기를 할 필요가 있다. 어떤 내담자는 길게 말하기도 하고 또 어떤 내담자는 단순히 사실만을 말하기도 한다. 이때 감정들은 통제 불능 상태부터 아무 감정을 표현하지 않는 무감각 상태까지 다양하다. 다음은 5분 이상의 상담 내용을 짧게 간추린 것이다. 달라시아는 더 많이 눈물을 흘리지만 아무도 다치지 않은 것에 안도한다.

4. *달리사이*: 거의 잠들려 하는데 부엌에서 냄새가 나더라고요. 그래서 가보니 쓰레기통에 불이 붙어있더라고요. 제가 담뱃불을 완전히 끄지 않았나 봐요. 갑자기 타오르기 시작하자 전 아이들을 데리고 달려 나갔어요. 불은 순식간에 퍼졌지만 다행히 이웃들이 소방서에 신고해서 저희 집만 불타버렸지요. 　우리가 추위 속에 집 밖으로 나갔을 때 소방대원들이 담요로 감싸주며 도움받을 곳이 있는지 물었어요. 그래서 우리는 10블록 정도 떨어진 부모님 댁으로 데려다 줬어요. 그 기간 내내 아이들은 너무 놀란 상태여서 전 안심시킬 수 없었죠. 장난감들은 다 사라졌고요. 할머니 도움으로 간신히 울음을 멈추게 했죠.	긴 이야기를 통해 앤젤리나는 주의를 기울이고 자연스럽게 상대의 동작을 따라가며 이해한다. 그녀의 말은 짧고 주로 격려와 반복 진술로 이루어진다. 달리사이의 감정을 인정하지만 후에 더 적합할 것이라 생각해서 그 감정들을 반영하지 않는다. 앤젤리나 회기의 행동은 상호교환적 공감에 해당된다.

상담자와 내담자의 대화	상담 과정에 대한 해설
다음날 아침 소방서장께서 전화해서 당신이 우리가 앞으로 어떻게 해야 할지를 도울 수 있을 거라 말해주셨어요. 아버지가 일하러 가시는 중에 절 여기 오도록 태워주셨고, 아이들은 할머니와 있죠. 아마 집에 돌아갈 때는 걸어가야겠지만요. 따뜻한 옷들이 하나도 없네요. 오늘 저는 제가 일하는 요양원에 전화했고 이번 주는 쉬어도 좋다고 했어요. 하지만 그건 수입이 없다는 것이고, 어떤 청구서도 결제할 수 없는 상황이지요. (심하게 울면서) 집 빌릴 돈은 없는데 더 이상 부모님과 지낼 수도 없어요.	
5. 앤젤리나: 당신은 딸들과 끔찍한 경험을 했지요. 하지만 제 때 집밖으로 나올 수 있었던 것 그리고 함께 있어줄 부모님이 계시다는 것은 다행이에요. 제가 거기 있진 않았지만 당신이 경험했고 느꼈을 두려움을 충분히 알 수 있어요. 그리고…… 아이들도요. 당신이 그들을 걱정하고 있는 것 알아요. 부모님이 많은 것을 해줄 수는 없을지라도 근처에 사시는 것만으로도 다행입니다. 당신의 이야기를 들어보니 당신이 유용한 힘과 무엇이 필요한지에 대한 생각을 이미 가지게 된 것 같아요. 직장 상사에게 전화한 것은 잘 하셨어요. 결국 도움이 될 겁니다. 모든 사람이 다 그런 것은 아니지만…….	여기서 보는 것은 달리사이 상황을 간단히 정리하고 별다른 문제 없이 그녀의 감정을 인식하는 것이다. 그녀가 이미 그녀의 상황을 극복하기 위해 해낸 것들을 피드백하면서 가족에게로 관심을 옮기고 있다. 달리사이는 위기에 처한 다른 사람들처럼 자산, 강점, 자원들을 가지고 있다. (추가적 측면을 가진 상호교환적 공감)
6. 달리사이: (염려하며 끼어들면서) 고맙습니다. 근데 그게 제가 할 수 있는 전부예요. 모두가 안전해졌을 때 어떻게 상황을 해결할 수 있을지 생각했어요. 그리고 제 직업을 유지해야 한다는 것을 깨달았지요. 정말 두렵습니다. 어떻게 할 수 있을까요?	'다음에는 무엇을 해야 하는가?' 경청 기술이 중요하지만, 앤젤리나가 회기에 더 직접적인 영향을 주어야 할 때다. 달리사이는 경청과 감정적 지지가 필요하지만, 실제로는 행동이 필요하다.
7. 앤젤리나: 당신의 걱정을 알겠어요. 우리 센터에서 해드릴 수 있는 것들이 있습니다. 필요한 상담수를 제공해드릴 수 있는 외상 구호 센터가 있습니다. 제한적이지만 며칠간 재정상의 도움도 드립니다. 부모님과 오랫동안 함께 지내시지 않아도 됩니다. 저희가 가구가 갖춰진 임시 아파트를 구해드릴 수 있습니다. 제가 이미 여성 센터에 연락했고 거기서 옷가지들과 필요한 주방 도구들을 구해놓았습니다. 원하신다면 전화해서 그곳과의 약속을 대신 잡아드리겠습니다. 그러니 몇몇 가능한 것들이 있다는 것을 아셨을 테지만 내키실 때까지 기다리겠습니다.	앤젤리나는 다시 한 번 감정을 인식해주고 그녀와 센터가 어떻게 그녀를 도울 수 있는지 구체적인 제안들을 생각해낸다. 그 제안들이 너무 급하게 이루어지는 물질적인 도움일까? 만약 허리케인이나 홍수를 겪은 생존자들에게 하는 제안이라면 무엇을 해줄 수 있는지를 빨리 말해야 한다. 많은 사람들은 도움의 노력이 모호해서 어쩔 줄 몰랐다. 때때로 그들에게 전달될 수 있는 것보다 더 많은 것들을 약속하기도 했다. 이 사례에서는 위기에 잘 준비된 대도시의 모습을 보고 있다. 국토안보부가 그들의 일을 하고 있다. (행동을 동반한 잠정적으로 추가적인 공감)
8. 달리사이: (안도한 것처럼 보인다) 와우, 제가 기대했던 것 이상이에요. 예전 카트리나 허리케인 때 생존자들처럼 그럴 줄 알았어요. 아파트도 구할 수 있고 재정상 도움도 받을 수 있다니 멋지네요. 직장도 계속 다니고 아이들도 보살필 수 있겠네요. 다음은 아이들과 학교 문제예요.	우리는 내담자 변화 척도에서 긍정적 변화를 보고 있다. 달리사이는 '할 수 없어'에서 상담자의 도움으로 '할 수 있을 것 같아'로 바뀌고 있다.

상담자와 내담자의 대화	상담 과정에 대한 해설
9. 앤젤리나: 그 문제에 대해 이야기해볼 필요가 있겠네요. 전학하지 않아도 되도록 이전에 살던 곳 근처 아파트를 구해볼 겁니다. 그런데 꼭 그렇게 되지 않을 수도 있어요. 최선을 다 하겠습니다. 당신과 아이들에게 쉽지 않다는 것을 압니다.	지나치게 약속하려 하지 말고 상담자와 그 기관이 할 수 있는 것을 직설적으로 말하라. 제공되는 정보를 따라가면서, 감정에 대하여 간단하게 인정하는 모습을 발견할 수 있다. (낮은 수준의 상호교환적 공감)
10. 달리사이: 조금 기분이 나아졌지만 그래도 여전히 불안하고 걱정되네요.	내담자 변화 척도에서 보다 많이 이동했다.
11. 앤젤리나: 확실히, 우리는 화재에 대해 좀 더 자세히 논의할 필요가 있어요. 화재와 아이들과 당신이 겪은 놀랐던 일, 그리고 당신이 그 상황들에 어떻게 대처했는지 말이죠. 또한 향후 일어날 많은 일에 대한 걱정이 있겠죠. 내일이나 모레 우리가 다시 약속을 잡는다면, 일어난 일에 대해 좀 더 세부적으로 이야기를 들어보려 해요. 그렇게 하시겠어요?	언급한 대로, 이것은 긴 회기를 편집한 버전이다. 이 회기는 20분간 진행되었으며 내담자에게 다음에 이어질 상황들에 대해 안심시켰다. 외상에 대해 이야기하도록 하는 것은 가능한 한 빨리 하게 하는 것이 좋다. 꼭 와야 한다고 하기보다 다음에 계속 대화를 이어가기 위해 와달라고 말하라. 이것이 더 평등한 관계를 형성하게 한다.
12. 달리사이: 앤젤리나, 도움도 많이 되고 너무나 잘 이해해주셨어요. 네, 일어난 일에 대해 말하고 싶네요. 아이들과 저 모두 어젯밤 악몽을 경험했지요. 좋지 않았죠. 하지만 우리가 지금 바로 정착해야 한다는걸 알아요. 그래서 나중에 이것에 대해 만나서 이야기해요.	달리사이는 회기 시작보다 훨씬 차분해졌다. 그녀는 내담자 변화 척도 1+수준에서 3수준으로 변화했다. 감정적으로 적어도 한 순간 4수준까지 도달했을지 모르나 앞으로 심도 있는 상담과 도움이 제공되지 않는다면 유지되기 힘들다.

많은 위기 상담 회기처럼, 이 경우도 전형적인 방식을 따르지 않으면서 주제마다 그리고 단계마다 이동해갔다. 외상을 겪은 사람들은 다음과 같은 것들이 필요하다. (1) 개별적으로 도움이 되는 접촉, (2) 위기 외상에 대한 이해와 명료화, (3) 외부적으로 가능한 자원과 스스로 이겨낼 수 있는 힘에 대한 자각, (4) 단기간 성취 가능한 목표, (5) 즉각적이며 명확하고 구체적인 행동 계획 및 가능한 한 빠른 시일 내 차후 상담과 내용 보고 일정 잡기

13. 앤젤리나: 다시 만나기 전에 현재 상황이 어떤지, 무엇을 할 수 있고 해야 하는지 써봅시다. 어디서부터 시작할까요?	이러한 지시들은 달리사이에게 해결책을 찾기 위한 동등한 파트너라는 생각이 들게 한다. 앤젤리나는 그녀의 내담자에게 무엇을 해야 하는지 말할 수 있지만, 달리사이가 주도적이며 완전히 관여한다면 훨씬 더 성공적이다. (추가적 공감)
14. 달리사이: 집을 찾게 도와주셔서 너무나 감사드립니다. 그것으로 시작할까요? (앤젤리나는 종이와 펜을 가져와서 각자를 위해 작성하기 시작한다)	앤젤리나와 달리사이가 행동 계획 및 누가 언제 무엇을 할지 쓰는 데 10분이 걸린다. 달리사이는 때때로 울지만 보다 쉽게 자신을 다스린다. 단계들마다 이행할 수 있는 대안들이 함께 나온다. 후속 조치와 외상에 대해 이야기하지만 이것은 달리사이가 원하는 것이어야 한다. 아이들 역시 그들의 이야기를 할 필요가 있고 학교 상담 선생님의 자문이 필요하다. 어떤 지점에서는 조부모님들을 오시게 하는 것도 유용하다.

위기 상담은 상담자에게 많은 것을 요구하지만, 또한 내담자와 그 가족들에게 구체적 도움과 안도감을 줄 수 있을 때 보람도 느낀다. 하지만 위에 언급한 자원들 없이 한밤중

에 계속 불, 홍수, 지진 등을 겪은 10명 이상의 내담자를 만나게 될 때 큰 위기 상황에서 어떤 느낌일지 상상해보라. 이러한 내담자들은 필요한 것이 더 많으며 배가 고플 수도 있다. 상담자에게는 단지 15분밖에 없고 기회는 한 번뿐이다. 그러므로 상담자와 내담 자 모두 차분함과 보살핌이 필요하다.

위기 상담자에게 소진이 문제가 될 수 있다. 또한 상담자 자신의 감정 개입도 있다. 상담자는 내담자와 그들의 미래를 걱정하지만 내담자들이 행동 계획을 수행했는지 확 인할 수 있는 후속 조치가 가능하지 않아서 상담자나 위기 팀이 얼마나 도움이 되었는 지를 확인할 수 없다. 그러므로 위기 상담은 종종 상담자들에게 위기를 초래할 수 있다. 이것은 상담자 자신이 매일 스스로를 돌보아야 한다는 것을 의미한다. 휴식을 취하고 충분한 수면을 취하며 운동하기 위해 노력하라. 그리고 경험들을 동료나 슈퍼바이저와 공유하라.

추천 참고문헌

Miller, G. (2012). *Fundamentals of crisis counseling*. Hoboken, NJ: Wiley.

Kanel, K. (2011). *A guide to crisis intervention*. Belmont, CA: Cengage.

인지행동치료

사람들은 사건 때문이 아니라 그 사건에 대한 관점 때문에 괴롭다.

_Epictetus

변화의 중심은…… 하는 것이다.

_Carlos Zalaquett

철학

인지행동치료(CBT)는 두 개의 다른 철학적 전통에서 나왔다. 인지행동치료의 인지 적 부분은 위에 소개한 스토아 철학에 근원을 두고 있다. 생각을 행동으로 옮기는 것 이 중요하다고 강조하긴 했지만, Frankl의 의미치료가 보다 긍정적 생각으로 재구성 하는 인지력을 강조했기 때문에 최초의 인지이론으로 생각된다. 그러나 Albert Ellis 가 처음으로 인지적 작업을 중심부로 이동시켰다. 그는 이것을 합리적 정서치료(RET) 라고 불렀다. 그리고 다시 행동 변화와 과제의 중요성을 강조하면서 합리적 정서행동 치료(REBT)라고 고쳐 불렀다. 그 이후로 Aaron Beck이 인지치료의 중심이 되었으며, Donald Meichenbaum은 행동 변화와 스트레스 관리에 중점을 둔 통합적인 인지행동 모 델로 알려졌다. 인지행동치료는 현재 어떤 면에서 모든 기술과 전략에 절충적이며 연관 성을 맺고 있다. 궁극적으로 우리는 인지행동치료를 내담자들에게 '무엇이 효과가 있는 지' 지속적으로 찾는 데 있어 실질적이며 실용적이라고 생각할 수 있다.

핵심 방법

인지행동치료 상담자 전국연합회는 인지행동치료를 다음과 같이 정의하고 있다(www.nacbt.org/basics-of-cbt.aspx).

> 인지행동치료는 특정 치료적 기법이 아니다. '인지행동치료'는 유사성을 가진 치료 방법들을 분류하는 데 있어 매우 일반적인 용어다. 인지행동치료의 접근에는 합리적 정서행동치료, 합리적 행동치료, 합리적 삶 치료(Rational Living Therapy), 인지치료, 변증법적 행동치료 등이 해당된다.

준거 기준 인지행동치료는 생각이 감정과 행동에 영향을 미치는 정보처리 시스템이다. 인지행동치료의 목적은 생각의 방식을 탐구하고, 내담자의 생각이 비효과적이며 합리적이지 못하다는 것을 그들이 알 수 있게 도와주며, '다르게 생각할 수 있게' 해준다. 인지행동치료협회가 제시한 인지행동치료의 구체적인 특징들은 다음과 같다.

1. 변화의 핵심 요소로서의 인지적 반응의 기초
2. 구체적 목표를 가진 제한된 시간
3. 믿을 만한 관계가 요구되지만 핵심 사항은 아니다.
4. 소크라테스적 질문과 대답을 사용하는 상담자와 내담자 사이의 협업
5. 스토아 철학적 측면을 기반으로 한다(사건이 아니라, 사건에 대해 어떻게 생각하는지가 중요하다).
6. 구조적이며 지시적이다.
7. 교육적인 모델(심리교육)에 기반을 둔다.
8. 귀납적 유도에 의존한다(비록 상담자가 도전이나 직면을 많이 할 수도 있지만, 내담자들이 그들의 생각을 살펴 자신의 결론을 이끌어낼 수 있게 하는 것).
9. 과제는 필수이다.

인지행동치료는 또한 자기 치유(self-hearing)를 장려하며 내담자의 역량을 끌어올리며 새로운 걱정거리와 도전 과제에 맞닥뜨렸을 때 유용한 대처 기술을 제공하는 것이 목적이다.

인지행동치료 핵심 명제(Dobson, 2009, p. 4)

▲ 인지적 활동은 행동에 영향을 미친다.
▲ 인지적 활동은 점검하고 변경할 수 있다.
▲ 바라는 행동 변화는 인지적 변화에 의해 영향받을 수 있다.

앞에서도 보아왔듯이, 우리가 이 책에서 강조한 많은 부분들이 인지행동치료의 이념과 부합하고 있다. 그러나 우리는 인지행동치료가 내세우는 것처럼 전형적으로 제안하는 것보다 관계 형성, 감정, 의미들에 주의를 기울이는 것이 중요하다고 생각한다. 인지행동치료가 감정적 경험을 고려해야 하는 이유를 다음 축어록에서 보여줄 것이다. 뇌과학은 생각은 감정에서 나온다는 사실을 입증했다. 사실 많은 인지행동치료 전문가들이 이것에 동의한다. Albert Ellis의 합리적 정서행동치료(REBT)도 기본 요소로서 감정적 문제를 포함하고 있다.

▶ 인지행동치료 회기 축어록

인지행동치료와 상담대화기술 및 5단계들의 연관성을 인턴 생활에 대한 걱정이 있는 내담자 르네(Renée)와의 상담을 한 카를로스(Carlos Zalaquett)가 상담 시연을 통해 살펴볼 것이다. 그녀의 현장 슈퍼바이저가 그녀의 수행 능력에 영향을 줄 정도의 불안증을 염려해서 상담에 의뢰했다.

1회기

카를로스는 비밀 유지, 미국 의료정보보호법(HIPAA), 그리고 회기의 구조와 과정을 소개하는 필수적인 도입부를 진행했다. 그는 관계를 형성하는 데 시간을 보냈고 르네는 효과적인 상담자가 되는 것과 관련된 걱정과 불안에 대해 이야기했다. 처음 10분 동안 상당히 불안해 보였지만 점차 편안함을 보였다. 그녀의 세부적인 이야기를 듣고 상담자 카를로스는 그녀에게 내재된 강점들을 점검해보기로 했다. 르네는 모범생이었으며 작년에는 학교에서 또래 상담자로도 일했다. 그러나 대학원과 인턴 과정은 너무나 달랐다. 카를로스는 이것들과 다른 강점들도 요약하고, 그녀에게 성공적인 사례들을 기술해달라고 요청했다. 이 시점에서 그녀는 미소를 지었다. 그녀는 운동을 규칙적으로 하고 있었고 친구들이 있었다. 불안함은 그녀가 즉시 완벽해지고 싶어 하는 욕구와 그녀가 원하는 만큼 내담자를 돕지 못할지도 모른다는 걱정에 초점이 맞춰져 있는 것 같았다.

2회기

첫 회기에서 유대감이 형성되어서 카를로스는 긍정적이며 새롭게 좋아진 점들을 찾기 위해 그녀의 한 주 동안의 일상을 물어보았다. 그녀는 자신이 좀 더 긍정적으로 된 것 같고, 운동도 계속하고 친구들과도 어울렸다고 한다. 카를로스는 이전 회기에서 얻은 강점들을 요약하고 3단계 쪽으로 방향을 전환한다. 인지행동치료를 시작하기 전에 어떤 생각과 감정과 행동이 더욱 긍정적인 르네를 대표하는지 알고 싶었다. 그녀는 좀 더 이완되고 싶고, 내담자와 더 잘 상담할 수 있도록 배우기를 바라고, 자신감이 더 생겼으면 좋겠다고 했다. 결과적으로, 그녀는 자신의 상담 행동이 좀 더 효과적이길 바라며 기대하고 있다.

2회기의 4, 5단계

인지행동치료가 4단계로 갈수록 카를로스는 이야기하는 시간이 많아지고, 질문도 많이 할 수 있을 것이라 예상한다. 왜 그럴까? 적극적인 변화 촉진 기술은 인지행동치료의 핵심적인 부분이다. 이야기와 강점을 확인한 후, 그녀의 이야기 속 부정적인 부분들을 검토하고 확인해볼 것이다. 이 단계에, 축어록에서 다음의 상담 스타일을 확인하라.

1. 카를로스는 르네에게 자신 스스로에게 해가 되는 생각에 대한 더 세부적이고 구체적인 증거를 요구할 것이다.
2. 내담자와 상담자는 그 증거와 이야기를 이해하고 재구성하기 위한 유용한 방법을 찾을 것이다. 그 문제를 새롭고 더 긍정적인 방식으로 바라볼 수 있겠는가?
3. 만약 내담자가 현재 부정적으로 인지하고 있는 믿음을 지속한다면 결과는 어떻게 되겠는가? 더 긍정적 준거 기준을 사용한다면 결과는 어떻게 되겠는가?
4. 내담자의 생각, 감정, 행동의 구체적 변화를 계약하도록 돕는 지도와 심리교육의 상당한 활용을 기대하라.

두 번째 회기의 15분가량의 대화를 함께할 것이다. 이 축어록은 편집되고 압축되었지만 변화하고 있는 인지와 신념에 대한 주요한 측면들은 고스란히 보인다.

상담자와 내담자의 대화	상담 과정에 대한 해설
4단계: 이야기 재구성	
1. *카를로스:* 자, 다시 확인해볼까요? 흥미로운 상황입니다. 왜냐하면 당신의 인턴 현장 슈퍼바이저가 당신을 상담에 의뢰했지요. 당신은 잘 하고 있지만, 아마도 앞으로 상담소에서 하는 일에 도움을 얻고자 하는 것 같네요. 맞나요? 그것이 목표인가요?	카를로스는 1, 2, 3단계를 요약하고 우리는 르네의 상담 이유를 알 수 있다. 자기 말이 정확한지를 확인하기 위해 질문으로 마무리하는 것을 주목하라.
2. *르네:* 저는 얼마 전에 상담자로 취직을 했는데 직장생활을 걱정하고 있어요. 제가 정말 정성을 많이 쏟았던 내담자가 다시 오지 않더라고요. 졸업한 지 얼마 안 되어서 그런지 매일 내담자들을 대할 때 자신감이 없어요. 항상 초조하죠.	르네의 몸짓 표현은 긴장했음을 나타낸다. 그녀는 의자에 등을 기대고 앉았고, 자꾸 다리를 움직이며 앉아있다. 그녀는 내담자 변화 척도 2수준으로 회기를 시작한다.
3. *카를로스:* 이야기를 할 때 불편해하는 것이 보이네요. 당신의 내담자가 무엇을 할지에 대해 주저하나요? 아니면 그들을 대할 때 능숙하지 못하다고 생각해서 걱정하시는 건가요?	그녀의 초초함에 대한 흥미로운 질문으로 감정을 인정해주고, 동시에 부드러운 해석을 제공한다. 때때로 해석을 위한 질문은 부드럽게 영향을 주며 내담자가 상담자의 말을 생각해보게 할 수 있다. (잠정적으로 추가적 공감)

상담자와 내담자의 대화	상담 과정에 대한 해설
4. *르네*: 바로 그거예요. 제 자신에 대해서 다시 생각하고 있어요. 그게 내담자에게 최선일까요? 제가 옳은 일을 하고 있는 걸까요? 아시다시피, 막 졸업했잖아요. 그래서 매일 매일 하는 일에 확신이 없어요. 점점 어려워지네요.	추가적으로 질문하며 해석하는 것은 그녀의 어려움과 연관된 인지와 감정을 끌어낸다.
5. *카를로스*: 알겠어요. 그런 식의 기분이 들게 하는 상황들을 이야기해주세요.	이 표현은 격려로서의 질문이라고 볼 수 있다. 초점은 주요 주제와 문제에 맞춰져 있다. (잠정적으로 추가적 공감)
6. *르네*: 제 내담자들을 만나기 전에는 항상 그런 식이에요.	르네는 그녀의 행동을 하나의 방식으로 생각한다. (추상적이고 형식적 조작기의 사고)
7. *카를로스*: 그러니까 당신이 내담자를 만나게 될 때 어떻게 해야 할지, 어떻게 수행해야 할지에 대해 걱정한다는 거죠?	질문으로 감정을 반영한다. 카를로스는 내담자의 경험을 확인하려 한다. (상호교환적 공감)
8. *르네*: 이대로 괜찮을까요?	여기에서 우리는 르네의 중심이 되는 인식들 중 하나를 보게 되는데, 이것이 불안의 원인이 된다.
9. *카를로스*: 알겠어요. 얼마나 괜찮은지 얼마나 유능한지. 상담에 의뢰된 이유를 알겠어요. 저는 인지행동치료 또는 인지치료라는 것에 초점을 맞출 겁니다. 그것이 당신을 그런 걱정하는 생각에 대처하도록 도와줄 겁니다. 인지치료에 따르면, 당신의 생각이 행동과 정서에 영향을 준다고 보거든요. 예를 들면, 어떤 사람이 '내담자를 곧 만나게 되는데 너무 불안하다'라고 말하는 것은 그 상황이 불안감을 촉발시키는 것을 의미하죠. 그러나 우리가 인지치료에서 알게 된 것은 그런 반응을 유발하는 것은 상황이 아니라는 것이죠. 그 사이 무언가를 할 수 있죠. 그리고 이것은 당신의 생각이나 가지고 있는 이미지입니다. 문제는 '당신이 내담자를 만날 때와 감정의 반응 사이에 무슨 일이 일어나는지 이해하고 있는가?'입니다.	카를로스는 중심적 생각을 재진술하고 있으며, 내담자의 자신의 걱정을 이해하고 있다는 것을 알게 한다. 그러고 나서 인지행동치료의 기본을 소개하기 위해 지도와 심리교육을 사용하여 구조화하고 있다.
10. *르네*: 그 부분은 생각지도 못했네요. 왜냐하면 너무나 감정들에 압도되어서 올바르게 상황을 살펴보지 못했네요.	르네의 감정들은 인지를 이끌고 있다. 이 방식을 역으로 바꾸는 것이 인지행동치료의 주요 목표다. 우리가 어떤 상황들에 대해 생각하는 인지적 방법은 그 상황의 본질과 우리가 감정을 느끼는 방식에 영향을 미친다.
11. *카를로스*: 제가 '그 사이에 무엇이 있는지'를 발견할 수 있도록 도와드리겠습니다. 내담자를 만나는 상상을 하면 마음속에 가장 먼저 떠오르는 것이 무엇인지요?	인지치료 상담자들은 내담자들을 실질적인 과학자라고 생각하며 그들이 스스로 발견하는 것에 몰입하도록 돕는다. 이미지 그리기는 내담자가 자신의 문제를 다르게 이해하도록 돕기 위해 사용되었다. (주요한 추가적 공감 전략)
12. *르네*: 그냥 불안해져요.	

상담자와 내담자의 대화	상담 과정에 대한 해설
13. 카를로스: '불안해진다.' 정확하죠. 정말 자동적으로 그렇게 연결되죠. 그것 외에 다른 것이 있는지 묻기가 어렵네요.	분명한 생각을 차단시키는 즉각적인 정서적 반응을 설명하기 위하여 지도와 심리교육적 측면에서 느낌을 재진술하도록 한다. (추가적 공감 전략 지속적 사용)
14. 르네: 맞아요.	
15. 카를로스: 그럼 내담자를 상담하기 직전에는 어떤 생각을 하는지 떠올려보세요. 마음에 무엇이 지나가나요?	르네가 자신의 생각을 관찰할 수 있도록 이미지로 그리게 한다. 인지행동치료에서 중요한 점 중 하나는 내담자가 자신의 생각, 감정, 행동을 관찰할 수 있게 돕는 것이다. 질문은 자유연상법과 비슷하며 인지행동치료에서 유용한 지시적 기법이다. (잠정적으로 추가적 공감)
16. 르네: 음……, 이 내담자를 위해 적합한 상담 기술을 사용할 수 있을지, 제가 이 사람을 도울 수 있을지 확신을 못 하겠어요.	르네는 생각을 떠올려 부정적 생각을 확인한다. 그녀는 자기 관찰로 시작한다. 이것은 알아차림에 해당되며 내담자 변화 척도에서 3수준의 시작을 나타낸다.
17. 카를로스: 으흠……, 그럼 당신 마음을 스쳐간 그런 생각을 뭐라 부를까요?	카를로스는 최소한의 격려와 내담자의 인지를 명명하기 위해 질문한다. 내담자의 핵심 단어와 일상적 용어를 사용하라.
18. 르네: 부정적 생각이요.	어떤가! 르네는 명확히 이해를 하고 있으며 그러므로 내담자 변화 척도 3수준에 해당된다. 대부분의 내담자들은 자신들의 사고방식을 이렇게 빨리 구별하거나 명명하지는 못한다.
19. 카를로스: 부정적 생각이요. 좋아요. 정확히 우리 분야에서 부르는 말이죠. 부정적 생각 또는 부정적 사고. 보다시피 이것들은 본질적으로 부정적인 것이죠. 좋아요.	반복 진술과 지도와 심리교육적으로 접근하는 것은 르네가 이해받고 있도록 느끼며, 추가적 인지행동치료 정보를 제공한다. (상호교환적 공감, 다소 추가적 공감)
20. 르네: 네.	
21. 카를로스: 어떤 사건에 직면할 때, 어떤 생각이 떠오르고, 그것이 당신의 반응을 유발시키는 것이죠. 감정적 반응을요. 이해가 되나요?	카를로스는 심도 있는 심리교육을 제공한다. 하지만 르네가 이해하고 있는지 확인한다. (추가적 공감)
22. 르네: 네, 내담자를 상담하기 전에 제 마음속에 떠오르는 다른 것들을 생각하고 있어요. 지금 말하려 하니 다소 긴장되네요.	르네는 이해했으며, 다른 예들을 떠올리고 신체적 반응을 보여줌으로써 상당한 수준의 이해도를 나타낸다. 내담자 변화 척도 3수준이 확실하다.
23. 카를로스: 아주 좋아요. 흥미롭네요. 제가 막 처음의 상황으로 가서 당신이 다른 생각들을 떠올리는지 알아보려 했거든요. 자, 그 상황을 다시 들여다봅시다. 좋아요. 알려주세요. 당신이 그런 상황에 놓이면 다른 어떤 생각들이 떠오르는지 알려주세요.	격려를 자주 사용하는 것을 볼 수 있다. 상담자는 내담자를 공동 협업자로 끌어오고 있다. 왜냐하면 그녀도 자신의 경험에 대한 전문가이기 때문이다. 르네는 적극적 자아 발견의 과정을 촉진시킴으로써 카를로스가 그녀를 더 잘 이해하도록 도울 수 있다. (추가적 공감)

상담자와 내담자의 대화	상담 과정에 대한 해설
24. *르네:* '내담자가 다시 상담받으러 올까?'	우리 모두의 두려움이다. 내담자의 25%는 다시 오지 않는다. 상담자와 내담자가 문화적으로 다르다면 더욱 그렇다. 우리를 두려움과 무기력으로 이끄는 인식 뒤에는 언제나 그런 사실들이 존재한다.
25. *카를로스:* 음, 음…….	자아 발견을 더 촉진하기 위한 격려를 사용한다.
26. *르네:* '제가 그 내담자에게 충분히 좋은 상담자일까? 성공적인 상담을 할 수 있을까?' 이런 종류의 생각들이죠.	얼마나 그녀의 대답들이 이전 회기에서 나왔던 질문들을 다루고 있는지 보라. 그녀는 몰두하고 있다.
27. *카를로스:* 좋아요, 때때로 우리가 부정적인 사고라고 하는 것들이 소위 핵심 신념의 일부가 되죠. 우리의 행동과 감정에 영향을 주는 오랫동안 유지된 생각들입니다. 핵심 신념을 구별하는 것은 쉽지 않지만 우리가 무엇을 하든 그것이 작업의 핵심이죠. 자동적인 사고는 핵심 신념으로부터 생겨나고, 그것이 궁극적으로 우리가 주목하게 되는 것이죠. 　하지만 당분간, 우리는 부정적 사고에 초점을 맞춥니다. 이것은 두 단계의 과정입니다. 첫 번째 단계는 현재의 생각에 몰두하는 것입니다. 두 번째 단계는 핵심 신념들을 찾아내서 그것들을 반복해서 다루는 것이죠. 　하지만 현재 상황으로 돌아가 보죠. 왜냐하면 당신이 부정적 생각에 대해 무언가를 하고 싶어 하니까요. 당신이 이해를 잘 하셔서 우리는 치료의 관점에서 계속적으로 당신의 상황을 분석할 겁니다. 괜찮으시죠?	지도와 심리교육으로 인지행동치료 모델을 더 나아가게 한다. 카를로스는 르네의 걱정들을 간단하게 요약하며 끝낸다. 그리고 협력조로, 올바른 방향으로 가고 있는지 그리고 내담자가 동의하는지를 확인한다. 　우리가 살펴본 것은 한 시간 회기의 요약이다. 인지행동치료가 전형적으로 이렇게 빠르게 진행되지 않을 뿐 아니라 상담의 목적을 빠르게 이해하는 내담자들이 항상 있는 것은 아니다.
28. *르네:* 좋아요.	심리교육은 내담자가 준비되지 않고 의지가 없으면 효과가 없을 것이다.
29. *카를로스:* 내담자의 자동적 사고를 기록하고 공유하기 위한 기록지가 있습니다. 보시다시피, 세 영역으로 되어있죠. 첫 번째는 구체적 사건을 쓰는 곳이고요. 자, 그리고 여기 세 번째는 감정적이고 행동적인 반응을 보게 됩니다. 그러고 나서 우리는 그 상황과 연관될지도 모르는 생각과 이미지를 식별하는 두 번째 부분을 확인하죠.	카를로스는 자동적 사고를 기록하기 위한 인지행동치료 기록지를 소개한다. 가장 간단한 형태의 이 기록지는 세 부분으로 나뉜다. 사건-생각-반응(그림 15.1).
30. *르네:* 좋아요.	

사고 기록		
사건	**생각**	**반응**(감정 · 행동)
내담자 만나기	난 충분히 괜찮지 않아.	어떻게든 해내더라도 불안하고, 걱정되며 그 만남이 효과적이지 못할 것 같다. 하지만 내담자에 대한 호기심은 있다.

그림 15.1 기본 사고 기록지

상담자와 내담자의 대화	상담 과정에 대한 해설
31. *카를로스*: 우리가 지금까지 했던 것이 바로 이 세 영역들을 따라간 것입니다. 그러니 이 기록지에서 확인해봅시다. 잘 보이시나요?	카를로스는 이 기록지로 보게 될 것을 미리 말하고 이것은 지금까지 했던 상담들을 기반으로 작업한다.
32. *르네*: 네, 보이네요.	
33. *카를로스*: 당신의 상황을 바로 떠올려보세요. 지금 내담자를 만납니다. 자, 걱정되기 시작합니다. 마음속으로 이렇게 하면서, 당신의 생각에 집중하세요. 무슨 생각들인지 확인할 수 있나요?	카를로스는 르네에게 이 세 영역으로 된 기록지를 활용하는 법을 알려주고 있다. 사건(내담자를 만나는 것)이 처음이고, 그 회기에 대한 그녀의 걱정이 세 번째 영역이다.
34. *르네*: 몇 가지들이 떠오르네요. '내가 능숙하게 할지 모르겠어.' '잘 해낼 것 같지 않아.' '내담자가 다시 오고 싶어하거나 성공적인 상담이 될지 확신이 없어.'	여기서 르네는 두 번째 영역에 들어갈 그녀의 생각들을 분석하라는 요청을 받았다. 르네는 그녀에게 무슨 일이 일어나고 있는지 인지하고 이미 더 긍정적 판단의 틀에 놓여있기 때문에 내담자 변화 척도 3수준의 반응을 보인다.
35. *카를로스*: 잘했어요. 그 생각들을 여기에 쓰겠습니다. 자, 이 기록지에 구체적인 부분들, 즉 내담자와의 관계에서 불안함을 만들어내는 부정적 생각을 포함해서 확인했습니다. 그 상황과, 생각, 그러고 나서 그 감정적 반응들을 확인했습니다. 생각이 핵심적입니다. 우리가 보기에는, 당신을 불안하게 만드는 것은 상황이 아닙니다. 그것은 당신이 생각하는 것이며 상황이 당신에게 주는 영향에 대한 인식이죠. 그것이 바로 초점이 생각들에 맞춰지는 이유입니다. 일리가 있는 것 같나요?	카를로스는 기록지의 사용법을 보여주고 르네가 인지행동치료가 사고과정의 중요하게 여기는 관점에 친숙해지도록 돕는다. 르네는 많은 정보를 얻었다. 실제 면접에서는, 토론과 기록지에 대한 르네의 생각과 감정을 알아내고 어떻게 그것들을 그녀에게 적용해야 하는지를 알아보는 데 많은 시간이 걸렸다. 그냥 기록지를 내담자에게 건네주면 안 된다. 이 과정을 함께 생각하며 채워야 한다.
36. *르네*: 네, 그러네요.	
37. *카를로스*: 한 단계 더 나아가보겠습니다. 과거의 경험들을 생각해보세요. 당신은 무능력하다고, 더 좋은 표현이 없네요. 무능력하다고 느낀 적이 여러 번 있나요?	카를로스는 무능력함을 자동적으로 느끼는 이유를 인지행동치료 상담자는 질문을 통해 답을 요구한다. '그 생각이 사실이라는 증거는 무엇인가? 아니라는 증거는?'이라는 질문을 많이 한다. 내담자의 대답에 주목하라. (잠정적으로 추가적 공감)

상담자와 내담자의 대화	상담 과정에 대한 해설
38. *르네:* 저는 무능력하다고 생각하지는 않았어요. 언제나 최선을 다하죠.	불안함은 실질적인 경험보다는 기대에 대한 부담에 달려있다.
39. *카를로스:* 앞서 당신의 역량에 대해 많이 이야기했죠. 기억나세요? 음, 그래서 이번에는 그 반대 경우를 물어보겠습니다. 당신이 능력 있다고 생각할 수 있게 하는 증거는 무엇인가요?	카를로스는 이전에 강점에 대해 논의한 것을 언급하며, 내담자에게 그녀의 유능성에 대해 생각해보도록 요청한다. (추가적 공감)
40. *르네:* 실습과 인턴을 할 때 업무들을 잘 해냈죠. 상담 대학원 수업을 성공적으로 끝마칠 수 있었어요. 졸업을 했고 그것은 제가 적합한 훈련을 받았고 주어진 새로운 기술들을 수행할 정도로 유능하다는 것을 의미하죠.	인지행동치료의 심화 설명: 부정적 생각은 긍정적인 것보다 실제로는 지지되지 않지만 행동이나 감정들에 더 많은 영향을 준다. 이것은 신경학 연구에 의해 지지되는 진실이다.
41. *카를로스:* 제가 이해할 수 있게 도와주겠어요? 매우 능숙하다고 생각하는 것은 아니지만, 제가 올바로 들었다면, 이것들이 당신이 역량을 가지고 있다고 보여준 사실들이죠? 어떻게 그렇게 받아들일 수 있는 거죠?	카를로스는 르네가 다시 이야기할 수 있도록 부드러운 직면을 사용한다.
42. *르네:* 어떻게 제가 역량이 있냐고요?	르네의 반응이 긍정적 자아 인식으로 바뀌고 있다는 것을 보여준다. 내담자 변화 척도의 초기 단계인 4수준에 해당되며 진정한 변화가 시작된다.
43. *카를로스:* 네, 당신이 역량 있었다는 것을 어떻게 알 수 있나요?	더 심도 있는 이야기를 다시 하게 하고, 유능했던 증거들을 끌어내기 위한 개방형 질문. (추가적 공감)
44. *르네:* 말씀드린 대로, 제가 대학원 때 해냈던 수업 때문이겠죠. 저에게는 그것이 역량의 증거들이에요. 아마도 제 생각에는 수업에서 제 첫 회기가 완벽하지 못했고 내담자들도 다시 오지 않을지도 모른다는 것을 배웠어요.	
45. *카를로스:* 매우 흥미롭네요. 우리에게 일어날 수 있는 일에 대해 잘 알고 있네요. 당신이 과거에 어떻게 역량 있다는 것을 알았는지 궁금했어요. 자, 지금부터 다른 질문을 해보죠. 내담자를 만나서 최선을 다하지 못한 상황을 이야기해보죠. 무엇이 가장 최악일까요?	카를로스는 계속해서 르네의 부정적 생각들을 자극하기 위한 작업을 한다. 그는 *최악의 시나리오*라고 불리는 인지행동치료 기술을 도입한다.
46. *르네:* 아마도 제 내담자가 다시 오지 않는 것이겠죠. 그런 적도 한 번 있고요.	이전에 했던 이야기지만 이번에는 긍정적 사고와 내적 힘을 바탕으로 한 부정적 상황에 대해 작업하고 있음에 주목한다.
47. *카를로스:* 아마도 그럴 수도 있죠. 그러면 얼마나 안 좋을까요?	내담자의 가장 최악의 예상들을 알아보기 위한 반복 진술과 질문. (잠정적으로 추가적 공감)
48. *르네:* 그렇게 끔찍할 것 같지는 않아요. 단지 저에게 더 훈련할 기회를 주게 될 테고, 제 기술들에 더욱 몰두할 테죠. 세상의 끝이거나 그렇지는 않을 거라 생각해요.	르네는 그녀의 두려움을 기반으로 하는 끔찍한 생각들을 밝힌다. 하지만 그런 생각들에 반기를 들 수 있다는 것을 보여준다.

상담자와 내담자의 대화	상담 과정에 대한 해설
49. 카를로스: 그렇지는 않을 거라고요……?	최소한의 격려 르네가 자신의 말을 반복하게 하며 생각의 변화를 강화시키기 위해 제공되었다.
50. 르네: 세상의 끝은 아닐 거라고요.	인지에 있어 또 다른 단계인 4수준으로의 변화
51. 카를로스: 오호, 세상의 끝은 아닐 거란 거죠. 알겠어요. 때때로 저는 내담자들이 그렇게 말하면, 그들에게 긍정적인 표현으로 그들의 생각을 다시 말해줄 수 있는지 물어요. 그렇게 해볼래요?	재구성하기. 카를로스는 르네가 자신의 생각을 긍정적 말로 바꿀 수 있게 돕는다. (추가적 공감)
52. 르네: 물론이죠. 그것은 제가 향상할 수 있는 기회가 될 거예요.	
53. 카를로스: 네. 또 다른 증거가 있을까요? 당신이 일하는 데 역량 있다고 하는 다른 증거요.	긍정적 자산 찾기. 카를로스는 계속해서 그녀의 강점과 긍정적 요소들을 찾고 있다. (추가적 공감)
54. 르네: 상담 후 언제나 다시 오고 다음 약속을 잡고 저를 보러 오길 바라는 내담자들이 있었죠. 그건 좋은 일이죠. 그럴 때 잘하고 있다는 생각을 분명했죠.	부정적 경험이 두려움과 비효과적 사고로 이어질 수 있음에 주목하라. 비록 그 사실은 그렇지 않더라도.
55. 카를로스: 으흠, 전 항상 궁금하죠. 사람들이 잘하고 있다고 말할 때가 언제인지. 왜냐하면 한 사람을 위해 잘하고 있다는 것은 당신의 경우와는 다른 의미일 수도 있으니까요. 그러니 내담자들이 다시 오는 경우처럼 당신이 잘하고 있다고 말할 때, 무엇이 그렇게 하도록 당신을 돕는 걸까요?	르네가 자신의 기술을 소유하도록 돕기 위한 개방형 질문
56. 르네: 음……, 내담자들을 다룰 때 사용하는 기법에 대한 자신감 같아요. 그들이 다시 오고 싶어 하고 저를 만나고 싶어 해요. 제가 알맞은 기법을 사용하고 그것들이 내담자들에게 효과가 있는 것 같아요. 왜냐하면 그들이 다시 오고 싶어 하고 저와 함께 문제를 계속 풀어가고 싶어 하기 때문이죠.	르네가 적극적으로 인지와 이야기를 재구성하고 있음에 주목하라.
5단계: 행동 현실 세계로의 새로운 생각과 행동의 일반화	
57. 카를로스: 매우 좋아요. 다시 맨 처음 상황으로 돌아갑시다. 우리가 말했던 것은 내담자를 만날 때 불안함이 느껴진다는 것이었고 우리는 그것을 부정적 생각이 부정적 감정을 유발시킨다는 연결점을 만들었죠. 저는 당신이 지금 바로 새로운 내담자를 만나면 어떤 마음일지 생각해보길 바라요.	카를로스는 르네가 상담의 행동 단계를 준비하게 하고 있다. (추가적 공감)
58. 르네: 제가 하고 있는 긍정적인 일들과 지금까지 얼마나 잘 해왔는지를 생각할 것 같아요. 그러면 실패라든지 무능력하다는 생각을 할 이유는 없죠.	변화와 새로운 사고방식의 궁극적 유지가 시작된다.

상담자와 내담자의 대화	상담 과정에 대한 해설
59. *카를로스:* 매우 좋아요. 이전에는 당신이 내담자를 만나게 될 때, 불안함을 느꼈죠. 그 걱정은 주로 잘하지 못할까봐, 내담자가 다시 오지 못하게 할까봐, 최선을 다해 일하는데 자신감이 없어서죠. 그리고 그 모든 것이 당신의 감정 반응을 촉발시키는 생각과 말이었죠. 자, 지금은 이런 상황을 만나면 당신은 보다 긍정적인 사고를 할 것이라고 생각해요.	카를로스는 인지행동 모형과 회기를 요약한다.
60. *르네:* 네. 더 자신감을 갖고 제 일을 즐길 것 같아요. 내담자가 다시 오고 싶어 하지 않더라도 말이죠. 세상의 끝이 아니라는 걸 알았으니까요. 제가 향상될 기회를 주는 거라는 걸 알았어요.	4수준 인지적 변화를 성취했다. 하지만 이것이 여전히 현실은 아니다. 과제와 후속 조치(follow-up)가 지속적인 변화에 필요하다.
61. *카를로스:* 좋아요. 보다시피, 인지적 접근과 함께 우리는 당신의 상황을 다루는 것뿐만 아니라, 여러 가지를 배우게 됩니다. 당신의 생각을 점검하기 위해 이것과 같은 기록지를 사용하길 바랍니다. 당신이 내담자를 만나게 될 때 어떤 일이 있는지 점검하세요. 그래서 그것이 사건이 되고 감정적으로 어떻게 느끼는지 알게 될 겁니다. 그런 후 생각과 두려운 결과나 그 상황에서 마음속에 떠오르는 결과를 구별하기 위해 집중해보세요. 일주일 동안 이렇게 하기 위해 여기에 날짜를 기록할게요. 이것이 더 명확하게 부정적 생각을 구별하는 기회를 제공하고, 자신이 역량 있으며 잘한다고 느끼게 해주는 당신의 강점은 부정적 생각을 멈추게 하고 도전하게 하는 기반이 되어줄 겁니다. 당신은 잘하는 게 많습니다.	카를로스는 이 모델에 관한 정보를 제공하고, 과제를 내며, 행동을 격려한다.
62. *르네:* 좋아요.	
63. *카를로스:* 이 과제에 대해 질문이나 하고 싶은 말 있나요?	카를로스는 르네가 의문이나 걱정이 있는지 알기 위해 질문한다.
64. *르네:* 아니요. 할 수 있는 것이에요. 매우 도움이 될 것 같아요.	
65. *카를로스:* 매우 좋아요. 마지막 질문입니다. 이번 회기는 어땠나요? 기분은 어때요?	내담자의 만족과 감정을 알아보기 위한 마지막 점검
66. *르네:* 좋았어요. 기분이 훨씬 나아졌어요.	내담자 변화 척도 4수준으로 이동 중이다.

르네의 경험에서 보듯이 자동적 사고는 감정을 촉발시키고 행동에 영향을 줄 수 있다. 부정적인 자동적 사고를 발견하고 내담자가 이를 더 적합한 사고로 바꾸어 상황을 개선할 수 있게 도왔다. 르네는 이번 회기에서 새로운 인지 기법을 배웠다. 그녀와 같은 내담자들은 다음을 통해서 자동적 사고를 감지하는 법을 배울 수 있다.

▲ 인지행동치료의 개념에 대한 학습

▲ 사고 기록지를 이용한 부정적인 자동적 사고 발견

▲ 부정적 생각을 더욱 적합한 것으로 대체할 수 있는 방법 찾기

▲ 그들 삶 속에서 긍정적 변화에 영향을 주기 위해 이러한 기술을 일상생활에 적용하기

> *변화는 하늘에서 떨어지는 것이 아니다. 인간의 행동에서부터 생긴다.*
>
> _Tenzin Gyatso, 14대 달라이 라마

추천 참고문헌

Beck, J., & Beck, A. (2011). *Cognitive behavioral therapy* (2nd ed.). New York: Guilford Press.

Ellis, A., & Dryden, W. (2007). *The practice of rational emotive behavior therapy*. New York: Springer. (Originally published 1997)

▶ 세 가지 추가적 이론

이번 장의 도입부에 어떻게 상담자가 5단계의 아이디어를 다른 체계와 상담 심리치료 방법으로 변환시켜 사용할 수 있는지를 보여줄 세 가지 추가적 이론에 대해 언급했다. 그것들을 사용하기 위한 간단한 제안을 하고자 한다.

단기 상담

1장에서 많은 내담자들이 한 번의 회기에 만족하고 대부분의 상담이 10회째에 이르면 완성되는 자료를 보여주었다. 이것은 상담자가 단기 상담에 특별과 관심을 쏟을 필요가 있다는 것을 의미한다. 상담자는 5단계 기술과 상담대화기술을 통해 단기 상담을 시작할 수 있다. 가장 큰 수정(adaptation)은 목표 설정을 회기 초반으로 옮기는 것이다. 그다음 모든 과정은 내담자를 지향한다. 우리는 초기 목표 설정이 의사결정을 위한 상담과 모든 상담 치료의 3단계에서 그 목표를 재검토하는 것과 더불어 중요한 일부라는 것을 언급했다.

동기강화 상담

동기강화 상담은 완전히 알코올과 약물 남용에 초점을 맞추면서 시작된 연구 체계다. 상담자는 어려운 대상의 내담자들에 대한 명확한 초점을 제외하고, 이것이 5단계 모델 및 의사결정을 위한 상담과 면밀한 유사성이 있음을 알게 된다.

상담 · 코칭

우리는 전문 코칭과 구별하기 위해 상담이라는 말을 코칭에 덧붙였다. 그러나 현재 미국 상담자 인증위원회(National Board of Certified Counselors: NBCC)는 전문적 코칭을 위해 보충 교육을 제공하고 있다. 코칭 상담의 구조는 면밀히 5단계 모델을 따르고 있고, 여기서 다루었던 동일한 상담대화기술을 가르쳐준다. 훈련의 내용은 다르지만, 코칭의 아이디어는 상담자들과 심리치료자들에게 제공할 만한 많은 것들을 담고 있다.

▶ 요약: 상담 실제와 통합적 개인 이론 개발

이번 장은 상담자가 상담과 치료를 수행하는 방법에 대한 자신만의 이론을 발달시킬 수 있게 만들었다. 여기서 소개된 이론들과 더불어 이 책에서 강조된 기술과 5단계 구조는 다양한 접근을 가능하게 해주는 수행 지도를 제공한다.

만약 상담자들이 각 접근에 대해 시간을 내어 계획적으로 실습한다면, 상담의 많은 접근법에서 역량을 갖추기 시작할 것이다. 지금 당장은 가능하지 않더라도, 당신이 생각해보아야 하는 주제다. 당신은 실질적인 모든 상담과 치료 이론에서 상담 수행을 시작하기 위한 기본 기술과 개념을 갖추고 있다. 하지만 이것은 기본 역량의 단계일 뿐이고, 완전한 숙달은 더 많은 학습과 슈퍼비전이 필요하다.

당신의 궁극적 목표는 새롭게 익힌 지식을 당신의 내담자들에게 활용하는 것이다. 당신은 이제 더 많은 대안과 함께 그것들을 제공하는 다양한 상담 스타일에 접근할 수 있고 더 효과적인 도움을 전달할 수 있다. 우리는 당신이 여기서 보여준 이론들을 연구해서 그것들이 제공하는 도구를 의도적으로 사용해보길 바란다.

요점	
다양한 접근법	[표 15.1]은 의사결정을 위한 상담, 인간중심 상담, 의미치료, 다문화 상담, 여성주의 상담, 위기 상담, 인지행동치료, 단기 상담, 동기강화 상담, 코칭 등을 포함하여 많은 다양한 상담에서 상담대화기술 사용을 요약하고 있다. 비록 이러한 접근법들이 그 상담대화기술 사용과 어떻게 회기가 구성되는지의 관점에서 설명되고 이해되지만, 그 강조점들은 매우 다르다는 것에 주목해야 한다. 예를 들면, 의사결정을 위한 상담은 행동에 앞서 내담자의 이야기, 고민, 어려움 등을 경청하는 것을 강조한다. 단기 상담과 코칭은 가능한 한 빨리 문제에 대해 작업하는 것을 강조한다. 인간중심 상담은 내담자의 감정과 이야기를 세부적으로 경청하는 데 중점을 두고, 인지행동치료는 질문과 지시를 피하면서 적극적으로 내담자가 변화하고 새로운 생각과 행동을 받아들이도록 격려한다.

다문화적 주제	각각의 이론들은 다문화적 상황에서 의미 있는 다양한 반영을 요구한다. 이런 관점에서 실질적으로 도움이 되는 것은 초점의 개념이다(9장). 문화적·환경적·맥락적 측면들에 초점을 맞춤으로써, 어떤 상담적 접근이든지 상담자들은 이러한 문제들을 쉽고 공정하게 회기 안으로 가져올 수 있다. 하지만 각 접근법의 목표가 다양한 문화와 완전히 양립하지 못할 수 있다는 것을 인지해야 한다. 물론 문화적 배경에 상관없이 그것은 내담자와 관련해 만들어져야 한다. 어떤 내담자들은 Rogers의 인간중심의 접근을 더 선호하기도 하고, 또 다른 이는 해결책과 인지행동적 코칭을 원할지도 모른다. 미리 앞서 예상함으로써 내담자를 전형화시키는 것을 피해야 한다.
문화적 의도성	의도성 있는 상담자나 심리치료자들은 이용 가능한 대안 이론을 한 가지 이상 가질 것이다. 동시에 그러한 상담에 대한 접근법 중 알맞은 것을 선택할 필요가 있다. 다양한 내담자들을 상담할 때 지식, 기술, 관심의 조화는 전문적 상담자가 되기 위해 오랫동안 지속적으로 수반해야 할 과정이다. 당신의 궁극적 목표는 새롭게 익힌 지식을 내담자들에게 활용하는 것이다. 당신은 이제 더 많은 대안과 함께 그것들을 제공하는 다양한 상담 스타일에 접근할 수 있고 더 효과적인 도움을 전달할 수 있다. 여기서 보여준 이론들을 연구해서 그것들이 제공하는 도구를 의도적으로 사용해보길 바란다.

▶ 실습과 역량 포트폴리오

개인 실습

연습 1. 이론 실습 이론 중 하나를 택하여 지원자와 함께 짧은 회기를 녹음하고 녹화한다.

▲ 최소 15분가량의 회기를 준비하라. 유연성 있게 이론의 기본들을 다룰 수 있어야 한다.

▲ 역할극으로서 주제를 선택하라. 구체적이되 심각한 것은 피하라.

▲ 회기를 녹음하거나 녹화하라.

▲ [글상자 15.1]의 피드백 양식을 사용하여 회기를 검토하라.

집단 실습

연습 2. 위기 상담과 인지행동치료의 실제 이론 중 하나를 선택하고 다음을 실행하라.

▲ 상담자와 내담자의 역할을 바꾸면서 연습하라. 15분 정도의 회기를 준비하자(기본을 충분히 다룰 수 있는 시간이어야 한다). 필요한 경우 시간을 추가해도 좋다.

▲ 역할극을 위한 상담 주제를 택하라. 이번에 그 문제들은 매우 구체적이어야 한다. 예를 들면, 직장, 가족 또는 친구나 파트너와의 과거나 현재의 갈등 같은 충분히 의미 있는 것을 다루도록 하자. 삶의 목표와 비전을 생각하자. 이야기의 전반에 걸쳐 명확함과 구체적인 것을 목표로 하자.

▲ 즉각적인 피드백을 위하여 회기의 각각을 컴퓨터나 전화기 또는 디지털 카메라로 녹화하거나 녹음하라.

_____ (실습을 위해 선택한 이론)

_____ (날짜)

_____   _____

(상담자 이름)   (양식 작성자 이름)

공감적 관계: 회기를 시작하고, 라포를 형성하고, 구조화하기(예: '안녕하세요, 이것이 이번 회기에서 일어날 일입니다.'). 상담자는 라포 형성을 얼마나 잘 했는가? 상담자는 목표를 어떻게 달성했는가? 주요 목표는 확인되었는가? 선택한 이론에 따라 목표 설정은 구체적으로 되었는가?

이야기와 강점: 자료 수집, 이야기, 관심사, 문제를 끄집어낸다(예: '관심사가 무엇인가요?', '당신의 강점과 자원은 무엇인가요?'). 내담자에게 적어도 하나의 강점들을 확인했는가? 상담자는 얼마나 완전하게 이야기나 문제를 이끌어냈는가? 강점과 자원이 충분히 탐색되었는가?

목표: 상호적 목표 설정(예: '어떤 일이 일어나면 좋겠어요?'). 그것이 효과적이었는가? 이번 회기의 처음 목표가 검토되었는가? 내담자가 원했던 결과가 확실한가? 단기 상담에서 목표를 검토하는 것은 이 지점에서 도움이 될 수 있다.

이야기 재구성: 상담. 어떻게 접근하고 있는가? 생각, 감정, 행동, 의미가 중요한 초점이 되었는가? 상담자가 새로운 방식의 사고와 존재감 형성을 촉진하기 위해 구체적인 무언가를 사용했는가?

행동: 내담자가 행동으로 옮기기 위한 구체적 계획을 세우도록 돕기 위해 상담자가 어떻게 했는가? 과제물에 대해 상담자와 내담자가 동의했는가?

상담자는 내담자가 일상생활으로 일반화하기 위한 계획을 세우는 것을 도왔는가?

상담자와 기술 사용에 대한 총평

▲ 파트너와 함께 각 이론에 대한 토의를 거쳐 그 이론, 구조, 상담대화기술 사용의 기본적 방침과 부합하도록 잠재적인 치료 계획을 세우라.

▲ 파트너와 함께 [글상자 15.1]의 피드백 양식을 사용하여 두 회기를 재검토하라. 강점과 개선해야 할 부분을 결정하라. 그리고 원하는 결과를 이루기 위한 제안을 사람들과 나누라.

역량 포트폴리오

각각 실습한 이론들을 사용하여 상담자의 역량과 기술을 발전시키고 평가하는 것이 역량 포트폴리오에 포함되어야 한다.

▶ 스타일과 이론 정하기: 이론적 배경에 대한 비판적 자기 성찰

이론적 방향의 개념은 상담자가 발전시키고 있는 스타일 및 이론과 얼마나 관계있는가? 여러 방법 중 어느 접근법에 끌리는가? 의사결정을 위한 상담과 5단계 구조가 기본으로서 다른 접근법들의 바탕을 이루는 것에 동의하는가?

아직은 시작 단계이고 앞으로 더 노력하고 싶어 할 것이기 때문에 여러 접근법 중 하나에 맞춰 당신의 역량을 평가해보라고 하지는 않겠다. 그보다 당신이 가진 초기의 인상들과 여러 이론적 방향에서 역량을 키우기 위해 향해야 하는 것에 더 집중하길 바란다.

이 장에서 소개한 내용, 수업, 또는 비공식적 학습을 통해서 알게 된 것들 중에서 가장 인상 깊게 다가온 한 가지 생각은 무엇인가? 당신에게 가장 크게 다가오는 그 생각이 다음 단계로 가는 방향을 안내해줄 것이다. 다문화적 주제와 다양한 이론적 접근에 대한 당신의 생각은 어떠한가? 이 장에서 어떤 부분이 유용하다고 생각하는가? 자신만의 스타일과 이론을 형성해나가는 데 이 장에서 다룬 개념과 생각을 어떻게 활용할 수 있는가?

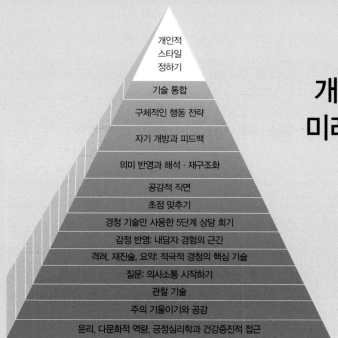

이제는 행동할 때다.

_Dalai Lama

'개인적 스타일 정하기와 미래 이론과 실제의 통합'의 목적

상담과 심리치료에 대한 개인적 접근을 발전시키는 데는 여러 요인이 작용한다. 이제 우리는 당신 자신, 가치, 개인적 의미, 기술에 대해서 성찰해보기를 권한다. 당신의 강점은 무엇인가? 어떤 영역에서 더 개발이 필요한가? 어떤 방향으로 나아가고 싶은가? 개인적 스타일, 가치, 제시된 관심사의 종류, 문화적 차이와 관련하여 당신과 다른 내담자와 작업하는 역량을 얼마나 가지고 있는가?

16장의 목표

이 책의 기술과 전략에 대한 알아차림과 지식, 기술과 행동은 다음과 같은 것을 있게 한다.

▲ 상담과 심리치료에 대한 역량을 지속적으로 개발하는 데 이 책의 개념과 기술을 효과적인 틀로 활용한다.

▲ 이 책의 개념들을 검토하고, 상담대화기술과 상담 회기에 대한 기본 역량을 얼마나 갖추었는지를 평가한다.

▶ 도입: 내담자와 관계를 맺는 자신만의 스타일 확인하기

상담자들은 내담자들이 세상으로 향하는 그들의 방향에 동참할 것을 요구하는 개인의 상담 스타일을 발전시켜왔다. 이런 상담자들은 상담을 위한 진실하고 올바른 해법을 찾았다고 생각한다. 즉, 내담자들이 그 방식을 힘들어 하면, 상담에 대해 '저항을 한다'거나 '준비가 덜 되었다'라는 말로 정의해버린다. 이런 식의 상담자들은 실제로 본인의 스타일을 가지고 있지만, 그들의 방식이 종종 융통성이 없거나 독단적인 경향이 있다. 그들은 효과적인 변화를 이끌어낼 수는 있겠지만, 많은 내담자들을 제대로 상대하기는 힘들다. 그들이 놓치고 있는 부분은 인간의 복잡성에 대한 넓은 이해와 도움을 주는 과정이다.

상담자가 자신만의 접근법을 드러낼 때 명심해야 하는 것은 내담자들이 상담자와 다른 다양한 가치관과 경험들을 가지고 있을지 모른다는 것이다. 내담자들은 상담자들과 다른 방향으로 향하길 원할 수도 있다. 상담자가 선호하는 기술, 전략, 이론이 내담자에게는 맞지 않을 수 있다는 것을 항상 인식해야 한다. 그럴 때 상담자들은 익숙하지 않은 영역에 기술과 지식을 확장시키기를 원할 것이다. 상담자의 삶이 아닌 내담자의 삶을 다루는 것이다.

상담자의 역량을 확장시킬 때 한 사람으로서의 진실성을 유지하라. 연구와 인내심과 경험으로 상담자는 본인과 다른 사람들을 다루는 능력을 키우게 될 것이다. 본인과 다른 내담자들로부터 배울 수 있는 기회는 상담자가 되는 것의 특권이다. 상담자들은 인종과 민족성, 성, 영적·종교적 지향, 장애, 성적 지향, 연령, 사회경제적 지위를 포함하여 문화적 차이에 대한 이해를 넓히기를 원할 것이다.

간략한 이 장은 처음으로 돌아가서, 상담자에게 초점을 맞추게 된다. 1장에서 우리는 상담자만의 고유한 스타일을 살펴보았다. 이와 동일한 것일까? 상담자의 스타일은 어떻게 변화하였는가? [표 15.1]은 다양한 상담과 심리치료의 구조에 있어서 상담대화기술과 개념이 어떻게 다르게 작동하는지에 대한 간략한 지도를 제공하며, 이는 상담자가 자신의 개인적 스타일과 발전된 스타일을 찾아가는 데 도움이 된다.

▶ 상담대화기술 위계: 자신의 역량 평가하기

앞선 15개의 장들에서 39개의 주요 개념들과 기술 범주들을 보여주었다. 그러나 주류적 접근이라 하더라도 100개 이상의 특정 방법, 이론, 전략이 있다. 이상적으로는 이 모든 것들을 기억하고 회기 실제에서 내담자의 발전과 과정을 촉진하기 위해 즉시 활용할 수 있어야 한다.

이러한 기술과 개념과 이해는 단지 시작에 불과하다. 인격 형성과 테스트 그리고 상담자가 앞으로 만나게 될 상담 치료의 많은 이론들의 세부적인 것들은 다루지 않았다. 이러한 상담대화기술과 훈련법이 다양한 분야에서, 그리고 전 세계 많은 사람들에 의해 사용되고 있지만, 이 책에서는 간단한 개요만 다루었다.

이 책에서 다루었던 모든 개념과 이론을 어떻게 보유하고 사용할 수 있을까? 아마도 지금 시점에서는 힘들 것이다. 하지만 90쪽의 사무라이 이야기를 기억하라. 시간과 경험 덕택에 향상된 이해와 전문 지식을 발전시킬 수 있을 것이다. 상담자로 성장하면서 당신은 이 책에서 다룬 개념들이 점차적으로 명확하다는 것을 알게 되고 기술과 이론도 마찬가지로 숙달될 것이다. 이 책을 다양한 내담자에게 사용할 핵심 개념들을 떠올리게 해주는 참고서로 활용하라.

상담대화기술 위계 개념을 가지고 완전히 숙달하는 것은 **청킹**(chunking)이라 불리는 의미덩이짓기로 촉진할 수 있다. 우리는 단편적인 조각들로 정보를 얻지 못한다. 그것을 일정한 방식으로 체계화함으로써 습득할 수 있다. 상담대화기술 위계는 시각화되고 경험으로 얻을 수 있는 방식이다. 예를 들면, 바로 지금 당신은 아마도 주의 기울이기 행동은 세 개의 V(문화적으로 적합한 눈 맞춤–Visual, 목소리 톤–Vocal tone, 음성 언어의 단서 쫓아가기–Verbal following)와 하나의 B(몸짓언어–Body language), 즉 '3V's+B'로 설명된다는 것을 떠올릴 수 있을 것이다. 이 책 전반부에서 다룬 기본 경청 기술도 떠올리기 쉬울 것이다. 또한, 당신은 아마도 개방형 질문의 목적을 떠올릴 수 있을 것이며, 어떤 질문이 어떤 가능성 있는 결과(예: '어떻게'라는 질문이 과정과 감정으로 나타난다)로 이어질지도 떠올릴 수 있을 것이다.

주기적인 검토와 경험 덕택에 많은 개념들이 점차 익숙해질 것이다. 만약 14장에서 소개한 것처럼 자신의 상담 스타일을 분류한다면, 이 책의 개념들이 점점 명료해질 것이다. 이미 당신이 짐작하겠지만, 읽기만 한 기술보다 실습과 경험을 통해 익힌 기술을 가장 잘 이해할 수 있으며 그런 기술이 당신과 가장 관련이 깊게 될 것이다. 기술에 대해 읽은 것은 상담 및 심리치료를 유용하게 소개하지만, 실습과 경험을 통해 익힌 기술의 결과는 당신의 앞으로 오랫동안 당신과 함께할 것이다.

[표 16.1]은 이 책에서 다룬 주요 개념들을 요약하고 있다. 각각 39개의 주요 영역에서 당신의 역량 수준을 검토해보고 그 결과를 표에 기입해보라. 각 영역에서 현재 당신의 완숙도와 역량의 수준은 어떠한가?

표 16.1 자기 평가 요약

	확인 및 분류	기본 역량	목적적 역량	지도 역량	역량 수준에 대한 증거
기술과 개념					
1. 주의 기울이기					
2. 질문					
3. 관찰 기술					
4. 격려					
5. 재진술					
6. 요약					
7. 감정 반영					
8. 기본 경청 기술					
9. 긍정적 심리와 건강함: 강점, 자원, 긍정적 자산					
10. 공감					
11. 공감적 관계−이야기와 강점−목표−이야기 재구성−행동					
12. 초점 맞추기					
13. 공감적 직면					
14. 내담자 변화 척도					
15. 의미 반영					
16. 해석 · 재구조화					
17. 자기 개방					
18. 피드백					
19. 필연적 결과					
20. 지도 · 심리교육					
21. 지시 사항					
22. 스트레스 관리					
23. 건강한 생활방식으로의 변화					
24. 상담 회기의 분석(14장)					
이론적 · 실제적 전략					
25. 건강함 평가					

26. 윤리					
27. 다문화적 역량					
28. 지역사회 가계도					
29. 의사결정을 위한 상담					
30. 인간중심 상담					
31. 의미치료					
32. 다문화 상담, 여성주의 상담					
33. 위기 상담					
34. 인지행동 상담					
35. 문제해결에 초점을 맞춘 단기 상담					
36. 동기강화 상담					
37. 상담·코칭					
38. 뇌과학과, 상담 및 심리치료와의 관계					
39. 개인적 스타일과 이론 정하기					

1. **확인 및 분류**: 만약 상담 회기 중에 기술이나 개념이 보인다면, 그것을 명명할 수 있는가? 이러한 개념은 어휘와 소통의 도구를 제공하는데, 그것들로 상담 행동을 이해하고 분석할 수 있다. 개념을 구별하는 능력은 아마도 상담자가 마음속에서 기술들의 중요한 부분을 의미 있는 단위들로 나누었다는 것을 의미한다. 당장은 일곱 가지 초점을 기억해내지 못할 수 있지만, 진행 중인 회기를 살펴보면 어떤 초점이 사용되었는지 알게 될 것이다.

2. **기본 역량**: 이 단계에서 개념들을 이해하고 실습할 수 있게 된다. 계속적인 실습과 경험은 나중에 의도된 숙달의 기초를 형성한다.

3. **목적적 역량**: 숙련된 상담자들은 내담자에 대해 명확하고 구체적인 효과를 산출하기 위해 이 책에서 다룬 상담대화기술과 개념을 사용할 수 있다. 당신이 감정을 반영했을 때, 내담자들이 실제로 그들의 감정에 대해 더 많은 이야기를 하는가? 당신이 해석했을 때 내담자들이 새로운 관점에서 그들의 상황을 바라보는가? 당신이 여러가지 긍정적 강점 조사를 통해 상담에 임할 때, 내담자가 실제로 상황을 희망적으로 보는가? 당신이 잘 구성된 5단계 상담 회기를 실행한다면, 내담자의 변화 정도가 내담자 변화 척도에서 얼마만큼 되는가? 행동과 생각이 변화하는가? 기술과 개념의 사용이 아니라 오히려 내담자가 어떻게 하는지에 따라 목적적 역량이 나타난다. 이 정도의 기술 수준 정도를 보여주기 위해서는 상담시 당신의 노력에 기인하

는 결과가 생겨날 수 있게 해야 한다.

4. **지도 역량**: 지금 당장 모든 기술과 개념을 가르치는 것에 숙달했을 것이라고 기대하지 않는다. 그러나 당신은 상담 회기 동안 내담자에 대한 주의 기울이기 행동과 기본 경청 기술을 가르칠 수 있어야 한다. 일부는 지역 자원봉사나 교회 활동 또는 또래 상담 훈련 프로그램에서 이 기술을 가르치는 지도 워크숍을 수행할 기회가 있었을 것이다. 장기적으로, 당신이 내담자와 그 가족들에게 지도 기술을 적용할 가능성을 계속 생각해야 한다. 그리고 전문 상담자가 되면 아마도 언젠가 계속 경력을 쌓는 중에 경청 기술에 대해 가르치는 자신을 발견하게 될지도 모른다.

▶ 스타일 정하기와 미래 이론과 실제 통합

우리가 얻은 것으로 삶을 살아가고 우리가 주는 것으로 생명을 만든다.

_Winston Churchill

상담 수업을 듣고 이 책을 읽는다는 것은 당신이 타인과 함께 일하고 봉사하는 데 관심이 있음을 보여준다. 도움을 주는 분야는 개인적인 즐거움과 만족도를 얻을 기회가 많다. 상담자는 타인의 삶을 바꿀 수 있다. 개인의 스타일과 앞으로의 이론과 실습의 지향점을 생각할 때, 당신이 내담자와 세상에 보태어주고 싶은 것은 무엇인가?

상담자가 스타일을 찾고 가능한 이론들을 통합하려 할 때 고려해야 할 세 가지 주요 요소들이 있다. 즉, 자신의 개인적 진정성, 내담자의 요구와 스타일, 그리고 자신의 인생 목표, 가치관, 비전이다. 기술과 이론이 현재의 자신의 모습 및 의미감(sense of meaning)과 조화를 이루지 못한다면 성공하지 못하거나 덜 효과적이 될 것이다. 역량, 배려, 그리고 방향감과 목적의식은 필수적이다.

명심하라. 상담자는 내담자들처럼 고유한 특성을 가진 사람이다. 우리 모두는 독특한 삶의 경험을 하고 다양한 가족들과 다른 사회에서 왔으며, 성이나 인종과 민족, 영적 문제, 다문화적 문제들에 대한 분명한 견해를 가지고 있다. 만약 끊임없이 변화하고 도전의식이고 흥미를 자아내는 내담자를 돕고 싶다면 자연적인 스타일과 이론적 방향성을 수정하는 것이 필요하다.

14장에서 추천했던 방식대로 상담 회기 축어록을 분석한다면, 스스로를 이해하고 내담자와의 관계를 형성하는 데에 훌륭한 출발점이 될 것이다. 상담대화기술과 회기의 구조에 대한 역량을 가지게 된다면 의사결정을 위한 상담 및 인간중심 상담의 중요한 초석을 닦은 것이다. 부가적인 생각과 경험으로 당신은 상당히 빠르게 의미치료, 다문화 · 여성주의 이론, 스트레스 관리에서 역량을 가질 수 있다. 위기 상담과 그 외 몇몇 이론들은 이미 당신이 접근 가능하다.

지금 이 시점에서는 상담자 자신의 상담과 심리치료 경험 이야기를 요약하는 것이 유용하다. [글상자 16.1]은 상담자에게 상담자의 목표를 점검하고, 상담자의 구체적인 기술과 향후 계획이 무엇인지 묻고 있다. 다음에 나아가야 할 곳은 어디인가?

글상자 16.1   자신만의 고유한 상담 및 심리치료 스타일과 미래

다음 주제들은 자신만의 고유한 스타일을 파악하고, 향후 이론적·실제적 기술과 이론의 통합을 지속적으로 확인하면서 고려해야 할 주제들이다.

목표와 가치: 당신과의 상담 작업 결과로 내담자에게 무슨 일이 일어나기를 바라는가? 내담자를 위해 당신이 원하는 것은 무엇인가? 어떻게 도울 것인가? 이러한 목표가 의사결정, 해결중심, 인간중심, 인지행동 등의 상담 이론의 치료 목표와 어떻게 다르고, 어떻게 비슷한가?

기술과 전략: 어떤 상담대화기술과 전략을 선호하는가? 상담자로서 자신의 특별한 강점은 무엇인가? 앞으로 더 개발해야 할 부분은 무엇인가? 또 다른 무엇이 있는가?

문화 정체성: 함께 작업한다면 어떤 문화적 집단이나 특정 인구 집단과 작업할 수 있다고 생각하는가? 미래에는 어떤 지식을 더 갖추어야 하는가? 자신의 다문화적 배경에 대해서는 얼마나 인식하고 있는가? 또 다른 무엇이 있는가?

이론적·실제적 주제: 상담과 심리치료에 대한 당신의 관점을 가장 잘 요약하는 이론적·실제적 내용은 무엇인가? 15장에 소개된 몇몇 이론들은 당신의 현재 스타일과 얼마나 관련이 있는가? 향후에는 당신의 노력과 관심을 어디에 초점 맞추고 싶은가? 다른 것은?

▶ 요약: 마무리 하면서……감사, 작별 인사, 그리고 미래 성장과 전문가 여정의 성공

이제 당신의 상담 여정에서의 한 단계를 마무리한다. 당신은 이미 기본적인 기술들을 배웠고, 다양한 이론 및 실습적 접근에서 그것들이 어떻게 구조화되는지 알게 되었다. 처음에는 이상하고 낯설었던 기술들이 지금은 자동적이며 자연스러울 것이다. 사무라이 효과처럼, 당신은 지속적으로 그것들을 생각할 필요는 없다. 지금쯤 기본 경청 기술은 아마도 당신의 일부처럼 당연히 여겨질 것이다. 더욱이, 이론적 방향에 상관없이, 공감적 관계-이야기와 강점-목표-이야기 재구성-행동의 틀이 바로 당신 상담 수행의 일부가 될 것이다.

다음 단계는 당신의 몫이다. 대부분 상담의 개별적 이론들로 이동할 것이며, 가족 상담과 치료에 대한 문제들을 탐구하고, 지역사회에 개입할 것이며, 코치가 되기도 하고 전문적 실습에 많은 측면들을 배우게 될 것이다. 우리는 이 책을 기본적인 것들을 명확하게 정리하고자 저술했으며, 자연스럽게 숙련된 상담자들은 아주 효과적이며 유용한 도움을 제공하는 상담을 위한 정보들을 이 책에서 찾을 수 있을 것이다.

관계는 영원하다. ……도움을 주면서 즐거움을 찾으라.

_Benjamin Zander

우리는 당신과 함께 해서 즐거웠다. 우리는 먼 길을 함께 왔으며 헌신에 감사드린다. 이 책에서 제시된 많은 생각들은 학생들에게서 빌린 것이다. 앞으로도 의견과 제안을 보내주면 감사하겠다. 이 책은 새로운 아이디어와 정보로 끊임없이 보강할 것이다. 당신은 성장과 발전의 끝없는 시간에 동참했고 이미 다른 사람들의 삶에 긍정적인 영향을 미치고 있다.

Allen, Mary, and Carlos

allenivey@gmail.com

mary.b.ivey@gmail.com

carlosz@usf.edu

▶ 상담대화기술과 다문화적 주제에 대한 후속 조치를 위한 보충 문헌 제안

15장은 소개된 6개의 이론을 학습하기 위한 주요 참고도서를 소개했다. 이 분야의 참고 문헌은 방대하므로 취사선택하기를 바란다. 여기서는 상담대화기술에 대한 학습 후에 참고하면 좋을 자료와 다문화 상담에 대한 자료를 소개한다.

상담대화기술

www.emicrotraining.com

Daniels, T., & Ivey, A. (2007). *Microcounseling* (3rd ed.). Springfield, IL: Charles C Thomas.

Evans, D., Hearn, M., Uhlemann, M., & Ivey, A. (2011). *Essential interviewing* (8th ed.). Belmont, CA: Brooks/Cole.

Ivey, A., Ivey, M., Gluckstern-Packard, N., Butler, K., & Zalaquett, C. (2012). *Basic influencing skills*(4th ed.) [DVD]. Alexandria, VA: Microtraining/Alexander Street Press.

Ivey, A., Ivey, M., Gluckstern-Packard, N., Butler, K., & Zalaquett, C. (2011). *Basic stress management* [DVD]. Alexandria, VA: Microtraining/Alexander Street Press.

Ivey, A., Ivey, M., & Zalaquett, C. (2011). *Essentials of intentional interviewing: Counseling in a multicultural world* (2nd ed.). Belmont, CA: Brooks/Cole.

Zalaquett, C. P. (2008). *Las habilidades atencionales basicas: Pilares fundamentales de la comunicacion efectiva* [DVD]. Alexandria, VA: Microtraining/Alexander Street Press.

Zalaquett, C. P., Ivey, A. E., Gluckstern-Packard, N., & Ivey, M. B. (2008). *Las habilidades atencionales basicas: Pilares fundamentales de la comunicacion efectiva*. Alexandria, VA:

Microtraining/Alexander Street Press.

다문화적 관점을 가진 상담과 심리치료 이론

Ivey, A., D'Andrea, M., & Ivey, M. (2012). *Theories of counseling and psychotherapy: A multicultural perspective* (7th ed.). Thousand Oaks, CA: Sage.

Sue, D.,W., & Sue, D. (2013). *Counseling the culturally diverse* (6th ed.). Hoboken, NJ: Wiley.

Thomas, R. (2000). *Multicultural counseling and human development theories: 25 theoretical perspectives*. Springfield, IL: Charles C Thomas.

찾아보기